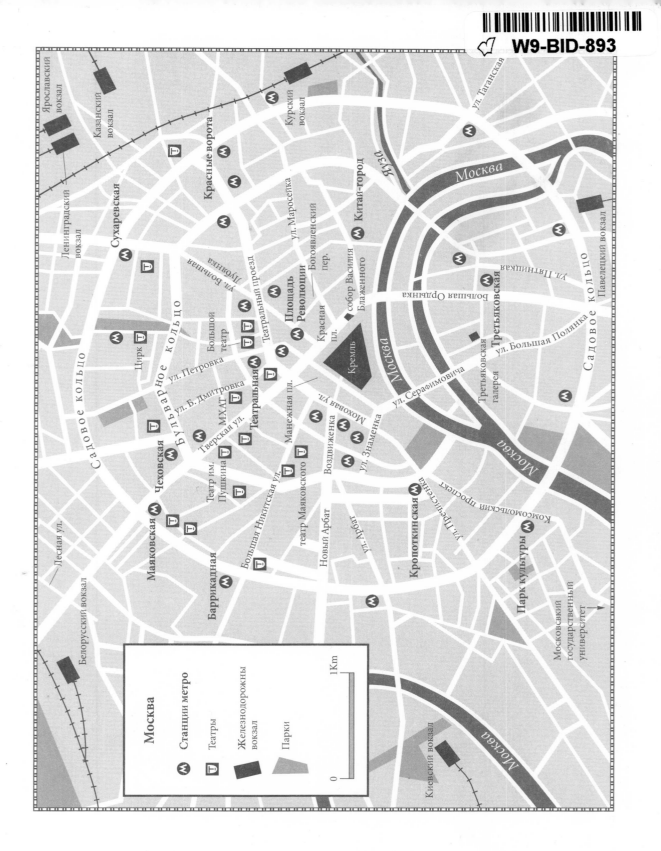

W9-BID-893

BOOK TWO

НАЧАЛО

Second Edition

Gerard L. Ervin
Ohio State University, Emeritus

Larry McLellan
University of California, Santa Barbara

Sophia Lubensky
University at Albany, SUNY

Donald K. Jarvis
Brigham Young University

Boston   Burr Ridge, IL   Dubuque, IA   Madison, WI   New York   San Francisco   St. Louis
Bangkok   Bogotá   Caracas   Kuala Lumpur   Lisbon   London   Madrid   Mexico City
Milan   Montreal   New Delhi   Santiago   Seoul   Singapore   Sydney   Taipei   Toronto

McGraw-Hill Higher Education ⅔

A Division of The **McGraw-Hill** *Companies*

This is an ⊡ book

NACHALO, Book 2

Published by McGraw-Hill, an imprint of The McGraw-Hill Companies, Inc., 1221 Avenue of the Americas, New York, NY 10020. Copyright © 2002, 1996, by The McGraw-Hill Companies, Inc. All rights reserved. No part of this publication may be reproduced or distributed in any form or by any means, or stored in a database or retrieval system, without the prior written consent of The McGraw-Hill Companies, Inc., including, but not limited to, in any network or other electronic storage or transmission, or broadcast for distance learning.

This book is printed on acid-free paper.

3 4 5 6 7 8 9 0 DOW DOW 0 9 8 7 6 5

ISBN 0-07-365514-7 (Student Edition)

ISBN 0-07-230943-1 (Instructor's Edition)

Vice president/Editor-in-chief: *Thalia Dorwick*
Senior sponsoring editor: *Leslie Oberhuber*
Developmental editor: *Audra Starcheus*
Senior marketing manager: *Nick Agnew*
Project manager: *David Sutton*
Senior production supervisor: *Richard DeVitto*
Director of design: *Stuart Paterson*
Cover design: *Andrew Ogus*
Photo research coordinators: *Nora Agbayani, Alexandra Ambrose*
Photo researcher: *Susan Friedman*
Compositor: *Interactive Composition Corporation*
Senior supplements producer: *Louis Swaim*
Typeface: *10/12 Minion*
Printer: *RR Donnelley & Sons Company*

Because this page cannot legibly accommodate all the copyright notices, page 522 constitutes an extension of the copyright page.

Library of Congress Cataloging-in-Publication Data
[Nachalo] / Sophia Lubensky . . . [et al.].—2nd ed.
    p. cm.
   1st ed. by Sophia Lubensky, Gerard L. Ervin, and Donald K. Jarvis.
   Includes index.
   ISBN 0-07-365515-5
   ISBN 0-07-365514-7
   1. Russian language—Textbooks for foreign speakers—English. I. Lubensky, Sophia.
PG2129.E5 L8   2000
491.782'421—dc21   00-061676

http://www.mhhe.com

CONTENTS

УРОК 8 МОСКОВСКАЯ ЖИЗНЬ 1

УРОК 9 ЕДЕМ ИЛИ ИДЁМ? 68

УРОК 10   С НОВЫМ ГОДОМ!   133

APPENDICES   408

PREFACE

Welcome to the Second Edition of **НАЧАЛО**.

This is Book 2 in a complete package of instructional materials for students who are beginning Russian. Response to the first edition of **НАЧАЛО** was overwhelmingly positive. **НАЧАЛО** was the first Russian program to integrate video into the teaching of language and culture. The program struck a chord with instructors and students around the world who were drawn in to the engaging storyline of an American student, Jim, and his Russian friends. **НАЧАЛО** has been used by thousands of beginning Russian students since it was first published in 1996.

НАЧАЛО provides a balanced approach, integrating current and useful vocabulary with functionally based grammar explanations derived directly from the storyline. In addition, grammar is "spiraled" in its presentation. That is, a grammar point is treated in a limited way when it first occurs, then is expanded upon when it appears in more advanced forms in later readings. Throughout the text, small-group and partner/pair activities encourage students to use Russian in meaningful, communicative situations because, in our experience, students' proficiency in Russian develops better and faster when there is a true balance between structure and communication.

❖❖ CHANGES IN THE SECOND EDITION

In responding to feedback about the first edition of **НАЧАЛО**, we have endeavored to incorporate suggested changes that will enhance the text's approach while retaining the key features that were praised by reviewers. The visual *Guided Tour through* **НАЧАЛО** (pages xxiii–xxvi) explains all major features, some of which are new. Changes in the Second Edition of Book 2 include the following:

- The new design and four-color photographs enhance students' learning experience.

- The text has been streamlined by reducing the number of lessons in Book 1 and Book 2. Now each book consists of seven lessons, and Book 2 ends with a video epilogue that students can view on their own.

- The Second Edition offers extensively revised grammar explanations and exercises based on user feedback, including a more consolidated and comprehensive presentation of case forms. Much of the grammar has been resequenced to provide a more holistic initial presentation of forms than was offered in the First Edition.

Exercises have been modified to move from form-focused, mechanical activities to open-ended, communicative activities following each grammar point.

- Each lesson now ends with tinted pages (**ИТАК**) containing an active vocabulary list, a grammar checklist, a grammar consolidation, and one or more optional supplemental reading texts.

- Each of the four Parts is now marked with a colored tab for easy reference.

- New thematic, visual openers (**С ЧЕГО НАЧАТЬ?**) begin each Part with a short visual display related to a theme of that Part. This feature, which reinforces vocabulary acquisition through lexical association, should be of particular help to more visual learners.

- **КУЛЬТУРА РЕЧИ** (along with **ЧТЕНИЕ** and **ГРАММАТИКА И ПРАКТИКА**) is now a major section in each Part. It includes several new repeating rubrics that focus on development of speaking skills.

- Book 2 contains a new **reVERBerations** rubric in the grammar sections to help students focus on the complexities of the Russian verbal system.

- Notes about contemporary Russian culture and society (**О РОССИИ**) have been revised and enhanced to reflect recent developments and current issues in Russia.

- Exciting new ancillaries include a colorful and engaging CD-ROM and a text-specific Web site. See *Program Components* for a description of all the ancillaries.

GUIDED TOUR THROUGH **НАЧАЛО**

❖ ORGANIZATION OF THE STUDENT TEXT

The fourteen lessons in **НАЧАЛО** are divided into Book 1 (Lessons 1–7) and Book 2 (Lessons 8–14 and Epilogue). Lesson 1 of Book 1 is an introduction to the Russian language. It uses simple greetings, basic vocabulary, visual displays, and classroom phrases to present the basic sound and writing systems of the language. The lessons in Book 1 and Book 2 follow a consistent format:

- **LESSON OPENER.** This page introduces the lesson through photographs and a summary of the story line in each Part as well as a general description of what students will be learning to say and do.

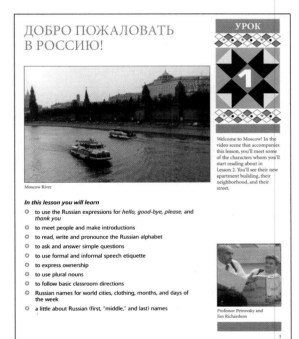

- **ЧАСТИ** (*Parts*). There are four Parts to each lesson, each essentially containing the following:

- **С ЧЕГО НАЧАТЬ?** (*Visual Opener*). A new thematic visual opener introduces each Part with a short display related to a theme of that Part.

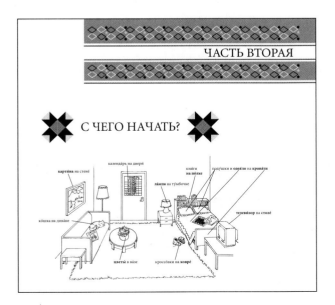

- **ЧТЕНИЕ** (*Reading*). The reading material is presented in the form of a play, an ongoing story that helps tie together each of the four Parts within the lesson. In many lessons, one of the readings is in prose form.

- **ПОД МИКРОСКОПОМ** (*Under the Microscope*). New exercises follow each reading and focus on a grammatical or lexical feature from an earlier lesson or as an introduction for the current lesson.

- **ГРАММАТИКА И ПРАКТИКА** (*Grammar and Practice*). Grammar topics are generally introduced with examples from the readings. Additional examples often accompany the explanations, which are deliberately short and uncomplicated. Each is followed by at least one exercise suitable for in-class use, including form-focused mechanical exercises, interactive "information gap" activities, and open-ended, communicative activities.

Each **ГРАММАТИКА И ПРАКТИКА** section in Book 2 ends with **reVERBerations**, a new rubric designed to help students focus on the complexities of the Russian verbal system.

Icons identify audio and video recordings, pair/group activities, and information gap activities.

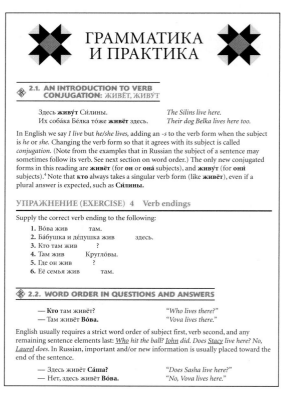

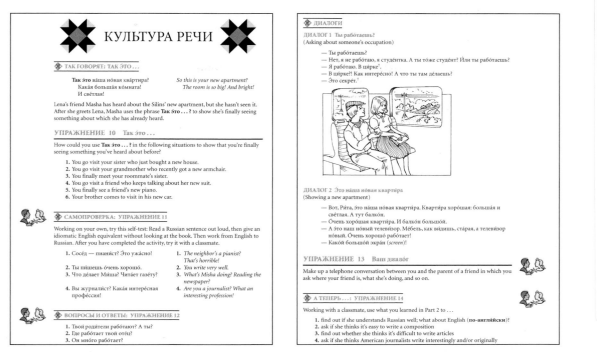

КУЛЬТУРА РЕЧИ

❀ ТАК ГОВОРЯТ: ТАК ЭТО…

Так это ваша новая квартира?
Какая большая комната!
И светлая!

So this is your new apartment?
The room is so big! And bright!

Lena's friend Masha has heard about the Silins' new apartment, but she hasn't seen it. After she greets Lena, Masha uses the phrase **Так это…?** to show she's finally seeing something about which she has already heard.

УПРАЖНЕНИЕ 10 Так это…

How could you use **Так это…?** in the following situations to show that you're finally seeing something you've heard about before?

1. You go visit your sister who just bought a new house.
2. You go visit your grandmother who recently got a new armchair.
3. You finally meet your roommate's sister.
4. You go visit a friend who keeps talking about her new suit.
5. You finally see a friend's new piano.
6. Your brother comes to visit in his new car.

❀ САМОПРОВЕРКА: УПРАЖНЕНИЕ 11

Working on your own, try this self-test: Read a Russian sentence out loud, then give an idiomatic English equivalent without looking at the book. Then work from English to Russian. After you have completed the activity, try it with a classmate.

1. Сосед — пианист! Это ужасно!
2. Ты пишешь очень хорошо.
3. Что делает Миша? Читает газету?
4. Вы журналист? Какая интересная профессия!

1. *The neighbor's a pianist? That's horrible!*
2. *You write very well.*
3. *What's Misha doing? Reading the newspaper?*
4. *Are you a journalist? What an interesting profession!*

❀ ВОПРОСЫ И ОТВЕТЫ: УПРАЖНЕНИЕ 12

1. Твои родители работают? А ты?
2. Где работает твой отец?
3. Он много работает?

❀ ДИАЛОГИ

ДИАЛОГ 1 Ты работаешь?
(Asking about someone's occupation)

— Ты работаешь?
— Нет, я не работаю, я студентка. А ты тоже студент? Или ты работаешь?
— Я работаю. В цирке!
— В цирке!! Как интересно! А что ты там делаешь?
— Это секрет!

ДИАЛОГ 2 Это наша новая квартира
(Showing a new apartment)

— Вот, Рита, это наша новая квартира. Квартира хорошая: большая и светлая. А тут балкон.
— Очень хорошая квартира. И балкон большой.
— А это наш новый телевизор. Мебель, как видишь, старая, а телевизор новый. Очень хорошо работает!
— Какой большой экран (*screen*)!

УПРАЖНЕНИЕ 13 Ваш диалог

Make up a telephone conversation between you and the parent of a friend in which you ask where your friend is, what she's doing, and so on.

❀ А ТЕПЕРЬ…: УПРАЖНЕНИЕ 14

Working with a classmate, use what you learned in Part 2 to…

1. find out if she understands Russian well; what about English (**по-английски**)?
2. ask if she thinks it's easy to write a composition
3. find out whether she thinks it's difficult to write articles
4. ask if she thinks American journalists write interestingly and/or originally

---

- **КУЛЬТУРА РЕЧИ.** Useful, high-frequency conversational elements focus on the development of speaking skills. Each **КУЛЬТУРА РЕЧИ** section includes **ТАК ГОВОРЯТ, САМОПРОВЕРКА, ВОПРОСЫ И ОТВЕТЫ, ДИАЛОГИ, ВАШ ДИАЛОГ,** and **А ТЕПЕРЬ…**

- **ИТАК…** Each lesson ends with tinted pages containing:
  - **НОВЫЕ СЛОВА.** A list of all active vocabulary presented in the lesson.
  - **ЧТО Я ЗНАЮ, ЧТО Я УМЕЮ.** A grammar checklist for students to use to review the major grammar topics of the lesson.

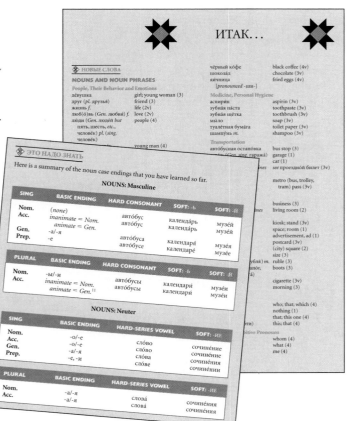

ИТАК…

❀ НОВЫЕ СЛОВА

NOUNS AND NOUN PHRASES

People, Their Behavior and Emotions

девушка — girl; young woman (3)
друг (*pl.* друзья) — friend (3)
жизнь *f.* — life (2v)
люб(о)вь (*Gen.* любви) *f.* — love (2v)
люди (*Gen.* людей *but* пять, шесть, *etc.*, человек) *pl.* (*sing.* человек) — people (4)

young man (4)

чёрный кофе — black coffee (4v)
шоколад — chocolate (3v)
яичница [*pronounced* -шн-] — fried eggs (4v)

Medicine, Personal Hygiene

аспирин — aspirin (3v)
зубная паста — toothpaste (3v)
зубная щётка — toothbrush (3v)
мыло — soap (3)
туалетная бумага — toilet paper (3v)
шампунь *m.* — shampoo (3v)

Transportation

автобусная остановка — bus stop (3)
(*Gen. sing.* гаража) — garage (1)
car (1)
see проездной билет (3v)

metro (bus, trolley, tram) pass (3v)

business (3)
living room (2)

kiosk; stand (3v)
space; room (1)
advertisement, ad (1)
postcard (3v)
(city) square (2)
size (3)
рубля) *m.* — ruble (3)
boots (3)

cigarette (3v)
morning (3)

who; that; which (4)
nothing (3)
this; this one (4)
this; that (4)

itive Pronouns

whom (4)
what (4)
me (4)

❀ ЧТО Я ЗНАЮ, ЧТО Я УМЕЮ

Use this checklist to mark off what you've learned in this lesson.

☐ Using adjectives and possessives in the Prepositional singular (Part 1)
☐ Using adjectives and possessives in the Genitive singular (Part 3)
☐ Using adjectives and possessives in the Accusative singular (Part 4)
☐ Using pronouns and animate masculine nouns in the Accusative singular (Part 2)
☐ About end-stressed masculine nouns and masculine nouns with -у ending in Prepositional singular (Part 1)
☐ Conjugating -овать verbs (Part 1)
☐ Forming the past tense of reflexive verbs (Part 2)
☐ Expressing *to want* with the verb **хотеть** (Part 1)
☐ Expressing *to be able* with the verb **мочь** (Part 3)
☐ Telling where you've been (**ходили куда = были где**) (Part 2)
☐ Expressing round-trip and habitual travel with **ходить, ездить** (Part 4)
☐ Intensifying statements with **так** and **такой** (Part 3)
☐ Pointing out and distinguishing things with **это, этот** (Part 4)
☐ Contrasting similar items: **этот, тот** (Part 4)
☐ Linking clauses with **который** (Part 4)

- **ЭТО НАДО ЗНАТЬ.** Periodic grammar consolidations of nouns, adjectives, verbs, and other forms and uses presented to date.

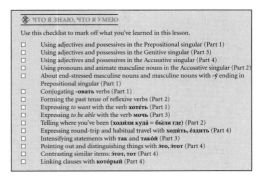

❀ ЭТО НАДО ЗНАТЬ

Here is a summary of the noun case endings that you have learned so far.

NOUNS: Masculine

SING	BASIC ENDING	HARD CONSONANT	SOFT: -ь	SOFT: -й
Nom.	(none)	автобус	календарь	музей
Acc.	*inanimate =* Nom.	автобус	календарь	музей
	animate = Gen.			
Gen.	-а/-я	автобуса	календаря	музея
Prep.	-е	автобусе	календаре	музее

PLURAL	BASIC ENDING	HARD CONSONANT	SOFT: -ь	SOFT: -й
Nom.	-ы/-и	автобусы	календари	музеи
Acc.	*inanimate =* Nom.	автобусы	календари	музеи
	animate = Gen.[11]			

NOUNS: Neuter

SING	BASIC ENDING	HARD-SERIES VOWEL	SOFT: -ие
Nom.	-о/-е	слово	сочинение
Acc.	-о/-е	слово	сочинение
Gen.	-а/-я	слова	сочинения
Prep.	-е, -и	слове	сочинении

PLURAL	BASIC ENDING	HARD-SERIES VOWEL	SOFT: -ие
Nom.	-а/-я	слова	сочинения
Acc.	-а/-я	слова	сочинения

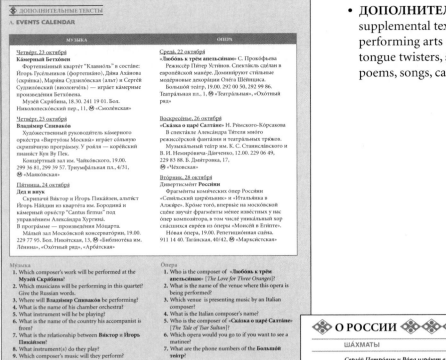

• ДОПОЛНИТЕЛЬНЫЕ ТЕКСТЫ. Optional supplemental texts including schedules for performing arts or sporting events, maps, diagrams, tongue twisters, short magazine articles and reviews, poems, songs, cartoons and advertisements.

In addition, the following special features appear at various places in the lessons:

• О РОССИИ (*About Russia*). Concise cultural observations about contemporary Russian societal and behavioral norms and formal elements of Russian culture that expand on the cultural information in the readings.

• СЛОВА, СЛОВА, СЛОВА . . . (*Words, Words, Words . . .*). Offers a special focus section on word families and vocabulary items needing commentary or clarification.

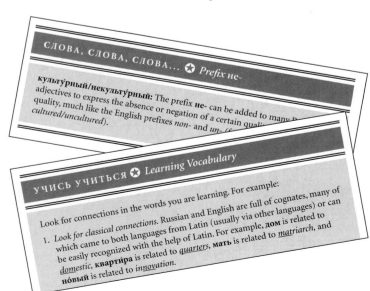

• УЧИСЬ УЧИТЬСЯ (*Learn to Study*). These study tips provide students with hints about effective language-learning practice.

PROGRAM COMPONENTS

Available to adopters and to students:

- The *Student Edition* of both Books 1 and 2 is packaged with the *Listening Comprehension Program,* a free audiocassette or audio CD that contains the readings of each lesson.

- The *Video Guide* provides pre- and postviewing exercises to keep students actively involved as they watch the video dramatization.

- The combined *Workbook/Laboratory Manual* has been extensively revised by Ruth Warner, Windsor High School (Colorado); University of Northern Colorado. It now offers an increased emphasis on contextualized and open-ended activities. Intended for use as homework, the Workbook portion presents written exercises for each grammar point in the text. The Laboratory Manual portion contains listening and speaking exercises.

- The *Student Audio Program,* available on either audio CD or audiocassette, correlates with the Laboratory Manual portions of the *Workbook/Laboratory Manual.*

- A multimedia *CD-ROM* offers a variety of innovative exercises focusing on the storyline as well as functional activities with the linguistic and cultural information contained in each lesson.

- A text-specific *Web site* provides links to other culturally authentic sites and expands upon the themes of each lesson.

- A *Practical Guide to Language Learning,* by H. Douglas Brown, San Francisco State University, provides beginning foreign-language students with a general introduction to the language-learning process.

- The *Rand-McNally New Millennium World Atlas on CD-ROM,* available for student purchase, contains detailed maps along with visuals and textual information (in English) about key events in history, famous figures, important cities, and so on. The detail and information provided significantly enhance the foreign language experience from a cultural, historical, and geographical perspective.

Available to adopters only:

- The *Annotated Instructor's Edition* for each book includes teaching hints, Reading Introduction—three or four factual questions in Russian about each reading that students can be expected to answer, expansions on grammar topics and usage, and helpful ideas for classroom activities that enrich the exercises. In addition, answer keys are provided for some of the form-focused activities that are intended for classroom use.

- The *Video Program,* professionally filmed on location in Moscow, presents selected scenes from the storyline comprising the readings in the lessons, offering students an engaging way to hear and see the story they are following in the text.

- The two-volume *Instructor's Manual/Testing Program/Audioscript/Answer Key* offers an extensive *Methodological Guide for Teaching with НАЧАЛО,* transparency masters of selected illustrations from the Student Edition, a Testing Program (consisting of two alternate tests with answer keys for each lesson), audioscripts for the listening comprehension exercises, and an Answer Key to the written exercises in the *Workbook/Laboratory Manual.*

- *A Manual and Practical Guide to Directing Foreign Language Programs and Training Graduate Teaching Assistants,* by James F. Lee, Indiana University–Bloomington, offers practical advice for beginning language instructors and language coordinators.

CAST OF CHARACTERS

Characters in the framework of the storyline include the following:

Professor Petrovsky and his American graduate student, **Jim**. Jim already speaks Russian fairly well because this is not his first trip to Russia. But as you'll see, he still has a lot to learn . . . and is having a good time doing so!

The **Silin Family**, consisting of **Mr. and Mrs. Silin**, their daughter, **Lena,** who studies journalism, her little brother, **Vova**, and their dog, **Belka**.

Grandma and **Grandpa Kruglov** and their grandson, **Sasha**, a piano student at a Moscow conservatory, whose tastes run from classical to jazz.

Tatyana Dmitrievna, who rents out a room in her apartment to two young women, **Tanya** and **Sveta**.

Viktor, an ambitious young entrepreneur of the post-Soviet era, who always seems to know how to provide hard-to-find goods and services.

ACKNOWLEDGMENTS

Many organizations and individuals made significant contributions to the production of **НАЧАЛО** and its ancillary materials. Early funding was received from the Geraldine Dodge Foundation, the National Endowment for the Humanities, the U.S. Department of Education, and the Defense Language Institute. These funds were administered through the Office of the Vice President for Research, University at Albany, State University of New York; we are grateful to Dr. Jeanne Gullahorn for her unwavering support. The College of Humanities at Brigham Young University and the Department of Slavic and East European Languages and Literatures at the Ohio State University were very generous with research assistance and logistical and communications support. Substantial funding specifically for the video, whose enhancement to this set of materials will immediately be clear to all, was received from the Film Committee of Brigham Young University.

The authors would like to thank many of our colleagues for their numerous contributions to the development of textbook and ancillary materials. Special thanks to Audra Starcheus for her many hours of careful editing and cross-checking; and to Todd Patrick Armstrong, Jennifer Marks Bown, Natalya Bragina, Erin Diehm, Arlene Forman, Stacy Gordon, Vera Kas'janova, Julia Kas'janova, Elena Katsaros, Lisa and Michael Kelly, Sonja Kerby, William G. Koseluk, Betty Lou Leaver, Katia McClain, Dianna L. Murphy, Irina Odintsova, Slava Paperno, David Patton, Christopher Putney, Benjamin Rifkin, Anelya Rugaleva, Vladimir Savransky, Adonica Sendelbach, Igor Sharanov, Ruth Warner, and Nelly Zhuravlyova.

In addition, the publishers wish to acknowledge the suggestions received from the following instructors and professional friends who reviewed parts of the manuscript:

Valentina Abdelrahim-Soboleva
    Lincoln University
Tatiana Akishina
    University of Southern California
Deborah L. Barshay
    Bridgewater State College
Daniel Bayer
    University of Southern California
Yelena Belyaeva-Standen
    St. Louis University

Kathleen E. Dillon
    University of California at Davis
Svetlana Elnitsky
    St. Michael's College
W. G. Fiedorov
    Knox College
Melissa Frazier
    Sarah Lawrence College
Carol A. Hart
    Ohio State University

Alexandra G. Kostina
  Rhodes College
Lisa Little
  University of California, Berkeley
Elena Litvinenko
  Defense Language Institute, Monterey,
  California
Lawrence K. Mansour
  United States Military Academy
Rebecca E. Matveyev
  Lawrence University
Mark D. McLean
  North Harris College
Frank J. Miller
  Columbia University
Gerorge Mitrevski
  Auburn University

Frederick Patton
  West Chester University
Eric D. Roston
  Columbia University
Louise Rozwell
  Monroe Community College
Caroline Scielzo
  Montclair State University
Margaret Simontor
  Albertson College
Daniel Stearns
  University of Chicago
Harry Walsh
  University of Houston
Irina I. Wood
  Skagit Valley College

The appearance of their names in this list does not necessarily constitute their endorsement of the text or of its methodology.

It would be impossible for us to overstate the contribution to the project that was provided at McGraw-Hill by Thalia Dorwick, whose patience, encouragement, guidance, and sound advice sustained us throughout our work. Special thanks are also due to the editorial, design, and production staff at McGraw-Hill, especially Leslie Oberhuber, Gregory Trauth, Diane Renda, Francis Owens, David Sutton, Rich DeVitto, Nora Agbayani, and Louis Swaim for all of their patience and dedication to a complex project.

Finally, to family and friends who listened to us, supported us, and tolerated us during the years of planning, writing, and revising, we offer the deepest gratitude of all.

МОСКОВСКАЯ ЖИЗНЬ

В магазине электроники

In this lesson you will learn

✪   to make inquiries and requests

✪   more about going places: *setting out, going away, arriving*

✪   to express *getting married* and *being married*

✪   to say in which month or what year something happened

✪   to suggest doing something (*Let's . . .*)

✪   hundreds and thousands

✪   how to ask and give prices

✪   more about expressing quantity

✪   about shopping in Russia

✪   about Russian currency

✪   about student/teacher relationships in Russia

In Part 1, which you will see on video, Lena's impending date leads to a family argument. In Part 2, also on video, Lena's social life causes some parental musings about her future. In Part 3, Jim and Professor Petrovsky go to an electronics store to buy a new computer for the professor. And in Part 4, Jim sends some e-mail home to his Russian teacher, telling about his experiences in Moscow.

Куда идёт твоя сестра?

ЧАСТЬ ПЕРВАЯ

С ЧЕГО НАЧАТЬ?

КУДА́ ИДТИ́?

В зоопа́рк?

В кино́?

На футбо́льный матч?

На дискоте́ку?

[ ] в **кино́**
[ ] в **зоопа́рк**†
[ ] на бале́т
[ ] в **бар**†
[ ] на **футбо́льный матч**†
[ ] на **дискоте́ку**†
[ ] на о́перу
[ ] в рестора́н
[ ] в музе́й
[ ] в клуб
[ ] на конце́рт
[ ] в кафе́

✖ ЧТЕНИЕ ✖

◆ ЛЁНА ИДЁТ НА **СВИДА́НИЕ**°

идёт. . . *goes on a date*

(*The phone rings. Lena answers.*)

ЛЁНА.	Алло́. . . Э́то я. Приве́т . . . я тебя́ не **узна́ла**°. . . Хорошо́ . . . хорошо́ . . . де́сять мину́т, и я бу́ду **гото́ва.**° Пока́! (*Hangs up.*)
НАТА́ЛЬЯ ИВ.	Лёна, ты **ухо́дишь**°?
ЛЁНА.	Да, а что°?
НАТА́ЛЬЯ ИВ.	Куда́, **е́сли не секре́т**†?
ЛЁНА.	Ма́ма, я же тебя́ **проси́ла**° не **задава́ть** мне э́тот **вопро́с.**°
НАТА́ЛЬЯ ИВ.	Но ведь ты моя́ дочь°! **В конце́ концо́в**° я **име́ю пра́во**° знать, куда́ ты идёшь, с кем° и когда́ придёшь. Тебе́ ещё то́лько два́дцать лет.
ЛЁНА.	Мне уже́ два́дцать лет, ма́ма, и я име́ю пра́во име́ть свой° секре́ты. Ну почему́ ты вот всегда́° хо́чешь всё знать?
НАТА́ЛЬЯ ИВ.	Я хочу́ знать не всё, а то́лько то, что° **каса́ется**° мое́й до́чери.
СЕРГЕ́Й ПЕТР.	Лёна, Ната́ша, вы опя́ть ссо́ритесь°!
ВО́ВА.	Лёна, ма́ма, вы опя́ть ссо́ритесь!
НАТА́ЛЬЯ ИВ.	Вас э́то не каса́ется.
ЛЁНА.	(*Sarcastically.*) Мужска́я° солида́рность†!
СЕРГЕ́Й ПЕТР.	**Как** не каса́ется°? Лёна, ме́жду про́чим, и моя́ дочь то́же.
ВО́ВА.	И вообще́, ма́ма, на́до спра́шивать не Лёну, а меня́.
НАТА́ЛЬЯ ИВ.	Мо́жет быть, ты зна́ешь, куда́ идёт твоя́ сестра́?
ВО́ВА.	Зна́ю. Она́ идёт на свида́ние.
НАТА́ЛЬЯ ИВ.	Мо́жет быть, ты зна́ешь, с кем она́ идёт на свида́ние?
ВО́ВА.	Зна́ю. С Джи́мом. (*Lena smiles.*) Лёна, а куда́ вы **пойдёте**°?
ЛЁНА.	**Како́е твоё де́ло**°?
ВО́ВА.	Мо́жет быть, вы пойдёте в рестора́н?

не. . . *didn't recognize*
ready
are leaving
а. . . *why do you ask?*
have asked / задава́ть. . . *ask me that question*
ведь. . . *you're my daughter, you know!* / В. . . *After all* / име́ю. . . *have the right* / с. . . *with whom*
my

почему́. . . *why is it that you always*
то. . . *what* / *concerns*
are arguing
Male

Как. . . *What do you mean, it doesn't concern me?*

вы. . . *are you going to go?*
Како́е. . . *What business is it of yours?*

	ЛÉНА.	Мóжет быть. А чтó?
something / Poor	ВÓВА.	Принесú чтó-нибудь° вкýсное для Бéлки. Бéдная° собáка ужé вторóй день ничегó не ест. Принесёшь?
	ЛÉНА.	Принесý. Конéчно, принесý. (*She leaves.*)
believe	ВÓВА.	(*To Belka.*) Собáка, ты ей **вéришь**°? Нет? Я тóже не вéрю.
	НАТÁЛЬЯ ИВ.	Свидáние с Джúмом? Это интерéсно. . .

Свидáние

УПРАЖНÉНИЕ 1   Под микроскóпом: Aspect and tense

Here are selected sentences from the reading. Translate each sentence, indicate the aspect and tense of the italicized verb, then give its infinitive.

ОБРАЗÉЦ: Привéт . . . я тебя́ не *узнáла.*
→ *Hi, I didn't recognize you.* (perfective past, узнáть)

1. Дéсять минýт, и я *бýду* готóва.

2. Лéна, ты *ухóдишь?*

3. Я имéю прáво знать, когдá ты *придёшь.*

4. Ну почемý ты вот всегдá *хóчешь* всё знать?

5. Мóжет быть, ты знáешь, кудá *идёт* твоя́ сестрá?

6. Бéдная собáка ужé вторóй день ничегó не ест. *Принесёшь?*

ГРАММАТИКА И ПРАКТИКА

❖ 8.1. MAKING INQUIRIES: СПРА́ШИВАТЬ / СПРОСИ́ТЬ AND ЗАДАВА́ТЬ / ЗАДА́ТЬ ВОПРО́С

Са́ша **спра́шивает,** как насчёт новосе́лья.	*Sasha's asking about the housewarming.*
Вчера́ мы вме́сте жда́ли авто́буса, и он **спроси́л** меня́, люблю́ ли я литерату́ру.	*Yesterday we were waiting for a bus together, and he asked me whether I like literature.*
И вообще́, ма́ма, на́до **спра́шивать** не Ле́ну, а меня́.	*And besides, Mom, you should be asking not Lena, but me.*
Джим, мо́жно **зада́ть** вам **вопро́с?**	*Jim, may I ask you a question?*
Ма́ма, я же тебя́ проси́ла не **задава́ть** мне э́тот **вопро́с.**	*Mom, I've asked you not to ask me that question.*

To talk about making inquiries (i.e., asking questions, as distinct from making requests, which will be treated later in this lesson), Russian uses the following constructions:

<**спра́шивать / спроси́ть** (+ Acc.)> = *to ask, to inquire of* (*someone*)

<**задава́ть / зада́ть вопро́с** (+ Dat.)> = *to pose a question* (*to someone*)

As in English, **спра́шивать / спроси́ть** is often followed by an embedded question.

Ната́лья Ива́новна **сроси́ла** Ле́ну, куда́ она́ идёт.	*Natalya Ivanovna asked Lena where she was going.*

As a reminder, here are the key forms of these verbs (remember that the nonpast forms of perfective verbs have a future meaning: *I'll ask, you'll ask,* etc.).

спра́шивать: спра́шива-ю, спра́шива-ешь, . . . спра́шива-ют
pfv. **спроси́ть:** спрош-у́, спро́с-ишь, . . . спро́с-ят
задава́ть: зада-ю́, зада-ёшь, . . . зада-ю́т
pfv. **зада́ть:** зада́–м, зада́–шь, зада́–ст, задад–и́м, задад–и́те, задад–у́т

УПРАЖНЕ́НИЕ 2 Задава́ть / зада́ть вопро́с

Underline the appropriate imperfective or perfective form of **задава́ть / зада́ть.**

— Мо́жно (задава́ть / зада́ть)[1] тебе́ вопро́с?
— Мо́жно.
— Когда́ ты учи́лась в шко́ле, ты ча́сто (задава́ла / задала́)[2] вопро́сы на уро́ках англи́йского (*in your English classes*)?
— Я (задава́ла / задала́)[3] учи́телю вопро́сы ка́ждый день. Я не люби́ла отвеча́ть (*answer*) на вопро́сы, но люби́ла (задава́ть / зада́ть)[4] их. А моя́ подру́га Та́ня никогда́ не (задава́ла / задала́)[5] вопро́сы, потому́ что она́ боя́лась (*was afraid*) сде́лать оши́бку.

УПРАЖНЕНИЕ 3   Мáма спросúла . . .

Who's asking what of whom? Select the most likely completions for the following statements.

1. Мáма спросúла Лéну, _____
2. Мáма спросúла Лéну, _____
3. Мáма спросúла Вóву, _____
4. Вóва спросúл Лéну, _____
5. Вóва спросúл Бéлку, _____

а. с кем у Лéны свидáние.
б. кудá онá идёт.
в. пойдёт ли онá в ресторáн.
г. ухóдит ли онá.
д. вéрит ли онá, что Лéна действúтельно принесёт чтó-нибудь вкýсное из ресторáна.

УПРАЖНЕНИЕ 4   Спрáшивать / спросúть

Fill in each of the blanks with one of the following forms of **спрáшивать / спросúть**.

спросúл   спросúла
спрошý   спрáшивать
спрáшиваю

Пéтя смотрéл телевúзор. Мáма _____[1] егó, что он смóтрит, но Пéтя не слы́шал (*hear*). «Пéтя, я тебя́ _____[2]!» — сказáла мáма. Пéтя не слы́шал. «Пéтя, скóлько раз нýжно тебя́ _____[3]?» — сказáл пáпа. Пéтя не слы́шал — он смотрéл хоккéй. «Какóй ýжас! Наш мáльчик ничегó не слы́шит, — сказáл пáпа. — Сейчáс я егó _____,[4] хóчет ли он десéрт†». «А что бýдет на десéрт?» — _____[5] Пéтя.

УПРАЖНЕНИЕ 5   Моя́ млáдшая сестрá

Fill in the blanks with the appropriate form of **спрáшивать / спросúть** or **задавáть / задáть**.

Моя́ млáдшая (*younger*) сестрá лю́бит _____[1] вопрóсы. Онá _____[2] вопрóсы мáме, пáпе, мне. Сегóдня ýтром онá _____[3] мáму, когдá мáма подáрит ей собáку. Мáма сказáла, что не хóчет говорúть о собáке. Тогдá сестрá сказáла: «Я _____[4] пáпу». Но пáпа опáздывал на рабóту. Он сказáл сестрé: «_____[5] мáму». «И так всегдá, — сказáла сестрá. — Когдá я _____[6] вопрóс пáпе, он говорúт: _____[7] мáму».

УПРАЖНЕНИЕ 6   Опрóс (*Survey*)

You are conducting a survey for a class project on the lives of your fellow students and how frequently or infrequently they do certain things. Poll one or two classmates by reading each of the following statements to them. They should repeat your statement, inserting one of the following time phrases: **всегдá, чáсто, иногдá** (*sometimes*), **рéдко, никогдá**. Record their responses in the following chart.

ОБРАЗЕЦ: — Я игрáю в тéннис.
            — Я чáсто игрáю в тéннис.
            úли
            — Я никогдá не игрáю в тéннис.

	ВСЕГДА́	ЧА́СТО	ИНОГДА́	РЕ́ДКО	НИКОГДА́
1. Я занима́юсь в библиоте́ке.					
2. Я задаю́ вопро́сы преподава́телю.					
3. Я звоню́ роди́телям.					
4. Роди́тели спра́шивают, нра́вится ли мне моя́ кварти́ра (ко́мната).					
5. Ма́ма спра́шивает меня́, куда́ я иду́ и когда́ я приду́.					
6. Я слу́шаю рок-му́зыку.					
7. Я смотрю́ телеви́зор.					
8. Я игра́ю в те́ннис.					
9. Я игра́ю на гита́ре.					
10. Я гото́влю пи́ццу до́ма.					
11. Мои́ друзья́ и я ссо́римся (*argue*).					

СЛОВА, СЛОВА, СЛОВА . . . ✪ *Vocabulary Building: -ость Nouns*

Мужска́я солида́рность!   *Male solidarity!*

Thousands of Russian nouns, all of which are feminine, end in **-ость.** Most are formed from adjectives and denote a quality or characteristic (**ста́рый — ста́рость, оригина́льный — оригина́льность**). Many nouns of this type are cognates. What do the following mean?

агресси́вность   **наи́вность**
аккура́тность   **пасси́вность**
акти́вность   **претенцио́зность**
индивидуа́льность   **продукти́вность**
интенси́вность   **пунктуа́льность**
национа́льность

❖ 8.2. GOING PLACES: ИДТИ́ / ПОЙТИ́ **AND** Е́ХАТЬ / ПОЕ́ХАТЬ

Во́ва, я **иду́** в апте́ку.	*Vova, I'm going to the drugstore.*
В конце́ концо́в я име́ю пра́во знать, куда́ ты **идёшь.**	*After all, I have a right to know where you're going.*
А куда́ вы **пойдёте?**	*So where will you be going?*
Лари́сы нет. Она́ **пошла́** домо́й.	*Larisa's not here. She's gone home.*
— Джим, куда́ вы сейча́с? В университе́т? — Нет, Илья́ Ильи́ч, я **е́ду** в аэропо́рт.	*"Jim, where are you going now? To the university?" "No, Ilya Ilyich, I'm going to the airport."*
Полчаса́ наза́д Джим взял такси́ и **пое́хал** в аэропо́рт.	*Half an hour ago Jim caught a cab and left for the airport.*
Ме́жду про́чим, в ноябре́ она́ **пое́дет** в Аме́рику.	*By the way, in November she'll go to America.*

You already know **идти́** (*to go, to be going*); now you see its perfective form, **пойти́.** Like **идти́, пойти́** refers to travel by foot or to travel in general when no vehicle is stated or implied. The key forms of **пойти́** are just like those of other verbs that use the combining form ⟨**-йти́**⟩.

> **идти́:** ид-у́, ид-ёшь, . . . ид-у́т (*past* шёл, шла, шло, шли)
> *pfv.* **пойти́:** пойд-у́, пойд-ёшь, . . . пойд-у́т (*past* пошёл, пошла́, пошло́, пошли́)

You also know the verb **е́хать,** which is used to refer to travel that involves a vehicle (either stated or implied by the length of the trip). Its perfective form is **пое́хать.**

> **е́хать:** е́д-у, е́д-ешь, . . . е́д-ут
> *pfv.* **пое́хать:** пое́д-у, пое́д-ешь, . . . пое́д-ут

The perfectives **пойти́** and **пое́хать** commonly express *setting off* for some destination.

Ни́ны нет. Она́ **пошла́** в библиоте́ку. За́втра у неё экза́мен.	*Nina's not here. She's gone to the library. She has an exam tomorrow.*

In the preceding example, the speaker is saying that Nina has gone to the library. The speaker doesn't really know where Nina is, but does know where Nina was headed when she left. The same is true with **пое́хать.** In the following example, the speaker is telling us that his uncle has left for Europe.

Неде́лю наза́д мой дя́дя **пое́хал** в Евро́пу на конфере́нцию.	*A week ago my uncle went to Europe for a conference.*

The perfective verbs **пойти́** and **пое́хать** are commonly used to express change of direction or new destination during a trip already under way.

Мы сейча́с **идём** в апте́ку. Пото́м мы **пойдём** в универса́м.	*We're going to the drugstore now. Then we'll go to the supermarket.*

In the first sentence, the speaker is just about to leave for the drugstore (or is on his way). He then tells us that once he has been at the drugstore, he will set out for a new destination.

❖ 8.3. DESTINATION AND LOCATION: Я ИДУ́ К БА́БУШКЕ, Я БЫЛ (БЫЛА́) У БА́БУШКИ

Вади́ма нет. Он пошёл **в университе́т** (в магази́н, в кино́).	*Vadim is out. He's gone to the university (to the store, to the movies).*
Ле́на идёт **на свида́ние** (на рабо́ту, на конце́рт).	*Lena's going on a date (to work, to a concert).*
Мы идём **к ба́бушке** (к дру́гу, к Ле́не).	*We're going to Grandma's (to our friend's, to Lena's).*

To express *destination*, Russian uses either <**в** or **на** + Acc.> or, for going to someone's place, <**к** + Dat.>. Recall that *location* is expressed with <**в** or **на** + Prep.> or, for being at someone's place, <**у** + Gen.>.

DESTINATION	КУДА́ ПОШЛА́ ЛЕ́НА?	LOCATION	ГДЕ ЛЕ́НА?
<**в** + Accusative> Она́ пошла́ **в университе́т.** Она́ пошла́ **в библиоте́ку.**		<**в** + Prepositional> Она́ **в университе́те.** Она́ **в библиоте́ке.**	
<**на** + Accusative> Она́ пошла́ **на балко́н.** Она́ пошла́ **на рабо́ту.**		<**на** + Prepositional> Она́ **на балко́не.** Она́ **на рабо́те.**	
<**к** + Dative> Она́ пошла́ **к профе́ссору.** Она́ пошла́ **к Све́те.**		<**у** + Genitive> Она́ **у профе́ссора.** Она́ **у Све́ты.**	

УПРАЖНЕНИЕ 7   Куда́?

Two friends meet on the street. Indicate how you would render in English each underlined verb in the dialogue.

— Алёша, куда́ ты <u>идёшь</u>[1]? На стадио́н?
— Нет, я <u>иду́</u>[2] в апте́ку. Ну́жно купи́ть ба́бушке витами́ны.[†]
— А куда́ ты пото́м <u>пойдёшь</u>[3]?
— Снача́ла (*first*) я <u>пойду́</u>[4] домо́й, пото́м к ба́бушке, а пото́м на стадио́н. А ты куда́ <u>идёшь</u>[5]?
— В кни́жный магази́н (*bookstore*), а пото́м в библиоте́ку. Зна́ешь, я то́же хочу́ <u>пойти́</u>[6] на стадио́н. Дава́й пойдём (*Let's go*) вме́сте.
— Отли́чно!

УПРАЖНЕНИЕ 8   Где была́ Ле́на?

Fill in the blanks with the appropriate preposition: «в», «на», «к», «у».

Вчера́ Ле́на была́ весь день _____[1] университе́те. Она́ была́ _____[2] ле́кции, пото́м _____[3] семина́ре[†]. Пото́м она́ пошла́ _____[4] библиоте́ку. _____[5] библиоте́ке она́ была́ два часа́, а пото́м она́ пошла́ _____[6] стадио́н. _____[7] стадио́не бы́ло о́чень интере́сно, и Ле́на была́ там три и́ли четы́ре часа́. Пото́м она́ пошла́ _____[8] подру́ге, и они́ вме́сте пошли́ _____[9] парк. Но когда́ они́ шли _____[10] парк, пошёл дождь (*it started raining*), и они́ бы́стро пошли́ домо́й.

УПРАЖНЕНИЕ 9   Но́вый магнитофо́н

Fill in the blanks with the appropriate case endings to indicate destination or location. If no ending is required, leave it blank.

Вчера́ я пошёл в магази́н _____[1] и купи́л магнитофо́н. Когда́ я пришёл домо́й, я пошёл в мо_____ ко́мнат_____.[2] Я включи́л (*turned on*) магнитофо́н, но он не рабо́тал. Я ничего́ не зна́ю о те́хнике[†], и я пошёл к на́ш_____ сосе́д_____ Влади́мир_____ Васи́льевич_____.[3] Он зна́ет о те́хнике всё. Но у Влади́мир_____ Васи́льевич_____[4] бы́ли го́сти. Я на́чал звони́ть друзья́м, но их не́ было: Оле́г был в университе́т_____,[5] Са́ша — на стадио́н_____,[6] а Бори́с — в библиоте́к_____.[7] Тогда́ я пошёл к Анто́н_____.[8] Он живёт ря́дом, на на́ш_____ у́лиц_____.[9] Анто́н был до́ма, и мы вме́сте пошли́ к нам.

УПРАЖНЕНИЕ 10   На вокза́ле (*At a train station*)

Two families run into each other at a train station. The mothers know each other and they talk about where their families are going for vacation. Indicate how you would render in English each underlined verb in the dialogue.

НИ́НА ПЕТРО́ВНА.	Здра́вствуйте, Ли́лия Семёновна!
ЛИ́ЛИЯ СЕМЁНОВНА.	Ни́на Петро́вна! И вы то́же <u>е́дете</u>[1]? Куда́?
НИ́НА ПЕТРО́ВНА.	Муж и я <u>е́дем</u>[2] в Но́вгород. Познако́мьтесь, э́то мой муж Степа́н Васи́льевич. А э́то на́ша дочь Светла́на. Она́ не <u>е́дет</u>[3] с на́ми (*with us*). За́втра у неё экза́мен, а пото́м она́ <u>пое́дет</u>[4] в Крым к ба́бушке. Ко́ля, наш сын, уже́ там. Он не хоте́л ждать Светла́ну, и <u>пое́хал</u>[5] в Крым неде́лю наза́д. А куда́ <u>е́дете</u>[6] вы?
ЛИ́ЛИЯ СЕМЁНОВНА.	Муж <u>е́дет</u>[7] к отцу́ в Яросла́вль.
НИ́НА ПЕТРО́ВНА.	И вы то́же <u>е́дете</u>[8]?
ЛИ́ЛИЯ СЕМЁНОВНА.	Не сего́дня. К сожале́нию, я ещё на рабо́те. Но ско́ро я то́же туда́ <u>пое́ду</u>[9]. Я уже́ купи́ла биле́ты.
НИ́НА ПЕТРО́ВНА.	Ка́жется, нам пора́. До свида́ния!
ЛИ́ЛИЯ СЕМЁНОВНА.	До свида́ния!

УПРАЖНЕНИЕ 11   Кто куда́ е́дет?

For each destination or location phrase, fill in the first blank with the appropriate preposition: «**в**», «**на**», «**к**», «**у**». Then fill in the second blank with the appropriate form of the noun in parentheses.

ОБРАЗЕ́Ц: Воло́дя е́дет __*в*__ _____*Москву́*_____ (Москва́).

Ско́ро (*soon*) у нас после́дний (*last*) экза́мен. Что де́лать ле́том? Куда́ пое́хать? Вади́м е́дет ____ _____[1] (Санкт-Петербу́рг). А его́ сестра́ Ка́тя уже́ была́ ____ _____[2] (Санкт-Петербу́рг) в про́шлом году́ и в э́том году́ она́ хо́чет пое́хать ____ _____[3] (ба́бушка) ____ _____[4] (Оде́сса). Она́ говори́т, что бу́дет ____ _____[5] (ба́бушка) два ме́сяца. Сосе́д Вади́ма, Оле́г, бу́дет ____ _____[6] (сестра́) _____[7] (Росто́в). Серге́й ещё не зна́ет, куда́ он пое́дет, мо́жет быть ____ _____[8] (Владивосто́к), а мо́жет быть да́же ____ _____[9] (Аля́ска). Ни́на и Ве́ра, ка́жется, вме́сте е́дут ____ _____[10] (Евро́па), ____ _____[11] (Слова́кия) и́ли ____ _____[12] (По́льша). То́лько я никуда́ (*nowhere*) не пое́ду — я бу́ду до́ма, ____ _____[13] (Москва́), ____ _____[14] (ма́ма и па́па).

Санкт-Петербу́рг

УПРАЖНЕНИЕ 12

Go back to УПРАЖНЕНИЕ 11 and determine the aspect and tense of each instance of
éхать / поéхать in the exercise.

---

reVERBerations ★

1. Remember that speakers of both English and Russian commonly use the
   present tense of motion verbs when talking about *going* in the future,
   especially if the trip is viewed as imminent.

   За́втра Са́ша идёт на конце́рт.   *Tomorrow Sasha is*
   going to a concert.

2. The aspectual pair **ве́рить / пове́рить** (*to believe*) requires the Dative case.

   Ты ей ве́ришь?   *Do you believe her?*

3. Nonpast forms of the verb **узнава́ть / узна́ть** (*to recognize*) are distinguished
   only by their stress pattern: the imperfective is end-stressed, while the
   perfective is stem-stressed.

   узнава́ть: узна-ю́, уна-ёшь, . . . узна-ю́т

   pfv. **узна́ть:** узна́-ю, уна́-ешь, . . . узна́-ют

4. In Lesson 7, you were introduced to verbal aspect and you learned a number of
   imperfective/perfective verb pairs. Throughout the Book 1 readings, you
   encountered some additional verbs of either imperfective or perfective aspect.
   The following is a list of those verbs and their corresponding aspectual
   partners. Key forms for these verbs are given in the end-of-lesson vocabulary
   list.

гуля́ть / погуля́ть	*to walk; to go for a walk; to take a walk*
ду́мать / поду́мать	*to think*
отдава́ть / отда́ть	*to return; to give* (*back*)
отдыха́ть / отдохну́ть	*to rest*
открыва́ть / откры́ть	*to open*
пить / вы́пить	*to drink;* usu. pfv. *to drink up*
плати́ть / заплати́ть	*to pay* (*for*)
получа́ть / получи́ть	*to get; to receive*
принима́ть / приня́ть	*to accept*
продава́ть / прода́ть	*to sell*
расти́ / вы́расти	*to grow up*
сдава́ть / сдать	*to rent out* (*an apartment*)
слы́шать / услы́шать	*to hear*
смотре́ть / посмотре́ть	*to look* (*at*); *to watch*
собира́ться / собра́ться	*to plan* (*to do something*)
чини́ть / почини́ть	*to fix*

УПРАЖНЕНИЕ 13 Куда́ он (она́) идёт?

Working with a classmate, answer the following questions using the proper preposition («в», «на», «к») with some of the indicated destinations. Then add some of your own.

1. Ваш друг встреча́ет (*meets*) вас на у́лице. Он спра́шивает: «Куда́ вы идёте?» (банк, по́чта, кино́, рестора́н, кафе́, стадио́н . . .)

2. В воскресе́нье вы не рабо́таете. К кому́ вы пойдёте? (ста́рый друг, ру́сский студе́нт, ста́рший брат, ба́бушка . . .)

3. Вы ви́дите дру́га в библиоте́ке. Он говори́т, что у него́ за́втра семина́р,† а пото́м два экза́мена. Спроси́те его́, куда́ он пое́дет ле́том. (Санкт-Петербу́рг, Крым, экспеди́ция, Фра́нция, круи́з,† По́льша . . .)

4. Ва́шему бра́ту звони́т его́ друг, но бра́та нет до́ма. Скажи́те, куда́ он пошёл. (по́чта, университе́т, кино́, стадио́н, кафе́, библиоте́ка, магази́н . . .)

5. Сего́дня суббо́та, но ва́шей ма́мы нет до́ма. Ей звони́т её подру́га. Скажи́те ей, куда́ пошла́ ма́ма. (магази́н электро́ники, о́фис, лаборато́рия, теа́тр, парк, литерату́рный семина́р . . .)

6. Ваш друг спра́шивает, каки́е у вас сего́дня дела́ в университе́те. Скажи́те ему́, что вы пойдёте (библиоте́ка, ле́кция, консульта́ция,† кни́жный магази́н, спортза́л . . .).

7. ???

 # КУЛЬТУРА РЕЧИ

❖ ТАК ГОВОРЯТ: КАК . . . ?

— Вас э́то не каса́ется.
— **Как** не каса́ется? Ле́на, ме́жду про́чим, и моя́ дочь то́же.

"That doesn't concern you."
"What do you mean, it doesn't concern me? Lena's my daughter too, by the way."

The interrogative **Как . . . ?** (*What do you mean, . . . ?*) followed by a portion of a statement made by the preceding speaker expresses displeasure, indignation, or bewilderment about that part of the statement. Use it with caution! It is informal and often impolite.

— Э́то не твоё де́ло.
— **Как** не моё де́ло?

"This is none of your business."
"What do you mean, it's none of my business?"

— Ты, наве́рно, не уме́ешь гото́вить.
— **Как** не уме́ю гото́вить?

"You probably don't know how to cook."
"What do you mean, I don't know how to cook?"

УПРАЖНЕНИЕ 14   Как . . . ?

Working with a classmate, take turns responding to the following statements with **Как . . . ?**, as in the preceding examples. Be sure to explain why you're displeased with or surprised at what you hear.

1. Ты пло́хо гото́вишь.
2. Кака́я ужа́сная кварти́ра!
3. У тебя́ несимпати́чная сосе́дка.
4. Я не хочу́ карто́фельный (*potato*) сала́т.
5. У Анато́лия Па́вловича нет маши́ны.
6. Валенти́на Ива́новна сказа́ла, что Ка́ти нет до́ма.

❖ САМОПРОВЕРКА: УПРАЖНЕНИЕ 15

Working on your own, try this self-test: Read a Russian sentence out loud, then give an idiomatic English equivalent without looking at the book. Then work from English to Russian. After you have completed the activity, try it with a classmate.

1. Джим, мо́жно зада́ть вам вопро́с?
2. Са́ша спра́шивает, когда́ бу́дет новосе́лье.
3. Ната́лья Ива́новна сроси́ла Ле́ну, куда́ она́ идёт.
4. — Мо́жет быть, ты зна́ешь, куда́ идёт твоя́ сестра́?
   — Зна́ю. Она́ идёт на свида́ние.
5. Мари́ны нет. Она́ пошла́ домо́й.

1. *Jim, may I ask you a question?*
2. *Sasha's asking when the housewarming will be.*
3. *Natalya Invanovna asked Lena where she was going.*
4. *"Maybe you know where your sister's going?"*
   "I do know. She's going on a date."
5. *Marina's not here. She's gone (or: she went) home.*

❖ ВОПРОСЫ И ОТВЕТЫ: УПРАЖНЕНИЕ 16

Working with a classmate, take turns asking and answering the following questions.

1. Когда́ оте́ц (мать) ви́дит, что ты ухо́дишь, он (она́) спра́шивает тебя́, куда́ ты идёшь?
2. Как ты ду́маешь, твои́ роди́тели име́ют пра́во задава́ть тебе́ тако́й вопро́с?
3. Что ты говори́шь, когда́ тебя́ спра́шивают, с кем у тебя́ свида́ние?
4. Куда́ ты идёшь сего́дня ве́чером?
5. Что ты бу́дешь де́лать сего́дня ве́чером?

❖ ДИАЛОГИ

ДИАЛОГ 1 Куда́ вы идёте?
(Asking where someone is going)

И́РА.	Ве́ра, Серёжа, куда́ вы идёте?
СЕРЁЖА.	На стадио́н.
И́РА.	А что там сего́дня?
СЕРЁЖА.	Баскетбо́л.
ВЕ́РА.	Игра́ет на́ша кома́нда (*team*).

ДИАЛОГ 2 Куда́ ты идёшь?
(Asking where someone is going)

> — Мари́на, ты ухо́дишь?
> — Да, ухожу́. А что?
> — А куда́ ты идёшь?
> — В университе́т, пото́м в библиоте́ку, а пото́м на стадио́н. Ме́жду
>   про́чим, э́то не твоё де́ло (*it's none of your business*).

УПРАЖНЕНИЕ 17   Ваш диало́г

Create a dialogue in which you stop by to visit a friend at her apartment. Her roommate answers the door and says that she has gone to [*pick a destination*]. The roommate asks where you're going, and you answer.

❖ А ТЕПЕРЬ . . . : УПРАЖНЕНИЕ 18

Working with a classmate, use what you learned in Part 1 to . . .
1. find out if you can ask him a question
2. find out where he was yesterday
3. ask whether he will be going to the library today
4. find out when he will be going home today
5. ask where (at whose home, i.e., use «у») he'll be studying tonight

 С ЧЕГО НАЧАТЬ?

ТУРИСТИ́ЧЕСКОЕ АГЕ́НТСТВО

Туристическое агенство
Лицензия № В 342371, Сертификат соответствия № 00068888

ЭКСТРА M

Ул. 2-я Тверская-Ямская, д. 10.
(ст. м. "Маяковская")
Тел.:956.34.89, 956.34.84, тел./факс: 956.34.27

ВЕНГРИЯ
Любые индивидуальные туры.
Классика (Будапешт, Эстергом,
Вышеград, Сентендре, возмож-
ность приобрести оригинальные
венгерские мутоновые шубы)
09.10 - 14.10 550$
Термальное озеро Хевиз - инд.

**БУДАПЕШТ-
ЗАЛЬЦКАММЕРГУТ - ВЕНА,**
09.10 - 16.10 910$

АВСТРИЯ (горный курорт Альтаузее - инд.)

ФРАНЦИЯ
"Парижский калейдоскоп", от 790$
"Очарование Франции"
(Замки Луары, Бретань, Нормандия), 1160$

**ГРЕЦИЯ
СУПЕРПРЕДЛОЖЕНИЕ**
отдых на п-ове Халкидики
7/14 дней, 330/350$
"ЗА ШУБКАМИ" 4/5 дней, 300/310$

ИТАЛИЯ
Классика (Рим-Флоренция-
Венеция-Сан-Марино), 890$
Римские Каникулы, 790$

ЧЕХИЯ
Прага,экскурсии в замки, от 510$
Карловы Вары

ФИНЛЯНДИЯ-ШВЕЦИЯ
Хельсинки, от 159$;
Круиз на пароме "Силья Лайн"

ОАЭ, от 405$

ТУРЦИЯ
Анталия - Белек, Сиде, Алания,
Кемер, Текирова, от 298$

ИСПАНИЯ
Курорты Испанской ривьеры
Канарские острова

ИТАЛИЯ
о-в Исхья, от 890$

КИПР

ЕГИПЕТ

**МАЛАЙЗИЯ /
СИНГАПУР**

УПРАЖНЕНИЕ 1 Туристи́ческое аге́нтство (*Travel agency*)

You work at the travel agency sponsoring this ad. Various couples have come to get advice on where to go for their honeymoon. Based on the information in this ad, name the country or countries where each couple might consider going.

1. Ната́ша и Бо́ря хотя́т пое́хать в А́фрику.
2. Мари́на и Воло́дя хотя́т пое́хать на **экску́рсии**† в за́мки (*castles*).
3. Анто́н и Са́ша лю́бят **круи́зы.**†
4. Та́ня и Же́ня хотя́т пое́хать в А́зию.
5. Ми́ша и Ла́ра хотя́т пое́хать на куро́рт (*resort*).
6. Лари́са и Па́вел хотя́т жить на **о́строве** (*island*).
   [**Note:** о́стров is often abbreviated as **о-в** when the name of the island follows.]
7. Ди́ма и Ми́ла хотя́т быть в Евро́пе 14 дней (= 2 неде́ли), но у них ма́ло де́нег (*money*).

16

❖ КОГО́ ЧТО ИНТЕРЕСУ́ЕТ°

interests

(*Natalya Ivanovna and Sergei Petrovich are sitting in their living room. He is engrossed in his newspaper.*)

НАТА́ЛЬЯ ИВ.	Серёжа, у на́шей Ле́ны свида́ние с Джи́мом.
СЕРГЕ́Й ПЕТР.	(*Reading.*) Интере́сно . . .
НАТА́ЛЬЯ ИВ.	Ты по́мнишь на́шу сосе́дку Ве́ру Никола́евну? Два го́да наза́д её дочь пое́хала в Ленингра́д, то есть, в Санкт-Петербу́рг, **познако́милась**° там с америка́нским бизнесме́ном и **вы́шла за** него́ **за́муж.**° Тепе́рь она́ живёт в Калифо́рнии,† в Лос-А́нджелесе.† Неда́вно у них роди́лся сын, и тепе́рь у Ве́ры Никола́евны внук в Лос-А́нджелесе. (*Sympathetically.*) Пра́вда, она́ его́ ре́дко ви́дит . . . Ме́жду про́чим, в ноябре́ она́ пое́дет туда́. А мы там никогда́ не́ были. Серёжа, ты меня́ не слу́шаешь.
СЕРГЕ́Й ПЕТР.	(*Not listening.*) Слу́шаю, Ната́ша.
НАТА́ЛЬЯ ИВ.	Но Лос-А́нджелес — э́то так далеко́! Когда́ у нас день, у них ещё **ночь**°! Ве́ра Никола́евна звони́т туда́, а внук ещё спит. И́ли уже́ спит. Серёжа, ты меня́ не слу́шаешь.
СЕРГЕ́Й ПЕТР.	(*Not listening.*) Ну что́ ты, Ната́ша. Коне́чно, слу́шаю.
НАТА́ЛЬЯ ИВ.	Кро́ме того́, биле́ты туда́ сто́ят о́чень до́рого. Муж Ве́ры Никола́евны **организова́л**° ру́сско-америка́нскую° фи́рму. Тепе́рь у него́ **дела́**° в Аме́рике, и **за** биле́ты пла́тит фи́рма. Но Джим не бизнесме́н, он исто́рик. Ты мо́жешь организова́ть ру́сско-америка́нскую фи́рму, кото́рая бу́дет изуча́ть исто́рию?

познако́милась. . . *met an American businessman there*
вы́шла. . . *got married to him*

night

organized / Russian-American
за. . . *the company pays for the tickets*

Тебя́. . . doesn't interest you at all / the future

СЕРГЕ́Й ПЕТР. Могу́. Я всё могу́ . . .

НАТА́ЛЬЯ ИВ. Серёжа, ты меня́ не слу́шаешь. Тебя́ **соверше́нно** не интересу́ет° бу́дущее° твое́й до́чери. Тебя́ интересу́ет то́лько футбо́л!

СЕРГЕ́Й ПЕТР. Не то́лько футбо́л. **Хокке́й**† меня́ то́же интересу́ет.

УПРАЖНЕ́НИЕ 2 Под микроско́пом: Time expressions

This reading contains several time expressions (**два го́да наза́д, ре́дко,** etc.). In two columns list the time expressions that refer to a specific event at a specific time and those that refer to general time.

SPECIFIC TIME	GENERAL TIME
_____	_____
_____	_____
_____	_____

ГРАММА́ТИКА И ПРА́КТИКА

❖❖ 8.4. IN WHICH MONTH? В КАКО́М МЕ́СЯЦЕ?

Ме́жду про́чим, она́ **в ноябре́** пое́дет туда́.

By the way, she's going there in November.

To express the month in which something occurs, use <**в** + the month in the Prepositional case>. The names of all the months are masculine and are never capitalized in Russian, except when they begin a sentence. Notice, too, that the stress shifts to the ending for the fall and winter months.

янва́рь	в январе́
февра́ль	в феврале́
март	в ма́рте
апре́ль	в апре́ле
май	в ма́е
ию́нь	в ию́не
ию́ль	в ию́ле
а́вгуст	в а́вгусте
сентя́брь	в сентябре́
октя́брь	в октябре́
ноя́брь	в ноябре́
дека́брь	в декабре́

УПРАЖНЕ́НИЕ 3 В како́м ме́сяце вы родили́сь?

Someone in your class almost certainly was born in the same month as you were. Find out who by asking **В како́м ме́сяце твой день рожде́ния?** or **В како́м ме́сяце ты роди́лся (родила́сь)?**

❖ 8.5. GOING PLACES: *TO LEAVE* AND *TO ARRIVE, COME BACK*

Лёна, ты **ухо́дишь**? Когда́ ты **придёшь**?	*Lena, are you leaving? When will you come back?*

Note the similarities in the forms of the verbs below. The difference in meaning is due to the prefixes, about which you will learn more later.

уходи́ть: ухож-у́, ухо́д-ишь, . . . ухо́д-ят   *to leave*
pfv. **уйти́:** уйд-у́, уйд-ёшь, . . . уйд-у́т
  (*past* ушёл, ушла́, ушло́, ушли́)

приходи́ть: прихож-у́, прихо́д-ишь, . . . прихо́д-ят   *to come, to arrive,*
pfv. **прийти́:** прид-у́, прид-ёшь, . . . прид-у́т   *to come back*
  (*past* пришёл, пришла́, пришло́, пришли́)

Приходи́ть / прийти́ is used to focus on arriving somewhere or coming (back) to some destination. **Уходи́ть / уйти́** is used when the speaker wants to focus specifically on leaving or going *away;* a destination may not be mentioned. By contrast, **пойти́** (perfective of **идти́**) usually refers to setting out for, leaving for, or going *to* some particular destination, which is usually mentioned. Compare the following:

FOCUS ON DEPARTURE

Лёна, ты **ухо́дишь**?	*Lena, are you leaving?*
Когда́ мы **уйдём**?	*When will we leave?*

FOCUS ON DESTINATION

Мо́жет быть, вы **пойдёте** в рестора́н?	*Do you think you'll be going to a restaurant?*
Лёны нет. Она́ **пошла́** домо́й.	*Lena's not here. She's gone home.*

УПРАЖНЕНИЕ 4   Дневни́к (*diary*) Та́ни

Tanya has written the following entry in her diary. Read through it and underline all the motion verbs she has used. Then indicate the aspect and (except for infinitives) the tense of each verb form.

25 октября́. Вчера́ у меня́ был тру́дный день. У́тром я пошла́ на по́чту. Там бы́ло мно́го люде́й (*people*). У меня́ бы́ло ма́ло вре́мени, и я ушла́, потому́ что меня́ ждала́ ба́бушка. Когда́ я пришла́ к ба́бушке, у неё была́ её подру́га Валенти́на Петро́вна. Она́ прихо́дит к ба́бушке ка́ждый день. Пото́м Валенти́на Петро́вна сказа́ла, что ей пора́ идти́ на рабо́ту, и ушла́. Я помогла́ ба́бушке пригото́вить обе́д и пошла́ на заня́тия. Когда́ я шла в университе́т, пошёл дождь (*it started raining*), и я опозда́ла на ле́кцию[†] по ру́сской исто́рии. Я пошла́ в библиоте́ку, а пото́м на семина́р.[†] Пото́м я позвони́ла Све́те. Она́ спроси́ла, когда́ я приду́, и сказа́ла, что ве́чером пойдёт в кино́. А я в кино́ пойти́ не могла́: мне ну́жно бы́ло занима́ться . . . И так всегда́!

представи́тель = *representative*

УПРАЖНЕНИЕ 5   Olya's party

Olya is having a party. It's 7:15 in the evening and her roommate, who's out of town, calls and wants to hear all about who's there. Read the paragraph to get a general sense of what Olya is telling her roommate. Then, fill in the blanks with the appropriate form of the verbs given in parentheses.

Ми́ша уже́ здесь. Он _____[1] (*arrived:* прийти́) в 6 часо́в: ты же зна́ешь, он всегда́ _____[2] (*comes:* приходи́ть) ра́но (*early*), а _____[3] (*leaves:* уходи́ть) по́здно (*late*). Пото́м _____[4] (*came:* прийти́) Са́ра. Ты слы́шишь гита́ру? Э́то она́ игра́ет. Марк и Стив то́же уже́ тут, но они́ ско́ро (*soon*) _____[5] (*will leave:* уйти́), потому́ что за́втра у них контро́льная. Ма́ша сего́дня весь день на рабо́те. Она́ позвони́ла и сказа́ла: «Я _____[6] (*will come:* прийти́) в 7 часо́в», но её ещё нет. Я ду́маю, она́ ско́ро _____[7] (*will come:* прийти́). Да, и ещё _____[8] (*came:* прийти́) на́ша но́вая сосе́дка Светла́на и принесла́ краси́вые цветы́. Но она́ говори́т, что то́же ско́ро _____[9] (*will leave:* уйти). Я ду́маю, что у неё сего́дня ве́чером свида́ние.

УПРАЖНЕНИЕ 6   Он уйдёт, пойдёт, придёт . . .

Fill in the blanks of the following dialogues, choosing from the verbs given in parentheses.

1. — Здра́вствуйте. Марк до́ма?

— Нет, он _____ (ушёл, пришёл). Он (пришёл, пошёл) _____ в библиоте́ку.

— А когда́ он _____ (пойдёт, придёт)?

— Он сказа́л, что _____ (пойдёт, придёт) че́рез два часа́.

2. — Что вы де́лали вчера́?

— Снача́ла я была́ в магази́не, пото́м _____ (пойду́, пошла́) на по́чту. Пото́м я _____ (пришла́, приду́) домо́й и пригото́вила обе́д.

3. — За́втра суббо́та. Куда́ вы _____ (пойдёте, придёте)? Вы _____ (пойдёте, придёте) в кино́?

— Нет, я _____ (приду́, пойду́) в рестора́н.

— А я _____ (приду́, пойду́) на стадио́н.

УПРАЖНЕНИЕ 7   Мой дневни́к

Using Tanya's diary (УПРАЖНЕНИЕ 4) as a model, work with another student to prepare a short diary entry of your own for a recent day when you were busy going from place to place. Modify her diary entry to mention places you went (or may have gone).

на по́чту	в магази́н	в апте́ку
к ба́бушке	к подру́ге	к врачу́
на рабо́ту	на стадио́н	в теа́тр
на заня́тия	в кафе́	в о́перу
на ле́кцию	на бале́т	на конце́рт
в библиоте́ку	в спортза́л	в университе́т
на семина́р	в кино́	

УПРАЖНЕНИЕ 8   Когда́ ты обы́чно прихо́дишь в университе́т?

Find out when your classmates usually arrive on campus, when they leave, and where they go. Then ask about yesterday and tomorrow.

1. Когда́ ты обы́чно прихо́дишь в университе́т? А когда́ ты обы́чно ухо́дишь? А куда́ ты идёшь? Домо́й?

2. Когда́ ты вчера́ пришёл (пришла́) в университе́т? А когда́ ты вчера́ ушёл (ушла́)? Ты пошёл (пошла́) домо́й и́ли на рабо́ту?

3. Когда́ ты за́втра придёшь в университе́т? А когда́ ты уйдёшь? Куда́ ты пойдёшь?

◈ О РОССИИ ◈◈◈◈◈◈◈◈◈◈◈◈

GETTING MARRIED IN RUSSIA

Два го́да наза́д её дочь познако́милась с америка́нским бизнесме́ном и вы́шла за него́ за́муж.

In many respects marriage customs in Russia are similar to those in North America. Before the marriage can take place, the couple must secure a wedding license and complete a short waiting period. Some couples are married in civil ceremonies (at a **Дворе́ц бракосочета́ния** [*wedding palace*]), but church ceremonies are also popular. The traditional wedding gown is white, with a veil; the groom usually wears a business suit. Couples wear their wedding rings on the fourth finger of the right hand, as is the custom in most European countries. After the ceremony there is often a banquet at a restaurant, café, or private home. Periodically guests interrupt the eating, drinking, and merriment with shouts of **Го́рько!** (*Bitter!*). In response the newlyweds must kiss to "sweeten away" the "bitterness." After the banquet the couple may leave for a honeymoon trip.

Сва́дьба

◈◈◈◈◈◈◈◈◈◈◈◈◈◈◈◈◈◈

СЛОВА, СЛОВА, СЛОВА ... ★ *Marriage and Wedding Vocabulary*

буке́т (цвето́в)	*bouquet (of flowers)*
фата́	*bridal veil*
неве́ста/жени́х	*bride/groom*
медо́вый ме́сяц	*honeymoon*
новобра́чные, молодожёны	*newlyweds*
пла́кать	*to cry*
обруча́ться	*to get engaged*
(уезжа́ть в) сва́дебное путеше́ствие	*(to go on a) honeymoon trip*
целова́ть(ся) / поцелова́ть(ся)	*to kiss*
сва́дьба (день сва́дьбы)	*wedding (wedding day)*
сва́дебное пла́тье	*wedding gown*
обруча́льное кольцо́	*wedding ring*
свиде́тель, свиде́тельница	*witness*

❖ 8.6. GETTING MARRIED

Два го́да наза́д дочь Ве́ры Никола́евны **вы́шла за́муж за** америка́нского бизнесме́на.	*Two years ago Vera Nikolaevna's daughter married an American businessman.*
Ва́ня **жени́лся на** симпати́чной аспира́нтке.	*Vanya married a nice graduate student.*

To marry, to get married, and *to be married* are expressed differently for men, women, and couples. Study the following table and think about the forms you would use for people you know who have gotten or will be getting married. When talking about men, note that the verb **жени́ться** is both imperfective and perfective; when discussing couples, it has a prefixed perfective, **поженИться.**

	Of *her*, you say ...	Of *him*, you say ...	Of *them*, you say ...
Getting married	выходи́ть / вы́йти за́муж (**за** + Асс.):	жени́ться (*impfv. and pfv.*) (**на** + Prep.):	жени́ться / пожени́ться
	Лари́са **вышла́ за́муж за** молодо́го архите́ктора.[†]	Ва́ня **жени́лся на** симпати́чной аспира́нтке.	Они́ **жени́лись** два го́да наза́д.
	Ири́на **вых́одит за́муж** че́рез два ме́сяца.	На ком он собира́ется **жени́ться?**	Когда́ они́ собира́ются **пожени́ться?**
Being married	Она́ **за́мужем.**	Он **жена́т.**	Они́ **жена́ты.**

Here are the key forms of the verbs meaning *to get married.*

of a woman   **выходи́ть:** выхож-у́, выхо́д-ишь, . . . выхо́д-ят + за́муж

    pfv. **вы́йти:** вы́йд-у, вы́йд-ешь, . . . вы́йд-ут + за́муж

    (*past* вы́шла, вы́шли)

    Note the difference in word order when using a noun vs. a pronoun with this idiom:

    Лари́са не хо́чет выходи́ть *за́муж за Вале́рия*

       vs.

    Лари́са не хо́чет выходи́ть *за него́ за́муж.*

of a man   **жени́ться:** жен-ю́сь, же́н-ишься, . . . же́н-ятся

    pfv. [*same as impfv.*]

of a couple   **жени́ться:** (*used in pl. only*)

    pfv. **пожени́ться**

УПРАЖНЕНИЕ 9   Мой внук

Мари́я Степа́новна and **Мари́я Влади́мировна** are discussing their grandchildren. Fill in the blanks with appropriate forms chosen from the table on the preceding page.

(*Мари́я Степа́новна звони́т свое́й подру́ге Мари́и Влади́мировне в Санкт-Петербу́рг.*)

— Ма́ша, мой внук собира́ется _____¹!

— Поздравля́ю (*congratulations*)! Но ведь (*after all*) у тебя́ четы́ре вну́ка. Кто собира́ется _____²? Ко́ля?

— Что ты, Ма́ша! Ко́ля уже́ _____.³ Ты забы́ла (*forgot*): он _____⁴ два го́да наза́д. У него́ уже́ сын роди́лся! Не Ко́ля, а Са́ша.

— Са́ша? Ма́ша, а на ком он _____⁵?

— Я её не зна́ю, но зна́ю, что её зову́т Ната́ша. Она́ студе́нтка, живёт в Санкт-Петербу́рге.

— Как интере́сно! У меня́ есть вну́чка, и её то́же зову́т Ната́ша. Она́ живёт здесь, в Санкт-Петербу́рге. Она́ _____.⁶ Я зна́ю, что его́ зову́т Са́ша. Он аспира́нт, живёт в Москве́. Его́ ба́бушку зову́т . . . Ма́ша, моя́ вну́чка Ната́ша _____⁷ твоего́ вну́ка Са́шу!

УПРАЖНЕНИЕ 10   Знамени́тые па́ры (*Famous couples*)

Has there been a recent marriage in your family or one that you have read about in the news? Using pictures from a photo album, a magazine, or a family tree that you've drawn, make up sentences such as the following: **Э́то мой брат. Он жени́лся два го́да наза́д** (or: **в ноябре́**). **А э́то** [*name of a famous actress*]. **Она́ вы́шла за́муж за** [*husband's name in Accusative*]. After having shown three or four such couples to a classmate, mix up the pictures and see if your classmate can name them and tell you about them.

◆ 8.7. IN WHAT YEAR? В КАКÓМ ГОДУ́? AND ORDINALS 40TH–99TH

Мой роди́тели пожени́лись **в 71-ом**   *My parents got married in '71.*
(семидеся́том) **году́.**

Russian uses ordinal numbers to indicate the year in which something happened. For twentieth-century years, two-digit numbers can be used so long as the 1900s context is clear or can be reasonably assumed; for years before 1900 and after 1999, the full numbers are usually used. (You will learn to express hundreds and thousands later in this lesson.) Note that Russians say "in the *75th year*." Only the last element of the numeral shows the ordinal ending: <**в** + ordinal in Prep. + **году́**>.

— Когда́ (**В како́м году́**) твоя́   *"When (in what year) did your*
сестра́ зако́нчила медици́нский   *sister finish medical school?"*
институ́т?
— В **97-ом** (девяно́сто седьмо́м)   *"In '97."*
году́.
— Неуже́ли? А когда́ она́ начала́   *"No kidding? And when did she*
учи́ться?   *start?"*
— В **93-ем** (девяно́сто тре́тьем)   *"In '93."*
году́.

You learned the ordinal numerals through 30 in Lesson 6, Part 3; here are the "round tens" ordinals through 90.

	Ordinals	Cardinals (for reference)
40th	**сороково́й**	со́рок
50th	**пятидеся́тый**	пятьдеся́т
60th	**шестидеся́тый**	шестьдеся́т
70th	**семидеся́тый**	се́мьдесят
80th	**восьмидеся́тый**	во́семьдесят
90th	**девяно́стый**	девяно́сто

УПРАЖНЕНИЕ 11 . Вы хорошо́ зна́ете совреме́нную (*modern*) исто́рию?

Match the events on the left with their years on the right and be prepared to read your answers out loud.

1. _____ Когда́ состоя́лся (*took place*) пе́рвый «Су́пер Бол» по америка́нскому футбо́лу?

2. _____ Когда́ состоя́лся пе́рвый рок-конце́рт «Ву́дсток» в Аме́рике?

3. _____ Когда́ ко́нчилась Втора́я мирова́я война́ (*World War II*)?

4. _____ Когда́ был пе́рвый полёт (*flight*) челове́ка в ко́смос (*space*)?

5. _____ Когда́ вы́шел (*came out*) пе́рвый фильм «Star Wars»?

а. В 45-ом году́.
б. В 61-ом году́.
в. В 67-ом году́.
г. В 69-ом году́.
д. В 77-ом году́.

УПРАЖНЕНИЕ 12   Моя́ семья́

Diana is telling about her family. Fill in the missing ordinal numerals, giving the final two digits of the dates.

Диа́на расска́зывает о свое́й (her) семье́: Я родила́сь
в _____[1] ('80) году́, а моя́ ста́ршая (older)
сестра́ Ве́ра в _____[2] ('70). Па́па роди́лся
в _____[3] ('40) году́, а ма́ма
в _____[4] ('45). Ба́бушка родила́сь
в _____[5] ('20) году́, а де́душка
в _____[6] ('21). Я зако́нчила шко́лу
в _____[7] ('98) году́. А Ве́ра уже́ зако́нчила
университе́т в _____[8] ('90) году́. Она́ ге́ний[†]!

УПРАЖНЕНИЕ 13   Кто когда́ роди́лся?

When were you and members of your family born? Write out a few sentences telling which year you and three or four other family members were born. Then move about the classroom and see if you or your family members share birthdates with other classmates.

---

reVERBerations ✪

---

1. In this Part you learned that **жени́ться** (used to describe a man) is both imperfective and perfective. **Организова́ть** is another example of a "bi-aspectual" verb, that is, one that is both imperfective and perfective.

В про́шлом году́ муж Ве́ры Никола́евны **организова́л** ру́сско-америка́нскую фи́рму.	*Last year Vera Nikolaevna's husband organized a Russian-American company.*

2. Expressing *to be interested in*

— Тебя́ **интересу́ет** то́лько футбо́л!	*"You're only interested in football!"*
— Не то́лько футбо́л. Хокке́й меня́ то́же **интересу́ет**.	*"Not just football. I'm interested in hockey too."*

Note that whereas in English the common "interest" construction has "person [subject] interested in something [direct object]," the corresponding Russian construction switches the roles of subject and object: "something [Nom.] interests the person [Acc.]."

 КУЛЬТУРА РЕЧИ

❖ **ТАК ГОВОРЯТ: IDIOMATIC USES OF** ИДТИ́

Идти́ is used frequently in constructions that do not mean *to go*.

Идёт дождь.	*It's raining.*
Идёт снег.	*It's snowing.*
Что **идёт** в кино́?	*What's playing at the movies?*
Дела́ **иду́т** хорошо́!	*Things are going well!*
Твои́ часы́ **иду́т**?	*Is your clock (or watch) working?*
Идёт уро́к.	*The class is in progress.*

УПРАЖНЕНИЕ 14   Где идёт дождь? Где идёт снег?

Using the weather map, practice asking and answering questions about where it's raining and snowing. Note the word order in the answer (new information last).

ОБРАЗЕ́Ц: — Где идёт дождь?
           — Дождь идёт в Кандала́кше.
           — А где ещё?

УПРАЖНЕНИЕ 15   Что идёт в теа́тре и́мени Вахта́нгова?

Using the theater listings, work with a classmate to practice asking what is being performed in different theaters. Titles of plays are given in quotation marks. The abbreviation **им.** stands for **и́мени** (*named in honor of,* which is followed by the Genitive of the person's name). Note the word order in the answer (new information last).

ОБРАЗЕ́Ц: — Что идёт в теа́тре и́мени Вахта́нгова?
            — В теа́тре и́мени Вахта́нгова идёт «Принце́сса Туранд́от».

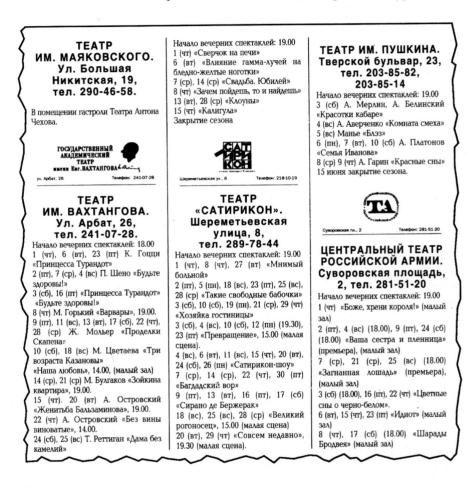

ТЕАТР ИМ. МАЯКОВСКОГО.
Ул. Большая Никитская, 19, тел. 290-46-58.

В помещении гастроли Театра Антона Чехова.

ГОСУДАРСТВЕННЫЙ АКАДЕМИЧЕСКИЙ ТЕАТР имени Евг. ВАХТАНГОВА
ул. Арбат, 26   Телефон 241-07-28

ТЕАТР ИМ. ВАХТАНГОВА.
Ул. Арбат, 26, тел. 241-07-28.
Начало вечерних спектаклей: 18.00
1 (чт), 6 (вт), 23 (пт) К. Гоцци «Принцесса Турандот»
2 (пт), 7 (ср), 4 (вс) П. Шено «Будьте здоровы!»
3 (сб), 16 (пт) «Принцесса Турандот» «Будьте здоровы!»
8 (чт) М. Горький «Варвары», 19.00.
9 (пт), 11 (вс), 13 (вт), 17 (сб), 22 (чт), 28 (ср) Ж. Мольер «Проделки Скапена»
10 (сб), 18 (вс) М. Цветаева «Три возраста Казановы»
«Наша любовь», 14.00, (малый зал)
14 (ср), 21 (ср) М. Булгаков «Зойкина квартира», 19.00.
15 (чт), 20 (вт) А. Островский «Женитьба Бальзаминова», 19.00.
22 (чт) А. Островский «Без вины виноватые», 14.00.
24 (сб), 25 (вс) Т. Реттиган «Дама без камелий»

Начало вечерних спектаклей: 19.00
1 (чт) «Сверчок на печи»
6 (вт) «Влияние гамма-лучей на бледно-желтые ноготки»
7 (ср), 14 (ср) «Свадьба. Юбилей»
8 (чт) «Зачем пойдешь, то и найдешь»
13 (вт), 28 (ср) «Клоуны»
15 (чт) «Калигула»
Закрытие сезона

Шереметьевская ул., 8   Телефон: 218-10-19

ТЕАТР «САТИРИКОН».
Шереметьевская улица, 8, тел. 289-78-44
Начало вечерних спектаклей: 19.00
1 (чт), 8 (чт), 27 (вт) «Мнимый больной»
2 (пт), 5 (пн), 18 (вс), 23 (пт), 25 (вс), 28 (ср) «Такие свободные бабочки»
3 (сб), 10 (сб), 19 (пн), 21 (ср), 29 (чт) «Хозяйка гостиницы»
3 (сб), 4 (вс), 10 (сб), 12 (пн) (19.30), 23 (пт) «Превращение», 15.00 (малая сцена)
4 (вс), 6 (вт), 11 (вс), 15 (чт), 20 (вт), 24 (сб), 26 (пн) «Сатирикон-шоу»
7 (ср), 14 (ср), 22 (чт), 30 (пт) «Багдадский вор»
9 (пт), 13 (вт), 16 (пт), 17 (сб) «Сирано де Бержерак»
18 (вс), 25 (вс), 28 (ср) «Великий рогоносец», 15.00 (малая сцена)
20 (вт), 29 (чт) «Совсем недавно», 19.30 (малая сцена).

ТЕАТР ИМ. ПУШКИНА.
Тверской бульвар, 23, тел. 203-85-82, 203-85-14
Начало вечерних спектаклей: 19.00
3 (сб) А. Мерлин, А. Белинский «Красотки кабаре»
4 (вс) А. Аверченко «Комната смеха»
5 (вс) Манье «Блэз»
6 (пн), 7 (вт), 10 (сб) А. Платонов «Семья Иванова»
8 (ср) 9 (чт) А. Гарин «Красные сны»
15 июня закрытие сезона.

Суворовская пл., 2   Телефон: 281-51-20

ЦЕНТРАЛЬНЫЙ ТЕАТР РОССИЙСКОЙ АРМИИ.
Суворовская площадь, 2, тел. 281-51-20
Начало вечерних спектаклей: 19.00
1 (чт) «Боже, хрени короля!» (малый зал)
2 (пт), 4 (вс) (18.00), 9 (пт), 24 (сб) (18.00) «Ваша сестра и пленница» (премьера), (малый зал)
7 (ср), 21 (ср), 25 (вс) (18.00) «Загнанная лошадь» (премьера), (малый зал)
3 (сб) (18.00), 16 (пт), 22 (чт) «Цветные сны о черно-белом».
6 (вт), 15 (чт), 23 (пт) «Идиот» (малый зал)
8 (чт), 17 (сб) (18.00) «Шарады Бродвея» (малый зал)

❖ САМОПРОВЕРКА: УПРАЖНЕНИЕ 16

Working on your own, try this self-test: Read a Russian sentence out loud, then give an idiomatic English equivalent without looking at the book. Then work from English to Russian. After you have completed the activity, try it with a classmate.

1. В четве́рг её дочь пое́хала в Санкт-Петербу́рг на конфере́нцию, а отту́да она́ пое́дет в Торо́нто на кинофестива́ль.†

2. Ма́ма, я ухожу́. Я приду́ в 8 часо́в.

1. *On Thursday her daughter went to Saint Petersburg for a conference, and from there she'll be going to Toronto for a film festival.*

2. *Mom, I'm leaving. I'll be back at 8:00 o'clock.*

3. Лари́са вы́шла за́муж за молодо́го архите́ктора.

4. Ва́ня жени́лся на симпати́чной аспира́нтке.

5. Мой роди́тели пожени́лись в 75-ом году́.

3. *Larisa married a young architect.*

4. *Vanya married a nice graduate student.*

5. *My parents got married in '75.*

❖ ВОПРОСЫ И ОТВЕТЫ: УПРАЖНЕНИЕ 17

1. Ты хо́чешь рабо́тать в ру́сско-америка́нской фи́рме? Ты мо́жешь организова́ть ру́сско-америка́нскую фи́рму?

2. Ты хо́чешь жить и рабо́тать в Аме́рике и́ли в Росси́и?

3. Тебя́ интересу́ет футбо́л? А хокке́й? А что ещё тебя́ интересу́ет?

4. Ты лю́бишь смотре́ть спорти́вные переда́чи (*programs*) по телеви́зору? Когда́ ты обы́чно смо́тришь телеви́зор?

❖ ДИАЛОГИ

ДИАЛОГ 1 Ты ухо́дишь?
(Discussing a departure)

— Сла́ва, ты ухо́дишь? Куда́ ты идёшь?

— На по́чту. Мне на́до купи́ть ма́рки.

— А пото́м куда́ ты пойдёшь?

— К дру́гу. Он неда́вно жени́лся.

— Как зову́т его́ жену́?

— Ири́на, Йра. Она́ о́чень симпати́чная. Бо́же мой, уже́ четы́ре часа́! Я опа́здываю! Пока́!

ДИАЛОГ 2 Како́й прия́тный сюрпри́з[†]!
(Sharing personal news)

— Приве́т, Сла́ва! Как я ра́да тебя́ ви́деть!

— О́ля! Како́й прия́тный сюрпри́з! Что у тебя́ но́вого?

— Зна́ешь, я вы́шла за́муж.

— Что ты говори́шь! За кого́?

— За Воло́дю Васи́льева. Сейча́с мы живём в Оренбу́рге, неда́вно у нас родила́сь дочь.

— Поздравля́ю (*congratulations*)! Рад за тебя́!

УПРАЖНЕНИЕ 18   Ваш диало́г

Create a dialogue in which you and a friend meet after not seeing each other for a long while. Exchange news of family, studies, job, and so on.

❖ А ТЕПЕРЬ . . . : УПРАЖНЕНИЕ 19

Working with a classmate, use what you learned in Part 2 to . . .

1. find out what time she generally arrives at school

2. find out what time she usually leaves

3. find out what time she usually arrives home

4. ask what year her parents (brother, sister, grandparents) got married

5. ask about other important dates in her life

ЧАСТЬ ТРЕТЬЯ

С ЧЕГО НАЧАТЬ?

В ÓФИСЕ†

монитóр · лáзерный† прúнтер · факс · копúр · пúшущая машúнка · мышь *f.* · клавиатýра · автоотвéтчик · компьютер

✖ ЧТЕНИЕ ✖

❖ ДАВА́ЙТЕ° КУ́ПИМ ВАМ НО́ВЫЙ КОМПЬЮ́ТЕР

Let's

(*At Ilya Ilyich's.*)

ПРОФЕ́ССОР.	Джим, вчера́ на симпо́зиуме† колле́га° **из**° А́нглии попроси́ла а́дрес мое́й **электро́нной по́чты.**° Мне ста́ло° о́чень сты́дно, что я — челове́к° про́шлого **ве́ка.** Вы не **пока́жете**° мне, как рабо́тает электро́нная по́чта?	*colleague / from* электро́нной... *e-mail /* Мне... *I became person / century / show*
ДЖИМ.	С удово́льствием. А како́й у вас компью́тер?	
ПРОФЕ́ССОР.	У меня́... **обы́чный**° компью́тер. Он у меня́ уже́ лет во́семь. **Прекра́сно**° рабо́тает.	*normal* *great*
ДЖИМ.	Лет во́семь?! Илья́ Ильи́ч, но **ведь э́то**° диноза́вр,† а не компью́тер! Вам ну́жен но́вый компью́тер. И ну́жен **моде́м.**†	ведь... *that is really*
ПРОФЕ́ССОР.	Моде́м? А что э́то тако́е?	
ДЖИМ.	Э́то... Э́то така́я шту́ка,° кото́рая нужна́ для электро́нной по́чты. А при́нтер у вас есть?	така́я... *a kind of thing*
ПРОФЕ́ССОР.	Есть, но он то́же о́чень ста́рый.	
ДЖИМ.	Дава́йте ку́пим вам но́вый компью́тер и ла́зерный при́нтер. Кста́ти, в но́вом магази́не электро́ники **о́коло**° ва́шей авто́бусной остано́вки большо́й **вы́бор**° компью́теров и при́нтеров. У вас сейча́с есть вре́мя?	*near* *selection*
ПРОФЕ́ССОР.	Вы же зна́ете, Джим, что у меня́ никогда́ нет вре́мени. Но **без**° вас я компью́тер не куплю́, поэ́тому... (*He puts on his raincoat and hat.*)	*without*

　　По доро́ге° в магази́н Джим расска́зывает Илье́ Ильичу́, что его́ друг Том **познако́мился** по **Интерне́ту**† с де́вушкой.° Они́ перепи́сывались° по Интерне́ту ка́ждый день и... Но вот и магази́н электро́ники. Тут всегда́ **мно́го**° люде́й.°

On the way
познако́мился... *met a woman on the Internet*
corresponded
many / people

it would be better *как... what do you think?*	ПРОФЕ́ССОР.	(*Looking at notebooks.*) Мне, наве́рно, **лу́чше**° купи́ть обы́чный компью́тер. Джим, **как вы счита́ете**°?
absolutely *screen*	ДЖИМ.	Вам безусло́вно° ну́жен обы́чный компью́тер, Илья́ Ильи́ч. Посмотри́те, како́й большо́й экра́н.° Отли́чный компью́тер!
sales clerk / price	**ПРОДАВЕ́Ц.**°	(*Overhearing the end of the conversation.*) И **цена́**° хоро́шая.
	ПРОФЕ́ССОР.	Скажи́те, ско́лько всё э́то сто́ит?
	ПРОДАВЕ́Ц.	(*Tells him the price.*)
	ПРОФЕ́ССОР.	Вы ведь принима́ете **креди́тные ка́рточки**†? Вот, пожа́луйста
changed / Before		(*hands his credit card to the sales clerk*). Как всё **измени́лось**°! **Ра́ньше**° в Москве́ нельзя́ бы́ло купи́ть компью́тер, а тепе́рь ...
cheaper / than	ДЖИМ.	...а тепе́рь они́ здесь да́же немно́го **деше́вле,**° **чем**° у нас!

(*Ilya Ilyich pays for the computer, printer, and delivery, and he and Jim head home.*)

about *beginning*	ПРОФЕ́ССОР.	Джим, вы на́чали расска́зывать **про**° ва́шего дру́га То́ма. О́чень интере́сное **нача́ло.**°
happy / ending / soon / *wedding*	ДЖИМ.	И **счастли́вый**° **коне́ц**°: ско́ро бу́дет **сва́дьба.**°
я... I wouldn't mind *with colleagues*	ПРОФЕ́ССОР.	Вы зна́ете, Джим, я бы не возража́л° научи́ться перепи́сываться ... гм ... с колле́гами°... по Интерне́ту.

УПРАЖНЕ́НИЕ 1   Под микроско́пом: Cognates

This reading contains a number of cognate computer terms from English. Make a list of the ones you recognized without having to look them up (you may find a half-dozen or more), then make a list of other cognates you were able to guess from context.

COMPUTER TERMS	OTHER COGNATES
_____	_____
_____	_____
_____	_____
_____	_____

ГРАММАТИКА И ПРАКТИКА

◆ О РОССИИ ◆◆◆◆◆◆◆◆◆

SHOPPING IN RUSSIA

Вы ведь принима́ете креди́тные ка́рточки?

The development of a market economy in Russia has led to many innovations in retailing, such as supermarkets, fast-food franchises, specialty electronic stores, and self-service bakeries. Even credit cards (including the major western cards) can now be used in many stores, especially in the larger cities. In many other stores, however, things have been slower to change and traditional practices remain, such as the three-step purchasing system:

1. Find out the prices of the items you wish to buy. Note what sections of the store they are sold in.

2. Go to the cashier (**ка́сса**) and tell her or him the prices of your items and the section each is sold in. Pay the total. The cashier gives you a receipt for each section.

3. Return to each section of the store where your desired items are displayed, give the clerk the receipt, and state what you wish to purchase.

As you might expect in a three-line system, service slows down and lines in each step are common. And while many stores in Russia now stock bags that customers can buy, experienced shoppers never go anywhere without a bag.

◆ 8.8. INCLUSIVE IMPERATIVES: *LET'S* . . . ДАВА́Й(ТЕ) . . .

Дороги́е сосе́ди, **дава́йте познако́мимся!**	*Dear neighbors, let's get acquainted!*
Дава́й говори́ть друг дру́гу «ты»!	*Let's use «ты» with each other.*
Дава́йте ку́пим вам но́вый компью́тер и ла́зерный при́нтер.	*Let's buy you a new computer and laser printer.*

Constructions with **Дава́й(те). . .**, like those with *Let's . . .* in English, are used to suggest a joint course of action (i.e., one that includes the speaker and the listener(s)). **Дава́й** is used in «**на ты**» situations (where you are addressing one person whom you know well); **дава́йте** is used in «**на вы**» situations (where you are addressing one person formally, or a group of people). **Дава́й(те)** is used with a *perfective future* **мы**-*form* for specific, one-time suggestions (**Дава́йте ку́пим вам но́вый компью́тер**) or with an *imperfective infinitive* for general suggestions (**Дава́й говори́ть друг дру́гу «ты»!**).

GENERAL SUGGESTIONS	SPECIFIC SUGGESTIONS
<Дава́й(те) + impfv. infinitive>	<Дава́й(те) + pfv. future мы-form>
Дава́й писа́ть друг дру́гу ка́ждую неде́лю. Дава́йте звони́ть друг дру́гу ка́ждый день.	Дава́й напи́шем письмо́ Ма́рку в Аме́рику. Дава́йте позвони́м Анто́ну и пригласи́м его́ на новосе́лье.

УПРАЖНЕНИЕ 2   «Дава́й» и́ли «дава́йте»?

Fill in the blanks with either **дава́й** or **дава́йте,** according to the context («**на ты**» or «**на вы**»).

1. Ко́стя, ты бу́дешь занима́ться сего́дня ве́чером? Нет? Хорошо́,_____ пойдём в кино́!
2. Ма́ша, О́ля,_____ пригласи́м на новосе́лье на́шу но́вую сосе́дку.
3. Ты зна́ешь, я купи́л но́вый ви́део-магнитофо́н (ви́дик)._____ ещё раз (*once again*) посмо́трим «Тита́ник».
4. Ни́на Серге́евна, вы по́мните на́шу сосе́дку Мари́ну? Полго́да (*six months*) наза́д она́ пое́хала в Лос-А́нджелес и там вы́шла за́муж. У меня́ есть её телефо́н —_____ позвони́м ей в Аме́рику и поздра́вим (*congratulate*).

УПРАЖНЕНИЕ 3   Что вы ска́жете?

Provide a **дава́й(те)** construction you might use in the following situations. The verb you will need to use is given in parentheses. Be sure to think about whether it is imperfective or perfective as you produce the appropriate **дава́й(те)** construction.

ОБРАЗЕЦ: You think it would be a good idea for you and Sveta to study together tonight. (занима́ться)
→ Све́та, дава́й занима́ться вме́сте сего́дня ве́чером!

1. You suggest that you and a friend prepare a pizza together tonight. (пригото́вить)
2. You think it would be fun if you and a friend studied in Russia this summer. (учи́ться)
3. You're starting a band and want to use the garage at home for rehearsal space. You speak to your parents and suggest parking the car on the street. (паркова́ть)
4. You invite a friend to go with you to a concert on Friday. (пойти́)
5. Your dorm room is getting crowded because your roommate has bought a new computer. You offer to help him sell his old one. (прода́ть)
6. In need of spending money, you propose that you and some friends get jobs in a restaurant. (рабо́тать)

СЛОВА, СЛОВА, СЛОВА . . . ⭐ *Neuter Nouns in -мя: врéмя and ѝмя*

A very small number of neuter nouns end in **-мя,** and you already know the only two you are likely to need at this time: **врéмя** and **ѝмя.** Like all neuter nouns, the Accusative looks like the Nominative; note that the syllable **-ен-** is inserted before any other case endings. As the following chart shows, there is a great deal of overlap in the endings.

	SINGULAR	PLURAL
NOM.	ѝмя	им-ен-á
ACC.	ѝмя	им-ен-á
GEN.	ѝм-ен-и	
PREP.	ѝм-ен-и	*(not given at present)*
DAT.	ѝм-ен-и	

СЛОВА, СЛОВА, СЛОВА . . . ⭐ *Hundreds, Thousands*

Here are the forms needed to express hundreds and thousands.

100	сто	1000	тѝсяча
200	двéсти	2000	две тѝсячи
300	трѝста	3000	три тѝсячи
400	четѝреста	4000	четѝре тѝсячи
500	пятьсóт	5000	пять тѝсяч
600	шестьсóт	6000	шесть тѝсяч
700	семьсóт	7000	семь тѝсяч
800	восемьсóт	8000	вóсемь тѝсяч
900	девятьсóт	9000	дéвять тѝсяч

УПРАЖНÉНИЕ 4   Нóмер телефóна

Now that you know how to say numbers in the hundreds, you can give your own telephone number Russian-style (XXX-XX-XX) and can understand others' telephone numbers when they give them to you. Write your telephone number on a slip of paper, fold it, and exchange it with someone. Without looking at the number you receive, exchange that number with someone else, then make a third exchange. Now try to find the person to whom the phone number you are holding belongs.

ОБРАЗÉЦ: 451-78-94—чей э́то нóмер телефóна? Твой?
→ Нет, э́то не мой нóмер телефóна.
ѝли
→ Да, э́то мой нóмер телефóна.

◈◈◈ О РОССИИ ◈◈◈◈◈◈◈◈◈◈◈◈◈◈◈◈◈◈

RUSSIAN CURRENCY: РУБЛЬ, КОПЕЙКА

Скажите, сколько всё это стоит?

Russian currency (*money:* **деньги**) consists of the ruble, **рубль** (*m.*), and the kopeck, **копейка.** A ruble equals one hundred kopecks. For a time in the early 1990s inflation in Russia was so high that small numbers of rubles, to say nothing of kopecks, became almost worthless. As a result, in early 1998 the ruble was devalued so that 1,000 rubles became 1 ruble. The fluctuating value of the currency prompts many advertisers to publish their prices in American dollars. Here are some representative prices from various years.

	1990	1994	2000
A liter of gasoline	2.5 rubles	4,000 rubles	6.5 rubles
A metro ticket	5 kopecks	400 rubles	5 rubles

◈◈◈◈◈◈◈◈◈◈◈◈◈◈◈◈◈◈◈◈◈◈◈◈◈◈◈◈

◈ 8.9. PRICES IN RUSSIAN AND U.S./CANADIAN CURRENCIES: СКÓЛЬКО СТÓИТ . . . ?

These are the forms you need to express prices in Russian and U.S./Canadian currencies.

IF THE LAST WORD IN THE NUMERAL IS . . .	A NOUN USED WITH IT WILL BE IN THE . . .	FORMS	EXAMPLES
оди́н, одна́	Nom. sing.	рубль копе́йка до́ллар цент	оди́н рубль одна́ копе́йка оди́н до́ллар оди́н цент
	Acc. sing. (with сто́ит)		одну́ копе́йку
два (две) три четы́ре	Gen. sing.	рубля́ копе́йки до́ллара це́нта	два (три, четы́ре) рубля́ две (три, четы́ре) копе́йки два (три, четы́ре) до́ллара два (три, четы́ре) це́нта
Any other numeral	Gen. pl.	рубле́й копе́ек до́лларов це́нтов	пять (де́сять, двена́дцать) рубле́й пять (де́сять, двена́дцать) копе́ек пять (де́сять, двена́дцать) до́лларов пять (де́сять, двена́дцать) це́нтов

Note that a numeral given in response to the question **Ско́лько сто́ит . . . ?** is in the Accusative case. In practice, however, the Accusative is apparent only when the price ends in the numeral "one" and the currency is feminine, as with kopeck (Accusative forms are underlined in the following examples): **Э́тот каранда́ш сто́ит <u>со́рок одну́ копе́йку.</u>** In all other instances the Accusative forms are masked by the fact that they look like Nominative forms: this holds for masculine nouns such as **рубль** (**Э́тот журна́л сто́ит <u>со́рок оди́н рубль</u>**) as well as numerals greater than one (**Э́тот журна́л сто́ит <u>со́рок три</u> рубля́**). Numerals that do not end in "one" require the item being counted to appear in the Genitive case (hence **рубля́** in the preceding example). The same rules apply to other foreign currencies: those that are masculine in Russian such as **до́ллар, франк, фунт** (*pound*) follow the pattern of **рубль,** while feminine currencies such as **ма́рка, иена** (*yen*) exhibit the same endings as **копе́йка.** Note that indeclinable currencies such as **евро́** *euro* are generally masculine.

УПРАЖНЕНИЕ 5   Куда́ ухо́дят твои́ де́ньги (*money*)?

Look at the four monthly budgets and try to figure out as many of the items as possible. Then make up you own monthly budget and compare it with that of your classmates.

КУДА́ УХО́ДЯТ ДЕ́НЬГИ?

$250

Татьяна Гордеева,
врач

$100	одежда
$30	парикмахерская
$30	косметика
$20	журналы, книги
$20	кафе, театр
$50	остаток (откладывается на отпуск)

$500

Оксана Пономарева,
студентка

$50	одежда
$50	парикмахерская, косметика
$40	ночные клубы, кино
$40	кафе
$20	кассеты, книги
$300	остаток (откладывается на машину)

$1000

Настя Пастухова,
коммерческий представитель

$200	развлечения
$140	питание
$100	амортизация машины
$100	спорт
$60	уход за собакой
$40	косметика
$30	журналы, книги
$30	коммунальные услуги
$300	остаток (откладывается на отпуск и одежду)

$1500

Зоя Трунова,
продюсер BBC

$500	питание
$350	квартира
$200	одежда
$100	кафе, детские развлечения
$100	амортизация машины
$80	верховая езда
$50	кино
$50	парикмахерская
$50	детский сад
$20	косметика
0	остаток

УПРАЖНЕНИЕ 6   Ско́лько сто́ит. . . ?

Keep this page open while a classmate turns to Appendix K, finds the corresponding list of items, and asks the price of an item. Then you consult the ad below and give the price in Russian, which your classmate writes down. After doing four items, compare what your classmate has written down with the prices in the ad; then switch roles. (Note that many model numbers of imported goods bear non-Russian designations; in these cases Russians themselves often use the foreign—frequently English—words and letter names.)

ОБРАЗЕЦ:　　— Ско́лько сто́ит монито́р Sony GS MM?
　　　　　　　— Э́тот монито́р сто́ит 425 (четы́реста два́дцать пять) до́лларов.

❖ 8.10. GENITIVE PLURAL OF NOUNS

Пять **мину́т** наза́д у нас на́чал рабо́тать телефо́н!	*Five minutes ago our phone began to work!*
В семь **часо́в** — э́то удо́бно.	*At 7:00—that'll work (that's convenient).*
У всех **аспира́нтов** до́ма мно́го **книг.**	*All graduate students have lots of books at home.*
Я не пойду́ на конце́рт — у меня́ мно́го **дел.**	*I won't be going to the concert. I have a lot of things to do.*
На́до купи́ть компью́теры для всех **преподава́телей.**	*We have to buy computers for all the teachers.*

You already learned Genitive singular noun endings in Lesson 4: masculine and neuter nouns take the ending **-а/-я;** feminine nouns take the ending **-ы/-и: Нет ду́ша, нет окна́, нет воды́, нет две́ри.** In Lesson 6, Part 3 you learned that items being counted appear in the Genitive *singular* after **два (две), три,** or **четы́ре.** All larger numerals that do not end in the words **два (две), три,** or **четы́ре** require items being counted to appear in the Genitive *plural,* which you will now learn. The Genitive plural has a wider variety of endings than other Russian cases, but there are many underlying regularities.

NOMINATIVE SINGULAR ENDING	GENITIVE PLURAL ENDING	GENITIVE PLURAL FORMS
1. -а	"zero ending"	
кни́га		книг
-о		
де́ло		дел
2. -ия	**-ий**	
ле́кция†		ле́кций
-ие		
упражне́ние		упражне́ний
3. -ь (*m. or f.*)	**-ей**	
преподава́тель		преподава́тел**ей**
дверь		двер**е́й**
-ж, -ш, -щ, -ч (*hushers*)		
эта́ж		этаж**е́й**
врач		врач**е́й**
4. Masculine nouns not	**-ов**	
covered above	**(-ев)**	
стол		стол**о́в**
ме́сяц		ме́сяц**ев**
музе́й		музе́**ев**

For the last group, note that **-ов** is spelled **-ев** after **-ц** or **-й** if the ending is not stressed: **оди́н ме́сяц/пять ме́сяцев, оди́н музе́й/пять музе́ев** (the **-й-** disappears between two vowels); end-stressed nouns take **-ов: оте́ц/отцо́в.**

УПРАЖНЕ́НИЕ 7   В на́шем го́роде. . .

Fill in the blanks with the correct Genitive plural form of the words in parentheses.

В на́шем го́роде пять _____[1] (ко́лледж†) и мно́го _____[2] (шко́ла). В на́шем ко́лледже две ты́сячи _____[3] (студе́нт) и мно́го _____[4] (преподава́тель). У нас шесть _____[5] (общежи́тие). Я живу́ не в общежи́тии, а в большо́м до́ме: в на́шем до́ме де́вять _____[6] (эта́ж) и пятьдеся́т _____[7] (кварти́ра). В ко́лледже хоро́шая библиоте́ка: там мно́го _____[8] (кни́га), _____[9] (журна́л) и _____[10] (газе́та). Ещё в на́шей библиоте́ке мно́го _____[11] (видеокассе́та†) и _____[12] (компа́кт-ди́ск†), но там нет _____[13] (уче́бник [*textbook*]). Э́то мой уче́бник ру́сского языка́. В нём три́ста _____[14] (страни́ца [*page*]). В уче́бнике семь _____[15] (уро́к), и в ка́ждом уро́ке мно́го _____[16] (упражне́ние) и _____[17] (фотогра́фия).

❖ 8.11. GENITIVE PLURAL OF NOUNS: VARIATIONS

Тут всегда́ **мно́го люде́й.**　　　*There are always a lot of people here.*

Тебе́ ско́лько **лет?**　　　*How old are you?*

In addition to the basic endings given in the preceding section, you'll need to know a few other common variations in the Genitive plural. The spelling rules are helpful for learning these forms. Note also shifting stress. Irregularities such as these will be indicated in the glossaries.

1. "Fill-vowel" nouns. Words with a zero ending in the Genitive plural—mainly feminines and neuters—often insert a vowel to break up a consonant cluster. This "fill vowel" is generally -e- when the «**хоро́шее**» spelling rule applies (**ба́бушк-а/ба́буш-е-к**) or when the consonant cluster contains -ь- (**письм-о́/пи́с-е-м**); otherwise the "fill vowel" is usually -о- (**окн-о́/о́к-о-н**). Here are some other examples:

   ру́чка — ру́чек　　　блу́зка — блу́зок

   де́душка — де́душек　　　окно́ — о́кон

   письмо́ — пи́сем　　　сестра́ — сестёр [Note the stressed **ё**.]

2. "Kill-vowel" (also known as "fleeting vowel") nouns. Some masculines delete the vowel in the final syllable when an ending is added. This is the same change you already know from other endings (*sing.* **от-е́-ц**/ *pl.* **отц-ы́**, and so on).

   оте́ц — отцо́в　　　пода́рок — пода́рков

   америка́нец — америка́нцев　　　пирожо́к — пирожко́в

3. Family, friends, and neighbors. You already know that many of these nouns have a different stem in the plural (compare the Nominative plural form in parentheses below). The plural stem is maintained in all plural forms, including the Genitive plural.

   мать (ма́тери)　—　матере́й　　　сын (сыновья́) — сынове́й

   дочь (до́чери)　—　дочере́й　　　друг (друзья́)　—　друзе́й

   ребёнок (*child*) (де́ти) — дете́й　　　муж (мужья́)　—　муже́й

   сосе́д (сосе́ди)　—　сосе́дей　　　брат (бра́тья)　—　бра́тьев

4. "Zero-ending" masculine nouns. There are a few masculine nouns for which the Genitive plural is identical to the Nominative singular. You know only two of them so far.

   челове́к — челове́к　　　раз — раз

   Note that the equivalent of *people* after numerals and the words **ско́лько** and **не́сколько** (*a few, several*) is **челове́к**. After **мно́го** and **ма́ло** the equivalent is **люде́й.**

   — Ско́лько челове́к?　　　— Семь челове́к.

   　　　— Мно́го/ма́ло люде́й.

5. Other nouns. You should memorize the Genitive plural of words that are not used in the singular, such as:

   де́ньги — де́нег

   and of words that use completely different forms:

   год (*Gen. sing.* го́да) — лет

УПРАЖНЕНИЕ 8   Сколько?

Fill in the blanks with the correct Genitive plural form of the words in parentheses.

1. У Антона пять _____ (брат), пять _____ (сестра) и много _____ (друг).

2. У моей сестры нет _____ (ребёнок), ни _____ (сын), ни _____ (дочь).

3. В чемодане у неё было восемь _____ (футболка), семь _____ (блузка) и несколько (*a few, several*) _____ (юбка).

4. У моей любимой актрисы было шесть _____ (муж), но не было _____ (ребёнок).

5. В Москве всегда много _____ (американец).

6. У них нет ни _____ (бабушка), ни _____ (дедушка).

7. На собрании было много _____ (отец) и _____ (мать).

8. У наших _____ (сосед) большая квартира и много _____ (деньги).

9. У почтальона нет для нас _____ (письмо) сегодня.

СЛОВА, СЛОВА, СЛОВА . . . ✪ *Count vs. Noncount Nouns*

Many languages—including English and Russian—recognize a distinction between things you can quantify by counting (*cars, armchairs, postage stamps*) and things you can quantify but not count (*talent, milk, history*).

COUNT NOUNS	NONCOUNT NOUNS
автобус	шоколад
окно	время
проблема	практика

❖ 8.12. GENITIVE WITH QUANTITY WORDS: СКОЛЬКО, МНОГО, МАЛО, AND НЕТ

Сейчас **нет времени,** надо много заниматься.	*There's no time now; (I) have to study a lot.*
Тут всегда **много людей.**	*There are always a lot of people here.*

Count nouns associated with the quantity words **сколько, много, мало,** and **нет** appear in the Genitive plural; noncount nouns associated with them appear in the Genitive singular.

QUANTITY WORDS	COUNT NOUNS (Gen. pl.)	NONCOUNT NOUNS (Gen. sg.)
ско́лько? мно́го ма́ло нет (*i.e., zero quantity*)	ско́лько (мно́го, ма́ло, нет) **автóбусов** ско́лько (мно́го, ма́ло, нет) **óкон** ско́лько (мно́го, ма́ло, нет) **проблéм**	ско́лько (мно́го, ма́ло, нет) **шокола́да** ско́лько (мно́го, ма́ло, нет) **врéмени** ско́лько (мно́го, ма́ло, нет) **пра́ктики**

УПРАЖНЕНИЕ 9   Count vs. noncount nouns

Which of the following are count nouns and which are noncount nouns? In the "**МНÓГО**-form" column, provide the Genitive singular form for the noncount nouns, the Genitive plural form for the count nouns.

	COUNT	NONCOUNT	**МНÓГО**-FORM
ОБРАЗЕЦ: вода́	☐	☒	мно́го воды́
1. день	☐	☐	_____
2. дирéктор	☐	☐	_____
3. пра́ктика	☐	☐	_____
4. фотогра́фия	☐	☐	_____
5. объявлéние	☐	☐	_____
6. кни́га	☐	☐	_____
7. му́зыка	☐	☐	_____
8. молокó	☐	☐	_____
9. урóк	☐	☐	_____
10. óпыт	☐	☐	_____
11. электри́чество[†]	☐	☐	_____
12. ка́рточка	☐	☐	_____

УПРАЖНЕНИЕ 10   Genitive plural expressions

By making good guesses (and, if necessary, using a process of elimination), match these common Russian phrases—all of which use one or more Genitive plural forms—with their English counterparts.

1. _____ В концé концóв . . .
2. _____ Не имéй сто рублéй, а имéй сто друзéй.
3. _____ поворóт на сто вóсемьдесят гра́дусов
4. _____ послéдний из могика́н
5. _____ Скóлько лет, скóлько зим!

a. *an about-face; a 180-degree turnaround*
б. *Friends are worth more than money.*
в. *Long time no see!*
г. *the last of the Mohicans*
д. *After all*

Не имéй сто рублéй, а имéй сто друзéй.

УПРАЖНÉНИЕ 11   Genitive case noun endings

Fill in the blanks with Genitive case forms.

1. В нáшем университéте мнóго (студéнты) _____.

2. На автóбусной останóвке бы́ло мнóго (лю́ди) _____.

3. У меня́ мнóго (друзья́) _____.

4. В метрó всегдá мнóго (америкáнцы) _____.

5. У нáшего сосéда мнóго (кни́ги и откры́тки) _____.

6. У нас сли́шком мнóго (журнали́сты) _____.

7. У меня́ нет (пи́сьма) _____.

УПРАЖНÉНИЕ 12   Социóлог[†] спрáшивает

You are taking a survey for a sociologist. Ask your classmates the following questions.

1. Скóлько у вас брáтьев и сестёр? Скóлько им лет?

2. У вас есть друзья́ в университéте (в шкóле)? У вас мнóго друзéй?

3. У вас есть дéти? Éсли да, то скóлько? Скóлько сыновéй и скóлько дочерéй?

4. Скóлько у вас дóма книг?

5. Скóлько фи́льмов вы смóтрите кáждую недéлю?

6. Скóлько часóв в день (*per day*) вы смóтрите телеви́зор? Как вы ду́маете, это мнóго врéмени и́ли мáло?

7. Скóлько у вас дóма телефóнов?

8. Скóлько маши́н в вáшей семьé?

9. Скóлько журнáлов вы получáете?

10. Скóлько газéт вы получáете?

11. Скóлько у вас в семьé компью́теров?

12. Скóлько раз (*times*) в день вы проверя́ете (*check*) электрóнную пóчту?

reVERBerations ✪ *Verbs Based on -Казать*

The perfective verb in the aspectual pair **показывать / показа́ть** (*to show*) is declined like other perfectives ending in **-казать.** This is a common pattern that you have already seen in the perfective verbs **говори́ть / сказа́ть** (*to say, to tell*) and **расска́зывать / рассказа́ть** (*to tell, to relate*). Here are the key forms of this verb.

pfv. **показа́ть:** покаж-у́, пока́ж-ешь, . . . пока́ж-ут

КУЛЬТУРА РЕЧИ

❖ ТАК ГОВОРЯТ: ВЕДЬ

Ра́зве э́то тру́дная те́ма? **Ведь** все зна́ют, что тако́е цирк.	*Is that such a difficult topic? Why, everyone knows what a circus is.*
Но ты **ведь** у́чишься то́лько на второ́м ку́рсе?	*But you're only a second-year student, aren't you?*
Но **ведь** ты моя́ дочь! Я име́ю пра́во знать, куда́ ты идёшь. . .	*But after all, you're my daughter! I have a right to know where you're going. . .*
Илья́ Ильи́ч, но **ведь** э́то диноза́вр, а не компью́тер!	*But Ilya Ilyich, this is really a dinosaur, not a computer!*

The highly conversational word **ведь** defies any single translation. It appears in statements as a marker of facts or ideas that the speaker is reasonably sure the addressee is aware of and/or should be in agreement with.

❖ САМОПРОВЕРКА: УПРАЖНЕНИЕ 13

Working on your own, try this self-test: Read a Russian sentence out loud, then give an idiomatic English equivalent without looking at the book. Then work from English to Russian. After you have completed the activity, try it with a classmate.

1. Дава́йте ку́пим вам но́вый компью́тер и ла́зерный при́нтер.	**1.** *Let's buy you a new computer and laser printer.*
2. Дава́й говори́ть то́лько по-ру́сски!	**2.** *Let's speak only Russian!*

3. Мы купи́ли мно́го пода́рков: пять книг, пять ру́чек и шесть компа́кт-ди́сков.

4. В но́вом магази́не электро́ники большо́й вы́бор компью́теров и при́нтеров.

5. Тут всегда́ мно́го люде́й.

6. — У вас сейча́с есть вре́мя?
— Вы же зна́ете, что у меня́ никогда́ нет вре́мени.

3. *We bought a lot of presents: five books, five pens, and six CDs.*

4. *In the new electronics store there is a good selection of computers and printers.*

5. *There are always a lot of people here.*

6. *"Do you have time now?"*
"You know I never have any time."

❖ ВОПРОСЫ И ОТВЕТЫ: УПРАЖНЕНИЕ 14

1. У тебя́ до́ма есть компью́тер? А в университе́те есть компью́теры?
2. Расскажи́, пожа́луйста, како́й у тебя́ компью́тер. А каки́е компью́теры в университе́те?
3. Ско́лько компью́теров у тебя́ до́ма? А в университе́те мно́го компью́теров?
4. У тебя́ до́ма есть при́нтер? Како́й у тебя́ при́нтер? Стру́йный (*ink-jet*)? Ла́зерный[†]? Каки́е при́нтеры в университе́те?
5. Ско́лько часо́в в день (*per day*) ты рабо́таешь на компью́тере до́ма? А в университе́те?
6. У тебя́ до́ма ста́рый и́ли но́вый компью́тер? Когда́ ты купи́л (купи́ла) его́? А в университе́те каки́е компью́теры — ста́рые и́ли но́вые?
7. Каки́е популя́рные моде́ли[†] компью́теров ты зна́ешь?

Почему́ здесь мно́го люде́й?

◆ ДИАЛОГИ

ДИАЛОГ 1 В киóске
(Making purchases)

— Скажи́те, у вас есть ка́рта Москвы́?
— Ка́рта Москвы́? Есть.
— Ско́лько она́ сто́ит?
— Есть ка́рта за 17 рубле́й и есть за 29.
— Покажи́те, пожа́луйста, за 29.

ДИАЛОГ 2 В магази́не
(Making purchases)

— Покажи́те, пожа́луйста, альбо́м (*picture book*) «Москва́».
— Э́тот?
— Нет, вон тот, ма́ленький.
— Пожа́луйста. [Продаве́ц пока́зывает альбо́м.]
— А ско́лько он сто́ит?
— Сейча́с скажу́. [Pause.] 200 рубле́й.
— Я беру́ его́ (*I'll take it*). Где ка́сса (*cashier station*)?
— Ка́сса там.

УПРАЖНЕНИЕ 15   Ваш диало́г

Create a dialogue in which you are helping a friend buy a new computer setup. One of you knows nothing about computers, the other is fairly knowledgeable. Here are some sample phrases you might use.

— У меня́ компью́тер ДЕЛЛ. Он сто́ит . . .
— А у меня́ — ГЕ́ЙТУЭЙ 2001. Он сто́ит . . .
— У меня́ — пе́нтиум. Он сто́ит . . .
— А у меня́ — ста́рый компью́тер, 486. Он сто́ит . . .
— А у меня́ — совсе́м ста́рый, 386. Он ничего́ не сто́ил. Мне его́ подари́л мой сосе́д.

◆ А ТЕПЕ́РЬ . . . : УПРАЖНЕНИЕ 16

Working with a classmate, use what you learned in Part 3 to . . .

1. ask how many brothers and sisters he has
2. find out how many CDs (cassettes, videocassettes, . . .) he has
3. find out how many people live in his dorm (apartment, house, . . .)
4. suggest buying a present for someone in the class
5. suggest speaking only Russian today

ЧАСТЬ ЧЕТВЁРТАЯ

С ЧЕГО НАЧАТЬ?

ГОРОДСКО́Й ТРА́НСПОРТ

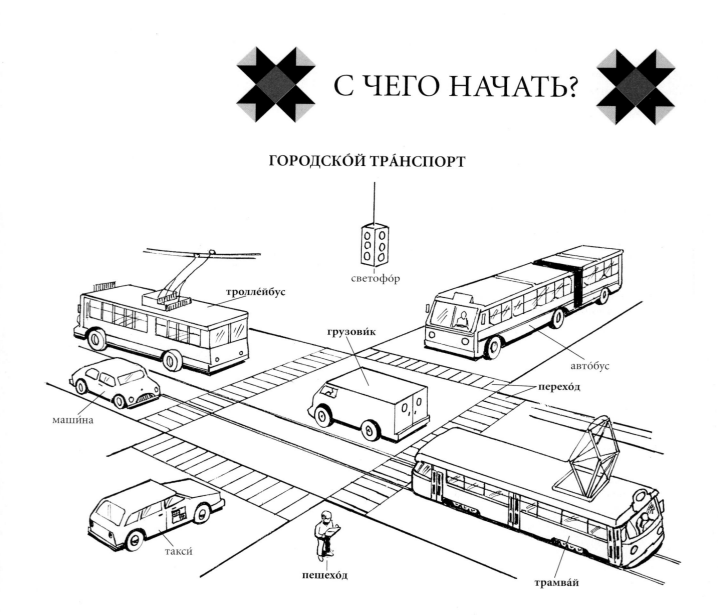

светофо́р

троллéйбус

грузови́к

авто́бус

перехо́д

маши́на

такси́

пешехо́д

трамва́й

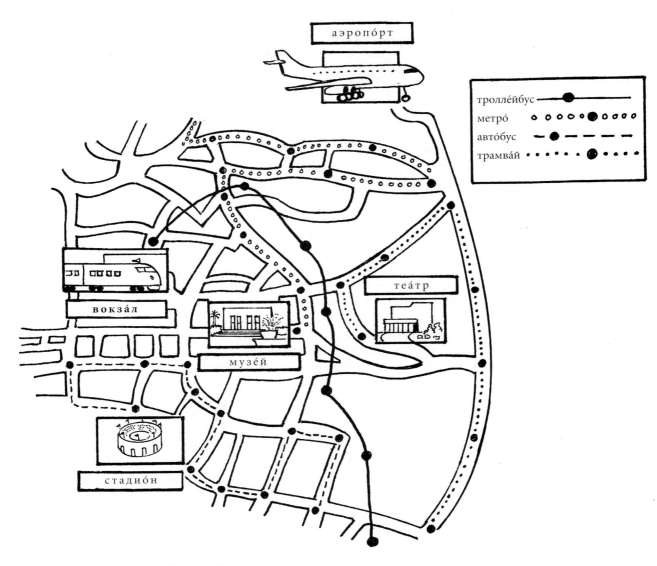

УПРАЖНЕНИЕ 1 Ка́рта го́рода

Consult the map above to complete the following sentences:

1. В музе́й на́до е́хать _____
2. На вокза́л на́до ехать _____
3. В теа́тр на́до е́хать _____
4. В аэропо́рт на́до е́хать _____
5. На стадио́н на́до е́хать _____

    а. на авто́бусе.
    б. на метро́.
    в. на такси́.
    г. на трамва́е.
    д. на тролле́йбусе.

ЧТЕНИЕ

◈ МОЙ А́ДРЕС <jimrich@usex.msk.ru>

Дорого́й Фред!

Я получи́л Ва́ше письмо́, большо́е спаси́бо. **Связь** есть!° Э́то замеча́тельно: обы́чные пи́сьма иду́т о́чень **до́лго.**°

Вы про́сите написа́ть Вам, что мне понра́вилось и что не понра́вилось в Москве́. Мне нра́вится, что лю́ди лю́бят чита́ть. Я ча́сто быва́ю° в большо́м До́ме кни́ги на Арба́те[1] — там всегда́ мно́го люде́й. Лю́ди чита́ют в метро́, в авто́бусе. Здесь мно́го газе́тных° кио́сков, где продаю́т газе́ты, журна́лы, кни́ги. У всех мои́х друзе́й и знако́мых до́ма мно́го книг. Я **иногда́**° покупа́ю кни́ги и **словари́**° — они́ здесь деше́вле, чем у нас.

У меня́ ма́ло **свобо́дного**° вре́мени, но когда́ есть вре́мя, я гуля́ю по го́роду.° **Хотя́**° я уже́ непло́хо зна́ю Москву́ и моско́вский **тра́нспорт,**[†] я обы́чно **беру́**° с собо́й° ка́рту го́рода — **на вся́кий слу́чай.**° Вчера́ я до́лго гуля́л по го́роду. Все **спеши́ли**° — не шли, а **бежа́ли,**° а я шёл **ме́дленно,**° и прохо́жие° ча́сто остана́вливали° меня́ и спра́шивали: «Вы не ска́жете,° где остано́вка авто́буса?» «Куда́ идёт э́тот тролле́йбус[2]?» «Вы не зна́ете, где тут **телефо́н-автома́т**°?» Е́сли я не знал, что **отве́тить,**° я говори́л: «Извини́те, я не москви́ч». Оди́н води́тель **останови́лся**° и спроси́л, где у́лица Лесна́я. Я зна́ю, где э́та у́лица, там живу́т мои́ друзья́. И я показа́л ему́ **доро́гу.**° А пото́м я сам° **заблуди́лся.**° Я смотре́л на назва́ния у́лиц и номера́ домо́в, но не мог поня́ть, где я. А ка́рта, как назло́,° **оста́лась**° до́ма. И тут я поду́мал. When in Russia . . . и то́же останови́л прохо́жего!

У меня́ к Вам про́сьба:° **пришли́те**° мне, пожа́луйста, Ва́шу статью́ про вампи́ров.[†] Мо́жно присла́ть её по электро́нной по́чте. Мой а́дрес у Вас есть, но мо́жно присла́ть и на а́дрес Ильи́ Ильича́: petrii@msuhi.msk.ru

....

P.S. Фред, не удивля́йтесь,° что в э́том письме́ **совсе́м нет оши́бок**°: я попроси́л Та́ню (по́мните, я уже́ писа́л Вам о ней?) **прове́рить**° его́. Ме́жду про́чим, она́ о́чень удиви́лась, что я **называ́ю** Вас **по и́мени.**° Я объясни́л ей, что Вы разреша́ете э́то то́лько **свои́м** аспира́нтам.° Здесь э́то не при́нято, здесь все называ́ют свои́х профессоро́в по и́мени и о́тчеству.

Margin glosses (left column):

Связь. . . *There's a connection!*
иду́т. . . *take a long time*

Я. . . *I'm often*

newspaper
sometimes / dictionaries

free / гуля́ю. . .
walk around town
Although / *take*
с. . . *along* / на. . . *just in case*
Все. . . *Everyone was hurrying /*
running / slowly / passersby
stopped / Вы. . . *Could you tell*
me / pay phone / answer
stopped
я. . . *I showed him how to get*
there / myself / got lost
как. . . *as luck would have it*
was left
У. . . *I have a favor to ask you /*
send

не. . . *don't be surprised*
совсе́м. . . *there are no*
mistakes at all / to check
называ́ю. . . *call you by your*
first name
разреша́ете. . . *only let your*
grad students do that

УПРАЖНЕ́НИЕ 2   Под микроско́пом: Verbal aspect

The third paragraph of the reading (which begins with **У меня́ ма́ло свобо́дного вре́мени . . .**) contains a number of past-tense verbs. Circle those that are imperfective and underline those that are perfective. Note the point in the narrative at which Jim switches from using primarily one aspect to the other. Why does he do it?

---

[1]**Дом кни́ги** is the name of a large bookstore located on a major street called **Но́вый Арба́т.** This street is near another old Moscow street called **Арба́т.** In this context, Jim uses the phrase **на Арба́те** to refer to the general neighborhood where these streets are located.

[2]**Куда́ идёт э́тот тролле́йбус?** *Where does this trolley bus go?* The verb **идти́** is used here to describe the movement of a bus (tram, trolley) itself, while the verb **éхать** is used to describe travel by people via these forms of transportation.

ГРАММАТИКА И ПРАКТИКА

Заня́тия по англи́йскому языку́

◆ О РОССИИ ◆◆◆◆◆◆◆◆◆◆

STUDENT/TEACHER RELATIONSHIPS

Ме́жду про́чим, она́ о́чень удиви́лась, что я называ́ю Вас по и́мени.

Tanya is surprised that Jim addresses his professor by his first name, for Russian students are generally not that familiar with their professors. In fact, to American students, many things about the Russian educational setting may seem rather more formal than that to which they are accustomed. In schools, for example, pupils stand up when the instructor enters the classroom. Russian students do not wear hats or coats, chew gum, eat, or drink in class. Both high school and college students use **и́мя и о́тчество** when addressing their instructors, and do not use informal phrases like **Приве́т!, Пока́!,** or **Как дела́?** with them. College-level students are addressed by instructors «**на вы**». As instructors return tests, it is not unusual for them to announce the grade of each student aloud. In general, instructors in Russian schools and colleges remain in complete control of all classroom policies and procedures. It might seem, therefore, that Ilya Ilyich is on unusually friendly terms with Jim. But Jim is not the typical student: He's an advanced **аспира́нт** and a foreigner.

◈ 8.13. MAKING REQUESTS: ПРОСИ́ТЬ / ПОПРОСИ́ТЬ

Мо́жно **попроси́ть** Та́ню?	*May I speak with Tanya? (Could I ask [that] Tanya [come to the phone]?)*
Вы **про́сите** меня́ написа́ть Вам, что мне понра́вилось и что не понра́вилось в Москве́.	*You've asked me to write to you what I've liked and what I've not liked in Moscow.*
Я **попроси́л** Та́ню прове́рить моё письмо́.	*I asked Tanya to check my letter.*
Колле́га из А́нглии **попроси́ла** а́дрес мое́й электро́нной по́чты.	*A colleague from England requested my e-mail address.*

How to render the English verb *to ask* in Russian is often a source of difficulty for students. If, however, you divide the notion of *ask* into *inquire* and *request*, you can minimize this difficulty. **Проси́ть / попроси́ть** (*to request*) is used to seek help in doing something, to request that someone be called to the phone, to ask for something, and so on. **Спра́шивать / спроси́ть** (*to inquire*) (see Lesson 8, Part 1) is used when seeking information. Here are the key forms of **проси́ть / попроси́ть**.

> **проси́ть:** прош-у́, про́с-ишь, . . . про́с-ят
> *pfv.* **попроси́ть:** попрош-у́, попро́с-ишь, . . . попро́с-ят

Also note that in the phrase **У меня́ к вам про́сьба** (*I have a request of you, I have a favor to ask you*), the noun **про́сьба** (*a request, a favor*) has the same root as the verb **проси́ть** (*to request, to ask*).

УПРАЖНЕНИЕ 3   Кто помо́жет?

Fill in the blanks with the appropriate forms of **проси́ть / попроси́ть**.

Вчера́ ве́чером, когда́ мой брат Сла́ва де́лал дома́шнее зада́ние, он
_____¹ меня́ помо́чь ему́. Но я был за́нят (*busy*) и сказа́л:
«_____² ма́му.» Тогда́ Сла́ва_____³ ма́му помо́чь, но
она́ сказа́ла: «А почему́ ты_____⁴ меня́? Я гото́влю обе́д.
_____⁵ Ди́му. Он твой брат и всегда́ до́лжен тебе́ помога́ть.»
«Ди́ма говори́т, что он за́нят», — сказа́л Сла́ва. Ма́ма спроси́ла, где па́па.
Сла́ва сказа́л: «Па́па рабо́тает на компью́тере и, ка́жется, то́же о́чень
за́нят. Кро́ме того́, я всегда́_____⁶ па́пу и он всегда́ мне
помога́ет.» И тогда́ я реши́л (*decided*), что я до́лжен помо́чь Сла́ве. Ведь я
замеча́тельный брат!

◈ 8.14. GENITIVE PLURAL OF ADJECTIVES AND POSSESSIVES

Здесь мно́го **газе́тных** кио́сков, где продаю́т газе́ты, журна́лы, кни́ги.	*There are a lot of newspaper stands here where they sell newspapers, magazines, and books.*
У **мои́х** друзе́й и **знако́мых** до́ма мно́го книг.	*My friends and acquantances have lots of books at home.*

Genitive plural adjectives (including those used as nouns) are highly regular. They have the ending **-ых/-их** for all genders (**но́в-ых, хоро́ш-их,** and so on). All possessives (except **его́, её, их,** which never change) have the ending **-их** (**мо-и́х, ва́ш-их,** and so on).

УПРАЖНЕНИЕ 4   В нашем районе много новых зданий

Vova has been assigned to write a composition about his new neighborhood. Help him by providing adjective endings as needed.

Я живу в большом новом доме. В нашем микрорайоне много так_____[1] домов. В нашем доме двенадцать этажей, а в доме, который рядом, — шестнадцать. В нашем микрорайоне много маленьк_____[2] детей. Собак тоже много, но я не видел так_____[3] красив_____[4] собак, как наша Белка. У нас много больш_____[5] нов_____[6] магазинов. Вчера я был в магазине электроники. Там много фирменн_____[7] (*brand-name*) компьютеров и отличн_____[8] лазерн_____[9] принтеров. Много американск_____[10] компьютеров. Но все они дорогие ... Недорог_____[11] компьютеров там нет, а дорогой компьютер папа мне не купит.

УПРАЖНЕНИЕ 5   У меня много ... У меня мало ...

Working with a classmate, complete the sentences with adjective + noun phrases, paying close attention to the Genitive plural adjective and noun endings.

ОБРАЗЕЦ: У меня много *больших, серьёзных*[†] *проблем*.

1. У меня (у нас) дома много ————————————————.
2. Мы не знаем, сколько ———————————— живёт в этом доме.
3. У моего друга нет ————————————————————.
4. Моя подруга вчера купила десять ————————————————.
5. В нашем городе много ————————————————————.
6. В университете много ————————————————————.
7. В нашей группе мало ————————————————————.
8. Сколько на этой карте ————————————————————?

❖❖ 8.15. ACCUSATIVE PLURAL OF NOUNS, ADJECTIVES, AND POSSESSIVES

Здесь все называют **своих профессоров** по имени и отчеству.

Here everyone addresses their professors by first name and patronymic.

Accusative plural nouns, adjectives, and possessives *of all genders* follow the same principle that you learned for masculine nouns, adjectives, and possessives in the Accusative singular: If inanimate, they take the same endings as Nominative; if animate (including animals), they take the same endings as Genitive.

	NOMINATIVE PLURAL	ACCUSATIVE PLURAL	GENITIVE PLURAL
INANIMATE (all genders)	Где **мои книги**?	(*like Nominative*) Ты видишь **мои книги**?	У меня пять новых книг.
ANIMATE (all genders)	Где мои братья?	(*like Genitive*) Ты видишь **моих братьев**?	У меня пять старших братьев.

УПРАЖНЕНИЕ 6   Accusative plural contest

Working in small groups, select appropriate words from the table below—or use your own—to make up ten sentences with Accusative plurals. Then challenge another group to see if they can translate your sentences correctly, and you theirs.

SUBJECTS	VERBS	OBJECTS (SHOWN IN NOM. PL.)
моя сестра́	понима́ть	дли́нные (*long*) пи́сьма
Ле́на и Ви́ктор	чита́ть	симпати́чные сосе́ди
я	ви́деть	молоды́е специали́сты
мы	слу́шать	интере́сные статьи́
наш преподава́тель	знать	больши́е соба́ки
???	люби́ть	ру́сские журна́лы
	по́мнить	тала́нтливые журнали́сты
	???	ста́рые преподава́тели
		???

УПРАЖНЕНИЕ 7   Что ты купи́ла?

First make a list of five things you might have been likely to buy had you gone shopping yesterday. Then, working with a classmate, make up a dialogue of your own, using plurals wherever possible.

ОБРАЗЕ́Ц: — Я вчера́ был (была́) в магази́не электро́ники
(в суперма́ркете,† в универма́ге [*department store*], на ры́нке [*market*]...). Потра́тил (Потра́тила) (*I spent*) о́чень мно́го де́нег.
— А что ты купи́л (купи́ла)?
— Я купи́л (купи́ла) . . .
— Ско́лько ты заплати́л (заплати́ла) за . . . ?
— _____ рубле́й (до́лларов). Э́то не о́чень до́рого. (Э́то недо́рого.)
— Что ты! Э́то о́чень до́рого!

УПРАЖНЕНИЕ 8   Кого́ вы ви́дели в теа́тре?

Create a dialogue similar to the following one, mentioning people you might have run into at the theater (or a movie, a basketball game, or . . . ?). Practice with some Accusative plural <adjective + noun> combinations. Some possible answers are given below.

ОБРАЗЕ́Ц: — Где вы вчера́ бы́ли?
— Мы бы́ли в теа́тре.
— Кого́ вы там ви́дели?
— Мы ви́дели там . . .

мои́ подру́ги А́ня и Све́та	на́ши преподава́тели	твои́ друзья́
америка́нские тури́сты	япо́нские шко́льники	ва́ши сосе́ди

УПРАЖНЕНИЕ 9   Кого́ вы ви́дели в зоопа́рке?

Create a dialogue similar to the following one, using the adjectives and animal vocabulary provided. (Feel free to use a dictionary to look up other animals that interest you.)

ОБРАЗЕ́Ц: — Вчера́ мы бы́ли в зоопа́рке!
— Кого́ вы там ви́дели?
— Мы ви́дели . . .
— А ещё кого́?
— Ещё мы ви́дели . . .

> краси́вый/некраси́вый
> симпати́чный/несимпати́чный
> большо́й/небольшо́й [= не о́чень большо́й]

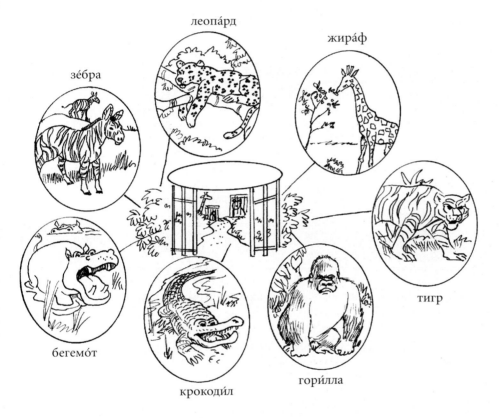

леопа́рд

жира́ф

зе́бра

тигр

бегемо́т

крокоди́л

гори́лла

❖ 8.16. ONE'S OWN (THIRD PERSON): СВОЙ

Вади́м лю́бит **свою́** жену́.
Вади́м лю́бит **его́** жену́.

Vadim loves his (own) wife.
Vadim loves his (someone else's) wife.

The sentence *Vadim loves his wife* (or *Julie loves her husband* or *The Smiths love their children*) is ambiguous in English: the *his/her/their* can refer back to the subject (Vadim, Julie, the Smiths) or to someone else entirely. Russian usually omits possessives when the context is clear. However, you can avoid ambiguity with third-person forms by rendering *one's own* with the reflexive possessive **свой** (which declines just like **мой, твой**). Using **его́, её, их** in sentences like this renders *someone else's.* Note that **свой** refers only to the subject of *its own* clause. Compare the following:

Джон ча́сто пи́шет **своему́** бра́ту,
и **его́** брат то́же пи́шет ему́
ча́сто.

*Jim writes to his brother frequently,
and his brother also writes to him
frequently.*

Вади́м лю́бит свою́ жену́.   Вади́м лю́бит его́ жену́?

УПРАЖНЕНИЕ 10   Мой друг Джон

Fill in the blanks with correct forms of **свой** or other possessives.

Вчера́ ве́чером позвони́л мой друг Джон. Он сказа́л, что написа́л письмо́
_____[1] (*to his*) преподава́телю ру́сского языка́. «Прове́рь,
пожа́луйста, _____[2] (*my*) письмо́», — попроси́л Джон. Он сказа́л,
что _____[3] (*his*) преподава́тель хорошо́ зна́ет ру́сский язы́к и всегда́
про́сит всех _____[4] (*his*) студе́нтов писа́ть ему́. Джон пи́шет ему́
ча́сто. _____[5] (*His*) пи́сьма о́чень интере́сные.

СЛОВА, СЛОВА, СЛОВА . . . ✪ *The Many Faces of «по»*

One of the more common prepositions in Russian is **«по»**, which, as you have seen by now, has a variety of uses.
Here are some that will become familiar to you.

1. Forms of communication:

by, via, over — **по электро́нной по́чте, по Интерне́ту, по телеви́зору, по телефо́ну, по ра́дио**

2. Physical movement:

along (up, down) a certain route — **по доро́ге** в магази́н
Мо́жет быть, ты зна́ешь, кто сейча́с бежи́т (*is running*) **по у́лице**?

around (about, within) a given area — Когда́ есть вре́мя, я гуля́ю **по го́роду.**

3. Other uses:

taking turns — Муж и жена́ ча́сто гото́вят обе́д **по о́череди.**

on business — Он пришёл к Татья́не Дми́триевне **по де́лу.**

by, in accordance with — Здесь все называ́ют свои́х профессоро́в **по и́мени и о́тчеству.**

In addition to constructions using the preposition <**по** + Dat.>, you have also seen two types of adverbs that
begin with a hyphenated prefix **по-**:

Doing something in a certain way — Джим немно́го говори́т **по-ру́сски,**
би́знес **по-моско́вски**

Offering an opinion — — Кто выи́грывает (*is winning*)?
— **По-мо́ему,** Во́ва.

reVERBerations ⭐

1. The verb **бежа́ть** (*to run*) is one of the few truly irregular verbs in Russian, combining endings from both **-ешь** and **-ишь** conjugations.

бег-у́	беж-и́м
беж-и́шь	беж-и́те
беж-и́т	бег-у́т

2. Note the unpredictable stems of the verb pair **брать / взять** (*to take*): (**бер- / возьм-**). Feminine past-tense forms are end-stressed. Here are the key forms.

брать: бер-у́, бер-ёшь, . . . бер-у́т (*past* брал, брала́, бра́ло, бра́ли)
pfv. **взять:** возьм-у́, возьм-ёшь, . . . возьм-у́т (*past* взял, взяла́, взя́ло, взя́ли)

3. The verb **отвеча́ть / отве́тить** (*to answer*) requires the Dative case when indicating to whom an answer is given. The answer to a letter, a question, a telephone call, and so on is expressed by <**на** + Acc.>.

Почему́ ты не отве́тила Ната́ше на её письмо́?   *Why didn't you answer Natasha's letter?*

4. Note the unusual conjugation of the perfective verb in the pair **присыла́ть / присла́ть**. It is an end-stressed **-ёшь** verb, but the **я** and **они́** endings are spelled with **-ю** rather than **-у** even though the stem ends in a consonant.

pfv. **присла́ть:** пришл-ю́, пришл-ёшь, . . . пришл-ю́т

5. In the verbal pair **называ́ть / назва́ть** (*to call*), the perfective **назва́ть** is conjugated like **звать,** from which you know the form **зову́т.**

pfv. **назва́ть:** назов-у́, назов-ёшь, . . . назов-у́т

 # КУЛЬТУРА РЕЧИ

◆ ТАК ГОВОРЯТ: RHETORICAL DEVICES IN QUESTIONS AND ANSWERS

Russians use several conversational devices for framing questions and answers. These devices, which exist in most languages, are not hard-and-fast rules; but failure to observe them can result in your being perceived as brusque or crude.

Asking for information. If it is likely that the person you are asking will know the answer (for example, a salesclerk in a store, a ticket seller at a train station, or a police officer on the street), start your question with **Скажи́те, пожа́луйста . . .**

Скажи́те, пожа́луйста,
ско́лько сто́ит э́та кни́га?

Tell me, please, how much does this book cost?

If, on the other hand, you cannot assume the person has the information you need, a better way to start is with **Вы не ска́жете (Вы не зна́ете) . . . ?**

Вы не ска́жете (Вы не зна́ете), где остано́вка авто́буса?	*Could you tell me (Do you happen to know) where the bus stop is?*

Repeating the question. When asked for information, Russians often repeat part of the question before they answer.

— Вы не ска́жете, где метро́?	*"Could you tell me where the subway station is?"*
— **Метро́?** Метро́ вон там.	*"The subway? The subway's over there."*

Answering "It depends." The Russian equivalent of "It depends" is **Смотря́ . . . ,** followed by a question word or phrase.

— Ты ку́пишь э́тот телеви́зор?	*"Are you going to buy that TV?"*
— **Смотря́** ско́лько он сто́ит.	*"It depends on how much it costs."*
— Ты лю́бишь смотре́ть баскетбо́л?	*"Do you like to watch basketball?"*
— **Смотря́** каки́е кома́нды игра́ют.	*"It depends on which teams are playing."*

❖ САМОПРОВЕРКА: УПРАЖНЕНИЕ 11

Working on your own, try this self-test: Read a Russian sentence out loud, then give an idiomatic English equivalent without looking at the book. Then work from English to Russian. After you have completed the activity, try it with a classmate.

1. Па́па, я же тебя́ проси́ла не задава́ть мне э́тот вопро́с.
2. Мо́жно попроси́ть Све́ту?
3. У меня́ к вам про́сьба.
4. Здесь мно́го газе́тных кио́сков.
5. Здесь все называ́ют свои́х профессоро́в по и́мени и о́тчеству.
6. Джон ча́сто пи́шет своему́ бра́ту, и его́ брат то́же пи́шет ему́ ча́сто.

1. *Dad, I've asked you not to ask me that question.*
2. *May I speak with Sveta?*
3. *I have a favor to ask you.*
4. *There are a lot of newspaper stands here.*
5. *Here everyone addresses their professors by first name and patronymic.*
6. *Jim writes to his brother frequently, and his brother also writes to him frequently.*

❖ ВОПРОСЫ И ОТВЕТЫ: УПРАЖНЕНИЕ 12

You are studying in Saint Petersburg and getting acquainted with Russian students at your institution. Here are some questions you and they might ask one another. Working with another student, take turns asking and answering the questions.

1. Как ты называ́ешь твои́х преподава́телей? По и́мени? По и́мени и о́тчеству? По фами́лии?
2. Ты когда́-нибудь (*ever*) писа́л (писа́ла) твоему́ преподава́телю? О чём ты писа́л (писа́ла)?

3. Когда́ ты пи́шешь по-ру́сски, кто́-нибудь (*anyone*) тебе́ помога́ет, исправля́ет (*correct*) твои́ оши́бки? Ты де́лаешь мно́го оши́бок, когда́ ты пи́шешь по-ру́сски? А когда́ ты пи́шешь по-англи́йски?

4. В твоём го́роде есть авто́бусы? А тролле́йбусы? Есть ли остано́вка тролле́йбуса и́ли авто́буса бли́зко от ва́шего до́ма?

5. Ты хорошо́ зна́ешь твой го́род? Е́сли прохо́жий (*passerby*) тебя́ спра́шивает, где у́лица [*name*] и́ли магази́н [*name*], ты мо́жешь отве́тить?

❖ ДИАЛОГИ

ДИАЛОГ 1   На у́лице
(Asking directions)

— Прости́те, вы не ска́жете, где метро́?
— Метро́? Метро́ недалеко́. Ви́дите большо́й кни́жный магази́н? Ря́дом газе́тный (*newspaper*) кио́ск, а спра́ва — метро́.
— Спаси́бо.
— Пожа́луйста.

ДИАЛОГ 2   По и́мени и́ли по фами́лии?
(Discussing student-teacher relationships)

— Как америка́нские преподава́тели называ́ют свои́х студе́нтов?
— У нас есть ра́зные преподава́тели. Наш преподава́тель матема́тики называ́ет нас по фами́лии, а преподава́тель исто́рии хорошо́ зна́ет всех свои́х студе́нтов и называ́ет их по и́мени.
— А у вас есть преподава́тели, кото́рые не зна́ют свои́х студе́нтов?
— Мо́жно я не бу́ду отвеча́ть на э́тот вопро́с?
— Вы уже́ отве́тили!

УПРАЖНЕ́НИЕ 13   Ваш диало́г

Create a dialogue in which you have just returned from a trip and are telling a friend about the things you saw. Try to mix in both animate and inanimate "sightings."

❖ А ТЕПЕ́РЬ . . . : УПРАЖНЕ́НИЕ 14

You have a friend, played by a classmate, who runs a computer store. Use what you learned in Part 4 to . . .

1. ask to speak to her (over the phone)
2. say you have a favor to ask her
3. find out if she sells a lot of American computers in her store
4. ask if she remembers your American friends, Steve and Jordan
5. tell her they are starting to sell their own computers
6. ask whether she wants to sell their computers in her store
7. if so, ask whether she wants to call them or if you should call them

 # ИТАК …

 НОВЫЕ СЛОВА

NOUNS AND NOUN PHRASES

Office, Business, Electronics

автоотве́тчик	answering machine (3v)
де́ло (*pl.* дела́)	matter; business (2)
де́ньги (*Gen.* де́нег, *Dat.* деньга́м) *pl.*	money (3)
Интерне́т [*pronounced* -тэ-]	Internet (3)
компью́тер	computer (3v)
копи́р	copier (3v)
креди́тная ка́рточка	credit card (3)
моде́м [*pronounced* -дэ-]	modem (3)
при́нтер [*pronounced* -тэ-]	printer (3)
продав(е́)ц (*Gen. sing.* продавца́)	salesman (3)
связь *f.*	connection (4)
телефо́н-автома́т	pay phone (4)
факс	fax (3v)
цена́ (*Acc.* це́ну, *pl.* це́ны)	price (3)
электро́нная по́чта	e-mail (3)

Relaxation, Leisure

бар	bar (1v)
дискоте́ка	discotheque (1v)
зоопа́рк	zoo (1v)
кино́ *neut. indecl.*	(the) movies (1v)
круи́з	cruise (2v)
свида́ние	date (social); appointment (1)
футбо́льный матч	soccer game (1v)
хокке́й	hockey (2)
экску́рсия	excursion; tour (2v)

Transportation, Getting Around Town

вокза́л	train station; (railroad) station (4v)
грузови́к (*Gen. sing.* грузовика́)	truck (4v)
доро́га	way; road (4)
перехо́д	pedestrian crossing (4v)
пешехо́д	pedestrian (4v)
трамва́й	streetcar (4v)
тра́нспорт	transportation (4)
тролле́йбус	trolleybus (electric bus) (4v)

Other Nouns

век (*pl.* века́)	century (3)
дождь (*Gen. sing.* дождя́) *m.*	rain (2)
кон(е́)ц (*Gen. sing.* конца́)	end (3)
нача́ло	beginning; start (3)
ночь (*Gen. pl.* ноче́й) *f.*	night (2)
о́стров (*pl.* острова́)	island (2v)
оши́бка (*Gen. pl.* оши́бок)	mistake (4)
пра́во (*pl.* права́)	right (1)
сва́дьба (*Gen. pl.* сва́деб)	wedding (3)
секре́т	secret (1)
слова́рь (*Gen. sing.* словаря́) *m.*	dictionary (4)
снег (*Prep. sing.* в снегу́)	snow (2)

ADJECTIVES

гото́в (гото́ва, гото́во, гото́вы)	ready (1)
моско́вский	Moscow (4)
обы́чный	1. usual, customary; 2. ordinary (3)
свобо́дный (свобо́ден, свобо́дна, свобо́дно, свобо́дны)	free (4)
счастли́вый (сча́стлив, сча́стлива, сча́стливы)	happy (3)

VERBS[3]

YOU ARE FAMILIAR WITH THE FOLLOWING VERBS AND SHOULD NOW LEARN THEIR ASPECTUAL PAIRS	
гуля́ть[3] *pfv.* погудя́ть	to walk; to go for a walk; to take a walk (1)
ду́мать (о + *Prep.*) *pfv.* поду́мать	to think (about) (1)

éхать (éд-у, éд-ешь, . . . éд-ут) *unidir.*
   pfv. поéхать
	to go (by vehicle); to ride; to drive (1)
	   pfv. only to set out (*by vehicle*) (1)

идти́ (ид-у́, ид-ёшь, . . . ид-у́т; *past* шёл, шла, шло, шли) *unidir.*
   pfv. пойти́ (пойд-у́, пойд-ёшь, . . . пойд-у́т;
     past пошёл, пошла́, пошло́, пошли́)
	1. to go; 2. to walk (1)
	   pfv. only to set out (1)

отдава́ть (отда-ю́, отда-ёшь, . . . отда-ю́т)
   pfv. отда́ть (отда́-м, отда́-шь, отда́-ст, отдад-и́м,
     отдад-и́те, отдад-у́т;
     past о́тдал, отдала́, о́тдало, о́тдали)
	to return; to give (back) (1)

отдыха́ть *pfv.* отдохну́ть (отдохн-у́, отдохн-ёшь, . . . отдохн-у́т)	to rest (1)
открыва́ть *pfv.* откры́ть (откро́-ю, откро́-ешь, . . . откро́-ют)	to open (1)

пить (пь-ю, пь-ёшь, . . . пь-ют)
   pfv. вы́пить (вы́пь-ю, вы́пь-ешь, . . . вы́пь-ют)
	to drink (1)
	   usu. pfv. to drink up (1)

плати́ть (плач-у́, пла́т-ишь, . . . пла́т-ят) (за + *Acc.*) *pfv.* заплати́ть	to pay (for) (1)
получа́ть *pfv.* получи́ть (получ-у́, полу́ч-ишь, . . . полу́ч-ат)	to receive; to get (1)

принима́ть
   pfv. приня́ть (прим-у́, при́м-ешь, . . . при́м-ут;
     past при́нял, приняла́, при́няло, при́няли)
	to accept; to take (1)

продава́ть (прода-ю́, прода-ёшь, . . . прода-ю́т) (+ *Dat.* + *Acc.*)
   pfv. прода́ть (прода́-м, прода́-шь, прода́-ст, продад-и́м,
     продад-и́те, продад-у́т;
     past про́дал, продала́, про́дало, про́дали)
	to sell (1)

расти́ (раст-у́, раст-ёшь, . . . раст-у́т; *past* рос, росла́, росло́, росли́)
   pfv. вы́расти (вы́раст-у, вы́раст-ешь, . . . вы́раст-ут;
     past вы́рос, вы́росла, вы́росло, вы́росди)
	1. to grow; 2. to grow up (1)

---

[3]Henceforth, key forms of **чита́ть**–type and **гуля́ть**–type verbs (both reflexive and non-reflexive) will not be shown.

сдава́ть (сда-ю́, сда-ёшь, . . . сда-ю́т)
   pfv. сдать (сда-м, сда-шь, сда-ст, сдад-и́м, сдад-и́те, сдад-у́т;
     past сдал, сдала́, сда́ло, сда́ли)
	to rent out (an apartment) (1)

слы́шать (слы́ш-у, слы́ш-ишь, . . . слы́ш-ат) *pfv.* услы́шать	to hear (1)
смотре́ть (смотр-ю́, смо́тр-ишь, . . . смо́тр-ят) *pfv.* посмотре́ть	1. to look (at); 2. to watch (1)

собира́ться
   pfv. собра́ться (собер-у́сь, собер-ёшься, . . . собер-у́тся;
     past собра́лся, собрала́сь, собрало́сь, собрали́сь)
	1. to be planning to go somewhere;
	2. (+ *infin.*) to intend, to be about
	(to do something) (1)

чини́ть (чин-ю́, чи́н-ишь, . . . чи́н-ят) *pfv.* почини́ть	to fix; to repair (1)

NEW VERBS ENCOUNTERED IN THIS LESSON

бежа́ть (бег-у́, беж-и́шь, беж-и́т, беж-и́м,
   беж-и́те, . . . бег-у́т) *unidir.*
     pfv. not introduced at this time
	to run (4)

брать (бер-у́, бер-ёшь, . . . бер-у́т; *past* брал, брала́, бра́ло, бра́ли)
   pfv. взять (возьм-у́, возьм-ёшь, . . . возьм-у́т;
     past взял, взяла́, взя́ло, взя́ли)
	to take (4)

ве́рить (ве́р-ю, ве́р-ишь, . . . ве́р-ят) (+ *Dat.*) *pfv.* пове́рить	to believe (1)

выходи́ть (выхож-у́, выхо́д-ишь, . . . выхо́д-ят) за́муж (за + *Acc.*)
   pfv. вы́йти (вы́йд-у, вы́йд-ешь, . . . вы́йд-ут;
     past вы́шла, вы́шли)
	(of a woman) to marry; to get
	   married (to) (2)

жени́ться (жен-ю́сь, же́н-ишься, . . . же́н-ятся) (на + *Prep.*) *impfv.*
   & *pfv.*
	(of a man) to marry; to get
	   married (to) (2)

жени́ться *used in pl. only* *pfv.* пожени́ться	(of a couple) to marry; to get married (2)
заблужда́ться *pfv.* заблуди́ться (заблуж-у́сь, заблу́д-ишься, . . . заблу́д-ятся)	to get lost (4)

знако́миться (знако́мл-юсь, знако́м-ишься, . . . знако́м-ятся)
   (с + *Instr.*)
     pfv. познако́миться
	to get acquainted (with); to meet (2)

изменя́ться
   pfv. измени́ться (измен-ю́сь, изме́н-ишься, . . .
     изме́н-ятся)
	to change (3)

интересова́ть (интересу́-ю, итересу́-ешь, . . . интересу́-ют) *pfv.* заинтересова́ть	to interest (2)

каса́ться (+ *Gen.*) (3rd pers. only) *pfv.* косну́ться (косн-ётся, косн-у́тся)	to concern; to have to do with (1)

называ́ть
   pfv. назва́ть (назов-у́, назов-ёшь, . . . назов-у́т;
     past назва́л, назвала́, назва́ло, назва́ли)
	to call; to name (4)

организова́ть (организу́-ю, организу́-ешь, . . . организу́-ют) *impfv.* & *pfv.*	to organize (2)

остава́ться (оста-ю́сь, оста-ёшься, . . . оста-ю́тся)
   pfv. оста́ться (оста́н-усь, оста́н-ешься, . . . оста́н-утся)
	1. to remain; to stay 2. to be left;
	   to remain (4)

остана́вливаться
   pfv. останови́ться (остановл-ю́сь, останов-ишься, . . .
     остано́в-ятся)
	to stop; to come to a stop (4)

отвеча́ть (+ *Dat.*) *pfv.* отве́тить (отве́ч-у, отве́т-ишь, . . . отве́т-ят)	to answer (4)
пока́зывать (+ *Dat.* + *Acc.*) *pfv.* показа́ть (покаж-у́, покаж-ешь, . . . пока́ж-ут)	to show (3)
присыла́ть *pfv.* присла́ть (пришл-ю́, пришл-ёшь, . . . пришл-ю́т)	to send (4)
проверя́ть *pfv.* прове́рить (прове́р-ю, прове́р-ишь, . . . прове́р-ят)	to check (4)
проси́ть (прош-у́, про́с-ишь, . . . про́с-ят) (+ *Acc.* + *infin.*) *pfv.* попроси́ть	to ask; to request (1)
спеши́ть (спеш-у́, спеш-и́шь, . . . спеш-а́т) *pfv.* поспеши́ть	to hurry (4)
узнава́ть (узна-ю́, узна-ёшь, . . . узна-ю́т) *pfv.* узна́ть	to recognize (1)

уходи́ть (ухож-у́, ухо́д-ишь, . . . ухо́д-ят)
   pfv. уйти́ (уйд-у́, уйд-ёшь, . . . уйд-у́т;
     past ушёл, ушла́, ушло́, ушли́)
	to leave; to go away (1)

COMPARATIVES (ADJ. and ADV.)

деше́вле	cheaper (3)
лу́чше	better; it would be better (3)
ра́ньше	before (3)

ADVERBS

до́лго	for a long time; long (4)
иногда́	sometimes (4)
ме́дленно	slowly (4)

мно́го (+ *Gen.*)	many; much (3)
прекра́сно	wonderfully; (it's/that's) wonderful (3)
соверше́нно	completely (2)

NUMERALS

Cardinal Numerals

две́сти	two hundred (3)
три́ста	three hundred (3)
четы́реста	four hundred (3)

пятьсо́т	five hundred (3)	Вы не ска́жете . . . ?	Could you tell me . . . ? (4)
шестьсо́т	six hundred (3)	дава́й(те) *particle*	let's . . . (3)
семьсо́т	seven hundred (3)	éсли не секрéт	if you don't mind my asking (1)
восемьсо́т	eight hundred (3)		
девятьсо́т	nine hundred (3)	задава́ть (зада-ю́,	to ask (someone)
ты́сяча	thousand (3)	зада-ёшь, . . . зада-ю́т) /	a question (1)
две (три, че́тыре) ты́сячи	two (three, four) thousand (3)	зада́ть (зада́-м, зада́-шь, зада́-ст, задад-	
пять (шесть . . . де́вять) ты́сяч	five (six . . . nine) thousand (3)	и́м, задад-и́те, задад-у́т; *past* за́дал, задала́, за́дало, за́дали) вопро́с (+ *Dat.*)	

Ordinal Numerals

сороково́й	fortieth (2)	идёт дождь	it's raining (2)
пятидеся́тый	fiftieth (2)	идёт снег	it's snowing (2)
шестидеся́тый	sixtieth (2)	идти́ на свида́ние	to go on a date (1)
семидеся́тый	seventieth (2)	имéть (имé-ю, имé-ешь, . . .	to have the right (1)
восьмидеся́тый	eightieth (2)	имé-ют) пра́во	
девяно́стый	ninetieth (2)	Как вы счита́ете?	What do you think? (What's your opinion?) (3)

OTHER

без (+ *Gen.*)	without (3)	Как (+ *the word or phrase to which the speaker is reacting*) *informal*	What do you mean, . . . ? (1)
за (+ *Acc.*)	for (e.g., to pay for) (2)		
из (+ *Gen.*)	from (3)		
к (ко) (+ *Dat.*)	to (someone's place) (1)	Како́е твоё де́ло?	What business is it of yours? (1)
о́коло (+ *Gen.*)	near; close to (3)		
по (+ *Dat.*)	1. along; 2. around; 3. by; on (4)	на вся́кий слу́чай	just in case (4)
		по доро́ге	on the way; along the way (3)
про (+ *Acc.*)	about (3)		
свой	one's; one's own (my, your, *etc.*) (4)	по и́мени	by first name (4)
		совсéм нет	not at all (4)
хотя́	although (4)	У меня́ к тебé (вам) про́сьба.	I have a favor to ask (of) you; I have a request of you. (4)
чем	than (3)		

IDIOMS AND EXPRESSIONS

в концé концо́в	after all (1)	Что идёт в кино́?	What's showing (playing) at the movies? (2)
ведь *particle* (*used for emphasis; often omitted in translation*)	you know; why; after all (3)		

◈ ЧТО Я ЗНАЮ, ЧТО Я УМЕЮ

Use this checklist to mark off what you've learned in this lesson:

- ☐ Making inquiries: **спра́шивать / спроси́ть** and **задава́ть / зада́ть вопро́с** (Part 1)
- ☐ Making requests: **проси́ть / попроси́ть** (Part 4)
- ☐ Going places: **идти́ / пойти́** and **éхать / поéхать** (Part 1)
- ☐ Going places: *to leave* (**уходи́ть / уйти́**) and *to arrive, come back* (**приходи́ть / прийти́**) (Part 2)
- ☐ Indicating destination, including going to someone's place (Part 1)
- ☐ Using nouns ending in **-ость** (Part 1)
- ☐ Using neuter nouns in **-мя: вре́мя** and **и́мя** (Part 3)
- ☐ Constructions for *getting married* and *being married* (Part 2)

- [ ] Indicating in which month or what year something happened: **В како́м ме́сяце? В како́м году́?** (Part 2)
- [ ] Inclusive imperatives (*Let's . . .*): **Дава́й(те)** . . . (Part 3)
- [ ] Using ordinal numerals through 99th (Part 2)
- [ ] Hundreds and thousands (Part 3)
- [ ] Asking and giving prices: **Ско́лько сто́ит . . . ?** (Part 3)
- [ ] Using nouns in the Genitive plural with numbers and quantity words (Part 3)
- [ ] Recognizing count vs. noncount nouns (Part 3)
- [ ] Using adjectives and possessives in the Genitive plural (Part 4)
- [ ] Using nouns, adjectives and possessives in the Accusative plural (Part 4)
- [ ] Distinguishing *one's own:* **свой** (Part 4)
- [ ] Meanings of «**по**» (Part 4)

❖ ЭТО НАДО ЗНАТЬ

USES OF THE DATIVE CASE

So far you have seen many uses of the Dative case. The following chart reviews those uses, including some you learned in this lesson. (See Lesson 6, Part 1 for a review of Dative pronouns, nouns, and adjective/possessive endings.)

1. Indirect object (*to or for someone*)	Дава́йте ку́пим **вам** но́вый компью́тер.
2. Object of the prepositions «**к**» and «**по**»	Он пришёл к **Татья́не Дми́триевне** по де́лу.
3. As the object of certain verbs, including **ве́рить / пове́рить, отвеча́ть / отве́тить, звони́ть / позвони́ть, меша́ть / помеша́ть, помога́ть / помо́чь,** and so on	Она́ должна́ отве́тить **Джи́му.** Я **тебе́** позвоню́. Ты **ей** ве́ришь?
4. With the verb **нра́виться**	**Нам** нра́вится ко́мната и нра́вится хозя́йка.
5. With constructions containing **ну́жно (ну́жен), на́до, пора́,** and so on	**Вам** ну́жен но́вый компью́тер. **Нам** да́же не на́до покупа́ть ме́бель. **Мне** пора́ в институ́т.
6. The person whose age is given	**Ле́не** два́дцать лет, а **Во́ве** двена́дцать.
7. The person to whom an envelope is addressed	**Си́лину В. С.**

❖ ДОПОЛНИТЕЛЬНЫЕ ТЕКСТЫ

А. СТИХИ: Е. СА́ВЧЕНКО (**EXCERPT**)

Try reading this short poem aloud.

> Кто по у́лице идёт?
> Ну коне́чно, пешехо́д.
> Ну, а что ещё идёт?
> Дождь идёт, и снег идёт.
>
> Да́же ма́ленькие де́ти
> Мо́гут пра́вильно отве́тить,
> Что идёт и дождь, и снег,
> И уро́к, и челове́к.
>
> У́тром в шко́лу, на рабо́ту,
> В магази́н идёт наро́д.°   *people*
> И у всех свои́ забо́ты°:   *concerns*
> Э́то зна́чит — жизнь идёт!
>
> — Еле́на Са́вченко

Б. ТРАНСА́ЭРО АВИАКОМПА́НИЯ

1. Which aircraft (**самолёты**) are mentioned in this ad?
2. From which Russian city do the advertised flights leave?
3. Which cities do you recognize among the destinations of this company's flights?
4. What phone number would you call to get flight information?
5. What is the Russian word for *airline company* used in this ad?

В. БУЛÁТ ОКУДЖÁВА: ПÉСЕНКА ОБ АРБÁТЕ

1. Ты течёшь, как рекá. Стрáнное назвáние!
И прозрáчен асфáльт, как в рекé водá.
Ах, Арбáт, мой Арбáт,
    ты — моё призвáние.   (2 рáза)
Ты — и рáдость моя́, и моя́ бедá.

2. Пешехóды твой — лю́ди не велúкие,
каблукáми стучáт — по делáм спешáт.
Ах, Арбáт, мой Арбáт,
    ты — моя́ релúгия,   (2 рáза)
мостовы́е твой подо мнóй лежáт.

3. От любóви твоéй вóвсе не излéчишься,
сóрок ты́сяч другúх мостовы́х любя́.
Ах, Арбáт, мой Арбáт,
    ты — моё отéчество,   (2 рáза)
никогдá до концá не пройтú тебя́!

1. You flow like a river with your strange name
And your asphalt transparent like water in a river.
Oh my Arbat,
    you are my vocation,
You are my joy and my misfortune.

2. Your pedestrians are not exalted people,
Their heels pound, they hurry on their way.
Oh, my Arbat,
    you are my religion,
Your roadway lies beneath me.

3. I will never get over loving you,
Even loving forty thousand other roadways.
Oh, my Arbat,
    you are my native land,
No one could ever come to the end of you.

На Арбáте

Ста́нция метро́ Комсомо́льская

УРОК 9

ЕДЕМ ИЛИ ИДЁМ?

Living in a city means being on the go, and living in Moscow is no exception. Part 1 (on video) finds Jim getting acquainted with some Muscovites in the metro. Part 2 shifts to Grandma and Grandpa Kruglov, who seem to take considerable interest in the comings and goings of their neighbors. In Part 3 (partly on video), Lena learns more about Viktor, who has a transportation-related business that turns out to be of direct interest to her. And in Part 4 (also on video), Professor Petrovsky is about to take his neighbors on a tour of Moscow when an unexpected turn of events crosses their path.

In this lesson you will learn

✪ to ask and answer *Where are you from?*

✪ to express *with*

✪ more about verbs of motion

✪ to use some comparatives

✪ to use superlatives

✪ to say what someone is wearing

✪ to say what you want to be

✪ to say how often you do something

✪ to express teaching and learning to do things

✪ about public transportation in Russia

✪ about Russian superstitions and customs

✪ about historical Moscow

Джим в метро́

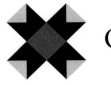 # С ЧЕГО НАЧАТЬ?

В МЕТРО́

следующая	*next*	Осторо́жно!	*Be careful!*
ста́нция	*station*	закрыва́ются	*are closing*
выхо́дите	*are getting off*		
Разреши́те пройти́.	*(Would you) let me by (please).*		

✖ ЧТЕНИЕ ✖

❖ ДЖИМ В МЕТРО́

(At a metro station. Jim bumps his briefcase against one of two women waiting for a train.)

	ДЖИМ. Извини́те, пожа́луйста.
briefcase	РА́Я. Ничего́, ничего́. Молодо́й челове́к, у вас тяжёлый портфе́ль°?
Put	**Поста́вьте**° его́ сюда́.
	ДЖИМ. Спаси́бо.
вы. . . where are you from	РА́Я. *(She puts his briefcase next to her.)* А вы **отку́да**°, молодо́й челове́к?
From / *говорю́. . . have an accent*	ДЖИМ. **Из**° Аме́рики. А что, я говорю́ **с акце́нтом**°?†
	РА́Я. По-мо́ему, у вас почти́ нет акце́нта. Пра́вда, Тама́ра?
foreigners	ТАМА́РА. Пра́вда. Вы зна́ете, моя́ сестра́ Ра́я — настоя́щий Шёрлок Холмс. Она́ всегда́ узнаёт **иностра́нцев**°, да́же е́сли у них нет никако́го акце́нта.
	РА́Я. Мы лю́бим разгова́ривать с иностра́нцами, слу́шать, как они́ живу́т, что де́лают. Пра́вда, Тама́ра?
	ТАМА́РА. Э́то ты, Ра́я, лю́бишь разгова́ривать — и не то́лько с иностра́нцами.
unpleasant / *things*	РА́Я. Ой, как ты лю́бишь говори́ть **неприя́тные**° **ве́щи**°. *(To Jim.)* Вы зна́ете, молодо́й челове́к, я действи́тельно люблю́ разгова́ривать с людьми́, **осо́бенно**° в метро́. А в метро́ всегда́ мно́го иностра́нцев. Зна́ете, почему́? Потому́ что иностра́нцы зна́ют, что в Москве́ краси́вое метро́. Все хотя́т его́ посмотре́ть. Кро́ме того́, в метро́ есть
maps	**схе́мы**°, поэ́тому там невозмо́жно заблуди́ться.
всё. . . keep forgetting	ДЖИМ. Невозмо́жно заблуди́ться, е́сли зна́ешь ста́рые и но́вые назва́ния ста́нций. Я всё вре́мя **забыва́ю**°, каки́е назва́ния ста́рые, а каки́е но́вые.

(A train pulls in.)

| *Let's go* | РА́Я. Пойдёмте°. |

(They board the train.)   *automated recording*

АВТОМА́Т.° ОСТОРО́ЖНО, ДВЕ́РИ ЗАКРЫВА́ЮТСЯ. СЛЕ́ДУЮЩАЯ
СТА́НЦИЯ — ТРЕТЬЯКО́ВСКАЯ.

РА́Я. На како́й ста́нции вы выхо́дите?

ДЖИМ. На пло́щади Ногина́.

РА́Я. Э́то ста́рое назва́ние, а тепе́рь э́то Кита́й-го́род. *(While they are
talking, the train stops and people get in and out.)*

АВТОМА́Т. ОСТОРО́ЖНО, ДВЕ́РИ ЗАКРЫВА́ЮТСЯ. СЛЕ́ДУЮЩАЯ
СТА́НЦИЯ — КИТА́Й-ГО́РОД.

ТАМА́РА. Ме́жду про́чим, Ра́я, э́то была́ на́ша остано́вка.

МОСКО́ВСКОЕ МЕТРО́

Когда́ **тури́сты**[†] **приезжа́ют**° в Москву́, они́ хотя́т уви́деть и **Кремль,**° и **Кра́сную
пло́щадь,**° и собо́р Васи́лия Блаже́нного,° и Третьяко́вскую галере́ю.° И,
коне́чно, они́ хотя́т уви́деть моско́вское метро́.

Москвичи́° гордя́тся° свои́м метрополите́ном° и лю́бят его́. Им нра́вится, когда́
иностра́нные° тури́сты говоря́т им, что моско́вское метро́ — **са́мое**° краси́вое в
ми́ре.° И действи́тельно, моско́вское метро́ — э́то подзе́мный° го́род с
краси́выми архитекту́рными[†] анса́мблями.[†] Тут всегда́ **чи́сто,**° не **жа́рко.**°
А гла́вное — э́то са́мый бы́стрый° и удо́бный **вид**° **городско́го тра́нспорта.**°

Моско́вское метро́ — э́то кольцева́я **ли́ния**° и радиа́льные ли́нии.° На ста́нциях
кольцево́й ли́нии мо́жно сде́лать переса́дку.° Кольцева́я ли́ния соединя́ет° семь
вокза́лов Москвы́.

come / the Kremlin
Кра́сную. . . *Red Square /*
собо́р. . . *St. Basil's
Cathedral /*
Третьяко́вскую. . . *the
Tretyakov Gallery*
*Muscovites / are proud of /
subway*
foreign / the most
world / underground
it's clean / hot
са́мый. . . *fastest / type /*
городско́го. . . *public
transportation*
кольцева́я. . . *ring line /*
радиа́льные. . . *cross-town
lines*
transfer / connects

Москва́. Кра́сная пло́щадь.

УПРАЖНЕНИЕ 1   Под микроскопом: Genitive case forms

Make two columns on a sheet of paper, one labeled GENITIVE SINGULAR, the other labeled GENITIVE PLURAL. Then find as many Genitive nouns as you can in the Part 1 readings and write them down in the correct column. (You should be able to locate at least six Genitive singular nouns and three Genitive plural nouns.)

Собор Василия Блаженного.

Благовещенский (*Annunciation*) собор в Кремле.

Москва-река и Кремль.

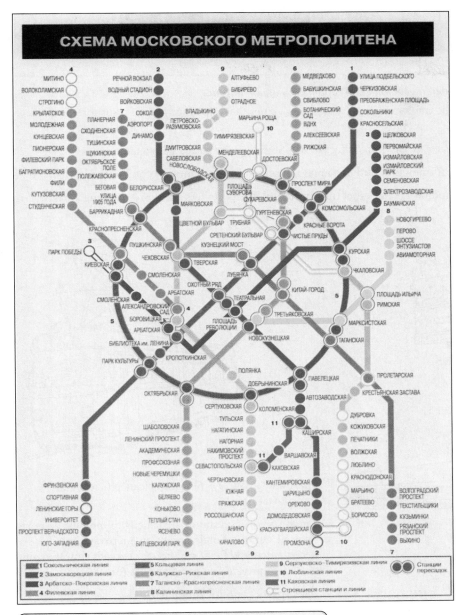

◆◇◆ О РОССИИ

ВИ́ДЫ ГОРОДСКО́ГО ТРА́НСПОРТА

Метро́ — э́то са́мый бы́стрый и удо́бный вид городско́го тра́нспорта.

Most Russians depend heavily on public transportation. In most large cities the following types of transportation are usually available:

Метро́ (*subway*): Fast where available, clean, easy for visitors to use. Stations are marked with a large **M**.

Авто́бус (*bus*): A mainstay, especially for new and outlying areas not served by other means of public transportation.

Тролле́йбус (*electric trolley bus*): Nonpolluting and quiet transportation in city centers and some outlying areas.

тролле́йбус

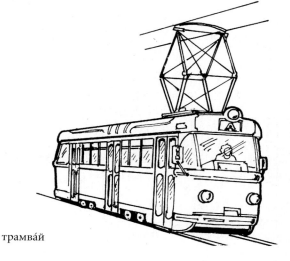

трамва́й

электри́чка

Трамва́й (*streetcar*): Slow but clean, efficient rail transportation.

Такси́ (*taxi*): Taxi stands are usually found near airports, railroad stations, hotels, and many metro stations. Because demand for taxis often far exceeds supply, many owners of private cars provide rides for a fee.

Электри́чка (*electric commuter train*): Main transportation for connections to and from city suburbs.

ГРАММАТИКА И ПРАКТИКА

◈ 9.1. WHERE ARE YOU FROM? ОТКУ́ДА ВЫ?

— А вы **отку́да,** молодо́й челове́к?	*"And where are you from, young man?"*
— **Из Аме́рики.**	*"From America."*

Use <**из** + Gen.> to tell where someone is from. If the place name ends in a consonant or **-а/-я,** like most Russian nouns, it will decline; otherwise, it is not likely to change. In such a case (or in any case where the name may be unfamiliar to a Russian speaker), you can say **из го́рода (из шта́та, из прови́нции)** followed by the place name in the Nominative case.

Я из шта́та Миссу́ри.	*I'm from the state of Missouri.*
Я из го́рода Сент-Лу́ис.	*I'm from the city of St. Louis.*
Я из прови́нции Онта́рио.	*I'm from the province of Ontario.*

УПРАЖНЕНИЕ 2   Отку́да ты?

To complete this activity, refer to Appendix I, which contains a list (in Russian alphabetical order) of American states, Canadian provinces, and major cities in the United States and Canada as they would appear on a Russian map of North America. Note that spellings and stresses in Russian sometimes differ from those in English. Find out where your classmates and/or their relatives are from.

ОБРАЗЕ́Ц:　— Скажи́, отку́да ты?
　　　　　　　— Я из шта́та Нью-Ме́ксико. А ты отку́да?
　　　　　　　— Я из шта́та Делаве́р, из го́рода Уи́лмингтон.
　　　　　　　　и́ли
　　　　　　　— Я из го́рода Уи́лмингтон, штат Делаве́р.

◈ 9.2. INSTRUMENTAL CASE: ОН ГОВОРИ́Т С АКЦЕ́НТОМ

Мо́жет быть, ты зна́ешь **с кем** у неё свида́ние?	*Maybe you know who she has a date with?*
А что, я говорю́ **с акце́нтом**?	*What, do I speak with an accent?*
Мы лю́бим разгова́ривать **с иностра́нцами.**	*We love to speak with foreigners.*

The last of the six cases in Russian is the Instrumental. It occurs in a variety of contexts, including after the preposition «**с**» (*with*) and others that you will learn shortly. The endings of the Instrumental case are very consistent. Here is a table of Instrumental case forms:

INSTRUMENTAL CASE FORMS

PRONOUNS

INTERROGATIVES		PERSONAL PRONOUNS			
Nom.	**Instr.**	**Nom.**	**Instr.**	**Nom.**	**Instr.**
кто	(с) кем	я	(со) мной	мы	(с) на́ми
что	(с) чем	ты	(с) тобо́й	вы	(с) ва́ми
		он, оно́	(с) ним	они́	(с) ни́ми
		она́	(с) ней		

OTHERS

	NOMINATIVE CASE (dictionary form)	INSTRUMENTAL CASE ENDING	EXAMPLES
NOUNS			
Masculine and neuter	музыка́нт музе́й роя́л-ь окн-о́ упражне́ни-е	-ом/-ем	(с) музыка́нт-**ом** (с) музе́-**ем** (с) роя́л-**ем** (с) окн-**о́м** (с) упражне́ни-**ем**
Feminine -а/-я (and "masquerading masculines")	сестр-а́ ку́хн-я Са́ш-а	-ой/-ей	(с) сестр-**о́й** (с) ку́хн-**ей** (с) Са́ш-**ей**
Feminine -ь	двер-ь мат-ь[2] доч-ь[2]	-ью[1]	(с) двер-**ью** (с) ма́тер-**ью** (с) до́чер-**ью**
Plural, all genders	музыка́нт-ы музе́-и роя́л-и о́кн-а упражне́ни-я сёстр-ы ку́хн-и	-ами/-ями	(с) музыка́нт-**ами** (с) музе́-**ями** (с) роя́л-**ями** (с) о́кн-**ами** (с) упражне́ни-**ями** (с) сёстр-**ами** (с) ку́хн-**ями**
ADJECTIVES (including adjectives used as nouns)			
Masculine and neuter	но́в-ый-ое дорог-о́й-о́е хоро́ш-ий-ее	-ым/-им	(с) но́в-**ым** (с) дорог-**и́м** (с) хоро́ш-**им**
Feminine	но́в-ая контро́льн-ая хоро́ш-ая	-ой/-ей	(с) но́в-**ой** (с) контро́льн-**ой** (с) хоро́ш-**ей**
Plural, all genders	но́в-ые контро́льн-ые хоро́ш-ие	-ыми/-ими	(с) но́в-**ыми** (с) контро́льн-**ыми** (с) хоро́ш-**ими**
POSSESSIVES			
Masculine and neuter	мо-й, мо-ё ваш, ва́ш-е	-им	(с) мо-**и́м** (с) ва́ш-**им**
Feminine	мо-я́ ва́ш-а	-ей	(с) мо-**е́й** (с) ва́ш-**ей**
Plural, all genders	мо-и́ ва́ш-и	-ими	(с) мо-**и́ми** (с) ва́ш-**ими**

[1]This ending appears on only a few nouns you presently know (**гость, но́вость, солида́рность, дверь, ночь, о́сень**), but it actually is encountered often because of the large number of Russian nouns ending in **-ость**. (See **Слова́, слова́, слова́ . . .** in Lesson 8, Part 1.)

[2]The nouns **мать** and **дочь** insert the syllable **-ер-** before adding the ending **-ью**.

Some common nouns have irregular or unusual Instrumental forms.

NOMINATIVE CASE (dictionary form)	INSTRUMENTAL SINGULAR	INSTRUMENTAL PLURAL
брат	(с) бра́том	(с) бра́тьями
друг	(с) дру́гом	(с) друзья́ми
мать	(с) ма́терью	(с) матеря́ми
дочь	(с) до́черью	(с) дочерьми́
челове́к (*sing.*)/лю́ди (*pl.*)	(с) челове́ком	(с) людьми́
ребёнок (*sing.*)/де́ти (*pl.*)	(с) ребёнком	(с) детьми́

Note that **подру́га**—unlike **друг**—is regular in both singular and plural in all cases.

подру́га   (с) подру́гой   (с) подру́гами

Э́то ста́нция метро́ и́ли музе́й?

УПРАЖНЕНИЕ 3   С кем...? С чем...?

Fill in the blanks with correct forms of the nouns and pronouns in parentheses.

1. — С _____ (кто) разгова́ривает Джон?
   — Со _____ (Са́ра) и с _____ (А́ня).

2. — С _____ (кто) лю́бит разгова́ривать Ра́я?
   — С _____ (иностра́нцы).

3. — С _____ (кто) Джим ча́сто разгова́ривает по телефо́ну?
   — С _____ (Та́ня) и с _____ (профе́ссор).

4. На у́лице стои́т авто́бус с _____ (тури́сты).

5. Поста́вьте портфе́ль (*briefcase*) с _____ (кни́ги) сюда́.

6. Кто э́тот челове́к с _____ (газе́та)?

7. Вон стои́т же́нщина с _____ (соба́ка)?

8. Хоти́те ко́фе с _____ (молоко́)?

9. Мне, пожа́луйста, бутербро́д с _____ (колбаса́).

10. Ве́ра игра́ет в те́ннис с _____ (подру́ги).

УПРАЖНЕНИЕ 4　С какóй . . . ? С каки́м . . . ? С каки́ми . . . ?

Fill in the blanks with correct forms of the adjectives and nouns in parentheses.

1. Кто э́тот человéк с _____ _____ (большóй портфéль [*briefcase*])?

2. Вот кáрта с _____ _____ (нóвые назвáния) стáнций москóвского метрó.

3. Ири́на разговáривает с _____ _____ (краси́вый иностранéц).

4. Том говори́т по-рýсски с _____ _____ (небольшóй акцéнт).

5. Мы чáсто разговáриваем с _____ _____ (рýсские тури́сты).

6. — С кем вы идёте в кинó?
— С _____ _____ (симпати́чная дéвушка), котóрую зовýт Вéра.

УПРАЖНЕНИЕ 5　С кем . . . ? С чем . . . ?

Answer the following questions, putting the suggested answers (or answers of your own) in the Instrumental case.

1. С кем ты лю́бишь игрáть в тéннис — с сестрóй, с брáтом, с . . . ?

2. С кем ты обы́чно обéдаешь (*have dinner, have lunch*) — с друзья́ми, с роди́телями, с . . . ?

3. С чем америкáнцы пьют кóфе[3] — с молокóм, с лимóном, с . . . ?

4. С чем америкáнцы пьют чай — с лимóном, с молокóм, с . . . ?

5. С кем ты хóдишь в кинó — с друзья́ми, со свои́м профéссором рýсского языкá, с . . . ?

6. С кем ты лю́бишь говори́ть по телефóну — с дрýгом, с подрýгой, с . . . ?

7. С кем ты разговáриваешь по-рýсски?

8. С кем ты перепи́сываешься (*correspond*)?

СЛОВА, СЛОВА, СЛОВА . . . ✪ *Prepositions That Take the Instrumental Case*

In addition to «**с**» meaning *with,* several other prepositions that show location relative to someone or something else also take the Instrumental case. Some of the more common of these are the following:

мéжду	*between, among*
за	*behind*
пéред	*in front of*
над	*above*
под	*underneath*

(Note the use of the buffer vowel before **мной** when the preposition ends in a consonant: **со мной, пéредо мной, нáдо мной, пóдо мной.**)

---

[3]**Кóфе,** like some other nouns of foreign origin, never changes form. Its masculine gender is shown in adjectives that modify it: **Дéдушка лю́бит чёрный кóфе.**

УПРАЖНЕНИЕ 6   Вы за кем?

With four or five classmates, imagine you're in line for theater tickets. Practice the following:

1. — Вы за кем?
   — Я за э́той же́нщиной.

2. — А вы за кем?
   — Я за тем мужчи́ной.

3. — Вы пе́редо мной?
   — Нет, я за ва́ми.

4. — Кто пе́ред ва́ми?
   — Вот э́та же́нщина.

5. — Вы пе́редо мной?
   — Да, я с ним.

Кака́я бу́дет сле́дующая ста́нция?

❖ 9.3. SUPERLATIVE ADJECTIVES: СА́МОЕ КРАСИ́ВОЕ

Моско́вское метро́ — **са́мое красси́вое** в ми́ре.

The Moscow subway is the most beautiful in the world.

А гла́вное — э́то **са́мый бы́стрый** и **удо́бный** вид городско́го тра́нспорта.

And the main thing is, it's the fastest and most comfortable mode of public transportation.

To say that something is *the most interesting, the fastest, the most beautiful,* and so on, Russian places the adjective **са́мый** before the existing adjective, in the same gender, number, and case.

УПРАЖНЕНИЕ 7   Телевизио́нное шо́у «По́ле чуде́с»[4]

Work with a classmate to answer as many of the following questions as you can.

1. Како́й го́род са́мый большо́й в Аме́рике?
2. Кака́я прови́нция† са́мая ма́ленькая в Кана́де?
3. Кака́я река́ са́мая дли́нная (*longest*) в ми́ре?
4. Како́е зда́ние (*building*) са́мое высо́кое (*tallest*) в ми́ре?
5. Пра́вда ли, что Филаде́льфия — са́мый ста́рый го́род в Аме́рике?
6. Кака́я страна́ са́мая больша́я в ми́ре?
7. Кто са́мый бога́тый (*richest*) челове́к в ми́ре? А в Аме́рике?

УПРАЖНЕНИЕ 8   Как по-ва́шему . . . ?

Russians are always curious about foreign countries and foreigners' cities and lifestyles. Working in pairs, decide how you would answer the following questions; then work with another pair of students to see if you share any answers.

1. Како́й магази́н в ва́шем го́роде са́мый дорого́й? А како́й рестора́н са́мый дорого́й?
2. Како́й вид городско́го тра́нспорта са́мый бы́стрый (*fastest*) и удо́бный — метро́, авто́бус и́ли тролле́йбус?
3. Кака́я америка́нская газе́та са́мая интере́сная? Како́й америка́нский журна́л са́мый популя́рный†?
4. Како́й вид спо́рта са́мый популя́рный в Аме́рике?
5. Кто из америка́нских тенниси́стов (баскетболи́стов, бейсболи́стов, . . .) са́мый изве́стный (*well known*)?
6. Како́й америка́нский актёр† са́мый тала́нтливый†? А кака́я америка́нская актри́са† са́мая тала́нтливая?
7. Кака́я америка́нская маши́на са́мая дорога́я?

---

reVERBerations ★

1. Perfective verbs with the prefix вы- (such as выходи́ть / вы́йти) are always stressed on the prefix, so endings will contain the vowel -e- rather than -ё-. Compare key forms of this verb with those of уйти́.

   выходи́ть: выхож-у́, выхо́д-ишь, . . . выхо́д-ят
   pfv. вы́йти: вы́йд-у, вы́йд-ешь, . . . вы́йд-ут
   (*past* вы́шел, вы́шла, вы́шло, вы́шли)

   уходи́ть: ухож-у́, ухо́д-ишь, . . . ухо́д-ят
   pfv. уйти́: уйд-у́, уйд-ёшь, . . . уйд-у́т
   (*past* ушёл, ушла́, ушло́, ушли́)

2. When making suggestions to go somewhere, as in Дава́й(те) пойдём . . . , the Дава́й(те) is often omitted. In this case, the «на вы» ending (-те) can be added directly to the motion verb: Пойдёмте! (*Let's go!*).

3. Ты-forms and the generic *you*

   Невозмо́жно заблуди́ться, е́сли зна́ешь ста́рые и но́вые назва́ния ста́нций.

   You can't get lost if you know the old and the new names of the stations.

   When Jim uses зна́ешь in speaking with the women in the metro, he's not being familiar. Ты forms are normally reserved for use with family and friends, but they also occur in sayings, proverbs, and (as in this case) when generalizing rather than speaking directly *to* someone. In this usage, the subject pronoun ты is usually omitted.

---

[4]Quiz shows were among the earliest innovations to appear on Russian television when Soviet state control relaxed. One of the most popular was «По́ле чуде́с» ("Field of Wonders"). By answering general questions such as these, contestants could win items that were extremely difficult to acquire, such as microwave ovens, stereo equipment, and cars.

УПРАЖНЕНИЕ 9   Ру́сские посло́вицы

There are many parallels between Russian and English proverbs (**посло́вицы**). In Russian, generic **ты** forms are common. By making good guesses, match the Russian proverbs with their English counterparts.

1. ____ Живи́ и жить дава́й други́м.
2. ____ Ме́ньше говори́, да бо́льше де́лай.
3. ____ Не име́й сто рубле́й, а име́й сто друзе́й.
4. ____ Не откла́дывай на за́втра то, что мо́жешь сде́лать сего́дня.
5. ____ Не покупа́й кота́ в мешке́.
6. ____ Скажи́ мне, кто твой друг, и я скажу́ тебе́, кто ты.
7. ____ Ти́ше е́дешь — да́льше бу́дешь.
8. ____ Ты — мне, я — тебе́.

а. A man is known by the company he keeps.
б. Don't buy a pig in a poke.
в. Don't put off till tomorrow what you can do today.
г. Live and let live.
д. They are rich who have true friends.
е. Haste makes waste.
ж. Speak less, but do more.
з. You scratch my back, and I'll scratch yours.

КУЛЬТУРА РЕЧИ

❖ ТАК ГОВОРЯТ: ЯЗЫ́К И ГОРОДСКО́Й ТРА́НСПОРТ

Here are some signs you may see when using public transportation in Russia.

ВХОД	*Entrance*

НЕТ ВХО́ДА
  ВХОД ВОСПРЕЩЁН
  ВХОД ВОСПРЕЩА́ЕТСЯ
	No entry (no admittance).

ВЫ́ХОД	*Exit*
КА́ССА	*Cashier*
ПРОДА́ЖА ЖЕТО́НОВ	*Tokens* (lit. *sale of tokens*)
ПЕРЕХО́Д	*Crosswalk* (also designates a pedestrian underpass or a pedestrian transfer walkway in a metro station)

В метро́. Перехо́д.

❖ САМОПРОВЕРКА: УПРАЖНЕНИЕ 10

Working on your own, try this self-test: Read a Russian sentence out loud, then give an idiomatic English equivalent without looking at the book. Then work from English to Russian. After you have completed the activity, try it with a classmate.

1. Познако́мьтесь, э́то мой друг Хито́ши. Он из Япо́нии, из го́рода Наго́я.
2. Мы лю́бим разгова́ривать с иностра́нцами.
3. Я сейча́с перепи́сываюсь по Интерне́ту с дру́гом в Росси́и.
4. Москва́ — э́то са́мый большо́й го́род в Росси́и.
5. Невозмо́жно заблуди́ться, е́сли зна́ешь ста́рые и но́вые назва́ния ста́нций.

1. *I'd like you to meet my friend Hitoshi. He's from Japan, from the city of Nagoya.*
2. *We like talking with foreigners.*
3. *I'm corresponding via the Internet with a friend in Russia.*
4. *Moscow is the largest city in Russia.*
5. *You can't get lost if you know the old and new names of the stations.*

❖ ВОПРОСЫ И ОТВЕТЫ: УПРАЖНЕНИЕ 11

Working with a partner, role-play the following interview: A Russian guest is asking about foreign visitors in your city.

1. В ва́шем го́роде мно́го люде́й, кото́рые говоря́т по-англи́йски с акце́нтом?
2. Вы лю́бите разгова́ривать с иностра́нцами?
3. В ваш го́род ча́сто приезжа́ют иностра́нцы?
4. Отку́да они́ приезжа́ют?
5. Что иностра́нцы осо́бенно (*especially*) лю́бят смотре́ть в ва́шем го́роде?
6. А в ва́шей стране́?
7. В ва́шем го́роде есть метро́? Е́сли да, то како́е оно́? (Краси́вое, но́вое . . . ?)

❖ ДИАЛОГИ

ДИАЛОГ 1   Скажи́те, пожа́луйста, когда́ . . .
(Asking for directions in the metro)

— Скажи́те, пожа́луйста, когда́ бу́дет ста́нция Пу́шкинская?
— Че́рез две остано́вки.[5]
— Мои друзья́ сказа́ли мне, что э́то о́чень краси́вая ста́нция. Я хочу́ её посмотре́ть.
— А отку́да вы?
— Из Аме́рики, из Сиэ́тла.

ДИАЛОГ 2   Хоти́те пойти́ . . . ?
(Making sightseeing plans)

— Что вы хоти́те посмотре́ть в Москве́?
— Кра́сную пло́щадь, собо́р Васи́лия Блаже́нного, Кремль, Третьяко́вскую галере́ю.
— Я то́же хочу́ пойти́ в Третьяко́вскую галере́ю. Я о́чень хочу́ посмотре́ть ру́сские ико́ны.[†]
— Хоти́те пойти́ туда́ за́втра?
— С удово́льствием.

УПРАЖНЕНИЕ 12   Ваш диало́г

Create a dialogue that you might use on a subway. Ask for a station, directions, where to get off, and so on.

❖ А ТЕПЕРЬ . . . : УПРАЖНЕНИЕ 13

Working with a classmate, use what you learned in Part 1 to . . .

1. ask where he's from
2. find out with whom he corresponds on the Internet
3. find out with whom he talks on the phone
4. ask if he drinks coffee or tea; if so, find out if he drinks them with milk, sugar, or lemon
5. find out which American city he thinks is most expensive
6. ask which American actors (**актёры**) he thinks are the most talented (**тала́нтливые**)

---

[5]In this context, the preposition **че́рез** (*through*) means *after*. The speaker here is saying that **ста́нция Пу́шкинская** will be the *third* stop.

ЧАСТЬ ВТОРАЯ

С ЧЕГО НАЧАТЬ?

MORNING ROUTINE

Я **встаю** в 7 часо́в утра́.

Пото́м я **принима́ю** душ . . .

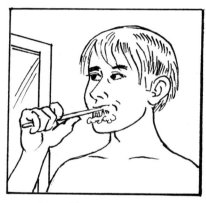

. . .и **чи́щу** зу́бы.

Я **за́втракаю**.

А пото́м, в 8 часо́в, я **выхожу́** из кварти́ры.

В 8.30 я прихожу́ в университе́т.

❉ ЧТЕНИЕ ❉

❖ БА́БУШКА ЗНА́ЕТ ВСЁ

(At the Kruglovs'. Grandpa is at the window while Grandma is setting the table.)

ДЕ́ДУШКА.	На у́лице люде́й **всё ме́ньше и ме́ньше.**°
БА́БУШКА.	Вре́мя тако́е.° **Ско́ро**° зима́, **пого́да**° плоха́я, ка́ждый день идёт дождь. Ты прогно́з пого́ды° слы́шал?
ДЕ́ДУШКА.	Слы́шал. По ра́дио сказа́ли, что за́втра бу́дет хоро́ший день, **гора́здо**° лу́чше, чем сего́дня.
БА́БУШКА.	**Посмо́трим.**° Все, наве́рно, домо́й спеша́т.
ДЕ́ДУШКА.	Ве́рно. Все иду́т домо́й.
БА́БУШКА.	Все иду́т, а Си́лины е́дут.
ДЕ́ДУШКА.	Уже́ прие́хали. Вон их маши́на.
БА́БУШКА.	Серге́й Петро́вич всегда́ в э́то вре́мя **возвраща́ется.**° **Оди́н**° прие́хал?
ДЕ́ДУШКА.	С жено́й.
БА́БУШКА.	Вот уви́дишь, сейча́с Во́ва из подъе́зда вы́йдет. С Бе́лкой.
ДЕ́ДУШКА.	Действи́тельно, вон он идёт. С соба́кой. Ты угада́ла.°
БА́БУШКА.	Не «угада́ла». Я **то́чно**° зна́ю.
ДЕ́ДУШКА.	Отку́да ты зна́ешь?
БА́БУШКА.	А Во́ва говори́л мне, что **бо́льше**° лю́бит смотре́ть телеви́зор, чем гуля́ть с соба́кой. **Пока́**° роди́телей нет, он смо́трит телеви́зор, а с Бе́лкой выхо́дит,° когда́ ви́дит, что роди́тели возвраща́ются с° рабо́ты.
ДЕ́ДУШКА.	Поня́тно.

всё. . . *fewer and fewer*
Вре́мя. . . *It's that time of year / Soon / weather*
прогно́з. . . *weather forecast*
much
We'll see.

comes home / Alone

Ты. . . *You guessed right*
for sure

more
While
с. . . *takes Belka out / from*

less	БА́БУШКА.	Ты всё вре́мя газе́ты чита́ешь, а ну́жно **ме́ньше**° до́ма сиде́ть и бо́льше с сосе́дями разгова́ривать. Я газе́т не чита́ю, но о на́ших сосе́дях всё зна́ю.
Неуже́ли. . . So you really think you know everything?	ДЕ́ДУШКА.	(*Sarcastically.*) **Неуже́ли** всё зна́ешь°? Мо́жет быть, ты зна́ешь, кто сейча́с бежи́т по у́лице?
shorts / earphones	БА́БУШКА.	Коне́чно, зна́ю. Это Никола́й Ива́нович из два́дцать четвёртой кварти́ры. В кра́сной футбо́лке, в **труса́х**° и в **нау́шниках,**° да?
	ДЕ́ДУШКА.	Да! Бежи́т в нау́шниках — наве́рно, му́зыку слу́шает. То́лько почему́ ве́чером?
early	БА́БУШКА.	А потому́ что он не лю́бит **ра́но**° встава́ть.
Since	ДЕ́ДУШКА.	Поня́тно. **Раз**° ты всё зна́ешь, скажи́ мне, с кем сейча́с наш Са́ша по у́лице идёт.
	БА́БУШКА.	С И́горем. Это друг его́, виолончели́ст. Они́ ча́сто вме́сте возвраща́ются.
	ДЕ́ДУШКА.	А вот и не угада́ла. Это де́вушка!
	БА́БУШКА.	Кака́я де́вушка?! (*Runs over to the window.*)
It turns out / all the same	ДЕ́ДУШКА.	**Ока́зывается,**° са́мого интере́сного ты **всё-таки**° не зна́ешь!

УПРАЖНЕ́НИЕ 1   Под микроско́пом: Aspect recognition

The following sentences were taken from the reading. For each sentence, indicate whether the underlined nonpast verb form is imperfective present or perfective future.

IMPFV. PRESENT	PFV. FUTURE	
[ ]	[ ]	**1.** Ка́ждый день <u>идёт</u> дождь.
[ ]	[ ]	**2.** <u>Посмо́трим</u>. Все, наве́рно, домо́й спеша́т.
[ ]	[ ]	**3.** Посмо́трим. Все, наве́рно, домо́й <u>спеша́т</u>.
[ ]	[ ]	**4.** Серге́й Петро́вич всегда́ в э́то вре́мя <u>возвраща́ется</u>.
[ ]	[ ]	**5.** Вот <u>уви́дишь</u>, сейча́с Во́ва из подъе́зда вы́йдет.
[ ]	[ ]	**6.** Вот уви́дишь, сейча́с Во́ва из подъе́зда <u>вы́йдет</u>.
[ ]	[ ]	**7.** Во́ва с Бе́лкой <u>выхо́дит</u>, когда́ ви́дит, что роди́тели возвраща́ются с рабо́ты.
[ ]	[ ]	**8.** Во́ва с Бе́лкой выхо́дит, когда́ <u>ви́дит</u>, что роди́тели возвраща́ются с рабо́ты.
[ ]	[ ]	**9.** Мо́жет быть, ты зна́ешь, кто сейча́с <u>бежи́т</u> по у́лице?

ГРАММАТИКА И ПРАКТИКА

❖ 9.4. DIRECTIONAL PREFIXES AND COMBINING FORMS

You already know that both English and Russian have verbs of motion showing direction (see Lesson 8, Part 2). In English most of these verbs are distinct and unrelated to one another; in Russian these verbs are clearly related, being composed of directional prefixes (such as **при-**, **у-**, or **вы-**) and imperfective/perfective stems, which will be referred to here as *combining forms*. This is done in a very consistent way.

<**directional prefix** + **combining form of motion verb**> = **new directional verb**

Here is a summary of directional motion verbs with which you are already familiar.

DIRECTIONAL MOTION VERBS

DIRECTIONAL PREFIXES	IMPERFECTIVE/PERFECTIVE COMBINING FORMS	
	-ходи́ть / -йти́ (*where no vehicle is implied*)	**-езжа́ть / -éхать** (*where a vehicle is implied*)
при- *motion toward, arrival*	**приходи́ть / прийти́** *to arrive, to come (back)* Я име́ю пра́во знать, когда́ ты **придёшь.** *I have a right to know when you'll be back.*	**приезжа́ть / приéхать** *to arrive, to come (back)* Джим **приéхал** в Москву́ на год. *Jim has come to Moscow for a year.*
у- *motion away from*	**уходи́ть / уйти́** *to leave, to go away* Лéна, ты **ухо́дишь?** *Lena, are you leaving?*	**уезжа́ть / уéхать** *to leave, to go away* Они́ **уéхали** в Москву́. *They've left for Moscow.*
вы- *motion out of, from within*	**выходи́ть / вы́йти** *to go out, to come out; to leave* На како́й ста́нции вы **выхо́дите?** *What station are you getting off at?* Во́ва **выхо́дит** с Бéлкой, когда́ роди́тели возвраща́ются с рабо́ты. *Vova goes out with Belka when his parents come home from work.*	**выезжа́ть / вы́ехать** *to go out, come out; to leave* Когда́ мы **выезжа́ли** из гаража́, мы уви́дели профéссора Петро́вского. *As we were pulling out of the garage, we saw Professor Petrovsky.*

УПРАЖНЕНИЕ 2   Когда́ ты приезжа́ешь . . . ?

Working with a classmate, take turns asking and answering the following questions.

1. Когда́ ты сего́дня прие́хал (прие́хала) и́ли пришёл (пришла́) в университе́т? А вчера́?
2. Ты всегда́ приезжа́ешь (прихо́дишь) так ра́но (так по́здно [*late*])?
3. Когда́ ты обы́чно приезжа́ешь (прихо́дишь) в университе́т?
4. Когда́ ты вчера́ уе́хал (уе́хала) и́ли ушёл (ушла́) домо́й?
5. Ты всегда́ уезжа́ешь (ухо́дишь) домо́й так по́здно (так ра́но)?
6. Когда́ ты обы́чно уезжа́ешь (ухо́дишь) домо́й?
7. Ты рабо́таешь? Ты е́дешь на рабо́ту и́ли идёшь пешко́м (*on foot*)?
8. Что ты обы́чно де́лаешь ве́чером — сиди́шь (*stay*) до́ма и́ли куда́-нибудь (*somewhere*) ухо́дишь? Éсли ухо́дишь, то куда́ — к дру́гу, в кино́, в библиоте́ку?
9. К тебе́ ча́сто приезжа́ют друзья́ из други́х городо́в?
10. К тебе́ кто́-нибудь (*anyone*) приезжа́л в про́шлом году́?

УПРАЖНЕНИЕ 3   Arriving, leaving

Supply the correct form of the perfective verbs **прийти́, уйти́, прие́хать, уе́хать** to render the meanings indicated.

1. Мы не зна́ем, до́ма ли Ле́на и́ли она́ уже́ _____ (*left*) в университе́т.
2. Джим ещё не _____ (*left*) из Москвы́.
3. Когда́ Джим _____ (*arrived*) в Москву́, он написа́л письмо́ своему́ профе́ссору.
4. Ба́бушка ви́дела, что Си́лины _____ (*had arrived*) домо́й.
5. Са́ша _____ (*arrived*) домо́й с де́вушкой.
6. Дочь сосе́дей _____ (*departed*) с му́жем в Лос-Áнджелес.

УПРАЖНЕНИЕ 4   More verbs of motion

Supply the correct form of the verbs **приходи́ть / прийти́, приезжа́ть / прие́хать, уходи́ть / уйти́, уезжа́ть / уе́хать** to render the meanings indicated.

1. — Ма́ма, я _____ (*am leaving*) в университе́т.
   — А когда́ ты _____ (*will come back*)?
   — Часо́в в 8.
2. — И́ра до́ма?
   — Нет, она́ _____ (*has left*) в университе́т.
   — А когда́ она́ _____ (*will come back*)?
   — Сказа́ла, что часо́в в 8.
3. — Дороги́е го́сти, вы уже́ _____ (*are leaving*)? Ещё ра́но! _____ (*come over*) к нам за́втра.
   — Спаси́бо, обяза́тельно _____ (*we'll come*).
4. В наш университе́т ка́ждый год _____ (*come*) студе́нты из Москвы́. В э́том году́ _____ (*came*) студе́нты из Москвы́ и из Петербу́рга.

УПРАЖНЕНИЕ 5   Куда́ вы уезжа́ете?

You are an American student in Moscow getting ready to leave for spring vacation. You run into a group of your classmates standing in front of an electronic timetable at the train station. Using the list below, pick a destination and a departure time for yourself. Find out if your friends are also leaving and if so, where they're going. See if you can find anyone else who will be on the same train as you.

ОБРАЗЕЦ: — Приве́т, Э́рик. Ты то́же уезжа́ешь?
— Да, в Новосиби́рск.
— В кото́ром часу́?
— В 10.35 (де́сять три́дцать пять).

№ ПО́ЕЗДА	КУДА́	ВРЕ́МЯ ОТПРАВЛЕ́НИЯ
№ 074	Санкт-Петербу́рг	09.23
№ 219	Новосиби́рск	10.35
№ 518	Каза́нь	11.48
№ 3096	Омск	12.19
№ 967	Санкт-Петербу́рг	13.00
№ 2375	Новосиби́рск	16.07
№ 132	Каза́нь	18.26
№ 702	Омск	19.20
№ 833	Санкт-Петербу́рг	21.56
№ 084	Новосиби́рск	22.35
№ 1348	Каза́нь	23.44

УПРАЖНЕНИЕ 6   Отку́да вы прие́хали?

You've just arrived at a Moscow train station and have discovered you picked up the wrong suitcase as you left the train. Pick a city of origin and an arrival time for yourself from the list below; then see if you can find anyone else in the room who was on that same train and might have picked up your bag. (Notice that **из** requires the Genitive case. **Каза́нь** is *feminine*; **Яросла́вль** is *masculine.*)

ОБРАЗЕЦ: — Отку́да вы прие́хали?
— Из Каза́ни.
— В кото́ром часу́?
— В 8.24 (во́семь два́дцать четы́ре).

№ ПО́ЕЗДА	ОТКУ́ДА	ВРЕ́МЯ ПРИБЫ́ТИЯ
№ 175	Каза́нь	08.24
№ 318	Омск	09.33
№ 617	Яросла́вль	10.47
№ 3195	Магада́н	11.18
№ 066	Каза́нь	12.00
№ 2274	Омск	15.06
№ 231	Яросла́вль	17.25
№ 801	Магада́н	18.19
№ 932	Каза́нь	20.57

❖ 9.5. SIMPLE COMPARATIVES: БÓЛЬШЕ/МÉНЬШЕ AND ЛУ́ЧШЕ/ХУ́ЖЕ

Мне, навéрно, **лу́чше** купи́ть обы́чный компью́тер.	*It would probably be better for me to buy an ordinary computer.*
За́втра бу́дет хорóший день, гора́здо **лу́чше**, чем сегóдня.	*Tomorrow will be a good day, much better than today.*
Вóва говори́л мне, что **бóльше** лю́бит смотрéть телеви́зор, чем гуля́ть с собáкой.	*Vova told me that he likes watching television better than walking the dog.*
Ну́жно **мéньше** дóма сидéть и **бóльше** с сосéдями разговáривать.	*You should sit at home less and talk with the neighbors more.*

Comparatives of many predicate adjectives and adverbs are rendered by single-word "simple" forms that do not change. The translation of these forms depends on their use in context.

COMPARATIVE FORM	PREDICATE ADJECTIVAL USE	ADVERBIAL USE
бóльше (*comparative of* большóй, мнóго)	Твоя́ кóмната **бóльше**, чем моя́. *Your room is larger than mine.*	Моя́ сестра́ читáет **бóльше**, чем я. *My sister reads more than I do.*
мéньше (*comparative of* мáленький, мáло)	Наш университéт **мéньше**, чем ваш. *Our university is smaller than yours is.*	Год назáд я мнóго слу́шала рок-му́зыку, а тепéрь я её слу́шаю намнóго **мéньше**. *A year ago I listened to rock music a lot, but nowadays I listen to it a lot less.*
лу́чше (*comparative of* хорóший, хорошó)	Э́ти пирожки́ **лу́чше**, чем те. *These pirozhki are better than those.*	Вáня хорошó игрáет на гита́ре, а Лáра игрáет ещё **лу́чше**. *Vanya plays guitar well, but Lara plays even better.*
ху́же (*comparative of* плохóй, плóхо)	Мóжет быть, мои́ анекдóты плохи́е, а твои́ ещё **ху́же**! *Maybe my jokes are bad, but yours are even worse!*	— Ты хорошó игрáешь в баскетбóл? — Не óчень. Навéрное **ху́же**, чем ты. *"Do you play basketball well?" "Not really. Probably worse than you."*

Note the following:

1. To intensify a comparative (for example, *much better, far better*), place either **гора́здо** or **намно́го** before the single-word comparative form.

гора́здо (намно́го) бо́льше	*much bigger, much more*
гора́здо (намно́го) ме́ньше	*much smaller, much less*
гора́здо (намно́го) *лу́чше*	*much better*
гора́здо (намно́го) *ху́же*	*much worse*

2. To say that something is *even better, even worse,* and so on, use **ещё** before the single-word comparative form.

ещё *лу́чше/ху́же*	*even better/worse*
ещё *бо́льше/ме́ньше*	*even bigger/smaller*

3. To render *than*, use **чем** preceded by a comma: **Ле́на говори́т по-ру́сски (гора́здо) *лу́чше*, чем Джим.**

4. For other predicate adjectives and adverbs, one way of making comparative forms is to use **бо́лее** with the basic form of the adjective or adverb.

Обы́чно ста́рые лю́ди **бо́лее** суеве́рные, чем молодёжь.	*Usually old people are more superstitious than young people.*
Моя́ сестра́ занима́ется **бо́лее** серьёзно, чем мой брат.	*My sister studies more seriously than my brother.*

УПРАЖНЕНИЕ 7   Бо́льше..., ме́ньше..., лу́чше..., ху́же...?

Complete the following sentences with a contrasting comparative statement using **бо́льше, ме́ньше, лу́чше,** or **ху́же.** Include intensifiers in some of your answers (**ещё, намно́го, гора́здо**).

ОБРАЗЕ́Ц: Бо́ря хорошо́ говори́т по-англи́йски, а . . .
→ . . . Мари́на говори́т ещё *лу́чше.*

1. Мой оте́ц пло́хо гото́вит, а . . .
2. Мои́ нау́шники хоро́шие, а . . .
3. Моя́ соба́ка больша́я, а . . .
4. Моя́ сестра́ ма́ло чита́ет, а . . .
5. Твоя́ маши́на плоха́я, а . . .
6. Твоя́ кварти́ра ма́ленькая, а . . .
7. Наш сосе́д мно́го рабо́тает, а . . .
8. Моя́ мать хорошо́ говори́т по-испа́нски, а . . .

УПРАЖНЕНИЕ 8   Кто лу́чше? Кто ху́же?

Whatever your classmate says, try to top his or her statement.

ОБРАЗЕ́Ц: — Я мно́го рабо́таю.
            — А я рабо́таю гора́здо бо́льше, чем ты!

1. — Моя́ сестра́ мно́го чита́ет.
2. — Я хорошо́ гото́влю пи́ццу.
3. — У них больша́я кварти́ра.
4. — Мой брат пло́хо пи́шет.
5. — Ва́ша ко́шка ма́ленькая.
6. — Мой друг хорошо́ говори́т по-ру́сски.
7. — Мой сосе́д мно́го игра́ет на роя́ле.
8. — Оди́н наш студе́нт сде́лал 30 оши́бок в упражне́нии.
9. — Ми́ша игра́ет в баскетбо́л пло́хо.
10. — У Све́ты ма́ло де́нег.
11. — Мой друг хорошо́ зна́ет у́лицы Москвы́.

❖❖ 9.6. PREPOSITIONAL PLURALS

Это Никола́й Ива́нович из два́дцать четвёртой кварти́ры. В кра́сной футбо́лке, в **труса́х** и в **нау́шниках,** да?

That's Nikolai Ivanovich from apartment 24. In a red T-shirt, shorts, and earphones, right?

Я газе́т не чита́ю, но о **на́ших сосе́дях** всё зна́ю.

I don't read newspapers, but I know everything about our neighbors.

Prepositional plurals are very regular: nouns of all genders end in **-ах/-ях,** while adjectives end in **-ых/-их,** identical to the Genitive plural adjectival endings.

PREPOSITIONAL PLURAL FORMS

	NOMINATIVE PLURAL	PREPOSITIONAL PLURAL ENDING	EXAMPLES
NOUNS			
Plural, all genders	музыка́нт-ы музе́-и роя́л-и о́кн-а упражне́ни-я сёстр-ы ку́хн-и две́р-и	-ах/-ях	музыка́нт-**ах** музе́-**ях** роя́л-**ях** о́кн-**ах** упражне́ни-**ях** сёстр-**ах** ку́хн-**ях** двер-**я́х**
ADJECTIVES (including adjectives used as nouns)			
Plural, all genders	но́в-ые контро́льн-ые хоро́ш-ие	-ых/-их	но́в-**ых** контро́льн-**ых** хоро́ш-**их**
POSSESSIVES			
Plural, all genders	мо-и́ ва́ш-и	-их	мо-и́х ва́ш-их

СЛОВА, СЛОВА, СЛОВА . . . ✪ *Colors and Clothing*

Э́то Никола́й Ива́нович из два́дцать четвёртой кварти́ры. В **кра́сной** футбо́лке, в труса́х и в нау́шниках, да?

That's Nikolai Ivanovich from apartment 24. In a red T-shirt, shorts, and earphones, right?

The verb **быть** is used with <**в** + Prep.> to say what someone is wearing.

бе́лый

ора́нжевый

голубо́й

бе́жевый

чёрный

ро́зовый

жёлтый

си́ний

кори́чневый

кра́сный

зелёный

лило́вый

се́рый

УПРАЖНЕНИЕ 9   В чём они?

Working with a classmate, describe what some of your friends and classmates are wearing using colors and the following list of names and clothing.

ОБРАЗЕ́Ц: А́нна   жёлтые   кроссо́вки
→ А́нна в жёлтых кроссо́вках.

Сла́ва
Том
Та́ня
Ко́стя
Са́ра
Са́ша   {*choose color from above*}
И́горь
Мари́на
Ири́на
Джон
???

джи́нсы
ту́фли
очки́ (*glasses*)
боти́нки (*shoes*)
колго́тки (*tights*)
брю́ки
шо́рты†
перча́тки (*gloves*)
кроссо́вки
сапоги́
???

УПРАЖНЕНИЕ 10 О чём вы говори́те (ду́маете, зна́ете …)?

Working with a classmate, complete the following sentences in as many different ways as you can using plurals (not all combinations make sense). Then add your own examples.

Тсс! Только не о деньга́х!

1. Моя́ ба́бушка всё зна́ет о (об) …
2. Мы с друзья́ми ча́сто говори́м о (об) …
3. Моя́ сестра́ мно́го ду́мает о (об) …
4. Мой брат всегда́ спра́шивает о (об) …
5. Моя́ ма́ма всегда́ хо́чет знать о (об) …
6. Я мно́го говорю́ о (об) …
7. Наш сосе́д ничего́ не зна́ет о (об) …
8. Я бу́ду писа́ть курсову́ю рабо́ту о (об) …
9. ???

иностра́нные студе́нты
футбо́льные ма́тчи
и́мпортные маши́ны
на́ши кварти́ры
италья́нские фи́льмы
мой (на́ши, *etc.*)
но́вые друзья́
диноза́вры† и вампи́ры†
со́товые (*cellular*) телефо́ны
ла́зерные† при́нтеры
япо́нские (америка́нские) компью́теры
ру́сские поэ́ты†
???

---

reVERBerations ★

1. Reversible actions

In the past tense, the choice between imperfective and perfective often depends on whether the result of an action is still in effect (perfective) or whether that action has been reversed (imperfective). Note that the English equivalent is often vague and depends on context or additional information to make this distinction.

В про́шлом году́ **приезжа́ли** студе́нты из Москвы́.	*Last year students came from Moscow.*	Imperfective **приезжа́ли** indicates they came, then that action was reversed: they left. They're no longer here.
А в э́том году́ **прие́хали** студе́нты из То́мска.	*And this year students came from Tomsk.*	Perfective **прие́хали** indicates they came and that action is still in effect: they're still here.
Заче́м ты **откры́ла** окно́? Закро́й, здесь о́чень хо́лодно.	*Why did you open the window? Close it, it's really cold in here.*	Perfective **откры́ла** indicates that someone opened the window and it is still open.
Почему́ здесь так хо́лодно? Ты **открыва́ла** окно́?	*Why is it so cold in here? Did you have the window open?*	Imperfective **открыва́ла** indicates that someone opened the window, but then it was closed.

2. Выходи́ть / вы́йти vs. уходи́ть / уйти́

Ле́на, ты **ухо́дишь?**	*Lena, are you leaving?*
Во́ва **выхо́дит** с Бе́лкой, когда́ ви́дит, что роди́тели возвраща́ются с рабо́ты.	*Vova takes Belka out when he sees that his parents are returning from work.*

Уходи́ть / уйти́ (*to leave*) means to depart definitively from a given location. **Выходи́ть / вы́йти** (*to go or come out* [*of*], *to leave*) is used to describe movement out of some location (a metro car, one's apartment, and so on). This verb is often associated with specific times and with phrases that indicate the location one is leaving (**Я выхожу́ из кварти́ры в 8 часо́в**). In addition, **выходи́ть / вы́йти** also means *to step out temporarily*. Compare the following, which the secretary in Professor Petrovsky's department may have occasion to say.

Профе́ссора Петро́вского нет.	*Professor Petrovsky's not here.*
1. Он ушёл.	*He's left.* (*We do not expect him back soon.*)
2. Он вы́шел.	*He's out.* (*He's likely to return soon.*)

3. Perfectivization through prefixation

In most cases the imperfective infinitive is the base form from which perfectives are derived. The most common perfectivizing process is the addition of a prefix.

вы-	учи́ть / вы́учить
на-	писа́ть / написа́ть, учи́ть / научи́ть
по-	смотре́ть / посмотре́ть, звони́ть / позвони́ть, идти́ / пойти́
с-	де́лать / сде́лать

Prefixes do not always have a perfectivizing effect, however. The **вы-** prefix has another meaning: motion out of a place (**выходи́ть / вы́йти**). In this meaning, it occurs in both members of an imperfective/perfective pair (in such cases, perfectivization is realized through other means).

УПРАЖНЕ́НИЕ 11   Выходи́ть / вы́йти and уходи́ть / уйти́

Fill in the blanks with the correct forms of **выходи́ть / вы́йти** and **уходи́ть / уйти́**.

Де́душка смо́трит в окно́ и говори́т ба́бушке:
— Ты всё зна́ешь — угада́й (*guess*), кто сейча́с _____[1]
(*is going out*) на у́лицу?
Ба́бушка смо́трит на часы́ и говори́т:
— Сейча́с во́семь часо́в — зна́чит, э́то Си́лин.
— Нет, э́то не Си́лин. Си́лин _____[2] (*went out*) полчаса́
наза́д, но ещё не _____[3] (*left*): он стои́т и
разгова́ривает с профе́ссором.
— Тогда́, наве́рно, э́то Та́ня. Она́ всегда́ _____[4] (*leaves*)
в университе́т в э́то вре́мя.
— Нет, э́то не Та́ня. Та́ня _____[5] (*left*) мину́т де́сять
наза́д. Я ви́дел, как она́ _____[6] (*going out* [use present
tense]) и́з подъе́зда.
— Наве́рно, э́то Ната́лья Ива́новна. Она́ всегда́ _____[7]
(*goes out*) вме́сте с Си́линым.
— Опя́ть не угада́ла. Э́то твой внук Са́ша!
— Са́ша? А почему́ он _____[8] (*is going out*) так ра́но?
— Не зна́ю. Э́то ты у нас всё зна́ешь.

КУЛЬТУРА РЕЧИ

❖❖ ТАК ГОВОРЯТ: РА́ЗВЕ **AND** НЕУЖЕ́ЛИ

«В ци́рке»? **Ра́зве** э́то тру́дная те́ма?	*"At the circus"? Is that really a difficult topic?*
Лю́ди бу́дут звони́ть днём и но́чью! **Ра́зве** мо́жно так жить?!	*People are going to be calling day and night. How can one live like that?*
Неуже́ли всё зна́ешь?	*So, you really think you know everything?*

Ра́зве and **неуже́ли** overlap in expressing doubt about the statement that follows, with **неуже́ли** being more emphatic and reflecting more astonishment than **ра́зве**.

❖❖ САМОПРОВЕРКА: УПРАЖНЕ́НИЕ 12

Working on your own, try this self-test: Read a Russian sentence out loud, then give an idiomatic English equivalent without looking at the book. Then work from English to Russian. After you have completed the activity, try it with a classmate.

1. Как ты ду́маешь, кто лу́чше игра́ет в хокке́й — ру́сские и́ли кана́дцы?
2. В больши́х города́х нужна́ хоро́шая систе́ма городско́го тра́нспорта.
3. Моско́вское метро́ гора́здо бо́льше, чем метро́ в Сан-Франци́ско.
4. — Отку́да вы прие́хали?
   — Из Владивосто́ка.
5. — Когда́ уезжа́ют твои́ друзья́?
   — Не «уезжа́ют», а уже́ уе́хали!
6. Ла́ра была́ в чёрных джи́нсах и жёлтой футбо́лке.
7. Врача́ нет. Он вы́шел.

1. *What do you think, who plays hockey better, the Russians or the Canadians?*
2. *In large cities a good public transportation system is necessary.*
3. *The Moscow subway is much larger than the subway in San Francisco.*
4. *"Where did you come from?" "From Vladivostok."*
5. *"When are your friends leaving?" "They're not 'leaving.' They've already left!"*
6. *Lara was wearing black jeans and a yellow T-shirt.*
7. *The doctor's not here. He stepped out.*

❖ ВОПРОСЫ И ОТВЕТЫ: УПРАЖНЕНИЕ 13

1. Когда́ ты обы́чно возвраща́ешься домо́й?

2. Как ты возвраща́ешься домо́й — ты идёшь пешко́м (*on foot*) и́ли е́дешь на маши́не (на авто́бусе . . .)?

3. У тебя́ есть соба́ка? Ты с ней гуля́ешь?

4. Ты лю́бишь чита́ть газе́ты? А разгова́ривать с друзья́ми?

5. Ты лю́бишь встава́ть ра́но?

6. Ты уме́ешь игра́ть на гита́ре? А на роя́ле?

7. Что ты обы́чно де́лаешь ве́чером?

8. Ты ча́сто разгова́риваешь с сосе́дями?

❖ ДИАЛОГИ

ДИАЛОГ 1 Кто э́то?
(Discussing someone's activities)

— Посмотри́ в окно́. Кто э́то бежи́т?

— Э́то наш сосе́д Серге́й, аспира́нт университе́та.

— А почему́ он в нау́шниках?

— Он всегда́ в нау́шниках — слу́шает францу́зские те́ксты, у него́ ско́ро экза́мен по францу́зскому языку́.

ДИАЛОГ 2 Когда́ вы ви́дите друг дру́га?
(Discussing work schedules)

— Уже́ шесть часо́в. Мой муж обы́чно возвраща́ется с (*from*) рабо́ты в э́то вре́мя.

— А мой муж рабо́тает но́чью. Он рабо́тает на «ско́рой по́мощи».

— Твой муж рабо́тает но́чью, ты рабо́таешь днём — когда́ же вы ви́дите друг дру́га?

— То́лько в суббо́ту и в воскресе́нье.

УПРАЖНЕНИЕ 14   Ваш диало́г

Working with a classmate, create a dialogue in which you discuss the habits, activities, or behaviors of a third person whom you both know.

❖ А ТЕПЕРЬ . . . : УПРАЖНЕНИЕ 15

Working with a classmate, use what you learned in Part 2 to . . .

1. find out what time she usually gets up in the morning

2. ask when she usually leaves her apartment and arrives at the university

3. ask when she arrived today

4. ask her opinion about whether [*athlete's name*] plays tennis (basketball, baseball . . .) better than [*another athlete's name*]

5. describe what the other person is wearing, including colors

ЧАСТЬ ТРЕТЬЯ

С ЧЕГО НАЧАТЬ?

РАБО́ТА И ОБУЧЕ́НИЕ

РАБОТА И ОБУЧЕНИЕ

- ◆ Автошкола. 233-40-65
- ◆ Автошкола. 279-94-39
- ◆ Курсы англ. яз. 236-21-38 с 16-20
- ◆ Р-та 1480$. 314-23-10, 315-48-25
- ◆ Помощь шк. в учебе. Подг. в ВУЗ. Курсы ин. яз. 498-95-07
- ◆ Фирме требуются коммерчес-кие агенты для торгово-заку-почной деятельности. 233-11-49

- ◆ Еженедельник "Вести для Вас" приглашает рекламных агентов с опытом работы. Собеседова-ние по будням (кр. пон., вт.) в 15.00 по адресу редакции.
- ◆ Еженедельник "Вести для Вас" приглашает курьеров для рас-пространения газеты по офисам коммерческих организаций. 499-89-10, 362-89-68
- ◆ Еженедельнику "Вести для Вас" требуются энергичные люди для работы в качестве бригадиров. 499-89-10, 362-89-68

обуче́ние	*training, study*
курс†	
еженеде́льник	*weekly publication*
ве́сти	*news*
бу́дни	*weekdays*
рекла́мный (*from* **рекла́ма**)	*advertising*
распростране́ние	*distribution*

УПРАЖНЕНИЕ 1 Работа и обучение

Look at the ads and find answers to these questions. Use Russian to answer where you can.

1. What kind of schools placed the first two advertisements here?
2. Which specific foreign language has courses advertised here?
3. What number would you call to get more information about help with foreign language courses in general?
4. What is the Russian title of the weekly publication that has placed two ads? How would you translate that title into English?
5. Look at the publication's first ad. What kind of agents do they need? Give the Russian and English terms.
6. What are applicants expected to have?
7. Applicants can meet with company representatives most days during the week. If **бу́дни** means *weekdays,* find the Russian phrase for *on weekdays, during the week.*
8. On which weekdays are meetings not possible? [*Hint:* **кр.** = **кро́ме** *except*]
9. Whom are they looking for in their second ad?
10. What will these employees do, and where will they do it?

 ЧТЕНИЕ

❖ НАСТОЯ́ЩИЙ БИЗНЕСМЕ́Н

(*Lena and Viktor are taking a walk.*)

ЛЁНА. Ви́дишь, у на́шего до́ма тепе́рь чи́сто, везде́ асфа́льт. (*Smiling.*) Рези́новые сапоги́ уже́ не° нужны́.

ВИ́КТОР. (*Also smiling.*) Ты **сра́зу** догада́лась?° Мы с тобо́й никогда́ об э́том не говори́ли . . . Сейча́с я действи́тельно **занима́юсь**° би́знесом, а тогда́ я **про́сто**° хоте́л с тобо́й познако́миться.

уже́. . . *no longer*
Ты. . . *Did you figure things out right away?*
занима́юсь. . . *am involved in*

just	ЛЕ́НА.	А каки́м би́знесом ты тепе́рь занима́ешься?
	ВИ́КТОР.	Я обяза́тельно расскажу́ тебе́ об э́том, но не сего́дня.
	ЛЕ́НА.	Скажи́, тебе́ нра́вится занима́ться би́знесом?
так... *just as interesting as*	ВИ́КТОР.	О́чень нра́вится. (*Defensively.*) Э́то **так же** интере́сно, **как°** игра́ть на роя́ле и́ли изуча́ть ру́сскую исто́рию.
right / some advice	ЛЕ́НА.	Мо́жет быть, ты **прав.°** Послу́шай, Ви́ктор, дай мне **сове́т.°**
	ВИ́КТОР.	С удово́льствием.
научи́ться... *to learn how to drive*	ЛЕ́НА.	Я хочу́ **научи́ться води́ть** маши́ну.° Ты не зна́ешь, где есть хоро́шая автошко́ла†?
	ВИ́КТОР.	Зна́ю. Она́ пе́ред тобо́й.
	ЛЕ́НА.	Не понима́ю.
teach / In	ВИ́КТОР.	Я могу́ тебя́ **научи́ть.°** **Че́рез°** два ме́сяца ты бу́дешь хоро́шим води́телем.
	ЛЕ́НА.	Ты рабо́таешь в автошко́ле†?
два... *twice a week /* уро́ки... *driving lessons /* оди́н... *one of*	ВИ́КТОР.	Да, два **ра́за в неде́лю°** я даю́ уро́ки вожде́ния.° Э́то оди́н из° мои́х би́знесов.
	ЛЕ́НА.	А ско́лько сто́ят таки́е уро́ки?
	ВИ́КТОР.	Для тебя́ э́то бу́дет беспла́тно.
	ЛЕ́НА.	Но ведь ты бизнесме́н, а бизнесме́ны ничего́ не де́лают беспла́тно.
something	ВИ́КТОР.	Настоя́щий бизнесме́н всегда́ **что́-нибудь°** де́лает беспла́тно.
	ЛЕ́НА.	Скажи́, а тру́дно занима́ться би́знесом⁶?
де́ло... *something new especially / to become*	ВИ́КТОР.	Би́знес — э́то риск.† В на́шей стране́ би́знес — э́то де́ло но́вое,° поэ́тому занима́ться би́знесом осо́бенно° тру́дно. Но я хочу́ **стать°** настоя́щим бизнесме́ном и ве́рю, что для настоя́щего бизнесме́на нет ничего́ невозмо́жного.
Жела́ю... *Good luck*	ЛЕ́НА.	**Жела́ю тебе́ уда́чи.°**
	ВИ́КТОР.	Спаси́бо, уда́ча мне нужна́!

УПРАЖНЕ́НИЕ 2   **Под микроско́пом: Instrumental case forms**

There are several examples in this reading of Instrumental case forms: nouns, pronouns, and <adjective + noun> phrases. Underline as many as you can find. (Depending on how you count, you may find as many as eleven, including repeated forms.)

---

⁶One way to translate this phrase is *to be a businessman.*

ГРАММАТИКА И ПРАКТИКА

О РОССИИ

НÓВЫЕ СЛОВÁ

В нáшей странé бúзнес — дéло нóвое.

Toward the end of the Communist era and as Russians started to transform their economy to a free-enterprise system, the mass media began using hundreds of English commercial and technical terms. It remains to be seen how much of this vocabulary will become a permanent part of standard Russian.

УПРАЖНÉНИЕ 3   Нóвые словá

Sort the following words into three groups: (1) *Computers and technology,* (2) *Business and the economy,* and (3) *Other.* Some words may fit into more than one category.

автóбусный тур	копúр	персонáльный
вáучер	ламинáтор	компьютер
вентсистéма	линóлеум	прúнтер
видеоплéйер	мéнеджер	процéссор
дúлер	монитóр	сáйдинг
дисплéй	мультимедúйный	сейф
кáбельное телевúдение	компьютер	скáнер
кáртридж	нóутбук	тóнер
кондиционéр	óфис	факс
контáктные лúнзы	пéйджер	

◈◈ 9.7. *BEING* AND *BECOMING*: INSTRUMENTAL WITH БЫТЬ AND СТАТЬ

Я хочу́ стать **настоя́щим бизнесме́ном.**	*I want to become a real businessman.*
Че́рез два ме́сяца ты бу́дешь (ста́нешь) **хоро́шим води́телем.**	*In two months you'll be a good driver.*

When used with nouns or adjective phrases, the past, future, and infinitive forms of **стать** and **быть** are usually followed by the Instrumental case. (However, when the adjective **ма́ленький** in the meaning *young* is used alone after these verbs, it typically appears in the Nominative.)

Моя́ сестра́ хо́чет стать **врачо́м.**	*My sister wants to become a doctor.*
В а́рмии Степа́н Евге́ньевич Кругло́в был **офице́ром.**	*While in the service, Stepan Evgenyevich Kruglov was an officer.*
Когда́ я была́ **ма́ленькой де́вочкой,** мы жи́ли в Ки́еве.	*When I was a little girl, we lived in Kiev.*
Как вы ду́маете, Во́ва ста́нет **космона́втом?**	*What do you think—will Vova become a cosmonaut?*

УПРАЖНЕ́НИЕ 4   Когда́ я была́ ма́ленькой де́вочкой...

As you read the descriptions below, underline the Instrumental case forms. Then prepare a similar short narrative about yourself, a sister, brother, or someone else you know.

1. Я был шко́льником, сейча́с я студе́нт, а че́рез два го́да я бу́ду инжене́ром.
2. Когда́ Во́ва был ма́леньким ма́льчиком, он хоте́л стать футболи́стом. Пото́м он хоте́л стать космона́втом. Сейча́с он хо́чет стать исто́риком, как Джим.
3. Когда́ Ле́на была́ ма́ленькой де́вочкой, она́ не зна́ла, кем она́ ста́нет. Она́ хоте́ла стать актри́сой,[†] а ста́ла журнали́сткой.
4. В де́тстве (*childhood*) ба́бушка была́ про́сто де́вочкой. Пото́м ста́ла де́вушкой, пото́м — жено́й, пото́м — ма́терью, а тепе́рь она́ ба́бушка.

УПРАЖНЕНИЕ 5   Кем вы хоти́те стать?

Which of your classmates will become a doctor, a teacher, or a musician? Make a list of some of your classmates and their "possible" future occupations. Then circulate around the room to find out how many (if any) of your guesses were correct.

ОБРАЗЕЦ: — Кем ты хо́чешь стать — космона́втом?
            — Нет, я хочу́ стать музыка́нтом.

актёр, актри́са
архите́ктор
балери́на
био́лог
врач
журнали́ст
зубно́й врач (*dentist*)
инжене́р
исто́рик
космона́вт

медсестра́
милиционе́р (*police officer*)
музыка́нт
перево́дчик (*translator, interpreter*)
преподава́тель
тре́нер (*coach*)
фи́зик
хи́мик
шофёр такси́
юри́ст

СЛОВА, СЛОВА, СЛОВА . . . ⭐ *Nouns in* -тель

Nouns ending in **-тель** that are derived from verbs are always masculine. They have the meaning of *one who does* the action described by the verb, such as the English *write-writer* and *teach-teacher*. Some **-тель** nouns for which you may already know the underlying verb include

води́тель
люби́тель
писа́тель
покупа́тель

преподава́тель
роди́тели (*used mostly in plural*)
слу́шатель
учи́тель

❖❖ 9.8. JOINT ACTION: <МЫ С + INSTRUMENTAL>

Мы с тобо́й никогда́ об э́том не   *You and I have never talked about*
   говори́ли . . .   *that . . .*

When a Russian wants to talk about doing something with someone else, the custom is to use <**мы с** + Instrumental>.

Мы с сы́ном о́чень лю́бим кни́ги.   *My son and I like books a lot.*
Мы со Све́той идём в похо́д.   *Sveta and I are going camping.*
Мы с сестро́й жи́ли в Ки́еве.   *My sister and I lived in Kiev.*

УПРАЖНЕ́НИЕ 6   С кем ты . . . ?

Indicate with whom you might do (or did) the following things:

1. Мы с (со) _____ лю́бим ходи́ть на конце́рты.
2. Мы с (со) _____ жи́ли в э́том до́ме год наза́д.
3. Мы с (со) _____ ча́сто игра́ем в баскетбо́л.
4. Мы с (со) _____ ча́сто гото́вим обе́д.
5. Мы с (со) _____ разгова́ривали всю ночь.
6. Мы с (со) _____ за́втра пое́дем в центр.
7. Мы с (со) _____ сейча́с и́щем рабо́ту.
8. ???

❖❖ 9.9. DOING THINGS: <ЗАНИМА́ТЬСЯ + INSTRUMENTAL>

Сейча́с у меня́ нет вре́мени,   *I don't have time now—*
   на́до мно́го **занима́ться.**   *I have to study a lot.*

Каки́м би́знесом ты тепе́рь   *What (kind of) business are*
   занима́ешься?   *you engaged in now?*

The first example illustrates the familiar *study* meaning (see Lesson 7, Part 4); if the academic subject is mentioned, it appears in the Instrumental case.

— Вчера́ ве́чером я   *"I studied for three hours last*
   занима́лась три часа́.   *night."*
— А чем ты **занима́лась?**   *"And what were you studying?"*
— Ру́сским языко́м.   *"Russian."*

In a more general, nonacademic context, **занима́ться** means *to engage in, to be occupied* or *to be busy with.* This meaning is frequently used when discussing sports: **занима́ться спо́ртом** means *to play sports.*

— Ты **занима́ешься** спо́ртом?   *"Do you play sports?"*
— Да, я о́чень люблю́ спорт.   *"Yes, I really like sports."*
— А каки́ми ви́дами спо́рта ты   *"What kinds of sports do you do?"*
   занима́ешься?
— Я мно́го **занима́юсь** пла́ванием   *"I swim and play tennis a lot."*
   и те́ннисом. (Я о́чень люблю́   *("I really like to swim and*
   пла́вать и игра́ть в те́ннис.)   *play tennis.")*
— А как насчёт волейбо́ла?   *"And how about volleyball?"*
— Волейбо́лом я то́же **занима́юсь.**   *"I play volleyball, too." ("I like/play*
   (Волейбо́л я то́же люблю́. *or*   *volleyball, too.")*
   В волейбо́л я то́же игра́ю.)

УПРАЖНЕНИЕ 7   Вы хоро́шие студе́нты?

Find out about your classmates' study habits.

1. Чем ты занима́лся (занима́лась) вчера́ ве́чером?
2. Где ты занима́лся (занима́лась) вчера́ ве́чером — до́ма и́ли в библиоте́ке?
3. Ско́лько (*how long*) ты вчера́ ве́чером занима́лся (занима́лась)?
4. Чем ты бу́дешь занима́ться сего́дня ве́чером?
5. Где ты обы́чно занима́ешься — в библиоте́ке и́ли до́ма?
6. Когда́ ты обы́чно занима́ешься — у́тром, днём, ве́чером и́ли но́чью?
7. Ско́лько вре́мени ты обы́чно занима́ешься?
8. Ты обы́чно мно́го занима́ешься?

СЛОВА, СЛОВА, СЛОВА . . . ⭐ *Спорт*

You already know the construction <игра́ть в + Acc.> (*to play a particular sport or game*): **Мой сосе́д игра́ет в футбо́л (в те́ннис, в ша́хматы, . . .).** The generic phrase *to play sports* is **занима́ться спо́ртом: Ты занима́ешься спо́ртом?** Note that **спорт** is singular in Russian. To render the plural of **спорт,** use **ви́ды спо́рта: Каки́ми ви́дами спо́рта ты занима́ешься?** Many activities such as **аэро́бика,**[†] **гимна́стика,**[†] **пла́вание** (*swimming*) also combine with this verb: **Моя́ сестра́ занима́ется аэро́бикой (гимна́стикой, пла́ванием, . . .).** Specific verbs are also used for some activities, such as **пла́вать** (*to swim*) and **бе́гать** (*to run, to go running, to jog*). The terms for *athlete* are **спортсме́н / спортсме́нка.**

УПРАЖНЕНИЕ 8   Я люблю заниматься спортом!

Complete the following text with the correct form of **любить, заниматься, играть,** or **бегать.**

Я о́чень _____[1] спорт. Я _____[2] спо́ртом три и́ли четы́ре ра́за в неде́лю. Когда́ я была́ ма́ленькая и мы ещё жи́ли в Москве́, я ходи́ла в де́тский спорти́вный клуб. Там я _____[3] пла́ванием и гимна́стикой. Пото́м моя́ семья́ перее́хала (*moved*) в Санкт-Петербу́рг, и здесь я ко́нчила шко́лу и тепе́рь учу́сь в инinstitу́те. Коне́чно, я должна́ мно́го _____,[4] но я не забыва́ю о спо́рте. Мой друг Серге́й — хоро́ший тенниси́ст. Он у́чит меня́ _____[5] в те́ннис, и ка́ждую сре́ду и пя́тницу мы с ним _____[6] в те́ннис. А в суббо́ту и воскресе́нье я _____[7] аэро́бикой и́ли _____,[8] что́бы (*in order*) быть в фо́рме (*shape*). Я совсе́м не собира́юсь стать спортсме́нкой — про́сто я о́чень _____[9] спорт!

◈◈ 9.10. TIME EXPRESSIONS: ЧÉРЕЗ AND НАЗÁД

Че́рез мину́ту стол уже́ стои́т у нас!	*A minute later the table was already at our place!*
Перезвони́ **че́рез полчаса́**, хорошо́?	*Call back in a half hour, okay?*
Че́рез два ме́сяца ты бу́дешь хоро́шим води́телем.	*In two months you'll be a good driver.*
Пять мину́т наза́д у нас на́чал рабо́тать телефо́н!	*Five minutes ago our phone started working!*
Два го́да наза́д её дочь пое́хала в Ленингра́д.	*Two years ago her daughter went to Leningrad.*

Time expressions meaning *ago* and *in* or *after* (a certain amount of time) are rendered by combining the time span with the words **наза́д** (*ago*), which follows the time span, and **че́рез** (*in*), which precedes the time span. The time span is in the Accusative, but except for feminine time spans (**че́рез мину́ту, неде́лю наза́д**) the Accusative is not evident because it looks like the Nominative. When a numeral higher than one is involved, the obvious feminine Accusative endings disappear. Note, for example, this "nesting" of case requirements:

Че́рез четы́ре неде́ли мы уже́ хорошо́ говори́ли по-ру́сски.

1. The preposition **че́рез** requires that the governed word or phrase be in the Accusative case; hence **четы́ре** is in the Accusative case (which looks like the Nominative).

2. The numeral **четы́ре** requires that the governed word or phrase be in the Genitive singular; hence **неде́ли** is in the Genitive singular.

УПРАЖНЕ́НИЕ 9   Что вы де́лали (бу́дете де́лать) . . . ?

Using the following phrases or your own, make up five sentences about things you have done or will be doing.

Два (три, четы́ре) го́да наза́д . . .	я рабо́тал (рабо́тала) в . . .
Че́рез пять лет . . .	моя́ семья́ жила́ в . . .
Год наза́д . . .	я бу́ду жить в . . .
Че́рез неде́лю . . .	я бу́ду рабо́тать . . .
Ме́сяц наза́д . . .	я учи́лся (учи́лась) в . . .
???	я пое́ду домо́й.
	я прие́хал (прие́хала) в университе́т.
	???

◈ 9.11. EXPRESSING FREQUENCY: КАК ЧА́СТО?

Два ра́за в неде́лю я даю́ уро́ки вожде́ния.	*Twice a week I give driving lessons.*
Мой би́знес рабо́тает так: **ка́ждое у́тро** я жду вас здесь.	*My business works this way: every morning I wait for you here.*
Они́ перепи́сывались по Интерне́ту **ка́ждый день.**	*They corresponded via the Internet every day.*

To express frequency such as *every day, twice a week, once a month, four times a year,* and so on, use this pattern:

FREQUENCY (in Accusative) . . .	PER	. . . UNIT OF TIME (in Accusative)
ка́ждый ка́ждую ка́ждое	—	день (вто́рник, ме́сяц, год) мину́ту (суббо́ту, неде́лю, зи́му) у́тро (воскресе́нье, ле́то)
(оди́н) раз	в	день (неде́лю, ме́сяц, год)
два (три, четы́ре) ра́за	в	день (неде́лю, ме́сяц, год)
пять (шесть, . . .) раз[7]	в	день (неде́лю, ме́сяц, год)

---

[7]The Genitive plural form of **раз** is identical to the Nominative singular.

УПРАЖНЕНИЕ 10   Ка́ждый ве́чер . . .

Complete the statements on the left with frequency expressions on the right as they apply to you. You may use a given frequency statement more than once, or you may have to make up one of your own.

1. Я проверя́ю электро́нную по́чту . . .
2. У нас контро́льная по ру́сскому языку́ . . .
3. Я смотрю́ но́вости по телеви́зору . . .
4. Я обы́чно принима́ю душ . . .
5. Я встаю́ в 8 часо́в утра́ . . .
6. Я за́втракаю . . .
7. Зубны́е врачи́ (*dentists*) говоря́т, что на́до чи́стить зу́бы . . .
8. Я получа́ю пи́сьма от роди́телей (от дру́га) . . .
9. Я звоню́ роди́телям . . .
10. ???

ка́ждый день
ка́ждую неде́лю
ка́ждое у́тро
раз в год
два ра́за в ме́сяц
три ра́за в день
пять раз в неде́лю
ка́ждую суббо́ту
ка́ждое ле́то
???

УПРАЖНЕНИЕ 11   Как ча́сто?

How often do you, your friends, or your family do the following things? Ask questions such as the following.

ОБРАЗЕ́Ц: звони́ть роди́телям
→ — Как ча́сто ты звони́шь роди́телям?
— Два ра́за в неде́лю.

1. игра́ть в волейбо́л, баскетбо́л и т.д.[8]
2. гото́вить пи́ццу
3. игра́ть в ка́рты
4. смотре́ть телеви́зор
5. ходи́ть в рестора́н
6. покупа́ть но́вую маши́ну
7. занима́ться ру́сским языко́м
8. приходи́ть в университе́т
9. опа́здывать на заня́тия

◆❖ 9.12. TEACHING AND LEARNING *TO DO* THINGS

А как ты **научи́лся** гото́вить?

How did you learn to cook?

Джим, я бы хоте́л **научи́ться** перепи́сываться по Интерне́ту.

I wouldn't mind learning to do correspondence on the Internet.

— Я хочу́ **научи́ться** води́ть маши́ну.
— Я могу́ тебя́ **научи́ть.**

"I want to learn to drive a car."
"I can teach you."

---

[8]The abbreviation **и т.д.** stands for **и так да́лее** (*and so forth*), equivalent to the abbreviation *etc.* used in English.

Teaching and learning *to do* something (as distinguished from studying or learning *about* things, which was presented in Lesson 7, Part 3) involves the verb **учи́ть / научи́ть** (*to teach*) and its reflexive variant **учи́ться / научи́ться** (*to learn,* i.e., *to teach oneself* or *to be taught*).

1. Teaching someone else *to do* something = <**учи́ть / научи́ть** + Acc. of person + imperfective infinitive>

Ва́ня **у́чит** Га́лю води́ть маши́ну.	*Vanya is teaching Galya to drive a car.*
Кто тебя́ **научи́л** игра́ть на роя́ле?	*Who taught you to play the piano?*

2. Learning *to do* something = <**учи́ться / научи́ться** + imperfective infinitive>

Моя́ сестра́ **у́чится**[9] води́ть маши́ну.	*My sister is learning to drive a car.*
Во́ва и Са́ша **у́чатся** игра́ть в бейсбо́л.	*Vova and Sasha are learning to play baseball.*
Они́ **нау́чатся** игра́ть в футбо́л.	*They will learn to play soccer.*

труд = рабо́та

---

[9]The difference in pronunciation between the infinitive ending **-ться** and the **он/она́** ending **-тся** is minimal. Therefore, be attentive to stress to distinguish between infinitive forms like **учи́ться** and conjugated forms like **он/она́ у́чится.**

УПРАЖНЕНИЕ 12   Teaching and learning to do things

Fill in the blanks with forms of **учи́ть / научи́ть** and **учи́ться / научи́ться** as required by context.

А. Моя́ сестра́ живёт в це́нтре го́рода. Её рабо́та далеко́. Ей обяза́тельно ну́жно _____[1] води́ть маши́ну. Сейча́с у неё нет маши́ны. В про́шлом году́ мы все — па́па, ма́ма и я — _____[2] её води́ть маши́ну, но не _____.[3] Сейча́с она́ _____[4] води́ть маши́ну в автошко́ле. Её инстру́ктор говори́т, что он обяза́тельно _____[5] её хорошо́ води́ть маши́ну.

Б. Я о́чень хочу́ _____[6] игра́ть на гита́ре. Мой друг Ю́ра игра́ет о́чень хорошо́. Он сказа́л, что _____[7] меня́ игра́ть на гита́ре. Он уже́ _____[8] меня́ игра́ть одну́ краси́вую мело́дию.† Он сказа́л, что бу́дет _____[9] меня́ ка́ждый день. Я уже́ сказа́л свои́м друзья́м, что _____[10] игра́ть на гита́ре. Когда́ я _____[11] игра́ть на гита́ре, я начну́ (*will start*) _____[12] игра́ть на саксофо́не.

---

reVERBerations ✪ *Verbs That Take the Instrumental Case*

A number of verbs that you have seen are associated with the Instrumental case when used with nouns or noun phrases.

1. **быть** (*to be*) and **стать** (*to become*) in the infinitive, past and future (i.e., where a change of state is implied).

Че́рез два ме́сяца ты бу́дешь **хоро́шим води́телем.**   *In two months you'll be a good driver.*

Но я хочу́ стать **настоя́щим бизнесме́ном.**   *But I want to become a real businessman.*

The verb pair **станови́ться / стать** is unusual in that the imperfective is reflexive, while the perfective is not. Note that the perfective stem is **стан-**. Here are the key forms for this verb pair.

станови́ться: становл-ю́сь, станов-и́шься, . . . стано́в-ятся
pfv. **стать:** ста́н-у, ста́н-ешь, . . . ста́н-ут

2. **горди́ться** (*to be proud* [*of*])

Москвичи́ гордя́тся **свои́м метрополите́ном** и лю́бят его́.   *Muscovites take pride in their metro system and love it.*

3. **занима́ться** (*to be occupied with; to be engaged in; to study*)

Сейча́с я действи́тельно занима́юсь **би́знесом.**   *Now I really am engaged in business.*

4. And though you've not yet seen an example of it, <**интересова́ться** + Instr.> (*to be interested in*) is also a fairly common construction.

Ты интересу́ешься **поли́тикой?**   *Are you interested in politics?*

УПРАЖНЕНИЕ 13   Teaching and learning to do things

1. Ты уме́ешь води́ть маши́ну (гото́вить пи́ццу, игра́ть в ша́хматы)? Éсли да, когда́ ты научи́лся (научи́лась)? Кто тебя́ научи́л?
2. Ты хо́чешь научи́ться игра́ть на гита́ре? Éсли да, кто мо́жет тебя́ научи́ть?
3. Ты уме́ешь танцева́ть (*to dance*) ру́сские та́нцы (*dances*)? Éсли нет, хо́чешь научи́ться? Кто мо́жет тебя́ научи́ть?
4. Ты уме́ешь игра́ть в футбо́л (в баскетбо́л, в ракетбо́л, в те́ннис, в бадминто́н)? Éсли да, когда́ ты научи́лся (научи́лась)? Кто тебя́ научи́л?

КУЛЬТУРА РЕЧИ

◆❖ ТАК ГОВОРЯ́Т: **AGREEING AND DISAGREEING**

Мо́жет быть, ты **прав**.   *Maybe you're right.*

One way to express agreement and disagreement is to say **Э́то ве́рно/Э́то неве́рно** (*That's right/That's not right*). Another way is to use the common short-form adjectives **прав** and **не прав**. Note the shifting stress.

он (я, ты)	прав/не прав
она́ (я, ты)	права́/не права́
они́ (мы, вы)	пра́вы/не пра́вы

The forms of **прав** are used not only to signal acceptance of someone else's statement (**Да, вы пра́вы, Михаи́л Серге́евич**), but also, when referring to yourself in the negative, as a conversational device to soften an assertion you are about to make: **Мо́жет быть, я не прав (не права́), но мне ка́жется, что . . .** (*Maybe I'm wrong, but it seems to me that . . .*).

Рисунок Анатолия АНДРЕЕВА (Херсон)

УПРАЖНЕНИЕ 14   Прав и́ли не прав? Права́ и́ли не права́?

Working with a classmate, agree or disagree with the following statements by using **ты прав (права́), вы пра́вы, он прав, она́ не права́,** and so on.

ОБРАЗЕ́Ц: — Моя́ сестра́ говори́т, что Мадри́д — ма́ленький го́род.
— Она́ не права́. Э́то о́чень большо́й го́род.

1. Ми́тя говори́т, что жира́фы† живу́т в А́зии.
2. Мои́ друзья́ говоря́т, что Санкт-Петербу́рг — краси́вый го́род.
3. Же́ня говори́т, что Люксембу́рг — больша́я страна́.
4. Я говорю́, что «Касабла́нка» — хоро́ший фильм.
5. Сестра́ говори́т, что тигр† — э́то больша́я ко́шка.
6. Мы говори́м, что в А́фрике холо́дный кли́мат.†
7. Мой сосе́д говори́т, что на Аля́ске всегда́ жа́рко.

УПРАЖНЕНИЕ 15   А как ты ду́маешь?

Try to find something that you and at least two of your classmates can agree on. Make statements by beginning with phrases like **По-мо́ему . . . Мне ка́жется, что . . . Я ду́маю, что . . . Мо́жет быть, я не прав (не права́), но . . .** Then invite another's comment: **А как ты ду́маешь? А как по-тво́ему?** To agree or disagree, use phrases like **Да, ты прав (права́) . . . Да, ве́рно . . . Нет, э́то непра́вильно . . . По-мо́ему, э́то не так . . .** and state your own position.

ОБРАЗЕ́Ц: — Я ду́маю, что Э́лвис Пре́сли ещё жив (*alive*)!
— Ве́рно! Я его́ ви́дела вчера́ на авто́бусной остано́вке!
и́ли
— Нет, э́то неве́рно!

Other possible assertions might be these:

По-мо́ему, са́мый интере́сный вид спо́рта — гольф.
Я ду́маю, что Ни́на поёт (игра́ет на гита́ре, игра́ет в те́ннис)
лу́чше, чем И́горь.
Я ду́маю, что са́мый бога́тый (*richest*) челове́к в ми́ре — . . .
По-мо́ему, занима́ться би́знесом так же интере́сно, как . . .
???

❖ САМОПРОВЕРКА: УПРАЖНЕНИЕ 16

Working on your own, try this self-test: Read a Russian sentence out loud, then give an idiomatic English equivalent without looking at the book. Then work from English to Russian. After you have completed the activity, try it with a classmate.

1. Мои роди́тели ду́мают, что я ста́ну юри́стом, а я хочу́ стать музыка́нтом.
2. Э́то моя́ подру́га Ра́я. Мы с ней занима́емся ка́ждое у́тро аэро́бикой. И три ра́за в неде́лю мы игра́ем в те́ннис.
3. — Когда́ прие́хали твои друзья́?
   — Неде́лю наза́д.
   — А когда́ уезжа́ют?
   — Че́рез три дня.
4. — Я о́чень хочу́ научи́ться игра́ть на гита́ре.
   — Я игра́ю на гита́ре. Могу́ тебя́ научи́ть.

1. *My parents think I'm going to be a lawyer, but I want to be a musician.*
2. *That's my friend Raya. She and I do aerobics every morning. And three times a week we play tennis.*
3. *"When did your friends arrive?"*
   "A week ago."
   "And when are they leaving?"
   "In three days."
4. *"I really want to learn to play the guitar."*
   "I play guitar. I can teach you."

❖ ВОПРОСЫ И ОТВЕТЫ: УПРАЖНЕНИЕ 17

1. Ты хорошо́ во́дишь маши́ну?
2. Ско́лько тебе́ бы́ло лет, когда́ ты научи́лся (научи́лась) води́ть маши́ну?
3. Ты учи́лся (учи́лась) води́ть маши́ну в автошко́ле? Кто тебя́ учи́л води́ть маши́ну?
4. Как ты ду́маешь, ско́лько вре́мени на́до учи́ться, чтобы (*in order to*) стать хоро́шим води́телем?
5. Что трудне́е (*more difficult*) — стать хоро́шим води́телем и́ли дава́ть уро́ки вожде́ния (*driving*)?
6. Как ты ду́маешь, занима́ться би́знесом интере́сно?
7. Ты когда́-нибудь (*ever*) занима́лся (занима́лась) би́знесом?
8. Как ты ду́маешь, тру́дно занима́ться би́знесом?

Каки́м би́знесом он занима́ется?

❖ ДИАЛОГИ

ДИАЛОГ 1 Тебе́ ну́жно . . .
(Offering advice)

— Я хочу́ научи́ться води́ть маши́ну.
— Тебе́ ну́жно брать уро́ки вожде́ния (*driving*). Я зна́ю о́чень хоро́шую автошко́лу.
— А где э́та автошко́ла?
— Вот но́мер телефо́на и а́дрес. Там хоро́шие инстру́кторы. Они́ тебя́ нау́чат хорошо́ води́ть маши́ну.

ДИАЛОГ 2 Ни пу́ха ни пера́![10]
(Wishing good luck)

— До́брое у́тро, Та́ня. Я тебе́ звони́л не́сколько раз вчера́ ве́чером, но тебя́ не́ было до́ма.
— Да, я была́ в библиоте́ке.
— Весь ве́чер?
— Да, я там занима́лась. Учи́ла исто́рию. У меня́ за́втра экза́мен.
— Ни пу́ха ни пера́!
— К чёрту!

УПРАЖНЕНИЕ 18   Ваш диало́г

Create a dialogue in which you and a friend discuss something one of you would like to learn to do. The other, it turns out, knows how to do that and can teach you. You make arrangements for lessons (how often they'll be, where you'll meet, and so on).

❖ А ТЕПЕРЬ . . . : УПРАЖНЕНИЕ 19

Working with a classmate, use what you learned in Part 3 to . . .

1. find out if he plays sports and if so, if he plays basketball (tennis, soccer, . . .)
2. ask how often he plays some of these sports
3. find out how old he was when he learned to play [*name of sport*]
4. find out who taught him to play [*name of sport*]
5. ask what he wants to become
6. find out where he wants to be living in five years

---

[10]When students wish each other luck on a test, rather than say **Жела́ю уда́чи!,** they usually use the phrase **Ни пу́ха ни пера́!,** whose literal translation is nonsensical: *Neither fluff nor feather!* This derives from a good-luck wish for hunters and is analogous to the actors' wish *Break a leg.* The obligatory answer is **К чёрту!** (lit. *To the devil!*).

ЧАСТЬ ЧЕТВЁРТАЯ

С ЧЕГО НАЧАТЬ?

ЗНА́КИ (*Signs*) ЗОДИА́КА[†]

Рак (*crawfish*)	Cancer	
Близнецы́ (*twins*)	Gemini	
Теле́ц (*calf*)	Taurus	
Ове́н (*ram*)	Aries	
Ры́бы (*fish*)	Pisces	
Водоле́й (*cf. water pourer*)	Aquarius	
Козеро́г (*ibex*)	Capricorn	
Стреле́ц (*cf.* стрела́ *arrow*)	Sagittarius	
Скорпио́н (*scorpion*)	Scorpio	
Весы́ (*scales*)	Libra	
Де́ва (*maiden*)	Virgo	
Лев (*lion*)	Leo	

— Я — Ове́н, а ты?
— А я — Водоле́й.

Како́й твой знак зодиа́ка?

Ты **ве́ришь** в астроло́гию[†]?

Ты чита́ешь гороско́п[†] ка́ждый день (ка́ждую неде́лю, ка́ждый ме́сяц)?

ЧТЕНИЕ

❖ ЧЁРНАЯ КО́ШКА

(*Natalya Ivanovna and Sergei Petrovich step out of the apartment building.*)

НАТА́ЛЬЯ ИВ.   По-мо́ему, опя́ть бу́дет дождь.

СЕРГЕ́Й ПЕТР.   Дождь? **Не ду́маю.**° Прогно́з пого́ды° хоро́ший.

НАТА́ЛЬЯ ИВ.   Прогно́з, мо́жет быть, и хоро́ший, но посмотри́ на не́бо.°

Не ду́маю. . . *I don't think so /*
Прогно́з. . . *Weather forecast*
sky

(*The professor, Tatyana Dmitrievna, Jim, Sasha, Sveta, and Tanya come out of the entrance. They greet each other and talk while walking.*)

НАТА́ЛЬЯ ИВ.   Кака́я больша́я компа́ния!

ТАТЬЯ́НА ДМ.   Да, у нас бу́дет экску́рсия.

ДЖИМ.   Э́то бу́дет экску́рсия «Неизве́стная° Москва́».

Unknown

НАТА́ЛЬЯ ИВ.   Да, э́то о́чень интере́сно.

СЕРГЕ́Й ПЕТР.   О́чень!

ПРОФЕ́ССОР.   Мо́жет быть, вы то́же хоти́те . . .

СЕРГЕ́Й ПЕТР.   (*Interrupts him.*) Спаси́бо, мы о́чень хоти́м, но, к сожале́нию, сего́дня не мо́жем. У нас биле́ты на футбо́л. Сего́дня **фина́льный**[†] **матч**° сезо́на.[†]

game

ТАТЬЯ́НА ДМ.   Жаль.

СВЕ́ТА.   Мы идём на авто́бусную остано́вку. Вы то́же е́дете авто́бусом?

НАТА́ЛЬЯ ИВ.   Нет, мы е́дем на маши́не.

(*A black cat appears and runs in front of everyone.*)

ТА́НЯ.   Чёрная ко́шка! Тепе́рь у нас бу́дет **неуда́ча.**°

bad luck
того́. . . *the one who*
superstitious

СА́ША.   Неуда́ча бу́дет то́лько у того́, кто° пойдёт пе́рвым. Я гото́в.

ПРОФЕ́ССОР.   Мо́жно, я бу́ду пе́рвым? Я не **суеве́рный.**°

ДЖИМ.   Извини́те, Илья́ Ильи́ч, но я ду́маю, я до́лжен идти́ пе́рвым. Э́то ру́сская чёрная ко́шка, а америка́нцы должны́ **боя́ться**° америка́нских чёрных ко́шек.

be afraid of

У. . . *At home*

СА́ША.   Нет, Джим, мы не мо́жем рискова́ть.[†] Ты гость. У себя́ до́ма° ты мо́жешь идти́ пе́рвым, а у нас . . . (*Goes forward.*)

(*Everyone laughs and follows Sasha, except the Silins.*)

ТАТЬЯ́НА ДМ. А вы не идёте?

НАТА́ЛЬЯ ИВ. Нам на́до идти́ в другу́ю сто́рону,° на́ша маши́на — там.

ВСЕ. До свида́ния . . . **Жела́ем хорошо́ провести́ вре́мя . . .**° Спаси́бо . . . **Всего́ хоро́шего . . .**° **И вам та́кже . . .**°

идти́. . . *to go the other direction*
Жела́ем. . . *Have a good time . . .*
Всего́. . . *Take care. / И. . . The same to you.*

(*Ilya Ilyich and the others leave.*)

СЕРГЕ́Й ПЕТР. Я в чёрных ко́шек не ве́рю.

НАТА́ЛЬЯ ИВ. А я ве́рю.

(*The black cat appears again and runs across the Silins' path.*)

СЕРГЕ́Й ПЕТР. Опя́ть она́ . . . И́ли бу́дет дождь и́ли° на́ши **проигра́ют.**°

НАТА́ЛЬЯ ИВ. Ты же сказа́л, что не ве́ришь в чёрных ко́шек!

И́ли. . . *Either it'll rain or / will lose*

СУЕВЕ́РИЯ° И ПРИМЕ́ТЫ°

superstitions / omens

У всех **наро́дов**° есть суеве́рия и приме́ты. Есть они́ и у ру́сских люде́й. И есть суеве́рные лю́ди, кото́рые ве́рят в них. Обы́чно ста́рые лю́ди бо́лее суеве́рные,° чем **молодёжь.**° Вот не́которые° **популя́рные**† приме́ты:

Чёрная ко́шка перебежа́ла вам доро́гу.°

peoples
бо́лее. . . *more superstitious*
young people / a few
перебежа́ла. . . *crossed your path*

Вам не повезёт.[11]

Вы **встре́тили**° челове́ка, кото́рый **несёт**° по́лное° ведро́° и́ли корзи́ну.°

met / is carrying / full / bucket / basket

Вам повезёт.

Вы встре́тили челове́ка, кото́рый несёт пусто́е° ведро́ и́ли корзи́ну.

empty

Вам не повезёт.

Вы забы́ли до́ма **каку́ю-нибудь**° вещь и верну́лись за° ней.

some
for

Вам не повезёт.

У вас па́дает° нож.°

falls / knife

У вас бу́дет гость — мужчи́на.

У вас па́дает **ви́лка.**°

fork

У вас бу́дет го́стья° — же́нщина.

guest

Вы ви́дите паука́.°

spider

Вы полу́чите письмо́.

Вы рассы́пали° соль **за столо́м.**°

spilled / за. . . *at the table*

Бу́дет **ссо́ра.**°

quarrel

Вы поздоро́вались за́ руку° **че́рез**° поро́г.°

поздоро́вались. . . *greeted (someone) with a handshake / across / threshold*

Бу́дет ссо́ра.

УПРАЖНЕ́НИЕ 1 **Под микроско́пом: Using «в» and «на»**

Look back at **Чёрная ко́шка** and find the six phrases containing «в» or «на» that correspond to the following:

1. Look at the sky.
2. We have tickets to the soccer game.
3. We're going to the bus stop.
4. We're going by car.
5. We have to go in the other direction.
6. I don't believe in black cats.

---

[11]The past tense of this expression is more common: **Вам не повезло́.** (*You had bad luck.*)

ГРАММАТИКА И ПРАКТИКА

◆ О РОССИИ ◆◇◆◇◆◇◆◇◆◇◆◇◆◇◆◇

СУЕВЕ́РИЯ И ПРИМЕ́ТЫ

Чёрная ко́шка! Тепе́рь у нас бу́дет неуда́ча.

Russians as a people are probably no more superstitious than people in any other industrialized nation. But there are superstitions that virtually every Russian knows about—and that some actually believe in. Many Russian superstitions about good and bad luck have their roots in ancient religious beliefs and deal with ways to avoid tempting the devil. Astrology is popular with some people, and since the late 1980s many newspapers have carried a daily or weekly **гороско́п** column.

◆ 9.13. **GOING BY VEHICLE:** ВЫ ТО́ЖЕ Е́ДЕТЕ АВТО́БУСОМ?

— Мы идём на авто́бусную остано́вку. Вы то́же е́дете **авто́бусом?**
— Нет, мы е́дем **на маши́не.**

"We're going to the bus stop. Are you going by bus too?"
"No, we're going by car."

As you have learned, Russians use **е́хать / пое́хать** when use of a vehicle is stated or implied (for example, when going to another city or country: **Мы е́дем во Фра́нцию**). **Идти́ / пойти́** has a much broader range of use, including not only going by foot and/or to nearby places, but also going to functions or activities (even those far away) where the speaker's emphasis is on "attending" rather than on physically going somewhere (for example, **За́втра я иду́ на конце́рт Йо-Йо-Ма,** even if the concert is taking place at a location that can only be reached by car or bus).

To express the means of transportation, Russian uses <**на** + Prep.>.

на маши́не	на авто́бусе	на **по́езде**	*by train*
на такси́	на тролле́йбусе	на самолёте	*by airplane*
на метро́	на трамва́е	на электри́чке	*by commuter train*

In certain contexts, some Russian speakers express the means of transportation by using the Instrumental case without a preposition, most frequently with **по́ездом, самолётом,** and **авто́бусом.**

To emphasize going *by foot,* use **идти́ пешко́м** unless it is clear from context.

— Андре́й, ты куда́?
— В магази́н «Электро́ника».
— Ты **идёшь пешко́м?**
— Да, э́то не так далеко́, пого́да хоро́шая, и я не хочу́ ждать тролле́йбуса.

УПРАЖНЕНИЕ 2   Идти́ и́ли е́хать?

Fill in the blanks with the correct present-tense forms of **идти́** or **е́хать**.

1. Са́ша _____ в консервато́рию на метро́ и́ли на
   авто́бусе?
2. Сего́дня днём Ви́ктор _____ в кино́.
3. [Во́ва ви́дит дру́га на у́лице.]
   — Эй, Ми́тя! Куда́ ты _____?
4. [Ле́на разгова́ривает с подру́гами о пла́нах на ле́то.]
   — В ию́ле мы _____ в Петербу́рг.
5. [На ста́нции метро́.]
   — Серге́й, ты _____ домо́й?
6. Си́лины _____ на стадио́н на маши́не.
7. Илья́ Ильи́ч, Са́ша, Та́ня, Све́та и Джим _____
   на авто́бусную остано́вку.

УПРАЖНЕНИЕ 3   На метро́? На такси́? Пешко́м?

How would you most likely get to the following locations? More than one answer may
be correct.

ОБРАЗЕ́Ц: в кинотеа́тр
→ В кинотеа́тр мо́жно идти́ пешко́м и́ли е́хать на метро́ и́ли
на авто́бусе.

в университе́т
в центр го́рода
к ба́бушке
к роди́телям
в Нью-Йо́рк
на авто́бусную остано́вку
в Торо́нто

в парк
на по́чту
в библиоте́ку
в Лос-А́нджелес
в магази́н, где ты обы́чно
   покупа́ешь проду́кты
в спортза́л

◈◈ О РОССИИ ◈◈◈◈◈◈◈◈◈◈◈◈◈◈◈◈

ИСТО́РИЯ НА У́ЛИЦАХ

У нас бу́дет экску́рсия «Неизве́стная Москва́».

Many street names in Russia reflect Russians' deep respect for art, literature, music,
science, and history. It is not uncommon for cities and towns to have streets,
squares, metro stations, and the like named for composers (**ул. Му́соргского**
in Moscow, **ул. Чайко́вского** in St. Petersburg), writers (**Пу́шкинская пл.** in
Moscow, **ул. Достое́вского** in St. Petersburg), scientists (**ста́нция Менделе́евская**
and **Ломоно́совский проспе́кт** in Moscow), and other figures. There are, of
course, streets named for political and military figures and movements. Until the
overthrow of Soviet power in the early 1990s almost every town, no matter
how small, had at least one street, square, or other public facility named for Marx,
Lenin, and—depending on the size of the town—other persons of significance to
the regime. Some names from that era still remain, though most have been replaced.

Пу́шкинская пло́щадь

О РОССИИ

СТА́РАЯ МОСКВА́

Когда́ тури́сты приезжа́ют в Москву́, они́ хотя́т уви́деть . . .

Moscow has existed for over 800 years. Like many ancient cities, it grew out from the center, and its successive concentric rings of construction are still plainly apparent in the layout of contemporary Moscow. At the very center is the historic fortified compound called **Кремль** (*the Kremlin*). Next to it are **Кра́сная пло́щадь** (*Red Square*) and the colorful **Собо́р Васи́лия Блаже́нного** (*St. Basil's Cathedral*). Nearby is an assortment of tiny chapels three to four centuries old, czarist palaces, gardens, museums, the neoclassical **Большо́й теа́тр,** dozens of cathedrals, nineteenth-century hotels and merchants' residences, the elaborate shopping structure known as **ГУМ (Госуда́рственный универса́льный магази́н** [*State Department Store*]), and communist-era structures like **мавзоле́й Ле́нина** (*Lenin's mausoleum*).

ГУМ

СЛОВА, СЛОВА, СЛОВА . . . ⭐ *Uses of «и»*

У всех наро́дов есть суеве́рия **и** приме́ты.

All peoples have superstitions and omens.

The most common meaning for «**и**» is *and*, used to connect two or more items. When used to connect many items in a series, «**и**» may be placed before the first item as well as between succeeding items.

Тури́сты хотя́т уви́деть **и** Кремль, **и** Кра́сную пло́щадь, **и** . . .

Tourists want to see the Kremlin and Red Square and . . .

«**И**» is used in other ways as well.

Прогно́з, мо́жет быть, **и** хоро́ший, но посмотри́ на не́бо.

The forecast may indeed be good, but look at the sky.

How best to render it in English is a matter of context.

9.14. ANYONE/SOMEONE, ANYTHING/SOMETHING:
КТО́-НИБУДЬ, ЧТО́-НИБУДЬ

Принеси **что́-нибудь** вку́сное для Бе́лки.	*Bring something tasty for Belka.*
Настоя́щий бизнесме́н всегда́ **что́-нибудь** де́лает беспла́тно.	*A real businessman always does something for free.*
Ты **когда́-нибудь** жила́ в Санкт-Петербу́рге?	*Have you ever lived in St. Petersburg?*
Кто́-нибудь звони́л?	*Did anyone call?*
Мне ну́жно купи́ть **каку́ю-нибудь** кни́гу с фотогра́фиями Москвы́.	*I need to buy some kind of book with photos of Moscow.*

The particle **-нибудь** turns interrogatives like **кто** and **что** from *who* and *what*, respectively, into the more indefinite *anyone/someone* and *anything/something*. Other question words also combine with **-нибудь**: the pronouns and adjectives (**кто, что, како́й**) decline; the adverbs (**где, куда́, когда́, как**) and the particle (**-нибудь**) are unchanging. Here is a list of common **-нибудь** compounds.

First element declines	**кто́-нибудь**	*anyone/someone*
	что́-нибудь	*anything/something*
	како́й-нибудь	*any kind of/some kind of*
Indeclinable adverbial forms	где́-нибудь	*anywhere/somewhere*
	куда́-нибудь	*(to) anywhere/somewhere*
	ка́к-нибудь	*somehow*
	когда́-нибудь	*ever/sometime*

УПРАЖНЕНИЕ 4   Здесь кто́-нибудь говори́т по-ру́сски?

Match the phrases on the left with appropriate phrases on the right. Then select five questions to ask a classmate.

1. Ты сего́дня получи́л (получи́ла) . . .
2. Ты ви́дел (ви́дела) . . .
3. Ты вчера́ купи́ла в магази́не . . .
4. Сего́дня бу́дет . . .
5. Ты сего́дня ве́чером . . .
6. Ты игра́ешь . . .
7. Ты был (была́) . . .

а. на како́м-нибудь музыка́льном инструме́нте?
б. когда́-нибудь в Москве́?
в. кого́-нибудь в столо́вой (*cafeteria*) вчера́ ве́чером?
г. како́й-нибудь рок-конце́рт?
д. каки́е-нибудь пи́сьма?
е. куда́-нибудь идёшь?
ж. что́-нибудь?

❖❖ 9.15. DATIVE PLURAL OF NOUNS, ADJECTIVES, AND POSSESSIVES

Культу́рные лю́ди говоря́т **ста́ршим** «вы».	*Educated people address their elders using «вы»*
Вы разреша́ете э́то то́лько **свои́м аспира́нтам.**	*You permit only your graduate students (to do) that.*
Москвича́м нра́вится, когда́ тури́сты говоря́т им, что моско́вское метро́ — са́мое краси́вое в ми́ре.	*Muscovites like it when tourists tell them that the Moscow metro is the most beautiful in the world.*

The plural forms of the Dative case are very consistent: they all end in -**м** (which is also true of the Dative plural pronouns **нам, вам, им**). Here is a table of Dative plural forms.

DATIVE PLURAL FORMS

	NOMINATIVE CASE	DATIVE PLURAL ENDING	EXAMPLES
NOUNS			
Plural, all genders	музыка́нт-ы музе́-и роя́л-и о́кн-а упражне́ни-я сёстр-ы ку́хн-и две́р-и	-ам/-ям	музыка́нт-**ам** музе́-**ям** роя́л-**ям** о́кн-**ам** упражне́ни-**ям** сёстр-**ам** ку́хн-**ям** двер-**я́м**
ADJECTIVES (including adjectives used as nouns)			
Plural, all genders	но́в-ые контро́льн-ые хоро́ш-ие	-ым/-им	но́в-**ым** контро́льн-**ым** хоро́ш-**им**
POSSESSIVES			
Plural, all genders	мо-и́ ва́ш-и	-им	мо-и́**м** ва́ш-**им**

УПРАЖНЕНИЕ 5   Кому́ профе́ссор Смит пи́шет пи́сьма?

Use the list below to tell whom Professor Smith writes letters to.

ОБРАЗЕ́Ц: Он пи́шет пи́сьма свои́м сёстрам.

Он пи́шет . . .

ру́сские исто́рики	други́е профессора́
но́вые юри́сты	но́вые знако́мые
иностра́нные студе́нты	свои́ роди́тели
америка́нские журнали́сты	вну́ки и вну́чки

СЛОВА, СЛОВА, СЛОВА . . . ✪ *Declensional Details of Some "People" Nouns*

Now that you know the complete singular and plural declension patterns, you are better able to recognize underlying regularities in some forms that may have heretofore looked irregular.

1. Брат and **друг** display similar stem changes in their plural declensions.

Nom.	бра́ть-я	друзь-я́
Acc.	бра́ть-ев	друз-е́й (!)
Gen.	бра́ть-ев	друз-е́й (!)
Prep.	бра́ть-ях	друзь-я́х
Dat.	бра́ть-ям	друзь-я́м
Instr.	бра́ть-ями	друзь-я́ми

Both **муж** (*pl.* **мужь-я́**) and **сын** (*pl.* **сыновь-я́**) display the same endings as **друг. Подру́га** does not follow the pattern of **друг,** but rather is regular—like **кни́га**—in both singular and plural declensions.

2. Мать and **дочь,** like all feminine **-ь** nouns, have an Accusative singular that looks the same as the Nominative singular. In other forms, the syllable **-ep-** is inserted before endings are added. Note the stress shifts.

	SINGULAR	PLURAL		SINGULAR	PLURAL
Nom.	мать	ма́т-ер-и		дочь	до́ч-ер-и
Acc.	мать	ма́т-ер-и		дочь	до́ч-ер-и
Gen.	ма́т-ер-и	мат-ер-е́й		до́ч-ер-и	доч-ер-е́й
Prep.	ма́т-ер-и	мат-ер-я́х		до́ч-ер-и	доч-ер-я́х
Dat.	ма́т-ер-и	мат-ер-я́м		до́ч-ер-и	доч-ер-я́м
Instr.	ма́т-ер-ью (!)	мат-ер-я́ми		до́ч-ер-ью (!)	доч-ер-ьми́ (!)

3. Челове́к and **ребёнок** have completely different forms in the plural.

	SINGULAR: челове́к	SINGULAR: ребёнок
	PLURAL	PLURAL
Nom.	лю́д-и	де́т-и
Acc.	люд-е́й	дет-е́й
Gen.	люд-е́й	дет-е́й
Prep.	лю́д-ях	де́т-ях
Dat.	лю́д-ям	де́т-ям
Instr.	люд-ьми́ (!)	дет-ьми́ (!)

Ри́та занима́ется с друзья́ми.

УПРАЖНЕНИЕ 6   Dative endings

Fill in the blanks with the correct form of the words in parentheses.

1. Он помога́ет то́лько _____ (бе́дные [*poor*] аспира́нты).

2. Мы ча́сто звони́м _____ (свои́ бра́тья и сёстры).

3. _____ (Мы и на́ши но́вые друзья́) о́чень понра́вился Большо́й теа́тр.

4. Мы должны́ сказа́ть _____ (иностра́нные го́сти), что за́втра бу́дет интере́сная экску́рсия.

5. Что вы сказа́ли _____ (неме́цкие тури́сты)?

6. _____ (Ру́сские бизнесме́ны) ну́жно мно́го рабо́тать.

7. _____ (Молоды́е лю́ди) интере́сно смотре́ть футбо́л.

УПРАЖНЕНИЕ 7   Опрос (*Survey*)

Working with one or two classmates, role-play a situation in which one of you plays a journalist conducting a survey on student life. Take turns playing the journalist.

1. Кому́ вы ча́ще (*more often*) звони́те по телефо́ну — друзья́м и́ли преподава́телям?
2. Кому́ вы ча́ще покупа́ете пода́рки — бра́тьям и сёстрам и́ли роди́телям?
3. Что вы говори́те профе́ссору, когда́ опа́здываете на заня́тия?
4. Что вам бо́льше нра́вится — чита́ть кни́ги и́ли смотре́ть телеви́зор? А что бо́льше нра́вится ва́шим друзья́м?
5. Вы помога́ете роди́телям и друзья́м, когда́ им нужна́ по́мощь (*help*)?
6. Кому́ вы ча́ще пи́шете пи́сьма — роди́телям и́ли друзья́м?
7. Что вы говори́те де́вушке, с кото́рой вы хоти́те познако́миться (молодо́му челове́ку, с кото́рым вы хоти́те познако́миться)?
8. Ва́ши роди́тели посыла́ют (*send*) вам де́ньги? А вы им?
9. Вы всегда́ говори́те пра́вду (*the truth*) друзья́м? А роди́телям? А профессора́м?

---

reVERBerations ★

1. The verb **боя́ться** (an **-ишь** verb!) (*to fear, to be afraid*) is followed by the Genitive case when you want to say what you are afraid of.

   Я бою́сь **воды́** (**соба́к** ...).   *I'm afraid of water (dogs* ...).

2. As you saw in Lesson 8, Part 1, the verb **ве́рить** (*to believe*) is followed by the Dative case when you want to say that you believe someone.

   Ты **ей** ве́ришь?   *Do you believe her?*

   To say that you believe *in* something, use <**ве́рить в** + Acc.>.

   Я не ве́рю **в астроло́гию** (**в чёрных ко́шек** ...).   *I don't believe in astrology (in black cats* ...).

3. Single-infinitive verbs

   Though most imperfective verbs have perfective counterparts, not all of them do. Some verbs, like **боя́ться**, **знать**, and **уме́ть**, describe continuing actions, processes, or states that cannot have a perfective (resultative) meaning. Other single-infinitive imperfective verbs that you have encountered include **занима́ться** (*to be engaged in* and *to study, to do homework*) and **разгова́ривать** (*to converse*). Still other verbs are biaspectual: One form serves in both imperfective and perfective contexts. Examples of biaspectual verbs are **атакова́ть** (*to attack*), **жени́ться** (*to marry* [*said of a man*]), and **телеграфи́ровать** (*to send a telegram*).

4. Expressing wishes with **жела́ть**

   Жела́ю тебе́ уда́чи.   *I wish you luck!*
   Жела́ю вам здоро́вья.   *I wish you good health.*
   Жела́ем хорошо́ провести́ вре́мя.   *Have a good time!*

   When using **жела́ть**, note the following:

   • The person(s) to whom the wish is extended, if expressed at all, is in the Dative (**тебе́** and **вам** in the examples above).
   • The thing wished, if a noun, is in the Genitive (**уда́чи** and **здоро́вья** in the examples above).
   • If the wish comprises a verbal phrase, the verb is in the infinitive (**провести́** in the example above).

УПРАЖНЕНИЕ 8   Что сказа́ть?

What could you say in the following situations? Choose from the following phrases or use your own.

Спаси́бо, с удово́льствием!

Жела́ю уда́чи!

Большо́е спаси́бо!

С днём рожде́ния! (*Happy birthday!*)

Жела́ю хорошо́ провести́ вре́мя!

Ни пу́ха ни пера́!

ОБРАЗЕ́Ц: Ваш друг говори́т, что он на́чал но́вый би́знес.
            → Жела́ю уда́чи!

© Irina Iskrinskaya/Licensed by VAGA,
New York, NY

1. Роди́тели ва́шего дру́га (ва́шей подру́ги) приглаша́ют вас на обе́д.
2. Ваш друг даёт вам два биле́та в теа́тр.
3. Ваш друг говори́т: — У меня́ сего́дня день рожде́ния.
4. Ва́ша подру́га говори́т: — Мы с Ве́рой за́втра е́дем в Москву́.
5. Ваш друг говори́т: — У меня́ за́втра экза́мен.
6. Ваш друг говори́т, что стол — э́то пода́рок вам.

 # КУЛЬТУРА РЕЧИ

❖ ТАК ГОВОРЯ́Т: **GOOD LUCK, BAD LUCK**

Нам необыкнове́нно **повезло́.**

We really lucked out.

Наве́рно, номера́ похо́жи. Не **повезло́ ей.**

Evidently the [phone] numbers are similar. That's tough luck for her.

Вы встре́тили челове́ка, кото́рый несёт по́лное ведро́ и́ли корзи́ну: Вам **повезёт.**

You've met a person carrying a full bucket or basket. You're in for some good luck.

Чёрная ко́шка! Тепе́рь у нас бу́дет **неуда́ча.**

A black cat! Now we're going to have bad luck.

— Жела́ю тебе́ **уда́чи.**

— Спаси́бо, **уда́ча** мне нужна́!

"I wish you good luck."
"Thanks, I need luck."

These two good luck/bad luck expressions are roughly equivalent in meaning, but note how different they are in construction.

1. **Нам (ей, мне, Вади́му,** etc.) **повезло́.** The formula is <Dat. + **повезло́**> in the past, <Dat. + **повезёт**> in the future. If you want to describe someone who's constantly lucky, you can say <Dat. + **везёт**>: **Тебе́ всегда́ везёт!** *You're always lucky!*

2. **Уда́ча.** Remember to use the Genitive **уда́чи** with **жела́ть.**

❖ САМОПРОВЕРКА: УПРАЖНЕНИЕ 9

Working on your own, try this self-test: Read a Russian sentence out loud, then give an idiomatic English equivalent without looking at the book. Then work from English to Russian. After you have completed the activity, try it with a classmate.

1. — Че́рез три неде́ли мы е́дем на мо́ре.
   — А как вы туда́ е́дете? На маши́не?
   — Нет, э́то о́чень далеко́. Мы е́дем по́ездом (на по́езде).

2. Ах, э́то ужа́сно! У меня́ сего́дня уро́к вожде́ния и я опа́здываю! Кто́-нибудь ви́дел мой рюкза́к?

3. И ста́рым и молоды́м америка́нцам нра́вится му́зыка Би́лли Хо́ллидей.

4. — Я бою́сь чёрных ко́шек. А чего́ ты бои́шься?
   — Я ничего́ не бою́сь.

5. Жела́ю вам уда́чи.

1. *"In three weeks we're going to the seashore."*
   "How are you traveling? By car?"

   "No, it's quite far. We're going by train."

2. *Oh, this is awful! I have a driving lesson today and I'm late. Has anyone seen my backpack?*

3. *Both old and young Americans like the music of Billie Holliday.*

4. *"I'm afraid of black cats. What are you afraid of?"*
   "I'm not afraid of anything."

5. *I wish you luck.*

❖ ВОПРОСЫ И ОТВЕТЫ: УПРАЖНЕНИЕ 10

Are you superstitious? How about your friends? Your family? Try to find three classmates who will answer **да** to the following questions:

1. Ты суеве́рный (суеве́рная)?
2. Ты ве́ришь, что чёрная ко́шка — э́то приме́та (*sign*) неуда́чи?
3. Твой оте́ц (твоя́ мать) ве́рит, что е́сли челове́к рассы́пал (*spilled*) соль за столо́м, то бу́дет ссо́ра?
4. Ты ве́ришь, что е́сли ты разби́л (разби́ла) зе́ркало (*broke a mirror*), то бу́дет несча́стье (*misfortune*)?
5. Твои́ друзья́ ве́рят, что е́сли они́ поздоро́вались за́ руку (*shook hands*) че́рез поро́г (*threshold*), то бу́дет ссо́ра?
6. Ты ве́ришь, что е́сли па́дает (*falls*) нож, то бу́дет гость?
7. Ты бои́шься пауко́в (*spiders*)? Ко́шек? Вампи́ров[†]? Высоты́ (*heights*)? Аккордеони́стов[†]?

❖ ДИАЛОГИ

ДИАЛОГ 1 Кака́я бу́дет пого́да?
(Discussing the weather)

6. IV.
Со́лнце:
восх. 6.48,
зах. 20.18.
Долг. дня 13.30.

Москва и Московская область
— облачно, временами небольшой снег, дневная температура в столице плюс 1—3, по региону 0 — плюс 5 градусов.

— Как вы ду́маете, за́втра бу́дет хоро́шая пого́да?
— Ду́маю, что да. Вы не слы́шали прогно́з (*forecast*) пого́ды?
— Слы́шал. Прогно́з хоро́ший. Но прогно́з пого́ды на сего́дня то́же был хоро́ший, а пого́да плоха́я, идёт до́ждь.
— За́втра не бу́дет дождя́. Бу́дет хоро́ший день.
— Бу́дем наде́яться (*let's hope*), что вы пра́вы.

ДИАЛОГ 2 Я хочу́ вас пригласи́ть . . .
(Invitation to a sports event)

— Вы лю́бите футбо́л?

— Я бо́льше люблю́ хокке́й.

— Жаль. У меня́ есть ли́шний биле́т на фина́льный матч, и я хоте́л вас пригласи́ть.

— Я с удово́льствием пойду́! Я люблю́ хокке́й бо́льше, чем футбо́л, но футбо́л я то́же люблю́.

УПРАЖНЕ́НИЕ 11   Ваш диало́г

Create a dialogue in which a friend invites you to go to a sporting event. You discuss the weather, tickets, time and place to meet, and your hopes for the result of the event. Work in good/bad luck vocabulary if you can.

❖ А ТЕПЕ́РЬ . . . : УПРАЖНЕ́НИЕ 12

Working with a classmate, use what you learned in Part 4 to . . .

1. find out if she comes to the university by bus (metro, car)
2. ask if she ever walks to the university; if so, how often
3. find out whether she has ever gone to Russia; if so, when; if not, ask if she has ever gone to **Ме́ксика, Евро́па, А́зия, А́фрика, Австра́лия** . . .
4. ask whether she has brothers or sisters; if so, how often she calls them
5. find out how often she writes (or calls) her parents

УЧИ́СЬ УЧИ́ТЬСЯ ✪ *Learn Phrases, Not Just Words*

Although it is useful to make flash cards to learn individual words, sometimes it's necessary to learn phrases. A good example concerns the preposition *for,* which is rendered in different ways in Russian.

<для + Gen.>   intended for: **Э́то пода́рок для моего́ бра́та.**
                  This is a gift for my brother.
<за + Acc.>   in exchange for: **Ско́лько вы заплати́ли за э́ту кни́гу?**
                  How much did you pay for that book?
<за + Instr.>   (in order) to get: **Мы верну́лись за кни́гой.**
                  We returned home for the book.

Other Russian renderings of English *for* will appear in later lessons.

ИТАК ...

NOUNS AND NOUN PHRASES

Transportation, Getting Around Town

вход	entrance (1)
вы́ход	exit (1)
городско́й тра́нспорт	public transportation (1)
Кра́сная пло́щадь	Red Square (1)
Кремль (*Gen. sing.* Кремля́) *m.*	the Kremlin (1)
по́езд (*pl.* поезда́)	train (4)
ста́нция	station (1v)
схе́ма	map (1)

Relaxation, Leisure

аэро́бика	aerobics (3)
вид спо́рта	kind of sports (3)
гимна́стика	gymnastics (3)
матч	match; game (4)
пла́вание	swimming (3)
спорт	sports (3)

"People" Words

иностра́н(е)ц/иностра́нка (*Gen. pl.* иностра́нок)	foreigner (1)
молодёжь *f.*	young people (4)
наро́д	a people (4)
спортсме́н/спортсме́нка (*Gen. pl.* спортсме́нок)	athlete (3)
тури́ст/тури́стка (*Gen. pl.* тури́сток)	tourist (1)

Business and Personal Dealings

неуда́ча	bad luck (4)
рекла́ма	1. advertising; 2. commercial; advertisement (3v)
сове́т	advice (3)
ссо́ра	quarrel; argument (4)
уда́ча	success; (good) luck (3)

Things Around the House

вещь (*Gen. pl.* веще́й) *f.*	thing (1)
ви́лка (*Gen. pl.* ви́лок)	fork (4)
ло́жка (*Gen. pl.* ло́жек)	spoon
нау́шники *pl.*	earphones; headphones (2)
нож (*Gen. sing.* ножа́)	knife (4)
трусы́ (*Gen.* трусо́в) *pl.*	shorts (2)

Other Nouns

акце́нт	accent (1)
вид	type; kind; sort (1)
зуб	tooth (2v)
курс	course; class (3v)
ли́ния	line (1)
мир (*pl.* миры́)	world (1)
пого́да	weather (2)
раз (*Gen. pl.* раз)	time; occasion (3)

PRONOUNS

Instrumental Pronouns

кем (*Instr. of* кто)	whom
чем (*Instr. of* что)	what
мной (*Instr. of* я)	me
тобо́й (*Instr. of* ты)	you (*informal sing.*)
им (ним) (*Instr. of* он, оно́)	him, it
ей (ней) (*Instr. of* она́)	her, it
на́ми (*Instr. of* мы)	us
ва́ми (*Instr. of* вы)	you (*formal or pl.*)
и́ми (ни́ми) (*Instr. of* они)	them

ADJECTIVES

Colors

бе́жевый	beige (2)
бе́лый	white (2)
голубо́й	light blue (2)
жёлтый	yellow (2)
зелёный	green (2)
кори́чневый	brown (2)
кра́сный	red (2)
лило́вый	purple (2)
ора́нжевый	orange (2)
ро́зовый	pink (2)
се́рый	gray (2)
чёрный	black (2)

Other Adjectives

иностра́нный	foreign (1)
неприя́тный	unpleasant (1)
оди́н (одна́, одно́, одни)	alone (2)
популя́рный	popular (4)
прав (права́, пра́во, пра́вы)	right; correct (3)
са́мый	the most ... (1)
used to form superlatives	
сле́дующий	next (1v)
суеве́рный	superstitious (4)
фина́льный	final (4)

VERBS

бе́гать *multidir.* *unidir. and pfv. not introduced at this time*	to run, to go running, to jog (3)
боя́ться (бо-ю́сь, бо-и́шься, ... бо-я́тся) (+ *Gen.*) *no resultative pfv.*	to be afraid (of); to fear (4)
води́ть (вож-у́, во́д-ишь, ... во́д-ят) маши́ну (такси́, ...) *multidir.* *unidir. and pfv. not introduced at this time*	to drive a car (taxi, ...) (3)
возвраща́ться *pfv.* верну́ться (верн-у́сь, верн-ёшься, ... верн-у́тся)	to return; to come back; to go back (2)
встава́ть (вста-ю́, вста-ёшь, ... вста-ю́т) *pfv.* встать (встан-у, вста́н-ешь, ... вста́н-ут)	to get up (2v)
встреча́ть *pfv.* встре́тить (встре́ч-у, встре́т-ишь, ... встре́т-ят)	to meet (4)

выходи́ть (выхож-у́, выхо́д-ишь, ... выхо́д-ят)
  pfv. вы́йти (вы́йд-у, вы́йд-ешь, ... вы́йд-ут;
  past вы́шел, вы́шла, вы́шло, вы́шли)
	1. to go out (of); to come out (of) (2v);
	2. to get off (a bus) (1v)

жела́ть (+ *Dat.* + *Gen.*) *pfv. not introduced at this time*	to wish (someone something) (4)
забыва́ть *pfv.* забы́ть (забу́д-у, забу́д-ешь, ... забу́д-ут)	to forget (1)
за́втракать *pfv.* поза́втракать	to have breakfast; to have lunch (2v)
занима́ться (+ *Instr.*) *pfv. not common in this meaning*	to be occupied with; to be engaged in (3)

нести́ (нес-у́, нес-ёшь, ... нес-у́т;
  past нёс, несла́, несло́, несли́) *unidir.*
  multidir. and pfv. not introduced at this time
	to carry (4)

пла́вать *multidir.* *ynidir. and pfv. not introduced at this time*	to swim (3)
приезжа́ть *pfv.* прие́хать (прие́д-у, прие́д-ешь, ... прие́д-ут)	to come (by vehicle); to arrive (1)
прои́грывать *pfv.* проигра́ть	(of a game, etc.) to lose (4)
ста́вить (ста́вл-ю, ста́в-ишь, ... ста́в-ят) *pfv.* поста́вить	to put; to stand; to place (in a standing position) (1)

станови́ться (становл-ю́сь, стано́в-ишься, ...
  стано́в-ятся) (+ *Instr.*)
  pfv. стать (ста́н-у, ста́н-ешь, ... ста́н-ут)
	to become (3)

уезжа́ть *pfv.* уе́хать (уе́д-у, уе́д-ешь, ... уе́д-ут)	to leave (by vehicle); to depart (2)
учи́ть (уч-у́, у́ч-ишь, ... у́ч-ат) (+ *Acc. and* + *infin.*) *pfv.* научи́ть	to teach (someone to do something) (3)
учи́ться (уч-у́сь, у́ч-ишься, ... у́ч-атся) (+ *infin.*) *pfv.* научи́ться	to learn (to do something) (3)

COMPARATIVES (ADJ. and ADV.)

бо́льше	(*compar. of* большо́й) bigger, larger; (*compar. of* мно́го) more (2)
ме́ньше	(*compar. of* ма́ленький) smaller; (*compar. of* ма́ло) less; fewer (2)
ху́же	(*compar. of* плохо́й, пло́хо) worse (2)

ADVERBS

гора́здо (+ *compar.*)	much; far (2)
жа́рко	(it's) hot (1)
намно́го (+ *compar.*)	much; far (2)
пешко́м	on foot (4)
про́сто	simply; (it's/that's) simple (3)
ра́но	early (2)
ско́ро	soon (2)
сра́зу	immediately; at once (3)
то́чно	exactly; for sure (2)
чи́сто	cleanly; (it's/that's) clean (1)

OTHER

в (+ *Acc.*)	per; а (два ра́за в неде́лю) (3)
всё-таки	all the same; still; nevertheless (2)
за (+ *Instr.*)	behind (1)
из (+ *Gen.*)	from (из Москвы́) (1)
како́й-нибудь	some (kind of); any (kind of) (4)
когда́-нибудь	ever; sometime (4)
кто́-нибудь	someone; somebody; anyone; anybody (4)
ме́жду (+ *Instr.*)	between (1)
Неуже́ли?	Really? (2)

перед (пе́редо) (+ *Instr.*)	in front of; before (1)
пока́	while (2)
с (со) (+ *Instr.*)	1. with; 2. and **Мы с тобо́й** ... *You and I* ... (1)
че́рез (+ *Acc.*)	1. across (4); 2. (*indicates time from the present or from the indicated moment*) in, after (3)
что́-нибудь	something; anything (3)

IDIOMS AND EXPRESSIONS

ве́рить / пове́рить в (+ *Acc.*)	to believe in (4v)
всё ме́ньше и ме́ньше	less and less (2)
Всего́ хоро́шего!	All the best!; Take care!; Best wishes! (4)
говори́ть с акце́нтом	to have an accent (1)
две́ри закрыва́ются	(the) doors are closing (1v)
Жела́ю (Жела́ем) хорошо́ провести́ вре́мя!	Have a good time! (4)
Жела́ю (тебе́; вам) уда́чи!	Good luck! (3)
за столо́м	at the table (4)
занима́ться спо́ртом	to play sports (3)
И вам (тебе́) та́кже.	The same to you! (4)
Не ду́маю.	I don't think so. (4)
ока́зывается (оказа́лось), что ...	it turns (turned) out that ... (2)
Осторо́жно!	Careful!; Be careful! (1v)
Посмо́трим.	We'll see. (2)
принима́ть / приня́ть душ	to take (a shower) (2v)
Разреши́те пройти́.	(Would you) let me by (please) (1v)
так же ... как ...	just as ... as ... (3)
чи́стить (чи́щ-у, чи́ст-ишь, ... чи́ст-ят) / почи́стить зу́бы	to brush one's teeth (2v)

❖ ЧТО Я ЗНАЮ, ЧТО Я УМЕЮ

Use this checklist to mark off what you've learned in this lesson:

- ☐ Asking and saying where someone is from (Part 1)
- ☐ Forms of nouns, pronouns, adjectives, and possessives in the Instrumental case (Part 1)
- ☐ Prepositions that take the Instrumental case (Part 1)
- ☐ Describing joint action with <мы с + Instrumental> (Part 3)
- ☐ Using <занима́ться + Instrumental> (Part 3)
- ☐ Superlative adjectives (Part 1)
- ☐ Using short-form comparatives (Part 2)
- ☐ Speaking about generic "you" actions (Part 1)
- ☐ Using directional prefixes with combining forms (Part 2)
- ☐ Distinguishing between **выходи́ть / вы́йти** and **уходи́ть / уйти́** (Part 2)
- ☐ Describing movement by vehicle and on foot (Part 4)
- ☐ Plural forms of nouns, adjectives, and possessives in the Prepositional case (Part 2)
- ☐ Plural forms of nouns, adjectives, and possessives in the Dative case (Part 4)
- ☐ Discussing what you want to be or become (Part 3)
- ☐ Expressing how long from now or how long ago with **че́рез** and **наза́д** (Part 3)
- ☐ Indicating how frequently something happens (Part 3)
- ☐ Expressing *teaching* and *learning* to do things (Part 3)
- ☐ Expressing *someone/anyone, something/anything* (Part 4)
- ☐ Expressing wishes (Part 4)

❖ ЭТО НАДО ЗНАТЬ

PLURALS OF POSSESSIVES, ADJECTIVES, AND NOUNS IN THE PREPOSITIONAL, DATIVE, AND INSTRUMENTAL CASES

Although it might not have seemed so immediately, the plural forms of these three cases are among the easiest to learn in Russian. They are so consistent that they can be summarized in one short table. Note that the possessive endings and the soft variant of the adjective endings are identical to the Prepositional, Dative, and Instrumental plural pronouns.

"PDI" ENDINGS			
	POSSESSIVE ENDINGS	**ADJECTIVE ENDINGS**	**NOUN ENDINGS**
Prepositional	-их	-ых/-их	-ах/-ях
Dative	-им	-ым/-им	-ам/-ям
Instrumental	-ими	-ыми/-ими	-ами/-ями

◈◈ ДОПОЛНИТЕЛЬНЫЕ ТЕКСТЫ

ТРУ́ДНЫЙ ПЕРЕУ́ЛОК[1]

The following is a slightly adapted version of a story written by **А́гния Льво́вна Барто́** (1906–1981), a children's author who wrote in the 1950s–1970s. The story is written from a child's point of view; as you read it, try to pick out phrasing that tells you that the narrator is a child. What indications are there that this child is describing an early family experience with a personal car?

К нам в воскресе́нье прие́хал дя́дя Ми́ша, не в тролле́йбусе, а в свое́й маши́не. Он получи́л пре́мию[2], и у него́ тепе́рь есть «Москви́ч».[3] Там четы́ре челове́ка помеща́ются[4] и ещё[5] ребёнок, е́сли он не о́чень кру́пный.[6] Я не кру́пный, и меня́ дя́дя Ми́ша взял с собо́й.[7] Мы се́ли в маши́ну[8] и пое́хали к ба́бушке.

Води́ть маши́ну по го́роду тру́дно, потому́ что везде́ вися́т[9] зна́ки, что сюда́ е́хать нельзя́. К ба́бушке на́до в переу́лок нале́во, но нале́во нельзя́, и мы прое́хали ми́мо.[10] А в сосе́днем переу́лке висе́л хоро́ший знак, но дя́дя Ми́ша растеря́лся[11] и его́ прое́хал, а пото́м опя́ть нале́во нельзя́. Дя́дя Ми́ша так расстро́ился,[12] но мы сказа́ли, что не на́до не́рвничать,[13] не обяза́тельно е́хать к ба́бушке. Мо́жно вообще́[14] е́хать пря́мо,[15] гла́вное — чтобы у нас не́ было наруше́ний.[16] Мой па́па дя́дю Ми́шу подба́дривал,[17] чтобы он не па́дал ду́хом.[18] А тётя О́ля сказа́ла, когда́ мы к милиционе́ру подъезжа́ли,[19] чтобы дя́дя Ми́ша сде́лал вид,[20] что он о́пытный води́тель.

Мы всё вре́мя е́хали пря́мо и ника́к не могли́ реши́ть,[21] где же нам пра́вильно разверну́ться.[22] Наконе́ц, у заста́вы[23] мы разверну́лись и пое́хали опя́ть ми́мо ба́бушки. Дя́дя Ми́ша реши́л, что её переу́лок о́чень тру́дный, лу́чше он нас довезёт до[24] музе́я, он туда́ уже́ у́тром е́здил по э́той доро́ге и уже́ её зна́ет.

Мы дое́хали до[25] музе́я и пое́хали обра́тно.[26] Все дя́дю Ми́шу о́чень благодари́ли,[27] потому́ что он для пе́рвого ра́за хорошо́ спра́вился.[28]

А ба́бушка сказа́ла, что е́сли у неё тако́й тру́дный переу́лок, то она́ лу́чше за́втра сама́[29] к нам прие́дет на авто́бусе.

1. *side street;* 2. *bonus;* 3. «Москви́ч»: *a make of car;* 4. *can fit;* 5. и. . . *and also;* 6. *big;* 7. меня́. . . *took me along;* 8. се́ли. . . *got in the car;* 9. *there are;* 10. прое́хали. . . *drove by;* 11. *became confused;* 12. *got upset;* 13. *to be nervous;* 14. *just;* 15. *straight ahead;* 16. чтобы. . . *that we not get a ticket;* 17. *was cheering up;* 18. чтобы. . . *so that he wouldn't lose heart;* 19. *were approaching;* 20. чтобы. . . . *that Uncle Misha should pretend;* 21. ника́к. . . *simply couldn't decide;* 22. *to turn around;* 23. у. . . *near the gates;* 24. нас. . . *will take us to;* 25. Мы. . . *We drove as far as . . . ;* 26. *back;* 27. *thanked;* 28. хорошо́. . . . *had done a good job;* 29. *herself*

FOLLOW-UP QUESTIONS

1. Is the child narrating this story a boy or a girl?
2. What forms of transportation are mentioned in the story?
3. Which two destinations are given in the first paragraph using the construction that indicates going *to someone's place?*
4. Find Russian equivalents in the second paragraph for *driving a car around town, policeman,* and *experienced driver.*
5. Дя́дя Ми́ша о́пытный води́тель и́ли нет?
6. Which characters mentioned in this story were definitely riding in the car?

С НОВЫМ ГОДОМ!

Но́вый год на Кра́сной пло́щади

In this lesson you will learn

- ✪ more about using кото́рый
- ✪ to express *going to get* something
- ✪ to say you're *cold* (*bored, interested, allowed, forbidden,* ...)
- ✪ to refer to oneself using себя́
- ✪ to use comparatives
- ✪ to make wishes and toasts
- ✪ to say you *feel like* doing something
- ✪ to express that you will do something *yourself*
- ✪ to give your age in the past and future
- ✪ about the distinction between *sitting* and *sitting down*

УРОК

10

It's the middle of winter and the holiday season is here. In Part 1, Vova is worried that his family won't have a New Year's tree, but then things take a surprising turn. In Part 2 (partly on video), it's New Year's Eve. Tanya and Sveta are preparing for the New Year's Eve dinner they're having, and when Jim arrives he learns about some of the Russian traditions associated with the celebration. In Part 3 (partly on video), the festivities continue and the clock (What a clock!) strikes midnight. And in Part 4, things wind down after the party.

С Но́вым го́дом!

ЧАСТЬ ПЕРВАЯ

С ЧЕГО НАЧАТЬ?

НÓВЫЙ ГОД

ёлка

Декабрь 30
ПЯТНИЦА

Дед Морóз

Снегýрочка

 **ЧТЕНИЕ**

◈ А У НАС БУ́ДЕТ ЁЛКА?

(*It's early evening on December 30. Vova has taken Belka out for a walk.*)

ВО́ВА. За́втра Но́вый год, а у нас ещё нет ёлки и, **скоре́е всего́,°** не бу́дет. Па́па пое́хал **за°** ёлкой у́тром. Уже́ шесть часо́в, а его́ ещё нет. Наве́рное, ему́ не повезло́. **Тебе́ хорошо́,°** Бе́лка, тебе́ ёлка не нужна́…   *most likely / to get / Тебе́… It's fine for you*

(*Sasha and Lena, dressed as Ded Moroz and Snegurochka, approach from the other direction.*)

СА́ША. Ле́на, ты не замёрзла°?   *ты… aren't you freezing?*
ЛЕ́НА. Нет, мне совсе́м не **хо́лодно.°**   *cold*

(*Belka barks on recognizing Sasha and Lena.*)

ВО́ВА. Что, Бе́лка, **в чём де́ло°**? Ой, Са́ша, Ле́нка, э́то вы! Я вас не узна́л. А что э́то за ёлка?   *в… what's the matter?*
СА́ША. Э́та ёлка — пода́рок от фи́рмы. Нам её подари́ла фи́рма, в кото́рой мы рабо́тали.
ВО́ВА. Кто «мы»?
ЛЕ́НА. Мы с Са́шей! Мы сего́дня **весь°** день рабо́тали. У́тром в одно́м **де́тском саду́,°** а днём — в друго́м. Са́ша был Де́дом Моро́зом, а я — Снегу́рочкой. И вот — получи́ли ёлку.   *all / де́тском… kindergarten*
ВО́ВА. А почему́ то́лько одну́?
ЛЕ́НА. Потому́ что у них бы́ло ма́ло ёлок, и ка́ждая **па́ра°** — Дед Моро́з и Снегу́рочка — получи́ла то́лько одну́ ёлку. Я уве́рена, что па́па ку́пит нам ёлку, поэ́тому э́ту ёлку мы отдади́м Са́ше.   *pair*
ВО́ВА. **Во-пе́рвых,°** па́па ещё не верну́лся. **Во-вторы́х,°** я уве́рен, что он вернётся без ёлки. Поэ́тому я **счита́ю,°** что Са́ша как Дед Моро́з и джентльме́н† до́лжен отда́ть э́ту ёлку нам, то есть, тебе́.   *In the first place / In the second place / think*
ЛЕ́НА. Во́ва, **как тебе́ не сты́дно°**!   *как… shame on you!*
СА́ША. Ле́на, Во́ва прав, ёлка твоя́! (*Smiling.*) То есть, ва́ша.

(*The Silins' car drives up.*)

ВО́ВА. Смотри́те, вон па́па! Но без ёлки.

(*Silin gets out of the car and opens the trunk.*)

СИ́ЛИН. Ёлка есть, но ма́ленькая. Была́ **всего́°** одна́ больша́я ёлка. О́чень краси́вая. Её купи́л како́й-то молодо́й челове́к. Он стоя́л **во́зле°** э́той ёлки, ждал свое́й **о́череди°** и проси́л всех не покупа́ть её. И меня́ попроси́л. Он сказа́л, что ёлка ему́ нужна́ для люби́мой де́вушки.   *just / next to / ждал… was waiting his turn*
ВО́ВА. Наве́рно, **совра́л.°**   *he lied*
СИ́ЛИН. Мо́жет быть. Но я ему́ пове́рил. **Мне показа́лось,°** что он сказа́л **пра́вду.°**   *Мне… It seemed to me / truth*

(*Another car drives up with a huge tree tied to the top of it.*)

ВО́ВА. **Вот э́то да!°** Вот э́то ёлка!°   *Вот… Look at that! / Вот… That's what I call a tree!*
ЛЕ́НА. **Подожди́те,°** э́то же Ви́ктор!   *Wait a minute*

gave up
New Year's
hope

СИЛИН.   Ви́ктор? Како́й Ви́ктор? (*Viktor gets out of the car.*) Э́то же молодо́й челове́к, кото́рому я уступи́л° са́мую краси́вую ёлку!

ВИ́КТОР.   Здра́вствуйте! Ле́на, (*points to the tree*) э́то тебе́ ма́ленький **новогодний**° пода́рок! (*Sees the other two trees.*) Я **наде́юсь,**° не все э́ти ёлки твои́?

СИЛИН.   (*To himself.*) «Ёлка для люби́мой де́вушки»? Интере́сно! На́до сказа́ть Ната́ше.

Он рабо́тает Де́дом Моро́зом.

УПРАЖНЕНИЕ 1   Под микроско́пом: Case recognition

Indicate the case and number of the underlined word or phrase in the following sentences taken from the reading.

ОБРАЗЕ́Ц: Па́па пое́хал за ёлкой (*Instr. sing.*) у́тром.

1. Тебе́ хорошо́, Бе́лка, *тебе́* (_____) ёлка не нужна́.
2. Ка́ждая па́ра получи́ла то́лько *одну́ ёлку* (_____).
3. Э́та ёлка — пода́рок от *фи́рмы* (_____).
4. У́тром в *одно́м де́тском саду́* (_____), а днём — в друго́м.
5. Са́ша был *де́дом Моро́зом* (_____), а я — Снегу́рочкой.
6. У них бы́ло ма́ло *ёлок* (_____).
7. Но я *ему́* (_____) пове́рил.
8. Он сказа́л, что ёлка ему́ нужна́ для *люби́мой де́вушки* (_____).

ГРАММАТИКА И ПРАКТИКА

О РОССИИ

NEW YEAR'S IN RUSSIA[1]

Завтра Новый год, а у нас ещё нет ёлки.

The New Year's celebration in Russia looks like a combination of Christmas (**Рождество**) and New Year's customs in the West. Religious motifs were forbidden during most of the Soviet period (until the late 1980s) but have again become an important part of the holiday season. Among the popular customs is getting a fir tree (**ёлка**) and decorating it. New Year's gifts are exchanged, and there's even a Santa Claus–like figure, **Дед Мороз**. Assisted by the beautiful **Снегурочка**, **Дед Мороз** distributes gifts to the children. Traditional secular greetings include **С Новым годом!** (*Happy New Year!*) and **Желаю вам здоровья и счастья в новом году!** (*I wish you health and happiness in the new year!*) The seasonal religious greeting is **С Рождеством Христовым!** (*lit: [Greetings] with Christ's birth!*) or simply **С Рождеством!**

© Irina Iskrinskaya/Licensed by VAGA, New York, NY

10.1. MORE ON КОТОРЫЙ CLAUSES: *WHO, WHICH, AND THAT*

Видите высокого парня, **который** открывает бутылку?

Do you see the tall guy who's opening the bottle?

Это английские слова, **которые** я учу.

These are English words that I'm learning.

Мы наконец нашли комнату, **которая** нам очень понравилась.

We finally found a room that we liked a lot.

Up to now all the examples of **который** clauses that you have seen—like the three examples above—have used **который** in the Nominative or in a form of the Accusative that looks like the Nominative. But **который** can appear in any gender/number/case combination depending on what it refers back to (its *antecedent*) in the main clause and on its use (such as *subject, object of a verb,* or *object of a preposition*) in the subordinate clause. There are no new forms for you to learn: even though **который** is a pronoun, its endings are the same as those of adjectives that you already know.

---

[1]Hanukkah (**Ханука**) is also formally observed at this time of year by increasing numbers of Jews in Russia.

The most important thing to remember is that like the English *who, which,* and *that,* **который** is a way of combining two simple sentences into one complex sentence. It does so by taking its *gender* and *number* from its antecedent in the main clause and its *case* from its use in the subordinate clause. Thus you can think of **который** as a hybrid that is the product of the two "parent" sentences. Here is an example.

1. Two simple sentences	Джим америка́нец. Джим у́чится в Москве́.	*Jim is an American. Jim is studying in Moscow.*
2. Two simple sentences using a pronoun to avoid repetition	Джим америка́нец. Он у́чится в Москве́.	*Jim is an American. He's studying in Moscow.*
3. One complex sentence using **который** to link them	Джим америка́нец, **кото́рый** у́чится в Москве́.	*Jim is an American who's studying in Moscow.*

In the complex sentence (#3) **кото́рый** is *masculine singular* because it refers to Jim in the main clause; it is *Nominative* because it is the subject of **у́чится** in the subordinate clause. Here is another example.

$$\overset{\text{f. sing.}}{\longrightarrow} \quad \overset{\text{Nom.}}{\longrightarrow}$$

Де́вушка, **кото́рая** разгова́ривает   *The girl who is talking with*
с профе́ссором, моя́ сестра́.   *the professor is my sister.*

Кото́рая here is *feminine singular* because it refers to **де́вушка;** it is *Nominative* because it functions as the subject of **разгова́ривает.** Here is a different example.

$$\overset{\text{m. sing.}}{\underset{\text{Prep.}}{\frown}}$$

Вот идёт челове́к, о **кото́ром**   *There goes the person*
я вам говори́л.   *I was telling you about (about*
                                  whom I was telling you).

Кото́ром is *masculine singular* because it refers to **челове́к;** it is in the *Prepositional* case because it functions as the object of the preposition **«о».** Note that prepositions precede forms of **кото́рый;** they cannot come at the end of the sentence as they sometimes do in English.

$$\overset{\text{pl.}}{\frown} \quad \overset{\text{Acc.}}{\frown}$$

Лю́ди, **кото́рых** ты там ви́дел,   *The people (whom) you saw*
на́ши но́вые сосе́ди.   *there are our new neighbors.*

Here, **кото́рых** is *plural* because it refers to **лю́ди;** it is in the *Accusative* case because it functions as the object of **ви́дел.**[2] Note that whereas English sometimes omits *who, which,* and *that* in relative clauses, **кото́рый** is never omitted in Russian.

УПРАЖНЕНИЕ 2   Э́то кварти́ра, в кото́рой . . .

Each of the following sentences has a missing form of **кото́рый.** Determine the necessary form by first underlining the word it refers back to and indicating the gender and number; then decide and indicate which case is required. After providing the necessary form, translate each sentence.

---

[2]Remember to set off with commas all subordinate clauses (**где, почему́, как,** and so on), including relative clauses (**кото́рый**).

ОБРАЗЕЦ: <u>Вот кварти́ра, в</u> <u>*кото́рой* (*fem. sing.; Prep.*)</u> <u>живёт студе́нт</u>
консервато́рии.
Here's the apartment in which the conservatory student lives.

1. Э́то мои́ друзья́, _____ (_____ _____) у́чатся в
консервато́рии.

2. Где де́вушка, с _____ (_____ _____) неда́вно
познако́мился Вади́м?

3. Э́то брат и сестра́, о _____ (_____ _____) вы мне
расска́зывали?

4. Покажи́ мне часы́, _____ (_____ _____) тебе́ подари́л
па́па!

5. Где живу́т де́вушки, с _____ (_____ _____) ты
перепи́сываешься (*correspond*) по Интерне́ту?

6. Как зову́т молодо́го челове́ка, _____ (_____ _____) ты
про́дал твой ста́рый компью́тер?

УПРАЖНЕНИЕ 3   Вот мои́ друзья́, с кото́рыми . . .

Combine the two simple sentences into a complex one, using a **кото́рый** clause. You
may find it helpful to first translate the two simple sentences, then think about how
you'd combine them in English. Finally, indicate the gender/number and case used for
кото́рый and translate your resulting sentence.

ОБРАЗЕЦ: Вот мои́ друзья́. Я ходи́ла с ни́ми в теа́тр.
→ <u>Вот мои́ друзья́, с кото́рыми (*pl.; Instr.*) я ходи́ла в теа́тр.</u>
These are my friends with whom I went to the theater.

1. Э́то дом. В нём живу́т музыка́нты.

2. Вот те́ннисная раке́тка. Её мне подари́ла ма́ма.

3. Э́то аспира́нт Джим. Ему́ о́чень нра́вится наш университе́т.

4. Вот фотогра́фии. Моя́ сестра́ расска́зывала вам о них.

5. Э́то наш лифт. Он никогда́ не рабо́тает!

6. Вот мои́ подру́ги. Я ча́сто посыла́ю (*send*) им электро́нную по́чту.

УПРАЖНЕНИЕ 4   Вот ёлка, кото́рую . . .

Working with a classmate, combine the two noun phrases with a **кото́рый** clause to
create a sentence for each pair of phrases. Then, using nouns of your own choosing,
make up one or two additional sentences with **кото́рый** clauses to share with the class.

ОБРАЗЕЦ: Ма́ленькая ёлка — оте́ц
→ Вот ма́ленькая ёлка, кото́рую оте́ц купи́л Ле́не.

1. де́тский сад — Са́ша и Ле́на

2. пода́рок — фи́рма

3. сапоги́ — Ви́ктор

4. де́вушка — Ле́на

5. пиани́ст — Са́ша

6. молодо́й челове́к — больша́я ёлка

7. же́нщины — нового́дние пода́рки

❖❖ 10.2. *GOING TO GET SOMETHING:* <ЗА + INSTRUMENTAL>

Па́па пое́хал **за ёлкой** у́тром.   *Dad went to get a tree this morning.*

In Lesson 9, Part 1, you learned that <за + Instr.> can be used to describe location *behind* (**Я за э́той же́нщиной**). As the example shows, <за + Instr.> is also used to express *going to get* something (or *going for* something).

УПРАЖНЕНИЕ 5   Я иду́ в магази́н за . . .

Complete the following sentences, using <за + Instr.> to indicate what people are going somewhere to get. Choose logical items from the list or provide other items yourself.

ОБРАЗЕ́Ц: газе́та → Я иду́ в магази́н за *газе́той.*

хлеб и молоко́	схе́ма метро́	ло́жки и ви́лки
ла́зерный при́нтер	ма́рки	

1. Я иду́ на по́чту за _____.
2. Ва́ня пошёл в универса́м за _____.
3. Ната́ша пошла́ в Дом кни́ги за _____.
4. Ко́стя идёт в магази́н электро́ники за _____.
5. Ма́ма пошла́ на ку́хню за *ложками и вилки*

СЛОВА, СЛОВА, СЛОВА . . . ⭐ *The Many Faces of «за»*

You've encountered the preposition «за» in a number of different contexts, with different cases used for its different meanings. Here is a short summary of examples seen so far. (This is truly an instance when learning the whole phrase is highly recommended; that way you'll learn the case that goes with each meaning.) Which of the examples below is closest to those above?

1. Её дочь познако́милась с америка́нским бизнесме́ном и вы́шла **за него́** за́муж.	<за + Acc.>	1. *Her daughter met an American businessman and married him.*
2. **За биле́ты** пла́тит фи́рма.	<за + Acc.>	2. *The company pays for the tickets.*
3. Вы поздоро́вались **за́ руку** че́рез по́рог.	<за + Acc.>	3. *You've shaken hands across a threshold.*
4. **За мной** стоя́л высо́кий па́рень в кра́сной футбо́лке.	<за + Instr.>	4. *A tall guy in a red T-shirt was standing behind me.*
5. Вы забы́ли до́ма каку́ю-нибудь вещь и верну́лись **за ней.**	<за + Instr.>	5. *You've forgotten something at home and have gone back for it.*
6. Вы рассы́пали соль **за столо́м.**	<за + Instr.>	6. *You've spilled salt at the table.*

❖ ◆ 10.3. IMPERSONAL DATIVE CONSTRUCTIONS:
ВÓВА, КАК ТЕБÉ НЕ СТÝДНО!

You have already seen many examples in which Russian creates sentences using the Dative with predicate forms, many of which look just like adverbs. Here is a list of some predicate forms that are used in this way.

интерéсно	Моéй сестрé **интерéсно** разговáривать с инострáнцами.	*My sister always finds it interesting to talk to foreigners.*
легкó (*easy*)/ **трýдно**	Вам **трýдно** понимáть, когдá мы говорим быстро?	*Is it difficult for you to understand when we speak quickly?*
приятно	Бáбушке óчень **приятно** слýшать, когдá Сáша игрáет Гéршвина.	*Grandma always enjoys listening when Sasha plays Gershwin.*
стыдно	Лéне **стыдно**, что у неё такóй «культýрный» брат.	*Lena's ashamed that she has such a "cultured" brother.*
удóбно/ неудóбно	Вам **удóбно** прийти к нам в суббóту вéчером?	*Is it convenient for you to come to our place on Saturday evening?*
хóлодно/жáрко	Хотя идёт снег, мне совсéм не **хóлодно**.	*Although it's snowing, I'm not at all cold.*
мóжно/нельзя	Нам **нельзя** опáздывать на занятия.	*We can't be late to class.*
нáдо (нýжно)	Мне **нáдо (нýжно)** узнáть её нóмер телефóна!	*I have to find out her telephone number!*

In the past and the future these <Dat. + predicate form> sentences make use of the unchanging forms **было** and **бýдет,** respectively.

Моéй сестрé **было (бýдет) интерéсно** разговáривать с инострáнцами.

Лéне **было (бýдет) стыдно,** что у неё такóй «культýрный» брат.

Вам **было (бýдет) удóбно** прийти к нам в суббóту вéчером?

Finally, note that when used with certain forms—notably **мо́жно – нельзя́** and **на́до/ну́жно**—the forms **бы́ло** and **бу́дет** usually follow the adverb.

> Нам **нельзя́ бы́ло (бу́дет)** опа́здывать на заня́тия.
> Мне **на́до бы́ло (бу́дет)** узна́ть (*find out*) её но́мер телефо́на!

УПРАЖНЕ́НИЕ 6   *Ле́не на́до бы́ло (бу́дет) купи́ть . . .*

Place the following sentences in the past and the future.

> ОБРАЗЕ́Ц: Ле́не **на́до** купи́ть нового́дний пода́рок.
> *Past:*   Ле́не **на́до бы́ло** купи́ть нового́дний пода́рок.
> *Future:* Ле́не **на́до бу́дет** купи́ть нового́дний пода́рок.

1. Джи́му хо́лодно.
2. Ле́не тру́дно писа́ть статью́ о городско́м тра́нспорте.
3. Ви́ктору интере́сно занима́ться би́знесом.
4. Джи́му ну́жно пригото́вить карто́фельный сала́т.
5. Во́ве ну́жно написа́ть сочине́ние о моско́вском метро́.
6. Ната́лье Ива́новне ску́чно чита́ть газе́ту.

УПРАЖНЕ́НИЕ 7   *Вам бы́ло ве́село?*

You're telling a classmate about some things you and/or your other friends have done recently. Your classmate asks questions about those events (some suggestions are given) and you provide answers.

> ОБРАЗЕ́Ц: — Мы с друзья́ми встреча́ли Но́вый год у мои́х роди́телей.
> — Вам там бы́ло ве́село?
> — Нет, нам бы́ло о́чень ску́чно.

1. В про́шлом году́ я забы́л поздра́вить ба́бушку с днём рожде́ния (*wish my grandmother happy birthday*).
2. Я неда́вно прочита́ла пи́сьма Че́хова.
3. На про́шлой неде́ле я был на ле́кции по археоло́гии.†
4. Моя́ подру́га е́здила про́шлым ле́том в Евро́пу.
5. Я помо́г своему́ дру́гу почини́ть компью́тер.
6. Вчера́ я весь день смотре́л ста́рые фи́льмы.†
7. Вчера́ мы ходи́ли в го́сти к ру́сским студе́нтам.

Вам (тебе́, ей, и т.д.) бы́ло

. . . тру́дно?
. . . интере́сно?
. . . ску́чно?
. . . легко́ (*easy*)?
. . . удо́бно?
. . . сты́дно?
. . . поня́тно?
. . . ве́село?

УПРАЖНЕНИЕ 8   Вам интере́сно?

Working with a classmate, complete the following sentences about yourself and others whom you know.

ОБРАЗЕ́Ц: Вчера́ мне на́до бы́ло . . .
→ Вчера́ мне на́до бы́ло <u>прийти́ о́чень ра́но на рабо́ту.</u>

1. Мне бы́ло интере́сно узна́ть, что . . .
2. Мне бы́ло ску́чно, когда́ . . .
3. Моему́ дру́гу бу́дет тру́дно . . .
4. Преподава́телю бу́дет прия́тно узна́ть, что . . .
5. Мне бы́ло сты́дно, когда́ . . .
6. За́втра мне на́до бу́дет . . .

---

reVERBerations ★ Verbs That Take the Dative

A number of verbs that you may not think of as having an indirect object nevertheless take the Dative case. Here are some that you have already encountered.

ве́рить / пове́рить	Я **ему́ пове́рил.**	*I believed him.*
звони́ть / позвони́ть	Я **позвоню́ тебе́** сего́дня ве́чером.	*I'll call you tonight.*
меша́ть / помеша́ть	Ла́дно, де́вочки, не хочу́ **вам меша́ть.**	*Fine, girls, I don't want to bother you.*
отвеча́ть / отве́тить	Когда́ мы спроси́ли их, они́ **нам отве́тили,** что не зна́ют, когда́ прие́дут.	*When we asked them, they told us that they don't know when they'll arrive.*
помога́ть / помо́чь	Тогда́ я **помо́г Ко́сте.** Ведь я замеча́тельный брат!	*Then I helped Kostya. After all, I'm a wonderful brother!*

 # КУЛЬТУРА РЕЧИ

◆ ТАК ГОВОРЯ́Т: LISTING THINGS IN ORDER

Во-пе́рвых, па́па ещё не верну́лся. **Во-вторы́х,** я уве́рен, что он вернётся без ёлки.

In the first place, Dad hasn't come back yet. In the second place, I'm sure he'll return without a New Year's tree.

You'll find the phrases **во-пе́рвых. . . , во-вторы́х. . .** useful to introduce an enumeration of certain points you are going to make. (If you choose to make a third point, you can say **в-тре́тьих;** higher numbers are not usually encountered.)

УПРАЖНЕНИЕ 9   Stating your reasons

Respond to your friend's inquiries, giving at least two reasons for your response.

ОБРАЗЕЦ: — Ты не хо́чешь пойти́ с на́ми сего́дня ве́чером на рок-
концéрт гру́ппы «Электри́ческий пингви́н»?
— Извини́, но не могу́. Во-пе́рвых, у меня́ нет де́нег.
Во-вторы́х, я до́лжен (должна́) занима́ться.

1. — Я хочу́ есть. А ты?
   — Я то́же. Куда́ пойдём — в «Макдо́налдс» и́ли в «Ру́сское
   Бистро́»?
2. — Что ты предпочита́ешь (*prefer*) смотре́ть — зи́мние (*winter*)
   олимпи́йские† и́гры и́ли ле́тние (*summer*)?
3. — Ты лю́бишь фи́льмы у́жасов?
4. — Как ты ду́маешь, стать бизнесме́ном интере́сно и́ли нет?
5. — Ле́том ты бу́дешь рабо́тать и́ли учи́ться?

❖ САМОПРОВЕРКА: УПРАЖНЕНИЕ 10

Working on your own, try this self-test: Read a Russian sentence out loud, then give an idiomatic English equivalent without looking at the book. Then work from English to Russian. After you have completed the activity, try it with a classmate.

1. Лю́ди, с кото́рыми я рабо́таю, о́чень интересу́ются спо́ртом.
2. Ты не по́мнишь, как называ́ется рестора́н, в кото́ром мы за́втракали, когда́ бы́ли в Хе́льсинки?
3. Тебе́ хо́лодно, а мне жа́рко. Как э́то мо́жет быть?
4. Éсли мы хоти́м хоро́шие места́, нам на́до бу́дет прие́хать о́чень ра́но.
5. Ско́лько ты заплати́л за но́вый компью́тер, е́сли не секре́т?
6. — Где Ми́ша?
   — Его́ сейча́с нет. Он пошёл в универса́м за хле́бом и молоко́м.
7. Сла́ва говори́т, что не зна́ет, где живёт Мари́на. Я ему́ не ве́рю.

1. *The people I work with are very interested in sports.*
2. *Do you remember the name of the restaurant we had breakfast in when we were in Helsinki?*
3. *You're cold and I'm hot. How can that be?*
4. *If we want good seats we'll have to arrive very early.*
5. *How much did you pay for your new computer, if you don't mind my asking?*
6. *"Where's Misha?" "He's not here right now. He's gone to the supermarket for bread and milk."*
7. *Slava says that he doesn't know where Marina lives. I don't believe him.*

❖ ВОПРОСЫ И ОТВЕТЫ: УПРАЖНЕНИЕ 11

Working with a classmate, take turns asking and answering the following questions.

1. У тебя́ до́ма на Но́вый год покупа́ют ёлку? А на Рождество́ (*Christmas*)? А на Ха́нуку†?

2. Тебе́ бо́льше нра́вятся больши́е и́ли ма́ленькие ёлки?

3. Ско́лько сто́ит больша́я ёлка? А ма́ленькая? У тебя́ была́ ёлка в про́шлом году́? Ско́лько ты заплати́л (заплати́ла)?

4. От кого́ ты обы́чно получа́ешь пода́рки на Рождество́? А на день рожде́ния?

5. Что ты получи́л (получи́ла) на Рождество́ (на Ха́нуку)? А на день рожде́ния?

6. Кому́ ты да́ришь пода́рки на Рождество́ (на Ха́нуку)? А на день рожде́ния?

❖ ДИАЛОГИ

ДИАЛОГ 1 У вас есть ёлка?
(Discussing plans at home for a holiday)

— Пе́тя, у вас до́ма есть ёлка?

— Пока́ нет (*not yet*), но бу́дет.

— Ты уве́рен? Сейча́с тру́дно купи́ть хоро́шую ёлку — ведь за́втра Но́вый год.

— Па́па всегда́ покупа́ет ёлку в после́дний (*last*) день.

ДИАЛОГ 2 У меня́ ёлки не бу́дет
(Discussing travel plans for a holiday)

— О́ля, приве́т!

— Ми́тя, э́то ты? Я тебя́ не узна́ла. Куда́ ты идёшь?

— Мне о́чень повезло́: фи́рма, в кото́рой я рабо́тал, подари́ла мне ёлку. Мне на́до её принести́.

— А у меня́ ёлки в э́том году́ не бу́дет.

— Почему́?

— Я уезжа́ю на Но́вый год к друзья́м в Крым (*Crimea*).

УПРАЖНЕНИЕ 12   Ваш диало́г

Create a dialogue in which you and a friend discuss plans for the holiday season (vacation travel, purchases you'll make, gifts you may receive, and so on).

❖ А ТЕПЕРЬ…: УПРАЖНЕНИЕ 13

Working with a classmate, use what you learned in Part 1 to …

1. find out if he had a Christmas/New Year's tree last year

2. ask if he's going to have a tree this year

3. ask him why he will or won't have a tree this year
[*he should provide two or three reasons*]

4. find out if there's a store in his neighborhood that sells trees

5. ask how much you have to pay for a tree

ЧАСТЬ ВТОРАЯ

С ЧЕГО НАЧАТЬ?

РУ́ССКАЯ КУ́ХНЯ

1. **ма́сло**
2. чёрный хлеб
3. сыр
4. бутербро́д
5. карто́фельный сала́т
6. **винегре́т**
7. смета́на
8. **блины́**
9. сала́т из огурцо́в и помидо́ров
10. **соси́ски**
11. гусь

12. **пельме́ни**
13. **баклажа́нная икра́**
14. пирожки́ с **капу́стой**
15. пирожки́ с карто́шкой
16. пирожки́ с мя́сом
17. **ки́слая капу́ста**
18. **солёные огурцы́**
19. кра́сная **икра́**, чёрная икра́
20. паште́т
21. **солёные грибы́**
22. солёные **помидо́ры**

УПРАЖНЕНИЕ 1   Ру́сская ку́хня

Match the foods that you might find at a holiday gathering in Russia. Then go back and circle those that might also be served at your holiday gathering.

1. _____ баклажа́нная икра́
2. _____ блины́ с ма́слом
3. _____ винегре́т
4. _____ гусь
5. _____ карто́фельный сала́т
6. _____ ки́слая капу́ста
7. _____ кра́сная и́ли чёрная икра́
8. _____ паште́т
9. _____ пельме́ни со смета́ной
10. _____ пирожки́ с капу́стой, с карто́шкой и́ли с мя́сом
11. _____ сала́т из огурцо́в и помидо́ров
12. _____ солёные грибы́
13. _____ солёные огурцы́
14. _____ соси́ски
15. _____ сыр
16. _____ чёрный хлеб с ма́слом

а. black bread with butter
б. cheese
в. cucumber and tomato salad
г. eggplant dip
д. goose
е. marinated mushrooms
ж. noodle dumplings with sour cream
з. pastries stuffed with cabbage, potato, or meat
и. paté
к. pickles
л. potato salad
м. red or black caviar
н. salad with beets
о. sauerkraut
п. frankfurters
р. thin pancakes with butter

 **ЧТЕНИЕ**

❖ С НАСТУПА́ЮЩИМ!°

C. . . Happy New Year!

(*It's about 11 p.m., December 31. Sveta and Tanya's guests are about to arrive.*)

СВЕ́ТА.	Но́вый год на носу́,° а мы ещё не зна́ем, что у нас бу́дет на столе́.
ТА́НЯ.	Но мы ведь так договори́лись: ка́ждый **принесёт с собо́й**° что́-нибудь вку́сное. Так да́же интере́снее°.
СВЕ́ТА.	Вот уви́дишь, все принесу́т **одно́ и то́ же.**° Бу́дем есть оди́н° винегре́т.
ТА́НЯ.	Ну заче́м ты так говори́шь! У нас уже́ есть пирожки́ с мя́сом, пирожки́ с капу́стой, пять ра́зных сала́тов, паште́т, (*turning toward the kitchen, sniffing*) гусь почти́ гото́в . . .
СВЕ́ТА.	Кста́ти о гу́се. Кто его́ принёс?
ТА́НЯ.	**Кто́-то**° позвони́л в дверь.° Я откры́ла и уви́дела па́рня в ма́ске† Де́да Моро́за. Он сказа́л: «Это вам нового́дний пода́рок. От Де́да Моро́за» — и сра́зу же убежа́л.°
СВЕ́ТА.	О́чень интере́сно!

на. . . *is almost here*
принесёт. . . *will bring along*
more interesting
одно́. . . *the same thing / only*

Somebody / позвони́л. . . *rang at the door*
ran away

(*The doorbell rings. Sveta opens the door. In walks Sasha carrying a huge basket.*)

СА́ША.	Приве́т!
СВЕ́ТА.	Приве́т! Что э́то у тебя́?

herself	СА́ША.	Э́то нового́дние пода́рки от ба́бушки. Всё **сама́**° де́лала. (*Begins pulling canning jars from the basket and putting them on the table.*) Э́то солёные огурцы́. Э́то помидо́ры. Э́то ки́слая капу́ста. Э́то солёные грибы́.
gourmet	СВЕ́ТА.	Са́ша, а ты гурма́н°!
even tastier	ТА́НЯ.	Э́то, наве́рно, о́чень вку́сно!
	СА́ША.	(*Putting something else on the table.*) А э́то ещё **вкусне́е**°! Пирожки́!

(*The doorbell rings. In walks Jim.*)

поздравля́ю… *Happy New Year!*	ДЖИМ.	Здра́вствуйте! Я **поздравля́ю** вас с наступа́ющим **Но́вым го́дом**°!
	ТА́НЯ.	Спаси́бо.
	СА́ША.	Спаси́бо.
formally	ТА́НЯ.	И тебя́. То́лько почему́ так **официа́льно**°?
	ДЖИМ.	А как на́до?
	ТА́НЯ.	Приве́т! С наступа́ющим!
бу́ду… *I'll remember that.*	ДЖИМ.	Ну, спаси́бо, **бу́ду знать.**° Я принёс… (*Places two bottles of champagne on the table.*) Э́то — вам.
French / champagne	СВЕ́ТА И СА́ША.	**Францу́зское**° **шампа́нское**°!

(*The doorbell rings. In walks Lena.*)

	ЛЕ́НА.	Приве́т! С наступа́ющим!
	ВСЕ.	С наступа́ющим! Спаси́бо!
	ДЖИМ.	Приве́т. Как дела́?
	СВЕ́ТА.	Ле́на, а где твой Ви́ктор?
He promised *by / Businesslike*	ЛЕ́НА.	Мой? Почему́ мой? Про́сто Ви́ктор. Ско́ро прие́дет. **Обеща́л**° быть то́чно **к**° Но́вому го́ду. **Делово́й**° челове́к.
	СА́ША.	Про́сто Ви́ктор? (*Everyone laughs.*)
see out	СВЕ́ТА.	Зна́чит, бу́дем **провожа́ть**° ста́рый год без него́.
А что… *what does… mean?*	ДЖИМ.	А **что** э́то **зна́чит**° — «провожа́ть ста́рый год»?
say good-bye *thank / raise / glasses* *eat / таки́м… just as*	ТА́НЯ.	Э́то ру́сская **тради́ция.**† Мы должны́ **попроща́ться**° со ста́рым го́дом, **поблагодари́ть**° его́ за всё хоро́шее, подня́ть° **бока́лы**° и …
	СА́ША.	… и вку́сно **пое́сть.**° Тогда́ Но́вый год бу́дет **таки́м же**° вку́сным.
	ДЖИМ.	Э́то прекра́сная тради́ция. Мне она́ о́чень нра́вится.
Прошу́… *Everyone please come to the table!*	ТА́НЯ.	Мы то́же о́чень лю́бим э́ту тради́цию. **Прошу́ всех к столу́**°!

УПРАЖНЕНИЕ 2   Под микроско́пом: Recognizing aspect

The following are sentences from the reading. Indicate in the blanks provided the aspect of each underlined verb and its infinitive. Then translate each sentence.

ОБРАЗЕ́Ц: Но мы ведь так договори́лись: ка́ждый <u>принесёт</u>
(*pfv: принести́*) с собо́й что́-нибудь вку́сное.
But we agreed: each person will bring something delicious.

1. Вот <u>уви́дишь</u> (_____), все <u>принесу́т</u> (_____)
   одно́ и то́ же.
2. <u>Бу́дем есть</u> (_____) оди́н винегре́т.
3. Кто́-то <u>позвони́л</u> (_____) в дверь.
4. Я <u>откры́ла</u> (_____) и <u>уви́дела</u> (_____) па́рня в
   ма́ске[†] Де́да Моро́за.
5. «Э́то вам новогодний пода́рок. От Де́да Моро́за» — и сра́зу же <u>убежа́л</u>.
   (_____)
6. Всё сама́ <u>де́лала</u>. (_____)
7. Про́сто Ви́ктор. Ско́ро <u>прие́дет</u>. (_____)

ГРАММАТИКА И ПРАКТИКА

◆ 10.4. THE REFLEXIVE *ONESELF*: СЕБЯ́

У **себя́** до́ма ты мо́жешь идти́ пе́рвым.	*When you're at home you can go first.*
Я обы́чно беру́ с **собо́й** ка́рту го́рода.	*I usually take along a map of the city.*
Ка́ждый принесёт с **собо́й** что́-нибудь вку́сное.	*Everyone will bring something delicious.*

Себя́ (*oneself, myself, yourself, himself,* and so on) always refers back to the subject and is neither gender- nor number-specific. Since it refers back to the subject, it cannot *be* the subject, hence it has no Nominative form. Three forms cover the five cases in which it is used: **себя́, себе́,** and **собо́й.** Note that **у себя́** means *in one's office, home,* and so on; **с собо́й** means *along* when combined with verbs of taking or bringing.

ACCUSATIVE	себя	Мы ви́дели **себя** на фотогра́фии.	*We saw ourselves in the photo.*
GENITIVE		Ди́ма принёс две ча́шки ко́фе — для меня́ и для **себя́.**	*Dima brought two cups of coffee — (one) for me and (one) for himself.*
PREPOSITIONAL	себе́	На́ши сосе́ди говоря́т то́лько о **себе́** и о свои́х пла́нах.	*Our neighbors talk only about themselves and their plans.*
DATIVE		Воло́дя говори́л **себе́,** что не на́до волнова́ться.	*Volodya kept telling himself that he shouldn't worry.*
INSTRUMENTAL	собо́й	Ка́ждый принесёт с **собо́й** каку́ю-нибудь кассе́ту.	*Everybody will bring along some kind of cassette.*

Кого́ он ви́дит? Он ви́дит себя́?

Рисунок Александра Зубина

УПРАЖНЕНИЕ 3   Джон принёс…

Fill in the blanks with the correct form of **себя́.**

1. Джон принёс с _____ две буты́лки францу́зского шампа́нского.
2. — Где па́па?
   — У _____ в кабине́те (*office*).
3. — Кому́ ты купи́ла э́ти журна́лы?
   — _____ и сестре́.
4. Ма́ша купи́ла вино́ для госте́й. Для _____ она́ купи́ла я́блочный (*apple*) сок, потому́ что она́ не пьёт вина́.
5. Сего́дня бу́дет дождь. Возьми́те с _____ зо́нтик (*umbrella*).
6. Мари́ны не́ было на ку́хне, она́ была́ у _____ в ко́мнате.
7. И́ра сказа́ла, что она́ купи́ла те́ннисные раке́тки _____ и Же́не.
8. Анто́н большо́й эгои́ст.[†] Он ду́мает то́лько о _____.

УПРАЖНЕНИЕ 4   А что вы принесли́ с собо́й?

Who brought what to class today? Without looking around the room, work in small groups to list from memory as many things as possible that classmates brought with them today. See who can give the longest list.

ОБРАЗЕ́Ц: — Я принёс (принесла́) с собо́й кни́ги и ру́чки.
   — Джон принёс с собо́й рюкза́к. Са́ра принесла́ с собо́й …

Some doors in public areas of English speaking countries are marked PUSH and PULL; in Russia, doors are marked **ОТ СЕБЯ́** (*from yourself*) and **К СЕБЕ́** (*toward yourself*).

СЛОВА, СЛОВА, СЛОВА . . . ★ *Ужé не (no longer) vs. ещё не (not yet)*

Рези́новые сапоги́ **ужé не** нужны́.	*Rubber boots are no longer necessary.*
Во-пе́рвых, па́па **ещё не** верну́лся.	*In the first place, Dad hasn't returned yet.*
Но́вый год на носу́, а мы **ещё не** зна́ем, что у нас бу́дет на столе́.	*New Year's is just about here, and we still don't know what we're going to have on the table.*

You already know the adverbs **ужé** (*already*) and **ещё** (*yet, still*). Their meanings change somewhat when used with a negation: **ужé не** refers to a condition that existed in the past (or to an activity that was taking place), but has since ended. It can be translated *no longer, not any more.* By contrast, **ещё не** refers to an event or situation that is expected, but has not yet happened. It can be translated *not yet, still not.*

❖ 10.5. SOFT ADJECTIVES: НОВОГО́ДНИЙ AND ДОМА́ШНИЙ

Э́то моё **дома́шнее** зада́ние.	*This is my homework.*
Мо́жет быть, у них есть **ли́шний** стол.	*Maybe they have an extra table.*
Э́то **нового́дние** пода́рки от ба́бушки.	*These are New Year's presents from my grandmother.*

Some adjectives, most of them with dictionary forms ending in **-ний,** are known as "soft" adjectives because in all forms their endings begin with soft-series vowels. This softness is not related to spelling rules, but rather is inherent in the soft adjectives themselves. These adjectives have endings similar to the endings you already know, with four consistent differences.

WHERE THE ENDINGS OF *HARD* ADJECTIVES (LIKE ИНТЕРÉСНЫЙ) HAVE *HARD-SERIES VOWELS . . .*	. . .THE ENDINGS OF *SOFT* ADJECTIVES (LIKE ДОМÁШНИЙ) ALWAYS HAVE *SOFT-SERIES VOWELS*	EXAMPLES
-ы- (-ый, -ые, -ых, -ым, -ыми)	-и- (-ий, -ие, -их, -им, -ими)	Это **домáшние** солёные помидóры.
-о- (-ое, -ого, -ом, -ому, -ой)	-е- (-ее, -его, -ем, -ему, -ей)	У тебя́ есть **ли́шнее** кре́сло?
-а- (-ая)	-я- (-яя)	Кака́я краси́вая **новогóдняя** ёлка!
-у- (-ую)	-ю- (-юю)	Фи́рма, в кото́рой я рабо́тал, подари́ла мне **новогóднюю** ёлку.

Do not confuse soft adjectives (of which you now have encountered several: **домáшний, ли́шний, новогóдний, после́дний, си́ний**) with "spelling-rule" adjectives like **хоро́ший** and **ру́сский**. True soft adjectives, which you should learn individually as you encounter them, have soft-series vowels in *all* their endings (**домáшн-ий, -ее, -яя, -ие,** etc.); spelling rules are irrelevant for them.

Новогóдний банке́т

СЛОВА, СЛОВА, СЛОВА . . .   ✪ *More Soft Adjectives: The Seasons*

Many soft adjectives are based on words that refer to time or location. Here are four useful ones describing the seasons. What are the nouns from which these adjectives are derived?

ле́тний   осе́нний   зи́мний   весе́нний

УПРАЖНЕНИЕ 5   Hard and soft adjectives

Complete the sentences with adjective endings. Then mark all the soft adjectives with an asterisk.

1. У меня есть ли́шн_____ ру́чка, я могу́ дать её тебе́.
2. У тебя́ о́чень ма́ло оши́бок в после́дн_____ зада́нии.
3. Мы лю́бим смотре́ть францу́зск_____ фи́льмы.†
4. Вы по́няли после́дн_____ предложе́ние (*sentence*)?
5. Вам нра́вится моско́вск_____ метро́?
6. Ка́тя вы́учила но́в_____ пе́сню.
7. Мы лю́бим дома́шн_____ пи́ццу.
8. Зи́му я не люблю́ — зимо́й мне всегда́ хо́лодно. А ле́тн_____ пого́ду я о́чень люблю́.
9. Нам понра́вилась больш_____ нового́дн_____ ёлка, кото́р_____ принёс де́душка.
10. Ба́бушка сде́лала солён_____ огурцы́, ки́сл_____ капу́сту и бе́л_____ грибы́ на Но́в_____ год.

◆ 10.6. COMPARATIVES OF ADVERBS AND PREDICATE ADJECTIVES: ИНТЕРЕ́СНЕЕ **AND** ВКУСНЕ́Е

Э́та ёлка краси́вая, но та — **краси́вее.**	*This New Year's tree is pretty, but that one's prettier.*
Та́ня говори́т бы́стро, а Све́та говори́т ещё **быстре́е.**	*Tanya speaks fast, but Sveta speaks even faster.*

The comparative adverb and predicate adjective forms that you have already learned (**бо́льше, ме́ньше, ху́же, лу́чше**) are actually irregular (though very common) formations. Most Russian adverbs and predicate adjectives form their comparatives using the ending **-ee.**

As you learned in Lesson 9, Part 2, **ещё** is used to say that "X is *even* bigger (newer, taller, colder, etc.) than Y":

У нас сего́дня хо́лодно, а в Москве́, наве́рно, **ещё холодне́е.**	*It's cold here today, but it's probably even colder in Moscow.*

— Быстре́е, быстре́е!

УПРАЖНЕНИЕ 6   . . . а там ещё удо́бнее

Work with a classmate to form comparative statements.

ОБРАЗЕ́Ц: Здесь удо́бно, а . . .
→ Здесь удо́бно, а там ещё удо́бнее.

1. Ру́сский язы́к тру́дный, а . . .
2. Мой рюкза́к тяжёлый, а . . .
3. Ва́ша кни́га интере́сная, а . . .
4. Мой брат симпати́чный, а . . .
5. Сего́дня хо́лодно, а . . .
6. Моя́ ба́бушка гото́вит вку́сно, а . . .
7. Пари́ж краси́вый го́род, а . . .

reVERBerations ✪ *Verbs Based on the <-дава́ть> Root*

You have encountered a number of verbs built on the <-дава́ть> root. In some instances you can see how the verbs are related in meaning to the notion of *giving*; in other instances the connection is not so apparent. They are, however, all conjugated similarly. Here are the key forms of **дава́ть / дать,** followed by some examples from the readings. Note the perfective future has a very irregular conjugation and the past has end-stressed feminine forms.

дава́ть: да-ю́, да-ёшь, . . . да-ю́т
   pfv.: **дать:** да-м, да-шь, да-ст, дад-и́м, дад-и́те, дад-у́т (*past* дал, дала́, дало́, да́ли)

дава́ть / дать	Ка́ждое у́тро он ждёт вас здесь. Он **даёт** вам сапоги́.	*Every morning he waits for you here. He gives you boots.*
продава́ть / прода́ть	Я их не **продаю́.**	*I'm not selling them.*
отдава́ть / отда́ть	Вы, мужчи́ны, **отдаёте** друг дру́гу газе́ты.	*You guys give your newspapers to each other.*
задава́ть / зада́ть (**вопро́с**)	Ма́ма, я же тебя́ проси́ла не **задава́ть** мне э́тот вопро́с.	*Mom, I've asked you not to ask me that question.*
преподава́ть (*impfv. only in this meaning*)	Илья́ Ильи́ч **преподаёт** у Та́ни на факульте́те.	*Ilya Ilyich teaches in Tanya's department.*
сдава́ть(ся) / сдать(ся)	Я ви́дел объявле́ние, что **сдаётся** ко́мната в до́ме, где живёт Илья́ Ильи́ч.	*I saw an ad that there's a room for rent in the building where Ilya Ilyich lives.*

One more *giving*-related verb that occurs in this reading is **дари́ть / подари́ть** (*to give as a gift*) (cf. **пода́рок**):

дари́ть: дар-ю́, да́р-ишь, . . . да́р-ят *pfv.* **подари́ть**	Нам её **подари́ла** фи́рма, в кото́рой мы рабо́тали.	*The company where we were working gave it to us.*

УПРАЖНЕНИЕ 7   Verbs based on the <-дава́ть> root

Using verbs based on the <-дава́ть> root, complete the following sentences. For each sentence, give the appropriate form for the present, past, and future tenses.

ОБРАЗЕ́Ц: Вы (*selling, sold, will sell*) ваш ста́рый при́нтер?
   → Вы продаёте ваш ста́рый при́нтер?
      Вы про́дали ваш ста́рый при́нтер?
      Вы продади́те ваш старый при́нтер?

1. Валенти́на (*is asking, asked, will ask*) свое́й ма́тери серьёзный вопро́с.
2. Мы вам (*are giving, gave, will give*) свой но́мер телефо́на.
3. Наш сосе́д (*is renting out, rented out, will rent out*) одну́ ко́мнату.
4. Я тебе́ де́ньги (*am giving back, gave back, will give back*).
5. Михаи́л Петро́вич и А́нна Никола́евна (*teach, taught, will teach*) у нас в университе́те.

КУЛЬТУРА РЕЧИ

❖ ТАК ГОВОРЯТ: **HOLIDAY (AND OTHER) GREETINGS**

| Поздравля́ю вас **с наступа́ющим Но́вым го́дом!** | *Happy New Year!* (lit. *I congratulate you with the approaching New Year!*) |

Jim used this formal greeting when he arrived at the party. Tanya offered him an alternative: the shorter, more conversational **Приве́т! С наступа́ющим!** Here are some other celebratory greetings.

GREETING	MEANING	RESPONSE

Holiday:
   С Но́вым го́дом!
   С Рождество́м!
   С пра́здником![3]
	Happy New Year!
	Merry Christmas!
	Happy holiday!
		И вас та́кже!

Other:
   С днём рожде́ния!
   С прие́здом!
   С новосе́льем!
	Happy birthday!
	Welcome! (*when someone arrives after traveling*)
	Happy housewarming!
		Спаси́бо!

---

[3]**С пра́здником!** This is a helpful general expression for use with holidays that have no Russian equivalent, hence no established Russian greeting (for example, Thanksgiving, 4th of July).

❖ САМОПРОВЕРКА: УПРАЖНЕНИЕ 8

Working on your own, try this self-test: Read a Russian sentence out loud, then give an idiomatic English equivalent without looking at the book. Then work from English to Russian. After you have completed the activity, try it with a classmate.

1. Нóвый год на носý, а мы ещё не знáем, что принесýт нáши гóсти.

2. Дéдушка на пéнсии; он ужé не рабóтает.

3. Когдá вампи́р смóтрит в зéркало, он себя́ не ви́дит.

4. У нас дóма ли́шний стол и ли́шнее крéсло. Вы их не хоти́те?

5. У меня́ мотоци́кл нóвый, а у негó ещё новéе!

6. — Мы снимáем кварти́ру в цéнтре.
   — Мы тóже хоти́м жить в цéнтре. Мóжет быть, у вас в дóме сдаётся ещё однá кварти́ра?

1. *New Year's is just about here, and we still don't know what our guests are bringing.*

2. *Grandpa is retired; he's no longer working.*

3. *When a vampire looks in a mirror, he doesn't see himself.*

4. *We have an extra table and an extra armchair at home. Do you want them?*

5. *My motorcycle is new, but his is even newer!*

6. *"We're renting an apartment downtown."*
   "We want to live downtown, too. Do you think there might be another apartment for rent in your building?"

❖ ВОПРОСЫ И ОТВЕТЫ: УПРАЖНЕНИЕ 9

1. Где ты был (былá) на Нóвый год — дóма? У друзéй? У роди́телей?
2. У америкáнцев есть тради́ция провожáть стáрый год? А у рýсских?
3. Что вы еди́те на Нóвый год?
4. Что вы пьёте на Нóвый год?
5. Когó ты поздравля́ешь с Нóвым гóдом?
6. С кем ты лю́бишь встречáть (*celebrate*) Нóвый год?
7. Когдá ты идёшь в гóсти, что ты принóсишь с собóй?
8. Когдá к тебé прихóдят гóсти, они́ чтó-нибудь принóсят с собóй?
9. Как ты дýмаешь, что вкуснéе — пирожки́ с мя́сом и́ли пирожки́ с гриба́ми (капýстой, картóшкой)?

❖ ДИАЛОГИ

ДИАЛОГ 1 Что ещё нýжно купи́ть?
(Making shopping lists)

— Что вы ужé купи́ли и что ещё нýжно купи́ть?
— Мы купи́ли винó, минерáльную вóду, сыр, колбасý и конфéты (*candy*). Нýжно ещё купи́ть хлеб и солёные огурцы́.
— Сейчáс я сдéлаю салáт, а потóм пойдý в магази́н и всё куплю́.
— Посмотри́, есть ли там пирожки́ с капýстой.
— Я не бýду покупáть пирожки́ в магази́не, я их самá сдéлаю.

US Army Benét Laboratories
1 Buffington St.
Watervliet, NY 12189-4000
(518) 266-5668

ДИАЛОГ 2 Очень вкусно!
(Discussing food preferences)

— Что это?
— Это солёные помидоры. А вот это — кислая капуста.
— А что вкуснее?
— А вы попробуйте (*taste*).
— Помидоры очень вкусные, но кислая капуста ещё вкуснее.

УПРАЖНЕНИЕ 10   Ваш диалог

Create a dialogue in which you and a friend are planning to host a party. Discuss what you've already done and what you still have to do (invite people, shop, clean, etc.). Think about what foods you will serve, using comparatives such as **вкуснее** and **интереснее** when possible.

❖ А ТЕПЕРЬ . . . : УПРАЖНЕНИЕ 11

Working with a classmate, use what you learned in Part 2 to . . .

1. find out if she usually takes along a credit card when she goes to the store
2. ask how often she buys gifts for her friends and for herself
3. ask if she has already finished her term papers (graduated from college . . .)
   [*see if you can come up with something she has not yet done*]
4. ask if she used to dance (sing, play baseball . . .) when she was little
   [*see if you can come up with something she no longer does*]
5. find out if she has an extra pen (pencil, dictionary . . .)
6. find out what she thinks tastes better: potato salad or cucumber and tomato salad? what's harder to cook: bread or pirozhki?
7. ask what is more interesting: watching movies or watching TV

ЧАСТЬ ТРЕТЬЯ

С ЧЕГО НАЧАТЬ?

ЗА ВАШЕ ЗДОРОВЬЕ!

За ваше здоровье!	*Here's to your health!*
мир	*peace*
дружба	*friendship*
счастье	*happiness*

ЧТЕНИЕ

◈ СКОРЕ́Е ЗА СТОЛ!°

(The New Year's Eve party continues.)

ТА́НЯ. Прошу́ всех к столу́! До Но́вого го́да де́сять мину́т!

(Everyone sits down at the table and begins passing around and serving the food.)

ЛЕ́НА. **Переда́й,**° пожа́луйста, сала́т.

ТА́НЯ. Предлага́ю всем **попро́бовать**° пирожки́, о́чень вку́сные.

СВЕ́ТА. Неуже́ли э́то солёные помидо́ры?

СА́ША. Не про́сто солёные помидо́ры, а дома́шние солёные помидо́ры. Тебе́ **положи́ть**°?

ДЖИМ. *(Asking Sasha for mineral water.)* **Нале́й** мне,° пожа́луйста.

СА́ША. А когда́ мы бу́дем пить шампа́нское?

ТА́НЯ. Шампа́нское мы бу́дем пить за Но́вый год, а сейча́с мы вы́пьем вино́ — за ста́рый.

СВЕ́ТА. **Ребя́та,**° налива́йте!°

(The doorbell rings.)

ЛЕ́НА. Э́то Ви́ктор!

ВИ́КТОР. *(Walks in.)* Приве́т, с наступа́ющим.

ТА́НЯ И
ДРУГИ́Е. Спаси́бо, **и тебя́ та́кже.**°

ВИ́КТОР. Я **чуть не**° опозда́л — не́ было такси́.

ТА́НЯ. **Такси́стам** то́же **хо́чется**° **встре́тить**° Но́вый год.

ВИ́КТОР. **Что́-то**° о́чень вку́сно **па́хнет.**° *(Sveta brings in the goose.)*

ТА́НЯ. Гусь от Де́да Моро́за.

ВИ́КТОР. *(Pulls out the Ded Moroz mask and puts it on.)* От *э́того* Де́да Моро́за!

(Everyone laughs.)

СВЕ́ТА. До Но́вого го́да пять мину́т. Кто уме́ет открыва́ть шампа́нское?

ДЖИМ. **Дава́й я** откро́ю.° *(Opens the bottle; the cork pops out.)* Всё **норма́льно.**°

(Television broadcasts the ringing of the bells in the Spassky Tower of the Kremlin. Everyone counts down the final seconds to midnight.)

ВСЕ. . . . Де́вять, де́сять, оди́ннадцать, двена́дцать!

СВЕ́ТА. **С Но́вым го́дом!**°

ВСЕ. С но́вым сча́стьем! *(They raise their glasses.)*

Everyone to the table!

Pass

taste

Тебе́. . . Would you like some?

Нале́й. . . Would you pour me some

Guys / fill your glasses!

и. . . the same to you

чуть. . . almost

Такси́стам. . . Cab drivers also want / to celebrate

Something / smells

Дава́й. . . Let me open it. / okay

С. . . Happy New Year!

УПРАЖНЕНИЕ 1   Под микроско́пом: Что едя́т, что пьют?

In Part 2 many food and beverage items were mentioned as guests were arriving at the party. Place a checkmark by the food and beverage items that are mentioned in the Part 3 reading. Place an asterisk after those that you think you'd like to try.

— баклажа́нная икра́	— ки́слая капу́ста	— сала́т
— бифште́кс†	— ко́фе	— солёные грибы́
— блины́	— кра́сная икра́	— солёные помидо́ры
— бутербро́д	— ма́сло	— соси́ски
— варе́нье (*jam*)	— огурцы́	— сыр
— винегре́т	— пельме́ни	— чёрная икра́
— вино́	— пирожки́	— чёрный хлеб
— гусь		— шампа́нское

ГРАММАТИКА И ПРАКТИКА

❖ 10.7. WISHES AND TOASTS

In addition to raising one's glass and making toasts with <**за** + Acc.> (see **С чего начать?** on page 158), here's another way to express good wishes using the verb **жела́ть** *to wish*.

	+ DATIVE OF PERSON	+ GENITIVE OF THING WISHED OR INFINITIVE PHRASE
Жела́ю Жела́ем	вам (*to you*) тебе́ (*to you*) всем (*to everyone*)	счастли́вого Но́вого го́да! (*a Happy New Year!*) здоро́вья! (*good health!*) сча́стья! (*happiness!*) всего́ хоро́шего (*all the best*) хорошо́ провести́ вре́мя (*to have a good time*)

УПРАЖНЕНИЕ 2   Making wishes and offering toasts

Working in groups of 3–4, imagine you are celebrating the New Year and are each asked to give a toast. Use the elements below to make up some suitable wishes or toasts. Some people to honor may include **муж, жена́, роди́тели, ма́ма, па́па, друзья́, преподава́тели, хозя́йка, го́сти,** and so on.

- Жела́ю вам . . . (+ *adjective and/or noun in Genitive*): хоро́шего здоро́вья, сча́стья, уда́чи, всего́ хоро́шего)
- За ваш/ва́шу/ва́ше/ва́ши . . . (+ *noun in Accusative*): успе́хи (*success*), здоро́вье, сча́стье
- За . . . (+ *noun in Accusative*): ма́му, па́пу, на́шу хозя́йку

❖ О РОССИИ

КАК РУ́ССКИЕ ВСТРЕЧА́ЮТ НО́ВЫЙ ГОД

Прошу́ всех к столу́! До Но́вого го́да де́сять мину́т.

Food, drink, music, singing, dancing, and good conversation are central to many Russian parties. At a New Year's Eve party this is especially so. Toasts are also common. Anyone may propose a toast, and gallantry reigns: Women are toasted for their charm and beauty, guests (especially if foreign) are singled out in toasts to friendship and future cooperation. Even if you don't drink alcoholic beverages, it is good manners to raise a glass of something and join in the toast.[4] As midnight approaches, many revelers in Moscow gather in Red Square; those at home may turn on the television to watch the nationwide broadcast of the chiming of the bells from the Kremlin's Spassky Tower, marking the start of the new year.

Спа́сская ба́шня Кремля́

---

[4]Social pressure to drink alcohol at Russian parties can be fairly strong, but if you do not care to imbibe, you can say **Извини́те, пожа́луйста, я спиртно́го не пью** (*Please excuse me, I don't drink alcohol*) before joining toasts with your preferred beverage. If you want to stop after a few drinks, you may say **Спаси́бо, я бо́льше не хочу́** (**не могу́, не бу́ду**).

❖❖ 10.8. *SOMEONE AND SOMETHING:* КТО́-ТО **AND** ЧТО́-ТО

Кто́-то позвони́л в дверь.	*Someone rang the doorbell.*
Что́-то о́чень вку́сно па́хнет.	*Something smells very good.*
Ёлку купи́л **како́й-то** молодо́й челове́к.	*Some young man bought the fir tree.*

Most question words (**кто, что, како́й, где, куда́, когда́,** and **как**) can be followed by **-то** to express that the speaker has in mind a certain person (thing, location, time, and so on), but does not know (or recall) the specific details. Contrast **-то** with **-нибудь,** in which the speaker does not have in mind a specific person (thing, location, time, and so on). Questions and commands often require **-нибудь.**

— **Кто́-нибудь** звони́л?	*"Did anyone call?"*
— Да, **кто́-то** звони́л, но я не зна́ю кто.	*"Yes, someone did, but I don't know who."*

The pronoun and adjective forms (**кто, что, како́й**) change case according to how they are used in the sentence.

— Ты не зна́ешь, у **кого́-нибудь** есть ла́зерный при́нтер?	*"Do you happen to know if anyone has a laser printer?"*
— Да, ка́жется, у **кого́-то** есть, но не по́мню у кого́!	*"Yes, it seems like someone does, but I don't remember who!"*

УПРАЖНЕ́НИЕ 3   -нибудь и́ли -то?

Two friends are deciding how to spend their evening. Fill in the blanks with either **-нибудь** or **-то,** depending on context.

— Мы весь день сиде́ли (*sat*) до́ма. Ты не хо́чешь куда́-_____[1] пойти́?

— Мо́жно пойти́ в кино́, е́сли идёт что-_____[2] интере́сное.

— Где-_____[3] идёт «Дра́кула», но я не зна́ю где.

— Я не хочу́ смотре́ть фильм о вампи́рах.[†]

— Позвони́ Ни́не: она́ всегда́ зна́ет, где что идёт.

— Ни́ны нет до́ма: она́ куда́-_____[4] уе́хала.

— Мо́жно позвони́ть кому́-_____[5] друго́му.

— А заче́м нам вообще́ идти́ в кино́, когда́ мы мо́жем посмотре́ть телеви́зор?

— А по телеви́зору сего́дня есть что-_____[6] интере́сное?

— Вот програ́мма. Так... Поли́тика, спорт, бале́т... А что э́то?

— Кака́я-_____[7] но́вая переда́ча (*program*).

— Я не хочу́ смотре́ть телеви́зор. Дава́й лу́чше пойдём в рестора́н.

— В како́й?

— В како́й-_____[8].

Ру́сская тро́йка.
Вы когда́-нибудь е́здили на тро́йке?

УПРАЖНЕНИЕ 4   Настоя́щий Ше́рлок Холмс

Working with a classmate, decide who will play which part and role play the following situation: There has been fraud in your office. Answer the investigator's questions.

1. Что вы де́лали неде́лю наза́д?
2. Где вы бы́ли в про́шлую суббо́ту? А где вы бы́ли вчера́ днём?
3. Кто́-нибудь приходи́л к вам вчера́ у́тром? Кто?
4. Кто́-нибудь был на рабо́те, когда́ вы уходи́ли вчера́ ве́чером? Кто?
5. Когда́ вы уходи́ли домо́й вчера́ ве́чером, вы взя́ли каки́е-нибудь докуме́нты? Каки́е?
6. Кто́-нибудь звони́л вам вчера́ и́ли сего́дня? Кто?

❖ 10.9. SOFTENING ХОТЕ́ТЬ

Такси́стам то́же **хо́чется** встре́тить Но́вый год.	*Cab drivers also want to celebrate New Year's Eve.*

The construction <Dat. + **хо́чется** + infinitive> expresses feeling like doing something without sounding abrupt or demanding. For example, **Мне хо́чется пить** (*I'd like something to drink*) is gentler than and therefore generally preferable to **Я хочу́ пить.** The verb form **хо́чется** is unchanging; the past-tense form is **хоте́лось.** (The most conversational way to render *I'm thirsty*, **Пить хо́чется,** is simply a variation of this construction.)

УПРАЖНЕНИЕ 5   Что сказа́ть?

What would you say in the following situations?

ОБРАЗЕ́Ц: You've arrived home after a long trip. Your roommate wants to stay up and tell you about everything that happened while you were gone; you just want to go to sleep.
→ Извини́, но мне хо́чется спать.

1. Your friends are going shopping and they invite you to go along. You want to watch a football game on TV.
2. At a party there's a lively political discussion going on in one room, but after a while you've had enough; you don't feel like talking about politics (**поли́тика**).
3. You and some friends are planning to meet at the beach. Your roommate suggests the two of you go by car; not wanting to worry about parking, you say you'd like to go by bus.
4. After years of living in the country, you tell your family one morning that you'd like to live in the city.
5. You and your roommate have been studying late at night. You're hungry and you ask your roommate if he feels like having something to eat.

❖ 10.10. THE EMPHATIC PRONOUN САМ

Это новогодние подарки от бабушки. Всё **сама** делала.	*These are New Year's gifts from my grandmother. She made everything herself.*
Я показал ему дорогу, а потом я **сам** заблудился.	*I showed him the way, and then I got lost myself.*

The pronoun **сам** is used to emphasize the word it modifies. It agrees in gender, number, and case with that word. Most frequently, this is a noun or pronoun in the Nominative case (as in the previous examples). These Nominative forms are similar to those of short-form adjectives (**готов, рад, женат, похож, должен,** and so on). Note the shifting stress and the soft ending **-и** in the plural.

Masc. **сам**	Neut. **само**	Fem. **сама**	Pl. **сами**

УПРАЖНЕНИЕ 6   Сам, само, сама, сами

Fill in the blanks with the correct form of **сам.**

1. Не звоните ей. Я _____ ей позвоню.
2. Она сказала что придёт? Вы _____ это слышали?
3. — Кто вам сказал об этом?
   — _____ директор.
4. Они попросили вас помочь им или вы _____ предложили?
5. Не надо им ничего говорить. Они _____ знают, что нужно делать.
6. — Купить тебе газету?
   — Не надо, я _____ куплю.
7. Не говори маме о лотерее†, Миша ей _____ скажет.
8. Мне пора на работу. Бабушка сможет _____ приготовить обед?

СЛОВА, СЛОВА, СЛОВА . . . ✪ *To Eat: есть / поесть (съесть)*

Будем есть один винегрет.	*We'll have only vinegret to eat.*
Мы должны попрощаться со старым годом, поблагодарить его за всё хорошее, поднять бокалы и . . . вкусно **поесть!**	*We have to say farewell to the old year, thank it for all the good things, raise our glasses, and . . . eat well!*

The imperfective **есть** has a highly irregular conjugation.

есть: ем, ешь, ест, ед-им, ед-ите, ед-ят (*past* ел, ела, ело, ели)

This verb has two common perfectives, **съесть** and **поесть,** which are conjugated like **есть.** The difference in meaning between the two perfectives is that **съесть,** which usually takes a direct object, means *to eat up, to finish* (*a whole serving or dish of something*).

На столе были пирожки, но, кажется, их **съела** Белка!	*There were pirozhki on the table, but it looks like Belka ate them all up!*

By contrast, **поесть** may function as a simple resultative perfective (*to finish eating*); it may also convey the sense of *to have a bite, to have something to eat.* **Поесть** is usually *not* used with an object.

Прежде всего мы **поедим;** потом мы сделаем домашнее задание.	*First we'll have something to eat, hen we'll do tour homework.*

УПРАЖНЕНИЕ 7   Нет, я сам (сама) . . .

Working with a classmate, answer the following questions using a form of **сам**.

1. Хочешь, я приготовлю обед?
2. Хочешь, я скажу маме, что случилось?
3. Хочешь, я позвоню твоему профессору?
4. Я встречу твою подругу на автобусной остановке.
5. Я напишу бабушке о твоём общежитии.
6. Я помогу твоему брату написать сочинение.
7. Я встречу твоих родителей около станции метро.

---

reVERBerations ★

1. **Variation in aspectual pairs**

   Most aspectual pairs consist of verbs with variations on the same stem; this may be done with prefixes (**писать / написать**), infixes (**открывать / открыть**), stem changes (**приглашать / пригласить**), and so on. Occasionally, however, the verbs making up an aspectual pair have completely unrelated forms. You have already seen this with **говорить / сказать** and **брать / взять**; another pair of this type was introduced in Lesson 9, Part 3: **класть / положить**.

   As you saw in Lesson 8, Part 2, other verbs such as **организовать** and **жениться** (when referring to a man) have identical forms for both the imperfective and the perfective; these verbs are called *biaspectual*, since one form serves for both aspects. Context is especially important for interpreting these verbs correctly. Another verb of this type was introduced in Lesson 10, Part 2: **обещать** (*to promise*).

   Some verbs such as **надеяться** (*to hope*) have no perfective counterpart at all, since no resultative meaning is associated with them.

2. **убегать / убежать** (*to run away*)

   The perfective verb **убежать**, like **бежать**, has an irregular conjugation that mixes endings from both patterns: the **я** and **они** forms have **-ешь** verb endings, while the **ты, он/она, мы**, and **вы** forms have **-ишь** verb endings. Note the **-г-/-ж-** alternation in the stem as well. Here are the key forms.

   pfv. **убежать:** убег-у́, убеж-и́шь, убеж-и́т, убеж-и́м, убе́ж-и́те, убег-у́т

3. **пить** vs. **петь**

   It's easy to mix up the nonpast conjugations of these two imperfective verbs; the stem of **пить** is **пь-**, while the stem of **петь** is **по-**. Here are the forms side by side.

пить *to drink*		петь *to sing*	
pfv. вы́пить		*pfv.* спеть	
пь-ю	пь-ём	по-ю	по-ём
пь-ёшь	пь-ёте	по-ёшь	по-ёте
пь-ёт	пь-ют	по-ёт	по-ют
imperative пей(те) / вы́пей(те)		*imperative* пой(те) / спой(те)	

УПРАЖНЕНИЕ 8   Что едя́т, что пьют, что пою́т

You're creating a Russian version of *Hollywood Squares*. To prepare for the game, work with a classmate to create statements with which others in the class will clearly agree or disagree.

ОБРАЗЕЦ: — Пингви́ны в Анта́рктике едя́т солёные помидо́ры.
— Что ты! Это неве́рно. Пингви́ны в Анта́рктике едя́т ры́бу.

Америка́нские студе́нты		ки́слая капу́ста
Ру́сские студе́нты		ко́фе с молоко́м
На Но́вый год америка́нцы		ко́фе с са́харом (*sugar*)
На Но́вый год ру́сские		конфе́ты (*candy*)
Когда́ я бо́лен (больна́) (*sick*)	есть	молоко́
Утром мы с друзья́ми	пить	мя́со
Когда́ дедушка бо́лен	петь	пирожки́ с мя́сом
ба́бушка даёт ему́		пи́цца
Ти́гры в зоопа́рке		ры́ба
Пингви́ны в Анта́рктике		сок
Ру́сские де́ти		солёные огурцы́
		солёные помидо́ры
		чай с лимо́ном
		чай с мёдом (*honey*)
		чай с варе́ньем (*jam*)
		«Auld Lang Syne»
		«В лесу́ роди́лась ёлочка»

КУЛЬТУРА РЕЧИ

❖ ТАК ГОВОРЯТ: ЧУТЬ НЕ (*ALMOST*)

Я **чуть не** опозда́л — не́ было такси́.

I was almost late—there weren't any taxis.

The construction <**чуть не** + past-tense perfective verb> expresses something significant or serious that almost occurred, but did not; in many cases this may be something negative or undesirable. Depending on the context it can be translated as *almost, nearly,* and so on.

УПРАЖНЕНИЕ 9   Я чуть не заблуди́лся ...

How would you express the italicized parts of the following situations using <**чуть не** + past-tense perfective verb>? Don't translate the entire sentence.

ОБРАЗЕЦ: You overslept and were in such a hurry *that you almost forgot your term paper at home.*
→ ... что я чуть не забы́л до́ма курсову́ю рабо́ту.

1. *You almost got lost yesterday in a new neighborhood,* but fortunately you ran into someone you know.
2. *You had almost rented an apartment,* but this morning you got a job as a dorm resident.
3. *You almost bought a new computer yesterday,* but it turned out there wasn't enough money on your credit card.
4. Your neighbor is a doctor, but when he was young he played soccer and *almost became a professional soccer player.*
5. Last year *you almost won a thousand dollars in the lottery* (**вы́играть в лотере́ю**), but you were one number off.
6. You came home tired late at night and sat down on the couch without even turning on the light. *You almost sat* (**сесть на** + *Acc.*) *on the cat.*
7. You picked up what you thought was a glass of juice and *almost drank it,* but it turned out to be vinegar.
8. You were getting ready to fly to Moscow and hurrying to get your things together at the last minute, and *you almost left for the airport without your passport.*
9. *Your friend almost married a Russian businessman,* but then decided she didn't want to live the rest of her life in Ulyanovsk.

◆ САМОПРОВЕРКА: УПРАЖНЕНИЕ 10

Working on your own, try this self-test: Read a Russian sentence out loud, then give an idiomatic English equivalent without looking at the book. Then work from English to Russian. After you have completed the activity, try it with a classmate.

1. Кто́-нибудь уме́ет открыва́ть шампа́нское?
2. Вы когда́-нибудь встреча́ли Но́вый год в Росси́и?
3. Что́-то о́чень вку́сно па́хнет.
4. — Ты не хо́чешь пое́сть?
   — Нет, спаси́бо, но пить хо́чется.
5. Шампа́нское мы бу́дем пить за Но́вый год, а сейча́с мы вы́пьем вино́.
6. Я чуть не забы́л — за́втра твой день рожде́ния!
7. Па́па лю́бит смотре́ть футбо́л, хокке́й и баскетбо́л по телеви́зору, но он сам никогда́ не занима́лся спо́ртом.

1. *Does anyone know how to open a champagne bottle?*
2. *Have you ever celebrated New Year's Eve in Russia?*
3. *Something smells very good!*
4. *"Would you like something to eat?" "No thanks, but I am a little thirsty."*
5. *We'll drink champagne in honor of the New Year, but now we'll drink the wine.*
6. *I almost forgot—tomorrow's your birthday!*
7. *Dad likes to watch soccer, hockey, and basketball on television, but he himself never played sports.*

❖ ВОПРОСЫ И ОТВЕТЫ: УПРАЖНЕНИЕ 11

You're studying in Moscow and a Russian sociology student whom you don't know well is asking you about holiday customs in your country.

1. Какой праздник (*holiday*) вам нравится больше всего (*most of all*)?

2. С кем вы обычно встречаете Новый год — с родителями или с друзьями?

3. Где вы в прошлом году праздновали Новый год? Как вы встретили Новый год?

4. Вы когда-нибудь ели пирожки? С чем? Они вам понравились?

5. Что вы обычно пьёте: минеральную воду, вино, шампанское?

6. Вы умеете открывать шампанское?

❖ ДИАЛОГИ

ДИАЛОГ 1 Я чуть не опоздал
(Explaining a late arrival)

— Где вы встречали Новый год?

— У друзей. Я чуть не опоздал туда — не было такси.

— Это понятно. Таксистам тоже хочется встретить Новый год.

— Но я всё-таки не опоздал. Мне повезло; один таксист ехал на ту улицу, где живут мои друзья. Оказалось, что он тоже там живёт.

ДИАЛОГ 2 Пирожки!
(Offering and accepting food)

— Обязательно попробуйте пирожки.

— А с чем они?

— Эти — с грибами, эти — с мясом, эти — с капустой, а эти — с картошкой.

— Положите мне один пирожок с грибами и один с капустой. И с картошкой тоже.

УПРАЖНЕНИЕ 12 Ваш диалог

Create a dialogue in which you are at a Russian party and your Russian host is urging you to try the various dishes and partake in toasts.

❖ А ТЕПЕРЬ . . . : УПРАЖНЕНИЕ 13

Working with a classmate, use what you learned in Part 3 to . . .

1. find out if anyone in your class knows how to make eggplant caviar (pirozhki, potato salad . . .) [*he should say that someone knows how to make it, but he doesn't remember who*]

2. ask if he himself knows how to cook [*some type of food*]

3. ask what you'll be eating and what you'll be drinking at a party the two of you are planning for tonight

4. find out if you'll be singing; if so, find out what you'll be singing

5. ask him what toast (**тост**) he'll propose tonight

6. say that you feel like getting something to eat; find out if he does too

ЧАСТЬ ЧЕТВЁРТАЯ

С ЧЕГО НАЧАТЬ?

НАПИ́ТКИ (*Beverages*)

Квас is a refreshing, slightly alcoholic cold drink prepared from sugar, yeast, water, and rye bread. It is sold in bottles as well as from large tanks set up by street vendors. What are све́тлое пи́во and **тёмное пи́во**? Have you heard of any other brands of **во́дка?**

169

sing   ### ❖ ДАВА́ЙТЕ СПОЁМ!°

(*It's an hour later. Some people are still sitting around the table; Jim is sitting on the floor playing his guitar.*)

familiar	ТА́НЯ.	Ты игра́ешь что́-то о́чень **знако́мое,**° Джим. Что э́то?
wonderful / holiday	ДЖИМ.	Это му́зыка из **фи́льма**† «Та́нго» . . . Како́й **чуде́сный**° **пра́здник**° — Но́вый год!
	ТА́НЯ.	Это мой са́мый люби́мый пра́здник!
мне. . . I was twelve years old	ДЖИМ.	После́дний раз у меня́ была́ ёлка, когда́ мне бы́ло двена́дцать лет.°
	ВИ́КТОР.	Ребя́та, дава́йте споём!
are sitting / на. . . on the floor / Come sit	ТА́НЯ.	Джим, а почему́ ты **сиди́шь**° на полу́°? **Сади́сь**° на дива́н, тут есть ме́сто.
чу́вствую. . . feel at home	ДЖИМ.	Спаси́бо, но я люблю́ сиде́ть на полу́. До́ма я всегда́ сижу́ на полу́. Когда́ я сижу́ на полу́, я **чу́вствую себя́ как до́ма.**° А что мы бу́дем петь?
	СА́ША.	Что у вас пою́т на Но́вый год?
Scottish	ДЖИМ.	На Но́вый год? На Но́вый год . . . Мои́ роди́тели о́чень лю́бят ста́рую шотла́ндскую° пе́сню "Auld Lang Syne" (*Starts to sing "Should old acquaintance be forgot . . ."*)
	ТА́НЯ.	Джим, а ты зна́ешь э́ту пе́сню по-ру́сски? (*Jim shakes his head. Tanya pulls a book off her shelf.*) Вот тебе́ нового́дний пода́рок — Ро́берт Бёрнс по-ру́сски. Тут есть **перево́д**° э́той пе́сни.
translation		
turn down	ДЖИМ.	Спаси́бо, от тако́го пода́рка я не могу́ отказа́ться°!
	СВЕ́ТА.	Джим, но э́то не америка́нская пе́сня. Кро́ме того́, она́ не **совреме́нная.**° И **текст**† тру́дный!
modern		
At least	ДЖИМ.	Это ве́рно. Но её все зна́ют. **По кра́йней ме́ре,**° все зна́ют **мело́дию**†.

СВЕ́ТА.	А есть кака́я-нибудь америка́нская пе́сня, кото́рую зна́ют все?
ДЖИМ.	**Бою́сь, что нет.°** А у вас?
ТА́НЯ.	У нас есть пе́сня, кото́рую зна́ют и де́ти, и **взро́слые.°** Э́то, наве́рное, **еди́нственная°** пе́сня, кото́рую в Росси́и зна́ют **абсолю́тно**[†] все. Мо́жет быть, и ты её зна́ешь, Джим. Э́то . . .
ВСЕ.	«В **лесу́°** роди́лась ёлочка°»! (*Laughter.*)
ДЖИМ.	**Предста́вьте себе́,°** что я зна́ю э́ту пе́сню. Я нашёл её в Интерне́те — не то́лько слова́, но и мело́дию! (*He starts playing the melody.*)
ЛЕ́НА.	Вперёд°!

Бою́сь. . . *I'm afraid not.*
grown-ups
the only

forest / diminutive of ёлка
Предста́вьте. . . *Believe it or not*
Here goes!

(*Everyone sings.*)

В лесу́ роди́лась ёлочка,
В лесу́ она́ росла́.
Зимо́й и ле́том стро́йная,°
Зелёная была́ . . .

slender

СА́ША.	А как **да́льше°**? Кто по́мнит?
ЛЕ́НА.	Я по́мню коне́ц:

A. . . *What comes next?*

И вот она́ наря́дная° (*Everyone joins her.*)
На пра́здник к нам пришла́
И мно́го-мно́го ра́дости°
Дети́шкам° принесла́!

decorated

joy
kids

УПРАЖНЕНИЕ 1   Под микроско́пом: У вас и́ли в Росси́и?

Which of the following customs are practiced at a New Year's Eve party in your country? Which in Russia? Which customs are practiced in both countries?

1. _____ Провожа́ют ста́рый год.
2. _____ Пьют шампа́нское.
3. _____ Едя́т гу́ся, солёные помидо́ры, пирожки́.
4. _____ Пою́т пе́сню о ёлке.
5. _____ Пою́т ста́рую шотла́ндскую (*Scottish*) пе́сню.
6. _____ Да́рят и получа́ют новогодние пода́рки.

ГРАММАТИКА И ПРАКТИКА

◆◆ 10.11. DECLINED FORMS OF Э.Т.О.В.-WORDS

Ле́на, а вы живёте здесь, в **э́том** подъе́зде, да?	*Lena, you live here, at this entrance, right?*
Неуда́ча бу́дет то́лько у **того́,** кто пойдёт пе́рвым.	*The only one who gets bad luck will be the one who goes first.*
Мы сего́дня весь день рабо́тали. У́тром в **одно́м** де́тском саду́, а днём — в друго́м.	*We worked all day today. In the morning in one kindergarten, and in the afternoon in another.*
Нам **всем** нра́вится э́та иде́я!	*We all like that idea!*

The four words **э́тот, тот, оди́н,** and **весь** (which will be referred to here as **Э.Т.О.В.**-words) make up a collection of adjective-like modifiers that also function as pronouns. They have many declensional similarities that use nounlike endings in Nominative and Accusative and adjective-like endings in the other cases; in the following tables these forms are separated by a line. All endings for **весь** use soft-series vowels; **э́тот, тот,** and **оди́н** use soft-series vowels in the plural and the masculine/neuter Instrumental singular. Soft endings are shaded in the tables. Note that soft endings for **тот** and **весь** contain the vowel **-е-** rather than **-и-**. Compare the following:

	MASC.	NEUT.	FEM.	PL.
Э́ТОТ				
NOM.	э́тот	э́то	э́та	э́ти
ACC.	*Nom./Gen.*	э́то	э́ту	*Nom./Gen.*
GEN.	э́того		э́той	э́тих
PREP.	э́том		э́той	э́тих
DAT.	э́тому		э́той	э́тим
INSTR.	э́тим		э́той	э́тими
ТОТ				
NOM.	тот	то	та	те
ACC.	*Nom./Gen.*	то	ту	*Nom./Gen.*
GEN.	того́		той	тех
PREP.	том		той	тех
DAT.	тому́		той	тем
INSTR.	тем		той	те́ми
ОДИ́Н				
NOM.	оди́н	одно́	одна́	одни́
ACC.	*Nom./Gen.*	одно́	одну́	*Nom./Gen.*
GEN.	одного́		одно́й	одни́х
PREP.	одно́м		одно́й	одни́х
DAT.	одному́		одно́й	одни́х
INSTR.	одни́м		одно́й	одни́ми
ВЕСЬ				
NOM.	весь	всё	вся	все
ACC.	*Nom./Gen.*	всё	всю	*Nom./Gen.*
GEN.	всего́		всей	всех
PREP.	всём		всей	всех
DAT.	всему́		всей	всем
INSTR.	всём		всей	все́ми

УПРАЖНЕНИЕ 2   Forms of Э.Т.О.В.-words: э́тот

Fill in the needed form of **э́тот** and indicate the gender, number, and case that you have used.

ОБРАЗЕ́Ц: Предста́вьте себе́, что я зна́ю *э́ту* (*fem. sing. Acc.*) пе́сню.

1. Гусь от _____ Де́да Моро́за! (_____)
2. Он подари́л _____ стол нам. (_____)
3. Нам нра́вится _____ иде́я! (_____)
4. Он стоя́л во́зле _____ ёлки, ждал свое́й о́череди и проси́л всех не покупа́ть её. (_____)
5. Отли́чная мы́сль! Но об _____ ни сло́ва. (_____)
6. Тут есть перево́д _____ пе́сни. (_____)
7. Фред, не удивля́йтесь, что в _____ письме́ совсе́м нет оши́бок. (_____)
8. Э́то моя́ ко́мната, а _____ ко́мнату я сдаю́. (_____)
9. Я наде́юсь, не все _____ ёлки твои́? (_____)
10. Мы ча́сто хо́дим в _____ кафе́. (_____)

УПРАЖНЕНИЕ 3   Forms of Э.Т.О.В.-words: тот

Fill in the needed form of **тот** and indicate the gender, number, and case that you have used.

1. Э́та ка́рта о́чень краси́вая, а _____ о́чень некраси́вая. (_____)
2. Нет, Илья́ Ильи́ч, не э́тот официа́нт наш, а вон _____. (_____)
3. Э́ти пирожки́ вку́сные, а _____ не о́чень вку́сные. (_____)
4. Кро́ме _____, на́до писа́ть интере́сно, оригина́льно, а э́то нелегко́. (_____)

УПРАЖНЕНИЕ 4   Forms of Э.Т.О.В.-words: оди́н

Fill in the needed form of **оди́н** and indicate the gender, number, and case that you have used.

1. И да́йте ещё _____ минда́льное пиро́жное. (_____)
2. Са́ша, _____ мину́ту! (_____)
3. Мой друг Джеф, я и _____ де́вушка, Нико́ль, вме́сте снима́ли кварти́ру. (_____)
4. Мы сего́дня весь день рабо́тали в _____ де́тском саду́. (_____)
5. Ка́ждая па́ра получи́ла то́лько _____ ёлку. (_____)
6. Вот уви́дишь, все принесу́т _____ и то́ же. (_____)
7. Был ещё _____ гость — бизнесме́н Ви́ктор. (_____)
8. _____ води́тель останови́лся и спроси́л, где у́лица Лесна́я. (_____)
9. Бу́дем есть _____ винегре́т. (_____)

УПРАЖНЕНИЕ 5   Forms of Э.Т.О.В.-words: весь

Fill in the needed form of **весь** and indicate the gender, number, and case that you
have used.

1. Илья́ Ильи́ч о́чень хорошо́ зна́ет Москву́, _____ у́лицы и пло́щади.
(_____)

2. Мы ча́сто хо́дим в э́то кафе́, и я здесь _____ зна́ю. (_____)

3. Зна́чит, _____ в поря́дке. (_____)

4. Прошу́ _____ к столу́! (_____)

5. Предлага́ю _____ попро́бовать пирожки́, о́чень вку́сные.
(_____)

6. У _____ мои́х друзе́й и знако́мых до́ма мно́го книг. (_____)

7. В ко́мнате есть почти́ _____, что ну́жно. (_____)

◆ 10.12. AGE IN THE PAST AND FUTURE

После́дний раз у меня́ была́
ёлка, когда́ мне **бы́ло** 12
лет.

*The last time I had a New
Year's tree was when I was
12 years old.*

Когда́ ей **был** 21 (два́дцать оди́н)
год, она́ учи́лась в А́нглии.

*When she was 21, she studied
in England.*

To tell age in the past, use **был** with **год** for any numeral ending in **оди́н,** and use
бы́ло with all other numerals. To tell age in the future, always use **бу́дет** regardless of
the numeral.

Когда́ мне **бу́дет** 30 лет, моему́ му́жу
бу́дет 31 год, а на́шему сы́ну
бу́дет два го́да.

*When I'm thirty, my husband will be
31 and our son will be two.*

УПРАЖНЕНИЕ 6   Когда́ мне бы́ло пять лет . . .

What were you doing at certain times in your life? What do you want to be doing in the
future? Tell a classmate about your life, linking your statements to your age at the time.
Then ask about the events your classmate remembers or looks forward to, also linking
your questions to age.

ОБРАЗЕ́Ц: — Где ты жил/жила́, когда́ тебе́ бы́ло пять лет?
            — Когда́ мне бы́ло пять лет, я жил (жила́) в го́роде
             Миннеа́полис.

1. Где ты жил/жила́, когда́ тебе́ бы́ло (5 лет, 10 лет, 15 лет, . . .)?

2. Где ты хо́чешь жить, когда́ тебе́ бу́дет (22 го́да, 50 лет, 70 лет, . . .)?

3. Ско́лько тебе́ бы́ло лет, когда́ ты (научи́лся/научи́лась води́ть маши́ну,
на́чал/начала́ изуча́ть ру́сский язы́к, уви́дел/уви́дела в пе́рвый раз океа́н, . . .)?

4. Чем ты хо́чешь занима́ться, когда́ тебе́ бу́дет (25 лет, 30 лет, 50 лет, . . .)?

5. Каки́е кни́ги ты чита́л, когда́ тебе́ бы́ло (8 лет, 15 лет, . . .)? А когда́ тебе́
бы́ло 21 год?

6. Каки́м спо́ртом ты занима́лся, когда́ тебе́ бы́ло (10 лет, 15 лет, 20 лет, . . .)?

7. Каки́м спо́ртом ты бу́дешь занима́ться, когда́ тебе́ бу́дет (50 лет, 70 лет,
90 лет, . . .)?

8. Каки́е фи́льмы тебе́ нра́вились, когда́ тебе́ бы́ло (4 го́да, 13 лет, 18 лет, . . .)?

9. Ско́лько тебе́ бы́ло лет, когда́ ты (на́чал/начала́ занима́ться спо́ртом,
научи́лся/научи́лась чита́ть . . .)?

◈ 10.13. LOCATION VS. MOTION: *SITTING* (ГДЕ) AND *SITTING DOWN* (КУДА)

— Джим, **сади́сь** на дива́н, тут есть ме́сто.
— Спаси́бо, но я люблю́ **сиде́ть** на полу́. До́ма я всегда́ *сижу́* на полу́.

"Jim, (come) sit on the couch, there's room here."
"Thanks, but I like to sit on the floor. At home I always sit on the floor."

As you probably have already noticed, the location/motion (**где/куда**) distinction is widely reflected in Russian. Sometimes there is only a change in case; at other times there is a change in prepositions accompanied by a change in case. Here are some familiar examples:

CHANGE IN CASE

	LOCATION: ГДЕ?	MOTION: КУДА?
PREP. VS. ACC.	Они́ живу́т **в Москве́.** *They live in Moscow.*	Они е́дут **в Москву́.** *They're going to Moscow.*
	Ма́ма **на рабо́те.** *Mom's at work.*	Ма́ма пошла́ **на рабо́ту.** *Mom has gone to work.*
INSTR. VS. ACC.	Вы рассы́пали соль **за столо́м.** *You've spilled salt at the table.*	Скоре́е **за стол!** *Quick, (everyone) to the table!*

За столо́м

CHANGE IN PREPOSITION AND CASE

	LOCATION: ГДЕ?	**MOTION:** КУДА?
GEN. VS. DAT.	Мы бы́ли **у ба́бушки.** *We were at Grandmother's.*	Мы е́здили **к ба́бушке.** *We went to Grandmother's.*

In this reading you encounter the **где/куда** distinction with the "sitting" verbs. Note the English equivalents, which often make this distinction by using *sit down* to indicate motion.

	LOCATION: ГДЕ? сиде́ть / (*no resultative pfv.*) (Describes a *state*)	**MOTION:** КУДА? сади́ться / сесть (Describes an *action*)
PREP. VS. ACC.	Ле́на **сиди́т на дива́не.** *Lena is sitting on the couch.*	**Сади́сь на дива́н,** тут есть ме́сто. *Sit (down) on the couch, there's room here.*
	Джим **сиде́л на полу́** и игра́л на гита́ре. *Jim was sitting on the floor playing the guitar.*	Джим **сел на́ пол** и на́чал игра́ть на гита́ре. *Jim sat (down) on the floor and began playing the guitar.*

Here are the key forms of the "sitting" verbs:

LOCATION: ГДЕ? сиде́ть / (*no resultative perfective*)	**MOTION:** КУДА? сади́ться / сесть
сиде́ть: сиж-у́, сид-и́шь, . . . сид-я́т; *past:* **сиде́л, сиде́ла, сиде́ли;** *imperative:* **Сиди́(те).** *Remain seated.* *pfv. not introduced at this time*	**сади́ться: саж-у́сь, сад-и́шься, . . . сад-я́тся** *imperative:* **Сади́(те)сь.** (*Please*) *sit down; have a seat.* *pfv.* **сесть: ся́д-у, ся́д-ешь, . . . ся́д-ут;** *past:* **сел, се́ла, се́ли;** *imperative:* **Ся́дь(те).** *Sit down.* (very abrupt)

УПРАЖНЕНИЕ 7   Сади́тесь, пожа́луйста!

Fill in the blanks with the appropriate forms of the verbs in parentheses and then translate the sentences. Which ones describe location (**где**) and which ones describe motion (**куда**)?

1. Вы лю́бите _____ (сиде́ть) на полу́?
2. Де́душка _____ (сесть) на дива́н и на́чал чита́ть газе́ту.
3. Почему́ вы стои́те? _____ (Сади́ться), пожа́луйста.
4. Когда́ ба́бушка жила́ с на́ми, она́ обы́чно _____ (сиде́ть) на э́том ме́сте.
5. Сту́льев не́ было, и мы _____ (сесть) на́ пол.
6. Тебе́ удо́бно _____ (сиде́ть) на сту́ле?

УПРАЖНЕНИЕ 8   Кто где сиди́т

Fill in the blanks with the appropriate forms of **сиде́ть** or **сади́ться / сесть,** as required by context.

Вчера́ мой брат Са́ша опозда́л в шко́лу на пе́рвый уро́к. Когда́ он пришёл в класс, все ребя́та уже́ _____[1] на свои́х места́х. Са́ша стоя́л у две́ри и не знал, что де́лать. Учи́тельница сказа́ла: «Са́ша, не стой у две́ри. _____[2] на ме́сто. Где ты всегда́ _____[3]?» Са́ша вошёл (*went*) в класс, но на его́ ме́сте уже́ _____[4] друго́й ма́льчик. «Почему́ ты не _____[5] на ме́сто?» — опя́ть спроси́ла учи́тельница. Са́ша отве́тил: «На моём ме́сте _____[6] Ми́ша.» «Ну, хорошо́», — сказа́ла учи́тельница. — «Вон там у окна́ есть свобо́дное ме́сто. Мо́жешь пока́ (*for the time being*) _____[7] туда́, а по́сле уро́ка мы реши́м (*we'll decide*), кто где до́лжен _____[8]».

УПРАЖНЕНИЕ 9   Что они говоря́т, что они́ де́лают?

Look at the scene above.

1. With your book open, make up one- or two-line phrases that the various characters could be saying: — **Сади́сь, пожа́луйста! — Спаси́бо, я люблю́ сиде́ть на полу́. — Спой свою́ люби́мую пе́сню.**
2. Without looking at your book, describe the scene from memory, as accurately as you can, to a classmate. Your classmate, with book open, may prompt you with questions such as **Где Джим? Кто сиди́т на дива́не? Кто стои́т в углу́?** and **Кто стои́т у окна́?**

❖ 10.14. VOLUNTEERING OR EXPRESSING A PLAN OF ACTION: *LET ME . . .* ДАВА́Й Я . . .

Дава́й я откро́ю.	*Let me open* (it).
Ты пригото́вишь пи́ццу?	*You're going to make the pizza?*
Хорошо́, тогда́ **дава́й мы** ку́пим вино́.	*Okay, then let us buy the wine.*

Use the construction <**дава́й (дава́йте)** + **я/мы** + future verb form> when you want to volunteer to do something or indicate a plan of action. In these constructions (*Let me . . .* , *Let us . . .*), the pronoun subject **я** or **мы** is included. Contrast this with the inclusive imperative used to suggest doing something together (*Let's . . .* ; see Lesson 8, Part 3), in which a subject is not expressed.

As the examples above show, perfective verbs are used for one-time planned actions. Imperfective verbs may be used for repeated actions or when there is a focus on process.

Дава́й я бу́ду ка́ждый день гуля́ть с соба́кой у́тром, а ты ве́чером.	*Let me take the dog out for a walk each morning and you (do it) each evening.*
Дава́й я бу́ду чита́ть э́ти слова́ по-ру́сски, а ты по-англи́йски.	*Let me read these words in Russian, and you (read them) in English.*

УПРАЖНЕНИЕ 10   Что вы скажете?

What would you say in the following situations? (They all require perfective verbs to indicate one-time planned actions).

1. Natasha is having a party. You volunteer to bring a pizza.
2. You and a friend are discussing the party, but cannot remember what time it starts. You offer to call Natasha.
3. Natasha wasn't home when you called. You offer to call her back (**перезвонить**) tomorrow.
4. When you talk to her, Natasha is worried there won't be enough variety on the menu. You and your roommate volunteer to make pirozhki.
5. When you get to the party you're the only one with a corkscrew on your Swiss Army knife. You volunteer to open the wine.
6. After dinner everyone decides to end the evening playing charades. You volunteer to begin.
7. The day after the party you and your friend decide it would be nice to send Natasha a note. You offer to do it.

---

reVERBerations ⭐ *Subjectless они Forms*

Здравствуйте, меня **зовут** Джим Ричардсон.	*Hello, my name is (they call me) Jim Richardson.*
Здесь много газетных киосков, где **продают** газеты, журналы, книги.	*There are a lot of newsstands here where newspapers, magazines, and books are sold.*
Теперь нам **будут** звонить днём и ночью.	*Now we'll be getting calls constantly.*
Что у вас **поют** на Новый год?	*What do they sing in your country on New Year's Eve?*

Contemporary Russian frequently uses subjectless verbs in the **они** form to express passive voice–like statements with no specific subject.

Говорят, что завтра будет дождь.	*It's supposed to rain tomorrow. (They say it will rain tomorrow.)*
В России очень **любят** футбол.	*Soccer is very popular in Russia. (In Russia they really like soccer.)*
Что об этом **пишут** в газетах?	*What's being written (what are they writing) about this in the papers?*

УПРАЖНЕ́НИЕ 11   Немно́го об Аме́рике

As a foreign student in Russia you'll be asked many questions about your country. Working with a classmate, practice making some of the following general statements.

1. В америка́нских газе́тах сейча́с мно́го пи́шут о(б) _____.
2. У нас лю́бят смотре́ть _____ по телеви́зору.
3. В Аме́рике игра́ют в _____, но не игра́ют в _____.
4. Говоря́т, что в Аме́рике мно́го _____, но э́то не так.
5. У нас ча́сто да́рят _____ на Рождество́.
6. У нас по телеви́зору ча́сто пока́зывают _____.

КУЛЬТУ́РА РЕ́ЧИ

❖❖ ТАК ГОВОРЯ́Т: ПРЕДСТА́ВЬ(ТЕ) СЕБЕ́

Предста́вьте себе́, что я зна́ю э́ту пе́сню.   *Believe it or not, I know this song.*

It is difficult to provide a single best translation for the expression **предста́вь(те) себе́,** which is actually the imperative of **предста́вить себе́** (*to imagine*). It suggests that you are about to make a statement that your listener may find surprising or even hard to believe (*just imagine . . .*).

УПРАЖНЕ́НИЕ 12   Предста́вь(те) себе́

How would translate the following statements into English?

1. Предста́вь себе́, что И́ра вы́шла за́муж за америка́нца.
2. Предста́вьте себе́, что я уме́ю гото́вить настоя́щий борщ.
3. Предста́вьте себе́, что я бу́ду рабо́тать в Москве́ в рекла́мном аге́нстве (*advertising agency*).
4. Предста́вь себе́, что Сла́ва познако́мился со свое́й бу́дущей жено́й по Интерне́ту.
5. Предста́вьте себе́, Ди́ма чуть не стал профессиона́льным тенниси́стом.

❖❖ САМОПРОВЕ́РКА: УПРАЖНЕ́НИЕ 13

Working on your own, try this self-test: Read a Russian sentence out loud, then give an idiomatic English equivalent without looking at the book. Then work from English to Russian. After you have completed the activity, try it with a classmate.

1. Мы неда́вно перее́хали в э́тот го́род.

1. *We recently moved to this town.*

2. В э́той кварти́ре живу́т студе́нты, а в той — профе́ссор университе́та.

3. Ско́лько тебе́ бы́ло лет, когда́ у тебя́ в пе́рвый раз была́ нового́дняя ёлка?

4. Медсестра́ мне сказа́ла: «Сади́тесь, пожа́луйста. Врач сейча́с придёт.» Я се́ла и начала́ ждать. Я сиде́ла и сиде́ла, наве́рно мину́т со́рок, а врач не шёл и не шёл, поэ́тому я ушла́.

5. Тебе́ за́втра бу́дет 21 год. Дава́й я приглашу́ всех на́ших друзе́й и мы отпра́зднуем твой день рожде́ния у меня́!

6. Когда́ я тебе́ позвони́л, мне сказа́ли, что ты рабо́таешь.

2. *There are students living in this apartment, and in that one there's a university professor.*

3. *How old were you when you had a New Year's tree for the first time?*

4. *The nurse said to me, "Sit down, please. The doctor will be here in a minute." I sat down and started waiting. I sat there and sat there, probably for about forty minutes, and the doctor didn't come and didn't come, so I left.*

5. *You're going to be 21 tomorrow. Let me invite all our friends over and we'll celebrate your birthday at my place!*

6. *When I called you, they told me that you were working.*

❖ ВОПРОСЫ И ОТВЕТЫ: УПРАЖНЕНИЕ 14

1. Како́й твой люби́мый пра́здник?

2. Вы с друзья́ми поёте пе́сни на Но́вый год? На Ха́нуку? На Рождество́?

3. Ты бо́льше лю́бишь традицио́нные[†] и́ли совреме́нные пе́сни? Есть пе́сни, кото́рые зна́ют абсолю́тно все? Каки́е?

4. Есть ли каки́е-нибудь традицио́нные фи́льмы, кото́рые пока́зывают по телеви́зору на Рождество́? А на други́е пра́здники? Как они́ называ́ются (*are called*)?

5. В про́шлом году́ у тебя́ была́ ёлка? Где продаю́т ёлки? А где они́ расту́т? Ско́лько сто́ит ёлка?

6. Ты по́мнишь, ско́лько тебе́ бы́ло лет, когда́ у тебя́ в пе́рвый раз бы́ли го́сти на день рожде́ния? А в после́дний раз?

7. Когда́ твои́ друзья́ прихо́дят к тебе́, кто-нибудь сиди́т на полу́? А когда́ ты у друзе́й, где ты предпочита́ешь сиде́ть — на дива́не и́ли на полу́?

❖ ДИАЛОГИ

ДИАЛОГ 1 Ты зна́ешь слова́ . . . ?
(Discussing music)

— Тебе́ нра́вится пе́сня «Кали́нка»?
— О́чень. Я о́чень люблю́ ру́сские пе́сни.
— Ты зна́ешь слова́ э́той пе́сни?
— Нет, я зна́ю то́лько мело́дию.
— А игра́ть «Кали́нку» ты уме́ешь?
— Нет, но хочу́ научи́ться.
— Я обяза́тельно напишу́ тебе́ слова́.

ДИАЛОГ 2 Тóлько я!
(Soliciting and giving opinions)

— Серёжа, какóй твой сáмый люби́мый прáздник?
— Мой день рождéния, потому́ что я получáю мнóго подáрков.
— Но на Нóвый год ты тóже получáешь мнóго подáрков.
— Нóвый год — э́то прáздник для всех. На Нóвый год все получáют подáрки, а на мой день рождéния — тóлько я!

УПРАЖНЕНИЕ 15 Ваш диалóг

Create a dialogue in which you ask a friend about her preferences in music or holidays.

❖ А ТЕПЕРЬ . . . : УПРАЖНЕНИЕ 16

Working with a classmate, use what you learned in Part 4 to . . .

1. ask how old she was when she learned to drive a car (saw the ocean for the first time, entered college . . .)
2. find out where she likes sitting in class: near (<**y** + *Gen.*>) the window, the door, the board . . .)
3. find out if all her friends study Russian
4. ask where friends sit when they come to her apartment or dorm room
5. ask her what's being written in the papers about the president (a famous athlete, some other current event . . .)
6. have her volunteer to do something (fix dinner, explain a translation, open a window . . .)

ИТАК . . .

❖ НОВЫЕ СЛОВА

NOUNS AND NOUN PHRASES

Food and Drink

баклажáнная икрá	eggplant caviar (a vegetable dish) (2v)
блин (*pl.* блины́)	crêpe (2v)
бокáл	wineglass (2)
винегрéт	salad with beets (2v)
вóдка	vodka (4v)
гриб (*Gen. sing.* грибá)	mushroom (2v)
икрá	caviar (2v)
капýста	cabbage (2v)
ки́слая капýста	sauerkraut (2v)
мáсло	butter (2v)
огур(é)ц (*Gen. sing.* огурцá)	cucumber (2v)
пельмéни	pelmeni (noodle dumplings) (2v)
помидóр	tomato (2v)
солёные огурцы́	pickles (2v)
соси́ски	frankfurters (2v)
шампáнское *noun, declines like adj.*	champagne (2)

Holidays, Celebrations

Дед Морóз	Grandfather Frost (1v)
ёлка (*Gen. pl.* ёлок)	New Year's tree (1v)

пра́здник [*pronounced* -зн-]	holiday (4)	о́чередь (*Gen. pl.* очереде́й) *f.*	turn (1)
Рождество́	Christmas (1)	перево́д	translation (4)
Снегу́рочка	Snegurochka (Snow Maiden) (1v)	пра́вда	truth (1)
тради́ция	tradition (2)	текст	text (4)
Ха́нука	Hanukkah (1)	фильм	film; movie (4)

People and Personal Words

взро́слые *noun, declines like adj.*	grown-ups; adults (4)
дру́жба	friendship (3v)
здоро́вье	health (3v)
па́ра	pair; couple (1)
ребя́та (*Gen.* ребя́т) *pl.*	guys, *colloquial* (3)
сча́стье	happiness (3v)
такси́ст	cab driver (3)

Other Nouns

де́тский сад (*Prep. sing.* в де́тском саду́)	kindergarten (1)
лес (*Prep. sing.* в лесу́, *pl.* леса́)	forest (4)
мело́дия	melody, tune (4)
мир	peace (3v)

ADJECTIVES

весь (вся, всё, все)	all; the whole; all of (1)
делово́й	businesslike (2)
дома́шний	home; homemade, homecooked (2)
еди́нственный	(the) only (4)
знако́мый	familiar (4)
ли́шний	spare; extra (2)
нового́дний	New Year's (1)
после́дний	last (*in a series*) (2)
си́ний	dark blue (2)
совреме́нный	modern (4)
солёный	pickled; salted (2v)
тёмный	dark (4v)
францу́зский	French (2)
чуде́сный	wonderful; gorgeous (4)

VERBS

благодари́ть (благодар-ю́, благодар-и́шь, . . . благодар-я́т) *pfv.* поблагодари́ть	to thank (2)
врать (вр-у, вр-ёшь, . . . вр-ут; *past* врал, врала́, вра́ло, вра́ли) *pfv.* совра́ть	to lie (1)
есть (ем, ешь, ест, ед-и́м, ед-и́те, ед-я́т; *past* ел, е́ла, е́ло, е́ли) *pfv.* 1. съесть *pfv.* 2. пое́сть	to eat (2) 1. to eat up 2. to have something to eat; to have a bite
зна́чить (зна́ч-у, зна́ч-ишь, . . . зна́ч-ат) *impfv. only*	to mean (2)
класть (клад-у́, клад-ёшь, . . . клад-у́т; *past* клал, кла́ла, кла́ло, кла́ли) *pfv.* положи́ть (полож-у́, поло́ж-ишь, . . . поло́ж-ат)	to lay; to put (3)
наде́яться (наде́-юсь, наде́-ешься, . . . наде́-ются) *impfv. only*	to hope (1)
налива́ть *pfv.* нали́ть (наль-ю́, наль-ёшь, . . . наль-ю́т)	to pour (3)
обеща́ть *impfv. and pfv.* (+ *Dat.*)	to promise (2)
передава́ть (переда-ю́, переда-ёшь, . . . переда-ю́т) *pfv.* переда́ть (переда́-м, переда́-шь, переда́-ст, передад-и́м, передад-и́те, передад-у́т; *past* пе́редал, передала́, пе́редало, пе́редали)	to hand (something to someone); to pass (3)

петь (по-ю́, по-ёшь, . . . по-ю́т) *pfv.* спеть	to sing (4)
поздравля́ть (+ *Acc.* + с + *Instr.*) *pfv.* поздра́вить (поздра́вл-ю, поздра́в-ишь, . . . поздра́в-ят)	to congratulate; to extend greetings (to); to wish (someone) a happy (holiday) (2)
про́бовать (про́бу-ю, про́бу-ешь, . . . про́бу-ют) *pfv.* попро́бовать	to taste (3)
проща́ться (с + *Instr.*) *pfv.* попроща́ться	to say good-bye (to someone) (2)
сади́ться (саж-у́сь, сад-и́шься, . . . сад-я́тся) *pfv.* сесть (ся́д-у, ся́д-ешь, . . . ся́д-ут; *past* сел, се́ла, се́ло, се́ли)	to sit down; to take a seat (4)
сиде́ть (сиж-у́, сид-и́шь, . . . сид-я́т) *no resultative perfective*	to sit; to be sitting (4)
счита́ть *pfv. not introduced at this time.*	to believe; to think; to feel (1)
чу́вствовать (чу́вству-ю, чу́вству-ешь, . . . чу́вству-ют) [*pronounced* чуст-] себя́ *impfv. only*	to feel (some way) (4)

ADVERBS

абсолю́тно	absolutely (4)
всего́	only; just (1)
норма́льно	okay; (it's/that's) not unusual; (it's/that's) pretty normal (3)
официа́льно	formally; officially (2)
хо́лодно	(it's) cold (1)

OTHER

все	everybody; everyone (1)
во́зле (+ *Gen.*)	near; by; beside; next to (1)
за (+ *Instr.*)	for; to get (1)
за (+ *Acc.*)	(*in a toast*) (here's) to (3v)
кто́-то	someone; somebody (2)
сам (сама́, само́, са́ми)	*emphatic pronoun* oneself; myself, yourself, etc. (2)
себя́ (*Acc.* and *Gen.*; *Dat.* and *Prep.* себе́; *Instr.* собо́й)	*reflexive pronoun* oneself; myself, yourself, etc. (2)
что́-то	something (3)

IDIOMS AND EXPRESSIONS

А как да́льше?	(And) what comes next? (4)
Бою́сь, что нет.	I'm afraid not. (4)
Бу́ду знать. *in response to receiving some information*	I'll remember that. (2)
В чём де́ло?	What's the problem?; What's the matter? (1)
Во-вторы́х . . .	Secondly, . . . ; In the second place . . . (1)
Во-пе́рвых . . .	In the first place . . . ; To begin with . . . (1)
Вот э́то да!	Now *that's* a . . . ! (1)
встреча́ть / встре́тить Но́вый год	to celebrate New Year's Eve (3)
Дава́й(те) я (мы) . . .	Let me . . . (Let us . . .) *when offering to do something* (3)
И вас (тебя́) та́кже. *in response to* С Но́вым го́дом! *and similar greetings*	The same to you; And you, too. (3)
Как тебе́ (вам) не сты́дно!	Shame on you! (1)

мне (ему́, ей, *etc.*) показа́лось...	it seemed to me (him, her, *etc.*)...(1)	С наступа́ющим (Но́вым го́дом)!	Happy New Year! (2)
одно́ и то же	the same thing (2)	С Но́вым го́дом!	Happy New Year! (3)
по кра́йней ме́ре	at least (4)	скоре́е всего́	most likely (1)
Подожди́те.	Wait a moment. (1)	Тебе́ хорошо́.	(It's/That's) fine for
Предста́вьте себе́,...	Just imagine,...; Believe it or not...(4)		you. (1)
		хоте́ться (хо́чется) (+ *Dat.* + *infin.*)	*impersonal* to want (3)
приноси́ть / принести́ (с собо́й)	to bring (along) (2)	Что зна́чит...?	What does...mean? (2)
провожа́ть / проводи́ть (провож-у́, провод-ишь,... провод-ят) ста́рый год	to see out the old year (2)	Что-то вку́сно па́хнет.	Something smells good. (3)
		чу́вствовать себя́ как до́ма	to feel at home (4)
Прошу́ всех к столу́!	Everyone please come to the table! (2)	чуть не	nearly; almost (3)

❖ ЧТО Я ЗНАЮ, ЧТО Я УМЕЮ

Use this checklist to mark off what you've learned in this lesson:

- ☐ Using the relative pronoun **кото́рый** in all cases (Part 1)
- ☐ Referring to oneself using the reflexive pronoun **себя́** (Part 2)
- ☐ Using the emphatic pronoun **сам** (Part 3)
- ☐ Referring to someone/something using **-то** (vs. **-нибудь**) (Part 3)
- ☐ Going to get something <**за** + Instr.> (Part 1)
- ☐ Interpreting meanings of **за** (Part 1)
- ☐ Using Dative impersonal constructions (Part 1)
- ☐ Softening **хоте́ть: хо́чется** (Part 3)
- ☐ Giving age in the past and future (Part 4)
- ☐ Verbs that take the Dative case (Part 1)
- ☐ Using soft adjectives (Part 2)
- ☐ Comparatives of adverbs and predicate adjectives (Part 2)
- ☐ Making wishes and toasts (Part 3)
- ☐ To eat: multiple perfective forms (Part 3)
- ☐ Using **пить** and **петь** (Part 3)
- ☐ Using forms of **Э.Т.О.В.**-words (Part 4)
- ☐ Indicating location vs. motion for "sitting" verbs (Part 4)
- ☐ Volunteering to do something (Part 4)
- ☐ Expressing *they* do something (Part 4)

❖ ЭТО НАДО ЗНАТЬ

A. TRANSLATING *FOR*

The preposition *for* in English has many different senses (look in a dictionary!) and no single word in Russian corresponds to them all. Here are some of the different senses that you've learned so far; you should modify and add to this list so that it becomes meaningful to you.

ENGLISH MEANING	RUSSIAN EQUIVALENT	EXAMPLES
in exchange for (*in payment for*)	\<за + Acc.\>	**За биле́ты** пла́тит фи́рма. *The company's paying for the tickets.*
thanks for	\<за + Acc.\>	Спаси́бо **за приглаше́ние.** *Thanks for the invitation.*
intended for	\<для + Gen.\>	**Для тебя́** э́то бу́дет беспла́тно. *For you it will be free.*
for an appointment or event	\<на + Acc.\>	Ты опозда́ешь **на ле́кцию.** *You'll be late for the lecture.*
for a planned period of time	\<на + Acc.\>	Джим прие́хал в Москву́ **на́ год.** *Jim has come to Moscow for a year.*
to leave for, go to	\<в/на + Acc.\> or \<к + Dat.\>	Они́ уезжа́ют **в Вашингто́н** (**на Аля́ску, к роди́телям**). *They're leaving for Washington (for Alaska, for their parents').*
to fetch, to get	\<за + Instr.\>	Вы забы́ли до́ма каку́ю-нибудь вещь и верну́лись **за ней.** *You've forgotten something at home and have returned for it.*
indirect object	Dat. noun phrase; no preposition	Я купи́ла **ма́ме** интере́сную кни́гу. *I bought an interesting book for my mother.*
duration of time	Acc. quantity phrase; no preposition	Ле́том я рабо́тала **два ме́сяца.** *In the summer I worked for two months.*
to wait for (await)	Gen. or Acc. noun phrase; no preposition	Вчера́ мы вме́сте жда́ли **авто́буса.** *Yesterday we were waiting for a bus together.*
to ask for (request)	Gen. or Acc. noun phrase; no preposition	Колле́ги из А́нглии попроси́ли **а́дрес** мое́й электро́нной по́чты. *Colleagues from England asked for my e-mail address.*

Б. IRREGULAR VERB CONJUGATIONS

You have now encountered the four Russian verbs with truly irregular nonpast endings. Prefixed forms of these verbs (such as **убежа́ть, прода́ть,** and **пое́сть**) follow the same patterns as the unprefixed verbs. Here is a summary of the forms.

хоте́ть	бежа́ть	дать	есть
я хочу́	я бегу́	я дам	я ем
ты хо́чешь	ты бежи́шь	ты дашь	ты ешь
он/она́ хо́чет	он/она́ бежи́т	он/она́ даст	он/она́ ест
мы хоти́м	мы бежи́м	мы дади́м	мы еди́м
вы хоти́те	вы бежи́те	вы дади́те	вы еди́те
они́ хотя́т	они́ бегу́т	они́ даду́т	они́ едя́т

❖ ДОПОЛНИТЕЛЬНЫЕ ТЕКСТЫ

А. КОМПЬЮ́ТЕР В ПОДА́РОК?

Рождество́ и Но́вый год задо́лго до прихо́да[1] начина́ют жить у нас в душе́[2] мы́слями[3] о пода́рках, кото́рые так интере́сно выбира́ть,[4] представля́я при э́том засвети́вшиеся ра́достью глаза́ на́ших бли́зких.[5] Среди́ про́чего,[6] в но́вом году́ при́нято жела́ть успе́хов[7] в дела́х. А непреме́нным спу́тником[8] делово́го челове́ка сего́дня стал компью́тер. Е́сли семья́ ва́ших друзе́й и́ли вы са́ми ещё не обзавели́сь[9] компью́тером, то лу́чшего пода́рка, пожа́луй,[10] не приду́мать.[11]

1. задо́лго. . . *long before their arrival*; 2. у. . . *in our heart*; 3. *with thoughts*; 4. *to pick out*; 5. представля́я. . . *imagining all the while our relatives' eyes, lit up with joy*; 6. Среди́. . . *Among other things*; 7. *success*; 8. непреме́нным. . . *essential companion*; 9. *set yourself up with*; 10. *quite likely*; 11. не. . . *you won't be able to think of*.

Б. ГОСТИ́НИЦА «НАЦИОНА́ЛЬ»

Эксклюзивная кухня гостиницы

«Националь»

— у Вас в офисе или дома!

Организация и обслуживание выездных банкетов, юбилеев, праздников. Европейская, русская и французская кухни. Поможем Вам составить меню, оформить и украсить зал.

Тел. 258–70—94, 250—70—00.
Моховая ул., 15/1.

11

ЯЗЫК — ЭТО НЕ ВСЁ!

На ры́нке (*market*) хоро́шие проду́кты.

Even in your native language (let alone in a foreign language) it is easy to experience miscommunication. This lesson has two examples of it: In Part 1 (partly on video), Lena invites Tanya, Sveta, and Jim over to meet a foreign journalist who's visiting the university, and she asks Vova to go meet him at the bus stop. In Part 2 (on video), a problem occurs, owing solely to language. Then in Part 3, Sveta starts to tell her friends about another instance of miscommunication, but she decides to let her friend tell the story himself—which occurs in Part 4.

Тут никого́ нет!

In this lesson you will learn

- ✪ more about giving commands
- ✪ to express approximate quantity
- ✪ conversational ways to tell time
- ✪ how to make indirect requests
- ✪ to express past obligations
- ✪ about using non-Russian words and first names
- ✪ more about verbs of motion
- ✪ to say how long something takes or lasts
- ✪ using the metric system
- ✪ Russian equivalents of *class*
- ✪ more about saying what year something happened

ЧАСТЬ ПЕРВАЯ

С ЧЕГО НАЧАТЬ?

КОТОРЫЙ ЧАС?

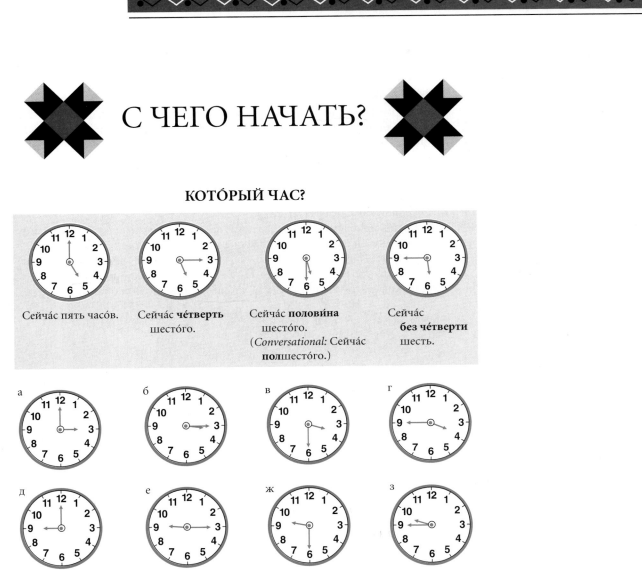

Сейчас пять часов.

Сейчас **четверть** шестого.

Сейчас **половина** шестого.
(*Conversational:* Сейчас **пол**шестого.)

Сейчас **без четверти** шесть.

УПРАЖНЕНИЕ 1   Который час?

Look at the time-telling pattern of the four clocks shown in the first row. If you can figure out the pattern, match the times shown on the other clock faces with the times expressed in words below.

1. _____ без четверти десять
2. _____ без четверти четыре
3. _____ девять часов
4. _____ полдесятого

5. _____ полчетвёртого
6. _____ три часа
7. _____ четверть десятого
8. _____ четверть четвёртого

ЧТЕНИЕ

❖ ВЫ ЗНА́ЕТЕ, КАК К НАМ Е́ХАТЬ?

Я... *I'll introduce you to* / *Swedish*
в... *to come over*
Часо́в... *At about six*

ЛЕ́НА. (*On the phone.*) Та́ня, приве́т, э́то Ле́на. Вы со Све́той свобо́дны за́втра ве́чером? Приходи́те ко мне.[1] Я вас **познако́млю со**° шве́дским° журнали́стом. Он был у нас в университе́те, и я пригласи́ла его́ **в го́сти.**° Он непло́хо говори́т по-ру́сски. Придёте? Часо́в в шесть.° У вас бу́дет Джим? О́чень хорошо́. Приходи́те с Джи́мом. Попроси́те его́ принести́ гита́ру. Пока́.

(*At the Silins', next evening. Lena and Tanya are setting the table.*)

ТА́НЯ. Он зна́ет, как сюда́ е́хать?

бу́дьте... *if you don't mind*
никуда́... *don't go anywhere*

ЛЕ́НА. Никаки́х пробле́м. Я рассказа́ла ему́, как е́хать. Когда́ он прие́дет на на́шу остано́вку, он позвони́т из телефо́на-автома́та, и кто́-нибудь его́ встре́тит. (*The phone rings.*) Э́то, наве́рно, он. (*Answers.*) Алло́, да, э́то я. Здра́вствуйте, Карл. Вы уже́ здесь? Хорошо́, **бу́дьте добры́,**° сто́йте у телефо́на-автома́та и **никуда́ не** ухо́дите.°[2] Сейча́с мой брат вас встре́тит.

[1] Imperfective imperatives are often used when extending an invitation.
[2] Imperfective verbs are often used in negative commands.

(Hangs up the phone.)

ЛЁНА.   Во́ва!

ВО́ВА.   Да? В чём де́ло?

ЛЁНА.   У меня́ к тебе́ про́сьба. Там на на́шей авто́бусной остано́вке стои́т **высо́кий**° краси́вый иностра́нец. Его́ зову́т Карл. Пойди́ туда́, скажи́, что   *tall*
ты мой брат и **приведи́**° его́ сюда́, пожа́луйста.   *bring*

ВО́ВА.   Почему́ я? У меня́ вре́мени не́ту,[3] у меня́ за́втра контро́льная . . . .

ЛЁНА.   Во́ва, Во́ва. Но э́то у тебя́ **займёт**° всего́ пятна́дцать мину́т. Сейча́с шесть   *э́то. . . it'll take you*
часо́в, а в че́тверть седьмо́го ты уже́ бу́дешь до́ма. Кста́ти, вот, возьми́
Бе́лку, ей пора́ погуля́ть.

ВО́ВА.   Ну ла́дно, то́лько **ра́ди**° Бе́лки.   *for*

УПРАЖНЕНИЕ 2   Под микроско́пом: Ве́рно и́ли неве́рно?

The following is a series of statements about the reading. Mark them as true or false.
For those that are false, cross out the incorrect part(s) of the statement and write in the
correct words to make the statement true to the story.

Ве́рно   Неве́рно

☐   ☐   **1.** Та́ня приглаша́ет Джи́ма и Ле́ну к себе́ в го́сти.

☐   ☐   **2.** Карл — шве́дский журнали́ст.

☐   ☐   **3.** Ле́на познако́милась с ним в Стокго́льме.

☐   ☐   **4.** Джим принесёт пи́ццу.

☐   ☐   **5.** Карл прие́дет на такси́.

☐   ☐   **6.** Карл звони́т Ле́не из телефо́на-автома́та.

☐   ☐   **7.** У Во́вы за́втра нет уро́ков.

☐   ☐   **8.** Во́ва с Бе́лкой пойду́т встре́тить Ка́рла.

---

[3] **У меня́ вре́мени не́ту** (*I don't have any time*). **Не́ту** is a colloquial variant of **нет.** Like **нет,** it takes the
Genitive case.

ГРАММАТИКА И ПРАКТИКА

◆◆ О РОССИИ

НОВОСТРО́ЙКИ

Он зна́ет, как сюда́ е́хать?

When Tanya asks if Karl knows how to get to Lena's place, the question is not simply academic. During the Soviet years, large areas of new apartment buildings (**новостро́йки**) on the outskirts of large cities were constructed very quickly, and they all looked very much alike. Many still do: Visiting someone who lives in an area one does not know well can be a challenge even for Russians living in the same city. In some areas, no matter which direction you look when getting off a bus or emerging from a metro stop, the buildings in all directions may appear pretty much the same and it can be difficult to orient yourself. Hence, Lena's suggestion to Karl that he call her from a pay phone when he reaches the bus stop, so that someone can come to meet him.

Новостро́йки в Москве́

Новостро́йки play a major role in a famous Russian romantic comedy called «**Иро́ния судьбы́, или С лёгким па́ром**!» (*The Irony of Fate, or Hope You Enjoyed Your Bath!*), directed by **Эльда́р Ряза́нов**, 1975. A group of friends have a bit too much to drink while visiting the public baths in Moscow on New Year's Eve, and one of them accidentally ends up on a plane to Leningrad. Not realizing where he is, he takes a cab to the same address as his own in Moscow. Located in a neighborhood with many **новостро́йки,** the building looks the same as his own. His key opens the door and a hilarious adventure begins . . .

◆ 11.1. IMPERATIVES: -Ь TYPE (БУ́ДЬТЕ ДОБРЫ́) AND SUMMARY

Бу́дьте добры́, сто́йте у телефо́на-автома́та и никуда́ не уходи́те.	*If you don't mind, stay at the pay phone and don't go anywhere.*
Познако́мьтесь, э́то Джим, мой аспира́нт.	*Meet Jim, my graduate student.*
Напиши́те объявле́ние и **пове́сьте** в подъе́зде.	*Write a note and hang it in the entryway.*
Молодо́й челове́к, у вас тяжёлый портфе́ль? **Поста́вьте** его́ сюда́.	*Young man, is your briefcase heavy? Put it down here.*

In Lesson 6, Part 2, you learned to form the most common types of imperatives. You first find the verb stem by dropping the **-ют/-ут** or **-ят/-ат** ending from the **они**-form: **чита́**-ют, **пи́ш**-ут. Verbs with stems ending in a vowel form the imperative by adding **-й(те)**: **чита́**- → **чита́й(те)**. Now you will learn more details about consonant-stem verbs. Those that end in double consonants always add **-и(те)**: **жд**- → **жди́(те)**. As you saw in Lesson 6, Part 2, most verbs that end in a single consonant also add **-и(те)**: **пиш**- → **пиши́(те)**; these are, in fact, verbs with *end stress* in the **я**-form (**я пишу́**). However, single consonant stem verbs with *stem stress* form the imperative by adding **-ь(те)**. You can tell whether the verb is stem-stressed or end-stressed by looking at the **я**-form.

IF THE VERB STEM ENDS IN . . .	EXAMPLES OF VERB STEMS	ADD . . .	EXAMPLES OF IMPERATIVES
a vowel	**чита́**- (они́ чита́-ют)	+ **й(те)**	чита́й(те)
two consonants	**по́мн**- (они́ по́мн-ят)	+ **и(те)**	по́мни(те)
one consonant and has *end stress* in the **я**-form	**пиш**- (они́ пи́ш-ут) (*stress:* я пишу́)		пиши́(те)
one consonant and has *stem stress* in the **я**-form	**приго́тов**- (они́ приго́тов-ят) (*stress:* я приго́товлю)	+ **ь(те)**	приго́товь(те)

Imperatives in **-ь(те)** are the least common type, so you'll see many more forms in **-й(те)** and **-и(те)**. But many high-frequency verbs have the **-ь(те)** ending, including those in the introductory examples and the following:

приго́товь(те)	На за́втра **приго́товьте** упражне́ние 3. *Prepare exercise 3 for tomorrow.*
пове́рь(те)	**Пове́рьте,** я его́ действи́тельно зна́ю! *Believe me, I really do know him!*
отве́ть(те)	**Отве́тьте,** пожа́луйста, на все вопро́сы. *Answer all the questions, please.*
вста́нь(те)	**Вста́ньте,** когда́ с ва́ми разгова́ривает офице́р! *Stand up when an officer is speaking with you!*
забу́дь(те)	Это нева́жно. **Забу́дьте** об э́том. *It doesn't matter. Forget about it.*
ся́дь(те)	**Ся́дьте** на стул. Сними́те руба́шку. *Sit down on the chair. Take off your shirt.*

Note the imperative form **поезжа́й(те),** which serves as the imperative for both **е́хать** and **пое́хать.** Similarly, the **-езжа́й(те)** form is used as the imperative for other pairs of verbs based on the **-ехать** root: **приезжа́й(те)** is the imperative for both **приезжа́ть** and **прие́хать.**

УПРАЖНЕНИЕ 3   Imperatives

Which imperatives would you use with your Russian friends in the following situations? Use the verbs given in parentheses.

ОБРАЗЕЦ: Ва́ши ру́сские друзья́ говоря́т о́чень бы́стро, и вы не понима́ете их. (говори́ть)
→ Пожа́луйста, не говори́те так бы́стро.
(Пожа́луйста, говори́те ме́дленнее.)

1. Вы не уме́ете гото́вить пи́ццу, а ваш друг уме́ет. (пригото́вить)
2. У вас бу́дет новосе́лье в суббо́ту. Вы звони́те подру́ге. (приходи́ть)
3. Ва́ши друзья́ пришли́ в го́сти. Вы открыва́ете им дверь. (заходи́ть) *заходите!*
4. Ваш друг вошёл в гости́ную и стои́т ря́дом с дива́ном. (сади́ться) *садись*
5. Ве́чером к вам приду́т ва́ши друзья́. Они́ о́чень лю́бят петь. У вас нет гита́ры, но она́ есть у ва́шего дру́га Де́йва. Он придёт ве́чером, поэ́тому вы звони́те ему́. (принести́) *принеси*
6. Вам звони́т ваш друг. Он хо́чет знать, узна́ли (*found out*) ли вы расписа́ние экза́менов (*exam schedule*). Вы отвеча́ете, что узна́ете расписа́ние за́втра. (позвони́ть) *позвони*

❖ 11.2. APPROXIMATE TIME AND QUANTITY

To render an approximate time or quantity, place the noun being counted (**часо́в**, **килогра́мма**, **лет**, and so on) in front of the numeral *and* preposition, if one is present.

Они́ прие́дут в 10 **часо́в**.	*They'll arrive at 10 o'clock.*
Они́ прие́дут **часо́в** в 10.	*They'll arrive at about 10 o'clock.*[4]
Ей 50 **лет**.	*She's 50 years old.*
Ей **лет** 50.	*She's about 50.*
На ле́кции бы́ло 25 **челове́к**.	*There were 25 people at the lecture.*
На ле́кции бы́ло **челове́к** 25.	*There were about 25 people at the lecture.*
три **килогра́мма**	*three kilograms*
килогра́мма три	*about three kilograms*

УПРАЖНЕНИЕ 4   Жизнь америка́нских студе́нтов

A Russian student is asking you questions about student life. Answer with approximations when appropriate.

1. Ско́лько часо́в в день (в неде́лю) занима́ются америка́нские студе́нты? А ско́лько часо́в в день (в неде́лю) вы занима́етесь?
2. Ско́лько часо́в в день вы смо́трите телеви́зор? А ва́ши друзья́ смо́трят телеви́зор бо́льше и́ли ме́ньше, чем вы? Вы лю́бите смотре́ть бейсбо́л (америка́нский футбо́л, гольф) по телеви́зору?

---

[4]Note, however, **о́коло ча́са** *at about one* (*o'clock*).

3. Вы рабо́таете? Где вы рабо́таете? Вам нра́вится ва́ша рабо́та? Вам бо́льше нра́вится рабо́тать и́ли учи́ться?

4. Ско́лько часо́в в день (в неде́лю) вы рабо́таете? Вы ду́маете, что э́то мно́го? Вы рабо́таете то́лько ле́том и́ли зимо́й то́же?

5. Ско́лько обы́чно зараба́тывает (*earns*) америка́нский студе́нт в час (в неде́лю, в ме́сяц)?

6. Вы занима́етесь спо́ртом? Каки́м ви́дом спо́рта вы занима́етесь? Вы занима́етесь спо́ртом ка́ждый день? Ско́лько раз в неде́лю вы занима́етесь спо́ртом?

7. Вы лю́бите ходи́ть в рестора́ны? Как ча́сто вы хо́дите в рестора́ны?

8. Вы лю́бите ходи́ть в музе́и? Каки́е музе́и есть в ва́шем го́роде?

9. Ско́лько сто́ят джи́нсы? А ю́бка? А футбо́лка? А кроссо́вки?

На ка́рте пока́зано (*shown*), ско́лько мину́т в день лю́ди прово́дят (*spend*) у телеви́зора в ра́зных стра́нах.

◈ 11.3. TELLING TIME: CONVERSATIONAL FORMS

| В **че́тверть седьмо́го** ты уже́ бу́дешь до́ма. | = | В **шесть пятна́дцать** ты уже́ бу́дешь до́ма. |

Conversationally, Russian expresses *quarter past* and *half past* by using **че́тверть** (*quarter*) and **полови́на** (*half*) followed by the Genitive *ordinal* numeral of the coming hour. Think of these times as being a quarter of the way (or halfway) into the coming hour. In the shorter form the first syllable of **полови́на** is attached to the ordinal.

| **че́тверть** шесто́го | 5:15 |
| **полови́на** шесто́го *or* **пол**шесто́го | 5:30 |

To express *at quarter past* or *at half past,* use the preposition «**в**». If the full word **полови́на** is used, it is in the Prepositional case.

| **в че́тверть** шесто́го | at 5:15 |
| **в полови́не** шесто́го *or* **в пол**шесто́го | at 5:30 |

To express *a quarter to* or <u>*at a quarter to*</u>, Russian uses **без чётверти** plus the *cardinal* numeral of the coming hour. Think of this time as being the coming hour minus a quarter.

без чётверти шесть   5:45 *or* at 5:45

In addition to these conversational forms, one can tell time with hours and minutes—for example, **семь пятна́дцать** for 7:15.

SAMPLE TIMES	КОТО́РЫЙ ЧАС? *(What time is it?)*	КОГДА́? В КОТО́РОМ ЧАСУ́? *(When? At what time?)*
5:15	че́тверть шесто́го	в че́тверть шесто́го
5:30	полови́на шесто́го *or* полшесто́го	в полови́не шесто́го *or* в полшесто́го
5:45	без че́тверти шесть	

КОТО́РЫЙ ЧАС?		В КОТО́РОМ ЧАСУ́? (КОГДА́?)
Сейча́с пять часо́в.		В пять часо́в.
Сейча́с че́тверть шесто́го.		В че́тверть шесто́го.
Сейча́с полови́на шесто́го. (*Conversational:* Сейча́с полшесто́го.)		В полови́не шесто́го. (*Conversational:* В полшесто́го.)
Сейча́с без че́тверти шесть.		Без че́тверти шесть.

УПРАЖНЕНИЕ 5   Когда́…?

How would you describe your daily life? Decide on answers to the following questions; then, working with a classmate, ask and answer them using conversational forms for telling time. Write down each other's answers to check your comprehension when you're finished.

1. В кото́ром часу́ ты обы́чно встаёшь? А в кото́ром часу́ ты встал (вста́ла) сего́дня у́тром?
2. В кото́ром часу́ ты обы́чно прихо́дишь в университе́т? А когда́ ты пришёл (пришла́) сего́дня?
3. Ско́лько сейча́с вре́мени?
4. Когда́ передаю́т (*broadcast*) но́вости по телеви́зору?
5. Когда́ у тебя́ начина́ется (*begins*) пе́рвая ле́кция? А на́ши заня́тия по ру́сскому языку́?
6. Когда́ ты обы́чно ухо́дишь из университе́та? А когда́ ты уйдёшь сего́дня?
7. В кото́ром часу́ ты обы́чно идёшь (е́дешь) домо́й?

УПРАЖНЕНИЕ 6   День Ле́ны

Lena has told some friends about her day yesterday. Working with a classmate, assign logical times (on the hour or the half or quarter hour) to the things she says she did, then arrange them in chronological order.

ОБРАЗЕЦ: В *полседьмо́го* она́ вста́ла.

а. _____ В _____ она́ верну́лась домо́й.
б. _____ В _____ она́ пошла́ в университе́т.
в. _____ В _____ она́ се́ла за́втракать.
г. _____ В _____ она́ легла́ спать (*went to bed*).
д. _____ В _____ она́ пошла́ в спортза́л.
е. _____ В _____ она́ начала́ де́лать дома́шнее зада́ние.
ж. _____ В _____ она́ ко́нчила де́лать дома́шнее зада́ние.
з. _____ В _____ она́ пришла́ на заня́тия по английйскому языку́.

reVERBerations ✪ *To Bring*

Скажи, что ты мой брат и **приведи**
его сюда, пожалуйста.

*Tell him you're my brother and
bring him back here please.*

You already know the verb **приносить / принести** (*to bring [something]*). Now you have encountered a related verb **приводить / привести** (*to bring [someone]*). If you are describing a party, for example, you may need both of these verbs.

Лёна пригласила друзей на день
рождения. Таня **привела**
Джима, а он **принёс** пиццу.

*Lena invited her friends for her
birthday. Tanya brought Jim,
and he brought a pizza.*

Here are the key forms of the new verb. Note that the perfective infinitive is spelled **-вес-,** while the conjugated forms have the stem **-вед-** and the past has no stem consonant at all before the **-л.**

приводить (привож-у́, приво́д-ишь, . . . приво́д-ят)
pfv. **привести** (привед-у́, привед-ёшь, . . . привед-у́т;
    past привёл, привела́, привели)

КУЛЬТУРА РЕЧИ

❖ ТАК ГОВОРЯТ: **VISITS AND INVITATIONS**

Take note of the following expressions for visiting someone or having someone visit you. The **куда** vs. **где** distinction seen in the constructions **К кому?** <к + Dat.> and **У кого** <у + Gen.> is also maintained in the phrases **в гости** (to express destination) and **в гостях** (to express location).

Куда? К кому?
    Приходите ко мне.
    Я пригласила его **в гости.**

Come over to my house.
I've invited him over for a visit.

Где? У кого?
    У вас будет Джим?
    Они были у нас **в гостях.**

Jim will be at your place?
They were visiting us.

❖ САМОПРОВЕРКА: УПРАЖНЕНИЕ 7

Working on your own, try this self-test: Read a Russian sentence out loud, then give an idiomatic English equivalent without looking at the book. Then work from English to Russian. After you have completed the activity, try it with a classmate.

1. Ди́ма, нале́й, пожа́луйста, вино́. Том, пригото́вь пи́ццу. А я бу́ду отдыха́ть!

2. У нас в институ́те у́чатся челове́к ты́сяча. А в на́шей гру́ппе всего́ 15 студе́нтов.

3. Я должна́ быть на рабо́те без че́тверти во́семь, а моя́ подру́га начина́ет рабо́тать то́лько в полови́не девя́того (в полдевя́того).

1. *Dima, please pour the wine. Tom, fix the pizza. And I'll take it easy!*

2. *At our institute there are about 1,000 students, but in my class there are only 15 altogether.*

3. *I have to be at work at 7:45, but my friend doesn't start working until 8:30.*

❖ ВОПРОСЫ И ОТВЕТЫ: УПРАЖНЕНИЕ 8

A Russian sociology student is taking a survey of students in your country to find out about what they do in their free time. Working with a classmate, decide who will play which part and take turns asking and answering the following questions.

1. Вы свобо́дны сего́дня ве́чером? Е́сли нет, то что вы бу́дете де́лать?
2. А вчера́ ве́чером вы бы́ли свобо́дны? Е́сли нет, что вы де́лали, е́сли э́то не секре́т?
3. А за́втра ве́чером вы бу́дете свобо́дны? У вас есть пла́ны на суббо́ту на ве́чер?
4. Кого́ вы приглаша́ете (вчера́ пригласи́ли) к себе́ в го́сти? Когда́ у вас в про́шлый раз бы́ли го́сти?
5. Ва́ши друзья́ зна́ют, как к вам е́хать? Как они́ к вам е́дут?
6. У вас есть со́товый (*cellular*) телефо́н и́ли вы звони́те друзья́м из телефо́на-автома́та?
7. Есть ли остано́вка авто́буса недалеко́ от ва́шего до́ма? Ско́лько мину́т на́до идти́ туда́?

❖ ДИАЛОГИ

ДИАЛОГ 1 В кото́ром часу́?
(Extending an invitation)

— Ка́тя, приходи́ ко мне за́втра ве́чером. Приду́т мои́ друзья́ Ми́ша и И́горь. Я давно́ (*for a long time*) хочу́ тебя́ с ни́ми познако́мить.
— Спаси́бо, с удово́льствием. В кото́ром часу́?
— Часо́в в семь.

ДИАЛОГ 2 Приходи́ за́втра ве́чером
(Inviting someone to a social gathering)

— За́втра у меня́ в гостя́х бу́дут ру́сские студе́нты. Е́сли ты хо́чешь поговори́ть по-ру́сски, приходи́ за́втра ве́чером.
— Обяза́тельно приду́. Что принести́?
— Спаси́бо, ничего́ не ну́жно. Я сде́лаю пи́ццу и карто́фельный сала́т.
— Я принесу́ минера́льную во́ду и пи́во.

УПРАЖНЕНИЕ 9   Ваш диало́г

Create a dialogue in which you invite a friend to your place for a party on Saturday night at 9:00 P.M. Tell who else will be there, what you will be doing, and so on, to convince your friend to come.

❖ А ТЕПЕРЬ . . . : УПРАЖНЕНИЕ 10

Working with a classmate, use what you learned in Part 1 to . . .

1. ask what time it is
2. find out at what time he usually does certain things (arrives at school, goes home, starts work, finishes work, starts studying . . .)
3. ask if he'll be going to a friend's this weekend, and if so, what he thinks they'll do
4. find out approximately how many students there are in his various classes
5. find out about how many hours a week he studies (works, watches television . . .)

ЧАСТЬ ВТОРАЯ

С ЧЕГО НАЧАТЬ?

КАК К ВАМ ЕХАТЬ?

Вам ну́жно **сесть на** пя́тый авто́бус . . .

. . . и **прое́хать** три остано́вки.

На **углу́** Лесно́й у́лицы и Пу́шкинского **проспе́кта** вам на́до **сде́лать переса́дку** на два́дцать тре́тий трамва́й . . .

. . . и прое́хать ещё три остано́вки. Когда́ вы вы́йдете из трамва́я, вы уви́дите о́коло остано́вки высо́кий дом, двена́дцать этаже́й. Э́то наш дом, дом 5. Второ́й подъе́зд, кварти́ра № 76, четвёртый эта́ж.

201

ЧТЕНИЕ

number　◈ ЭТО ТРУ́ДНОЕ **ЧИСЛО́**° ДЕВЯТНА́ДЦАТЬ

ЛЕ́НА.　(*Sitting anxiously by the phone.*) Уже́ полседьмо́го. Ничего́ не
　　понима́ю. Где они́? (*The phone rings.*) Алло́!

КАРЛ.　Алло́, Ле́на!

ЛЕ́НА.　Карл! Карл, что случи́лось? Никого́ нет? . . . Не мо́жет быть. . . .
　　Мой брат пошёл за ва́ми полчаса́ наза́д. С ним бе́лая соба́ка. Вы
　　никуда́ не уходи́ли? . . . Нет? . . . Хорошо́. Позвони́те мне,
　　пожа́луйста, че́рез пять мину́т. Е́сли его́ не бу́дет, я приду́ сама́.
　　Мм-хм. (*Hangs up. The phone immediately rings again.*) Алло́! . . .
　　Во́вка, ну, где ты?

хо́дим. . . have been walking　ВО́ВА.　Мы уже́ два́дцать мину́т хо́дим по у́лице° о́коло авто́бусной
around on the street　　остано́вки. Тут никого́ нет!

ЛЕ́НА.　Как э́то нет? Ничего́ не понима́ю. То́лько что звони́л Карл, он всё
　　вре́мя стои́т на остано́вке, о́коло телефо́на-автома́та.

кака́я-то. . . some fat woman　ВО́ВА.　О́коло како́го телефо́на? Здесь то́лько оди́н телефо́н, и по нему́
　　пятна́дцать мину́т разгова́ривала кака́я-то **то́лстая** тётка.°
　　(*Sarcastically.*) Мо́жет быть, *э́то* Карл?

Пове́сь. . . Hang up　ЛЕ́НА.　Ла́дно, я сейча́с сама́ приду́. **Пове́сь тру́бку,**° он мне сейча́с
　　позвони́т. (*Hangs up. The phone rings again.*) Алло́! . . . Карл! . . . Мне
for a long time　　то́лько что звони́л брат, они́ с соба́кой уже́ **давно́**° хо́дят по у́лице
　　о́коло телефо́на-автома́та.

carefully　КАРЛ.　Извини́те меня́, я смотрю́ о́чень **внима́тельно,**° но я не ви́жу **ни**
я. . . I don't see either a kid or a　　ма́льчика, **ни** соба́ки.° . . . Никого́ нет. Я ви́жу то́лько **табли́чку**°
dog / sign　　«Авто́бус № 12».

ЛЕ́НА.　Как «двена́дцать»? Вы хоти́те сказа́ть «девятна́дцать»?

КАРЛ.　Почему́ «девятна́дцать»? Вы же мне са́ми сказа́ли: «После́дняя
　　остано́вка авто́буса но́мер двена́дцать». Я зна́ю э́тот авто́бус: я
　　иногда́ е́зжу на нём к свои́м друзья́м. Вот, я прие́хал, всё
correct　　**пра́вильно.**° Всё так, как вы мне сказа́ли. . . . Ря́дом стои́т высо́кий

дом. Я **посчита́л**° этажи́ — действи́тельно, шестна́дцать. . . . Всё так, как вы мне сказа́ли. Ря́дом телефо́н-автома́т.

counted

ЛЁНА. Бо́же мой, вы прие́хали в друго́й райо́н! **Это я винова́та.**° . . . Да. . . . Я должна́ была́° написа́ть вам а́дрес.

Это. . . It's my fault.
должна́. . . should have

КАРЛ. Лёна, не волну́йтесь. Здесь ря́дом **стоя́нка такси́.**° **Шофёр,**° наве́рное, зна́ет, где после́дняя остано́вка авто́буса но́мер девятна́дцать.

стоя́нка. . . taxi stand / The driver

ЛЁНА. (*Relieved.*) Да, коне́чно, коне́чно. Шофёры такси́ зна́ют всё. Приезжа́йте **скоре́е,**° я сама́ вас встре́чу. . . . Да, шофёру ска́жете, **что́бы** он останови́лся° на углу́ Лесно́й и Пу́шкинского проспе́кта. . . . (*Meekly.*) Прости́те меня́, что так **получи́лось.**° (*Hangs up.*) Бо́же мой, како́й стыд°, како́й позо́р°!

as quickly as possible
шофёру. . . you'll tell the driver to stop
turned out
како́й. . . how embarrassing / како́й. . . how humiliating!

СЕРГЕ́Й ПЕТР. Это ещё не всё. Подожди́. Сейча́с Во́вка вернётся. . . .

УПРАЖНЕ́НИЕ 1   Под микроско́пом: Missing words

Provide the words necessary to complete each sentence. Choose from the words below, putting them into the proper forms.

авто́бус	мочь	остано́вка	прие́хать
Бе́лка	но́мер	посчита́ть	телефо́н-автома́т

1. Карл звони́т Лёне из _____.
2. Во́ва с _____ пошли́ встре́тить Ка́рла.
3. Карл ждёт Во́ву о́коло _____ авто́буса № 12.
4. Там стои́т высо́кий дом. Карл _____ этажи́ — пра́вильно, шестна́дцать этаже́й.
5. Карл до́лжен был сесть на _____ № 19.
6. Лёна понима́ет, что Карл _____ не в тот (*to the wrong*) райо́н.
7. Карл говори́т, что он _____ пое́хать к Лёне на такси́.

УЧИ́СЬ УЧИ́ТЬСЯ ★ *Reducing Miscommunication*

Misunderstandings like Karl's happen often enough in one's native language; in a foreign language they are virtually inevitable. Here are some steps you can take to try to avoid them.

1. *Expect misunderstandings.* The most serious barrier to effective communication is the presumption that such communication is occurring when in fact it is not.

2. *Mention generalities, then place specifics in context.* Lena might have first told Karl what general part of the city she lived in and then told him which specific bus to take. Had he known the general direction in which he should have been going, he might have been alerted to his misunderstanding when the bus moved off in another direction.

3. *Use several methods to communicate.* Lena could have written the bus number down for Karl as well as spoken it. The more methods you use to communicate, the more likely your message will get through. Notes, gestures, maps, restatement, and repetition all can help.

4. *Verify comprehension.* If Karl had repeated the directions (**Дава́йте я повторю́. Авто́бус № 12 . . . ?**), Lena would have corrected his mistake. Or, Lena herself could have asked something like **Вы по́няли, на како́й авто́бус вам на́до сесть** (*which bus you have to take*)?

◆◇◆ О РОССИИ ◆◇◆

СТОЯ́НКА ТАКСИ́

Ле́на, не волну́йтесь. Здесь ря́дом стоя́нка такси́.

Although mass public transportation (**метро́, авто́бус, тролле́йбус, трамва́й**) in the large cities is extensive and reliable, these conveyances follow fixed routes; you may still need to walk a mile or more from the nearest stop to your destination, especially in the suburbs. If you're lucky, however, a taxi stand (**стоя́нка такси́**) may be located near your subway or bus stop, and you can complete your journey that way. Failing that, some people just stand at the edge of a busy street and flag down a passing car: Many owners of private cars (**ча́стные маши́ны** or **ча́стники**) will pick up pedestrians and—for a fee negotiated on the spot—take them somewhere if it's not too far out of the driver's way and the price is right. It is essential, of course, to find out ahead of time what the right price might be. One should keep in mind that while getting rides in private cars is very common, it is certainly not the safest form of transportation. Taking private cars alone, especially for women, is not recommended.

А где же шофёр?

ГРАММАТИКА И ПРАКТИКА

◆ 11.4. INDIRECT REQUESTS: Я ХОЧУ́, ЧТО́БЫ...

Я **хочу́, что́бы** ты его́ **встре́тил.**	*I want you to meet him.*

When one person makes a request of another or relays a request through a third party, Russian often uses <**что́бы** + past tense>.

Скажи́ сестре́, **что́бы** она́ **написа́ла** письмо́ ба́бушке.	*Tell your sister to write a letter to Grandma.*

With **проси́ть / попроси́ть** and a few other verbs, a simple infinitive construction (without **что́бы**) is also possible.

Попроси́те Джи́ма, **что́бы он принёс** гита́ру. =
Попроси́те Джи́ма **принести́** гита́ру.

УПРАЖНЕНИЕ 2   Wishes and commands with чтобы

Working with a classmate, complete the following sentences in as many ways as you can.

1. Я хочу, чтобы ты . . .
2. Ты хочешь, чтобы я . . . ?
3. Наш профессор сказал нам, чтобы мы . . .
4. Моя подруга просит (попросила), чтобы я . . .
5. Ты не хочешь сказать своим друзьям, чтобы они . . . ?

УПРАЖНЕНИЕ 3   Imperatives

Working with a classmate, take turns giving imperatives for the following situations.

ОБРАЗЕЦ: Ты хочешь, чтобы друг позвонил тебе сегодня вечером.
→ Позвони мне сегодня вечером.

1. Ты хочешь, чтобы друг помог тебе с новым компьютером.
2. Ты хочешь, чтобы мама поставила на стол вазу с цветами.
3. Ты хочешь, чтобы сестра познакомила тебя со своей подругой.
4. Ты хочешь, чтобы твоя знакомая сыграла (*play*) прелюд Шопена на рояле.
5. Ты хочешь, чтобы твои братья и сёстры встали в 6 часов завтра утром.
6. Ты хочешь, чтобы отец не забыл, что завтра у мамы день рождения.
7. Ты хочешь, чтобы твои русские друзья говорили с тобой только по-русски.

◆ 11.5. OBLIGATION IN THE PAST: *SHE SHOULD HAVE, SHE WAS SUPPOSED TO . . .*

Я **должна была написать** вам адрес!	*I should have written down the address for you!* or *I was supposed to write down the address for you!*

The past tense of a <**должен** + infinitive> phrase is made by inserting, after the **должен** form, the appropriate form of **был** (**была, было, были**) that agrees with the subject.

Они **должны были** приехать час назад.	*They should have arrived (were supposed to arrive) an hour ago.*
Виктор **должен был** ждать Сашу в гостинице.	*Viktor was supposed to wait (should have waited) for Sasha at the hotel.*

УПРАЖНЕНИЕ 4   Тру́дная жизнь студе́нта

You and some friends are commiserating about your busy lives. Using elements suggested below (or other ideas of your own), create sentences about things you were supposed to do but did not. Be sure to give a reason why.

ОБРАЗЕ́Ц: На про́шлой неде́ле я до́лжен был (должна́ была́) написа́ть курсову́ю по исто́рии, но у меня́ не́ было вре́мени.

В понеде́льник (во вто́рник, в сре́ду и т.д.) Вчера́ ве́чером На про́шлой неде́ле Три дня наза́д Сего́дня у́тром В про́шлом году́ ???	я до́лжен был я должна́ была́ мы должны́ бы́ли	написа́ть курсову́ю купи́ть пода́рок сестре́ снять но́вую кварти́ру сде́лать дома́шнее зада́ние позвони́ть ба́бушке заплати́ть за телефо́н (*pay my telephone bill*) пойти́ с дру́гом в спортза́л занима́ться в библиоте́ке помо́чь бра́ту с уро́ками пое́хать в Росси́ю ???	но у меня́ не́ было де́нег. но у меня́ не́ было вре́мени. но я совсе́м забы́л (забы́ла) об э́том. но я про́сто не мог (не могла́). но его́ (её) не́ было до́ма. но ко мне пришли́ друзья́. но друзья́ пригласи́ли меня́ в го́сти. ???

◆ 11.6. EXPRESSING NEED IN THE PAST AND THE FUTURE

Све́те и Та́не **ну́жен был (бу́дет)** стол.	*Sveta and Tanya needed (will need) a table.*
Им **нужна́ была́ (бу́дет)** но́вая маши́на.	*They needed (will need) a new car.*
Тебе́ **нужны́ бы́ли (бу́дут)** очки́.	*You needed (will need) glasses.*

The past tense of a <Dat. + **ну́жен (нужна́, ну́жно, нужны́)** + noun> phrase is expressed by inserting the appropriate form of **был (была́, бы́ло, бы́ли)** after the **ну́жен** form. The future is formed by inserting **бу́дет** or **бу́дут**. Remember that **ну́жен** agrees with the item needed, not the person who needs it.

If one needed or will need *to do* something, the unchanging neuter forms **ну́жно бы́ло** and **ну́жно бу́дет** are used with the infinitive; these are synonyms of **на́до бы́ло** and **на́до бу́дет**.

Мне **ну́жно бы́ло (бу́дет)** рабо́тать.	*I needed (will need) to work.*

УПРАЖНЕНИЕ 5   Мне нужна́ была́ . . .

You are telling your host family what things you and your family members needed when you moved to your new apartment. Working with a classmate, make up a few sentences using the items below.

ОБРАЗЕ́Ц: Мое́й сестре́ ну́жен был но́вый автоотве́тчик.

Мне		удо́бная крова́ть
Нам	ну́жен был	но́вый холоди́льник
Мое́й сестре́	нужна́ была́	большо́е кре́сло
Моему́ бра́ту	ну́жно бы́ло	но́вый автоотве́тчик
Ма́ме	нужны́ бы́ли	стира́льная маши́на
Па́пе		сту́лья
На́шей соба́ке		гара́ж

УПРАЖНЕНИЕ 6   Нам ну́жно (на́до) бы́ло . . .

Think about a party that you recently had. What did you need to do to get ready? Working with two or three classmates, make up a chain of tasks that you needed to take care of.

ОБРАЗЕ́Ц: Студе́нт А: Мне ну́жно (на́до) бы́ло купи́ть проду́кты.
    Студе́нт Б: Тебе́ ну́жно (на́до) бы́ло купи́ть проду́кты, а мне
        ну́жно (на́до) бы́ло пригото́вить пирожки́.
    Студе́нт В: Тебе́ ну́жно (на́до) бы́ло пригото́вить пирожки́, ей
        ну́жно (на́до) бы́ло купи́ть проду́кты, а мне
        ну́жно (на́до) бы́ло . . .

СЛОВА, СЛОВА, СЛОВА . . . ⭐ More on Short Forms: Э́то я винова́та

Вы со Све́той **свобо́дны** за́втра ве́чером?   *Are you and Sveta free tomorrow evening?*

Э́то я **винова́та.**   *That's my fault.*

You have already learned several short-form adjectives (**до́лжен, похо́ж, рад, уве́рен**). Now you have encountered two more, **свобо́ден** and **винова́т** (and their corresponding feminine, neuter, and plural forms). Short-form adjectives are usually used predicatively: **Ты гото́ва?** (*Are you ready?*). In addition, they often refer to a delimited or temporary state: **Вчера́ она́ была́ больна́** (*She was ill yesterday*), whereas their corresponding long forms, which may also be used predicatively, often describe long-term or inherent conditions: **Она́ больна́я** (*She's in ill health*). Some words, like **рад** and **до́лжен**, have no long form at all.

Also behaving like short-form adjectives are forms called *participles,* made from some verbs. For example, from the perfective verbs **откры́ть** and **закры́ть** come the participial forms **откры́т** (*open*) and **закры́т** (*closed*).

Окно́ **откры́то.**   *The window is open.*

Все магази́ны и рестора́ны **закры́ты.**   *All the stores and restaurants are closed.*

УПРАЖНЕНИЕ 7   Я о́чень рад (ра́да)!

How might you respond to the statements on the left? Work with a classmate to decide on one or two appropriate answers for each statement given. Some ideas are provided at right.

1. — Мне сказа́ли, что за́втра не бу́дет заня́тий.

2. — Я вчера́ звони́л (звони́ла) тебе́, но, ка́жется, ты мне дал (дала́) не тот но́мер.

3. — У нас сего́дня бу́дет контро́льная по ру́сскому языку́.

4. — Ты не хо́чешь пойти́ за́втра в кино́ (на конце́рт, на футбо́л, . . .)?

5. — Конце́рт (матч, . . .) начина́ется (*begins*) в 7 часо́в.

6. — Нам ну́жно купи́ть молоко́.

7. — За́втра у нас бу́дут го́сти.

— Я о́чень рад (ра́да).
— Винова́т (винова́та).
— Но уже́ по́здно! Все магази́ны закры́ты!
— Э́то ужа́сно!
— Э́то замеча́тельно!
— Хорошо́, я бу́ду гото́в (гото́ва).
— Ты ду́маешь, что магази́ны ещё откры́ты?
— Я не уве́рен (уве́рена).
— Ты уве́рен (уве́рена)?
— Ты гото́в (гото́ва)?
— Мы должны́ вы́йти и́з дому в 6.
— ???

СЛОВА, СЛОВА, СЛОВА . . . ✪ *Nondeclining Nouns of Foreign Origin*

Шофёры городски́х **такси́** зна́ют всё.   *City cab drivers know everything.*
                                            (*Drivers of city cabs know everything.*)

Russian has borrowed a large number of words from foreign languages and continues to do so; you've already learned many of them. In most cases (e.g., **компью́тер, о́пера**) these borrowed words are treated just like Russian words, taking a full range of endings; but in many other cases, usually with words ending in a vowel, the borrowed words are not declined (although adjectives used with them are regularly declined). When used as the subject of a past-tense verb, the noun determines the ending of that verb, so you need to know the gender of these nouns:

Here are some generalizations about indeclinable nouns that may help you:

1. Most that denote animals and birds are *masculine*.
2. Most that denote inanimate objects are *neuter*.
3. Those that refer to people are *masculine* or *feminine*, reflecting an assumed biological gender.
4. Foreign geographical names usually conform to the gender of their "category" noun.

Here are some examples (Hint: it's a good idea to learn adjectives to go with these nouns):

MASCULINE	NEUTER	FEMININE
кенгуру́: австрали́йский кенгуру́ **ко́фе:** чёрный ко́фе **рефери́:** у́мный (*intelligent*) рефери́ **флами́нго:** ро́зовый флами́нго Cities (*cf.* го́род): То́кио States (*cf.* штат): Кенту́кки Islands (*cf.* о́стров): Таи́ти	**кафе́:** краси́вое кафе́ **кино́:** но́вое кино́ **меню́:** большо́е меню́ **метро́:** моско́вское метро́ **ра́дио:** хоро́шее ра́дио **такси́:** ма́ленькое такси́ **шоссе́:** широ́кое (*wide*) шоссе́ Lakes (*cf.* о́зеро): Э́ри (*Lake Erie*)	**ле́ди:** «Моя́ прекра́сная ле́ди» (*My Fair Lady*) Rivers (*cf.* река́): широ́кая Миссиси́пи

reVERBerations ⭐ *Multidirectional Verbs of Motion (Consolidation)*

Мы уже́ пятна́дцать мину́т **хо́дим**
по э́той у́лице.

Я иногда́ **е́зжу** на э́том авто́бусе к
свои́м друзья́м.

*We've been walking around on this
street for fifteen minutes already.
Sometimes I take this bus to my
friends' place.*

You are already familiar with the imperfective-only motion verbs **ходи́ть** and **е́здить.**

1. Multiple round-trips or habitual trips

Мы **е́здим** туда́ ка́ждый год.

Авто́бусы туда́ не **хо́дят.**[5]

*We go there every year.
Buses don't go there.*

2. In the past tense only, they can refer to a single round-trip (essentially synonymous with **быть у кого́** or **быть где**). The effect is to state simply that the trip took place, without going into any detail.

Вчера́ я **ходи́л** к друзья́м (= я был у друзе́й).

В про́шлом году́ мы **е́здили**
во Фра́нцию (= мы бы́ли во Фра́нции).

*Yesterday I visited my friends.
Last year we went to France.*

3. Now you see the third use of these verbs, which is to describe motion in general, without any particular direction, or with multiple directions. By extension, the verb **ходи́ть** may refer to the ability to walk or the action of walking in general.

Си́лины неда́вно купи́ли
маши́ну и бо́льше не **е́здят** на метро́.

Вам ну́жно мно́го **ходи́ть.**

*The Silins bought a car recently
and don't ride the subway anymore.
You have to do a lot of walking.*

УПРАЖНЕ́НИЕ 8   Ходи́ть и́ли е́здить?

For each question in the left-hand column, choose an appropriate response from the right-hand column.

1. Ва́ши друзья́ е́здят на метро́? _____
2. Вы лю́бите е́здить на метро́? _____
3. Вы бы́ли вчера́ у врача́? _____
4. Что вам сказа́л врач? _____
5. Вы хорошо́ зна́ете Фра́нцию и Герма́нию? _____
6. Вы идёте в кино́? На како́й сеа́нс (*showing*)? _____
7. Вам ну́жно мно́го ходи́ть. _____
8. Вы ча́сто е́здите в Калифо́рнию? _____

а. На после́дний. Я всегда́ хожу́ на са́мый после́дний сеа́нс.
б. Да, я ходи́л к нему́ вчера́ у́тром.
в. Нет, я предпочита́ю е́здить на авто́бусе.
г. Но я не люблю́ ходи́ть пешко́м, я люблю́ е́здить на маши́не.
д. Да, мы ча́сто е́здим в Евро́пу.
е. Да, я е́зжу туда́ ка́ждый год.
ж. Нет, они́ е́здят то́лько на такси́.
з. Он сказа́л, что мне ну́жно мно́го ходи́ть.

---

[5]Note that one says **Я е́зжу на авто́бусе** (*I travel by bus*) but **Авто́бусы туда́ не *хо́дят.***

УПРАЖНЕНИЕ 9   Моё детство (*childhood*)

Where did you go as a child? Find someone else in the class who has at least two childhood experiences similar to yours.

Когда́ я был ма́ленький (была́ ма́ленькая) . . .

. . . я ча́сто ходи́л (ходи́ла) в кино́. (А ты? Ты то́же ча́сто ходи́л / ходи́ла в кино́?)

. . . я е́здил (е́здила) в шко́лу на велосипе́де (*bicycle*). (А ты? . . .)

. . . мы е́здили ка́ждое воскресе́нье на пляж (*beach*). (А ты? . . .)

. . . я люби́л (люби́ла) ходи́ть в го́сти к ба́бушке. (А ты? . . .)

. . . я не люби́л (люби́ла) ходи́ть к врачу́. (А ты? . . .)

. . . я ходи́л (ходи́ла) в ту же (*the same*) шко́лу, в кото́рую ходи́л мой па́па/брат (ходи́ла моя́ ма́ма/сестра́) (А ты? . . .)

КУЛЬТУРА РЕЧИ

❖ ТАК ГОВОРЯТ: *WRONG: THE WRONG ONE* (НЕ ТОТ)

Э́то **не та** у́лица. Я уве́рен, что она́ живёт не здесь.	*This isn't the right street. I'm sure she doesn't live here.*
Карл сел **не** на **тот** авто́бус.	*Karl got on (took) the wrong bus.*

The phrase <**не тот** + noun> expresses something that is wrong. The second element agrees in gender, number, and case with the noun it describes: **не та кни́га, не ту кни́гу, не то письмо́, не те авто́бусы,** and so on. Note that prepositions, if present, come between **не** and **тот: не на тот авто́бус** (*on the wrong bus*). See Lesson 10, Part 4 to review forms of **тот.**

УПРАЖНЕНИЕ 10   That's the wrong one!

What might one say in the following instances?

ОБРАЗЕ́Ц: Your roommate has left her backpack in the library. You think you've spotted it and start to pick it up for her, but she sees it's not hers.
→ Э́то не тот рюкза́к!

1. You agree to meet a friend at a restaurant. When you get there, your friend is nowhere to be seen.
2. You stayed up all night finishing a book for your literature class. The next day the teacher leads a discussion on a different book.
3. Your little brother has his heart set on a new bicycle (**велосипе́д**) that he saw in a store. When you bring it home, he gets upset and starts crying.
4. A friend asks you to play a certain tune on the piano and she'll sing along. You start to play, but her words don't match your melody.
5. You've accidentally left something in a cab and call the company to track down the driver. They tell you to meet him at a certain corner. When you get there, you realize it's not the driver you're looking for.

❖ САМОПРОВЕРКА: УПРАЖНЕНИЕ 11

Working on your own, try this self-test: Read a Russian sentence out loud, then give an idiomatic English equivalent without looking at the book. Then work from English to Russian. After you have completed the activity, try it with a classmate.

1. Ты хо́чешь, что́бы я ему́ позвони́л (позвони́ла)? Я его́ приглашу́ в го́сти.

2. — Како́й стыд! Мы должны́ бы́ли вспо́мнить, что сего́дня твой день рожде́ния!
   — Но ведь сего́дня не тот день!

3. Ско́лько тебе́ бы́ло лет, когда́ ты на́чал (начала́) ходи́ть?

4. Мой дя́дя о́чень лю́бит ходи́ть по магази́нам.

1. *Do you want me to call him? I'll invite him over.*

2. *"How embarrassing! We should have remembered that today is your birthday!"*
   "But today is the wrong day!"

3. *How old were you when you started walking?*

4. *My uncle really likes to go shopping (walk around in stores).*

❖ ВОПРОСЫ И ОТВЕТЫ: УПРАЖНЕНИЕ 12

Working with a classmate, take turns asking and answering the following questions.

1. Ты ча́сто е́здишь на авто́бусе? А на такси́? Когда́ ты после́дний раз е́здил (е́здила) на такси́?

2. Что ты де́лаешь, когда́ тебе́ ну́жно такси́?

3. Как ты обы́чно е́здишь к свои́м друзья́м — на авто́бусе? На маши́не? На метро́?

4. О́коло твоего́ до́ма есть авто́бусная остано́вка?

5. Ты когда́-нибудь сади́лся (сади́лась) не на тот авто́бус? Е́сли да, куда́ ты прие́хал (прие́хала)?

6. О́коло твоего́ до́ма есть телефо́н-автома́т? Где в Аме́рике обы́чно нахо́дятся (*are located*) телефо́ны-автома́ты? А в Росси́и?

❖ ДИАЛОГИ

ДИАЛОГ 1   Вы зна́ете, как туда́ е́хать?
(Getting/giving directions)

— Мне ну́жно за́втра пое́хать в телеце́нтр.[6]
— Вы зна́ете, как туда́ е́хать?
— Не уве́рен (уве́рена).
— Снача́ла на метро́ до ста́нции «Ботани́ческий сад», а пото́м на девятна́дцатом авто́бусе.
— А где остано́вка авто́буса?
— О́коло ста́нции метро́, совсе́м ря́дом.

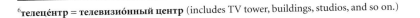

[6]**телеце́нтр = телевизио́нный центр** (includes TV tower, buildings, studios, and so on.)

ДИАЛОГ 2   Он е́дет к нам в пе́рвый раз
(Problem solving: a lost person)

— Дя́дя Ми́ша до́лжен был прие́хать час наза́д.
— Он зна́ет, как к нам е́хать? Ведь он е́дет к нам в пе́рвый раз.
— Да. И ещё я сказа́ла ему́, что́бы он позвони́л с на́шей авто́бусной остано́вки.
— Мо́жет быть, он заблуди́лся? Ведь в на́шем микрорайо́не все дома́ одина́ковые (*the same*).
— А мо́жет быть, телефо́н-автома́т не рабо́тает. Наве́рно, ну́жно пойти́ на остано́вку и встре́тить его́.

УПРАЖНЕНИЕ 13   Ваш диало́г

Create a dialogue in which you invite a friend over for dinner. Your friend asks for directions. Use some of the strategies for reducing miscommunication mentioned in this Part.

❖❖ А ТЕПЕРЬ . . . : УПРАЖНЕНИЕ 14

Working with a classmate, use what you learned in Part 2 to . . .

1. find out if she wants you to open the window (or close the door)
2. have her tell someone else in the class to do something
3. find out what she did yesterday and then what she was supposed to do
4. find out if she often travels to [*name of a nearby city*]
5. ask whether she likes walking
6. find out how often she rides the bus

ЧАСТЬ ТРЕТЬЯ

С ЧЕГО НАЧАТЬ?

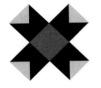

The British Council

Более[1] 120 Учебных[2] центров Британского Совета находятся[3] в 51 стране мира.

Изучение английского языка в Британском Совете увлечет[7] Вас и поможет найти новых друзей.

Информация по телефону 234-0202, с понедельника по пятницу 10:00-19:00. information@britishcouncil.ru

КУРСЫ АНГЛИЙСКОГО ЯЗЫКА

Если Вы только начинаете изучение[4] английского языка или хотите улучшить свои знания,[5] мы предлагаем Вам наш курс!

В Британском Совете преподают лучшие[8] учителя по самой современной методике. Наши высоко профессиональные учителя носители языка,[9] новые методы преподавания и атмосфера современного центра сделают изучение английского языка увлекательным[10] и несложным.[11]

ТЕСТИРОВАНИЕ БЕСПЛАТНОЕ ТЕСТИ

Приходите к нам в учебный центр **по пятницам с 13:00 до 18:30**

с этим купоном, и мы протестируем Вас **БЕСПЛАТНО**

Наш адрес: ул. Николоямская д.1, ВГБИЛ (Библиотека иностранной литературы), 1 этаж, правое крыло.

The British Council

Вы имеете доступ[12] к Multi-media центру (компьютерные программы по изучению английского языка, аудио и видео материалы,[13] CD-ROMs)

---

1 *More than;* 2 *Study;* 3 **нахо́дятся** *are located;* 4 **изуче́ние** (< изуча́ть); 5 *improve;* 6 *knowledge;* 7 *will fascinate;* 8 **лу́чшие** *best;* 9 **носи́тели языка́** *native speakers;* 10 *fun;* 11 *easy;* 12 *access;* 13 **компью́терные програ́ммы**

УПРАЖНЕНИЕ 1　Ку́рсы англи́йского языка́

Skim this advertisement to find answers to the following questions.

1. Кому́ Брита́нский Сове́т предлага́ет ку́рсы англи́йского языка́?
2. Како́й пе́рвый язы́к у преподава́телей, кото́рые там рабо́тают?
3. В како́й день предлага́ют тести́рование?
4. Ско́лько сто́ит тести́рование, е́сли у студе́нта есть купо́н?
5. На како́й у́лице нахо́дится Брита́нский Сове́т в Москве́?
6. Каки́е материа́лы мо́жно найти́ в Multi-media це́нтре?
7. Как ещё мо́жно получи́ть информа́цию об э́тих ку́рсах?
8. Вы хоти́те рабо́тать в тако́м це́нтре? В како́й стране́?

ЧТЕНИЕ

за... *in one year*

❖ ВЫ ТАК ХОРОШО́ ВЫ́УЧИЛИ ЯЗЫ́К **ЗА**° ОДИ́Н ГОД?

(*Sasha and Jim are visiting Sveta and Tanya.*)

	ДЖИМ.	Са́ша, в консервато́рии есть иностра́нные студе́нты?
famous	СА́ША.	Коне́чно. Мно́гие из них ста́ли **изве́стными**° музыка́нтами.
	ДЖИМ.	А у вас, Све́та?
class	СВЕ́ТА.	У нас мно́го иностра́нцев. В мое́й **гру́ппе**° у́чатся два студе́нта из Инди́и,† оди́н из Вьетна́ма† и оди́н из Брази́лии.†
	ДЖИМ.	Они́ зна́ли ру́сский язы́к, когда́ они́ прие́хали сюда́?
це́лый... *for a whole year* / *preparatory*	СВЕ́ТА.	Нет, они́ зна́ли то́лько «Спаси́бо», «Пожа́луйста» и «Я тебя́ люблю́». Все они́ **це́лый** год° учи́лись на **подготови́тельном**° факульте́те — занима́лись то́лько ру́сским языко́м.
	ДЖИМ.	И так хорошо́ вы́учили язы́к за оди́н год? Я учи́л ру́сский язы́к шесть лет.
слы́шали... *heard Russian being spoken* *television programs* / *tried* *at first* попада́ли... *made blunders*	СВЕ́ТА.	Но ты учи́л ру́сский язы́к в Аме́рике, а они́ учи́ли его́ здесь. Они́ ещё до́ма зна́ли, что им на́до бу́дет мно́го занима́ться. Они́ занима́лись ру́сским языко́м шесть дней в неде́лю, шесть часо́в ка́ждый день. Ка́ждый день они́ слы́шали ру́сскую речь,° ви́дели ру́сскую рекла́му, смотре́ли ру́сские фи́льмы и **телепереда́чи,**° **пыта́лись**° чита́ть ру́сские газе́ты. Сейча́с они́ говоря́т по-ру́сски о́чень хорошо́, а внача́ле° им бы́ло о́чень тру́дно: они́ ничего́ не могли́ сказа́ть и ничего́ не понима́ли. Они́ де́лали оши́бки не то́лько в языке́ — они́ не зна́ли на́шей жи́зни, не понима́ли мно́гих тради́ций и ча́сто попада́ли впроса́к.°
	ДЖИМ.	(*Whispering into Tanya's ear.*) Та́ня, что зна́чит «попада́ли впроса́к»?
	ТА́НЯ.	(*Whispers something back to him.*)
	ДЖИМ.	Понима́ю, спаси́бо. Све́та, расскажи́, как они́ попада́ли впроса́к.
story *changed my mind*	СВЕ́ТА.	Я вам расскажу́ **исто́рию**° с на́шим вьетна́мцем† Нгуе́ном. Нет, я **переду́мала,**° не бу́ду расска́зывать. Лу́чше я приглашу́ Нгуе́на в го́сти, и мы попро́сим его́, что́бы он сам рассказа́л о свои́х пе́рвых ме́сяцах здесь.

УПРАЖНЕНИЕ 2   Под микроскóпом

Complete the following sentences with the phrases in parentheses, putting them into the correct forms and indicating the case used.

1. В консерватóрии, где у́чится Сáша, есть мнóго _____
_____ (иностра́нные студе́нты) (_____).

2. Они́ прие́хали в Росси́ю из _____
_____ (ра́зные стра́ны) (_____).

3. Све́та говори́т, что на _____
_____ (подготови́тельный факульте́т) (_____)
иностра́нные студе́нты занима́ются ру́сским языкóм 36 часóв в неде́лю.

4. Хотя́ они́ сейча́с говоря́т по-ру́сски óчень хорошó, внача́ле
_____ (иностра́нные
студе́нты) (_____) бы́ло óчень тру́дно: они́ ничегó не понима́ли.

5. Све́та хóчет рассказа́ть друзья́м истóрию с _____
_____ (иностра́нный студе́нт) (_____) Нгуéном,
потóм реша́ет (*decides*), что Нгуéн сам дóлжен рассказа́ть об э́том.

◇◇ О РОССИИ ◇◇◇◇◇◇◇◇◇◇◇◇◇◇◇◇◇◇◇◇◇◇◇◇

СТИХИ́ (*POEM*) ПУ́ШКИНА…

Они́ де́лали оши́бки не тóлько в языке́.

Here is a consolation from Pushkin on grammatical errors.

Как уст° румя́ных° без улы́бки,°   *lips / rosy / smile*
Без граммати́ческой оши́бки
Я ру́сской ре́чи° не люблю́.   *language*
    — А. С. Пу́шкин

Алекса́ндр Серге́евич Пу́шкин
(1799–1837)

ГРАММАТИКА И ПРАКТИКА

◈◈ 11.7. HOW LONG SOMETHING TAKES: <ЗА + ACCUSATIVE TIME EXPRESSION>

Вы так хорошо́ вы́учили язы́к **за оди́н год?**	*You learned the language that well in (just) a year?*

<За + a time expression in the Accusative> renders how long it takes (took, will take) to accomplish something. Perfective verbs are used with this construction to describe the completion of a single task; imperfective verbs may be used to describe completed actions that are repeated or habitual.

Мы э́то сде́лаем **за пять мину́т.**	*It'll take us five minutes to get that done.*
	or
	We'll have that done in five minutes.
Я обы́чно де́лаю дома́шнее зада́ние **за час.**	*It usually takes me an hour to do my homework.*

Note that the case of the <за + Acc.> construction that you have just learned will be visible only with feminine singular forms (e.g., **Ты прочита́л весь рома́н «Война́ и мир» за одну́ неде́лю?**). Masculine and neuter singular forms in the Accusative are like the Nominative (**за оди́н ме́сяц, за оди́н год**), and all larger numerals require the sequence of <за + Acc. (=Nom.) numeral + Gen.> (e.g., **Нет, я его́ прочита́л за три ме́сяца**). Note also that the numeral **оди́н** is frequently omitted from time expressions (**за ме́сяц, за год, год наза́д, че́рез час**).

УПРАЖНЕНИЕ 3   За ско́лько вре́мени?

How long does it take to do the following things? Complete the sentences with phrases like **за час, за две неде́ли, за пятна́дцать мину́т,** and so on.

1. Я научи́лся (научи́лась) води́ть маши́ну . . .
2. Вчера́ ве́чером я вы́учил (вы́учила) но́вые слова́ из э́того уро́ка . . .
3. Мой друг лю́бит гото́вить пи́ццу. Он мо́жет пригото́вить пи́ццу . . .
4. Моя́ подру́га зна́ет не́сколько языко́в. Она́ научи́лась говори́ть по-францу́зски . . . , по-италья́нски . . . и по-испа́нски . . .
5. Ди́ма сказа́л, что у него́ есть друг, кото́рый зако́нчил университе́т . . .
6. Вчера́ Ми́ша до́лжен был вы́учить наизу́сть (*by heart*) два стихотворе́ния (*poems*) Пу́шкина, и он их вы́учил о́чень бы́стро . . .
7. Контро́льная была́ лёгкая (*easy*), и мы написа́ли её . . .

◈ 11.8. HOW LONG AN ACTION LASTS: ACCUSATIVE TIME EXPRESSIONS

Они́ **це́лый год** занима́лись то́лько ру́сским языко́м.	*For a whole year they studied only Russian.*
Я учи́л ру́сский язы́к **шесть лет.**	*I studied Russian for six years.*
Они́ занима́лись ру́сским языко́м **шесть дней** в неде́лю.	*They studied Russian six days a week.*

To indicate the duration of an action (how long it goes on for), use a time expression in the Accusative with no preposition. As with the <**за** + Acc.> constructions, the ending is most apparent with Accusative singular forms, as in **Ди́ма рабо́тал в Ки́еве одну́ неде́лю** (**це́лый год, всё ле́то**). Numerals other than **оди́н** are followed by the Genitive case.

УПРАЖНЕ́НИЕ 4   Ско́лько вре́мени . . . ?

Use Accusative time phrases to express the durations given in parentheses.

1. Ма́ша жила́ в Оде́ссе _____*год*_____ (*one year*).
2. Наш преподава́тель __*це́лую неде́лю*__ (*a whole week*) был на конфере́нции.
3. Иностра́нные студе́нты занима́лись ру́сским языко́м __*шесть часо́в*__ (*six hours*) ка́ждый день.
4. На́ша гру́ппа бу́дет учи́ться __*ме́сяц*__ (*one month*) в Москве́ и __*два ме́сяца*__ (*two months*) в Петербу́рге.
5. Ири́на __*всё ле́то*__ (*all summer*) рабо́тала в апте́ке.

◈ 11.9. CONSOLIDATION: THE ACCUSATIVE AND TIME EXPRESSIONS

Note the following associations between the Accusative case and time expressions:

1. On a certain day (**Когда́?**):
   Новосе́лье бу́дет **в суббо́ту.**

   The housewarming will be on Saturday.

2. At a certain hour or quarter past the hour (**Когда́?**):
   Я начина́ю рабо́тать **в час.**
   Она́ пришла́ **в че́тверть** второ́го.

   I start working at one o'clock.
   She arrived at quarter past one.

3. Frequency (**Как ча́сто?**):
   Они́ занима́лись ру́сским языко́м шесть дней **в неде́лю.**

   They studied Russian six days a week.

4. How long ago (**Когда́?**):
   Она́ зако́нчила педагоги́ческий институ́т **год наза́д.**

   She finished the teacher-training institute a year ago.

5. After a certain amount of time (**Когда́?**):
   Они́ сейча́с в Москве́, а у нас бу́дут **че́рез две** неде́ли.

   They're in Moscow now, but they'll be with us in two weeks.

6. How long something takes
(**За ско́лько вре́мени?**):

Све́та вы́учила но́вые слова́ **за
два** часа́.

*Sveta learned the new words in
two hours.*

7. Actual duration (**Как до́лго?**):
Мы занима́лись **всю ночь.**

We studied all night long.

8. Intended duration (**На ско́лько
вре́мени?**):

Мы пое́дем в Санкт-Петербу́рг
на́ год.

*We're going to St. Petersburg for
a year.*

УПРАЖНЕНИЕ 5   Accusative time expressions

Working with another student, take turns asking and answering the following
questions. Feel free to change the details in the questions. Choose from the time
expressions given below or use responses of your own creation.

в семь часо́в	то́лько два часа́
в сре́ду	три дня наза́д
одну́ неде́лю	три ра́за в неде́лю
за два го́да	че́рез два ме́сяца
на три ме́сяца	в пять часо́в

1. Как ты ду́маешь, когда́ ты зако́нчишь курсову́ю?
2. Как до́лго ты был (была́) в библиоте́ке?
3. Как ча́сто вы с друзья́ми обе́даете (*have dinner*) в рестора́не?
4. За ско́лько вре́мени твоя́ подру́га зако́нчила курс медсестёр (*nursing
program*)?
5. Когда́ твоя́ сестра́ должна́ верну́ться из Владивосто́ка?
6. Когда́ ты получи́л от неё после́днее письмо́?
7. Когда́ ты ду́маешь купи́ть но́вый компью́тер?
8. Ско́лько вре́мени ты бу́дешь в Нью-Йо́рке?
9. На ско́лько вре́мени ты пое́дешь в Росси́ю?
10. Когда́ ты сего́дня идёшь домо́й?

❖❖ 11.10. NESTED CASE CONSTRUCTIONS

Она́ у́чится на **факульте́те
журнали́стики.**

*She's studying in the journalism
department.*

Он позвони́л на **факульте́т
журнали́стики.**

*He made a call to the journalism
department.*

Many Russian noun phrases can be viewed as "nested," that is, a primary phrase
contains a noun or short phrase in a certain case. In these instances, the case of the
primary word or phrase changes according to its role in the sentence (whether it is a
subject, an object of a verb or a preposition, and so on), while the "embedded" word or
phrase is unaffected by the case of the primary phrase. Consider the first sentence
above:

Она́ у́чится на (факульте́те [журнали́стики]).

Here **факультéте** is in the Prepositional case as required by the phrase **ýчится на** (*is studying in*); **журналúстики** is in the Genitive case to show the linkage between it and **факультéт** (*department of journalism*). Now consider the second example:

Он позвонúл на (факультéт [журналúстики]).

In this example, **факультéт** is Accusative as required by the phrase **позвонúл на** (*called [made a call to]*); **журналúстики** remains Genitive to show the same linkage between it and **факультéт**.

Here are some more examples showing how the primary element in a nested phrase changes case according to its role in the sentence, while the embedded phrase does not change:

Наш **преподавáтель рýсского языкá** родúлся в Одéссе.

- преподавáтель is the Nominative subject
- рýсского языкá is Genitive to show linkage *of Russian*

Мы говорúли **о нáшем преподавáтеле рýсского языкá**.

- преподавáтеле is Prepositional as required by the preposition «**о**» (*about*)
- рýсского языкá remains Genitive; it still shows linkage *of Russian*

Нúна хóчет стать **преподавáтелем рýсского языкá**.

- преподавáтелем is Instrumental as required by the verb стать (*to become*)
- рýсского языкá remains Genitive; it still shows linkage *of Russian*

The same nesting phenomenon occurs with Nominative and Accusative numeral phrases, as in the following sentences:

Лéтом я рабóтала (два [мéсяца]).
В моéй грýппе ýчатся (два [студéнта]) из Úндии.

In the first sentence, **два** is Accusative to express time duration; within the numeral phrase **мéсяца** is Genitive as required by the word **два**. In the second sentence, **два** is Nominative because it is the subject of **ýчатся**; within the numeral phrase, **мéсяца** is Genitive as required by the word **два**.

УПРАЖНÉНИЕ 6 Nested case constructions

Each of the following sentences contains a nested case construction in boldface. Indicate the case of the larger construction in parentheses, and the case of the embedded word or phrase in square brackets.

ОБРАЗÉЦ: Тебя́ совершéнно (*absolutely*) не интересýет **бýдущее твоéй дóчери**. (Nominative [Genitive])

1. Почемý ты так дóлго хóдишь по ýлице óколо **останóвки автóбуса**?
2. Сергéй, пожáлуйста, поменя́й (*change*) **наш нóмер телефóна**.
3. Я звонúл **пять минýт** назáд.
4. Извинú меня́, я забы́л **твой день рождéния**.
5. Серёжа, у нáшей Лéны **свидáние с Джúмом**.
6. Что ты сказáла **нáшему преподавáтелю рýсского языкá**?

◈ 11.11. NAMES: DECLENSION OF FIRST NAMES

Серёжа, у нашей **Лены** свидание с **Джимом**.	*Seryozha, our Lena has a date with Jim.*
Я попросил **Таню** проверить моё письмо.	*I asked Tanya to check my letter.*
Я вам расскажу историю с нашим вьетнамцем **Нгуёном**.	*I'll tell you a story involving our Vietnamese (student), Nguyen.*
У нашего соседа **Саши** был стол.	*Our neighbor Sasha had a table.*

As you have seen, Russian first names decline just like other nouns. Foreign first names decline only if they fit the Russian pattern. Those that end in **-а** or **-я** (**Линда**) decline like Russian names with that ending (**Лена, Саша**). Foreign first names that end in a consonant decline if they refer to males (**Джим, Нгуён**—like the Russian name **Виктор**), but not if they refer to females (**Джанет, Сюзан, Мишёль**), since Russian women's names do not end in consonants. Foreign first names that end in other vowel sounds (**Кейти, Хосе, Джо**) do not decline.

УПРАЖНЕНИЕ 7   Имена, имена!

Complete each of the following sentences with a proper name, indicating the case used. Choose from the list below or use names of students in your class. Try to use a variety of Russian and non-Russian names.

WOMEN'S NAMES		MEN'S NAMES	
Бетти	Катя	Алёша	Марсело
Вера	Лидия	Виктор	Рик
Ирина	Стейси	Володя	Роберт
Карен	Рита	Курт	Слава

ОБРАЗЕЦ: После экзамена мы идём к *Виктору*. (*Dat.*)

1. _____, где ты была вчера? (_____)
2. Ты видел _____ вчера вечером на концерте? (_____)
3. Я часто получаю письма от _____. (_____)
4. Витя мне рассказал всё о _____, а я ему рассказала всё о _____. (_____)
5. Ты сказала _____, где мы будем ужинать (*have dinner*) сегодня вечером? (_____)
6. Аня работает в банке с _____. (_____)

---

reVERBerations ✪ *To Try пробовать vs. пыта́ться*

Предлага́ю всем **попро́бовать** пирожки́, о́чень вку́сные.	*I suggest that everyone try (sample) the pirozhki; they're very tasty.*
Ка́ждый день они́ **пыта́лись** чита́ть ру́сские газе́ты.	*Every day they tried (attempted) to read Russian newspapers.*

The meanings of these two verbs overlap somewhat. For now, try to observe the following distinction:

про́бовать / попро́бовать	*to taste, sample, try something out*
пыта́ться / попыта́ться	*to attempt, try to do something*

 КУЛЬТУРА РЕЧИ

❖ ТАК ГОВОРЯ́Т: ЛУ́ЧШЕ

Лу́чше я приглашу́ Нгуе́на в го́сти, и мы попро́сим его́, что́бы он сам рассказа́л о свои́х пе́рвых ме́сяцах здесь.	*It's better if I invite Nguyen over, and we'll ask him to tell about his first months here.*
(Мне) **лу́чше** купи́ть обы́чный компью́тер.	*It would be better (for me) to buy a regular computer.*

Лу́чше, the comparative of **хорошо́,** can be used with first-person (**я, мы**) conjugated verb forms to mean *It's better (It would be better) if I/we . . . ,* as in the first example above. This construction is similar in meaning to the construction <(optional Dative +) **лу́чше** + infinitive>, as in the second example.

УПРАЖНЕ́НИЕ 8   Лу́чше

What could you say in the following situations? Use **лу́чше** in your statement.

1. You've asked your roommate to call your teacher for you, then you change your mind and decide it'll be better if you call yourself.
2. You're considering calling a friend with whom you had an argument, then you decide to write a letter instead.
3. Your parents offer to buy you and your roommate a refrigerator, but you don't trust their choice and say you'll buy it yourselves.

❖❖ САМОПРОВЕРКА: УПРАЖНЕНИЕ 9

Working on your own, try this self-test: Read a Russian sentence out loud, then give an idiomatic English equivalent without looking at the book. Then work from English to Russian. After you have completed the activity, try it with a classmate.

1. — За ско́лько ты пригото́вишь обе́д?
   — Бы́стро. За полчаса́.

2. Джим написа́л письмо́ своему́ преподава́телю ру́сского языка́.

3. Ты вчера́ ви́дел Лари́су в спортза́ле? А её кана́дскую подру́гу Стэ́йси?

4. Сего́дня ве́чером я пригото́влю пирожки́. Нет, я переду́мала. Лу́чше я приглашу́ Вади́ма в го́сти, и мы вме́сте пригото́вим пирожки́.

1. *"How long will it take you to fix dinner?"*
   "Quickly. Within half an hour."

2. *Jim wrote a letter to his Russian teacher.*

3. *Did you see Larisa at the gym yesterday? And her Canadian friend Stacy?*

4. *I'll make pirozhki tonight. No, I've changed my mind. It would be better if I invite Vadim over and we'll make pirozhki together.*

❖❖ ВОПРОСЫ И ОТВЕТЫ: УПРАЖНЕНИЕ 10

1. Как до́лго ты уже́ у́чишь ру́сский язы́к — бо́льше го́да и́ли ме́ньше го́да?

2. В на́шем университе́те (колле́дже) есть иностра́нные студе́нты? Отку́да они́ — из Япо́нии? Из Кита́я (*China*)? Из И́ндии?

3. Ты зна́ешь иностра́нных студе́нтов в на́шем университе́те?

4. В на́шей гру́ппе есть иностра́нные студе́нты?

5. Ты когда́-нибудь приглаша́л (приглаша́ла) в го́сти како́го-нибудь иностра́нного студе́нта? Когда́ э́то бы́ло?

6. Како́й язы́к должны́ знать иностра́нные студе́нты, кото́рые у́чатся в америка́нских университе́тах? А како́й язы́к ты до́лжен (должна́) учи́ть, е́сли ты хо́чешь учи́ться в Герма́нии (в Ме́ксике, во Фра́нции, . . .)?

7. Ско́лько раз в неде́лю ты занима́ешься ру́сским языко́м? Ско́лько часо́в в день ты им занима́ешься?

8. Ты когда́-нибудь пыта́лся (пыта́лась) чита́ть ру́сскую газе́ту и́ли ру́сский журна́л? Тебе́ бы́ло тру́дно?

9. Ты де́лаешь мно́го оши́бок, когда́ ты говори́шь по-ру́сски? А твои́ иностра́нные друзья́, когда́ они́ говоря́т по-англи́йски?

10. Как ты ду́маешь, ты че́рез год бу́дешь говори́ть по-ру́сски свобо́дно (*fluently*)?

❖ ДИАЛОГИ

ДИАЛОГ 1 Какой язык ты учила в школе?
(Discussing language study)

— Какой иностранный язык ты учила в школе?
— Французский.
— А в университете?
— Английский.
— Значит, ты свободно (*fluently*) говоришь на двух[7] языках?
— К сожалению, я не говорю на этих языках, а только читаю.

ДИАЛОГ 2 Сколько лет вы изучали русский язык?
(Discussing language study)

— Вы давно в России?
— Я приехал (приехала) три месяца назад.
— Вы очень хорошо говорите по-русски. Сколько лет вы изучали русский язык?
— Я изучал (изучала) русский язык пять лет — два года в школе и три года в университете. Здесь у меня много практики — я говорю со своими русскими друзьями только по-русски.

УПРАЖНЕНИЕ 11   Ваш диалог

Create a dialogue in which you, an American studying in Moscow, are talking to a Russian friend about your study of Russian before coming to Moscow. Mention your adjustment(s) to the language and the culture since your arrival.

❖ А ТЕПЕРЬ . . . : УПРАЖНЕНИЕ 12

Working with a classmate, use what you learned in Part 3 to . . .

1. find out how long it took him to write a term paper
2. ask how long he's been living in the town where your college is located
3. find out where he lived five years ago and where he wants to be living in five years
4. find out how often he meets with his German (economics, biology, history . . .) teacher
5. ask whether he has ever tried Russian food (**борщ, пельмени, пирожки** . . .)

Вы когда-нибудь пробовали русские пирожные?

---

[7]This is the Prepositional case form of **два.**

ЧАСТЬ ЧЕТВЁРТАЯ

С ЧЕГО НАЧАТЬ?

НА РЫ́НКЕ

— **Почём** у вас **я́блоки?**[8]

— Три́дцать.

— Два **кило́,**[†] пожа́луйста.

— (*Weighing the apples.*) Чтó-нибудь ещё?

— **Деся́ток**[9] яи́ц. Скажи́те, а **пакéты** у вас есть?

— Три рубля́ **шту́ка.** Скóлько вам?

— Тóлько оди́н. **Скóлько с меня́?**

— Сéмьдесят вóсемь рублéй.

— Скóлько за **гвозди́ки?**

— Гвозди́ки сóрок рублéй.

— А есть чтó-нибудь **подешéвле?**

— Вот, пожа́луйста, **тюльпа́ны**[†] **по** два́дцать. Или вот **букéты**[†] по сто рублéй. Есть крáсные, бéлые, жёлтые . . .

— Букéт бéлых тюльпа́нов, пожа́луйста.

гвозди́ки	*carnations*	почём. . . ?	(*colloquial*) Скóлько стóят (стóит). . . ?
пакéт	*bag*		
подешéвле	*a little cheaper*	Скóлько с меня́?	*How much do I owe you?*
по 20 рублéй	(*at the price of*) 20 *rubles*	шту́ка	*apiece*
		я́блоко	*apple*

---

[8]Typically the customer speaks first; there is no common equivalent of "May I help you?"

[9]Eggs are usually sold in quantities of ten, so **деся́ток яи́ц** corresponds functionally to *a dozen eggs* in English.

  # ЧТЕНИЕ

❖ ИМ НАС НЕ ПОНЯ́ТЬ!°

Им. . . *They can't understand us!*

(*A week later at Sveta and Tanya's, with Nguyen. Everyone is around the table eating and drinking.*)

НГУЕ́Н. Джим, вы в Росси́и в пе́рвый раз?

ДЖИМ. Нгуе́н, мы ведь договори́лись°, что бу́дем говори́ть друг дру́гу «ты».

agreed

НГУЕ́Н. Да, коне́чно, про́сто мне ну́жно **привы́кнуть** к° э́тому. Ты в Росси́и в пе́рвый раз?

привы́кнуть. . . *get used to*

ДЖИМ. Нет, я уже́ был здесь три го́да наза́д — **по обме́ну,**° когда́ я учи́лся на тре́тьем ку́рсе. Это была́ моя́ пе́рвая **пое́здка**° **за грани́цу.**°

по. . . *on an exchange program trip* / за. . . *abroad*

НГУЕ́Н. Тебе́ бы́ло, наве́рно, гора́здо **ле́гче,**° чем нам. Когда́ ты прие́хал сюда́, ты знал ру́сский язы́к, а мы совсе́м ничего́ не зна́ли. Пе́рвое вре́мя° нам бы́ло о́чень тру́дно.

easier
Пе́рвое. . . *At first*

ДЖИМ. Мне то́же бы́ло тру́дно.

НГУЕ́Н. Но ты, наве́рно, никогда́ не попада́л впроса́к так, как я. Мы с друзья́ми **до сих пор**° са́ми **над** собо́й **смеёмся,**° когда́ **вспомина́ем**° оди́н **слу́чай.**°

до. . . *even now* / над. . . *laugh at ourselves* / *recall* / *incident*

ТА́НЯ. Расскажи́, Нгуе́н.

НГУЕ́Н. Сейча́с расскажу́. Это случи́лось че́рез ме́сяц **по́сле**° моего́ **прие́зда**° в Москву́. В нача́ле октября́ был пра́здник — День учи́теля. Моя́ гру́ппа **реши́ла**° подари́ть цветы́ на́шей преподава́тельнице ру́сского языка́.

after / *arrival*
decided

market бóльше... *most of all /* *wreath* *ribbons* *gold* *woman on duty* *died / found out* *funeral* ещё... *once again* тебé... *sympathize with you*	Мы пошли́ на **ры́нок.°** Там бы́ло мно́го краси́вых цвето́в, но бóльше всегó° нам понра́вился **венóк°** из цвето́в с краси́выми чёрными ле́нтами.° Мы реши́ли егó купи́ть. Продаве́ц спроси́л, что написа́ть на венке́. Мы сказа́ли ему́, что́бы он написа́л и́мя на́шей преподава́тельницы — Ири́на Серге́евна. Он написа́л **золоты́ми°** бу́квами: «Дорогóй Ири́не Серге́евне от студе́нтов». Мы заплати́ли де́ньги и пришли́ с венкóм в общежи́тие. Когда́ **дежу́рная°** уви́дела венóк, она́ спроси́ла у нас, кто **у́мер.°** И тут мы **узна́ли,°** что таки́е венки́ в Росси́и покупа́ют тóлько на **пóхороны.°10** (*Everybody laughs.*)

СА́ША. Что же вы подари́ли Ири́не Серге́евне?

НГУЕ́Н. Мы пое́хали **ещё раз°** на ры́нок и купи́ли Ири́не Серге́евне кра́сные и жёлтые **рóзы.†**

ДЖИМ. Да, Нгуе́н, я тебé **сочу́вствую°.** Вам óчень повезлó, что дежу́рная уви́дела венóк! (*Motions in the direction of Sveta, Tanya, and Sasha, who are still laughing.*) Им нас не поня́ть!

УПРАЖНЕ́НИЕ 1   Под микроскóпом: Во-пéрвых... во-вторы́х

Put the following events from Nguyen's story into the correct chronological order. See if you can do this from memory, then look back at the story to check the sequence.

  _1_ В нача́ле октября́ был пра́здник — День учи́теля.
  ___ Дежу́рная уви́дела венóк и спроси́ла, кто у́мер.
  ___ На ры́нке им понра́вился венóк с краси́выми чёрными ле́нтами.
  ___ Нгуе́н с друзья́ми пошли́ на ры́нок.
  ___ Нгуе́н с друзья́ми реши́ли подари́ть цветы́ своéй преподава́тельнице ру́сского языка́.
  ___ Они́ попроси́ли продавца́ написа́ть и́мя своéй преподава́тельницы.
  ___ Они́ реши́ли купи́ть венóк.
  ___ Студе́нты верну́лись с венкóм в общежи́тие.
  _9_ Студе́нты пое́хали ещё раз на ры́нок и купи́ли буке́т кра́сных и жёлтых рóз.

Скóлько за кра́сные цветы́?
... А есть чтó-нибудь подеше́вле?

ГРА́ММАТИКА И ПРА́КТИКА

СЛОВА́, СЛОВА́, СЛОВА́ ... ✪ *Comparatives with* по-

А есть чтó-нибудь **подеше́вле?**   *Is there anything a little cheaper?*

Many comparatives can take the prefix **по-**, which means *a little*: **по-** (*a little*) + **деше́вле** (*cheaper*). These forms are very common in spoken Russian. How would you say the following: *a little bigger, a little smaller, a little further?*

10**Пóхороны** is a plural-only noun.

❖❖ О РОССИИ ❖❖

НА РЫ́НКЕ

Мы пошли́ на ры́нок.

Nguyen mentions going to a market (**ры́нок**) to buy flowers. Farmers' markets in big cities and elsewhere existed even under the Soviet regime, but the number of private sellers—at large, well-established markets, on city squares, at crosswalks, near metro stops, and even outside stores—has exploded since then. All kinds of things are sold: foodstuffs, flowers, cigarettes, newspapers, clothing, footwear. Some markets are specialized: cleaning supplies, building materials, pets. Others provide greater variety. Although bargaining for price at these markets is not the rule, it is not uncommon, especially among older people. Often the seller names a price, but then lowers it if a potential customer begins to walk away.

На ры́нке

❖ 11.12. CARDINAL NUMERALS WITH THE METRIC SYSTEM

— Почём у вас я́блоки?   *"How much are your apples?"*
— Три́дцать пять рубле́й.   *"Thirty-five rubles."*
— **Два кило́,** пожа́луйста.   *"Two kilos, please."*

In most developed countries of the world—including Russia—the metric system has been adopted in favor of the more cumbersome "English" system of weights and measures. Here are some common metric measurements and their Russian names.

1. Measures of weight
   килогра́мм (**1 кг.** = 2.2 pounds)

   Daily uses: foodstuffs, recipes (meat, butter, sugar, flour, etc.: **кило́, полкило́, 250 грамм**), postal service (letters and packages), personal weight

2. Measures of volume

   литр (**1 л.** = 1.06 quarts)
   Daily uses: fluids (milk, water, gasoline)

Салат из свежих помидоров и огурцов

Помыть помидоры и свежие огурцы, нарезать тонкими кружочками, посолить, поперчить, полить уксусом и растительным маслом, посыпать мелко нарезанными укропом и петрушкой.

На 200 г помидоров: 150 г огурцов, 20 г растительного масла, перец, зелень укропа и петрушки, соль по вкусу.

3. Measures of length/distance and area

киломе́тр (**1 км.** = 5/8 mile)

метр (**1 м.** = 39.37 inches, or just over a yard)

Daily uses: distance between cities, scales on a map, speed (**км. в час**), area of one's apartment (**квадра́тный метр** [in *square meters*]), fabric, personal height (usually in centimeters **сантиме́тр**).

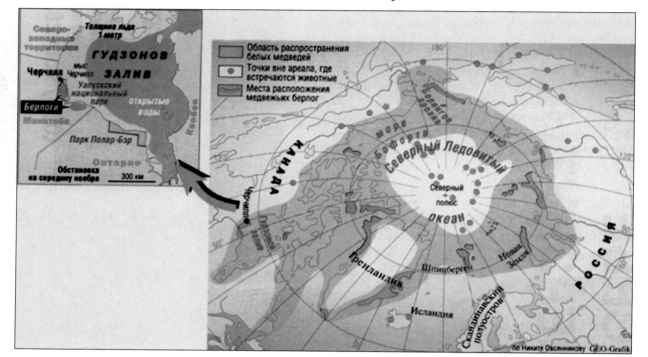

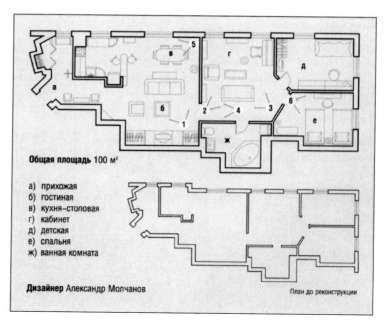

УПРАЖНЕНИЕ 2   Ско́лько сантиме́тров . . . ?

How well do you know your weights and measures? Answer with exact figures.

1. В одно́м килогра́мме _____ грамм.
2. В одно́й ми́ле _____ фу́тов.
3. В одно́й ми́ле _____ я́рдов.
4. Оди́н метр — э́то _____ сантиме́тров.
5. В одно́м до́лларе _____ це́нтов.
6. В одно́м фу́нте (*pound*) _____ гра́мма.
7. В одно́м ча́се _____ мину́т, а в одно́й мину́те —
_____ секу́нд.

СЛОВА, СЛОВА, СЛОВА . . . ⭐ *A Touch of "Class"*

Моя́ **гру́ппа** реши́ла подари́ть
цветы́ на́шей преподава́тельнице
ру́сского языка́.

My class decided to give flowers to our Russian teacher.

The word *class* (in its academic senses) is rendered in various ways in Russian, depending on what you are saying.

1. To refer generally to college-level classes, use **заня́тие** (neuter singular for one class, section, or meeting) or **заня́тия** (neuter plural for multiple classes).

Заня́тия у нас начина́ются ра́но, и я ча́сто
опа́здываю на пе́рвое **заня́тие**.
Мне пора́, я опозда́ю на **заня́тия**.
Мне на́до гото́виться к **заня́тиям**.
Вчера́ на **заня́тии** по ру́сскому языку́
мы говори́ли о Петре́ I.
По́сле **заня́тий** мы с друзья́ми ча́сто
хо́дим в кафе́.

*Our classes start early, and I'm often
    late to my first class.*
I have to go; I'll be late to class.
I have to get ready for class.
*Yesterday in Russian class we talked about
    Peter the First.*
After classes my friends and I often go to a cafe.

2. Use **ле́кция** or **семина́р** to refer to particular types of classes.

В 9 часо́в у меня́ **ле́кция** по фи́зике.
Днём у меня́ **семина́р** по исто́рии.

At 9:00 I have a physics lecture.
In the afternoon I have a history seminar.

3. To refer to your classmates as a group, use **гру́ппа** (**класс** in high school).

У нас в **гру́ппе** мно́го иностра́нцев.

In our class (section) there are many foreigners.

4. To refer to classes in high school, use **уро́к**. The plural **уро́ки** can also mean *homework* in a school context (not a university context, where **дома́шнее зада́ние** is used).

Сейча́с у меня́ **уро́к** фи́зики.
За́втра у нас не бу́дет **уро́ков**.
Сде́лай **уро́ки**, а пото́м мо́жешь
посмотре́ть телеви́зор.

I have a physics class now.
There's no school (There are no classes) tomorrow.
Do your homework, then you can watch television.

В общежи́тии Моско́вского университе́та

УПРАЖНЕ́НИЕ 3   О ва́шем университе́те

Working with a classmate, role play the following situation: A Russian student journalist is interviewing you about your college or university. If you don't know the answer to a question, make a reasonable approximation.

1. Ско́лько студе́нтов в ва́шем университе́те (колле́дже)? А профессоро́в?
2. Ско́лько сто́ят уче́бники (*textbooks*) на оди́н семе́стр?
3. Вы получа́ете стипе́ндию (*scholarship*)? Ско́лько вы получа́ете в год (в семе́стр, в ме́сяц)?
4. Ско́лько вы пла́тите за обуче́ние (*for tuition*) в университе́те?
5. Ско́лько студе́нты в ва́шем университе́те обы́чно пла́тят за кварти́ру? А за общежи́тие?
6. Как вы ду́маете, ско́лько книг в библиоте́ке ва́шего университе́та?
7. Ско́лько студе́нтов в ва́шей гру́ппе по ру́сскому языку́?
8. Ско́лько у вас ку́рсов в э́том семе́стре?

◈ 11.13. ORDINAL NUMERALS WITH FOUR-DIGIT YEARS

Я в пе́рвый раз пое́хала за грани́цу в 1994 (ты́сяча девятьсо́т девяно́сто **четвёртом**) году́.	*I went abroad for the first time in 1994.*
Наш университе́т был осно́ван в 1883 (ты́сяча восемьсо́т во́семьдесят **тре́тьем**) году́.	*Our university was founded in 1883.*
Моя́ сестра́ зако́нчила шко́лу в 2000 (**двухты́сячном**) году́.	*My sister graduated from high school in 2000.*

As you know, to say *in* (*a certain year*), the construction is <**в** + ordinal in Prepositional case + **году́**>. Note that only the last element of the numeral shows the ordinal case ending.

Моя́ сестра́ родила́сь в 1980 (ты́сяча девятьсо́т **восьмидеся́том**) году́.	*My sister was born in 1980.*

In speech Russians often leave out "19-" from the year when there is no chance of confusion with another century.

Моя́ сестра́ родила́сь в **восьмидеся́том**[11] году́.	*My sister was born in '80.*

In writing, Russians usually abbreviate forms of **год** to **г.** (or **гг.** for plural forms).

Колу́мб откры́л Аме́рику в 1492 **г.** (в ты́сяча четы́реста девяно́сто второ́м году́).	*Columbus discovered America in 1492.*

The years 2000 and beyond are referred to as follows:

Ка́тя зако́нчила университе́т (*Katia graduated*) . . .	в 2000 (**двухты́сячном**) году́.
	в 2001 (**две ты́сячи пе́рвом**) году́.
	в 2002 (**две ты́сячи второ́м**) году́.
	в 2003 (**две ты́сячи тре́тьем**) году́.

УПРАЖНЕ́НИЕ 4   Совреме́нная исто́рия

Work with a classmate to find out when the following events of the 20th century occurred.

ОБРАЗЕ́Ц: В како́м году́ откры́ли (*discovered*) пеницилли́н? (1929)
→ Пеницилли́н откры́ли в ты́сяча девятьсо́т два́дцать
девя́том году́.

1. В како́м году́ ты роди́лся (роди́ла́сь)?
2. В како́м году́ Ле́нин и большевики́ взя́ли власть (*power*) в Росси́и? (1917)
3. В како́м году́ появи́лось (*appeared*) звуково́е кино́? (1927)
4. В како́м году́ у́мер Э́лвис Пре́сли? (1977)
5. В како́м году́ уби́ли (*was killed*) президе́нта Ке́ннеди? (1963)
6. В како́м году́ ко́нчилась Втора́я мирова́я война́ (*World War II*)? (1945)
7. В како́м году́ был пе́рвый полёт (*flight*) челове́ка в ко́смос? (1961)
8. В како́м году́ был пе́рвый конце́рт «Би́тлзов» в Аме́рике? (1964)
9. В како́м году́ начала́сь Пе́рвая мирова́я война́? (1914) А в како́м году́ она́ ко́нчилась? (1918)
10. В како́м году́ появи́лись пе́рвые насто́льные (*desktop*) компью́теры? (1977)
11. В како́м году́ Влади́мир Пу́тин стал президе́нтом Росси́и? (2000)
12. В како́м году́ был опублико́ван (*published*) э́тот уче́бник (*textbook*)?
13. В како́м году́ ты око́нчишь университе́т?

---

[11]Russians have no written equivalent of our abbreviated form of years and decades ('94, '80s). Such abbreviations can be expressed in words, but not in figures.

✦✦ О РОССИИ ✦✦✦✦✦✦✦✦✦✦✦✦✦

В КОСМОСЕ

Это была моя первая поездка за границу.

The Soviet Union and Russia devoted major resources to developing a superior space program, beginning with the launch of the first earth satellite **Спутник** in 1957. Later that year a dog named **Лайка** became the first animal in space. On April 12, 1961, **Юрий Гагарин** became the first man in space, and in 1963, **Валентина Терешкова** followed as the first woman. The **Apollo-Союз** missions of the mid-1970s represented a remarkable period of joint Soviet-American cooperation in space. The space station **МИР** (which means both *peace* and *world*) was launched into orbit in 1986 and was staffed by crews of Soviet, Russian, and foreign **космонавты** and **астронавты** until August 1999. As part of the planning stages for the International Space Station, NASA sent a series of space shuttles to dock with the **МИР** between 1995 and 1998. As part of this program, a series of seven American **астронавты** spent extended periods on board the **МИР**. The **МИР** lasted far longer in space than originally planned, but in 2001 a decision was made to bring it back to Earth. In March 2001, it reentered the atmosphere and crashed into the South Pacific Ocean, ending 15 years of contributions to space exploration. In July 2000 Russia launched the **Звезда** service module to serve as the first living and laboratory quarters aboard the International Space Station.

Космонавт Валентина Терешкова

reVERBerations ✪ *Variations in Key Forms*

Several of the perfective verbs you encountered in this lesson have unpredictable key forms, particularly in the past tense.

1. **садиться / сесть** (ся́д-у, ся́д-ешь, . . . ся́д-ут; *past* сел, се́ла, се́ли)

сесть: Note the nonpast stem **сяд-** and the past tense with no stem consonant before the **-л.**

2. **привыка́ть / привы́кнуть** (привы́кн-у, привы́кн-ешь, . . . привы́кн-ут; *past* привы́к, привы́кла, привы́кли)

привы́кнуть: Some verbs that end in **-нуть** lose the **-ну-** syllable when forming the past. The masculine past ends in a consonant and has no **-л,** but the other past forms do have the **-л.**

3. **умира́ть / умере́ть** (умр-у́, умр-ёшь, . . . умр-у́т; *past* у́мер, умерла́, у́мерли)

умере́ть: Note the nonpast stem **умр-.** Also note that the masculine past tense ends in a consonant and has no **-л,** but the other past forms do have the **-л.**

КУЛЬТУРА РЕЧИ

❖ ТАК ГОВОРЯТ: ЗА ГРАНИ́ЦУ **VS.** ЗА ГРАНИ́ЦЕЙ

Это была́ моя́ пе́рвая поéздка **за грани́цу.**	*That was my first trip abroad.*

The word **грани́ца** means *border,* so (**éхать**) **за грани́цу** means literally (*to go*) *beyond the border.* The destination vs. location distinction that you have encountered before is reflected in the choice of case after **за:**

Как до́лго вы жи́ли **за грани́цей?**	*How long did you live abroad?*

\<motion (verbal or implied) + **за грани́цу** (Acc.)\>	*to go (travel) abroad*
\<nonmotion verb + **за грани́цей** (Instr.)\>	*to be (live, work, study) abroad*

УПРАЖНЕ́НИЕ 5   За грани́цу vs. за грани́цей

Walk around the classroom and ask your classmates about their experiences abroad. See if you can find anyone who has traveled to or been in the same places as you may have been.

1. Ты éздил (éздила) когда́-нибудь за грани́цу? Éсли да, куда́ ты éздил (éздила)?
2. Ты когда́-нибудь жил (жила́) за грани́цей? Где? Как до́лго ты там был (была́)? Что ты там де́лал (де́лала)? Учи́лся (Учи́лась)? Рабо́тал (Рабо́тала)?

❖ САМОПРОВЕ́РКА: УПРАЖНЕ́НИЕ 6

Working on your own, try this self-test: Read a Russian sentence out loud, then give an idiomatic English equivalent without looking at the book. Then work from English to Russian. After you have completed the activity, try it with a classmate.

1. Да́йте, пожа́луйста, два ли́тра молока́, полкило́ сы́ра и . . . и сто грамм шокола́да!

2. В моéй гру́ппе два кана́дца, три не́мца и две япо́нки.

3. Моя́ сестра́ в шесто́м кла́ссе, а я на тре́тьем ку́рсе.

4. — Когда́ твой брат зако́нчил консервато́рию?
   — В 1993 (ты́сяча девятьсо́т девяно́сто тре́тьем) году́.
   — А когда́ ты зако́нчил шко́лу?
   — В две ты́сячи пéрвом году́.

1. *Please give me two liters of milk, a half-kilo of cheese and . . . and a hundred grams of chocolate!*

2. *In my class there are two Canadians, three Germans and two Japanese women.*

3. *My sister's in sixth grade, and I'm a junior in college.*

4. *"When did your brother graduate from the conservatory?"*
   "In 1993."
   "And when did you graduate from high school?"
   "In 2001."

❖ ВОПРОСЫ И ОТВЕТЫ: УПРАЖНЕНИЕ 7

1. Ты когда-нибудь учился (училась) по обмену в другой стране? Где и когда это было?
2. Ты хочешь учиться в другой стране? Если да, в какой стране ты хочешь учиться?
3. Ты иногда смеёшься над собой, когда думаешь о своей жизни? Ты можешь рассказать о том, как ты попадал (попадала) впросак (*made blunders*)?
4. Ты когда-нибудь дарил (дарила) кому-нибудь цветы? Ты часто это делаешь? Где ты покупаешь цветы?
5. В Америке принято приносить цветы на похороны? А венки из цветов?

❖ ДИАЛОГИ

ДИАЛОГ 1   Что вы можете мне посоветовать (*advise me to do*)?
(Asking for advice)

— Вам было трудно, когда вы в первый раз приехали в Москву?
— Очень трудно, потому что я плохо знал (знала) русский язык. Кроме того, я мало знал (знала) о России, поэтому я делал (делала) ошибки не только в языке.
— Я вас хорошо понимаю, потому что я здесь в первый раз и мне очень трудно. Что вы мне можете посоветовать?
— Я советую вам смотреть русские фильмы и телепередачи, слушать радио и разговаривать с друзьями только по-русски.

ДИАЛОГ 2   Где вы работаете в Москве?
(Getting acquainted)

— Где вы работаете в Москве?
— В телекомпании CNN.[12]
— Вы здесь с семьёй?
— Да, моя жена (мой муж) работает в русско-американской фирме, а дети учатся в русской школе.
— Ваши дети будут очень хорошо говорить по-русски.
— Почему «будут»? Они уже прекрасно говорят.

УПРАЖНЕНИЕ 8   Ваш диалог

Create a dialogue in which you describe to a Russian friend a cultural *faux pas* that you once made while abroad or a foreign friend of yours made in America.

❖ А ТЕПЕРЬ . . . : УПРАЖНЕНИЕ 9

Working with a classmate, use what you learned in Part 4 to . . .

1. ask whether she buys groceries at the market
2. if so, find out what she bought the last time (and how much—in metric equivalents!)
3. find out whether she has ever traveled or lived abroad (and if so, find out where and in what year)
4. find out what year she graduated from high school
5. find out what year she will graduate from college
6. ask what classes she has this term

---

[12]Some well-known Western acronyms are rendered in the Roman alphabet and sometimes are pronounced that way. Examples include CNN ([си-эн-эн]), IBM ([ай-би-эм]), and KLM (pronounced, however, [ка-эл-эм]).

ИТАК ...

 НОВЫЕ СЛОВА

NOUNS AND NOUN PHRASES

Buying Flowers and Other Things

букет	bouquet (4v)
вен(о)к (*Gen. sing.* венка́)	wreath (4)
гвозди́ка	carnation (4v)
деся́т(о)к (*Gen. sing.* деся́тка)	ten (of something) (4v)
кило́ (*neut. indeclinable*)	kilo (kilogram) (4v)
паке́т	bag (4v)
ро́за	rose (4)
ры́н(о)к (*Gen. sing.* ры́нка)	market (4)
тюльпа́н	tulip (4v)
шту́ка	piece; item; unit (4v)
я́блоко (*pl.* я́блоки)	apple (4v)

Academics

гру́ппа	group; section; class (*at a university, etc.*) (3)
изуче́ние	(the) study (of) (3v)
ле́кция	lecture (4)
носи́тель (*m.*) языка́	native speaker (3v)
семина́р	seminar (4)

Going Places, Transportation

пое́здка (*Gen. pl.* пое́здок)	trip (4)
прие́зд	arrival (4)
проспе́кт	avenue; (*in names of streets*) Prospekt (2v)
стоя́нка такси́	taxi stand (2)
табли́чка (*Gen. pl.* табли́чек)	sign (2)
у́г(о)л (*Gen. sing.* угла́, *Prep. sing.* в углу́, на углу́)	corner (2v)
шофёр	driver; chauffeur (2)

Other Nouns

дежу́рный/дежу́рная *noun, declines like adjective*	man/woman on duty (4)
исто́рия	story (3)
компью́терная програ́мма	computer program (3v)
полови́на	half (1v)
по́хороны (*Gen.* похоро́н, *Dat.* похорона́м) *pl.*	funeral (4)
слу́чай	incident (4)
телепереда́ча	television broadcast; telecast (3)
че́тверть (*Gen. pl.* четверте́й) *f.*	quarter (1v)
число́ (*pl.* чи́сла, *Gen. pl.* чи́сел)	number (2)

ADJECTIVES

высо́кий	tall (1)
закры́т (закры́та, закры́то, закры́ты)	closed (2)
золото́й	gold; golden (4)
изве́стный	well-known (3)
лу́чший (*compar. and superl. of* хоро́ший)	1. better; 2. (the) best (3v)
откры́т (откры́та, откры́то, откры́ты)	open (2)
подготови́тельный	preparatory (3)
то́лстый	fat; heavy-set (2)
це́лый	whole (3)

VERBS

вспомина́ть *pfv.* вспо́мнить (вспо́мн-ю, вспо́мн-ишь, . . . вспо́мн-ят)	to recall (4)

занима́ть
  pfv. заня́ть (займ-у́, займ-ёшь, . . . займ-у́т;
  past за́нял, заняла́, за́няло, за́няли)
	to take (amount of time) (1)

знако́мить (знако́мл-ю, знако́м-ишь, . . . знако́м-ят)
  (+ *Acc.* + с + *Instr.*)
  pfv. познако́мить
	to introduce (someone to someone) (1)

находи́ться (нахож-у́сь, нахо́д-ишься, ... нахо́д-ятся) *pfv. not introduced at this time*	to be (located) (3v)
передумать (*pfv.; impfv. not common*)	to change one's mind (3)
получа́ться (*3rd pers. only*) *pfv.* получи́ться (полу́чится, полу́чатся)	to turn out (2)
приводи́ть (привож-у́, приво́д-ишь, ... приво́д-ят) *pfv.* привести́ (привед-у́, привед-ёшь, ... привед-у́т; *past* привёл, привела́, привело́, привели́)	to bring (someone along) (1)
привыка́ть (к + *Dat.*) *pfv.* привы́кнуть (привы́кн-у, привы́кн-ешь, ... привы́кн-ут; *past* привы́к, привы́кла, привы́кло, привы́кли)	to get used to (4)
проезжа́ть *pfv.* прое́хать (прое́д-у, прое́д-ешь, ... прое́д-ут)	to ride; to drive (along, through, past, *etc.*) (2v)
пыта́ться *pfv.* попыта́ться	to try; to attempt (3)
реша́ть *pfv.* реши́ть (реш-у́, реш-и́шь, ... реш-а́т)	to decide (4)
счита́ть *pfv.* посчита́ть	to count (2)
узнава́ть (узна-ю́, узна-ёшь, ... узна-ю́т) *pfv.* узна́ть	to find out (4)
умира́ть *pfv.* умере́ть (умр-у́, умр-ёшь, ... умр-у́т; *past* у́мер, умерла́, у́мерло, у́мерли)	to die (4)
смея́ться (сме-ю́сь, сме-ёшься, ... сме-ю́тся) *pfv. not introduced at this time*	to laugh (4)

ADVERBS

внима́тельно	attentively; carefully (2)
давно́	(for) a long time (2)
никуда́	nowhere; not ... anywhere (1)
Почём...?	(*colloquial*) How much How much are ...? What is the price of ...? (4v)
пра́вильно	correctly; (that's) right; (that's) correct (2)
скоре́е	quickly; as quickly as possible (2)

OTHER

за (+ *Acc.*)	*to indicate how long it takes to complete something in; it takes ...* (3)

ле́гче (*comparative*)	easier (4)
по (+ *Acc.*)	at the price of: **по два́дцать рубле́й** *at the price of 20 rubles* (4v)
подеше́вле (*comparative*)	a little cheaper (4v)
по́сле (+ *Gen.*)	after (4)
ра́ди (+ *Gen.*)	for (the sake of) (1)

IDIOMS AND EXPRESSIONS

без че́тверти шесть	(at) quarter to six; 5:45 (1v)
будь добр (добра́), бу́дьте добры́	would you mind ...; if ... you don't mind ... (1)

ве́шать / пове́сить (пове́шу, пове́сишь, ... пове́сят) тру́бку	to hang up the phone (2)	полови́на шесто́го (полшесто́го)	half past five; 5:30 (1v)
де́лать / сде́лать переса́дку	to make a transfer; to change (trains, buses, etc.) (2v)	приглаша́ть / пригласи́ть (+ Acc.) в го́сти	to invite (someone) over (1)
до сих пор (also до́ сих пор)	until now; even now (4)	сади́ться / сесть на (автобус)	to get on (a bus); to take (a bus); in (2v)
ещё раз	once again (4)	Ско́лько с меня́?	How much is it?; How much do I owe? (4v)
ни ... ни ...	neither ... nor ...; (negation +) either ... or ... (2)	смея́ться над (+ Instr.)	to laugh at; to make fun of (4)
по обме́ну	on an exchange program (4)	че́тверть шесто́го	a quarter past five (1v)
		чтобы	conj. used to introduce indirect commands (2)
пое́здка за грани́цу	a trip abroad (4)	(Э́то) я винова́т (винова́та).	It's / That's my fault. (2)

❖ ЧТО Я ЗНАЮ, ЧТО Я УМЕЮ

Use this checklist to mark off what you've learned in this lesson:

- ☐ Forming imperatives in **-й, -и,** and **-ь** (Part 1)
- ☐ Making indirect requests with **чтобы** (Part 2)
- ☐ Expressing approximate time and quantity (Part 1)
- ☐ Telling time on the quarter and half hour (Part 1)
- ☐ Saying how long something takes (Part 3)
- ☐ Saying how long an action lasts (Part 3)
- ☐ Expressing years that require four digits (Part 4)
- ☐ Expressing obligation in the past (Part 2)

- ☐ Expressing need in the past and future (Part 2)
- ☐ Expressing motion with multidirectional verbs (Part 2)
- ☐ Using nested case constructions (Part 3)
- ☐ Using nondeclining nouns of foreign origin (Part 2)
- ☐ Using non-Russian first names (Part 3)
- ☐ Using Russian equivalents of "class" (Part 4)
- ☐ Making purchases at a market (Part 4)
- ☐ Using the metric system (Part 4)

❖ ЭТО НАДО ЗНАТЬ

THE MANY FACES OF «НА»

Here are some of the many uses of the preposition «на» that you have encountered:

<на + Accusative>

1. Motion *to* a place or activity
   Анто́н идёт **на рабо́ту.**
   За́втра ве́чером мы идём **на бале́т.**
   Ири́на поста́вила шампа́нское **на стол.**
   Ты опозда́ешь **на ле́кцию.**
2. *For* a particular time or event
   Вот ва́ше зада́ние **на сре́ду.**
   Каки́е у тебя́ пла́ны **на бу́дущую неде́лю?**
   На день рожде́ния ба́бушка подари́ла мне компа́кт-диск.
3. *For* a period of time
   Джим прие́хал в Москву́ **на́ год.**
   Ке́лли е́дет в Росси́ю **на неде́лю.**
4. *For* a particular purpose
   У нас биле́ты **на футбо́л.**
   Я хочу́ заказа́ть сто́лик **на четверы́х** (*for four people*).
5. Other uses
   Ваш сын о́чень похо́ж **на вас.**
   ма́стер **на все ру́ки**
   на вся́кий слу́чай

<на + Prepositional>

1. Location *at, on,* with respect to a place or activity
   Анто́н был весь день **на рабо́те.**
   Вчера́ ве́чером мы бы́ли **на конце́рте.**
   Что э́то там, **на столе́?** Шампа́нское?
2. *By,* expressing conveyance
   Вы е́дете **на маши́не и́ли на автобусе?**
3. *During* a certain week
   Вы бу́дете свобо́дны **на сле́дующей неде́ле?**
4. Year and department in college
   Я учу́сь в университе́те **на факульте́те журнали́стики.**
   Я учу́сь **на второ́м ку́рсе.**
5. Playing an instrument
   Мы у́чимся игра́ть **на гита́ре.**
6. Other uses
   Ба́бушка **на пе́нсии.**
   Вади́м жени́лся **на Ири́не.**
   Но́вый год **на носу́!**

◈ ДОПОЛНИТЕЛЬНЫЕ ТЕКСТЫ

MOVIE REVIEW: ПРОЕ́КТ «ВЕ́ДЬМА БЛЕЙР»

If you travel to Russia, you are likely to encounter many of the same movies, television shows, songs, and so on that are popular in America. The movie review on p. 239 appeared in the magazine **Ровéсник.**

I. **Look at the title of the review.**

1. How is the title of the film translated into Russian in this article?
2. What are the Russian words for *witch* and *project?*
3. Do you know anything about this film?

II. **Look at the introductory paragraph.**

1. When and where was the film made?
2. The review indicates that **Дэ́нил Ми́рих** and **Эдуа́рдо Са́нчез** are the **Реж.** What do you think **Реж.** (abbreviation for **Режиссёры**) means?
3. In the context of film or theater, what do you think the word **роль** refers to?
4. How would the phrase «**в роля́х**» be expressed in English?

III. **Skim through the main text of the review and try to find Russian equivalents for the following words and phrases, many of which are cognates. They are listed in the order in which they appear in the review.**

1. critics
2. horror film
3. frightening
4. plot
5. group of student filmmakers
6. legend
7. (they) interview
8. documentary (*adjective*)
9. student (*adjective*)
10. special effects
11. budget
12. automobile

IV. **Look more carefully through the text and try to find answers to the following questions. Underline the Russian phrases that contain answers to the questions.**

1. How does the reviewer describe this film? Why? Is it because he thinks it is a bad film?
2. Where do the students go to make their film?
3. What is interesting about the forest that is located there?
4. What is the name of the forest? (**гора́** *mountain*)
5. Whom do the students interview? (**ме́стный** *local*)
6. What happened once they entered the forest?
7. How was this film shot? (**наме́ренно** *intentionally*)
8. Were special effects important in making this film?
9. What is surprising about the film's budget? What does the author say it would be impossible to buy with this amount of money?

ми легендами лес Черных Гор. Студенты интервьюируют местных жителей, выспрашивают разные подробности, а потом отправляются с палатками в этот самый лес и... Короче, они заблудились, и тут-то и началось самое ужасное: заколдованный лес показал себя во всей красе. Фильм намеренно снят как документальный и «студенческий» — то есть с огрехами, без всяких спецэффектов и т.п. Ужасает и его бюджет: денег, потраченных на съемки фильма, не хватило бы и на приобретение маломальски пристойного автомобиля.

THE BLAIR WITCH PROJECT

ПРОЕКТ «ВЕДЬМА БЛЭЙР»

США. 1999 г. Реж. Дэниэл Мирик и Эдуардо Санчес. В ролях: Хитер Донахью, Джош Леонард, Майк Уильямс.

Все критики сходятся в одном: этот ужастик – самый ужасный. И не потому, что очень плохой, а потому, что очень страшный. Сюжет предельно простой: компания студентов-киношников едет в Мэриленд, где находится окруженный страшны-

BOWFINGER
БАУФИНГЕР

США. 1999 г. Реж. Фрэнк Оз. В ролях: Стив Мартин, Эдди Мерфи, Хитер Грэм, Роберт Дауни-мл., Теренс Стэмп и др.

Взглянули на список исполнителей главной ролей? Значит, уже поняли, что речь идет о комедии – тем более, что и сценарий написан самим Стивом Мартином. А играет он неудачливого голливудского продюсера Бобби Бауфингера, которому предоставляется последний шанс снять триллер о нашествии инопланетян. Он понимает, что спасти фильм и съемочную группу может только присутствие звезды, и в качестве звезды выступает уже Эдди Мерфи. Бауфингер вовсе врет о том, что Мерфи, точнее, его герой ведущий актер фильмов в жанре

«экшн – согласен сниматься, а Мерфи – то есть тот актер, которого он играет, – о своем согласии, естественно, и не подозревает. И Бауфингер нанимает двойника актера, которого играет, конечно же, Мерфи. И так далее.

THE IRON GIANT
ЖЕЛЕЗНЫЙ ВЕЛИКАН

США. 1999 г. Реж. Брэд Берд. Голоса: Дженнифер Энистон, Кристофер Макдональд, Гарри Конник-мл.

Сценарий этого мультфильма написан по известной детской книжке Теда Хьюза «Железный человек» (между прочим, сюжет книги лег в свое время в основу концептуального альбома Пита Тауншенда из The Who «The Iron Man»). В октябре 1957 года, после запуска первого русского спутника, на Землю является пришелец из космоса – металлический гигант. Первым на него натыкается какой-то рыбак, который принимает гиганта за маяк. Рыбак рассказывает всем односельчанам о своей находке, но ему никто не верит – кроме доброго хиппаря. Железный человек оказывается очень приятным и привязчивым, но есть у него один недостаток – питается он тоже только же-

12

СКОРЕЕ ВЫЗДОРАВЛИВАЙТЕ!

В но́вой поликли́нике

In Part 1 (on video), you'll see Professor Petrovsky clearly suffering from a cold. Fortunately (or unfortunately?), he meets Grandma Kruglov, who quickly takes charge. In Part 2, Vova and his friend Petya have their own idea of what flu season means. In Part 3 (on video), it's back to Professor Petrovsky and Grandma Kruglov. And in Part 4, Sergei Petrovich, also a flu victim, gets a surprise when he is visited by a medical professional.

In this lesson you will learn

- ✪ to talk about health-related issues
- ✪ to express the means by which something is done
- ✪ more about using negatives
- ✪ to use the partitive Genitive
- ✪ more about making comparisons
- ✪ more about using imperatives
- ✪ more about reflexive verbs
- ✪ more about describing motion *from*
- ✪ more about expressing future actions
- ✪ about the Russian health care system

Дома́шний до́ктор

ЧАСТЬ ПЕРВАЯ

С ЧЕГО НАЧАТЬ?

PARTS OF THE BODY

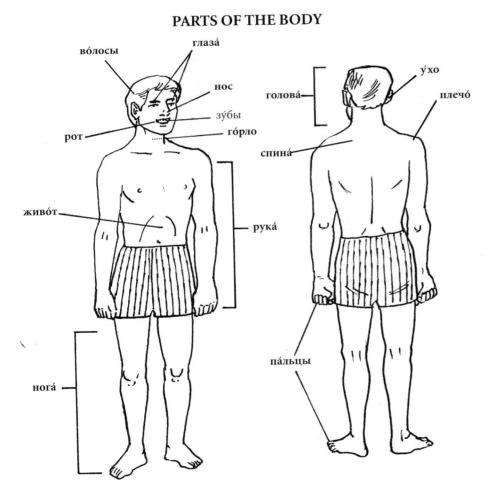

SING.	PL.
гла́з	глаза́
нога́	но́ги
па́лец	па́льцы
плечо́	пле́чи
рука́	ру́ки
у́хо	у́ши

— До́ктор,† я себя́ пло́хо чу́вствую.

— Что **у вас боли́т?**

— У меня́ боли́т голова́, боля́т ру́ки и но́ги.

боли́т (боля́т)	*ache(s), hurt(s)*

ЧТЕНИЕ

❖ ДОМА́ШНИЙ ДО́КТОР

(Morning. Professor Petrovsky, coming out of the building, meets Grandma Kruglov.)

ПРОФЕ́ССОР.	Алекса́ндра Никола́евна! Здра́вствуйте! (*Sneezes.*) Прости́те.
БА́БУШКА.	**Бу́дьте здоро́вы,**° Илья́ Ильи́ч.
ПРОФЕ́ССОР.	Спаси́бо.
БА́БУШКА.	А вы, я ви́жу, **си́льно простуди́лись.**° Заче́м вы на у́лицу вы́шли?
ПРОФЕ́ССОР.	Мне ну́жно купи́ть ко́е-каки́е° проду́кты.
БА́БУШКА.	Ах, Илья́ Ильи́ч, **ра́зве так мо́жно°?** В го́роде **эпиде́мия†** **гри́ппа.**° Возвраща́йтесь **неме́дленно**° домо́й. Иди́те. Иди́те домо́й. (*Pushes the professor back into the building.*) Я куплю́ вам всё, что ну́жно. Мой Степа́н Евге́ньевич то́же **боле́ет.**° Я его́ **лечу́**° дома́шними **сре́дствами.**° Они́ лу́чше **любы́х**° **лека́рств.**° Е́сли хоти́те, я вас то́же могу́ полечи́ть.
ПРОФЕ́ССОР.	Спаси́бо, Алекса́ндра Никола́евна, но мне нело́вко вас **беспоко́ить.**°
БА́БУШКА.	**Никако́го беспоко́йства.**°
ПРОФЕ́ССОР.	Что, что …?
БА́БУШКА.	Да, да, да. Я вас вы́лечу лу́чше, чем любо́й врач. Вот уви́дите. Иди́те домо́й, иди́те. А я к вам приду́ — че́рез полчаса́, и всё принесу́. Иди́те.
ПРОФЕ́ССОР.	(*Resignedly throws up his hands and starts heading toward the elevator.*) Хорошо́. **Открове́нно говоря́,**° я действи́тельно пло́хо себя́ чу́вствую.

Side glosses (left margin)

Бу́дьте… *Bless you!*

си́льно… *caught a bad cold*

ко́е-каки́е… *some*

ра́зве… *how could you possibly do that?* / *flu* / *immediately* / *is sick* / *am treating*

дома́шними… *home remedies* / *any* / *medicines*

мне… *I feel uncomfortable bothering you*

Никако́го… *It's no trouble at all.*

Открове́нно… *Frankly speaking*

БА́БУШКА.	Ну вот, я же ви́жу. Что вам купи́ть в магази́не?
ПРОФЕ́ССОР.	Молоко́, минера́льную во́ду[1] и хлеб, пожа́луйста.
БА́БУШКА.	Всё куплю́. А вы иди́те домо́й. Вы **температу́ру ме́рили**°?
ПРОФЕ́ССОР.	Сего́дня не ме́рил, а вчера́ была́ **норма́льная.**[†]
БА́БУШКА.	Так э́то же бы́ло вчера́! На́до **изме́рить**° сего́дня. (*Looks at him closely.*) Я уве́рена, что у вас высо́кая температу́ра.

Вы... Did you take your temperature?
to take

(*Back in his apartment, the professor calls his office.*)

ПРОФЕ́ССОР.   Это Шу́рочка? Что? Не туда́ попа́л? Извини́те. (*Redials.*)
Здра́вствуйте, Шу́рочка, это Илья́ Ильи́ч. Я, ка́жется, заболе́л. Да, наве́рно, грипп. Шу́рочка, у меня́ к вам про́сьба. У меня́ в 4 часа́ семина́р — отмени́те° его́, пожа́луйста. Нет, спаси́бо, мне ничего́ не ну́жно. До свида́ния.

cancel

УПРАЖНЕ́НИЕ 1   Под микроско́пом: Health expressions

Look through the reading for help in finding the following:

1. what to say when someone sneezes
2. the phrase "a flu epidemic"
3. the response "It's no trouble at all"
4. how to say "I don't feel very well"
5. how to ask a friend "Did you take (Have you taken) your temperature?"
6. how to say that your husband (wife, friend, son, daughter, and so on) has gotten sick

ГРАММАТИКА И ПРАКТИКА

❖ 12.1. ON BEING SICK AND GETTING WELL

Мой Степа́н Евге́ньевич то́же **боле́ет.**	*My Stepan Evgenyevich is also sick.*
Я, ка́жется, **заболе́л.**	*It seems I've gotten sick.*
А вы, я ви́жу, си́льно **простуди́лись.**	*And you, I see, have caught a bad cold.*
У меня́ **боли́т** голова́.	*My head hurts (I have a headache).*
Я действи́тельно пло́хо **себя́ чу́вствую.**	*I really feel pretty bad.*

---

[1]Note the stress change from the Nominative **вода́.**

The verb **боле́ть / заболе́ть** is the most general verb used to indicate that someone is ill. It can refer to temporary or chronic states (though the perfective has the specific meaning *to fall ill, to get sick*). If used with a complement, this verb takes the Instrumental: **Моя́ сестра́ боле́ет гри́ппом.** *My sister has (is ill with) the flu.* To express the more specific phrase *to catch a cold,* use the verb **простужа́ться / простуди́ться**. As you saw at the beginning of this lesson, the construction **У меня́ боли́т (боля́т)** . . . is used to say that a part of your body hurts or aches. And to describe how you're feeling, use **чу́вствовать себя́ (пло́хо, хорошо́,** and so on).

Я его́ **лечу́** дома́шними сре́дствами.	*I treat him with home remedies.*
Éсли хоти́те, я вас то́же могу́ **полечи́ть.**	*If you want, I can take care of you too.*
Я вас **вы́лечу** лу́чше, чем любо́й врач.	*I'll cure you better than any doctor (can).*

This reading also presents the verb **лечи́ть** and two related perfective verbs: **полечи́ть** and **вы́лечить**. The perfective **полечи́ть** refers to a temporary activity, meaning *to take care of someone for a short period of time,* while **вы́лечить** is a resultative perfective with the specific connotation that a cure has been (or will be) achieved.

УПРАЖНЕНИЕ 2   Де́душка и ба́бушка

Fill in the blanks in the paragraph at the left with the forms implied by the translation at the right.

Де́душка _____ [1]. Он _____ [2] три дня наза́д. Он ре́дко _____ [3], но в э́тот раз он си́льно _____ [4]. Он не лю́бит ходи́ть к врачу́, да́же когда́ он _____ _____ [5]. Ему́ нра́вится, когда́ его́ _____ [6] ба́бушка. Вчера́ ма́ма им позвони́ла и спроси́ла, не мо́жет ли она́ _____ [7] де́душку. А ба́бушка сказа́ла, что она́ зна́ет, что де́лать и что она́ _____ [8] его́ че́рез не́сколько дней.	My grandfather is ill. He became sick about three days ago. He doesn't get sick very often, but this time he came down with a bad cold. He doesn't like to go to the doctor, even when he's not feeling well. He likes it when Grandma takes care of him. Yesterday my mother called them and asked if she could take care of Grandpa. But Grandma said she knows what to do and that she'd cure him in a few days.

◆ О РОССИИ ◆

ПО ФАРЕНГЕ́ЙТУ, ПО ЦЕ́ЛЬСИЮ

Вы температу́ру ме́рили?

In the United States, temperatures are expressed in degrees Fahrenheit (named after the inventor of the scale), on which water freezes at 32 degrees and boils at 212 degrees. In Russia, however—as in most countries of the world—temperatures are expressed in degrees Celsius (likewise named after the inventor of the scale), also known as "centigrade." On this scale, water freezes at 0 degrees and boils at 100 degrees. Normal body temperature is 98.6 **по Фаренге́йту**, but is 37 **по Це́льсию**. To help you decide what to wear when reading or hearing a weather report in which temperatures are given **по Це́льсию**, the following rhyme may be useful:

> Thirty is hot,
> Twenty is nice,
> Ten is cold,
> Zero is ice.

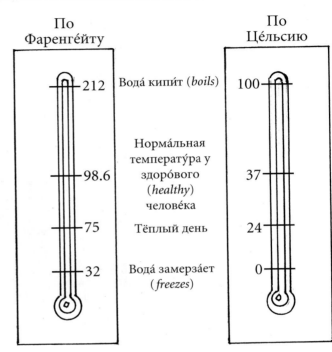

По Фаренге́йту

По Це́льсию

212 — Вода́ кипи́т (*boils*) — 100

98.6 — Норма́льная температу́ра у здоро́вого (*healthy*) челове́ка — 37

75 — Тёплый день — 24

32 — Вода́ замерза́ет (*freezes*) — 0

◆ 12.2. MEANS AND INSTRUMENTS: ДОМА́ШНИМИ СРЕ́ДСТВАМИ

Я его́ лечу́ **дома́шними сре́дствами**.

I'm treating him with home remedies.

The Instrumental case can be used without a preposition to show the instrument or means by which something is accomplished. The Instrumental form of **что** is **чем**, which asks *how, by what means?*[2]

— **Чем** вы ле́читесь, когда́ вы простужа́етесь?
— **Аспири́ном** и **горя́чим ча́ем**.

"What do you treat yourself with when you have a cold?"
"Aspirin and hot tea."

— **Чем** вы пи́шете, **карандашо́м**?
— Нет, **ру́чкой**.

"What are you writing with, a pencil?"
"No, a pen."

---

[2]This Instrumental form of **что** is a different **чем** from the conjunction **чем** (*than*) used in making comparisons.

To render *with* in the sense of *by means of*, use the Instrumental without a preposition; to render *with* in the sense of *together with, along with, accompanied by,* be sure to use the construction <**с** + Instr.>.

Мы еди́м суп **ло́жкой**.   *We eat soup with (by means of) a spoon.*

Мы еди́м суп **с хле́бом**.   *We eat soup with (accompanied by) bread.*

In some contexts **как** elicits the means or instrument by which something is accomplished.

— **Как** вы пое́дете сего́дня домо́й?   *"How are you getting home today?"*
— **Авто́бусом.** (На авто́бусе.)   *"By bus."*

проглоти́л	*swallowed*
выезжа́ем	*we're leaving*
прибы́тие	*arrival*
пока́	*for the time being*

УПРАЖНЕНИЕ 3   With «с» or without «с»?

Insert the preposition «**с**» where it must be used. How many are left blank?

Мы _____[1] друзья́ми ча́сто хо́дим в кино́. Мне нра́вятся коме́дии[†] _____[2] остроу́мными (*witty*) диало́гами, Дэ́ниел интересу́ется _____[3] истори́ческими дра́мами,[†] а Кристи́на лю́бит смотре́ть фи́льмы _____[4] изве́стными актёрами. В кинотеа́тр[†] мо́жно е́хать _____[5] авто́бусом, но обы́чно мы хо́дим пешко́м.

По́сле фи́льма мы идём в на́ше люби́мое кафе́. Я зака́зываю (*order*) эспре́ссо по-италья́нски, Кристи́на лю́бит ко́фе _____[6] молоко́м, а Дэ́ниел пьёт чай _____[7] лимо́ном.[†] В э́том кафе́ рабо́тает одна́ симпати́чная же́нщина из Росси́и. Она́ печёт (*bakes*) вку́сные пирожки́ _____[8] мя́сом, _____[9] гриба́ми и _____[10] капу́стой. Она́ зна́ет, что мы занима́емся _____[11] ру́сским языко́м, и всегда́ разгова́ривает _____[12] на́ми по-ру́сски. А мы _____[13] аппети́том еди́м её пирожки́!

УПРАЖНЕНИЕ 4   Чем ты . . . ?

Working with a classmate, ask and answer the questions using the items in the following list.

автóбус
аспирúн
горя́чий (*hot*) чáй с мёдом (*honey*)
домáшние срéдства

ключ (*key*)
машúна
мел (*chalk*)
термóметр[†]

Я меру термометром

1. Чем ты мéришь температу́ру, когдá ты болéешь?
2. Как ты обы́чно éздишь в университéт?
3. Чем ты лéчишься (*treat yourself*), когдá у тебя́ болúт головá?
4. Чем ты лéчишься, когдá у тебя́ болúт гóрло?
5. Чем ты открывáешь дверь?
6. Чем пúшут на доскé (*chalkboard*)?

УПРАЖНЕНИЕ 5   Using the Instrumental Case

Working with a classmate, practice asking and answering the following questions, all of which involve different uses of the Instrumental case.

1. С кем ты чáсто говорúшь по телефóну?
2. Кто сидúт за тобóй в нáшей аудитóрии? А пéред тобóй?
3. Кем ты хóчешь стать, когдá закóнчишь университéт?
4. Ты когдá-нибудь занимáлся (занимáлась) бúзнесом? Какúм бúзнесом ты занимáлся (занимáлась)?
5. С чем ты пьёшь чай — с сáхаром (*sugar*), с мёдом (*honey*) úли с лимóном[†]?
6. Ты смóтришь баскетбóл одúн úли с друзья́ми?
7. С кем ты встречáл (встречáла) Нóвый год?

---

reVERBerations ⭐ *болéть vs. болéть*

Note that these two verbs have identical infinitives but that their conjugation patterns are different. **Болéть** (*to ache, hurt*) is an **-ишь** verb: **У меня́ болúт головá (боля́т нóги).** **Болéть** (*to be sick*) is a **-ешь** verb: **Наш сосéд болéет.**

КУЛЬТУРА РЕЧИ

❖ ТАК ГОВОРЯТ: **WHEN SOMEONE HAS A COLD**

Here are some things you might say to someone who is sick.

Как вы себя чу́вствуете?	*How are you feeling?*
Бу́дьте здоро́вы! Будь здоро́в (здоро́ва)!	*Gesundheit! Bless you!* (when someone sneezes)
Что у вас боли́т?	*Where do you hurt? (What hurts?)*
Вы си́льно простуди́лись.	*You've caught a bad cold.*
Скоре́е выздора́вливайте!	*Get well soon!*

УПРАЖНЕНИЕ 6   Бу́дьте здоро́вы!

Give an appropriate response or ask an appropriate question for each of the following situations:

1. A male friend sneezes.
2. A female friend sneezes.
3. A teacher sneezes.
4. Your best friend looks ill. Ask how he or she feels.
5. An older acquaintance returns to work after being ill for three days.
6. You have a bad headache. Your teacher asks «**Как вы себя чу́вствуете?**»
7. Your leg aches. Your friend asks «**Как ты себя чу́вствуешь сего́дня?**»

❖ САМОПРОВЕРКА: УПРАЖНЕНИЕ 7

Working on your own, try this self-test: Read a Russian sentence out loud, then give an idiomatic English equivalent without looking at the book. Then work from English to Russian. After you have completed the activity, try it with a classmate.

1. Я действи́тельно пло́хо себя чу́вствую. У меня́ высо́кая температу́ра — 38.3 (три́дцать во́семь и три) по Це́льсию. Бою́сь, что я простуди́лся (простуди́лась).

2. Ба́бушка, я не хочу́ тебя́ беспоко́ить, но по-мо́ему я заболе́л (заболе́ла). Наве́рно, у меня́ грипп.

3. Обы́чно мы е́здим в Крым по́ездом, но э́тим ле́том мы пое́дем на маши́не.

4. — Чем ты пи́шешь, ру́чкой?
— Нет, карандашо́м.

1. *I really feel awful. I'm running a high temperature—38.3 Celsius. I'm afraid I've caught a cold.*

2. *Grandma, I don't want to bother you, but I think I've gotten sick. I probably have the flu.*

3. *Usually we go to the Crimea by train, but this summer we're going by car.*

4. *"What are you writing with, a pen?" "No, a pencil."*

❖ **ВОПРОСЫ И ОТВЕТЫ: УПРАЖНЕНИЕ 8**

Working with a classmate, take turns asking and answering the following questions.

1. Ты ча́сто простужа́ешься?
2. Что у тебя́ боли́т, когда́ ты простужа́ешься? Голова́? Го́рло? Живо́т? Ты чиха́ешь (*sneeze*)? Ка́шляешь (*cough*)?
3. Тебя́ кто́-нибудь ле́чит, когда́ ты простужа́ешься? И́ли ты ле́чишься (*treat yourself*) сам (сама́)?
4. Что ты де́лаешь, когда́ ты себя́ пло́хо чу́вствуешь?
5. Кака́я температу́ра счита́ется (*is considered*) норма́льной для челове́ка (по Фаренге́йту и по Це́льсию)?
6. Ты ча́сто ме́ришь температу́ру, когда́ боле́ешь?
7. Каки́е лека́рства ты принима́ешь (*take*), когда́ у тебя́ на́сморк (*head cold*)? Что ещё? А ты принима́ешь витами́н С?[3]
8. Ты хо́дишь к врачу́, когда́ у тебя́ на́сморк? И́ли врач прихо́дит к тебе́?
9. Что ты пьёшь, когда́ у тебя́ на́сморк и́ли ка́шель (*cough*)? Горя́чий (*hot*) чай? Чай с лимо́ном? А что ты ешь?

❖ **ДИАЛОГИ**

ДИАЛОГ 1 Что с тобо́й?
(Inquiring about health)

— Что с тобо́й?
— Я заболе́л (заболе́ла). Наве́рно, у меня́ грипп.
— Ты ме́рил (ме́рила) температу́ру?
— У́тром температу́ра была́ норма́льная, а сейча́с — не зна́ю.
— На́до изме́рить температу́ру ещё раз. У тебя́ до́ма есть аспири́н?
— Не уве́рен (уве́рена).
— Хорошо́. Иди́ домо́й, а я пойду́ в апте́ку и куплю́ тебе́ аспири́н.
— Большо́е спаси́бо.

ДИАЛОГ 2 Как ты себя́ чу́вствуешь сего́дня?
(Inquiring about health)

— Али́са, где ты была́ вчера́?
— До́ма. Я простуди́лась и весь день сиде́ла до́ма.
— А ты не ходи́ла к врачу́?
— Да нет. Я принима́ла (*took*) аспири́н и пила́ чай с мёдом (*honey*).
— А как ты себя́ чу́вствуешь сего́дня?
— Спаси́бо, намно́го лу́чше.

УПРАЖНЕНИЕ 9   Ваш диало́г

Create a dialogue in which you encounter a friend on the street or in class. Your friend seems to be coming down with something. Find out what's wrong and offer to help.

---

[3]Russian uses the Latin representation for vitamins (as it does for chemical elements), but pronounces them as if they were written thus: A = **А**, B = **Бэ**, C = **Цэ**, D = **Дэ**.

❖❖ А ТЕПЕРЬ . . . : УПРАЖНЕНИЕ 10

Working with a classmate (who happens to look really sick today!), use what you learned in Part 1 to . . .

1. ask how he's feeling and whether he has caught a cold
2. ask if he has taken his temperature (and if so, find out what it is)
3. ask if he knows what temperature is normal (in Fahrenheit and Celsius)
4. find out if he has gone to a doctor:
   > if so, find out what the doctor said;
   > if not, find out why he hasn't gone
5. ask if he usually comes to school on foot (by bus, by car, . . .)

ЧАСТЬ ВТОРАЯ

С ЧЕГО НАЧАТЬ?

КИНОТЕА́ТР «ИЛЛЮЗИО́Н»: РЕПЕРТУА́Р НА ИЮ́НЬ

ИЛЛЮЗИОН

Котельническая наб., 1/5
тел. 915-4339, 915-4353
ст. м. Таганская, Китай-город
Цена билета 5—10 руб.

1 ИНДИЙСКАЯ ГРОБНИЦА (*Германия*)
в 13, 16 час.
2 ПЕСНЬ ПУСТЫНИ (*Германия*)
в 13.30, 15 час.
ЛА ВЬЯЧЧА (*Италия*) в 17, 19 час.
4 ГРАФ МОНТЕ-КРИСТО (*США*)
в 13, 15, 18 час.
5 ТАРЗАН (*США*) в 13 час.
О, СЧАСТЛИВЧИК! (*Англия*) в 15, 18 час.
6 ТРИ МУШКЕТЕРА (*Франция,*
1939 и 1961) в 13 и 18 час.
7 КАПИТАН БЛАД (*США*) в 13 час.
ФАННИ И АЛЕКСАНДР (*Швеция*)
в 15, 18 час.
8 ДНИ ЛЮБВИ (*Италия*) в 13, 15 час.
ГЕНЕЗИС (*Индия*) в 17 час.
9 ТИГР АКБАР (*Германия*) в 13.15, 15 час.
ПОСЛЕДНИЙ РОМАНС (*Испания*)
в 16.45, 19 час.
10 ЧЕЛОВЕК В ЖЕЛЕЗНОЙ МАСКЕ
(*США, 1939 и Англия, 1977*) в 15 и 19 час.
11 МИСТЕР СМИТ ЕДЕТ В ВАШИНГТОН
(*США*) в 13, 15 час.
ПОДЛИННАЯ ИСТОРИЯ ДАМЫ
С КАМЕЛИЯМИ (*Франция—Италия*)
в 17, 19 час.

12 КАПИТАН БЛАД (*США*) в 13, 15 час.
13 ТРИ МУШКЕТЕРА (*США*) в 13.30
ЖЕЛЕЗНАЯ МАСКА (*Франция*)
в 13, 15 час.
14 ПОЛУНОЧНЫЙ ПОЦЕЛУЙ (*США*)
в 13, 15 час.
ОСЕННЯЯ СОНАТА (*Швеция*) в 17, 19 час.
ПОД НЕБОМ СИЦИЛИИ (*Италия*) в 13 час.
БАШНЯ СМЕРТИ (*США*) в 15, 17 час.
16 СВИНАРКА И ПАСТУХ (*СССР*)
в 15, 17 час.
ВЕРНИСЬ В СОРРЕНТО (*Италия*)
в 13.15, 15 час.
ПАНА (*Франция*) в 17, 19 час.
17 СЕДЬМОЕ НЕБО (*США*) в 13 час.
ЧЕТЫРЕ МУШКЕТЕРА (*Франция*)
в 15, 18 час.
18 СТУПЕНИ СУПРУЖЕСКОЙ ЖИЗНИ
(*Франция*) в 13, 15 час.
Киновечер М. ЛАДЫНИНОЙ в 18 час.
19 ВОЛШЕБНИК ИЗ СТРАНЫ ОЗ (*США*)
в 13, 15 час., а также **27** в 13 час.
ЭММАНУЭЛЬ-5 (*Франция*) в 17, 19 час.
20 День немецкого кино
21 ДЕТИ РАЙКА (*Франция*) в 13.30
ЛЮБОВНИК ЛЕДИ ЧАТТЕРЛЕЙ
(*Франция—Англия*) в 17, 19 час.
22 СЕКРЕТАРЬ РАЙКОМА
(*СССР*) в 13 час.
РИМ В 11 ЧАСОВ (*Италия*) в 15, 17 час.

23 КУБАНСКИЕ КАЗАКИ (*СССР*) в 11.30
Льготный сеанс
ТЫ МОЕ СЧАСТЬЕ (*Германия*)
в 13.30, 15.15
ЧЕТВЕРО ПРОТИВ КАРДИНАЛА
(*Франция*) в 17, 19 час., **28** в 13 час.
24 РОЖДЕННЫЕ ТАНЦЕВАТЬ (*США*)
в 13, 15 час.
ЖУРНАЛИСТ ИЗ РИМА (*Италия*)
в 17, 19.15
25 УТРАЧЕННЫЕ ГРЕЗЫ (*Италия*)
в 13, 15 час.
ЧЕРНЫЙ ТАЛИСМАН (*Франция*)
в 17, 19 час.
26 АВЕ МАРИЯ (*Германия*) в 13, 15 час.
ФРОЙЛЯЙН ЭЛЬЗА (*Франция—Италия*)
в 17, 19 час.
27 ЧЕТЫРЕ МУШКЕТЕРА (*Франция*)
в 16, 18.30
28 ИСТОРИЯ О, ЧАСТЬ II (*Франция*)
в 15, 17, 19 час.
29 СКАЗАНИЕ О ЗЕМЛЕ СИБИРСКОЙ
(*СССР*) в 13 час.
ПРИГОВОР (*Франция*) в 15, 17 час.
30 ИСПЫТАНИЕ ВЕРНОСТИ (*СССР*)
в 11.30
Льготный сеанс
МОЛОДОЙ КАРУЗО (*Италия*)
в 13.30, 15.15
ДВОЕ В ГОРОДЕ (*Франция*) в 17, 19 час.

— Что идёт в кино́ «Иллюзио́н» 4-ого ию́ня?
— Америка́нский фильм «Граф Мо́нте-Кри́сто».
— Когда́ **начина́ется** пе́рвый **сеа́нс**?
— В 13 часо́в.

ЧТЕНИЕ

❖ УРА́, У НАС ЭПИДЕ́МИЯ!

(*Vova and his friend Petya nearly collide with Grandma Kruglov on the stairs.*)

ВО́ВА.   Ой, Алекса́ндра Никола́евна, извини́те, пожа́луйста.

БА́БУШКА.   Ничего́. Куда́ э́то вы так спеши́те? В шко́лу опа́здываете?

ПЕ́ТЯ.   Нет, в шко́лу мы сего́дня не идём.

ВО́ВА.   Сего́дня уро́ков не бу́дет!

БА́БУШКА.   Почему́?

ВО́ВА.   Неуже́ли вы не зна́ете? В го́роде эпиде́мия гри́ппа. Все шко́лы в на́шем райо́не закры́ты. Поэ́тому мы с Пе́тькой пойдём **снача́ла**° в кино́, а пото́м на като́к.°

at first
skating rink

БА́БУШКА.   Ничего́ не понима́ю. В шко́лу ходи́ть нельзя́, а в кино́ и на като́к мо́жно?

ВО́ВА.   Коне́чно, мо́жно. Эпиде́мия — э́то замеча́тельно! Э́то как ещё одни́ **кани́кулы.**° А сейча́с мы бежи́м в поликли́нику **вы́звать** па́пе врача́.° Он заболе́л.

ещё... another vacation /
вы́звать... to get a doctor
for Dad

БА́БУШКА.   Врача́ мо́жно вы́звать по телефо́ну.

ВОВА.   Папа всё утро звонил в поликлинику. Телефон **занят.**° Наверно, все
        заболели и все туда звонят. Поэтому он попросил меня отнести° в
        поликлинику эту **записку.**° Тут его фамилия, имя и отчество, год
        рождения° и адрес.
БАБУШКА. Идите скорее. Кто-нибудь есть дома?
ВОВА.   Нет. Мама ушла на работу, а Лёнка — в университет на семинар.
        Дома только папа и Белка.
БАБУШКА. Белка папе чаю с **лимоном**† не даст.
ВОВА.   Да, этого она ещё не умеет.
БАБУШКА. Хорошо, идите в поликлинику, а я позвоню папе. Может быть, ему
        что-нибудь нужно.
ВОВА.   Спасибо, Александра Николаевна.
ПЕТЯ.   Вовка, скорее, сеанс начинается в 10.30!

busy

to take

note

birth

УПРАЖНЕНИЕ 1   Под микроскопом: Где? Куда?

Look back at the reading and circle the <**в/на** + Prep.> phrases that indicate location.
Then underline the <**в/на** + Acc.> phrases that indicate destination. Some phrases are
used more than once.

ГРАММАТИКА И ПРАКТИКА

◆ 12.3. DESTINATION OR LOCATION?

Куда это вы так спешите? **В
школу** опаздываете?

Папа всё утро звонил **в
поликлинику.** Наверно, все
заболели и все **туда** звонят.

*Where are you going in such a
hurry? Are you late for school?*

*Dad was calling the clinic all
morning. Probably everybody's
gotten sick and they're all calling
there.*

As you've seen with other constructions, the notion of destination vs. location is very
strong in Russian. Sometimes, even when a verb of motion is not specifically present,
Russian uses the Accusative case if the *idea* of destination is clear. In some instances
this contrasts sharply with English. Consider the following:

Лёна ушла **в университет
на семинар.**

*Lena has gone to a seminar at
the university.*

In English you might express your destination as an event (*to a seminar*) coupled with
the location where this event takes place (*at the university*). Russians treat both
elements as destinations, as the object of motion (**в университет** [*Acc.*] **на семинар**
[*Acc.*]). Typically, the more general destination is stated first (*to the university*), followed
by the more specific one (*to a seminar*).

A similar sense of direction is evident in this example.

Позвони́те мне **домо́й**.   *Call me at home.*

In this instance the destination adverb **домо́й** is used (not the locational adverb **до́ма**, which would be closer to the English).

УПРАЖНЕНИЕ 2   Кому́ и́ли куда́ звони́ть?

Use constructions with **кому́** (for a person) or **куда́** (for a place) to say whom or what location should be called.

> ОБРАЗЕЦ: Вы хоти́те знать, когда́ открыва́ется (*opens*) спортза́л.
> → На́до позвони́ть в спортза́л.

1. Ва́ша подру́га не зна́ет, когда́ начина́ется пе́рвый сеа́нс но́вого италья́нского фи́льма.
2. Ваш брат заболе́л и ему́ ну́жен врач.
3. За́втра день рожде́ния ба́бушки.
4. Пе́ред до́мом вы нашли́ соба́ку ва́шего сосе́да.
5. Вы хоти́те знать, когда́ открыва́ется като́к (*skating rink*).
6. Вы хоти́те поу́жинать (*have dinner*) в рестора́не «Славя́нский база́р».

УПРАЖНЕНИЕ 3   Куда́ вы идёте? Куда́ вы е́дете?

Working with a partner, take turns asking and answering questions like **Куда́ вы идёте? Куда́ вы е́дете?** with the following subjects, verbs, and "double" destinations. Then add some of your own.

> ОБРАЗЕЦ: Куда́ е́дут ва́ши сосе́ди?
> → Они́ е́дут в Москву́ на кинофестива́ль.†

ты		университе́т	ле́кция
мы	идти́	консервато́рия	конце́рт
вы		но́вый кинотеа́тр†	ру́сский фильм
моя́ подру́га		Москва́	сва́дьба
наш преподава́тель	е́хать	Санкт-Петербу́рг	конфере́нция
на́ши сосе́ди		Нью-Йо́рк	кинофестива́ль†

◈ 12.4. DIRECT OBJECTS AND NEGATION:
ЭТОГО ОНА́ ЕЩЁ НЕ УМЕ́ЕТ

— Бе́лка па́пе
ча́ю с лимо́ном не даст.

— Да, э́того она́ ещё
не уме́ет.

*"Belka won't give your Dad tea
with lemon."*

*"Yes, she doesn't know how to do
that yet."*

Whereas the Accusative is usually used to express a direct object, the Genitive is sometimes used for this purpose in negated sentences. This is particularly true with the pronoun э́то (as in the above example) and with nouns after verbs of perception (**я не ви́дел э́того фи́льма, я не слы́шал расска́за**). Other examples that you have seen include these.

Вы **тако́го** не е́ли!

*You've never eaten anything
like it!*

Са́мого гла́вного ты
не зна́ешь.

*You don't know the most
important thing.*

Спаси́бо, я **спиртно́го**
не пью.

*Thanks, (but) I don't drink
(any) alcohol.*

The Genitive is used for direct objects when they are modified by such negatives as **никако́й**, **ни оди́н**.

— Вы ви́дели кра́сную
маши́ну?

— Я **никако́й кра́сной
маши́ны** не ви́дел.

"Did you see a red car?"

"I didn't see any red car."

If the conjunction **ни … ни …** (*neither … nor …*) is used with the objects of a negated verb, the objects are in the Genitive case.

— Что вы бо́льше лю́бите —
хокке́й и́ли футбо́л?

— Я не люблю́ **ни хокке́я,
ни футбо́ла**.

*"What do you like more (better)
hockey or soccer?"*

*"I don't like either hockey
or soccer."*

УПРАЖНЕ́НИЕ 4   Вы что́-нибудь слы́шали?

You are being interviewed as a possible witness to an accident, but you have seen and heard nothing. Use negated Genitive objects in your answers.

1. Вы ви́дели что́-нибудь необы́чное о́коло своего́ до́ма вчера́ в
три часа́ дня?
2. Вы ви́дели каку́ю-нибудь маши́ну?
3. Вы что́-нибудь слы́шали?
4. Я спра́шиваю, где вы бы́ли вчера́ ве́чером. Вы по́няли мой вопро́с?
5. Вы вчера́ пи́ли пи́во и́ли во́дку?

❖ 12.5. THE PARTITIVE GENITIVE: ЧÁЮ

Бéлка пáпе **чáю** с лимóном
не даст.

*Belka won't give Dad tea with
lemon.*

When talking about substances such as foods, Russians often use the Genitive case in a
partitive sense. As its name implies, the partitive refers to a part of the larger quantity. It
is somewhat similar to the English use of *some* or *any*.

ACCUSATIVE	PARTITIVE GENITIVE
Они́ óчень лю́бят **салáт.** *They really like salad.*	Тебé положи́ть **салáта?** *May I give you some salad?*

At mealtime you often hear both Accusative and partitive constructions.

Передáйте **мя́со**, пожáлуйста.

Pass <u>the meat</u>, please.
[used when the speaker is asking
for the whole plate to be passed]

Положи́те мне **мя́са**,
пожáлуйста.

Give me <u>some meat</u>, please.
[used when the speaker is asking
for a serving, not the whole plate]

For a few masculine nouns, the partitive may be expressed either by the regular
Genitive ending -**а/-я** or by a special partitive form ending in -**у/-ю**.

NOMINATIVE (У вас есть . . . ?)	REGULAR GENITIVE (Нет, у нас нет . . .) AND PARTITIVE USAGE (Дáйте, пожáлуйста . . .)	ALTERNATIVE FORM FOR PARTITIVE USAGE ONLY (Дáйте, пожáлуйста . . .)
сыр	сы́р**а**	сы́р**у**
суп	сýп**а**	сýп**у**
чай	чá**я**	чá**ю**

Друзья за столом

УПРАЖНЕНИЕ 5   За столом

Imagine that you are having a meal in a Russian home. Working with two or three classmates, decide who will be the host(s) and who will be the guest(s) and create a mealtime dialogue. Begin by completing the following sentences using the items listed below. Then use the sentences to create your dialogue.

хлеб	пирожки	сок
икра	колбаса	чай
солёные огурцы	сыр	кофе
салат	паштет	молоко
винегрет	жаркое (*roasted meat*)	шампанское
грибы	сладкое (*dessert*)	водка

1. Передайте, пожалуйста . . .

2. Хотите ещё немного . . . ?

3. Положить вам . . . ?

4. Можно вам налить . . . ?

5. Налейте мне, пожалуйста . . .

6. Положите мне, пожалуйста . . .

7. Я очень люблю . . .

❖ 12.6. COMPARISONS WITHOUT ЧЕМ: ЛУ́ЧШЕ ЛЮБЫ́Х ЛЕКА́РСТВ

Дома́шние сре́дства лу́чше
любы́х лека́рств.

*Home remedies are better
than any medicines.*

When using a simple comparative form, Russians may leave out **чем** and express the second element in the Genitive case. Here are some more examples (with the corresponding **чем** constructions in parentheses).

Маши́на сто́ит доро́же
мотоци́кла. (Маши́на сто́ит
доро́же, чем мотоци́кл.)

A car costs more than a motorcycle.

Мой брат поёт лу́чше **меня́.**
(Мой брат поёт лу́чше, чем я.)

*My brother sings better than
I do.*

Ваш портфе́ль ле́гче **моего́.**
(Ваш портфе́ль ле́гче, чем мой.)

*Your briefcase is lighter than
mine.*

Их маши́на нове́е **на́шей.**
(Их маши́на нове́е, чем на́ша.)

Their car is newer than ours.

СЛОВА, СЛОВА, СЛОВА . . . ✪ *Comparatives*

Here are some adjectives in their basic (or "positive") forms and their comparative forms. Some of these will be new to you.

BASIC FORM	COMPARATIVE FORM
бога́тый (*rich*)	**бога́че**
большо́й	бо́льше
высо́кий	**вы́ше**
дорого́й	**доро́же**
интере́сный	интере́снее
лёгкий (*easy, light*)	**ле́гче**
ма́ленький	ме́ньше
молодо́й	**моло́же**
но́вый	нове́е
плохо́й	ху́же
просто́й (*simple, easy*)	**про́ще**
симпати́чный	симпати́чнее
ста́рый	**ста́рше**
тру́дный	трудне́е
тяжёлый	тяжеле́е
хоро́ший	лу́чше
чи́стый	**чи́ще**

УПРАЖНЕНИЕ 6   Кто бога́че?

Working with a classmate, ask and answer the following questions. Alternate between the use of **чем** and the use of the Genitive without **чем**. Remember that the words **намно́го** and **гора́здо** are used with comparatives to mean *much* or *far* (*richer, bigger,* and so on).

ОБРАЗЕ́Ц: Кто бога́че, ты и́ли Билл Гейтс?
→ Билл Гейтс (намно́го/гора́здо) бога́че меня́.
и́ли: Билл Гейтс (намно́го/гора́здо) бога́че, чем я.

1. Кака́я маши́на доро́же, «мерседе́с» и́ли «фольксва́ген»?
2. Кто ста́рше, америка́нский президе́нт и́ли ру́сский президе́нт?
3. Кто бо́льше, жира́ф и́ли ко́шка?
4. Кака́я му́зыка интере́снее, джаз и́ли кла́ссика?
5. Како́й го́род бо́льше, Москва́ и́ли Санкт-Петербу́рг?
6. Что трудне́е, учи́ться говори́ть по-ру́сски и́ли учи́ться води́ть маши́ну?
7. Каки́е го́ры (*mountains*) вы́ше, Ура́л[†] в Росси́и и́ли Скали́стые го́ры (*the Rockies*) в Аме́рике?

УПРАЖНЕНИЕ 7   Мой па́па вы́ше твоего́!

You and a friend are comparing your lives and surroundings. Try to top whatever your friend says. Make up at least five exchanges.

ОБРАЗЕ́Ц: — У меня́ о́чень у́мная соба́ка.
— А моя́ ко́шка умне́е твое́й соба́ки.

reVERBerations ✪ *конча́ться / ко́нчиться*

In Lesson 7, Part 2 you learned the verbs **начина́ть / нача́ть** (*to begin* [*something*]) and **конча́ть / ко́нчить** (*to finish* [*something*]). In the Lesson 5, Part 2 reading you encountered the reflexive verb **начина́ться / нача́ться** to describe something that begins: **Сеа́нс начина́ется в 7 часо́в.** The parallel verb to describe something that ends is **конча́ться / ко́нчиться**: **Фильм конча́ется в 9 часо́в.**

 # КУЛЬТУРА РЕЧИ

❖ ТАК ГОВОРЯТ: ЛЮБО́Й

Дома́шние сре́дства лу́чше **любы́х** лека́рств.	*Home remedies are better than any medicines.*

The adjective **любо́й** is roughly equivalent to the English adjective *any*.

Приходи́те к нам в **любо́е** вре́мя.	*Come over at any time.*
Ты чиха́ешь. Ты ка́шляешь. У тебя́ высо́кая температу́ра. Мо́жет быть, э́то грипп, может быть, нет. **В любо́м слу́чае** я вы́зову тебе́ врача́.	*You're sneezing. You're coughing. You have a temperature. Maybe it's flu and maybe not. In any case I'm getting you a doctor.*

УПРАЖНЕНИЕ 8   Любо́й

Match the following **любо́й** phrases with their English equivalents.

1. _____ (at) any time
2. _____ in any store
3. _____ at any price
4. _____ any day
5. _____ in any case
6. _____ any of us

а. в любо́й день
б. любо́й из нас
в. в любо́м слу́чае
г. в любо́е вре́мя
д. любо́й цено́й
е. в любо́м магази́не

❖ САМОПРОВЕРКА: УПРАЖНЕНИЕ 9

Working on your own, try this self-test: Read a Russian sentence out loud, then give an idiomatic English equivalent without looking at the book. Then work from English to Russian. After you have completed the activity, try it with a classmate.

1. Мы должны́ поговори́ть об э́том. Позвони́те мне домо́й сего́дня ве́чером.

2. Извини́те меня́, я смотрю́ о́чень внима́тельно, но я не ви́жу ни ма́льчика, ни соба́ки.

3. Я газе́т не чита́ю, но о на́ших сосе́дях всё зна́ю.

4. Положи́те мне, пожа́луйста, сала́та и икры́.

5. Вам ча́ю и́ли ко́фе?

6. Моя́ сестра́ ста́рше меня́ (чем я), но я вы́ше её (чем она́).

7. Мои́ роди́тели иду́т в консервато́рию на конце́рт.

1. *We should have a talk about this. Call me at home tonight.*

2. *I'm sorry, but I'm looking very carefully, but I don't see either a boy or a dog.*

3. *I don't read newspapers, but I know everything about our neighbors.*

4. *Please give me some salad and some caviar.*

5. *Tea or coffee for you?*

6. *My sister is older than I am, but I'm taller than she is.*

7. *My parents are going to a concert at the conservatory.*

❖ ВОПРОСЫ И ОТВЕТЫ: УПРАЖНЕНИЕ 10

A visitor from Russia is asking about health issues in your town.

1. Когда́ вы учи́лись в шко́ле, у вас когда́-нибудь закрыва́ли (*closed*) шко́лу из-за (*because of*) эпиде́мии? А из-за плохо́й пого́ды?

2. Есть ли в ва́шем университе́те (колле́дже) поликли́ника? Где она́? Вы туда́ ча́сто хо́дите?

3. В ва́шем го́роде когда́-нибудь была́ эпиде́мия гри́ппа?

4. Вы обы́чно де́лаете приви́вку про́тив гри́ппа (*flu shot*)?

5. В како́м ме́сяце ну́жно де́лать приви́вку про́тив гри́ппа?

6. Что вы де́лаете, когда́ в ва́шей семье́ кто-нибудь боле́ет?

7. У вас хоро́ший аппети́т, когда́ вы боле́ете?

8. Кому́ вы звони́те, когда́ вы боле́ете и вам что́-нибудь ну́жно?

9. Вы мо́жете вы́звать врача́, когда́ вы боле́ете? И́ли вы должны́ пое́хать к врачу́?

10. Когда́ лю́ди ча́ще (*more often*) простужа́ются — ле́том и́ли зимо́й?

❖ ДИАЛОГИ

ДИАЛОГ 1 Уро́ков не бу́дет!
(Making plans; asking permission)

— Ва́ня, пора́ встава́ть, в шко́лу опозда́ешь.

— Ма́ма, сего́дня уро́ков не бу́дет!

— Э́то почему́?

— Потому́ что в го́роде эпиде́мия гри́ппа и шко́лы закры́ты!

— Отку́да ты зна́ешь?

— По телеви́зору сказа́ли!

— Что же ты бу́дешь де́лать це́лый день?

— Пойду́ снача́ла в кино́, а пото́м на като́к. Мо́жно?

— На като́к мо́жно, а в кино́ нельзя́. Ты ведь сам сказа́л, что в го́роде эпиде́мия гри́ппа.

ДИАЛОГ 2 Дай мне ча́ю с лимо́ном!
(Requesting and offering assistance)

— Ми́ша, отнеси́, пожа́луйста, э́ту запи́ску в поликли́нику.

— А кто у вас заболе́л?

— Никола́й Ива́нович. Вот ви́дишь — я здесь написа́л его́ фами́лию, и́мя и о́тчество, год рожде́ния и наш а́дрес.

— Хорошо́, сейча́с побегу́ (*I'll run*) в поликли́нику. Мо́жет, вам ну́жно что́-нибудь купи́ть?

— Да, вот тебе́ де́ньги, купи́ мне де́сять лимо́нов, пожа́луйста.

— Так мно́го?

— Никола́ю Ива́новичу всё вре́мя хо́чется пить, он всё вре́мя про́сит: «Дай мне ча́ю с лимо́ном!»

УПРАЖНЕ́НИЕ 11   Ваш диало́г

Create a dialogue in which you have returned to class after several days' absence. Explain to your teacher that you and your roommate (or a family member) were sick. Describe some of the things you did during your absence, both in terms of taking care of your cold and how you spent your time (for example, what you might have read or watched on television).

❖ А ТЕПЕ́РЬ . . . : УПРАЖНЕ́НИЕ 12

Working with a classmate, role-play a scene at the table and use what you learned in Part 2 to . . .

1. ask her to pass you the dish of [*choose a food*]
2. find out what she thinks is tastier: the pirozhki with mushrooms or the ones with cabbage
3. ask if she has a car (or bicycle) and then compare it with yours: Whose is older? Whose was more expensive?
4. find out if she plans to go to a hockey game at the stadium (or to a play at the university, or . . .) tonight.

ЧАСТЬ ТРЕТЬЯ

С ЧЕГО НАЧАТЬ?

BEING SICK

Он **чиха́ет**.

Он **ка́шляет**.

Она́ **принима́ет** лека́рство.

Она́ ме́рит температу́ру.

ЧТЕНИЕ

❖❖ КАРТО́ШКА — ЛУ́ЧШЕЕ ЛЕКА́РСТВО

(The professor's apartment. Grandma Kruglov comes in and begins unpacking shopping bags.)

БА́БУШКА. А вот и я.

ПРОФЕ́ССОР. Аааа . . . Алекса́ндра Никола́евна. Спаси́бо большо́е. *(Coughs and sneezes.)* Неуже́ли э́то всё мне? Мне так мно́го не на́до. Я о́чень ма́ло ем.

БА́БУШКА. Да подожди́те, Илья́ Ильи́ч, подожди́те. Проду́кты то́лько в одно́й су́мке. А в друго́й су́мке лека́рства.

ПРОФЕ́ССОР. Неуже́ли э́то всё лека́рства?

БА́БУШКА. Смотри́те, каки́е э́то лека́рства. Их в апте́ке не продаю́т.

ПРОФЕ́ССОР. *(Incredulously.)* Что э́то?

БА́БУШКА. Э́то моя́ дома́шняя апте́ка. *(Professor sneezes again.)* Вы ведь не то́лько чиха́ете. У вас **на́сморк,**° **ка́шель,**° вам тру́дно говори́ть. Как вы бу́дете ле́кции чита́ть?   *runny nose / a cough*

ПРОФЕ́ССОР. Да, э́то больша́я пробле́ма.

БА́БУШКА. Сейча́с бу́ду вас лечи́ть. У меня́ свой **ме́тод.**† Я так всегда́ лечу́ моего́ Степа́на Евге́ньевича. *(Pours hot water into basin.)* Ся́дьте. **Сними́те**° **носки́.**° *(Adds mustard powder to hot water and puts it under the table.)* **Опусти́те**° но́ги в во́ду.   *Take off / socks*
      Lower

ПРОФЕ́ССОР. *(Putting his feet in the water.)* О́чень **горячо́!**°   *О́чень. . . That's really hot!*

БА́БУШКА. Ничего́, ничего́! Тепе́рь сними́те руба́шку. *(Dips a mustard plaster in the hot water.)* Так . . . Сейча́с вам поста́влю на спи́ну **горчи́чники.**°⁴   *поста́влю. . . I'll put mustard plasters on your back.*

---

⁴A mustard plaster—a piece of paper treated with mustard powder that turns into a paste when dipped into hot water—was also a common home remedy for colds in the United States in the early part of the 1900s.

от... *for a cold* *lid*		Да, да, да, да, да. (*Starts putting mustard plasters on his back.*) Прекра́сное сре́дство от **просту́ды.**° Да. Вот так. Хорошо́. (*Puts a pan of hot boiled potatoes on the table.*) Тепе́рь сними́те кры́шку.° Да, да, да.
	ПРОФЕ́ССОР.	Что э́то? Горя́чая карто́шка? А что с ней де́лать?
Breathe *will pass*	БА́БУШКА.	Илья́ Ильи́ч, э́то лека́рство от ка́шля! Дава́йте. Опусти́те го́лову. Опусти́те, опусти́те ... Да, да. **Дыши́те,**° дыши́те! Я вам обеща́ю, что ка́шель **пройдёт.**° Так. Хорошо́.

(*The doorbell rings.*)

Не беспоко́йтесь... *Don't* *worry*	БА́БУШКА.	**Не беспоко́йтесь,**° не беспоко́йтесь, Илья́ Ильи́ч, я откро́ю.

(*She opens the door. It's Jim.*)

	ДЖИМ.	Здра́вствуйте.
come in	ПРОФЕ́ССОР.	До́брый день. Пожа́луйста. Пожа́луйста, **проходи́те.**°
что... *what's the matter with* *you?*	ДЖИМ.	(*Enters and looks with dismay at the professor.*) Илья́ Ильи́ч, **что с ва́ми**°?
	БА́БУШКА.	Джим, профе́ссор сейча́с не мо́жет разгова́ривать. Я его́ лечу́.
	ДЖИМ.	А я никогда́ тако́го ра́ньше не ви́дел.
	БА́БУШКА.	Ну, вот ...
dangerous	ДЖИМ.	Э́то не **опа́сно**°?
	БА́БУШКА.	Ну вот, ви́дите. (*Jim coughs.*) А почему́ вы ка́шляете? Вы то́же простуди́лись? Хоти́те, я и вас полечу́?
лу́чше... *better you didn't*	ДЖИМ.	Спаси́бо, Алекса́ндра Никола́евна, но **лу́чше не на́до.**°

УПРАЖНЕ́НИЕ 1   Под микроско́пом: Imperatives

Look back at the reading and underline all the imperatives you can find. Then make a list of their corresponding infinitives.

О РОССИИ

HEALTH CARE IN RUSSIA

Э́то моя́ дома́шняя апте́ка.

Folk medicine is still popular among many Russians. This may be due in part to the fact that standard medical care in Russia has not been consistently available in areas outside major population centers. Since 1991—the beginning of the post-Soviet era—many commercial clinics have opened, and this trend may spread. It remains to be seen, however, whether these clinics will provide better overall medical care in the near future. Meanwhile, many Russians continue to rely on crowded government clinics and their own tried-and-true **дома́шние сре́дства.** Although some of these home remedies may strike many foreigners as strange, one should remember that folk medicine has yielded many useful drugs now widely accepted in standard medical practice.

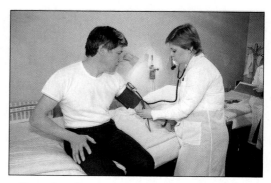

—Вам лу́чше?

ГРАММАТИКА И ПРАКТИКА

❖ 12.7. ASPECT AND IMPERATIVES

Ся́дьте. Сними́те носки́.
Опусти́те но́ги в во́ду.

Sit down. Take off your socks. Put your feet in the water.

Пожа́луйста, **проходи́те.**

Please come on in.

Imperatives can be formed from both aspects of a verb. Although variation exists, choosing the correct aspect is usually straightforward if you keep in mind the basic differences between imperfective and perfective actions. Positive imperatives can be separated into two main groups: *commands* and *invitations.* As a general rule, positive commands to perform a one-time action are perfective (as when Aleksandra Nikolaevna gives orders to the professor or when you tell someone to close the door); in such situations, completing the action is important (getting the professor's feet into the water, closing the door). Commands to perform repeated actions are usually imperfective because the focus is on repeating the process rather than achieving a particular result. Invitations are generally imperfective as well: someone is being invited to spend a period of time performing some action (visiting, sitting, eating, and so on).

Negated imperatives can also be separated into two main groups, *negated commands* and *warnings,* but similar principles apply. Negated commands (such as telling someone not to read a certain book) are usually imperfective because the action should not take place at all. There is no focus on completion or result because the action should not even start, so there is no reason to use the perfective. Warnings, on the other hand, focus specifically on the importance of not completing an action that could happen inadvertently: *Don't fall, don't catch a cold, don't be late, don't get sick, don't forget* [*something*], *don't lose* [*something*], and so on. Because completion and result are important considerations here, the perfective is used. Very often warnings are preceded by **Смотри́(те).** This adds force to the imperative and corresponds to English phrases such as *be careful, make sure, take care, mind.*

Compare the possible combinations in the following chart:

	IMPERFECTIVE	**PERFECTIVE**
POSITIVE	**Invitations:** **Входи́те,** пожа́луйста. **Сади́тесь.** *Come in, please. Have a seat.* **Commands for repeated actions:** **Говори́те** по-ру́сски ка́ждый день. *Speak Russian every day.*	**Commands for one-time actions:** Тепе́рь **сними́те** руба́шку. *Now take off your shirt.*

NEGATIVE	**Negated commands:**
	Не **гуля́й** зимо́й без ша́пки.
	  Просту́дишься.
	Don't walk around in the winter without a hat. You'll catch a cold.
		Warnings:
		Сего́дня о́чень хо́лодно.
		  Смотри́, **не простуди́сь.**
		It's really cold out today. Be careful—don't catch a cold.

УПРАЖНЕНИЕ 2   Aspect and imperatives

The following sentences, most taken from earlier readings, contain various types of imperatives. For each of the underlined verbs, indicate which type of imperative is involved: (1) a one-time positive command, (2) an invitation, (3) a negated command, or (4) a warning not to do something inadvertently. Make sure you can identify whether each verb is imperfective or perfective. When you have finished, compare your results with those of a classmate.

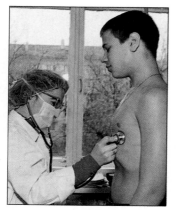

—Дышите. Ещё.

1. <u>Помоги́те</u>, пожа́луйста!
2. Джим, <u>расскажи́те</u> об Аме́рике.
3. <u>Заходи́те</u>, пожа́луйста.
4. Фред, <u>не удивля́йтесь</u>, что в э́том письме́ совсе́м нет оши́бок.
5. <u>Напиши́те</u> объявле́ние и <u>пове́сьте</u> в подъе́зде.
6. Вы со Све́той свобо́дны за́втра ве́чером? <u>Приходи́те</u> ко мне.
7. <u>Пришли́те</u> мне, пожа́луйста, Ва́шу статью́ про вампи́ров.
8. <u>Позвони́те</u> мне, пожа́луйста, че́рез пять мину́т.
9. — Шампа́нское мы бу́дем пить за Но́вый год, а сейча́с мы вы́пьем вино́ — за ста́рый.
   — Ребя́та, <u>налива́йте</u>!
10. <u>Попроси́те</u> Джи́ма принести́ гита́ру.
11. Карл, никуда́ <u>не уходи́те</u>.
12. Смотри́, <u>не опозда́й</u>!
13. Ле́на, <u>не волну́йтесь</u>.

УПРАЖНЕНИЕ 3   Императи́вы

Working with a classmate, think of imperatives you might hear in the following contexts.

1. Вы идёте к дру́гу (к подру́ге). Он (она́) открыва́ет вам дверь и говори́т . . .
2. Вы у ва́шего преподава́теля. Он (она́) приглаша́ет вас посиде́ть и поговори́ть (*to sit down and talk for a while*) с ним (с ней) по-ру́сски. Он (она́) вам говори́т . . .
3. Вы у врача́. Он (она́) хо́чет вас послу́шать (*listen to your lungs*). Что он (она́) говори́т?
4. На у́лице в Санкт-Петербу́рге иностра́нец спра́шивает прохо́жего (*passerby*), где ста́нция метро́. Иностра́нец говори́т . . .
5. Вы не мо́жете откры́ть дверь свое́й кварти́ры. В э́то вре́мя подхо́дит (*walks up*) ваш сосе́д. Что вы ему́ говори́те?
6. Вы заболе́ли. Вам ну́жен аспири́н. В э́то вре́мя звони́т ваш друг. Что вы ему́ говори́те?

◈ 12.8 TRANSITIVE AND REFLEXIVE VERBS: КОГДА́ НАЧИНА́ЕТСЯ ЛЕ́КЦИЯ?

Ба́бушка **ле́чит** профе́ссора.

Я всегда́ **лечу́сь** дома́шними сре́дствами.

Grandmother is treating the professor.
I always treat myself with home remedies.

Whereas some verbs have only reflexive forms (**боя́ться, нра́виться, смея́ться**), many others are used both transitively (that is, they take a direct object, as **лечи́ть**) and reflexively (as **лечи́ться** *to treat oneself*).

You will notice that transitive forms like **закрыва́ть / закры́ть** and **начина́ть / нача́ть** normally have animate subjects who are performing the action on some direct object, while the reflexive counterparts have inanimate subjects.

TRANSITIVE VERBS	REFLEXIVE VERBS
закрыва́ть / закры́ть (*to close something*): Джим **закрыва́ет** дверь. *Jim is closing the door.*	**закрыва́ться / закры́ться** (*to close*): Осторо́жно, две́ри **закрыва́ются.** *Careful, the doors are closing.*
начина́ть / нача́ть (*to begin something*): Профе́ссор **начина́ет** ле́кцию. *The professor is beginning the lecture.*	**начина́ться / нача́ться** (*to begin*): Ле́кция **начина́ется** в 9.30. *The lecture begins at 9:30.*

Finally, note that you have encountered two verbs in which the imperfective is reflexive while the perfective is not: **сади́ться / сесть** and **станови́ться / стать.** This is merely a peculiarity of form, however; these verb pairs do not exhibit any reflexive vs. transitive contrast of the type discussed above.

УПРАЖНЕНИЕ 4   Transitive and reflexive verbs

Choose the appropriate transitive or reflexive verb according to context.

ОБРАЗЕЦ: Две неде́ли наза́д (начала́ ~ <u>начала́сь</u>) эпиде́мия гри́ппа.

1. Музыка́нты (на́чали ~ начали́сь) конце́рт в 8 часо́в.
2. — Когда́ (начина́ет ~ начина́ется) пе́рвый сеа́нс?
   — (Начина́ет ~ Начина́ется) в 7 часо́в, а (конча́ет ~ конча́ется) в 9.
3. Ма́ма (ле́чит ~ ле́чится) антибио́тиками.
4. Ба́бушка (ле́чит ~ ле́чится) де́душку дома́шними сре́дствами.
5. Врач (откры́л ~ откры́лся) дверь и вошёл (*went*) в кабине́т (*office*).
6. Дверь ме́дленно (откры́ла ~ откры́лась), но за две́рью никого́ не́ было.
7. Мы обы́чно (конча́ем ~ конча́емся) рабо́ту в 5 часо́в.

reVERBerations ✪ *Passive Voice via Reflexive Verbs*

Профéссор Петрóвский **родúлся** на Кавкáзе.	*Professor Petrovsky was born in the Caucasus.*
Я вúдел объявлéние, что **сдаётся** кóмната в дóме, где живёт Ильú Ильúч.	*I saw a notice that an apartment was being rented in the building where Ilya Ilyich lives.*
Я смотрéл на назвáния ýлиц и номерá домóв, но не мог понúть, где я. А кáрта, как назлó, **остáлась** дóма.	*I looked at the names of the streets and the building numbers but couldn't figure out where I was. And the map, as luck would have it, had been left at home.*

Reflexive verbs are also used to render the passive voice. Here are a few more examples.

Э́то лекáрство **продаётся** тóлько по рецéпту.	*This medicine is sold only by prescription.*
Э́то слóво **пúшется** так . . .	*This word is spelled (written) thus . . .*

УПРАЖНÉНИЕ 5   Когдá начинáются . . . ?

1. Когдá начинáются занúтия по рýсскому языкý? А когдá онú кончáются?
2. Когдá ты нáчал (началá) говорúть по-рýсски?
3. Когда ты нáчал (началá) водúть машúну?
4. Ты éздил (éздила) домóй на канúкулы? Éсли да, когдá ты вернýлся (вернýлась) в университéт?
5. Когдá нóчью жáрко, ты открывáешь дóма óкна? А когдá хóлодно?
6. Когда ты болéешь, ты лéчишься сам (самá) úли хóдишь к врачý?
7. Наш университéт когдá-нибудь закрывáется? Éсли да, то когдá?
8. Когдá ты нáчал (началá) занимáться вчерá вéчером? А когдá закóнчил (закóнчила)? А когдá начнёшь и когдá кóнчишь занимáться сегóдня вéчером?
9. Когдá начинáются лéтние канúкулы? А зúмние?
10. Когдá открывáются и когдá закрывáются магазúны в нáшем гóроде?

КУЛЬТУРА РЕЧИ

❖ ТАК ГОВОРЯТ: ЧТО С ВА́МИ?

Илья́ Ильи́ч, **что с ва́ми?**   *Ilya Ilyich, what's the matter*
                                                      with you?

You can use this phrase (or **Что с тобо́й?, с ней?, с ним?,** and so on) to express interest
in someone whose appearance or actions are of concern to you.

❖ САМОПРОВЕРКА: УПРАЖНЕНИЕ 6

Working on your own, try this self-test: Read a Russian sentence out loud, then give an
idiomatic English equivalent without looking at the book. Then work from English to
Russian. After you have completed the activity, try it with a classmate.

1. Позвони́ мне по́сле ле́кции.
   Мы пойдём на като́к.

2. Не опа́здывайте на конце́рт!
   Две́ри закрыва́ются ро́вно
   в 8 часо́в.

3. Приходи́те к нам в суббо́ту
   ве́чером. Бу́дет о́чень ве́село!

4. Когда́ де́душка боле́ет, он
   ле́чится свои́ми ме́тодами.

5. Смотри́, не забу́дь де́ньги!

1. *Call me after the lecture.*
   We'll go to the skating rink.

2. *Don't be late to the concert!*
   The doors close at 8 o'clock
   sharp.

3. *Come over to our place on*
   Saturday night. It'll really
   be fun!

4. *When Grandpa's sick, he treats*
   himself with his own methods.

5. *Be careful not to forget your*
   money!

❖ ВОПРОСЫ И ОТВЕТЫ: УПРАЖНЕНИЕ 7

1. Ты зна́ешь каки́е-нибудь сре́дства от просту́ды?

2. Каки́е ты зна́ешь лека́рства от ка́шля?

3. Ты обы́чно ле́чишься дома́шними сре́дствами и́ли лека́рствами, кото́рые
   мо́жно купи́ть в апте́ке?

4. Ты ча́сто звони́шь свои́м друзья́м (хо́дишь к свои́м друзья́м), когда́ они́
   боле́ют?

5. Твой друг заболе́л (Твоя́ подру́га заболе́ла). Что ему́ (ей) ну́жно? Что ты
   ему́ (ей) принесёшь? (Каки́е лека́рства? Каки́е проду́кты?)

❖❖ ДИАЛОГИ

ДИАЛОГ 1   У неё насморк и кашель
(Discussing health and treatment)

— Алло?
— Нина, привет, это я. Сергей сказал, что мама больна (*sick*). Что с ней?
— Она простудилась. Вчера она всё время чихала. У неё насморк, кашель, ей трудно говорить.
— Вы вызвали врача?
— Нет, она не хочет вызывать врача.
— Тогда лечите её домашними средствами: давайте ей куриный (*chicken*) бульон† и чай с лимоном. И пусть полежит (*have her stay in bed*) день или два.

ДИАЛОГ 2   Не бойтесь, это не опасно
(Discussing medicine)

— Джордж, вы больны (*sick*). Я буду вас лечить домашними средствами.
— Спасибо, но я не хочу лечиться домашними средствами. Я боюсь.
— Не бойтесь, это не опасно. Многие врачи считают, что молоко с содой и мёдом (*with baking soda and honey*) — очень хорошее средство от простуды.
— Нет, я лучше буду принимать аспирин.
— Когда у вас был насморк, вы принимали аспирин. Когда у вас был грипп, вы тоже принимали аспирин. Вы, наверно, думаете, что аспирин — это лекарство от всех болезней.
— В Америке многие так думают.

УПРАЖНЕНИЕ 8   Ваш диалог

Create a dialogue in which you are sick and a Russian friend wants to administer home remedies. The more remedies your friend suggests, the more insistent you become about using what you believe are more standard medicines.

❖ А ТЕПЕРЬ . . . : УПРАЖНЕНИЕ 9

Working with a classmate, use what you learned in Part 3 to . . .

1. find out if he still needs a new apartment because a nice apartment is for rent in your building
2. invite him to come over to your place tonight so you can study Russian together
3. tell him your roommate has a cold, but he's taking care of himself with aspirin and hot tea with lemon
4. find out how he takes care of himself when he's sick
5. ask what his favorite TV show is, and find out what time it begins

ЧАСТЬ ЧЕТВЁРТАЯ

С ЧЕГО НАЧАТЬ?

COLD REMEDIES

ВИТАМИН С

АСПИРИН

прививка против гриппа

лекарство

чай с лимоном

АПЕЛЬСИНОВЫЙ СОК

МЁД

чай с **мёдом**

271

✦ ЧТЕНИЕ ✦

◈ КАКА́Я У ВАС ТЕМПЕРАТУ́РА?

(The Silins'. Sergei Petrovich is lying on the couch. The phone rings.)

СЕРГЕ́Й ПЕТР. Да, я слу́шаю. Здра́вствуйте, Алекса́ндра Никола́евна. Нет, нет, спаси́бо, мне ничего́ не ну́жно. У меня́ всё есть. Я жду врача́. (*The doorbell rings.*) Извини́те, ка́жется, врач пришёл. (*He goes over to open the door; Sveta is there.*)

СВЕ́ТА. Здра́вствуйте, Серге́й Петро́вич.

sick   СЕРГЕ́Й ПЕТР. Здра́вствуйте, Све́та. Извини́те, но я **бо́лен**° и жду врача́.

СВЕ́ТА. Я врач, кото́рого вы вызыва́ли.

СЕРГЕ́Й ПЕТР. Вы — врач? Но вы же ещё студе́нтка!

врачей... there aren't enough doctors   СВЕ́ТА. В го́роде эпиде́мия гри́ппа, врачей **не хвата́ет,**° а у меня́ большо́й о́пыт рабо́ты на ско́рой по́мощи.

опа́сно... seriously ill   СЕРГЕ́Й ПЕТР. А е́сли я опа́сно бо́лен°?

СВЕ́ТА. Не беспоко́йтесь. Я зна́ю, что де́лать. Лу́чше расскажи́те, что с ва́ми.

СЕРГЕ́Й ПЕТР. У меня́ боли́т голова́, я ка́шляю, чиха́ю, у меня́ на́сморк. У меня́ боли́т го́рло, боли́т спина́. У меня́ всё боли́т.

СВЕ́ТА. Кака́я у вас температу́ра?

СЕРГЕ́Й ПЕТР. Три́дцать во́семь и три.

СВЕ́ТА. Я должна́ вас послу́шать. Сними́те руба́шку. (*Takes a stethoscope from her bag and begins listening to him.*) Дыши́те. Ещё. Ещё. Так, *Again*   хорошо́. Тепе́рь не дыши́те. **Сно́ва**° дыши́те. Откро́йте рот. Скажи́те «А-а-а-а!»

СЕРГЕ́Й ПЕТР. А-а-а-а!

doubts   СВЕ́ТА. **Типи́чная**† карти́на. Никаки́х **сомне́ний.**° У вас грипп. Сейча́с я *я... I'll write you out a prescription*   вам вы́пишу **реце́пт.**° Вам ну́жен **антибио́тик,**† кото́рый продаю́т *по... by prescription /*   то́лько **по реце́пту.**° Когда́ Во́ва пойдёт в апте́ку, **пусть** он ку́пит° *пусть... have him buy*   вам ещё и лека́рство от ка́шля.

СЕРГЕ́Й ПЕТР. Реце́пт не ну́жен?

СВЕ́ТА.	Нет, э́то лека́рство мо́жно купи́ть без реце́пта. Принима́йте по две табле́тки три ра́за в день.°
СЕРГЕ́Й ПЕТР.	И э́то всё?
СВЕ́ТА.	Нет, не всё. Когда́ Ната́лья Ива́новна вернётся с° рабо́ты, попроси́те её дать вам молоко́ с со́дой° и мёдом.
СЕРГЕ́Й ПЕТР.	**Ненави́жу**° молоко́ с со́дой! Све́та, а больни́чный лист°? Мне ну́жен больни́чный лист!
СВЕ́ТА.	Я вы́пишу вам больни́чный на три дня. Он бу́дет в поликли́нике, в регистрату́ре.° Éсли вы бу́дете себя́ хорошо́ чу́вствовать, придёте че́рез три дня в поликли́нику и врач вы́пишет вас на рабо́ту.°
СЕРГЕ́Й ПЕТР.	А éсли я бу́ду себя́ пло́хо чу́вствовать?
СВЕ́ТА.	Не беспоко́йтесь, Серге́й Петро́вич, я же ва́ша сосе́дка. Я зайду́° к вам **послеза́втра**.°
СЕРГЕ́Й ПЕТР.	Заходи́те лу́чше за́втра. Я угощу́ вас° молоко́м с со́дой и мёдом.
СВЕ́ТА.	У вас не **опа́сная боле́знь**,° Серге́й Петро́вич: вы не **потеря́ли**° **чу́вства ю́мора**.° **Скоре́е выздора́вливайте!**°

по... *two pills three times a day*
from
baking soda
I hate / *medical excuse*

registration office
вы́пишет... *will clear you for work*
will stop by
the day after tomorrow
Я... *I'll treat you*
У... *You aren't seriously sick* / не... *haven't lost*
чу́вства... *sense of humor* / Скоре́е... *Get well soon!*

УПРАЖНЕ́НИЕ 1   Под микроско́пом: Health expressions

Find equivalents of the following sentences in this reading:

1. Tell me what's wrong with you.
2. I have a headache.
3. What's your temperature?
4. Take off your shirt.
5. Open your mouth.
6. No doubt about it.
7. Take two tablets three times a day.
8. I'll stop in on you the day after tomorrow.

О РОССИИ

БОЛЬНИ́ЧНЫЙ ЛИСТ

Све́та, а больни́чный лист? Мне ну́жен больни́чный лист!

When Russian workers are sick, they cannot just call their office or place of work and tell the secretary that they're going to use their sick days. Rather, they must obtain a written medical excuse from their local clinic, affirming that the illness is real. This excuse, called a **больни́чный лист,** notes the dates when patients should be excused from work. While on the **больни́чный,** patients continue to receive their regular salary. When the doctor feels that they are ready to return to work, he (or, more often, she) writes on the **больни́чный** the date when they can do so. This is what Sveta is referring to when she says «**...врач вы́пишет вас на рабо́ту**».

ГРАММАТИКА И ПРАКТИКА

❖ 12.9. THIRD-PERSON IMPERATIVES: ПУСТЬ

Когда́ Во́ва пойдёт в апте́ку, **пусть** он ку́пит вам лека́рство.	*When Vova goes to the drugstore, have (let) him buy you the medicine.*

<Пусть + a third-person verb (imperfective present or perfective future)> renders *Let (Have) him (her, them) do something.* Compare this with the construction <Дава́й(те) я/мы + verb (imperfective or perfective future)> that renders *Let me (us) do something.*

Дава́йте я откро́ю шампа́нское.	*Let me open the champagne.*
Пу́сть Са́ша откро́ет шампа́нское.	*Let (have) Sasha open the champagne.*

As you might expect, the imperfective present is used with **пусть** when the action under consideration is to be repeated or ongoing over a period of time (**Пусть Серге́й Петро́вич остаётся** [impfv.] **до́ма**); the perfective future is used for a single, specific action (**Пусть врач вы́пишет** [pfv.] **ему́ больни́чный лист**). In other words, the rules that govern aspect in general hold here as well. Both imperfective present and perfective future can be structurally correct: The choice of aspect depends on a larger context that can be either expressed in words or just implied from the situation. Compare the following:

Пусть Ви́ктор **пригото́вит** обе́д.	*Have Viktor fix dinner* (tonight).
Пусть Ви́ктор **гото́вит** обе́д.	*Have Viktor fix dinner* (i.e., Let's have Viktor be the one who usually fixes dinner).

УПРАЖНЕ́НИЕ 2   Я не хочу́ . . .

Which of the following would you rather not do? Have a friend offer an alternative.

ОБРАЗЕ́Ц: идти́ в поликли́нику →
— Я не хочу́ идти́ в поликли́нику.
— Пра́вильно. Пусть Ва́ня идёт в поликли́нику.

пить чай с лимо́ном	петь пе́сню
гото́вить обе́д	про́бовать соси́ски
писа́ть сочине́ние	сиде́ть на полу́
встреча́ть иностра́нного го́стя	идти́ на ры́нок
гуля́ть с соба́кой	покупа́ть цветы́

❖ 12.10. EXPRESSING *FROM*: ‹ИЗ, С, ОТ + GENITIVE›

В мое́й гру́ппе у́чатся два студе́нта **из Йндии** . . .	*In my class there are two students from India* . . .
Когда́ Ната́лья Ива́новна вернётся **с рабо́ты** . . .	*When Natalya Ivanovna returns from work* . . .
Я получи́ла письмо́ **от дру́га** (письмо́ **из университе́та**).	*I received a letter from my friend (a letter from the university).*

All of the *motion from* prepositions (**из, с, от**) take the Genitive. The following table illustrates the series of corresponding prepositions used to indicate *motion toward, location at,* and *motion from.*

	MOTION TOWARD (КУДА́?)	**LOCATION AT** (ГДЕ?)	**MOTION FROM** (ОТКУ́ДА?)
ENCLOSED PLACES	‹в + Accusative› Они́ е́дут **в библиоте́ку.** *They're going to the library.*	‹в + Prepositional› Они́ **в библиоте́ке.** *They're at the library.*	‹из + Genitive› Они́ е́дут **из библиоте́ки.** *They're coming from the library.*
EVENTS, ACTIVITIES,⁵ OPEN PLACES	‹на + Accusative› Они́ е́дут **на конце́рт.** *They're going to a concert.*	‹на + Prepositional› Они́ сейча́с **на конце́рте.** *They're at a concert now.*	‹с + Genitive› Они́ е́дут **с конце́рта.** *They're coming from a concert.*
PEOPLE	‹к + Dative› Они́ е́дут **к ба́бушке.** *They're going to Grandma's.*	‹у + Genitive› Они́ **у ба́бушки.** *They're at Grandma's.*	‹от + Genitive› Они́ е́дут **от ба́бушки.** *They're coming from Grandma's.*

Они́ е́дут к ба́бушке.

Они́ у ба́бушки.

Они́ е́дут от ба́бушки.

---

⁵Remember that a few nouns indicating places also require the prepositions generally associated with events and activities: **на стадио́н/на стадио́не/со стадио́на, на по́чту/на по́чте/с по́чты, на ста́нцию/на ста́нции/со ста́нции, на вокза́л/на вокза́ле/с вокза́ла.**

УПРАЖНЕ́НИЕ 3   Отку́да ты идёшь?

Some friends meet on their way home from various places. Choose a situation below (or make up one of your own) and create a brief (four to six lines) dialogue around it.

ОБРАЗЕ́Ц: Ви́ктор, врач →
— Приве́т, Ви́ктор. Как дела́?
— Ничего́. Иду́ от врача́.
— От врача́? А почему́ ты был у врача́? Что с тобо́й?
— Я простуди́лся. У меня́ температу́ра.
— А что говори́т врач?
— Он говори́т, что у меня́ грипп.
— Грипп? Это пло́хо.

1. Све́та, де́тский сад

2. Во́ва, библиоте́ка

3. Серге́й Петро́вич, рабо́та

4. Са́ша, Ле́на

5. Джим, ры́нок

6. Ви́ктор, сосе́д

❖❖ 12.11. PLANNING THE FUTURE: КОГДА́ ВО́ВА ПОЙДЁТ В АПТЕ́КУ . . .

Когда́ Во́ва **пойдёт** в апте́ку, он **ку́пит** лека́рство.

When Vova goes to the drugstore, he'll buy medicine.

Е́сли вы **бу́дете** себя́ хорошо́ **чу́вствовать, придёте** че́рез три дня в поликли́нику и врач **вы́пишет** вас на рабо́ту.

If you feel well (at some time in the future), you'll come to the outpatient clinic in three days and the doctor will clear you for work.

To refer to a future activity in a *when* or *if* clause, English uses the present tense in the *when/if* clause and the future tense in the accompanying main clause. Russian is much more consistent: it uses the future tense (imperfective or perfective) in both the **когда́/е́сли** clause and the main clause.

УПРАЖНЕ́НИЕ 4   Е́сли . . . /Когда́ . . .

You're planning an excursion to a soccer match, followed by dinner with some Russian friends. Complete the following sentences about your day:

1. Е́сли бу́дет хоро́шая пого́да . . .

2. Е́сли бу́дет плоха́я пого́да . . .

3. Е́сли кто́-нибудь уви́дит Ви́ктора . . .

4. Когда́ мы прие́дем на стадио́н . . .

5. Е́сли на́ша кома́нда вы́играет (*wins*) . . .

6. Е́сли на́ша кома́нда проигра́ет . . .

7. Когда́ матч ко́нчится . . .

8. Когда́ мы прие́дем домо́й . . .

9. Мы бу́дем о́чень ра́ды, е́сли . . .

10. Мы пригото́вим пи́ццу, когда́ . . .

11. Мы посмо́трим фильм, когда́ . . .

СЛОВА, СЛОВА, СЛОВА ... ✪ *The Medical Profession*

As is true with other scientific vocabulary, much medical terminology has come into both Russian and English from the classical languages.

УПРАЖНЕНИЕ 5   Специали́сты

Do you know the English equivalents for these terms? Match the specialist with the specialty, noting consistent suffixes and stress patterns.

СПЕЦИАЛИ́СТ	СПЕЦИА́ЛЬНОСТЬ
1. _____ гинеко́лог	**а.** онколо́гия
2. _____ дермато́лог	**б.** эпидемиоло́гия
3. _____ кардио́лог	**в.** кардиоло́гия
4. _____ онко́лог	**г.** гинеколо́гия
5. _____ хиру́рг (*surgeon*)	**д.** психиатри́я
6. _____ ревмато́лог	**е.** педиатри́я
7. _____ уро́лог	**ж.** дерматоло́гия
8. _____ эндокрино́лог	**з.** ревматоло́гия
9. _____ эпидемио́лог	**и.** уроло́гия
10. _____ педиа́тр	**к.** эндокриноло́гия
11. _____ психиа́тр	**л.** хирурги́я

reVERBerations ✪ *‹Хвата́ть + Genitive›*

В го́роде эпиде́мия гри́ппа, врачей не **хвата́ет** ...

There's a flu epidemic in the city; there aren't enough doctors ...

Like adverbs of quantity that take the Genitive (**мно́го, ма́ло, немно́го, ско́лько,** and so on), the verb **хвата́ть / хвати́ть** (*to be enough, sufficient*) does so as well. The item in question appears in the Genitive singular if it is a mass noun: **Молока́ нам хва́тит** (*We'll have enough milk*) and in the Genitive plural if it is a count noun: **У нас не хвата́ет компью́теров** (*We don't have enough computers*). The following forms of this verb are virtually the only ones you will encounter.

	IMPERFECTIVE	PERFECTIVE
PAST	хвата́ло	хвати́ло
PRESENT	хвата́ет	—
FUTURE	бу́дет хвата́ть	хва́тит

An idiomatic use of this construction is the phrase **Спаси́бо, хва́тит!** *Thanks, that's enough!*, which you might use if someone is filling your plate with food or your glass with drink. **Хва́тит!** can also be used to mean *Cut it out!* or *Enough (already)!* when someone is doing something annoying and you've had enough.

УПРАЖНЕНИЕ 6　Чего́ не хвата́ет?

What are you short of? Working with a classmate, complete the sentences with the items listed below; then provide an appropriate response.

де́ньги	авто́бусы	библиоте́ки
компью́теры	ме́бель	ко́фе
ла́мпы	туале́тная бума́га	кинотеа́тры
ме́сто	пи́во	дива́ны
вре́мя	магази́ны	теа́тры
столы́	шокола́д	сту́лья

ОБРАЗЕ́Ц:　У нас в университе́те не хвата́ет … компью́теров.
　　　　　　→ (Да,) нам ну́жно бо́льше компью́теров.

1. У нас в общежи́тии не хвата́ет …
2. Когда́ мы бы́ли в похо́де (*on a hike*), нам не хвати́ло …
3. В мое́й ко́мнате не хвата́ет …
4. Когда́ мы гото́вились все вме́сте к экза́менам, нам всегда́ не хвата́ло …
5. За́втра мне ну́жно купи́ть пода́рки к Но́вому го́ду всем родны́м (*relatives*) и друзья́м. Бою́сь, что у меня́ не хва́тит …
6. У нас в университе́те не хвата́ет …
7. Я хоте́л(а) купи́ть фотоальбо́м,[†] но у меня́ не хвати́ло …
8. У нас в кафете́рии не хвата́ет …
9. В на́шем го́роде не хвата́ет …
10. В на́шем микрорайо́не не хвата́ет …

✖ КУЛЬТУРА РЕЧИ ✖

❖ ТАК ГОВОРЯ́Т: СКОРЕ́Е!

You have encountered this word in isolation as well as in combination with other words. Here is a summary of some of the ways you've seen it used. Note how the translation must be flexible.

За́втра Но́вый год, а у нас ещё нет ёлки и, **скоре́е всего́,** не бу́дет.	*New Year's is tomorrow, and we don't have a tree and most likely won't have one.*
Скоре́е за стол!	*Everyone (quickly) to the table!*
Приезжа́йте **скоре́е,** я сама́ вас встре́чу.	*Come as soon as you can. I'll meet you myself.*
Иди́те **скоре́е.** Кто́-нибудь есть до́ма?	*Go quickly. Is there anyone else at home?*
Во́вка, **скоре́е,** сеа́нс начина́ется в 10.30!	*Vovka, let's move it! The show begins at 10:30.*
Скоре́е выздора́вливайте!	*Get well soon!*

❖ САМОПРОВЕРКА: УПРАЖНЕНИЕ 7

Working on your own, try this self-test: Read a Russian sentence out loud, then give an idiomatic English equivalent without looking at the book. Then work from English to Russian. After you have completed the activity, try it with a classmate.

1. Не беспоко́йтесь, я вам вы́пишу реце́пт.
2. В го́роде эпиде́мия, а антибио́тиков не хвата́ет.
3. Е́сли ты за́втра и́ли послеза́втра пойдёшь в центр, купи́ мне, пожа́луйста, ма́рки.
4. Ми́ша, ты бо́лен? Когда́ ты вернёшься с рабо́ты, пусть Са́ра изме́рит тебе́ температу́ру.
5. Я потеря́л часы́. Ненави́жу, когда́ теря́ю свои́ ве́щи.

1. *Don't worry, I'll write you out a prescription.*
2. *There's an epidemic in the city but there aren't enough antibiotics.*
3. *If you go into town tomorrow or the day after, would you buy me some stamps, please?*
4. *Misha, are you sick? When you get home from work, have Sara take your temperature.*
5. *I lost my watch. I hate it when I lose my things.*

❖ ВОПРОСЫ И ОТВЕТЫ: УПРАЖНЕНИЕ 8

1. Как ты себя́ чу́вствуешь сего́дня?
2. Ты в э́том году́ боле́л (боле́ла) гри́ппом?
3. У тебя́ когда́-нибудь боли́т голова́? Како́е лека́рство ты принима́ешь?
4. Что у тебя́ боли́т, когда́ у тебя́ грипп?
5. Ты хо́дишь к врачу́ и́ли ты ле́чишься сам (сама́), когда́ у тебя́ грипп?
6. Каки́ми лека́рствами (и́ли каки́ми дома́шними сре́дствами) ты ле́чишься, когда́ у тебя́ на́сморк?
7. Ты когда́-нибудь пил (пила́) молоко́ с со́дой и мёдом? Как ты ду́маешь, э́то вку́сно?
8. Каки́е лека́рства мо́жно купи́ть в Аме́рике без реце́пта? Каки́е продаю́т то́лько по реце́пту?

❖ ДИАЛОГИ

ДИАЛОГ 1 У меня́ всё боли́т
(Telling symptoms to a doctor)

— До́ктор, я себя́ пло́хо чу́вствую.
— Что у вас боли́т?
— У меня́ боли́т голова́, боли́т спина́. У меня́ всё боли́т.
— Когда́ вы заболе́ли?
— Я уже́ не́сколько дней пло́хо себя́ чу́вствую.
— Сними́те руба́шку, я вас послу́шаю.

ДИАЛОГ 2 Вот вам реце́пт
(Getting a medical examination and prescription)

— Кака́я у вас температу́ра?
— Три́дцать во́семь и три.
— Я должна́ вас послу́шать. Сними́те руба́шку. Дыши́те. Ещё. Не дыши́те.
— Что у меня́, до́ктор?
— У вас грипп. Вот вам реце́пт, принима́йте по две табле́тки три ра́за в день.
— Спаси́бо, до́ктор.
— Кро́ме того́, вам ну́жно мно́го пить. Пе́йте молоко́ с со́дой и мёдом и чай с лимо́ном.

УПРАЖНЕНИЕ 9   Ваш диало́г

Create a dialogue in which you're seeing a doctor about a complaint. It turns out that working with the doctor in the clinic that day is someone with whom you had a class several years ago; your former classmate is now in medical school and is visiting the clinic to see how the doctors work. Catch up on each other's lives.

❖ А ТЕПЕРЬ . . . : УПРАЖНЕНИЕ 10

Working with a classmate, use what you learned in Part 4 to . . .

1. describe something that you don't have enough of in your dorm (apartment, house) and find out what she doesn't have enough of where she lives
2. find out what she thinks your city (town) doesn't have enough of
3. ask if she will get something for you the next time she's in the library (at the cafeteria . . .)
4. tell her you're going to a movie with a mutual friend this evening, and tell where that friend is coming from (from a friend's place, from her parents', from the library . . .); and then ask her if she wants to go to movie with you
5. tell her to have someone else do something that she asks you to do

ИТАК …

◈ НОВЫЕ СЛОВА

NOUNS AND NOUN PHRASES

Health and Medicine

антибио́тик	antibiotic (4)
боле́знь *f.*	sickness; illness; disease (4)
витами́н	vitamin (4v)
горчи́чник [*pronounced* -чи́ш-]	mustard plaster (3)
грипп	influenza; flu (1)
до́ктор (*pl.* доктора́)	doctor (1v)
ка́ш(е)ль (*Gen. sing.* ка́шля) *m.*	cough (3)
лека́рство (от + *Gen.*)	medicine (for something) (1)
на́сморк	runny nose (3)
просту́да	a cold (3)
реце́пт	prescription (4)
сре́дство	remedy (1)
температу́ра	temperature (1)
эпиде́мия	epidemic (1)

Parts of the Body

во́лосы (Gen. воло́с) *pl.*	hair (1v)
глаз (*pl.* глаза́)	eye (1v)
голова́ (*Acc. sing.* го́лову, *pl.* го́ловы, *Gen. pl.* голо́в, *Dat. pl.* голова́м)	head (1v)
го́рло	throat (1v)
живо́т (*Gen. sing.* живота́)	stomach (1v)
нога́ (*Acc. sing.* но́гу, *pl.* но́ги, *Gen. pl.* ног, *Dat. pl.* нога́м)	1. leg; 2. foot (1v)
нос (*Prep. sing.* на носу́; *pl.* носы́)	nose (1v)
па́л(е)ц (*pl.* па́льцы)	1. finger; 2. toe (1v)
плечо́ (*pl.* пле́чи)	shoulder (1v)
р(о)т (*Gen. sing.* рта, *Prep. sing.* во рту́)	mouth (1v)
рука́ (*Acc. sing.* ру́ку, *pl.* ру́ки)	1. hand; 2. arm (1v)
спина́ (*Acc. sing.* спи́ну, *pl.* спи́ны)	back (1v)
у́хо (*pl.* у́ши, *Gen. pl.* уше́й)	ear (1v)

Other Nouns

апельси́новый сок	orange juice (4v)
запи́ска (*Gen. pl.* запи́сок)	note (2)
кани́кулы (*Gen.* кани́кул) *pl.*	vacation (from school) (2)
лимо́н	lemon (2)
мёд	honey (4v)
ме́тод	method (3)
нос(о́)к (*pl.* носки́)	sock (3)
рожде́ние	birth (2)
сеа́нс	showing (of a film); show (in a movie theater) (2v)
со́да	baking soda (4)
сомне́ние	doubt (4)
чу́вство [*pronounced* чу́ст-] ю́мора	sense of humor (4)

ADJECTIVES

бога́тый	rich (2)
больно́й (бо́лен, больна́, больны́)	sick, ill (4)
горя́чий	(*of an object, liquid, etc.*) hot (3)
за́нятый (за́нят, занята́, за́нято, за́няты)	busy (2)
лёгкий	1. (*of weight*) light; 2. easy (2)
любо́й	any (1)
норма́льный	normal (1)
опа́сный	dangerous (4)
просто́й	simple (2)
типи́чный	typical (4)

COMPARATIVES

бога́че	richer (2)
вы́ше	higher, taller (2)
доро́же	more expensive (2)
ле́гче	1. lighter 2. easier (2)
моло́же	younger (2)
про́ще	simpler, easier (2)
ста́рше	older (2)
чи́ще	cleaner (2)

VERBS

беспоко́ить (беспоко́ю, беспоко́ишь, … беспоко́ят) *pfv.* побеспоко́ить	to bother; to disturb (1)
боле́ть[1] (боле́ю, боле́ешь, … боле́ют) *pfv.* заболе́ть[6]	to be ill; to be sick *pfv.* to become sick, take sick, fall ill (1)
боле́ть[2] (*3rd pers. only* боли́т, боля́т) *may functions as pfv.* заболе́ть	to ache; to hurt (1v)
вызыва́ть *pfv.* вы́звать (вы́зову, вы́зовешь, … вы́зовут)	to call; to summon; to get (a doctor, etc.) (2)
ка́шлять *pfv. one-time action* ка́шлянуть (ка́шляну, ка́шлянешь, … ка́шлянут)	to cough (3v)
конча́ться (*usu. 3rd pers.*) *pfv.* ко́нчиться (*usu. 3rd pers.* ко́нчится, ко́нчатся)	to end (*intransitive*) (2)
лечи́ть (лечу́, ле́чишь, … ле́чат) *pfv.* 1. полечи́ть[6] *pfv.* 2. вы́лечить (вы́лечу, вы́лечишь, … вы́лечат)[6]	to treat (medically) (1) *pfv.* 1. to treat (for a while) *pfv.* 2. to cure
ме́рить (ме́рю, ме́ришь, … ме́рят) *pfv.* изме́рить	to measure; to take (someone's temperature) (1)
начина́ться (*3rd pers. only*) *pfv.* нача́ться (*3rd pers. only* начнётся, начну́тся)	to start; to begin (*intransitive*) (2v)
ненави́деть (ненави́жу, ненави́дишь, … ненави́дят) *pfv. not introduced at this time*	to hate (4)
простужа́ться *pfv.* простуди́ться (простужу́сь, просту́дишься, … просту́дятся)	to catch a cold (1)
проходи́ть (*usu. 3rd pers. in this meaning* прохо́дит, прохо́дят) *pfv.* пройти́ (пройдёт, пройду́т; *past* прошёл, прошла́, прошло́, прошли́)	(*of pain, cough, etc.*) to pass; to go away (3)
снима́ть *pfv.* снять (сниму́, сни́мешь, … сни́мут)	to take off (3)
теря́ть *pfv.* потеря́ть	to lose (4)
чиха́ть *pfv. one-time action* чихну́ть (чи́хну, чи́хнешь, … чи́хнут)	to sneeze (3v)

---

[6]**Заболе́ть** is not a true perfective of **боле́ть**,[1] but as a practical matter, it performs that function. Similarly, **полечи́ть** and **вы́лечить** are not true perfectives of **лечи́ть**, but as a practical matter they perform that function in many contexts.

ADVERBS

немéдленно	right now; at once; immediately, without delay (1)
опáсно	dangerously; (it's/that's) dangerous (3)
послезáвтра	the day after tomorrow (4)
снача́ла	first; at first (2)
снóва	again (4)

IDIOMS AND EXPRESSIONS

Будь здорóв
(здорóва)!;
Бýдьте здорóвы!
*used when someone
sneezes*

Bless you! (1)

Вы температýру
мéрили?

Did you take your
temperature? (1)

Дыши́те.

Breathe. (3)

Лýчше не нáдо.
*in response to
a suggestion*

Better you didn't; It's/That's
not a good idea. (3)

Не беспокóйтесь.
(Не беспокóйся)

Don't worry. (3)

не хватáет (+ *Gen.*)
impersonal

(there's) not enough (4)

Никакóго
беспокóйства.

It's no trouble at all. (1)

открове́нно говоря́
parenthetical

frankly speaking (1)

Óчень горячó!

(It's/That's) really hot! (3)

по реце́пту

by prescription (4)

принима́ть / приня́ть
лека́рство

to take medicine (3v)

Проходи́те.
*when inviting
someone in*

Come in. (3)

Рáзве так мóжно?

How could you possibly
do that? (1)

си́льно простужáться /
простуди́ться

to catch a bad cold (1)

Скорée
выздорáвливай(те)!

Get well soon! (4)

У меня́ боли́т голова́
(боля́т нóги, *etc.*)

My head aches
(my feet ache; *etc.*) (1v)

Что с ва́ми (тобóй)?

What's the matter
(with you)? (3)

OTHER

пусть . . .	let . . .; have (someone do something) (4)
с (со) (+ *Gen.*)	(*motion*) from (4)

❖ ЧТО Я ЗНАЮ, ЧТО Я УМЕЮ

Use this checklist to mark off what you've learned in this lesson:

- ☐ Naming parts of the body (Part 1)
- ☐ Discussing being sick and getting well (Part 1)
- ☐ Expressing the means by which something is done (Part 1)
- ☐ Saying when things begin and end (Part 2)
- ☐ Using Genitive objects with negated verbs (Part 2)
- ☐ Using the partitive Genitive (Part 2)
- ☐ Making comparisons without **чем** (Part 2)
- ☐ Using imperfective and perfective aspect for different kinds of imperatives (Part 3)
- ☐ Making third-person imperatives with **пусть** (Part 4)
- ☐ Using transitive and reflexive verbs (Part 3)
- ☐ Making passive statements with reflexive verbs (Part 3)
- ☐ Expressing motion from someone's home and from other places (Part 4)
- ☐ Using future tense after **когда́** and **éсли** (Part 4)
- ☐ Saying what you do and don't have enough of (Part 4)

❖ ЭТО НАДО ЗНАТЬ

INSTRUMENTAL CASE REVIEW

Here is a summary of the uses of the Instrumental case:

1. The Instrumental expressing the means by which something is accomplished:

Мы ме́рим температу́ру **термо́метром.**	*We take (our) temperature with a thermometer.*
В Су́здаль мо́жно е́хать **по́ездом,** а мо́жно **авто́бусом.**	*It's possible to go to Suzdal by train, and also by bus.*

2. The Instrumental with the preposition «**с**» meaning *with*:

С кем вы говори́ли по телефо́ну?	*With whom were you speaking on the phone?*

3. The Instrumental with prepositions denoting relative location:

Я **за** ва́ми.	*I'm behind you.*
Пе́ред до́мом стоя́ла маши́на.	*In front of the apartment building was a car.*
Стол стои́т **ме́жду** кни́жной по́лкой и окно́м.	*The table is between the bookshelf and the window.*

4. The Instrumental of *being* and *becoming*, especially with **быть** and **стать** (as well as a few other verbs):

Я хочу́ стать **врачо́м.**	*I want to be a doctor.*
Когда́ я была́ ма́ленькой **де́вочкой,** мы жи́ли в Санкт-Петербу́рге.	*When I was a little girl, we lived in St. Petersburg.*
Вы когда́-нибудь рабо́тали **Де́дом Моро́зом?**	*Have you ever worked as Ded Moroz?*

5. The Instrumental with certain verbs such as **занима́ться, горди́ться, па́хнуть:**

Ви́ктор занима́ется **би́знесом.**	*Viktor's (involved) in business.*
В ко́мнате па́хнет **ро́зами.**	*It smells like roses in the room.*

6. Times of the day and seasons of the year expressed with adverbs identical in form to the Instrumental case:

У́тром и **днём** мы рабо́таем, **ве́чером** мы отдыха́ем, а **но́чью** мы спим.	*In the morning and afternoon we work, in the evening we relax, and at night we sleep.*
О́сенью, зимо́й и **весно́й** мы у́чимся, а **ле́том** у нас кани́кулы.	*In the fall, winter and spring we go to school, and in the summer we have vacation.*

❖ ДОПОЛНИТЕЛЬНЫЙ ТЕКСТ

КАК ПОРОСЁНОК[1] ГОВОРИ́ТЬ НАУЧИ́ЛСЯ

Оди́н раз я ви́дел, как одна́ совсе́м[2] ма́ленькая де́вочка учи́ла поросёнка говори́ть. Поросёнок ей попа́лся[3] о́чень у́мный[4] и послу́шный,[5] но почему́-то говори́ть по-челове́чески[6] он ни за что[7] не хоте́л. И де́вочка как ни стара́лась[8] — ничего́ у неё не выходи́ло.[9]

Она́ ему́, я по́мню, говори́т:

— Поросёночек, скажи́: «ма́ма!»

А он ей в отве́т:[10]

— Хрю-хрю.

Она́ ему́:

— Поросёночек, скажи́: «па́па!»

А он ей:

— Хрю-хрю.

Она́:

— Скажи́: «де́рево!»[11]

А он:

— Хрю-хрю.

— Скажи́: «цвето́чек!»[12]

А он:

— Хрю-хрю.

— Скажи́: «здра́вствуйте!»

А он:

— Хрю-хрю.

— Скажи́: «до свида́ния!»

А он:

— Хрю-хрю.

Я смотре́л-смотре́л, слу́шал-слу́шал, мне ста́ло жа́лко[13] и поросёнка и де́вочку. Я говорю́:

— Зна́ешь что, голу́бушка,[14] ты бы ему́ всё-таки что́-нибудь попро́ще веле́ла сказа́ть.[15] А то ведь он ещё ма́ленький, ему́ тру́дно таки́е слова́ произноси́ть.[16]

Она́ говори́т:

— А что же попро́ще? Како́е сло́во?

— Ну, попроси́ его́, наприме́р,[17] сказа́ть: «хрю-хрю»!

Де́вочка немно́жко поду́мала и говори́т:

— Поросёночек, скажи́, пожа́луйста: «хрю-хрю»!

Поросёнок на неё посмотре́л и говори́т:

— Хрю-хрю.

Де́вочка удиви́лась,[18] обра́довалась,[19] в ладо́ши захло́пала.[20]

— Ну вот, — говори́т, — наконе́ц-то! Научи́лся!

1. *piglet*; 2. *here:* о́чень; 3. Поросёнок. . . *This piglet happened to be*; 4. *smart*;
5. *obedient*; 6. *Hint:* челове́к; 7. ни. . . *not for anything*; 8. как. . . *however hard she tried*;
9. ничего́. . . *nothing came of it*; 10. в. . . *in response*; 11. *tree*; 12. *flower*; 13. мне. . . *I started feeling sorry for*; 14. *dear*; 15. *you really ought to tell him to say something a little simpler*; 16. *to pronounce*; 17. *for example*; 18. *was surprised*; 19. *became happy*;
20. в. . . *started clapping her hands*

13

8 МАРТА

Почём эти цветы?

It's early spring. In Part 1 (on video), Jim asks Professor Petrovsky for some advice about a major Russian holiday when women are the center of attention. In Part 2, Sasha gets some unexpected holiday help from his grandmother. In Part 3, Jim has still not resolved his holiday shopping problem but gets some assistance from Vova and Viktor. And in Part 4 (on video), the neighbors gather to celebrate the holiday, resulting in surprises for all.

С праздником!

In this lesson you will learn

✪ to express the time and date when something occurs

✪ to express *"I wonder . . . ?"*

✪ about using adjectives as nouns and surnames

✪ more about using motion verbs

✪ to talk about things that could happen or could have happened

✪ to pose questions asking for suggestions or advice

✪ to talk about placing things in different positions

✪ more about word order in Russian

✪ about word formation in Russian

✪ about the March 8 holiday

ЧАСТЬ ПЕРВАЯ

С ЧЕГО НАЧАТЬ?

ЦВЕТЫ́

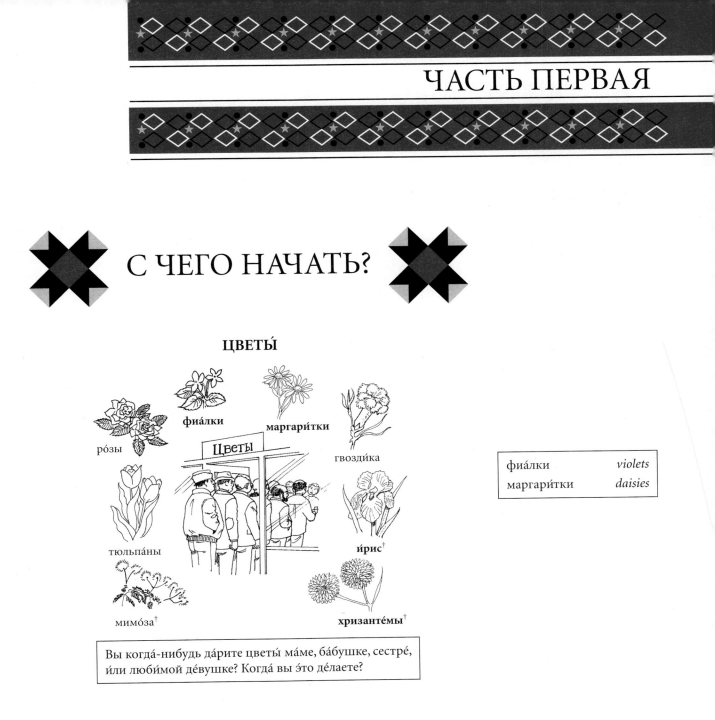

фиа́лки	*violets*
маргари́тки	*daisies*

Вы когда́-нибудь да́рите цветы́ ма́ме, ба́бушке, сестре́, и́ли люби́мой де́вушке? Когда́ вы э́то де́лаете?

УПРАЖНЕНИЕ 1   Цветы́ и цвета́ (*colors*)

You've just landed a part-time job at a florist shop. The manager has asked you to help him decide what types and colors of flowers to order for the upcoming holiday rush. You know what your favorites are, but you decide to ask a few friends their preferences. Use the chart to keep track of their answers. Indicate what you like and then ask a few classmates.

ОБРАЗЕ́Ц: — Каки́е цветы́ ты лю́бишь?
— Я осо́бенно (*especially*) люблю́ жёлтые тюльпа́ны, …

	БЕ́ЛЫЕ	ЖЁЛТЫЕ	КРА́СНЫЕ	ЛИЛО́ВЫЕ	РО́ЗОВЫЕ
ГВОЗДИ́КИ					
МАРГАРИ́ТКИ					
И́РИСЫ					
РО́ЗЫ					
ТЮЛЬПА́НЫ					
ФИА́ЛКИ					
ХРИЗАНТЕ́МЫ					

ЧТЕНИЕ

оди́н... *one of*

❖ ОДИ́Н ИЗ° СА́МЫХ ЛУ́ЧШИХ ПРА́ЗДНИКОВ

(Ilya Ilyich and Jim are having a conversation a few days before March 8.)

one thing
for

ДЖИМ. Илья́ Ильи́ч, все мужчи́ны везде́ говоря́т то́лько об **одно́м**° — о пода́рках же́нщинам **к**° **8** [**восьмо́му**] **Ма́рта**. Я зна́ю об э́том пра́зднике о́чень ма́ло — ведь у нас тако́го пра́здника нет. Я ду́мал, э́то революцио́нный[†] пра́здник.

ИЛЬЯ́ ИЛЬИ́Ч. Джим, э́то и так и не так. Ра́ньше э́то действи́тельно был ску́чный **официа́льный**[†] пра́здник. У нас мно́го их бы́ло. Но **постепе́нно**°

gradually
origin
especially / им... *they like*
хотя́... *at least* / каза́ться...
to appear kind and attentive

все забы́ли о его́ революцио́нном происхожде́нии.° Мужчи́ны **осо́бенно**° лю́бят э́тот пра́здник, потому́ что им **прия́тно**° **хотя́ бы**° раз в году́ каза́ться себе́ **до́брыми** и **внима́тельными.**°

(Jim looks questioningly at him.)

ИЛЬЯ́ ИЛЬИ́Ч.	Джим, в э́ти дни мужчи́ны **стара́ются**° сде́лать до́ма всю рабо́ту, кото́рую обы́чно де́лают же́нщины. Мужчи́ны в э́тот день да́рят же́нщинам пода́рки, цветы́, говоря́т им **комплиме́нты,**† а же́нщины стара́ются быть осо́бенно краси́выми. Вы, наве́рно, **заме́тили,**° что после́дние **не́сколько**° дней везде́ продаю́т мимо́зу. 8 Ма́рта — э́то и си́мвол† **весны́.**°	*try*

noticed / several
spring

ДЖИМ.	А когда́ вы поздравля́ете же́нщин у себя́ на рабо́те? Ведь 8 Ма́рта — **нерабо́чий** день.°	нерабо́чий. . . *a day off*
ИЛЬЯ́ ИЛЬИ́Ч.	Мы поздравля́ем свои́х колле́г-же́нщин° седьмо́го ма́рта, а восьмо́го мы пра́зднуем **Же́нский день**°1 до́ма. Я всегда́ **посыла́ю**° **поздрави́тельные откры́тки**° свои́м колле́гам-же́нщинам, кото́рые рабо́тают **за грани́цей.**° На́ши же́нщины привы́кли, что их всегда́ поздравля́ют с Же́нским днём, а в други́х стра́нах, как и у вас, в Аме́рике, тако́го пра́здника нет.	*female colleagues* Же́нский. . . *Women's Day / send* поздрави́тельные. . . *greeting cards* за. . . *abroad*
ДЖИМ.	Я всё по́нял. Зна́чит, сего́дня я сде́лаю **спи́сок**° всех знако́мых же́нщин° . . . Э́то бу́дет **дли́нный**° спи́сок.	*list* всех . . . *of all the women I know / long*
ИЛЬЯ́ ИЛЬИ́Ч.	Джим, но не обяза́тельно поздравля́ть *всех* знако́мых же́нщин.	
ДЖИМ.	Почему́? Я наде́юсь, что им э́то бу́дет прия́тно. А мне бу́дет прия́тно каза́ться себе́ до́брым и внима́тельным.	

УПРАЖНЕ́НИЕ 2   Под микроско́пом: 8 Ма́рта

The reading contains several <ordinal numeral + month> phrases. For each phrase below, indicate the case in which each ordinal appears; then translate the sentence into English. Which case is used to render "on" a particular date?

1. Илья́ Ильи́ч, все мужчи́ны везде́ говоря́т о пода́рках же́нщинам к 8 (_____) Ма́рта.
2. 8 (_____) Ма́рта — э́то и си́мвол весны́.
3. Ведь 8 (_____) Ма́рта — нерабо́чий день.
4. Мы поздравля́ем свои́х колле́г-же́нщин седьмо́го (_____) ма́рта, а восьмо́го (_____) мы пра́зднуем Же́нский день до́ма.

---

[1]The full name of this holiday is **Междунаро́дный же́нский день** (*International Women's Day*).

ГРАММАТИКА И ПРАКТИКА

❖❖ 13.1. ONE (OUT OF SEVERAL): <ОДИ́Н ИЗ +GENITIVE PLURAL>

Это **оди́н из** мои́х би́знесов.	*That's one of my businesses.*
Оди́н из са́мых лу́чших пра́здников . . .	*One of the very best holidays . . .*

To single a particular person or thing out of a group, Russians use the construction <**оди́н (одна́, одно́) из** + Gen. pl.>.

УПРАЖНЕНИЕ 3   Мои́ друзья́

A Russian friend you haven't spoken to in a long while calls to catch up. He starts to tell you what his friends and family have been doing, but it sure sounds like he's bragging! You can't help but mention that your friends and family are just as accomplished and interesting. Use the phrases given below to compare your friends and family to his.

Оди́н из мои́х бра́тьев (друзе́й) . . .	хорошо́ поёт.
Одна́ из мои́х сестёр (подру́г) . . .	прекра́сно говори́т по-япо́нски.
Оди́н из на́ших преподава́телей . . .	лю́бит чита́ть детекти́вы.
Оди́н из мои́х сосе́дей . . .	сейча́с живёт в Аризо́не.
Одна́ из мои́х ко́шек (соба́к) . . .	ненави́дит смотре́ть телеви́зор.
???	ча́сто боле́ет.
	???

❖ О РОССИИ ❖❖❖❖❖❖❖❖❖❖❖❖❖❖❖❖❖❖❖❖

8 МА́РТА И 23 ФЕВРАЛЯ́

Илья́ Ильи́ч, все мужчи́ны везде́ говоря́т то́лько о пода́рках же́нщинам к 8 ма́рта.

As **8 Ма́рта** (**Междунаро́дный же́нский день**) approaches, most men and boys arrange gifts, flowers, and/or cards for the important women in their lives. It is not unusual for Russian male classmates to begin collaborating on a gift for each female teacher. Like Sasha and his grandfather in the next scene, many men even prepare meals and clean the house for **8 Ма́рта,** thus assuming for one day tasks that female family members usually do the rest of the year.

	ЯНВА́РЬ				ФЕВРАЛЬ				МАРТ				
Пн	6	13	20	27	3	10	17	24	3	10	17	24	31
Вт	⑦	14	21	28	4	11	18	25	4	11	18	25	
Ср	①	8	15	22	29	5	12	19	26	5	12	19	26	
Чт	2	9	16	23	30	6	13	20	27	6	13	20	27	
Пт	3	10	17	24	31	7	14	21	28	7	14	21	28	
Сб	4	11	18	25	1	8	15	22	1	⑧	15	22	29	
Вс	5	12	19	26	2	9	16	23	2	9	16	23	30	

About three weeks earlier, many women and girls observe an analogous celebration for the men and boys in their lives: **23 февраля́, День защи́тников Оте́чества** (*Defenders of the Fatherland Day*). This was originally a celebration of the Soviet armed forces, known as **День а́рмии,** but its purpose gradually came to include all men. Although it is not a day off (**выходно́й день),** the holiday is still observed.

СЛОВА, СЛОВА, СЛОВА ... ✪ *"One (thing)"* = **одно́**

Вот уви́дишь — все принесу́т **одно́** и то же.	*You'll see—everybody will bring (one and) the same thing.*
Илья́ Ильи́ч, все мужчи́ны везде́ говоря́т то́лько об **одно́м**.	*Ilya Ilyich, all the men everywhere are talking about just one thing.*

Note how **одно́**, the neuter form of **оди́н**, is used when referring to something indefinite, that is, to something that has no gender or whose gender cannot be stated. While English uses *thing* in this context, Russian does not use a noun.

О РОССИИ

КАЛЕНДА́РЬ

One cannot study Russian very long without encountering the difference between the Old Style (Julian) calendar and the New Style (Gregorian) calendar. The astronomers who set up the Julian calendar (under Julius Caesar—hence the name) calculated a year that was about twelve minutes too long. Over the centuries the disparity began to add up, so in 1582 Pope Gregory XIII introduced the more accurate Gregorian calendar. It shaved several days from the Julian calendar and is still in use today. Not all countries adopted the Gregorian calendar immediately, however; Russia did not adopt it until 1918. By that time the difference between the Julian and Gregorian calendars had reached thirteen days. This is why, during the Soviet era, the Great October Revolution (which took place during the Julian calendar's October) was subsequently observed in November. At the turn of each century another day's difference accrues; the difference between the two calendars is now fourteen days.

◈ 13.2. WRITING DATES

When writing dates, Russians follow the European pattern: day/month/year. Various written forms are possible.

> 25 декабря́ 2002
> 25/12/02
> 25.12.02
> 25/XII-02
> 25 дек. 2002 г.

Sometimes, the case ending of an ordinal numeral in a date is shown following the numeral: **6-е (шесто́е) января́, 25-ого (два́дцать пя́того) апре́ля, к 10-ому (деся́тому) ма́рта, в 1945-ом (со́рок пя́том) году́.** Standard written Russian does not consistently show these case reminders.

❖ 13.3. TELLING WHEN: КОГДА ЭТО СЛУЧИЛОСЬ? КОГДА ЭТО БУДЕТ?

Утром я работаю, а **вечером** занимаюсь.	*In the morning I work, and in the evening I study.*
Я всегда встаю **в семь часов**.	*I always get up at seven o'clock.*
На прошлой неделе у Тани и Светы было новоселье.	*Last week Tanya and Sveta had a housewarming.*

You have already encountered many of the ways to express when something occurs. They can be summarized by time period:

TIME PERIOD	CONSTRUCTION	EXAMPLES
During a part of the day or season of the year	Adverbial forms (identical to Instrumental case forms)	утром, днём, вечером, ночью; весной, летом, осенью, зимой
At a specific time of day or on a specific day of the week	<в + Acc.[2]>	в час, в четверть шестого; в четверг, в субботу
During or in a certain week	<на + Prep.>	на прошлой неделе; на этой неделе
In a certain month or year	<в + Prep.>	в марте; в прошлом году

As the preceding table indicates, time periods used with prepositions take «в» (except for **неделя**, which takes «на»). Time periods of a day or shorter are usually expressed using the Accusative case; time periods longer than a day use the Prepositional.

Giving actual dates when something occurred or will occur requires special attention. For example, the following statement does not fall into any of the above patterns:

Мы поздравляем своих коллег-женщин **седьмого марта**, а **восьмого** мы празднуем Женский день дома.	*We congratulate our female colleagues on the 7th of March, and on the 8th we celebrate Women's Day at home.*

With specific dates, the case used for the initial element stated (day, date, month, or year) varies; thereafter, the Genitive is used as the "add-on" case. The following table summarizes the case requirements when handling dates:

---

[2]There are two exceptions: *On the half hour* (6:30 = **в половине седьмого**) uses <в + Prep.> (but you can say **в полседьмого** to avoid this difficulty); and *on the three-quarter hour* (6:45 = **без четверти семь**) does not use «в» at all.

IF YOU BEGIN WITH THE . . .	DAY	DATE	MONTH	YEAR
YEAR *In 2002*				. . . в 2002-óм годý. <**в** + Prepositional>
MONTH *In March 2002*			. . . в мáрте <**в** + Prepositional>	2002-óго гóда (Genitive as "add-on" case)
DATE *On March 22, 2002*[3]		. . . 22-óго (Genitive)	мáрта (Genitive as "add-on" case)	2002-óго гóда (Genitive as "add-on" case)
DAY *On Friday, March 22, 2002*	. . . в пя́тницу <**в** + Accusative>	22-óго (Genitive as "add-on" case)	мáрта (Genitive as "add-on" case)	2002-óго гóда (Genitive as "add-on" case)

УПРАЖНЕНИЕ 4   Истóрия Амéрики

Your Russian friends are preparing for an exam on American history and culture and have asked you to help. Making educated guesses at words you do not know, match the events with the dates, and read the dates aloud in Russian.

1. День Незави́симости
   США пра́зднуется (*is celebrated*) _____

2. Втора́я мирова́я война́ кóнчилась _____

3. Деклара́ция незави́симости США
   была́ принята́ (*was adopted*) _____

4. Колýмб откры́л (*discovered*) Амéрику _____

5. Пéрвый «Сýпер бол» был _____

6. День Благодарéния[4] отмеча́ется
   (*is celebrated*) _____

7. — Мы пра́зднуем Рождествó _____
   — А мы пра́зднуем Ха́нуку _____

8. Пра́здник «Халлоуи́н» отмеча́ется _____

9. Президéнта Ли́нкольна
   уби́ли (*was killed*) _____

10. Учéбный[5] год начина́ется _____

11. Лéтние кани́кулы начина́ются _____

а. 15 апрéля 1865 г.[6]
б. 25 декабря́.
в. 31 октября́.
г. 4 ию́ля.
д. в 1492 г.
е. в 1776 г.
ж. в 1945 г.
з. в 1967 г.
и. в декабрé.
к. в ноябрé.
л. в ма́е и́ли в ию́не.
м. в а́вгусте и́ли в сентябрé.

---

[3]Note that in English both "On the 22nd of March" and "On March 22 . . ." are acceptable, but in Russian one always begins with the numerical date.

[4]Hint: **благодари́ть** = *to thank*.

[5]Hint: **учéбный** is related to **учи́ться.**

[6]Note the abbreviation **г.** (**гг.** in plural contexts) for **год, гóда,** or **годý** following the number.

УПРАЖНЕНИЕ 5   Когда́ родила́сь ва́ша сестра́?

Can you tell a Russian acquaintance about some important dates in your life? Prepare answers to the following questions; then ask them of others and write down the answers you hear (in Russian style) so you can check your comprehension.

1. Когда́ вы родили́сь?
2. Когда́ роди́лся ваш брат (оте́ц, де́душка, дя́дя . . .)?
3. Когда́ родила́сь ва́ша сестра́ (ма́ма, ба́бушка, тётя . . .)?
4. Когда́ вы поступи́ли (*entered*) в университе́т?
5. Когда́ вы зако́нчите университе́т?
6. Вы хоти́те пое́хать в Росси́ю? Когда́ вы хоти́те туда́ пое́хать?
7. В како́м году́ вы ко́нчили шко́лу?
8. Како́го числа́ был День Благодаре́ния (*Thanksgiving*) в про́шлом году́?
9. Когда́ начался́ уче́бный (*academic*) год в ва́шем университе́те? А когда́ он зако́нчится (*will end*)?
10. Когда́ зака́нчивается (*ends*) пе́рвый семе́стр? А когда́ начина́ется второ́й?

УПРАЖНЕНИЕ 6   С днём рожде́ния!

Scan the following article and try to figure out the birthdays of the sports figures mentioned. Then fill in the table.

С днем рождения!

29 марта 1964 года родился Александр Волков. Баскетболист. Заслуженный мастер спорта. Чемпион Олимпиады-88.

31 марта 1967 года родился Андрей Мазунов, мастер спорта международного класса по настольному теннису. Бронзовый призёр чемпионатов мира 1989 и 1991 годов.

31 марта 1971 года родился Павел Буре, хоккеист. Чемпион мира 1990 г.

1 апреля 1971 года родился Владимир Сельков. Мастер спорта международного класса по плаванию. Бронзовый призёр чемпионата мира 1991-го, чемпион Европы 1991 года.

3 апреля 1964 года родился Андрей Ломакин, хоккеист, заслуженный мастер спорта, чемпион зимних Олимпийских игр 1988 года.

4 апреля 1972 года родилась Наталья Полозкова. Мастер спорта международного класса по конькобежному[7] спорту. Чемпионка Европы 1991 года на дистанции 500 м.

	И́МЯ	ДЕНЬ РОЖДЕ́НИЯ	ВИД СПО́РТА
1.			
2.			
3.			
4.			
5.			
6.			

[7]Hint: **коньки́** = *ice skates.*

СЛОВА, СЛОВА, СЛОВА . . . ⭐ *Seasonal Words*

8 Ма́рта — э́то и си́мвол **весны́**.

March 8 is also a symbol of spring.

Ско́ро **зима́**, пого́да плоха́я, ка́ждый день идёт дождь.

Soon winter will be here—bad weather—it'll rain every day.

Ле́том я рабо́тала два ме́сяца.

I worked in the summer for two months.

By now you've seen several ways of expressing ideas relating to the four seasons. Here are the ones you should keep foremost in mind.

	DICTIONARY FORM OF THE NOUN	ADVERBIAL FORM (*IN THE . . .*)	ADJECTIVAL FORM
SUMMER	ле́то	ле́том	ле́тний
FALL, AUTUMN	о́сень (*f.*)	о́сенью	осе́нний
WINTER	зима́	зимо́й	зи́мний
SPRING	весна́	весно́й	весе́нний

Note that the adverbial forms are identical to the Instrumental case forms of the nouns, and that all the adjectival forms are soft adjectives.

reVERBerations ⭐ *Э́то был (была́, бы́ло, бы́ли) . . .*

Ра́ньше э́то действи́тельно **был** ску́чный официа́льный **пра́здник**.

Before it really was a boring official holiday.

Ме́жду про́чим, э́то **была́** на́ша **остано́вка**.

By the way, that was our stop.

Э́то **была́** моя́ пе́рвая **пое́здка** за грани́цу.

It was my first trip abroad.

In sentences in which the past tense of **быть** connects an introductory **э́то** with a noun in the Nominative case, the verb agrees in gender and number with the noun.

Э́то **бы́ли** са́мые интере́сные **фи́льмы**, кото́рые я смотре́л в э́том году́.

Those were the most interesting films I've seen this year.

КУЛЬТУРА РЕЧИ

❖ ТАК ГОВОРЯТ: ПРИЯ́ТНО

О́чень **прия́тно** (познако́миться).	*Pleased to meet you.*
Мужчи́нам **прия́тно** каза́ться себе́ до́брыми и внима́тельными.	*The men enjoy showing themselves to be kind and attentive.*
Я наде́юсь, что им э́то бу́дет **прия́тно**.	*I hope they'll like it.*

The precise rendering of **прия́тно** in English varies to fit the context. Note that when **прия́тно** is used with a "subject," that person (or persons) is expressed in the Dative case. (Often, however, the "subject" is understood, hence left unstated.)

You have also encountered adjectival forms related to **прия́тно.**

На́ша хозя́йка, Татья́на Дми́триевна, — о́чень **прия́тная** же́нщина.	*Our landlady, Tatyana Dmitrievna, is a very nice woman.*
Ой, как ты лю́бишь говори́ть **неприя́тные** ве́щи!	*Oh, how you love to say unpleasant things!*

And here is one more expression that is very common. It is said to your companions as you sit down to share a meal.

Прия́тного аппети́та!	*Bon appétit!*

УПРАЖНЕНИЕ 7　Прия́тный, прия́тно

Insert forms of **прия́тный/неприя́тный** or **прия́тно/неприя́тно** as required by context.

ОБРАЗЕ́Ц:　По́сле заня́тий о́чень ___прия́тно___ пойти́ с друзья́ми в кафе́!

1. [*A mother and daughter looking out the window.*]
   — Ни́ночка, кто э́тот _____ молодо́й челове́к, кото́рый ждёт тебя́ у на́шего подъе́зда?
   — Ну, ма́ма! Почему́ ты всегда́ всё хо́чешь знать! . . . Э́то Дэн, он у́чится в на́шей гру́ппе.
   — Пригласи́ его́ в го́сти. Нам бу́дет о́чень _____ с ним познако́миться.
2. — Бр-р! Ужа́сно _____ пого́да — дождь, хо́лодно.
   — А мне нра́вится. В таку́ю пого́ду _____ сиде́ть до́ма и чита́ть интере́сный детекти́в.
3. — Серге́й, по телеви́зору пока́зывали ва́шу рок-гру́ппу. Вы замеча́тельно игра́ете!
   — Спаси́бо. _____ слы́шать.

4. У на́шего сосе́да _____ мане́ра† всегда́ смотре́ть в окно́, когда́ я ухожу́ с ке́м-нибудь на свида́ние.

5. Како́й _____ весе́нний ве́чер! Пойдём, погуля́ем.

6. Не ешь так гро́мко. Мне э́то _____.

7. [*An unexpected meeting on the street.*]

— Серге́й Петро́вич! Неуже́ли э́то вы!?

— Людо́чка! Кака́я _____ встре́ча (*meeting*).

8. — Что э́то за цветы́? Как _____ па́хнут!

— Э́то ночны́е (*night*) фиа́лки. В Аме́рике таки́х цвето́в нет.

❖ **САМОПРОВЕРКА: УПРАЖНЕНИЕ 8**

Working on your own, try this self-test: Read a Russian sentence out loud, then give an idiomatic English equivalent without looking at the book. Then work from English to Russian. After you have completed the activity, try it with a classmate.

1. Оди́н из мои́х друзе́й о́чень хорошо́ игра́ет на роя́ле.

2. Я то́чно зна́ю одно́: за́втра бу́дет контро́льная рабо́та.

3. Мари́на родила́сь 22 (два́дцать второ́го) февраля́ 1982-ого (ты́сяча девятьсо́т во́семьдесят второ́го) го́да. Она́ око́нчила шко́лу в двухты́сячном году́.

4. Сего́дня на ры́нке продаю́т тюльпа́ны, ро́зы и гвозди́ки.

5. На про́шлой неде́ле я рабо́тал (рабо́тала) то́лько в пя́тницу.

1. *One of my friends plays the piano very well.*

2. *I know one thing for sure: There's going to be a quiz tomorrow.*

3. *Marina was born on the 22nd of February 1982. She graduated from high school in 2000.*

4. *Today at the market they're selling tulips, roses, and carnations.*

5. *Last week I worked only on Friday.*

❖ **ВОПРОСЫ И ОТВЕТЫ: УПРАЖНЕНИЕ 9**

Working with a classmate, take turns asking and answering the following questions. One of you will play a Russian visitor asking about holidays and other customs in your country.

1. В ва́шей стране́ пра́зднуют 8 Ма́рта?

2. У вас есть пра́здник, кото́рый похо́ж на 8 Ма́рта? Как он называ́ется? Как его́ пра́зднуют?

3. Каки́е пода́рки да́рят же́нщинам в э́тот день?

4. Как вы ду́маете, ну́жен ли Междунаро́дный *мужско́й* день?

5. В ва́шей стране́ же́нщины да́рят цветы́ мужчи́нам? Когда́?

6. Каки́е цветы́ вы лю́бите: мимо́зу, тюльпа́ны, ро́зы, фиа́лки, маргари́тки, гвозди́ки, хризанте́мы, и́рисы?

7. Вы когда́-нибудь кому́-нибудь говори́те комплиме́нты? Кому́? Каки́е комплиме́нты вы говори́те?

❖ ДИАЛОГИ

ДИАЛОГ 1   У вас в Аме́рике пра́зднуют . . . ?
(Discussing cultural differences)

— Скажи́, Тед, у вас в Аме́рике пра́зднуют 8 Ма́рта?
— Нет. У нас тако́го пра́здника нет.
— Жаль. А у вас есть како́й-нибудь пра́здник, когда́ де́ти поздравля́ют свои́х мам?
— Да, коне́чно. У нас есть пра́здник День Ма́тери.
— А когда́ его́ пра́зднуют?
— Во второ́е воскресе́нье ма́я.

ДИАЛОГ 2   Подари́те ей . . .
(Asking for advice on presents)

— Мне о́чень ну́жен хоро́ший пода́рок к 8-о́му Ма́рта. Что вы посове́туете (*suggest*)?
— Для како́го во́зраста (*age*)?
— Как вам сказа́ть? Я ду́маю, что ей лет со́рок пять, но она́ говори́т, что ей три́дцать шесть.
— А что она́ говори́ла в про́шлом году́?
— Она́ говори́ла, что ей три́дцать шесть. Она́ уже́ не́сколько лет говори́т, что ей три́дцать шесть.
— Тогда́ подари́те ей вот э́ту кни́гу. У неё хоро́шее назва́ние: «Же́нщина без во́зраста».

УПРАЖНЕНИЕ 10   Ваш диало́г

Create a dialogue in which you and a best friend, about to graduate from college and go your separate ways, establish a location and a date some time in the distant future when you promise to meet again. Carry this to an absurd level of detail, specifying the precise location of a bus stop, restaurant, or phone booth in any city you choose, and a precise time, day, month, and year.[8]

❖ А ТЕПЕРЬ . . . : УПРАЖНЕНИЕ 11

Working with a classmate, use what you learned in Part 1 to . . .

1. say when you were born and find out when he was born
2. find out what year he will graduate from college
3. tell him something that one of your teachers (don't use personal names!) does; see if he can guess whom you're talking about
4. describe something that one of your friends does well and find out if your classmate does too

---

[8]An old Soviet joke—a not-too-overdrawn commentary on the shortage of both goods and services during the Soviet years—had a customer placing an order for a car and setting up the delivery date, which was to be some five years down the road. When everything had been specified down to the hour, the customer suddenly recollected, "Oh no, that won't work. I have a plumber coming that afternoon."

ЧАСТЬ ВТОРАЯ

С ЧЕГО НАЧАТЬ?

SHOPPING FOR PRESENTS

Моей жене́ ну́жен но́вый зо́нтик.

Ба́бушка лю́бит **носи́ть** бу́сы.

зо́нтик

плато́к

перча́тки

шля́па

кольцо́

часы́

се́рьги

бу́сы

цепо́чка

бу́сы	*beads*
носи́ть	*to wear (habitually)*
плато́к	*kerchief*
цепо́чка	*small chain*

ЧТЕНИЕ

◈ ПОДА́РОК К 8 МА́РТА

(March 6. The Kruglovs' apartment. Sasha and his grandfather are sitting in the kitchen.)

I wonder / to have dinner / it's time / still

ДÉДУШКА. **Интере́сно,**° где Алекса́ндра? **Обе́дать**° **пора́,**° а её всё° нет.

СА́ША. Да, есть о́чень хо́чется.

(They hear the door opening, and then Grandma, smiling, appears in the kitchen.)

are worrying
B. . . I was standing in line.

ДÉДУШКА. А мы уже́ **волну́емся.**° Где ты была́ так до́лго?

БА́БУШКА. **В о́череди стоя́ла.**°

СА́ША. В о́череди? Где? За чем?

"Dishware"
ми́мо. . . to pass by only
I walk up / кофе́йные. . . coffee sets / Coffeepot
small cups / saucers / pretty / inexpensive
Заплати́ла. . . I paid the cashier

БА́БУШКА. Сейча́с расскажу́. Иду́ домо́й и ви́жу: в магази́не «**Посу́да**»° о́чередь. Я хоте́ла **ми́мо пройти́**° — ведь нам посу́да не нужна́, но мне ста́ло интере́сно, за чем о́чередь и почему́ там **одни́**° мужчи́ны стоя́т. **Подхожу́,**° смотрю́: все беру́т **кофе́йные набо́ры.**°⁹ **Кофе́йник**° и две ча́шечки с **блю́дцами.**° О́чень **краси́во**° и **недо́рого.**° Прекра́сный пода́рок к 8 [восьмо́му] Ма́рта. Я, коне́чно, то́же ста́ла в о́чередь. Заплати́ла в **ка́ссу,**° взяла́ набо́р. Иду́ домо́й и ду́маю: заче́м я его́ купи́ла?

СА́ША. *(Interrupting.)* Ба́бушка, а действи́тельно, заче́м тебе́ кофе́йный набо́р?

БА́БУШКА. **Что ты хо́чешь э́тим сказа́ть?**°

Что. . . What do you mean?

ча́йный. . . tea service

хожу́. . . have been going from store to store

СА́ША. Я хочу́ сказа́ть, что вы с де́дом ко́фе не пьёте. Вы же чай лю́бите, а **ча́йный серви́з**° у нас есть. И вообще́, в э́той о́череди до́лжен был стоя́ть я, а не ты, потому́ что мне о́чень ну́жен пода́рок к 8 [восьмо́му] Ма́рта. Я уже́ три дня **хожу́ по магази́нам,**° но не могу́ купи́ть хоро́ший пода́рок.

ДÉДУШКА. С кем ко́фе пить бу́дешь?

БА́БУШКА. А тебе́ обяза́тельно на́до всё знать! Са́шенька, бери́ набо́р!

СА́ША. *(Hugs Grandma.)* Ба́бушка, как я тебя́ люблю́! Ты да́же не зна́ешь, как ты мне помогла́!

БА́БУШКА. Почему́ не зна́ю? Я ещё когда́ в о́череди стоя́ла, зна́ла, кто полу́чит э́тот набо́р!

---

⁹**Набо́р** is the general term for a "set" of anything (screwdrivers, a chessboard and playing pieces, a teapot with two cups, and so on). **Серви́з** is a more specific and formal term for a complete dinnerware or beverage service for a large group of people (6, 12, or 24).

УПРАЖНЕНИЕ 1 Под микроско́пом: А пото́м . . . .

Here are some events from this reading. Place them in correct chronological order.

_____ **а.** Ба́бушка ви́дит о́чередь в магази́не «Посу́да».

_____ **б.** Ба́бушка да́рит набо́р Са́ше.

_____ **в.** Ба́бушка покупа́ет набо́р.

_____ **г.** Ба́бушка интересу́ется, за чем о́чередь.

_____ **д.** Она́ ви́дит, что продаю́т кофе́йные набо́ры.

_____ **е.** Са́ша спра́шивает, почему́ ба́бушка купи́ла набо́р.

СЛОВА, СЛОВА, СЛОВА . . . ⭐ _Почему́ vs. зачём_

И **почему́** ты говори́шь, что её мать несимпати́чная?

— Сего́дня уро́ков не бу́дет!
— **Почему́**?
— Неуже́ли вы не зна́ете? В го́роде эпиде́мия гри́ппа.

Са́ша, а **почему́** мы говори́м друг дру́гу «вы»?

— **Зачём** ты звони́шь Та́не?
— Я хочу́ её ви́деть.

— Заплати́ла в ка́ссу, взяла́ набо́р. Иду́ домо́й и ду́маю: **зачём** я его́ купи́ла?
— Ба́бушка, а действи́тельно, **зачём** тебе́ кофе́йный набо́р? Вы с де́дом ко́фе не пьёте.

— У неё нет ва́нны, а у меня́ нет ду́ша! И у нас нет воды́!
— А **зачём** ва́нна, **зачём** душ, е́сли нет воды́?

And why do you say that her mother's not nice?

"There won't be any classes today!"
"Why?"
"You really don't know? There's a flu epidemic in the city."

Sasha, why are we using «**вы**» with each other?

"Why are you calling Tanya?"
"I want to see her."

"I paid at the cash register and took my set. I head home and I'm thinking, What did I buy it for?"
"Really, Grandma, what do you need a coffee set for? You and Grandpa don't drink coffee."

"She doesn't have a bathtub, and I don't have a shower! And we don't have water!"
"So what does one need a bathtub or a shower for if there's no water?"

Both **почему́** and **зачём** can be translated as _why_ in English. Although the English translation implies that there is overlap between them, they are in fact significantly different in use.

- **Почему́** asks what _caused or led up to_ a certain action, state, condition, and so on. The reason or state that triggers a **почему́** question exists before the question can be asked.
- **Зачём** asks what the _purpose or intent_ of an action will be. The response to the **зачём** question states or implies the purpose, and it may also describe the consequences of the action.

Both **почему́** and **зачём** are used in sentences with a Nominative subject plus verb; **зачём** is also used in impersonal sentences with a Dative pronoun plus a noun or infinitive phrase (**Зачём тебе́ кофе́йный набо́р? Зачём нам ходи́ть пешко́м?**) and in sentences with no personal reference at all (**Зачём душ, е́сли нет воды́?**).

УПРАЖНЕНИЕ 2   Почему́ и́ли зачём?

Fill in the blanks with **почему́** or **зачём** according to context.

1. — Ви́тя, ты куда́ идёшь?

— В магази́н «Электро́ника».

— _____?

— Что́бы купи́ть но́вый при́нтер.

— А _____ ты идёшь пешко́м? Ведь э́то далеко́.

— Потому́ что у меня́ слома́лась (*broke down*) маши́на, а такси́ я брать не хочу́.

2. — _____ ты ка́шляешь?

— Я, ка́жется, простуди́лась. Я да́же на рабо́ту не ходи́ла.

— Ты должна́ вы́звать врача́.

— _____ мне врач? Я бу́ду лечи́ться дома́шними сре́дствами.

3. — Ра́я, _____ ты бе́гаешь в нау́шниках? Ты слу́шаешь му́зыку?

— Нет, я учу́ францу́зские слова́.

4. [*Several friends are discussing a movie; one of them is silent.*]

— О́ля, _____ ты молчи́шь (*aren't saying anything*)?

— Потому́ что мне совсе́м не понра́вился фильм.

5. [*Two friends are buying greeting cards.*]

— Грег, _____ тебе́ два́дцать поздрави́тельных отркы́ток?

— Что́бы поздра́вить с пра́здником всех друзе́й и знако́мых.

6. — _____ Са́ша игра́ет так ти́хо?

— Потому́ что ба́бушка спит.

7. _____ в го́роде маши́на, когда́ есть метро́?

8. _____ гара́ж, е́сли нет маши́ны?

ГРАММАТИКА И ПРАКТИКА

◈ 13.4. ADJECTIVES AS NOUNS AND ADJECTIVAL SURNAMES

Все мужчи́ны говоря́т то́лько об **одно́м** . . .	*All the men are talking about only one thing . . .*
Са́мого гла́вного ты не зна́ешь . . .	*You don't know the most important thing . . .*

As you learned in Lesson 2 with **ва́нная** and **столо́вая**, adjectives are sometimes used without nouns, thus acting as nouns themselves. If the reference is to something unnamed (as in the examples above), the adjectives are always neuter singular. A plural reference is also common.

Ста́рые ча́сто не понима́ют **молоды́х**.	*Old (people) often don't understand the young.*

Some adjectives have become so common as nouns that the understood noun has ceased to be used, though its gender is still reflected.

шампа́нское (вино́)   курсова́я (рабо́та)
ва́нная (ко́мната)   контро́льная (рабо́та)
ру́сский (челове́к)   знако́мый (челове́к)
ру́сская (же́нщина)   знако́мая (же́нщина)

Adjectives used as nouns (and family names with adjective endings, such as **Достое́вский**, **Страви́нский**, **Толсто́й**, and so on) are declined as adjectives of the appropriate gender.

Та́ня — дочь моего́ ста́рого дру́га,   *Tanya is the daughter of my old*
    Андре́я Ви́кторовича   *friend, Andrei Viktorovich*
    Жили́нского.   *Zhilinsky.*

УПРАЖНЕ́НИЕ 3   Adjectival surnames

Place the surnames in parentheses into the required form and indicate the case used.

ОБРАЗЕ́Ц: Тебе́ нра́вится му́зыка _Чайко́вского?_ (_Gen._) (Чайко́вский)

1. — Ты не зна́ешь, есть ли фи́льмы по траге́дии† Шекспи́ра «Га́млет»?
   — Есть. Не́сколько. Есть да́же оди́н ру́сский фильм с актёром
   _____ (_____) (Смоктуно́вский) в гла́вной
   ро́ли (*leading role*).

2. — Что э́то игра́ют по ра́дио? Что́-то знако́мое.
   — Э́то «Шехереза́да» _____ (_____)
   (Ри́мский-Ко́рсаков).

3. В э́том семе́стре мы слу́шаем курс по ру́сской культу́ре. Вчера́ у нас была́
   ле́кция о компози́торе Моде́сте Петро́виче _____
   (_____) (Му́соргский).

4. Вам ну́жно позвони́ть профе́ссору _____
   (_____) (Нико́льская).

5. Вы когда́-нибудь чита́ли о танцо́ре (*dancer*)
   _____ (_____) (Нижи́нский)?

6. Мы неда́вно чита́ли ру́сскую писа́тельницу (*writer*) Татья́ну
   _____ (_____) (Толста́я).

7. — Вы чита́ли рома́н Андре́я _____ (_____)
   (Бе́лый) «Петербу́рг»?
   — Чита́ла по-англи́йски. Когда́-нибудь я прочита́ю его́ по-ру́сски.

УПРАЖНЕНИЕ 4   Adjectives as nouns and pronouns

Fill in the blanks, selecting from the words below. Not all words are necessarily used, and in some instances more than one answer may be correct. In the parentheses, indicate the case used.

ва́нная	контро́льная	пиро́жное
гла́вное	курсова́я	ру́сские
дежу́рный	моро́женое	спра́вочная
знако́мый (-ая)		шампа́нское

ОБРАЗЕ́Ц: — Кто э́тот прия́тный молодо́й челове́к? Твой друг?
— Нет, про́сто _знако́мый_ (_Nom._).

1. Мы с подру́гой лю́бим всё сла́дкое (*dessert*): конфе́ты (*candy*), шокола́д, _____ (_____).

2. Идёт после́дняя неде́ля семе́стра. Мне на́до к пя́тнице зако́нчить _____ (_____), а пото́м у нас ещё три экза́мена.

3. — Не ешь так мно́го _____ (_____) — у тебя́ заболи́т го́рло.
— Не заболи́т. Я привы́к (*have gotten used to*) есть _____ (_____) ка́ждый день, да́же зимо́й.

4. — Алло́! _____ (_____)? Когда́ отправля́ется (*departs*) по́езд в Омск?
— 10.35.

5. В 6.00 Рома́н встал и пошёл в _____ (_____).

6. На стадио́не бы́ло мно́го америка́нцев и _____ (_____).

7. За́втра Но́вый год, и мы его́ бу́дем встреча́ть до́ма. Я должна́ купи́ть пять буты́лок _____ (_____).

8. Когда́ студе́нты ко́нчили писа́ть _____ (_____), они́ вы́шли из аудито́рии.

9. Са́мого _____ (_____) он не зна́ет.

УПРАЖНЕНИЕ 5   Ура́, коне́ц семе́стра!

You're getting ready for the end of the term and planning a graduation party for a friend. Working with a classmate, use the following words and sentences to indicate what must be done. Not all words will be used, and in some instances more than one answer may be correct.

друзья́	гости́ная	ва́нная
шампа́нское	пи́во	моро́женое
гита́ра	наш преподава́тель	сла́дкое (*dessert*)
	ку́хня	

1. На́до убра́ть (*clean up*) кварти́ру: _____, _____ и _____.

2. На́до позвони́ть _____.

3. На́до пригласи́ть _____.

4. На́до купи́ть мно́го _____, _____ и _____.

5. На́до попроси́ть дру́га принести́ _____.

13.5. MOTION VERBS WITH <ПО + DATIVE>

Мы уже́ два́дцать мину́т **хо́дим по у́лице** о́коло авто́бусной остано́вки.	*We've been walking up and down the street near the bus stop for twenty minutes already.*
Я це́лый день **хожу́ по магази́нам.**	*I've been going from store to store all day long.*

When multidirectional verbs of motion (such as **ходи́ть, е́здить, бе́гать**) are used in conjunction with <**по** + Dative>, the effect is to render the idea of motion back and forth, from place to place, round and round, or with no specific direction, as in the preceding examples. Contrast that meaning with the unidirectional counterparts of these verbs (**идти́, е́хать, бежа́ть**) used with <**по** + Dat.> to convey motion in one direction (down the street, along the river, and so on).

Скажи́ мне, с кем сейча́с Са́ша **идёт по у́лице.** Мо́жет быть, ты зна́ешь, кто сейча́с **бежи́т по у́лице?**	*Tell me who Sasha's walking down the street with. Maybe you know who's running along the street just now?*

УПРАЖНЕНИЕ 6   Motion verbs and the preposition «по»

Insert the appropriate form of the multidirectional verbs **ходи́ть** and **е́здить** or the unidirectional verbs **идти́** and **е́хать** as cued by the words in parentheses.

ОБРАЗЕЦ: Вы лю́бите _ходи́ть_ (*to walk around, shop*) по магази́нам?

1. Когда́ наш преподава́тель чита́ет ле́кцию, он всё вре́мя _____ (*walks*) по ко́мнате.

2. [*Tourist guide in a bus.*] Сейча́с мы с ва́ми _____ (*are driving*) по Но́вому Арба́ту. Посмотри́те напра́во. Э́тот большо́й магази́н — «Дом кни́ги».

3. Мой ста́рший брат — городско́й архите́ктор. Я люблю́ _____ (*to ride*) с ним по го́роду, потому́ что ка́ждый раз он расска́зывает что́-нибудь но́вое о на́шем го́роде.

4. Сего́дня 1-ое сентября́ — нача́ло заня́тий в шко́лах. По у́лице _____ (*are walking*) де́ти с больши́ми буке́тами цвето́в.

5. Студе́нты весь день _____ (*walked*) по музе́ям.

6. [*A highway patrolwoman is speaking on her phone as she drives.*] Я _____ (*am driving*) по шоссе́ 101. Пе́редо мной _____ (*is driving*) кра́сная «Тойо́та».

7. Ле́том наш преподава́тель _____ (*drove*) по Ита́лии. Он показа́л нам фотогра́фии и рассказа́л мно́го интере́сного о ра́зных истори́ческих места́х.

❖❖ 13.6. USE OF THE DATIVE CASE: SUMMARY

Here are some common uses of the Dative:

1. To show the recipient of something

дава́ть / дать . . . кни́гу, фотогра́фию . . . **дру́гу, ма́тери**

говори́ть / сказа́ть . . . пра́вду, комплиме́нт . . . **подру́ге, отцу́**

писа́ть / написа́ть . . . письмо́, откры́тку . . . **преподава́телю, ба́бушке**

покупа́ть / купи́ть . . . пода́рки, цветы́ . . . **друзья́м, роди́телям**

приноси́ть / принести́ . . . шампа́нское, журна́л . . . **сестре́, му́жу**

Some verbs take only the Dative (indirect object).

звони́ть / позвони́ть . . . **сы́ну, до́чери**

отвеча́ть / отве́тить . . . **де́душке, врачу́**[10]

помога́ть / помо́чь . . . **дру́гу, ма́ме**

2. In certain impersonal expressions

мне (ему́, ей, . . .) мо́жно/нельзя́ + infinitive

мне (ему́, ей, . . .) ну́жно/на́до + infinitive

мне (ему́, ей, . . .) пора́ + infinitive

Many of these describe a physical or mental state.

мне (ему́, ей, . . .) хо́лодно/жа́рко

мне (ему́, ей, . . .) интере́сно/ску́чно

мне (ему́, ей, . . .) ве́село/гру́стно (*sad*)

мне (ему́, ей, . . .) прия́тно/неприя́тно

мне (ему́, ей, . . .) тру́дно/легко́

3. With certain prepositions

«к»: **(идти́) к ба́бушке, (пода́рок) к 8 [восьмо́му] Ма́рта, (пода́рок) к Же́нскому дню**

«по»: **по телефо́ну, по телеви́зору, по доро́ге, по ко́мнате, по у́лице, по магази́нам**

4. When expressing age

мне (ему́, ей, . . .) девятна́дцать лет

5. Other constructions

мне (ему́, ей, . . .) ка́жется

мне (ему́, ей, . . .) хо́чется

мне (ему́, ей, . . .) нра́вится, понра́вилось . . .

мне (ему́, ей, . . .) везёт, повезло́

мне (ему́, ей, . . .) ну́жен (нужна́, ну́жно, нужны́) + noun (in Nominative case)

УПРАЖНЕНИЕ 7   Мой брат гото́вится к 8 Ма́рта

Marina is on the phone telling her friend Raisa about her brother's preparations for **8 Ма́рта**. Supply noun endings or logical pronouns (in some cases more than one interpretation may be acceptable) and be prepared to explain the various uses of the Dative.

---

[10]Remember, however, that **спра́шивать / спроси́ть** takes the Accusative (**Она́ спроси́ла ма́му...**) or the Genitive with **у** (**Она́ спроси́ла у ма́мы...**).

Мы с бра́том не зна́ем, что купи́ть ма́м_____¹ к Восьм_____² Ма́рта.
Я _____³ говорю́: — Мо́жет быть, подари́ть _____⁴ цветы́?
А он _____⁵ отвеча́ет: — Цветы́, цветы́ . . . Ка́ждый год цветы́. Ты не
ду́маешь, что же́нщин_____⁶ неинтере́сно получа́ть ка́ждый год цветы́?
Мо́жет быть, на́ш_____⁷ ма́м_____⁸ хо́чется что́-нибудь друго́е! Бе́дный
(*poor*) Ди́ма! _____⁹ ка́жется, что он пло́хо понима́ет же́нщин.
_____¹⁰ всегда́ нра́вятся цветы́! Мужчи́н_____¹¹ не на́до до́лго
ду́мать о том, что _____¹² купи́ть. Наприме́р, па́па всегда́ покупа́ет
цветы́, когда́ мы идём к ба́бушк_____¹³ в го́сти. Ой, извини́, Ра́я. Брат говори́т,
что _____¹⁴ сро́чно (*urgently*) ну́жен телефо́н. И _____¹⁵
пора́ идти́ на рабо́ту. Пока́!

УПРАЖНЕНИЕ 8   Но́вое знако́мство

While visiting Moscow, you and a friend are going to a party where you're sure to meet some Russians. They might ask you questions like these, most of which involve various uses of the Dative case. Working with a classmate, try to answer them. Switch roles halfway through.

1. Где вы у́читесь? На како́м вы ку́рсе?
2. Вам нра́вится ваш университе́т? Что вам там бо́льше всего́ нра́вится?
3. Вам нра́вится Росси́я? Что вам нра́вится (и́ли не нра́вится) у нас?
4. Вам тепе́рь ле́гче говори́ть по-ру́сски, чем два ме́сяца наза́д?
5. Вы ходи́ли когда́-нибудь на футбо́льный матч? Вам понра́вилось и́ли вам бы́ло ску́чно?
6. Вы ча́сто пи́шете домо́й пи́сьма о том, что вы де́лаете в Росси́и? Кому́ вы пи́шете?
7. Вы покупа́ете ру́сские сувени́ры? Кому́ вы их да́рите?

Что она́ продаёт? Что она́ чита́ет?

---

reVERBerations ✪ *Стоя́ть в о́череди vs. стать в о́чередь*

В о́череди два часа́ **стоя́ла.**	*I was standing in a line for two hours.*
Я, коне́чно, то́же **ста́ла в о́чередь.**	*So of course, I also got in line.*

The **где** vs. **куда́** distinction with respect to cases which you have seen in other phrases can also be seen at work here.

стоя́ть в о́череди <в + Prep.>	=	*to stand in line* (**где?**)
стать в о́чередь <в + Acc.>	=	*to get into line* (**куда́?**)

КУЛЬТУ́РА РЕ́ЧИ

◆ ТАК ГОВОРЯ́Т: ИНТЕРЕ́СНО, . . . ?

Интере́сно, где Алекса́ндра?   *I wonder where Aleksandra is?*

Starting a sentence with **Интере́сно, . . . ?** followed by a clause that begins with a question word is like beginning a sentence in English with *I wonder . . .*

УПРАЖНЕ́НИЕ 9   Вопро́сы, вопро́сы!

Working with a classmate, develop a couple of short dialogues based on some of the following situations. Use one or more examples of an appropriate direct question such as **Скажи́те, пожа́луйста . . .** or **Вы не зна́ете . . . (Вы не ска́жете . . .)** or an expression of curiosity such as **Интере́сно, ...**

1. Вы тури́ст, вы пе́рвый раз в Москве́.
2. Вы хоти́те узна́ть, что коллекциони́рует (*collects*) ваш ру́сский друг.
3. Вы хоти́те узна́ть, ско́лько сто́ит биле́т в кинотеа́тр.
4. Ва́ша сестра́ получи́ла письмо́ от дру́га, и вы хоти́те узна́ть, где он сейча́с рабо́тает.
5. За́втра день рожде́ния ва́шей ма́тери (ва́шего дру́га), и вы не зна́ете, что ей (ему́) подари́ть.
6. Вы забы́ли, когда́ у вас консульта́ция† в университе́те.
7. Вы не зна́ете, в каки́х кинотеа́трах идёт но́вый фильм.
8. Вы забы́ли, како́й авто́бус идёт в центр го́рода.

Чай из самова́ра!

❖ САМОПРОВЕРКА: УПРАЖНЕНИЕ 10

Working on your own, try this self-test: Read a Russian sentence out loud, then give an idiomatic English equivalent without looking at the book. Then work from English to Russian. After you have completed the activity, try it with a classmate.

1. — Когда́ я пришла́ в теа́тр, я
   сра́зу ста́ла в о́чередь за биле́тами.

   — А до́лго ты стоя́ла в о́череди?

   — До́лго, два часа́, зато́ вот биле́ты!

2. — Сего́дня заня́тий не бу́дет.
   — Почему́?
   — Неуже́ли ты не зна́ешь, в
   го́роде эпиде́мия гри́ппа?

3. — Я купи́л гара́ж.
   — Заче́м тебе́ гара́ж, е́сли нет
   маши́ны?

4. Смотри́, кака́я больша́я
   о́чередь в кинотеа́тр!
   Интере́сно, како́й
   фильм тут идёт?

5. Ви́тя, ты же не зна́ешь мою́
   подру́гу, Та́ню Жили́нскую!
   Дава́й я вас познако́млю.

6. Мы всё у́тро е́здили по го́роду,
   и без ка́рты я совсе́м
   заблуди́лся.

1. *"When I arrived at the theater I*
   immediately got in line for
   tickets."
   "And did you stand in line for
   a long time?"
   "A long time, two hours,
   nevertheless, here are the tickets!"

2. *"There won't be any classes today."*
   "Why not?"
   "You really don't know that there's
   a flu epidemic in the city?"

3. *"I got a garage."*
   "What do you need a garage for
   if you don't have a car?"

4. *Look at that big line for the*
   movie theater! I wonder what
   film is playing here?

5. *Vitya, you mean you don't know*
   my friend Tanya Zhilinskaya?
   Let me introduce (the two of) you.

6. *We drove around town all*
   morning, and without a map
   I got completely lost.

❖ ВОПРОСЫ И ОТВЕТЫ: УПРАЖНЕНИЕ 11

1. Ты когда́-нибудь покупа́ешь пода́рки свои́м роди́телям? А друзья́м? Ты кому́-нибудь покупа́ешь цветы́? А что ещё ты покупа́ешь?

2. Что ты обы́чно да́ришь дру́гу (подру́ге, бра́ту, сестре́) на день рожде́ния? А на сва́дьбу?

3. Ты лю́бишь ходи́ть по магази́нам? Ты ча́сто э́то де́лаешь? С кем ты обы́чно хо́дишь по магази́нам?

4. Ты ча́сто стои́шь в о́череди, когда́ ты хо́дишь по магази́нам?

5. У тебя́ до́ма есть кофе́йный и́ли ча́йный серви́з? Ты его́ купи́л (купи́ла) и́ли тебе́ его́ подари́ли?

6. Ты бо́льше лю́бишь чай и́ли ко́фе? Ты пьёшь чай с молоко́м? С лимо́ном? С са́харом? А ко́фе ты пьёшь с молоко́м? С са́харом?

7. Как ты ду́маешь, кофе́йный набо́р — э́то хоро́ший пода́рок?

❖ ДИАЛОГИ

ДИАЛОГ 1 Купи́ть хоро́ший пода́рок тру́дно
(Planning for shopping)

— Пётр, ты уже́ купи́л пода́рок Ка́те к 8 [восьмо́му] Ма́рта?

— Ещё нет. Я ника́к (*just*) не могу́ реши́ть, что ей купи́ть.

— Но до 8 [восьмо́го] Ма́рта оста́лся то́лько оди́н день!

— Ничего́. Сего́дня я бу́ду ходи́ть по магази́нам. Мо́жет быть, я куплю́ ей францу́зские духи́ (*perfume*). А за́втра у́тром я пойду́ на ры́нок и куплю́ ей цветы́.

— Но францу́зские духи́ — э́то о́чень до́рого!

— Но ведь э́то для Ка́ти!

ДИАЛОГ 2 Интере́сно, где Ди́ма
(Planning for shopping)

— Интере́сно, где Ди́ма. Он до́лжен был верну́ться два часа́ наза́д.

— Заче́м он тебе́ ну́жен?

— Он обеща́л, что мы бу́дем ходи́ть по магази́нам сего́дня днём. Мне на́до купи́ть пода́рки.

— Вы бу́дете стоя́ть в о́череди в ка́ждом магази́не, потому́ что сего́дня все покупа́ют пода́рки к 8 [восьмо́му] Ма́рта.

УПРАЖНЕНИЕ 12   Ваш диало́г

Create a dialogue in which you seek the advice of a friend or salesclerk on what might make a good birthday gift for another friend (or relative).

❖ А ТЕПЕРЬ . . . : УПРАЖНЕНИЕ 13

Working with a classmate, use what you learned in Part 2 to . . .

1. ask if she likes Dostoevsky's novels or Tchaikovsky's music

2. ask if she likes shopping (walking around stores), and if she does it frequently

3. express curiosity about why she bought something that she has with her

4. find out if she had to stand in line when she bought it, and if so, for how long

ЧАСТЬ ТРЕТЬЯ

С ЧЕГО НАЧАТЬ?

ПОДА́РКИ

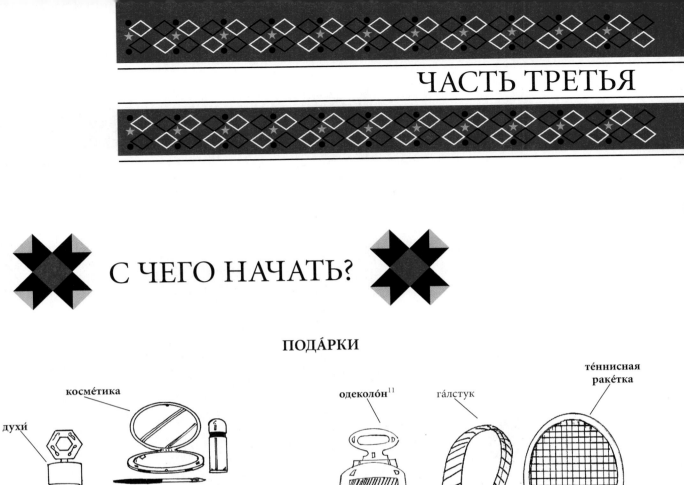

духи́
косме́тика
одеколо́н[11]
га́лстук
те́ннисная раке́тка
часы́
конфе́ты
буке́т роз

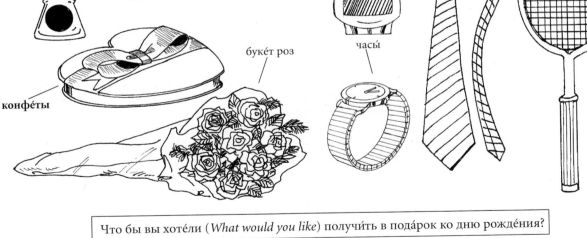

Что бы вы хоте́ли (*What would you like*) получи́ть в пода́рок ко дню рожде́ния?

---

[11]**Одеколо́н** is from the French phrase *eau de cologne* and is written as one word.

ЧТЕНИЕ

❖ ПОДА́РОК КУПИ́ТЬ ВСЕГДА́ НЕЛЕГКО́

Scene A

(*Vova and his friend Petya meet Jim on the street.*)

ПЕ́ТЯ.	Здра́вствуйте!
ДЖИМ.	Приве́т, ребя́та! Куда́ бежи́те?
ВО́ВА.	В шко́лу. Же́нщин поздравля́ть.
ДЖИМ.	Каки́х же́нщин?
ВО́ВА.	На́ших, коне́чно. Вот ви́дишь — тюльпа́ны для Татья́ны Миха́йловны. Э́то на́ша учи́тельница. И фиа́лки для всех девчо́нок° в **кла́ссе.**† Четы́рнадцать буке́тиков.°
ДЖИМ.	Где вы купи́ли таки́е краси́вые цветы́? Я в магази́нах таки́х не ви́дел.
ВО́ВА.	На ры́нке. Цветы́ ну́жно покупа́ть то́лько на ры́нке и́ли во́зле метро́. (*Sure that they're talking about flowers for Lena.*) То́лько гвозди́ки не покупа́й, осо́бенно бе́лые. Гвозди́ки она́ не лю́бит.
ДЖИМ.	(*Impressed by the knowledgeable Vova.*) Ты ду́маешь?
ВО́ВА.	Я уве́рен. **На все сто проце́нтов.°**
ДЖИМ.	Бу́ду знать. Каки́е у вас краси́вые тюльпа́ны! И кра́сные, и жёлтые, и да́же **фиоле́товые°**! Мо́жет быть, мне то́же купи́ть тюльпа́ны?
ВО́ВА.	(*Importantly.*) Лу́чше ро́зы. Э́то, коне́чно, до́рого, но зато́ о́чень краси́во.
ДЖИМ.	Спаси́бо за сове́т. Пока́!
ВО́ВА.	Пока́! Жела́ю **успе́ха°**!

girls (colloquial)
small bouquets

На. . . *A hundred percent.*

violet (colored)

Жела́ю. . . *Best of luck!*

Scene B

(*Three hours later. Viktor walks up to Jim, who looks rather glum.*)

ВИ́КТОР. Приве́т, Джим. Почему́ ты тако́й **гру́стный**°? Что́-нибудь случи́лось?   *sad*

ДЖИМ. Мне сего́дня не везёт. Мне ну́жно купи́ть пода́рок к 8 [восьмо́му]   *just*
Ма́рта. Я це́лый день хожу́ по магази́нам, но **ника́к**° не могу́ реши́ть,   Е́сли. . . *if I had known*
что купи́ть. Е́сли **бы** я знал,° что э́то бу́дет так тру́дно, я бы попроси́л
друзе́й присла́ть что́-нибудь из Аме́рики.

ВИ́КТОР. Да, хоро́ший пода́рок купи́ть всегда́ нелегко́. А что ты хо́чешь ей
подари́ть? Духи́? Косме́тику?

ДЖИМ. Я не зна́ю, каки́е духи́ она́ лю́бит. Косме́тикой она́, по-мо́ему, не   не по́льзуется *doesn't use*
по́льзуется.° Не зна́ю, что де́лать.

ВИ́КТОР. У меня́ иде́я! Сейча́с мы пойдём в оди́н магази́н и ку́пим прекра́сный   Тако́й. . . *A gift you won't be*
пода́рок! Тако́й пода́рок не сты́дно подари́ть° да́же люби́мой де́вушке!   *embarrassed* [lit. *ashamed*]
to give

ДЖИМ. Ви́ктор, э́то замеча́тельно! А что э́то за пода́рок?

ВИ́КТОР. Я тебе́ расскажу́ по доро́ге.

УПРАЖНЕНИЕ 1   Под микроско́пом: Вы хорошо́ чита́ли?

Try to answer the following questions without looking back at the reading.

1. Кого́ Джим встреча́ет на у́лице?
   а. Ле́ну и Са́шу
   б. Пе́тю и Во́ву
   в. Ба́бушку и де́душку

2. Для кого́ Пе́тя купи́л тюльпа́ны?
   а. Для учи́тельницы, Татья́ны Миха́йловны
   б. Для сосе́дки, Татья́ны Дми́триевны
   в. Для сосе́дки, студе́нтки Та́ни

3. Что говори́т Во́ва, где ну́жно покупа́ть цветы́?
   а. В магази́не
   б. В университе́те
   в. На ры́нке и́ли во́зле метро́

4. Кто помога́ет Джи́му найти́ хоро́ший пода́рок?
   а. Са́ша
   б. Ви́ктор
   в. Профе́ссор Петро́вский

5. Что Джим покупа́ет?
   а. Цветы́
   б. Духи́
   в. Мы не зна́ем

ГРАММАТИКА И ПРАКТИКА

◆ О РОССИИ ◆◆◆◆◆◆◆◆◆◆◆

CONVENIENCE SHOPPING

Цветы́ ну́жно покупа́ть то́лько на ры́нке и́ли во́зле метро́.

In large cities such as Moscow and St. Petersburg, many residents find it convenient to be able to stop by small kiosks, shopping stands, or mini-stores on their way to or from work and home rather than go into a large store. Such facilities are typically located where there is a high volume of pedestrians, such as near metro stations and bus transfer points. They are often very specialized: newspapers, magazines, and tobacco products may be available at one, next to which is another where flowers are on sale (very handy for when you're on your way to a dinner invitation!), next to which is a third where you can buy ice cream cones or other frozen treats. Sometimes you'll find a shoe repair stand that will quickly fix a broken heel or sell you a shoelace, and at other times you may find a small table at which a variety of books are for sale.

13.7. THE CONDITIONAL-HYPOTHETICAL MOOD:
ЕСЛИ БЫ Я ЗНАЛ...

Если **бы** я знал, ... я **бы**
    попроси́л ...

*If I had known, ... I would
    have asked ...*

If ... then ... statements can be presented as either likely to happen (often called *actual* or *real*) or unlikely to happen (often called *conditional-hypothetical*[12]). Compare these two sentences:

CONDITIONAL-REAL

Если он мне **помо́жет**, мы
    всё **сде́лаем** за два часа́.

*If he helps me, we'll get it all
    done in two hours.*

CONDITIONAL-HYPOTHETICAL

Если **бы** он мне **помо́г**, мы
    бы всё **сде́лали** за два
    часа́.

*If he helped me (If he were to
    help me), we'd get it all
    done in two hours.*
        and
*If he had helped me, we'd
    have gotten it all done in
    two hours.*

The first Russian sentence describes a situation that the speaker regards as likely to happen and, if it does, it will have a definite consequence. The second sentence describes the same situation in a more doubtful light than the first; this is called the conditional-hypothetical mood. Notice that the second sentence has two English renderings: a present/future meaning and a past meaning. Russian uses the same construction for both and distinguishes present/future meanings (*if-X-were-to-happen*) from past meanings (*if-X-had-happened*) by context.

The key elements of a conditional-hypothetical construction are

1. <**е́сли бы** + past tense> in the *if* (hypothetical) clause
2. <**бы** + past tense> in the *then* (main) clause

In the *then* clause, the **бы** may precede or follow the verb.

Если **бы** у меня́ бы́ли
    де́ньги, я **купи́ла бы**
    (я **бы купи́ла**) маши́ну.

{ *If I had the money, I'd buy a car.*
  *If I'd had the money, I'd have
      bought a car.*

As in English, either clause may come first in a sentence.

Я **бы** пошёл с ва́ми, **е́сли бы**
    у меня́ бы́ло вре́мя.

*I'd go (I'd have gone) with you
    if I had (if I'd had) the time.*

Если **бы** у меня́ бы́ло
    вре́мя, я **бы** пошёл
    с ва́ми.

*If I had (If I'd had) the time,
    I'd go (I'd have gone) with
    you.*

---

[12]Conditional-hypothetical statements are also sometimes called "contrary-to-fact" statements.

УПРАЖНЕНИЕ 2   Хоро́ший пода́рок тру́дно купи́ть!

Getting the right Women's Day gifts can be difficult. Match the following incomplete sentences, which state some of the pitfalls our male characters have encountered, with the completions on the right.

1. Éсли бы Джим не встре́тил Во́ву, _____
2. Éсли бы Джим знал, что цветы́ ну́жно покупа́ть на ры́нке, _____
3. Éсли бы Джим бо́льше знал о пра́зднике 8 Ма́рта, _____
4. Éсли бы 8 Ма́рта бы́ло рабо́чим днём, _____
5. Éсли бы Алекса́ндра Никола́евна не ста́ла в о́чередь, _____
6. Éсли бы Джим знал, что ему́ бу́дет так тру́дно реши́ть, что купи́ть, _____
7. Éсли бы на ры́нке не́ было роз, _____
8. Éсли бы он знал, каки́е духи́ она́ лю́бит, _____

а. Джим купи́л бы Та́не краси́вые тюльпа́ны.
б. мужчи́ны поздравля́ли бы свои́х колле́г-же́нщин в э́тот день.
в. она́ бы не купи́ла кофе́йный набо́р.
г. он бы не проси́л Илью́ Ильича́ рассказа́ть ему́ об э́том пра́зднике.
д. он бы сра́зу туда́ пое́хал.
е. он купи́л бы ей духи́.
ж. он не знал бы, что цветы́ ну́жно покупа́ть на ры́нке.
з. он попроси́л бы друзе́й присла́ть что́-нибудь из Аме́рики.

УПРАЖНЕНИЕ 3   О чём вы мечта́ете (*dream*)?

Have you ever dreamed about how things could be different if you were rich, living somewhere else, and so on? Complete four or five of the following sentences and compare your answers with those of your classmates. Who has the biggest or most unique dreams?

1. Éсли бы я был (была́) президе́нтом США, . . .
2. Éсли бы я жил (жила́) в Калифо́рнии (в Росси́и, в Áфрике), . . .
3. Éсли бы у меня́ бы́ло мно́го де́нег, . . .
4. Éсли бы я стал (ста́ла) врачо́м, . . .
5. Éсли бы я был чемпио́ном (была́ чемпио́нкой) ми́ра по гимна́стике, . . .
6. Éсли бы я был актёром (была́ актри́сой), . . .
7. Éсли бы у нас сего́дня был пра́здник, . . .
8. Éсли бы у меня́ была́ больша́я, но́вая маши́на, . . .
9. Éсли бы я игра́л (игра́ла) на роя́ле (на гита́ре, на саксофо́не), . . .
10. Éсли бы я вы́играл (вы́играла) (*won*) в лотере́ю,[†] . . .

❖ 13.8 ASKING FOR SUGGESTIONS OR ADVICE: ЧТО МНЕ ДЕ́ЛАТЬ?

Мо́жет быть, **мне** то́же **купи́ть** тюльпа́ны?	*Maybe I, too, should buy some tulips?*

A question that has the person who performs an action in the Dative case followed by an infinitive may be used when asking for suggestions, advice, and so on.

Что **мне подари́ть** Та́не на день рожде́ния?	*What should I give Tanya for her birthday?*
Мне ну́жен биле́т на по́езд. **Куда́ мне позвони́ть?**	*I need a train ticket. Where should I call?*

УПРАЖНЕ́НИЕ 4　Что ему́ (ей) де́лать?

Using <Dative + **на́до**> phrases, make suggestions to help your friends resolve the following situations:

ОБРАЗЕ́Ц:　Ваш друг си́льно простуди́лся. Что ему́ де́лать?
　　　　　→ Ему́ на́до вы́звать врача́ и́ли пойти́ в поликли́нику.

1. Макси́м то́лько что вспо́мнил, что за́втра день рожде́ния его́ ма́тери. Что ему́ де́лать?
2. Ири́на опозда́ла на заня́тия по ру́сскому языку́. Что ей сказа́ть преподава́телю?
3. Ива́н идёт к свои́м друзья́м в го́сти. Что ему́ взять с собо́й?
4. Мари́на была́ больна́ три дня. Кому́ ей позвони́ть, чтобы узна́ть дома́шнее зада́ние?
5. Ру́сские друзья́ На́ди пригласи́ли её на футбо́льный матч, а ей э́то неинтере́сно. Что ей сказа́ть им?

---

reVERBerations ✪ *По́льзоваться*

Косме́тикой она́, по-мо́ему, не **по́льзуется**.	*I don't think she uses makeup.*

The complement of the verb **по́льзоваться** (that is, the object of the word *used*) appears in the Instrumental case.

УПРАЖНЕНИЕ 5   Пользоваться

Complete the sentences by adding an appropriate present-tense form of the verb
пользоваться and a logical item from the following list:

библиотéка	маши́на	па́лочки (*chopsticks*)
дома́шние срéдства	городско́й тра́нспорт	стира́льная маши́на
ку́хня	очки́ (*glasses*)	то́стер
лифт	пылесо́с	часы́

ОБРАЗЕ́Ц: Когда́ де́душка боле́ет, ба́бушка обы́чно _пользуется_
дома́шними сре́дствами.

1. Когда́ в кварти́ре гря́зно (*dirty*), я _____
_____ .

2. Де́душка пло́хо ви́дит, поэ́тому он _____
_____ .

3. Вы живёте на четвёртом этаже́. Вы обы́чно _____
_____ и́ли нет?

4. Когда́ еди́м кита́йскую еду́ (*food*), мы _____

5. Когда́ не хвата́ет чи́стой оде́жды (*clothes*), мы _____
_____ .

6. Когда́ на́до занима́ться, студе́нты ча́сто _____
_____ .

7. Ты е́здишь по го́роду на маши́не и́ли _____
_____ .

8. Мно́гие студе́нты не уме́ют гото́вить. Они́ ре́дко _____
_____ .

КУЛЬТУРА РЕЧИ

❖❖ **ТАК ГОВОРЯ́Т: WHEN YOU HAVE SOMETHING IN MIND**

Сейча́с мы пойдём в **оди́н**
магази́н . . .

Now we'll go to a (certain)
store . . .

In this context **оди́н** is not expressing a quantity but rather indicates that the speaker
has in mind a particular store instead of other possible stores.

Я зна́ю **одного́** челове́ка,
кото́рый . . .

I know a (certain) person
who . . .

Мне сказа́ли об **одно́м** музе́е,
где . . .

They told me about a (certain)
museum where . . .

❖ САМОПРОВЕРКА: УПРАЖНЕНИЕ 6

Working on your own, try this self-test: Read a Russian sentence out loud, then give an idiomatic English equivalent without looking at the book. Then work from English to Russian. After you have completed the activity, try it with a classmate.

1. Если бы у меня́ бы́ло вре́мя, я бы чита́ла бо́льше.

2. Что мне де́лать? Ва́ля сказа́ла, что придёт ро́вно в 7 часо́в. Сейча́с уже́ полвосьмо́го и её ещё нет.

3. Я зна́ю оди́н рестора́н, где де́лают о́чень вку́сные пирожки́.

4. Я бы купи́л (купи́ла) сестре́ косме́тику на день рожде́ния, но она́ косме́тикой не по́льзуется.

1. *If I had time, I would read more.*

2. *What should I do? Valya said that she'd arrive at 7:00 sharp. Now it's already 7:30 and she's still not here.*

3. *I know a certain restaurant where they make really good pirozhki.*

4. *I would have bought my sister makeup for her birthday, but she doesn't use makeup.*

❖ ВОПРОСЫ И ОТВЕТЫ: УПРАЖНЕНИЕ 7

1. Тебе́ когда́-нибудь дари́ли цветы́? Кто тебе́ их дари́л? Каки́е цветы́ тебе́ нра́вятся?

2. В на́шем го́роде есть ры́нок, где мо́жно купи́ть цветы́? И́ли цветы́ продаю́т то́лько в магази́нах?

3. Ты ча́сто да́ришь цветы́ свое́й ма́ме? Что ты ей подари́л (подари́ла) в про́шлом году́ на День Ма́тери?

4. Кому́ ещё ты да́ришь цветы́? Каки́е цветы́ ты обы́чно да́ришь?

5. Ты когда́-нибудь дари́л (дари́ла) цветы́ своему́ преподава́телю?

6. Каки́е пода́рки (сувени́ры) ты посыла́ешь свои́м друзья́м в други́е стра́ны?

7. Ты лю́бишь получа́ть в пода́рок духи́ и́ли одеколо́н?

8. Ты обы́чно до́лго хо́дишь по магази́нам, когда́ тебе́ ну́жно купи́ть пода́рок?

❖ ДИАЛОГИ

ДИАЛОГ 1 Цветы́ мо́жно купи́ть во́зле метро́
(Asking for advice about where to buy something)

— Каки́е краси́вые цветы́! Где ты их купи́л?

— На ры́нке.

— Мне то́же ну́жно купи́ть цветы́, но я не могу́ пое́хать на ры́нок. Нет вре́мени. Что де́лать?

— Цветы́ мо́жно купи́ть во́зле метро́. Во́зле на́шей ста́нции метро́ всегда́ продаю́т цветы́. Но э́то до́рого — доро́же, чем на ры́нке.

— Зато́ бы́стро.

ДИАЛОГ 2 Э́то тебе́ цветы́
(Extending holiday greetings)

— Здра́вствуй, Га́ля! С пра́здником! Э́то тебе́ цветы́.
— Спаси́бо, Серёжа. Каки́е краси́вые! Я их сра́зу поста́влю в во́ду. Е́сли бы я знала́, что ты придёшь, я пригото́вила бы торт. Проходи́ в ку́хню, мы бу́дем пить чай.
— Спаси́бо, с удово́льствием. Слу́шай, Га́ля, тебе́ нра́вятся италья́нские фи́льмы?
— О́чень. А что?
— В «Росси́и» идёт но́вый италья́нский фильм. Я о́чень хочу́ посмотре́ть его́. Хо́чешь пойти́?
— С удово́льствием. Когда́ ты хо́чешь пойти́? К сожале́нию, я сего́дня и за́втра о́чень занята́.
— Мо́жет быть, в сле́дующую суббо́ту?
— Отли́чно!

УПРАЖНЕ́НИЕ 8   Ваш диало́г

A roommate or friend of yours has just returned from a trip. Create a dialogue in which you take note of (and compliment) something he has bought and ask where he got it and whom it is for.

❖ А ТЕПЕ́РЬ . . . : УПРАЖНЕ́НИЕ 9

Working with a classmate, use what you learned in Part 3 to . . .

1. tell about something you would do (or some place you would go) if you had the time, then find out if he has ever done this (or gone there)
2. find out what he would say if he met the president (his favorite actor/actress, athlete, and so on)
3. say what you'd do if you were rich and then find out what he would do if he were rich
4. describe a problem (real or imaginary) you have and ask him what you should do

ЧАСТЬ ЧЕТВЁРТАЯ

С ЧЕГО НАЧАТЬ?

PLACE SETTINGS ON THE TABLE

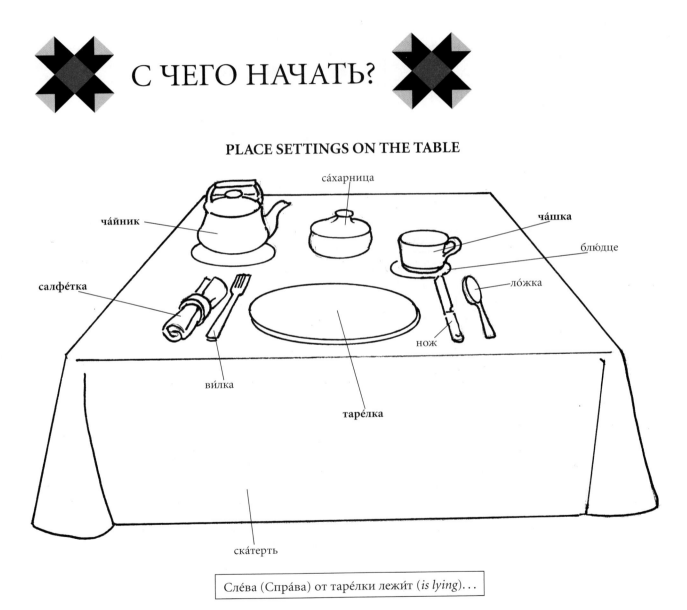

Слѐва (Спрàва) от тарѐлки лежѝт (*is lying*)…

ЧТЕНИЕ

❖ **С ПРА́ЗДНИКОМ!**

(March 8. The Silins' apartment. Natalya Ivanovna is standing at the window, looking out at the street.)

Э́то... *I'm the one who told him*

накрыва́й... *set the table appetizers*

НАТА́ЛЬЯ ИВ.	Посмотри́те, вон Джим идёт с буке́том роз.
ВО́ВА.	(*Casually.*) Э́то я ему́ **посове́товал**° купи́ть ро́зы. (*Lena looks quizzically at Vova.*)
НАТА́ЛЬЯ ИВ.	Скоре́е! Он сейча́с бу́дет здесь. (*Lena's quizzical look shifts to her mother.*) Ле́на, **накрыва́й на стол.**° Ставь таре́лки, ча́шки. Во́ва, неси́ из ку́хни **заку́ски.**°

(After a few moments the doorbell rings. Natalya Ivanovna opens the door and finds Viktor holding flowers and two boxes.)

ВИ́КТОР.	Здра́вствуйте, Ната́лья Ива́новна. Поздравля́ю вас с пра́здником. (*He gives her flowers and a box of candy.*)
НАТА́ЛЬЯ ИВ.	(*Bewildered.*) Спаси́бо.
ЛЕ́НА.	(*Appears at the doorway.*) Ви́тя, приве́т!

тако́й... *just as*

ВИ́КТОР.	С пра́здником! Будь всегда́ тако́й же° краси́вой! (*Gives her flowers and a box of candy.*)
ЛЕ́НА.	Спаси́бо, Ви́тя! Проходи́, бу́дем чай пить.

(From his room Vova hears the arrival. Thinking it's Jim, he comes out to greet him.)

ВО́ВА.	Джим, я хочу́ тебе́ показа́ть ... (*Sees Viktor, falls silent.*)
ВИ́КТОР.	Е́сли тебе́ ну́жен Джим, ты, я ду́маю, найдёшь его́ в кварти́ре № 7.

(*Vova looks blankly at him. At this moment Jim rings the bell at Apartment 7. Tanya answers.*)

ДЖИМ.	(*Extends roses to Tanya.*) С пра́здником.
ТА́НЯ.	Каки́е чуде́сные ро́зы! Спаси́бо, Джим. Заходи́, пожа́луйста!
ДЖИМ.	(*He offers a gift box.*) А э́то тебе́. Наде́юсь, тебе́ понра́вится.
ТА́НЯ.	Спаси́бо. Я уве́рена, что понра́вится. Сейча́с я поста́влю цветы́ в во́ду, а пото́м откро́ю **коро́бку.**°
ДЖИМ.	А э́ти цветы́ — для Татья́ны Дми́триевны и для Све́ты.

box

(*The doorbell rings a second time. Tanya opens the door and sees Sasha holding three bouquets and a gift bag.*)

СА́ША.	(*Hands Tanya one of the bouquets.*) С пра́здником!
ТА́НЯ.	Са́шенька, спаси́бо. Заходи́. Све́та то́лько что звони́ла, она́ бу́дет че́рез два́дцать мину́т. А Джим уже́ здесь.
СА́ША.	Приве́т, Джим!
ДЖИМ.	Приве́т!
СА́ША.	Та́ня, а Татья́на Дми́триевна до́ма?
ТА́НЯ.	Да, она́ на ку́хне. Мы с ней гото́вим заку́ски.
СА́ША.	Джим, дава́й поздра́вим Татья́ну Дми́триевну.
ДЖИМ.	**Пойдём!**°
СА́ША И ДЖИМ.	(*Going into the kitchen.*) Здра́вствуйте, Татья́на Дми́триевна, с пра́здником! (*They hand her the flowers.*)
ТАТЬЯ́НА ДМ.	Спаси́бо, ма́льчики. Каки́е чуде́сные цветы́!

Let's go

(*The doorbell rings a third time. Tatyana Dmitrievna answers. The professor is there, holding three bouquets and a gift bag.*)

ИЛЬЯ́ ИЛЬИ́Ч.	Здра́вствуйте, Татья́на Дми́триевна. **Разреши́те**° поздра́вить вас с пра́здником.
ТАТЬЯ́НА ДМ.	Спаси́бо, Илья́ Ильи́ч.
ИЛЬЯ́ ИЛЬИ́Ч.	А э́то небольшо́й пода́рок . . . (*He gives her a bouquet of roses and glances down at the gift bag he is holding.*)
ТАТЬЯ́НА ДМ.	Вы так внима́тельны. Заходи́те, пожа́луйста.
ИЛЬЯ́ ИЛЬИ́Ч.	Спаси́бо. А э́то цветы́ для ва́ших де́вушек. Наде́юсь, они́ до́ма?

Allow (me)

(They enter the living room, where Tanya, Jim, and Sasha are seated.)

ИЛЬЯ́ ИЛЬИ́Ч.	До́брый день, молоды́е лю́ди!
ВСЕ.	Здра́вствуйте.
ИЛЬЯ́ ИЛЬИ́Ч.	Та́ня, поздравля́ю вас с пра́здником. *(Gives her flowers.)*
ТА́НЯ.	Спаси́бо, Илья́ Ильи́ч.
ИЛЬЯ́ ИЛЬИ́Ч.	А где же Све́та?
ТА́НЯ.	Све́та ско́ро вернётся. Посмотри́те, како́й чуде́сный набо́р мне подари́л Джим! Спаси́бо, Джим.

(The professor turns pale.)

coincidence / тако́й…the same

СА́ША.	Како́е **совпаде́ние**°! У меня́ то́чно **тако́й же**° набо́р для Све́ты.

(The professor is crestfallen.)

ТАТЬЯ́НА ДМ.	Илья́ Ильи́ч, что с ва́ми?
ИЛЬЯ́ ИЛЬИ́Ч.	Нет-нет, всё в поря́дке. Про́сто я хоте́л сде́лать вам **оригина́льный**† пода́рок…
ДЖИМ.	Неуже́ли и у *вас* тако́й же набо́р?

Alas…

ИЛЬЯ́ ИЛЬИ́Ч.	*(Nodding sadly, opening the bag with his gift.)* Увы́ …°

identical

ТАТЬЯ́НА ДМ.	Но ведь э́то замеча́тельно, что они́ **одина́ковые**°!

(Sveta enters.)

Tanya's

СВЕ́ТА.	Здра́вствуйте. Каки́е краси́вые ча́шки! Чьи э́то?
СА́ША.	Э́то — Татья́ны Дми́триевны, э́то — Та́нины,° а э́то твой.
ТАТЬЯ́НА ДМ.	Наконе́ц, в на́шей кварти́ре есть оди́н большо́й серви́з!

УПРАЖНЕНИЕ 1   Под микроско́пом: Что кому́?

Fill in the chart to indicate who in the top row has given what to whom in the left column. Leave blanks if no gifts are mentioned.

	ВИКТОР	ДЖИМ	СА́ША	ИЛЬЯ́ ИЛЬИ́Ч
НАТА́ЛЬЕ ИВА́НОВНЕ	цветы́ и конфе́ты			
ЛЕ́НЕ				
ТА́НЕ				
ТАТЬЯ́НЕ ДМИ́ТРИЕВНЕ				
СВЕ́ТЕ				

ГРАММАТИКА И ПРАКТИКА

О РОССИИ

ЧАЙ И ЗАКУ́СКИ

Скоре́е! Он сейча́с бу́дет здесь. Ле́на, накрыва́й на стол. Ставь таре́лки, ча́шки. Во́ва, неси́ из ку́хни заку́ски.

Guests visiting a Russian home anytime after noon will most likely be offered something to eat and drink. If the visit is near mealtime, guests may be offered a multicourse feast; otherwise, they may be offered something lighter. The drink will likely be **чай** but could be **ко́фе, фрукто́вый чай**, or—especially in the summer—**сок, минера́льная вода́, лимона́д** or **пе́пси**, or any combination of the preceding.[13] To eat, you may be offered **заку́ски, бутербро́ды**, or dessertlike fare, such as **пече́нье** (*cookies*), **торт, пиро́жные**, or **кекс** (*pound cake with raisins*).

---

[13] If you ask for water, you will probably be served **минера́льная вода́, сок**, or **лимона́д**, because Russians are not used to drinking tap water, which is often unsafe. Note also that if your host offers **во́дочка**, you will be served *a little drink of* **во́дка**, not water, the diminutive of which is **води́чка**.

◆ 13.9. VERBS OF PLACEMENT

<table>
<tr><td>Лёна **поста́вила** на стол тарéлки и ча́шки.</td><td>*Lena put plates and cups on the table.*</td></tr>
</table>

Russian has no verb as general as the English verb *to put*. Rather, Russian makes a distinction between something that is placed in a standing position (especially containers such as a box, vase, cup, and anything with a base, even a small one such as that beneath a saucer or plate) and something that is placed lying down (such as a knife or fork on a table, clothing in a suitcase, or food on a plate). Some items may be placed either way, and the verb used changes accordingly: A book, for example, may be placed standing up on a bookshelf or lying down on a bookshelf or table.

The "placement" verbs are **куда́** verbs: Because they indicate motion, they are followed by <**в** or **на** + Accusative>. The key forms of these verbs are shown in the following chart:

	IMPERFECTIVE	PERFECTIVE
To place (*standing up*)	ста́вить (ста́влю, ста́вишь, ... ста́вят) *Imperative:* Ста́вь(те) ...	поста́вить (поста́влю, поста́вишь, ... поста́вят) *Imperative:* Поста́вь(те) ...
To place (*lying down*)	класть (кладу́, кладёшь, ... кладу́т) *Imperative:* Клади́(те) ...	положи́ть (положу́, поло́жишь, ... поло́жат) *Imperative:* Положи́(те) ...
To place (*hanging up*)	ве́шать (ве́шаю, ве́шаешь, ... ве́шают) *Imperative:* Ве́шай(те) ...	пове́сить (пове́шу, пове́сишь, ... пове́сят) *Imperative:* Пове́сь(те) ...

УПРАЖНЕНИЕ 2 Лёна накры́ла на стол

Fill in the blanks with verbs that describe how Lena set the table, using **поста́вила**, **положи́ла**, and **принесла́** according to context.

Лёна _____ [1] цветы́ в ва́зу. Пото́м она́ _____ [2] ва́зу с цвета́ми на стол. Она́ _____ [3] из ку́хни ча́шки с блю́дцами, тарéлки, ло́жки и ви́лки. Она́ _____ [4] на стол ча́шки, _____ [5] ря́дом с ни́ми тарéлки и _____ [6] ло́жки и ви́лки. Ря́дом с ка́ждой тарéлкой она́ _____ [7] салфéтку. Она́ _____ [8] из ку́хни ча́йник, откры́ла коро́бку конфéт и _____ [9] её на стол. Ря́дом с конфéтами она́ _____ [10] большо́й пиро́г (*pie*). Пото́м она́ _____ [11] из ку́хни молоко́ и лимо́н. Когда́ пришёл Ви́ктор, всё бы́ло гото́во.

УПРАЖНЕНИЕ 3   Новый товарищ по комнате

You've just gotten a new roommate. Help your new roommate unpack by suggesting where to put things.

ОБРАЗЕЦ: — Куда мне положить книги?
— Положи их на стол.

Положи . . .
Поставь . . .
Повесь . . .

рубашки . . .
блузки . . .
книги . . .
чемодан . . .
джинсы . . .
радио . . .
компакт-диски . . .
компьютер . . .
фотоаппарат . . .

в угол.
на диван.
в ящик (*drawer*).
на кофейный
    столик.
на письменный
    стол.
в шкаф.
на полку.

СЛОВА, СЛОВА, СЛОВА . . . ★ *Такой же*

У меня точно **такой же** набор для Светы.

I have exactly the same kind of set for Sveta.

The phrase **такой же . . .** (*the same*) renders a meaning of similarity, or even identicality, between one thing and another. The original thing to which a comparison is made may be clear from context, or it may be repeated in the comparative **такой же . . .** statement. The ending of **такой** changes according to the gender, number, and case requirements of the specific context. Here are some examples that show how the forms of **такой же . . .** change according to the gender and number of the item being described.

такой же набор	*the same set*
такая же книга	*the same book*
такое же место	*the same place*
такие же очки	*the same glasses*

❖ 13.10. RUSSIAN WORD ORDER: STATEMENTS

As you have seen, Russian word order can be quite different from that of English. Because of the endings on Russian words, understanding the function of a given word in a sentence (for example, a subject or object) is not so dependent on the word's position in the sentence as is the case with English. This does not mean, however, that

Russian word order is completely free; in fact, Russian word order carries a great deal of meaning. This can best be seen with paired statements and questions.

THE STATEMENT . . .	ANSWERS THE QUESTION . . .
В про́шлом году́ мы жи́ли **в Москве́.**	**Где** вы жи́ли в про́шлом году́?
Мы жи́ли в Москве́ **в про́шлом году́.**	**Когда́** вы жи́ли в Москве́?

In these sentences you can see a fundamental principle of Russian word order at work: New or important information comes at the end of the sentence.

A good way to choose the correct word order for what you want to say is to ask yourself what question you want your statement to answer, then formulate the statement so the words answering the question come last.

У Та́ни и Све́ты бы́ло новосе́лье **на про́шлой неде́ле.**	(When did Tanya and Sveta have their housewarming?) Tanya and Sveta had their housewarming last week.
На про́шлой неде́ле бы́ло новосе́лье **у Та́ни и Све́ты.**	(Who had a housewarming last week?) Last week it was Tanya and Sveta who had a housewarming.

The preceding sentences contain three pieces of information: *what* took place, *when* it took place, and *where* it took place. Depending on the context, the new information comes at the end of the sentence (note how the English must be reworded and/or explained to reflect these variations).

In spoken Russian new information may not always appear at the end of the sentence because intonation and sentential stress can also signal new information, as in the following example:

Ви́жу посу́ду продаю́т. *I see they're selling dishes.*

УПРАЖНЕ́НИЕ 4 Word order in statements

Read each statement below and indicate which of the two questions it answers. Then make up a statement that answers the other question.

1. В 1945-ом году́ роди́лся мой оте́ц.
   a. Кто роди́лся в 1945-ом году́?
   б. Когда́ роди́лся ваш оте́ц?
2. Я ему́ посове́товал купи́ть ро́зы.
   a. Кто ему́ посове́товал купи́ть ро́зы?
   б. Что вы ему́ посове́товали купи́ть?
3. Джи́ма ты найдёшь в кварти́ре № 7.
   a. Где я найду́ Джи́ма?
   б. Кого́ я найду́ в кварти́ре № 7?
4. Све́та придёт че́рез два́дцать мину́т.
   a. Кто придёт че́рез два́дцать мину́т?
   б. Когда́ придёт Све́та?
5. Цветы́ ну́жно покупа́ть на ры́нке и́ли во́зле метро́.
   a. Где ну́жно покупа́ть цветы́?
   б. Что ну́жно покупа́ть на ры́нке и́ли во́зле метро́?

СЛОВА, СЛОВА, СЛОВА . . . ★ *Russian Word Formation*

The more Russian you know, the more you can make intelligent guesses at (and help yourself to remember) new words. You will increasingly find words composed of elements that are already familiar to you. Many Russian words are composed of three elements: a *prefix*, a *root*, and a *suffix* (which is often followed by a grammatical *ending*). Can you figure out the following adjectives and nouns based on words that you have encountered?

WORD	PREFIX	ROOT	SUFFIX (+ ENDING)
бездо́мный *homeless*	без- *without* (без)	-дом- *home* (дом)	-н-ый
междунаро́дный *international*	между- *between* (ме́жду)	-наро́д- *people* (наро́д)	-н-ый
совреме́нный *modern*	со- *with* (с)	-времен- *times* (времена́)	-н-ый
нового́дний *New Year's*	ново- *new* (но́вый)	-год- *year* (год)	-н-ий
иностра́нец *foreigner*	ино- *other* (ино́й)	-стран- *country* (страна́)	-ец
однокýрсник *classmate*	одно- *same* (оди́н)	-курс- *class* (курс)	-ник

Even without context, it is often possible to recognize a new word if you have already seen its root in another word. Often the roots are partially obscured by prefixes, suffixes, endings, or consonant mutations.

курс — **курс**ова́я — одно**кýрс**ник
чай — **ча́й**ник — **ча́й**ный серви́з
Как вы по**жив**а́ете? — **жить** — **жизнь**
боле́ть — **боле́знь** — **больно́й** — **больни́**чный лист — за**боле́ть**
рабо́та — **рабо́т**ать — не**рабо́ч**ий — без**рабо́т**ный

УПРАЖНЕНИЕ 5   Roots

For each verb on the left, find its meaning in the center column; then in the right column write any related word(s) you already know that contain the same root. To help you, roots have been underlined.

	RUSSIAN VERB		MEANING	RELATED WORD(S)
1.	_____ уменьша́ть	**а.**	to approve	_____
2.	_____ одобря́ть	**б.**	to be bored	_____
3.	_____ ускоря́ть	**в.**	to clean	_____
4.	_____ скуча́ть	**г.**	to free	_____
5.	_____ доверя́ть	**д.**	to improve	_____
6.	_____ улучша́ть	**е.**	to reduce	_____
7.	_____ освобожда́ть	**ж.**	to simplify	_____
8.	_____ упроща́ть	**з.**	to speed up	_____
9.	_____ чи́стить	**и.**	to trust	_____

---

reVERBerations ✪ *Perfective Aspect: Sequence of Actions*

Я, коне́чно, то́же **ста́ла** в о́чередь. **Заплати́ла** в ка́ссу, **взяла́** набо́р.	*I, of course, also got in line. I paid at the cash register and took my set.*

One common use of the perfective aspect can be seen when someone is narrating a sequence of actions, each of which was (in the past) or will be (in the future) completed before the next one begins. The preceding example shows this kind of sequential narration in the past tense; here is an example in the future:

Сейча́с я **поста́влю** цветы́ в во́ду, а пото́м **откро́ю** коро́бку.	*First I'll put the flowers in water and then I'll open the box.*

УПРАЖНЕНИЕ 6   Sequential actions

Here is a list of common things people do when they arrive home after a day at work or school. The list is given with imperfective verbs. Using the future tense of their *perfective* counterparts, rearrange them to describe the order in which you will do these activities when you get home this afternoon or evening. Then compare your list with a classmate to see if you'll be doing things in the same order.

ОБРАЗЕ́Ц: Снача́ла я прочита́ю газе́ту, а пото́м я . . .

гото́вить обе́д	обе́дать
звони́ть дру́гу	слу́шать му́зыку
де́лать дома́шнее зада́ние	смотре́ть телеви́зор
накрыва́ть на стол	чита́ть газе́ту

КУЛЬТУРА РЕЧИ

❖ ТАК ГОВОРЯТ: НАДЕ́ЮСЬ

Я **надéюсь**, не все э́ти ёлки твои́?	*Surely not all those (New Year's) trees are yours?*
А э́то цветы́ для ва́ших дéвушек. **Надéюсь**, они́ дóма?	*And these flowers are for your young ladies. I trust they're home?*

When (**я**) **надéюсь** is used as an introductory phrase, as in the preceding examples, it implies a strong degree of certainty on the part of the speaker that the statement she is making is true. Possible English equivalents are *surely, I assume, I trust,* and so on. This introductory phrase can be contrasted with standard usage of the verb **надéяться** (*to hope*), in which the Russian meaning is parallel to that of English, in other words, the speaker both wishes and expects that what she says will prevail.

— Джим, но не обяза́тельно поздравля́ть *всех* знакóмых жéнщин.	*"Jim, you really don't have to convey greetings to all the women you know."*
— Почему́? Я **надéюсь**, что им э́то бу́дет прия́тно.	*"Why not? I just hope they'll be pleased."*
А э́то тебé. **Надéюсь**, тебé понра́вится.	*And these are for you. I hope you'll like them.*

❖ САМОПРОВЕРКА: УПРАЖНЕ́НИЕ 7

Working on your own, try this self-test: Read a Russian sentence out loud, then give an idiomatic English equivalent without looking at the book. Then work from English to Russian. After you have completed the activity, try it with a classmate.

1. Я вста́ла в 6 часóв, поза́втракала, бы́стро прочита́ла газéту, взяла́ рюкза́к и пошла́ на заня́тия.

2. Когда́ дéдушка верну́лся домóй, он повéсил пальтó и шля́пу, положи́л пóчту на стóлик, и принёс корóбку в ку́хню.

3. — Па́па, мóжет быть, мы сегóдня пойдём в зоопа́рк?
   — Нет-нет. В зоопа́рк мы пойдём за́втра. Сегóдня мы идём в музéй.

1. *I got up at 6:00, had breakfast, quickly read the paper, grabbed my backpack, and went to class.*

2. *When Grandpa arrived home he hung up his overcoat and hat, put the mail down on the table, and brought the box into the kitchen.*

3. *"Dad, maybe we can go to the zoo today?"*
   "No, no. We'll go to the zoo tomorrow. Today we're going to a museum."

❖ ВОПРОСЫ И ОТВЕТЫ: УПРАЖНЕНИЕ 8

1. Ты когда́-нибудь дари́л (дари́ла) кому́-нибудь конфе́ты? Кому́?
2. Что ты бо́льше лю́бишь: получа́ть пода́рки и́ли дари́ть пода́рки?
3. Тебе́ когда́-нибудь дари́ли что́-нибудь оригина́льное?
4. Как ты ду́маешь, соба́ка и́ли ко́шка — э́то оригина́льный пода́рок?

❖ ДИАЛОГИ

ДИАЛОГ 1 С 8 [восьмы́м] Ма́рта!
(Giving holiday greetings)

— Здра́вствуйте, Светла́на! Поздравля́ю вас с 8 [восьмы́м] Ма́рта и с днём рожде́ния!
— Спаси́бо, Ива́н Петро́вич! Вы всегда́ так внима́тельны! Каки́е чуде́сные ро́зы! Сейча́с я поста́влю их в во́ду.
— А э́то вам пода́рки.
— Спаси́бо, но заче́м же два пода́рка?
— Оди́н — ко дню рожде́ния и оди́н — к 8 [восьмо́му] Ма́рта.
— Два пода́рка — э́то мно́го.
— Нет, для са́мой лу́чшей секрета́рши† в ми́ре э́то совсе́м немно́го!

ДИАЛОГ 2 Мне ну́жен ваш сове́т
(Asking for advice)

— Ве́ра Па́вловна, спаси́бо вам за сове́т. Я купи́л Ни́не фотоальбо́м[14] «Аме́рика», она́ была́ о́чень ра́да.
— И я ра́да, что ей альбо́м понра́вился. Пётр Степа́нович, а мне ну́жен ваш сове́т. У меня́ бу́дут го́сти из Аме́рики, журнали́сты. Мне хо́чется подари́ть им что́-нибудь на па́мять (as a memento). Как вы ду́маете, что им мо́жет понра́виться?
— Подари́те им что́-нибудь ру́сское. Я да́же зна́ю что! Я ви́дел в До́ме Кни́ги краси́вые ка́рты ста́рой Москвы́! Э́то замеча́тельный пода́рок, осо́бенно для журнали́стов! Ва́ши журнали́сты бу́дут смотре́ть на них и вспомина́ть Росси́ю и вас.
— Спаси́бо, Пётр Степа́нович. Прекра́сный сове́т!

УПРАЖНЕНИЕ 9   Ваш диало́г

Create a dialogue in which you drop in at a friend's house to deliver a late birthday present (or a gift for some other occasion) and are offered refreshments.

❖ А ТЕПЕРЬ…: УПРАЖНЕНИЕ 10

Working with a classmate, use what you learned in Part 4 to . . .

1. narrate a sequence of things you will do today, or that you did yesterday, then ask her to do the same
2. describe where you usually put things in your room or apartment when you arrive home; ask her where she puts certain things
3. ask her what she did last night, where she went, whom she saw, and so on (Watch out for word order!)

---

[14]This is a false cognate. What does it really refer to?

 # ИТАК . . .

NOUNS AND NOUN PHRASES

Special Days

8 [восьмо́е] Ма́рта	8th of March (1)
Же́нский день	Women's Day (1)
нерабо́чий день	nonworking day; day off (1)

Gifts and Giving

духи́ (*Gen.* духо́в) *pl.*	perfume (3v)
и́рис	iris (1v)
кольцо́ (ко́льца, *Gen. pl.* коле́ц *pl.*)	ring (2v)
комплиме́нт	compliment (1)
конфе́ты	candy (3v)
коро́бка (*Gen. pl.* коро́бок)	box (4)
косме́тика	makeup; cosmetics (3v)
кофе́йный набо́р	coffee set (2)
маргари́тка (*Gen. pl.* маргари́ток)	daisy (1v)
одеколо́н	eau de cologne (3v)
перча́тки (*sing.* перча́тка, *Gen. pl.* перча́ток) *pl.*	gloves (2v)
плат(о́)к (*Gen. sing.* платка́)	kerchief (2v)
поздрави́тельная откры́тка (*Gen. pl.* откры́ток)	greeting card (1)
се́рьги (*sing.* серьга́, *Gen. pl.* серёг) *pl.*	earrings (2v)
спис(о)к (*Gen. sing.* спи́ска)	list (1)
фиа́лка (*Gen. pl.* фиа́лок)	violet (1v)
хризанте́ма	chrysanthemum (1v)
ча́йный серви́з	tea service (2)

Setting the Table

блю́дце	saucer (2)
заку́ски (*sing.* заку́ска, *Gen. pl.* заку́сок) *pl.*	appetizers; hors d'oeuvres; snacks (4)
кофе́йник	coffeepot (2)
посу́да	dishes; dishware (2)
салфе́тка (*Gen. pl.* салфе́ток)	napkin (4v)
таре́лка (*Gen. pl.* таре́лок)	plate; dish (4v)
ча́йник	teapot (4v)
ча́шка (*Gen. pl.* ча́шек)	cup (4v)

Seasons

весна́	spring (1)
зима́ (*Acc. sing.* зи́му, *pl.* зи́мы)	winter (1)
ле́то	summer (1)
о́сень *f.*	fall, autumn (1)

Other Nouns

грани́ца	border (1)
зо́нтик (зонт)	umbrella (2v)
ка́сса	cashier (2)
класс	class (a group of students in school) (3)
проце́нт	percent (3)
совпаде́ние	coincidence (4)
те́ннисная раке́тка (*Gen. pl.* раке́ток)	tennis racket (3v)
успе́х	success (3)
шля́па	hat (with a brim) (2v)

ADJECTIVES

весе́нний	spring (1)
внима́тельный	attentive (1)
гру́стный	sad (3)
дли́нный	long (1)
до́брый	good, kind (1)
зи́мний	winter (1)
ле́тний	summer (1)
одина́ковый	identical (4)
оди́н (одна́, одно́, одни́)	only (2)
оригина́льный	original; creative (4)
осе́нний	fall, autumn (1)
официа́льный	official (1)
фиоле́товый	violet (color) (3)

VERBS

волнова́ться (волну́-юсь, волну́-ешься, . . . волну́-ются) *pfv.* not introduced at this time	to worry (2)
замеча́ть *pfv.* заме́тить (заме́ч-у, заме́т-ишь, . . . заме́т-ят)	to notice (1)
носи́ть (нош-у́, но́с-ишь, . . . но́с-ят) *no pfv. in this meaning*	to wear (habitually) (2v)
обе́дать *pfv.* пообе́дать	to have dinner; to have lunch (2)
подходи́ть (подхож-у́, подхо́д-ишь, . . . подхо́д-ят) *pfv.* подойти́ (подойд-у́, подойд-ёшь, . . . подойд-у́т; *past* подошёл, подошла́, подошло́, подошли́)	to approach; to walk up (over) to (2)
по́льзоваться (по́льзу-юсь, по́льзу-ешься, . . . по́льзу-ются) *pfv. not introduced at this time*	to use (3)
посыла́ть *pfv.* посла́ть (пошл-ю́, пошл-ёшь, . . . пошл-ю́т)	to send (1)
сове́товать (сове́ту-ю, сове́ту-ешь, . . . сове́ту-ют) *pfv.* посове́товать	to advise (4)
стара́ться (стара́-юсь, стара́-ешься, . . . стара́-ются) *pfv.* постара́ться	to attempt (try) to (1)

ADVERBS

краси́во — beautifully; (it's/that's) beautiful; (it's/that's) pretty (2)

недо́рого — (it's/that's) inexpensive (2)
не́сколько — a few; several; some (1)
ника́к — just; in no way (3)
осо́бенно — especially (1)
постепе́нно — gradually (1)
прия́тно — (it's/that's) pleasant; (it's/that's) nice (1)

OTHER

бы — *conditional/hypothetical particle* (3)
к (+ *Dat.*) — for (a holiday, *etc.*) (1)
ми́мо (+ *Gen.*) — past; by (2)
одно́ — one (thing) (1)

IDIOMS AND EXPRESSIONS

Жела́ю (Жела́ем) успе́ха! — Best of luck!; Good luck! (3)

за грани́цей — abroad (*location*) (1)
Им (бу́дет) прия́тно. — They (will) like it. (1)
Интере́сно, где . . . (когда́ . . . и. т.д.)? — I wonder where . . . (when . . . , *etc.*)? (2)
на все сто проце́нтов — 100 percent (sure) (3)
накрыва́й(те) на стол — set the table (4)
оди́н из (+ *Gen.*) — one of (1)
пойдём — let's go (4)
пора́ (+ *infin.*) — it's time (to do something) (2)

проходи́ть / пройти́ ми́мо — to pass by (2)
Разреши́те (+ *infin.*) — Allow (me) to . . . (4)
стоя́ть в о́череди — to stand in line (2)
тако́й (така́я, тако́е, таки́е) же . . . — the same (4)
ходи́ть по магази́нам — to go shopping (2)
хотя́ бы — at least (1)
Что ты хо́чешь э́тим сказа́ть? — What do you mean by that? What are you trying to say? (2)

❖ ЧТО Я ЗНАЮ, ЧТО Я УМЕЮ

Use this checklist to mark off what you've learned in this lesson:

- ☐ Using <**оди́н из** + Gen.> to single out someone or something from a group (Part 1)
- ☐ Writing dates (Part 1)
- ☐ Expressing the day, month, and year something occurred (Part 1)
- ☐ Using adjectives as nouns and adjectival surnames (Part 2)
- ☐ Distinguishing between **почему́** and **заче́м** (Part 2)
- ☐ Using motion verbs with <**по** + Dat.> (Part 2)
- ☐ Using verbs of placement (Part 4)
- ☐ Using the Dative case (Part 2)
- ☐ Asking for suggestions or advice (Part 3)
- ☐ Expressing what could happen or could have happened (Part 3)
- ☐ Word order of statements (Part 4)

❖ ЭТО НАДО ЗНАТЬ

Here is a list of English prepositions and many of their Russian equivalents.

AT

1. at a location = <**в/на** + Prep.>

Она́ была́ **на** стадио́не (**на** по́чте, **в** университе́те).

She was at the stadium (at the post office, at the university).

2. at somebody's place/home/office = <**у** + Gen.>

Мы бы́ли **у** врача́.

We were at the doctor's.

3. at an event = <**на** + Prep.>

на конце́рте

at the concert

4. at a certain time = <**в** + Acc.> (Acc. = Nom. for numbers; **два, три, четы́ре** + Gen. sing.; **пять** and so on + Gen. pl.)

в час, **в** два часа́, **в** шесть часо́в

at one, two, six o'clock

FOR

1. for someone (indirect object) = Dat. case (no preposition)

Он купи́л ко́шку **сестре́**.

He bought a cat for his sister.

2. for (duration of the action; "for" can often be deleted in English) = Acc. case (no preposition)

Она́ жила́ там **неде́лю**.
Он ждал **два** часа́.

She lived there (for) a week.
He waited (for) two hours.

3. for (a period of time that something is in effect after the action of the verb happens; "for" can't be deleted in English) = <**на** + Acc.>

Мне нужна́ э́та кни́га **на** два дня.
Она́ е́дет в Росси́ю **на** неде́лю.

I need that book for two days.
She's going to Russia for a week.

4. for (the benefit or use of) = <**для** + Gen.>

чтó-нибудь вкýсное **для** Бéлки	*something tasty for Belka*
кни́га **для** детéй	*a book for children*

5. for (giving one thing in exchange for something else) = <**за** + Acc.>

Фи́рма плáтит **за** билéты.	*The company pays for the tickets.*

6. for (to get) = <**за** + Instr.>

Он пошёл в магази́н **за** сигарéтами.	*He went to the store for cigarettes.*

7. for (on the occasion of) = <**к** (**ко**) + Dat.>

Э́то тебé подáрок **ко** дню рождéния.	*This is a present for your birthday.*

8. for (leave for = go to) = <**в/на** + Acc>, <**к** + Dat.>

Они́ уезжáют **в** Вашингтóн (**на** Алáску, **к** роди́телям).	*They're leaving for Washington (for Alaska, for their parents' place).*

FROM

1. (motion) from where? = **откýда?**

Откýда он идёт?	*Where is he coming from?*

2. (motion) from someplace (opposite of **в**) = <**из** + Gen.>

из библиотéки	*from the library*

3. (motion) from someplace (opposite of **на**) = <**с** + Gen.>

с концéрта	*from the concert*

4. (motion) from someone's place (opposite of **к**) = <**от** + Gen.>

от бáбушки	*from grandmother's place*

5. (origin) from where? = **откýда?**

Откýда вы?	*Where are you from?*

6. (origin) from someplace = <**из/с** + Gen.>

Онá **из** Москвы́ (**с** Алáски).	*She's from Moscow (from Alaska).*

7. (origin) from a person = <**от** + Gen.>

письмó **от** Ивáна	*a letter from Ivan*

IN

1. in (a location) = <**в** + Prep.>

Я сейчáс **в** Москвé.	*I'm in Moscow now.*

2. in (a time period of a month or longer) = <**в** + Prep.>

в апрéле	*in April*
в сóрок пя́том годý	*in 1945*
в двадцáтом вéке	*in the twentieth century*

3. in (within a certain amount of time) = <**за** + Acc.>

Он вы́учил но́вый язы́к
за оди́н год.

*He learned a new language
in a year.*

4. in (after a certain amount of time) = <**че́рез** + Acc.>

Че́рез две неде́ли он е́дет
в Росси́ю.

*In two weeks he's going to
Russia.*

5. in front of = <**пе́ред** + Instr.>

пе́ред до́мом

in front of the house

6. *in the morning/afternoon/evening/in the early hours of the morning (during
the night)*   **у́тром, днём, ве́чером, но́чью**

7. *in the spring, summer, fall, winter*   **весно́й, ле́том, о́сенью, зимо́й**

IN(TO)

1. motion into something = <**в/на** + Acc.>

Спортсме́ны вошли́ **в** спортза́л
(**на** стадио́н).

*The athletes went into the gym
(the stadium).*

Я поста́влю цветы́ **в** во́ду.

I'll put the flowers in water.

Он принёс коро́бку **в** ку́хню.

*He brought the box into the
kitchen.*

OF

1. of (relation between two things) = Gen. case (no preposition)

центр **Москвы́**

the center of Moscow

2. of (possession) = Gen. case (no preposition)

кварти́ра **Ма́рка**

*Mark's apartment (the
apartment of Mark)*

3. made of = <**из** + Gen.>

сала́т **из** тунца́

tuna salad

4. *a lot of* = <**мно́го** + Gen.>

мно́го воды́
мно́го студе́нтов

*a lot of water
a lot of students*

5. *of course*   **коне́чно**

ON

1. on (a location) = <**на** + Prep.>

Цветы́ **на** балко́не.

The flowers are on the balcony.

2. on (a day of the week) = <**в** + Acc.>

и́ли **в** суббо́ту и́ли **в**
воскресе́нье

*either on Saturday or
on Sunday*

3. on TV, on the phone = <**по** + Dat.>

по телеви́зору, **по** телефо́ну

on TV, on the phone

4. on (a certain subject) = <**по** + Dat.>

кни́га (экза́мен) **по** исто́рии

a book (test) on history, history book (test)

5. *on foot*

пешко́м

6. *on the left, on the right*

сле́ва, спра́ва

ON(TO)

1. motion onto something = <**на** + Acc.>

Ле́на поста́вила вино́ **на** стол.

Lena put the wine on(to) the table.

TO

1. to someone (indirect object) = Dat. case (no preposition)

Он пода́рил ко́шку **сестре́.**

He gave a cat to his sister.

2. (motion) to a destination = <**в/на** + Acc.>

Я иду́ **на** стадио́н (**на** по́чту, **в** университе́т).

I'm going to the stadium (the post office, the university).

3. (motion) to an event = <**на** + Acc.>

на конце́рт

to a concert

4. (motion) to someone's place/home/office = <**к (ко)** + Dat.>

Я иду́ **к** врачу́.

I'm going to the doctor.

WITH

1. by means of = Instr. case (no preposition)

Медсестра́ изме́рила температу́ру **термо́метром.**
Она́ ле́чит его́ **дома́шними сре́дствами.**

The nurse measured the temperature with a thermometer.
She treats him with home remedies.

2. (together) with = <**с** + Instr.>

друг **с** дру́гом
чай **с** лимо́ном

with each other
tea with lemon

3. along (with) = <**с** + Instr.>

Он взял **с** собо́й магнитофо́н.

He took (along) a tape recorder.

4. *"How are things with you?"*
"Fine, and with you?"

— Как **у тебя́ (вас)** дела́?
— Хорошо́, а **у тебя́ (вас)?**

❖ ДОПОЛНИТЕЛЬНЫЙ ТЕКСТ

The following is an excerpt from **Рома́н с президе́нтом** (Moscow: Vagrius Publishers, 1997), the memoirs of Vyacheslav Kostikov, a former press secretary of Boris Yeltsin. Yeltsin served as Russia's president from August 1991 through December 1999. In this excerpt, Kostikov describes a conversation with the American ambassador to Russia, Robert Strauss, before Yeltsin's 1992 visit to the United States, when George H. W. Bush was serving as president.

По́мню, во вре́мя[1] одно́й из после́дних пе́ред визи́том† встреч[2] президе́нта с посло́м[3] Стра́уссом Ёльцин попроси́л принести́ в кабине́т ка́рту США.

— Куда́ посове́туете е́хать? Что ду́мает по э́тому по́воду[4] президе́нт Буш? — расспра́шивал он.[5]

— Вам бу́дет предоста́влена[6] возмо́жность[7] пое́хать в любо́е ме́сто, в како́е вы захоти́те.

— То́лько не в Чика́го! — категори́чно† заявля́ет[8] Ёльцин.

Стра́усс смеётся, но не понима́ет.

— Я о́чень хоте́л пое́хать в Чика́го, — поясня́ет[9] президе́нт. — Но Горбачёв узна́л об э́том и наро́чно[10] пое́хал туда́. Мне жаль, но е́хать туда́ по его́ следа́м[11] я не могу́.

— Тогда́ в А́йову. Это настоя́щее се́рдце[12] Аме́рики. Там был Хрущёв.

Ёльцин пока́зывает на штат Монта́на. Похо́же,[13] до разгово́ра[14] он основа́тельно[15] изучи́л геогра́фию США.

Америка́нский посо́л в недоуме́нии.[16] Монта́на — америка́нская глуби́нка,[17] да́льняя[18] перифери́я.†

— Что вас привлека́ет[19] там, господи́н президе́нт? Туда́ никто́ не е́здит. Там не́ был да́же президе́нт Буш! Поезжа́йте в Оклахо́му. Это наш За́пад, центр энерге́тики.† Президе́нты ча́сто посеща́ют[20] Оклахо́му.

— Нет, Монта́на! — наста́ивает[21] Ёльцин. — Хочу́ посмотре́ть и́менно[22] глуби́нку. Мне не обяза́тельно[23] е́хать туда́, где чи́сто. Тем бо́лее что[24] у меня́ есть ковбо́йские† сапоги́, кото́рые мне подари́л Буш. Пра́вда, они́ мне малы́[25] и я их держу́[26] как сувени́р. Для меня́ пое́хать в Монта́ну, — поясня́ет Ёльцин, — э́то всё равно́[27] как е́сли бы[28] президе́нт Буш, оказа́вшись[29] в Росси́и, пое́хал бы в Магада́н.[30] Это был бы шок† для всех. В поли́тике† ну́жно уме́ть найти́ изю́минку[31] . . .

1. во. . . *during*; 2. *meetings*; 3. *ambassador*; 4. по. . . = об э́том; 5. расспра́шивал. . . *he started questioning*; 6. *given*; 7. *opportunity*; 8. *declares*; 9. *clarifies*; 10. *out of spite*; 11. по. . . *in his footsteps*; 12. *heart*; 13. *It looks like*; 14. *conversation*; 15. *thoroughly*; 16. в. . . *in bewilderment*; 17. *hinterlands*; 18. *far*; 19. *attracts*; 20. *visit*; 21. *insists*; 22. *precisely*; 23. *necessary*; 24. Тем. . . *Especially since*; 25. *too small*; 26. *am keeping*; 27. всё. . . *all the same*; 28. как . . . *as if*; 29. *finding himself*; 30. *Magadan, a cold remote city in northeastern Russia known as a place of exile and labor camps*; 31. *spirit*

МЫ ИДЁМ В БОЛЬШОЙ ТЕАТР!

Театр уж полон. . . (А. С. Пушкин)

In Part 1 (partly on video), Viktor announces he's managed to acquire four hard-to-get Bolshoi Theater tickets. In Part 2, Jim and Tanya use their connection with Sasha to go to a nice restaurant for dinner and dancing. Part 3 opens in front of the Bolshoi, where Jim gets some lessons about theater etiquette. And in Part 4 (on video), Sergei Petrovich and Vova face the music—not in the theater, but rather from an angry Natalya Ivanovna.

In this lesson you will learn

- ✪ to decline proper nouns and surnames
- ✪ more about discussing interests
- ✪ more about verbs of motion
- ✪ more about expressing wishes and offering suggestions
- ✪ to make explanations and excuses
- ✪ about sports in Russia
- ✪ about dining out in Russia
- ✪ about attending the theater in Russia

Где Силин?

ЧАСТЬ ПЕРВАЯ

С ЧЕГО НАЧАТЬ?

БИЛЕ́ТЫ

УПРАЖНЕ́НИЕ 1   Биле́ты

Look at the tickets and find Russian equivalents for the following words and phrases:

1. entrance ticket
2. season
3. beginning
4. orchestra (seating area)
5. left side
6. row
7. seat

341

❋ ЧТЕНИЕ ❋

❖ SCENE A: Я ÓПЕРУ НЕ ÓЧЕНЬ ЛЮБЛЮ

(At the Silins'. Viktor is visiting Lena.)

got	
четы́ре. . . *four tickets to the Bolshoi Theater for performance*	ВИ́КТОР. У меня́ хоро́шая но́вость. Я **доста́л°** четы́ре **биле́та** в **Большо́й теа́тр на°** «Евге́ния Оне́гина». Как ты ду́маешь, твои́ роди́тели пойду́т с на́ми? **Спекта́кль°** — в воскресе́нье ве́чером.
I can imagine	ЛÉНА. Замеча́тельно! **Представля́ю,°** как э́то бы́ло тру́дно — биле́ты в Большо́й. Ты говори́шь — в воскресе́нье?
	ВИ́КТОР. Да, а что? Ты занята́?
right away	ЛÉНА. Нет, не занята́, но у меня́ пробле́ма: я должна́ **сро́чно°** взять
взять. . . *to interview an athlete*	**интервью́** у спортсме́на.° А у меня́ нет никаки́х иде́й, и я не зна́ю
ни. . . *not a single*	**ни одного́°** спортсме́на.
	ВИ́КТОР. Мо́жет быть, я смогу́ тебе́ помо́чь. Ты слы́шала тако́е и́мя — Воло́дя Ма́нин?
	ЛÉНА. И́мя знако́мое, но не по́мню, кто э́то.
famous / world	ВÓВА. *(From the next room.)* Ты что, Лéнка! Это же центр-фóрвард[†] «Спартака́»[1]! Это са́мый **знамени́тый° хоккеи́ст**[†] на све́те°!
в. . . *in the same class*	ВИ́КТОР. Мы с ним учи́лись в **одно́м** кла́ссе.°
	ВÓВА. *(Shouting to his father.)* Па́па, па́па, ты зна́ешь — Ви́ктор учи́лся в одно́м кла́ссе с Ма́ниным!
никогда́. . . *(I) was never interested in*	ЛÉНА. *(To Viktor, ignoring Vova's shouts.)* Но я же ничего́ не зна́ю о Ма́нине. И, открове́нно говоря́, никогда́ не **интересова́лась°** хокке́ем. О чём я бу́ду его́ спра́шивать?

---

[1]**Спарта́к** and **Дина́мо** (see **О России,** p. 345) are names of Russian hockey teams.

ВИ́КТОР.	У тебя́ **впереди́**° ещё це́лая неде́ля. Я тебе́ дам почита́ть° не́сколько стате́й о Ма́нине, принесу́ фотогра́фии — и ты пригото́вишь вопро́сы.	*ahead / to read*
СЕРГЕ́Й ПЕТР.	(*Appearing in the doorway of the room.*) Ви́ктор, неуже́ли вы зна́ете Ма́нина? Это **невероя́тно**°! А вы зна́ете, что в воскресе́нье фина́льный матч на пе́рвенство° Росси́и ме́жду «Спартако́м» и «Дина́мо»? Биле́ты доста́ть невозмо́жно.	*unbelievable* *championship*
ЛЕ́НА.	Па́почка, Ви́ктор нас всех приглаша́ет в воскресе́нье в Большо́й теа́тр на «Евге́ния Оне́гина». Когда́ ты **в после́дний раз**° был в Большо́м?	*в... the last time*
СЕРГЕ́Й ПЕТР.	Не по́мню. Лет два́дцать наза́д. (*Laughing.*) Когда́ за твое́й ма́мой уха́живал.° (*Turning to Viktor.*) Ви́ктор, мо́жет быть, вы смо́жете доста́ть биле́ты на **фина́л**†? Я, открове́нно говоря́, о́перу не о́чень люблю́.	*was courting*
ВИ́КТОР.	Хорошо́, Серге́й Петро́вич. Я попро́бую доста́ть вам биле́т.	
ВО́ВА.	Два биле́та!	

◈ SCENE B: ДОГОВОРИ́ЛИСЬ!

(*At the Silins' a few days later. Viktor has called Lena to finalize arrangements.*)

ВИ́КТОР.	Ита́к, в воскресе́нье я за тобо́й **зае́ду**.° В час три́дцать.	*я... I'll pick you up*
ЛЕ́НА.	Хорошо́. Я бу́ду гото́ва. Но Ви́ктор, я не могу́ брать тебя́ с собо́й на интервью́ с Ма́ниным.	
ВИ́КТОР.	Почему́? **Я бы не возража́л.**°	*Я... I wouldn't mind*
ЛЕ́НА.	(*Smiling.*) Я ду́маю, бу́дет лу́чше, е́сли я пойду́ сама́.	
ВИ́КТОР.	Наве́рно, ты права́.	
ЛЕ́НА.	Ви́ктор, а мы **успе́ем**° зае́хать домо́й и **переоде́ться**° пе́ред теа́тром?	*мы... will we have time / to change clothes*
ВИ́КТОР.	Коне́чно, вре́мени **доста́точно**.°	*вре́мени... we'll have enough time*
ЛЕ́НА.	Прекра́сно. Тогда́ до воскресе́нья. Договори́лись?	
ВИ́КТОР.	Договори́лись.	

(Lena hangs up the phone and goes to talk to her father.)

то́лько... *just*

ЛЕ́НА.	Па́па, **то́лько что°** звони́л Ви́ктор. Он доста́л тебе́ и Во́вке биле́ты на хокке́й.
СЕРГЕ́Й ПЕТР.	*(Astounded.)* Твой Ви́ктор — замеча́тельный па́рень! *(Shouting.)* Во́ва, ты слы́шал? Мы идём на фина́л!
ВО́ВА.	Ура́! Ура́! Ура́!
НАТА́ЛЬЯ ИВ.	Я ничего́ не понима́ю. Мы же идём в Большо́й теа́тр!
СЕРГЕ́Й ПЕТР.	Ну не волну́йся. Мы с Во́вой идём на хокке́й, пото́м мы с тобо́й — в Большо́й теа́тр. Вре́мени доста́точно — матч зака́нчивается в 5 часо́в.
НАТА́ЛЬЯ ИВ.	Но ты же до́лжен верну́ться домо́й и переоде́ться.
СЕРГЕ́Й ПЕТР.	*(Smugly.)* Я всё успе́ю.

УПРАЖНЕ́НИЕ 2   Под микроско́пом: Спорт, о́пера, бале́т, теа́тр

Without looking at the reading, write down the first five words or phrases that come to mind for each of the following two categories:

СПОРТ	ОПЕРА, БАЛЕТ, ТЕАТР
1. _____	_____
2. _____	_____
3. _____	_____
4. _____	_____
5. _____	_____

Now skim the reading for more words or phrases that you can add to each list.

СПОРТ	ОПЕРА, БАЛЕТ, ТЕАТР
6. _____	_____
7. _____	_____
8. _____	_____
9. _____	_____
10. _____	_____

ГРАММАТИКА И ПРАКТИКА

О РОССИИ

СПОРТ

В воскресéнье финáльный матч на пéрвенство Россúи мéжду «Спартакóм» и «Динáмо». Билéты достáть невозмóжно.

Visitors to Russia are likely to find much about Russian sports that is familiar to them: Many people—especially men—follow their favorite teams faithfully and idolize the best athletes. International events like the World Cup and the Olympics draw enormous TV audiences. **Футбóл** is clearly the most popular sport, but **хоккéй, баскетбóл, бокс, тéннис, волейбóл,** and **фигýрное катáние** (*figure skating*) also attract many fans.

There are some differences, however: Baseball and American football are not widely known in Russia, nor (so far) are the enormous salaries of North American professional stars. Major sports clubs like «**Динáмо**» have teams competing in several sports. A number of special sports schools in the largest cities accept the most athletically talented children, provide them with coaching, and expect many hours of practice per day. These schools have produced many athletes who eventually became Olympic and world champions. However, since 1991, funding for these and other special schools (in the arts, languages, and sciences) has been much less secure than it was in the Soviet period.

Евгéний Плáтов и Пáша Гришýк

◈ 14.1. PROPER NOUNS—DECLINED OR NOT DECLINED?
Я ЧИТА́Ю «ПРА́ВДУ»

Ви́ктор доста́л биле́ты на **«Евге́ния Оне́гина».**	*Viktor got tickets to "Eugene Onegin."*
Э́то матч ме́жду **«Спартако́м»** и **«Дина́мо».**[2]	*This is a match between "Spartak" and "Dinamo."*

Proper nouns in quotation marks (titles, team names, and so on) are declined except when preceded by a noun that categorizes them. Compare the examples above with the following:

Ви́ктор доста́л биле́ты на о́перу **«Евге́ний Оне́гин».**	*Viktor got tickets to the opera "Eugene Onegin."*
Э́то ма́тч ме́жду кома́ндами **«Спарта́к»** и **«Дина́мо».**	*This is a match between the teams "Spartak" and "Dinamo."*

In the second set of examples, the "category" nouns (**о́перу** and **кома́ндами**) show the required case ending. The nouns in quotation marks are not declined, even though they are in apposition to the "category" nouns.[3] However, when personal names stand in apposition and are not enclosed in quotation marks, all words are declined.

Вы зна́ете хоккеи́ста **Ма́нина?**	*Do you know the hockey player Manin?*

УПРАЖНЕ́НИЕ 3   Ты чита́л (чита́ла) «Войну́ и мир»?

You have just arrived in Russia for a semester of study and have met a Russian student in your dormitory. Your new friend is asking you about Russian books, magazines, movies, and so on that you may have encountered.

ОБРАЗЕ́Ц: — Ты чита́л (чита́ла) «Войну́ и мир»?
— Да, чита́л (чита́ла). Кни́га мне о́чень понра́вилась.
и́ли
— Нет, ещё не чита́л (чита́ла), но о́чень хочу́ прочита́ть.

Working with a classmate, use the items below to make up similar exchanges.

Ты был (была́) в . . . ?	газе́та «Изве́стия»
Ты ви́дел (ви́дела) . . . ?	«Пра́вда»
Ты зна́ешь . . . ?	газе́та «Аргуме́нты и фа́кты»
Ты лю́бишь . . . ?	фильм «Алекса́ндр Не́вский»
Ты что́-нибудь зна́ешь о (об) . . . ?	футболи́ст Семёнов
Тебе́ нра́вится . . . ?	«Евге́ний Оне́гин»
Ты слу́шал (слу́шала) . . . ?	«А́нна Каре́нина»
Ты чита́л (чита́ла) . . . ?	ро́к-му́зыка
	Большо́й теа́тр
	му́зыка Чайко́вского
	рома́ны (*novels*) Достое́вского
	Третьяко́вская галере́я
	футбо́льный матч
	конце́рт ро́к-му́зыки

---

[2]**Дина́мо** is a neuter noun of Greek origin that is not declined.
[3]*Apposition* refers to a construction in which a noun (or noun phrase) is placed after another as an explanatory equivalent, such as "Tom" in the sentence *My brother, Tom, was born in Massachusetts.*

◈◈ 14.2. SPECIAL USES OF ВСЁ, ВСЕ, ВЕСЬ, ВСЕГО́, ВСЕХ

Шофёры такси́ зна́ют **всё.**	*Taxi drivers know everything.*
Все заболе́ли и **все** звоня́т в поликли́нику.	*Everyone has gotten sick and (everyone) is calling the clinic.*
Все они́ це́лый год учи́лись на подготови́тельном факульте́те.	*All of them (they all) were in the preparatory division for a whole year.*
У **всех** мои́х друзе́й и знако́мых до́ма мно́го книг.	*All (of) my friends and acquaintances have a lot of books at home.*

The frequently encountered forms **всё, все, весь, всего́,** and **всех** are related, but have highly specialized uses.

1. **Всё** (*everything, all there is*) is used like a pronoun. It is always neuter singular and refers to inanimate things.

У меня́ **всё** боли́т.	*Everything hurts.*

You have seen the Genitive of **всё** in several set phrases:

— Что бу́дете зака́зывать?	*"What'll you have?"*
— **Пре́жде всего́** — минера́льную во́ду.	*"First of all, mineral water."*
— **Всего́ хоро́шего.**	*"All the best."*
— И вам та́кже.	*"Likewise."*
У нас ещё нет ёлки и, **скоре́е всего́,** не бу́дет.	*We still don't have a New Year's tree and most likely won't have one.*

2. **Все** is used to describe people. It is always plural, and its grammatical case changes according to context. It means *all (people)* (*in a given group or in general*). It can stand alone like a pronoun.

Все спеши́ли — не шли, а бежа́ли, а я шёл ме́дленно.	*Everybody was hurrying—they weren't walking, but rather running, and I was walking slowly.*
Мы ча́сто хо́дим в э́то кафе́, и я здесь **всех** зна́ю.	*We often come to this café and I know everyone here.*

It can also be used with a plural pronoun, in which case it frequently follows the pronoun.

Мы **все** о́чень лю́бим пи́ццу, но не уме́ем её гото́вить.	*All of us (we all) really like pizza, but we don't know how to make it.*
Нам **всем** нра́вится э́та иде́я!	*We all like that idea!*
Ви́ктор нас **всех** приглаша́ет в воскресе́нье в Большо́й теа́тр.	*Viktor is inviting us all to the Bolshoi Theater on Sunday.*

3. **Весь** is an adjective meaning *all*. As in English, it precedes the noun it describes. **Весь** agrees in gender, number, and case with the noun (even though its English equivalent *all* is sometimes rendered as *all of*).

Все мои друзья́ игра́ют в хокке́й.	*All (of) my friends play hockey.*
Илья́ Ильи́ч, **все** мужчи́ны везде́ говоря́т то́лько об одно́м.	*Ilya Ilyich, all (of the) men everywhere are talking about only one thing.*
В э́ти дни мужчи́ны стара́ются сде́лать до́ма **всю** рабо́ту, кото́рую обы́чно де́лают же́нщины.	*On these days men try to do all the work at home that women usually do.*
Па́па **всё** у́тро звони́л в поликли́нику.	*Dad was calling the clinic all morning.*

4. Comparatives such as **бо́льше** can combine with **всего́** and **всех**. The resulting phrases have the following distinct meanings:

бо́льше всего́	*most of all, more than anything else*
Бо́льше всего́ Во́ва лю́бит хокке́й.	*Vova likes hockey most of all (more than anything else).*
бо́льше всех	*more than anyone else*
Мы все лю́бим хокке́й, но Во́ва его́ лю́бит **бо́льше всех**.	*We all like hockey, but Vova likes it more than anyone else.*

5. **Всего́** can also mean *only, not more than, in all.*

Была́ **всего́** одна́ больша́я ёлка.	*There was only one large New Year's tree.*
Э́то у тебя́ займёт **всего́** пятна́дцать мину́т.	*It's only going to take you fifteen minutes.*

УПРАЖНЕНИЕ 4 Я всю ночь не спала́!

Masha is telling her friend Ira about the terrible night she had last night. Help her use the correct forms of the pronouns **всё** and **все** and the adjective **весь** in the following dialogues. Decline as necessary.

(*У́тро. Ма́ша звони́т свое́й подру́ге И́ре.*)

МА́ША. До́брое у́тро, И́ра! Э́то Ма́ша. Как дела́?
И́РА. Приве́т, Ма́ша. У меня́ _____[1] норма́льно. А у тебя́?
МА́ША. У меня́ _____[2] пло́хо. Я больна́.
И́РА. Что у тебя́ боли́т?
МА́ША. _____[3] боли́т. Я не спала́ _____[4] ночь. Я не пойду́ сего́дня на заня́тия и бу́ду _____[5] день спать.
И́РА. Пра́вильно, не ходи́ в университе́т. Я тебе́ ве́чером позвоню́ и расскажу́ _____[6] но́вости.

(Вéчер. Úра звонúт Мáше.)

ЙРА.   Мáша, как ты?

МÁША.   Спасúбо, лýчше. Но я _____[7] день спалá и тепéрь, навéрно,
не бýду спать _____[8] ночь. Что нóвого в университéте?

ЙРА.   Тебé от _____[9] привéт. Нúна получúла фотогрáфии от своéй
подрýги из Амéрики и покáзывала их _____[10] в грýппе. Есть
и другúе нóвости. Хóчешь, я зайдý к тебé и _____[11]
расскажý?

МÁША.   Конéчно!

❖ 14.3. EXPRESSING INTEREST: ЧЕМ ВЫ ИНТЕРЕСУ́ЕТЕСЬ?

Меня́ не **интересу́ет** хоккéй.	*Hockey doesn't interest me.*
Я никогдá не **интересовáлась** хокéем.	*I've never been interested in hockey.*

English and Russian each have two essentially synonymous constructions to express the
notion of interest in something.

<person in Accusative + **интересовáть** + item of interest in Nominative>	Меня́ интересу́ет классúческая мýзыка. *Classical music interests me.*
<person in Nominative + **интересовáться** + item of interest in Instrumental>	Я интересу́юсь классúческой мýзыкой. *I'm interested in classical music.*

Note the use of the reflexive verb **интересовáться** and the Instrumental case with the
"interested in" variant.

УПРАЖНÉНИЕ 5   Бóльше всегó я интересу́юсь . . .

Below is a list of things you might be interested in. On a slip of paper, complete the
following sentence with an item from the list or something else you're interested in:

Бóльше всегó я интересу́юсь _____ .

Give your statement to a classmate designated to collect everyone's statement in a grab
bag. After each student has taken a slip of paper from the bag, try to recover your slip of
paper and find out who wrote the one you are holding by moving about the classroom,
saying what you are most interested in, and asking what your classmates are most
interested in:

Бóльше всегó я интересу́юсь . . . А ты? Чем ты бóльше всегó
интересу́ешься?

америкáнская литератýра	искýсство (*art*)	полúтика
астронóмия	кинематогрáфия	психолóгия
биолóгия	классúческая	рýсский язы́к
геогрáфия	мýзыка	спорт
геолóгия	компью́теры	эконóмика
европéйская	мóда (*fashion*)	???
истóрия		

---

reVERBerations ✪ *To Have Enough Time, to Manage: Успе́ть*

Мы **успе́ем** зае́хать домо́й и переоде́ться пе́ред теа́тром?

Я всё **успе́ю.**

Ты ничего́ не **успе́ешь.**

Will we have time (manage, be able) to stop at home and change before the theater?

I'll have time to do everything.

You won't have time to do anything.

The perfective verb **успе́ть** indicates managing to do something when time is a factor. It is often followed by a perfective infinitive phrase. It may also be preceded by **всё** or **ничего́ не** (as above), or followed by a **куда́** (destination) phrase with no verb of motion, as in the following examples:

успе́ть на авто́бус
успе́ть на уро́к
успе́ть в теа́тр

to make it to the bus
to get to class on time
to get to the theater on time

УПРАЖНЕ́НИЕ 6　Не успе́ю . . .

Most students rarely have the time to do all they want or need to do. Replace the phrases in parentheses with ones of your own, and see how many variations on the following statements your class (or a small group) can come up with.

1. Я не успе́ю сего́дня (написа́ть письмо́ роди́телям), потому́ что (мне ну́жно гото́виться к экза́мену).
2. Мне ну́жно бы́ло быть (в университе́те в 10 часо́в), и поэ́тому я не успе́ла (зайти́ в библиоте́ку).
3. (Ле́кция) начина́ется в два часа́, а сейча́с то́лько двена́дцать. Я успе́ю (зайти́ в магази́н за проду́ктами).
4. Я по́здно вы́шел из до́ма и не успе́л (на авто́бус).

УПРАЖНЕ́НИЕ 7　А ты успе́ешь . . . ?

You and a friend are talking about how busy everyone is. Complete the following dialogues:

ОБРАЗЕ́Ц:　— Сего́дня я бу́ду о́чень за́нят (занята́).
　　　　　— А ты успе́ешь зако́нчить перево́д?
　　　　　— Коне́чно, (не) успе́ю.

1. — Мы провели́ весь день на стадио́не.
   — А вы успе́ли . . . ?
2. — Мой друг доста́нет биле́ты на фина́л.
   — А он успе́ет . . . ?
3. — Я зае́ду за тобо́й в 6 часо́в.
   — А ты успе́ешь . . . ?
4. — Я вчера́ ходи́л (ходи́ла) к врачу́.
   — А ты успе́л (успе́ла) . . . ?

КУЛЬТУРА РЕЧИ

❖ ТАК ГОВОРЯТ: **ADDITIONAL USES OF** БЫ: Я БЫ НЕ ВОЗРАЖА́Л

Джим, **я бы не возража́л** научи́ться перепи́сываться с колле́гами по Интерне́ту.	*Jim, I wouldn't mind learning to correspond with colleagues over the Internet.*
— Ви́ктор, я не могу́ брать тебя́ с собо́й на интервью́. — Почему́? **Я бы не возража́л.**	*"Viktor, I can't take you with me to the interview."* *"Why not? I wouldn't mind."*

In addition to its use as a marker for conditional/hypothetical phrases (see Lesson 13, Part 3), the particle **бы** is found in the phrase **я бы не возража́л (возража́ла)** and in a few other contexts related to expressing wishes. (Remember that **бы** always requires a past-tense form of the verb.)

Expressing polite wishes with *would like to*:

Я **хоте́л бы** пойти́ на фина́л.	*I'd like to go to the final game.*

Expressing wishes with *If only . . .* (often emotional):

Éсли бы она́ была́ здесь!	*If only she were here!*
Éсли бы сейча́с бы́ло ле́то!	*If only it were summer!*

УПРАЖНЕ́НИЕ 8   Éсли бы . . .

Which of our characters might say the following? In some cases, more than one answer may be possible.

1. _____ Éсли бы у меня́ бы́ли биле́ты на фина́л!
2. _____ Éсли бы у меня́ был авто́граф Ма́нина!
3. _____ Éсли бы я был изве́стным хоккеи́стом!
4. _____ Éсли бы я могла́ порабо́тать журнали́сткой в Аме́рике.
5. _____ Éсли бы вы смогли́ доста́ть биле́ты на фина́л по хокке́ю!

❖ САМОПРОВЕ́РКА: УПРАЖНЕ́НИЕ 9

Working on your own, try this self-test: Read a Russian sentence out loud, then give an idiomatic English equivalent without looking at the book. Then work from English to Russian. After you have completed the activity, try it with a classmate.

1. Все мои́ друзья́ покупа́ют компакт-ди́ски, а я нет. Я не интересу́юсь рок-му́зыкой.
2. Приходи́те к нам сего́дня ве́чером. Мы бу́дем смотре́ть оригина́льную ве́рсию† фи́льма «Кинг Конг».

1. *All my friends buy CDs, but not me. I'm not interested in rock music.*
2. *Come on over tonight. We're going to watch the original version of the movie "King Kong."*

3. Я иногда читаю детективы, но больше всего я люблю читать фантастику. Меня особенно интересуют братья Стругацкие.

4. — В пятницу вечером в консерватории будет концерт электронной музыки. Это будет что-то странное. Ты наверно не захочешь пойти?
 — Почему? Я бы не возражал!

3. *Sometimes I read mysteries, but I like to read science fiction most of all. The Strugatsky brothers especially interest me.*

4. *"There's going to be a concert of electronic music at the conservatory on Friday night. It'll be something strange. You probably won't want to go?"*
"Why not? I wouldn't mind!"

❖ ВОПРОСЫ И ОТВЕТЫ: УПРАЖНЕНИЕ 10

Working with a classmate, take turns asking and answering the following questions.

1. Ты интересуешься спортом? Какими видами спорта ты интересуешься?

2. Как ты думаешь, кто самый знаменитый футболист в Америке (в Канаде)? А бейсболист? А баскетболист? А хоккеист? А теннисист?

3. Ты интересуешься оперой или балетом? А театром? Ты любишь ходить на концерты?

4. Ты когда-нибудь был (была) в опере? Когда ты в последний раз был (была) в опере или на концерте? А на футбольном или баскетбольном матче? Достать билеты было трудно?

5. Сколько стоит билет на оперу или на балет? А в кино? А на футбольный матч? А на концерт рок-музыки?

6. Если бы у тебя были билеты на балет и на хоккей (в один и тот же день), куда бы ты пошёл (пошла)?

7. Ты когда-нибудь слушал (слушала) по радио или смотрел (смотрела) по телевизору интервью со спортсменом или с музыкантом? С кем? Когда это было?

8. Если бы ты был журналистом (была журналисткой), у кого ты хотел бы (хотела бы) взять интервью? Какие вопросы ты бы задал (задала) ей или ему?

Кто будет чемпионом?

❖ ДИАЛОГИ

ДИАЛОГ 1 У меня́ есть биле́ты на хокке́й . . .
(Discussing preferences: sports)

— У меня́ есть биле́ты на хокке́й на э́ту суббо́ту. Хо́чешь пойти́?
— Спаси́бо, но я не о́чень люблю́ хокке́й.
— А каки́е ви́ды спо́рта ты лю́бишь?
— Гимна́стику и те́ннис.
— Но ведь смотре́ть хокке́й намно́го интере́снее, чем смотре́ть гимна́стику.
— О вку́сах не спо́рят (*There's no accounting for taste*)!

ДИАЛОГ 2 Не зна́ю, что де́лать
(Giving advice on dating)

— Не зна́ю, что де́лать. Я пригласи́л Ири́ну на футбо́льный матч, но она́ сказа́ла, что футбо́л её не интересу́ет.
— Пригласи́ её на бале́т и́ли в теа́тр.
— Вчера́ я пригласи́л её в теа́тр, но она́ сказа́ла, что её и теа́тр не интересу́ет.
— Всё поня́тно. Мо́жно дать тебе́ сове́т? Пригласи́ не Ири́ну, а Ка́тю. Мне ка́жется, что её интересу́ет всё, что интересу́ет тебя́.

УПРАЖНЕНИЕ 11   Ваш диало́г

Create a dialogue in which you and a friend are planning to go to a sporting or cultural event. Discuss your preferences, settle on an event, and arrange a time and place to meet.

❖ А ТЕПЕ́РЬ . . . : УПРАЖНЕ́НИЕ 12

Working with a classmate, use what you learned in Part 1 to . . .

1. find out what he likes to do most of all in his free time (**в свобо́дное вре́мя**)
2. find out what he's interested in
3. ask if he's also interested in your favorite sport or performing art
4. ask whether he managed to finish his homework last night
5. ask if he has read *War and Peace* (**Война́ и мир**) and/or *Eugene Onegin* (**Евге́ний Оне́гин**)

ЧАСТЬ ВТОРАЯ

С ЧЕГО НАЧАТЬ?

МЕНЮ́

Menus in most Russian restaurants and cafés are organized according to courses. A typical menu includes foods grouped under headings like these:

Заку́ски	*Appetizers*
Пе́рвые **блю́да**	*First-course dishes (mainly soups)*
Вторы́е блю́да	*Main courses*
Фи́рменные блю́да	*House specialties*
Напи́тки	*Beverages*
Десе́рты	*Desserts*

Меню
Кафе «Лира»

ХОЛОДНЫЕ ЗАКУСКИ

Ассорти рыбное	140
Ассорти мясное	95
Икра красная	200
Икра чёрная	290
Помидоры свежие	35

ПЕРВЫЕ БЛЮДА

Борщ «Московский»	90
Борщ «Московский» с пирожком	125
Суп грибной	95
Солянка рыбная	115

ВТОРЫЕ ГОРЯЧИЕ БЛЮДА

Бифштекс по-польски	140
Котлета по-киевски	95
Омлет с ветчиной	30
Осетрина жареная	145
Эскалоп из свинины	175

ГОРЯЧИЕ НАПИТКИ

Кофе чёрный	15
Кофе с молоком	20
Капучино	25
Чай с сахаром	15
Горячий шоколад	20

ХОЛОДНЫЕ НАПИТКИ

Вода минеральная 0,5	30
Вода фруктовая 0,5	30
Соки натуральные 1,0	90
Спрайт 1,5	80
Пиво 0,5	85
Шампанское «Надежда» 0,75	180
Шардонне 0,75	210
Каберне 0,75	225
Коньяк «Белый аист» 0,5	250

ДЕСЕРТЫ

Мороженое «Варшава»	65
Шоколадные конфеты (коробка)	50
Коктейль-мороженое	40

❖❖ ЧТЕНИЕ ❖❖

❖❖ МИР ТЕ́СЕН!°

(*Saturday, 7 P.M. Jim and Tanya approach the Prague restaurant. At the entrance is a doorman and a sign reading* **Мест нет**.°)

ДЖИМ.	(*To the doorman.*) У нас **зака́зан сто́лик**° **на**° семь ве́чера.
ШВЕЙЦА́Р.°	Фами́лия?
ДЖИМ.	Кругло́в.
ШВЕЙЦА́Р.	(*Looks at a list.*) Заходи́те, пожа́луйста.
ТА́НЯ.	(*As they enter, looking at Jim in surprise.*) «Кругло́в»?
ДЖИМ.	В э́тот рестора́н попа́сть невозмо́жно. Но мне повезло́. Са́ша бу́дет всё ле́то игра́ть здесь в **орке́стре**.† Э́то он **заказа́л**° для нас сто́лик.
МЕТРДОТЕ́ЛЬ.°	(*They are greeted by the maitre d'.*) До́брый ве́чер! Ва́ша фами́лия?
ДЖИМ.	Кругло́в.
МЕТРДОТЕ́ЛЬ.	Сюда́, пожа́луйста.

Мир. . . *It's a small world!*

Мест. . . *No space available*

У. . . *We have a table reserved / for*

doorman

Э́то. . . *He's the one who reserved*

maitre d'

(He shows them to a table and gives them menus. As they sit down they see Ilya Ilyich and Tatyana Dmitrievna at a table in a corner.)

Mr. ТÁНЯ. (*Smiling.*) «Господи́н° Кругло́в», тебе́ не ка́жется, что Илья́ Ильи́ч и Татья́на Дми́триевна . . . что ме́жду Ильёй Ильичо́м и Татья́ной Дми́триевной . . .

то. . . the same thing ДЖИМ. (*Smiling even more.*) Они́, наве́рно, говоря́т **то же са́мое°** о нас.

(They look at the menus, and soon a waiter comes to take their order.)

Вы. . . Have you decided? ОФИЦИÁНТ. Вы уже́ **вы́брали?°**

chicken Kiev / servings ДЖИМ. Да, мы гото́вы. Сала́т из **кра́бов,**[†] сала́т «Весна́», **котле́ты по-ки́евски°** — две **по́рции.°** Десе́рт мы зака́жем пото́м.

ОФИЦИÁНТ. Что бу́дете пить? Вино́? Шампа́нское?

(Jim looks inquiringly at Tanya.)

ТÁНЯ. (*Undecided.*) Чтó-нибудь лёгкое.

ОФИЦИÁНТ. Я вам **рекоменду́ю**[†] шардонне́.[†]

ДЖИМ. Хорошо́, буты́лку шардонне́. (*The waiter takes the menus and leaves. The band starts to play and couples start dancing.*) А у нас в рестора́нах орке́стров нет. Я ещё никогда́ не **танцева́л°** в

никогда. . . have never danced рестора́не. Идём танцева́ть, я тебя́ приглаша́ю!

за. . . at the piano ТÁНЯ. С удово́льствием. (*They stand up.*) Посмотри́, кто за роя́лем° сиди́т! Пойдём, ска́жем Са́ше спаси́бо.

ДЖИМ. Пойдём.

(Walking toward the band they pass the table where Ilya Ilyich and Tatyana Dmitrievna are sitting.)

ТАТЬЯ́НА ДМ. Илья́ Ильи́ч, а вот Та́ня с Джи́мом!

ИЛЬЯ́ ИЛЬИ́Ч. Мир те́сен!

ДЖИМ. До́брый ве́чер.

Прия́тного. . . Bon appétit! ТÁНЯ. **Прия́тного аппети́та!°**

ИЛЬЯ́ ИЛЬИ́Ч. Спаси́бо. До́брый ве́чер, молоды́е лю́ди.

ТÁНЯ. Вам здесь нра́вится, Татья́на Дми́триевна?

ТАТЬЯ́НА ДМ. О́чень нра́вится. Я всю жизнь живу́ в Москве́, но в э́том

в. . . for the first time рестора́не я **в пе́рвый раз.°** Спаси́бо Са́ше — э́то он заказа́л для нас сто́лик.

ТÁНЯ. (*Smiling, to Ilya Ilyich.*) Так ва́ша фами́лия сего́дня то́же Кругло́в?

УПРАЖНÉНИЕ 1   Под микроско́пом: Переска́з (*Retelling*)

Working in small groups, create a summary (approximately ten sentences) of this reading in Russian. Write each sentence on a single index card. Shuffle the index cards and trade them for those of another group. Then try to reassemble the other group's summary cards in the correct order.

ГРАММАТИКА И ПРАКТИКА

О РОССИИ

ГДЕ ЕДЯ́Т В РОССИ́И

Я всю жизнь живу́ в Москве́, но в э́том рестора́не я в пе́рвый раз.

The **«Пра́га»** (Prague), where Jim and Tanya go for this special occasion, is one of Moscow's best and most expensive restaurants. There is a wide range of eating establishments in all Russian cities. Here are some of the more common types of establishments:

рестора́н   a full-service restaurant. Most are currently so expensive that only the wealthy can afford to eat there.

кафе́   a café. The term is currently very popular and covers a wide range of eating establishments. Russians of relatively modest means who want a pleasant evening out would be likely to seek a nice **кафе́.**

буфе́т   a snack bar, found in train stations, airports, hotels, theaters, and also in many workplaces. Usually offers cold sandwiches, snacks, soft drinks, coffee, and tea.

столо́вая   a cafeteria. This term is currently out of fashion and refers mostly to cafeterias in schools, universities, and workplaces.

ча́йная   a cafeteria serving tea and snacks.

пельме́нная   a fast-food shop specializing in **пельме́ни** (noodle dumplings usually filled with meat; similar to ravioli, but served with sour cream, butter, or vinegar).

шашлы́чная   a fast-food shop specializing in **шашлы́к** (shish kebab).

пирожко́вая   a fast-food shop specializing in **пирожки́** (pastries filled with meat, rice, potatoes, cabbage, mushrooms, or the like).

пивно́й бар   a bar serving alcoholic beverages. The clientele in such places is usually male. Any inexpensive establishment that sells alcoholic drinks may colloquially be called a **забега́ловка,** which is not a compliment (that is, "fast food and/or drink" used disparagingly).

Мы лю́бим джаз!

О РОССИИ

ВЕ́ЧЕР В ХОРО́ШЕМ РЕСТОРА́НЕ

В э́тот рестора́н попа́сть невозмо́жно.
Но Са́ша заказа́л для нас сто́лик.

Dining out in a fancy restaurant—a place with a **швейца́р** (*doorman*) and/or valet parking, a **метрдоте́ль** (*maître d'*), fine linens, candles, excellent food and beverages, good service, and possibly a dance floor and a small **оркéстр**—is a special treat for most people, Russians included. In the Soviet era, such restaurants were expensive and difficult for most citizens to get into, but most people could occasionally get in with a little planning and a good-sized bribe for the **швейца́р.** Now, however, prices in many places are so high (even by Western standards) that such restaurants are out of the question for all but the wealthiest members of Russian society. Even if one comes up with the money, tables may be hard to get and reservations are often necessary. Unless, that is, one happens to have connections at the restaurant through an employee . . . .

СЛОВА, СЛОВА, СЛОВА . . . ✪ *Diminutives*

Э́то фиа́лки для всех **девчо́нок** в кла́ссе. Четы́рнадцать **буке́тиков.**

These are violets for all the girls in our class. Fourteen bouquets.

У нас зака́зан **сто́лик** на семь ве́чера.

We have a table reserved for 7:00 P.M.

Spoken Russian is rich in diminutives, which are formed by using infixes and suffixes that impart a sense of physical smallness, endearment, or affection. (They can also convey irony, disparagement, or belittlement in some contexts.) Personal names can have diminutive forms, with the same range of effects. English uses diminutives, too (cat/kitty, dog/doggy, Bill/Billy), but not nearly as extensively as does Russian. Diminutives denote a casual relationship and they are especially common in children's speech as well as in adult speech to and about children, so you should become familiar enough with common forms to recognize them. In fact, among children, diminutives are sometimes the only "socially" acceptable form.

-ик	стол	сто́лик (*little table; restaurant table*)
	кот	ко́тик (*kitty,* male)
	брат	бра́тик (no English equivalent)
	буке́т	буке́тик (*little bouquet*)
-ок	го́род	городо́к (*small town*)
-оч-/-еч-	ко́шка	ко́шечка (*kitty,* female)
	ча́шка	ча́шечка (*little cup*)
	Ле́на	Ле́ночка

УПРАЖНЕНИЕ 2 Diminutives

Can you guess the basic words from which the following diminutives are derived?

1. книжка
2. дочка
3. песенка
4. дружок
5. минуточка
6. диванчик

14.4. ADDITIONAL USES OF «НА»

As you have seen, the preposition «на» has many meanings and uses. You should add the following to those you have already learned (see the summary in Lesson 11, **Итак** on p. 237).

1. A ticket for a particular event or purpose is described by <**билет на** + Acc.>.

Виктор достал четыре **билета** в Большой театр **на** «Евгения Онегина».	*Viktor got four tickets for* Eugene Onegin *at the* Bolshoi Theater.

2. The phrase <**на** + time or date> conveys a point in the future for which a certain event has been scheduled.

У нас заказан столик **на** семь вечера.	*We have a table reserved for 7:00 P.M.*

3. The phrase <**на** + numeral in the Gen./Acc.> expresses the number of people for whom a table, cab, or other arrangement has been made or is being requested. In the following example the numeral is a collective form in the Genitive/Accusative, indicating that an animate complement is understood.

У вас есть столик **на** двоих (троих, четверых)?	*Do you have a table for two (three, four)?*

УПРАЖНЕНИЕ 3 Билеты на . . .

Using the phrase <**билет на** + Acc.>, complete the sentences with words or phrases from the following list. Use each only once.

новая опера
поезд
самолёт
футбольный матч

японский фильм
«Лебединое озеро» (*Swan Lake*)
«Спящая красавица» (*Sleeping Beauty*)

1. На стадионе студенты купили билеты на _____.
2. Мы пошли в кинотеатр и купили билеты на _____.
3. Моя сестра танцует в балете. Она мне дала билеты на _____ и _____.
4. В аэропорту продают билеты на _____, а на вокзале продают билеты на _____.
5. Туристы достали билеты на _____ прямо перед Большим театром.

УПРАЖНЕНИЕ 4   Я хотéл бы заказáть стóлик

Read the following dialogue and use it as a model to create a dialogue with a classmate in which you call to reserve a table at a restaurant for a certain day and time.

(*You dial the number of the café. Someone answers the phone.*)

— Кафé «Бéлые нóчи».[4]
— Дóбрый день. Я хотéл бы заказáть стóлик на зáвтра.
— На скóлько человéк?
— На четверы́х.
— На какóе врéмя?
— На семь вéчера, пожáлуйста.
— Фамúлия?
— Чернóв.
— Стóлик на четверы́х, на зáвтра на семь вéчера.
— Большóе спасúбо.

УЧИСЬ УЧИТЬСЯ ✪ *Survival Russian*

Experienced travelers quickly learn that for many interactions in predictable settings a few short, set phrases can go a long way. For instance, you can do very well in a restaurant (even a noisy one) by thinking in advance about some of the things you are likely to hear and having ready some things you know you'll need to say. Here are some examples.

If you've made reservations, you may need to say . . .	У нас закáзан стóлик. Сюдá, пожáлуйста.
When you're shown to your table, the host(ess) might say . . .	Что бýдете закáзывать? *or*
When the server comes to take your order, she or he will probably say . . .	Вы ужé вы́брали? *and/or*
To ask your server for a suggestion, you might say . . .	Что бýдете пить (есть)? Что вы рекомендýете?
When you're ready to leave, you could say to your server . . .	Счёт (*the bill*), пожáлуйста.

Even people who know Russian well may want to acquire a Russian phrase book and review the contents of a pertinent list just before entering a restaurant, theater, post office, or hotel, or before using the phone, public transportation, and so on.

УПРАЖНЕНИЕ 5   В ресторáне

Work in groups of three for this activity. You and a friend have decided to go out to a nice restaurant for a special occasion. You have 1,250 rubles between you to spend. Refer to the menu on page 354 and start thinking about what items you will select. (Allow for a tip—**на чай**—of about 10%.) Then develop a dialogue with a waiter following the model in the reading. You should incorporate some of the phrases from the preceding section.

---

[4]«**Бéлые нóчи**» is how Russians refer to the few weeks in early summer when the sun does not completely set in northern areas. The **Бéлые нóчи** evoke a romantic, almost holiday spirit among Russians.

reVERBerations ⭐ *To stop by, to drop in, to pick up:* *заходи́ть / зайти́ and заезжа́ть / зае́хать*

— Не беспоко́йтесь, Серге́й Петро́вич. Я **зайду́** к вам послеза́втра.	*"Don't worry, Sergei Petrovich. I'll stop by the day after tomorrow."*
— **Заходи́те** лу́чше за́втра.	*"It'd be better if you came by tomorrow."*
Ита́к, в воскресе́нье я **за тобо́й зае́ду.**	*So, I'll pick you up on Sunday.*
Ви́ктор, а мы успе́ем **зае́хать** домо́й и переоде́ться пе́ред теа́тром?	*But Viktor, will we be able to drop by the house and change before the theater?*

The prefix **за-** on the combining form of a verb of motion (**заходи́ть / зайти́** or **заезжа́ть / зае́хать**) indicates that the subject stops by one place while on the way to another (on foot or by vehicle, respectively). It renders phrases like "I'll pick you up . . ." and "I'll stop at the grocery store (for) . . ."

The person or thing to be picked up is expressed by <**за** + Instr.>; the place where one is stopping is expressed by a **куда́** word or phrase.

Я за тобо́й **зае́ду** в 1.30.	*I'll pick you up at 1:30.*
По доро́ге в университе́т я **зайду́** в апте́ку **за аспири́ном** (к ба́бушке **за письмо́м**, на по́чту **за ма́рками . . .**)	*On the way to the university I'll stop by the drugstore for aspirin (Grandma's for a letter, the post office for stamps . . .)*

УПРАЖНЕНИЕ 6   По доро́ге домо́й . . .

Decide on a stop you might make or an errand you might do on the way home, then form a circle with several classmates and see who can remember the longest string of errands.

ОБРАЗЕ́Ц: — По доро́ге домо́й я зайду́ к ба́бушке за письмо́м, Ли́за зайдёт на по́чту за ма́рками, Па́вел зайдёт в магази́н за проду́ктами . . .

КУЛЬТУРА РЕЧИ

❖ ТАК ГОВОРЯТ: **MODIFIERS WITH** ЧТО́-НИБУДЬ

ОФИЦИА́НТ.   А что вы бу́дете пить? Вино́? Шампа́нское?
ТА́НЯ.   Что́-нибудь лёгкое.

When Tanya wants to order something light to drink, she uses the neuter adjective **лёгкое** to describe **что́-нибудь**. Other adjectives can be used this way as well.

УПРАЖНЕНИЕ 7   Что́-нибудь . . .

Find the most appropriate answer for each of the following questions. More than one answer may be possible for some.

1. — Сего́дня о́чень жа́рко. Что ты бу́дешь пить? _____

2. — Что мы пода́рим америка́нским студе́нтам? _____

3. — Что ты бу́дешь гото́вить? _____

4. — Что ты хо́чешь смотре́ть по телеви́зору? _____

5. — Что ты ку́пишь И́ре на день рожде́ния? _____

а. — Что́-нибудь вку́сное.

б. — Что́-нибудь интере́сное.

в. — Что́-нибудь недорого́е.

г. — Что́-нибудь ру́сское.

д. — Что́-нибудь холо́дное.

❖ САМОПРОВЕРКА: УПРАЖНЕНИЕ 8

Working on your own, try this self-test: Read a Russian sentence out loud, then give an idiomatic English equivalent without looking at the book. Then work from English to Russian. After you have completed the activity, try it with a classmate.

1. У нас зака́зан сто́лик на во́семь часо́в. Я зае́ду за тобо́й в полвосьмо́го.

2. По доро́ге домо́й я должна́ зайти́ в апте́ку за лека́рством; пото́м я зайду́ к ба́бушке.

3. В кафе́:
— До́брый ве́чер. Что бу́дете зака́зывать?
— Моро́женое, пожа́луйста. Две по́рции. И два ко́фе с молоко́м.

4. — Вчера́ мы не успе́ли доста́ть биле́ты на «Ма́стера и Маргари́ту»: ка́сса закры́лась в 5 часо́в.
— Ничего́! Попро́буем сего́дня.

1. *We have a table reserved for eight o'clock. I'll come by for you at 7:30.*

2. *On the way home I have to stop at the drugstore for some medicine; then I'll drop in on Grandma.*

3. *In a café:*
"Good evening. What would you like to order?"
"Two ice creams, please, and two cups of coffee with milk."

4. *"Yesterday we didn't manage to get tickets to 'The Master and Margarita.' The box office closed at 5:00."*
"No big deal! We'll try today."

❖ ВОПРОСЫ И ОТВЕТЫ: УПРАЖНЕНИЕ 9

Working with a classmate, use the questions below to role play the following situation: You've just met a Russian who is asking you about restaurant dining in America. After you've done half the questions, switch roles.

1. Где обы́чно едя́т америка́нские студе́нты — в кафе́ и́ли в рестора́нах? А вы? Вы ча́сто хо́дите в Макдо́нальдс и́ли Пи́цца Хат?

2. Вы когда́-нибудь обе́дали в хоро́шем рестора́не? Где и когда́ э́то бы́ло? С кем вы там бы́ли? Э́то сто́ило до́рого? Вы что́-нибудь отмеча́ли (were celebrating)?

3. Како́й рестора́н в ва́шем го́роде са́мый дорого́й? Вы там когда́-нибудь обе́дали? Как вы ду́маете, э́то хоро́ший рестора́н?

4. Что вы обы́чно зака́зываете, когда́ вы обе́даете в рестора́не?

5. Вы обы́чно даёте официа́нту (официа́нтке) на чай (tip)?

6. Вы когда́-нибудь рабо́тали официа́нтом (официа́нткой)? Вам посети́тели (patrons) дава́ли на чай?

7. Ско́лько при́нято дава́ть на чай в Аме́рике — де́сять проце́нтов, пятна́дцать проце́нтов, два́дцать проце́нтов?

8. Вы когда́-нибудь танцева́ли в рестора́не? Éсли да, то где и когда́ э́то бы́ло? С кем вы танцева́ли?

❖ ДИАЛОГИ

ДИАЛОГ 1 Дава́й зака́жем . . .
(Selecting something from a menu)

— Како́й краси́вый рестора́н! Я в тако́м рестора́не пе́рвый раз.

— Я тут оди́н раз был, и мне понра́вилось.

— [Opening the menu.] Посмотри́, тут одни́х сала́тов бо́льше двадцати́! Что ты зака́жешь?

— Сала́т «Ле́тняя фанта́зия».

— А что, е́сли ока́жется (it turns out), что э́то обы́чный сала́т из огурцо́в?

— [Reads the menu.] Ты, как всегда́, права́: э́то действи́тельно обы́чный сала́т из огурцо́в.

ДИАЛОГ 2 Сли́шком мно́го кало́рий[†]!
(Selecting something from a menu)

— Ты бу́дешь зака́зывать десе́рт?

— Наве́рно, нет. Сли́шком мно́го кало́рий.[†] А что?

— В э́том рестора́не о́чень вку́сный «наполео́н». Ты так ре́дко ешь сла́дкое (sweets). В конце́ концо́в, ты име́ешь пра́во раз в год съесть десе́рт, в кото́ром мно́го кало́рий. Мо́жет быть, зака́жешь?

— Хорошо́, но пото́м дава́й пойдём домо́й пешко́м.

— Но э́то о́чень далеко́ — киломе́тров[†] де́сять!

— О́чень хорошо́! Зна́чит, у меня́ бу́дет пра́во съесть десе́рт и за́втра.

УПРАЖНЕНИЕ 10   Ваш диалóг

Create a dialogue in which you and a friend are dining at a restaurant in Moscow and are looking at a menu (see p. 354). One of you has been to this restaurant before; the other (who just happens to be a very fussy eater) has not and is asking for recommendations.

❖ А ТЕПЕРЬ . . . : УПРАЖНЕНИЕ 11

Working with a classmate, use what you learned in Part 2 to make arrangements for getting together with a friend and going to dinner.

1. find out what time she wants to have dinner
2. decide where you will have dinner
3. ask her what she usually orders in this restaurant
4. ask whether she can stop by to pick you up
5. find out if her roommate will also go to the restaurant with you
6. say that you'll order a table for two (or three) for the time you decide on
7. tell her that you have tickets for a new movie and ask if she wants to go after dinner

ЧАСТЬ ТРЕТЬЯ

С ЧЕГО НАЧАТЬ?

БОЛЬШО́Й ТЕА́ТР

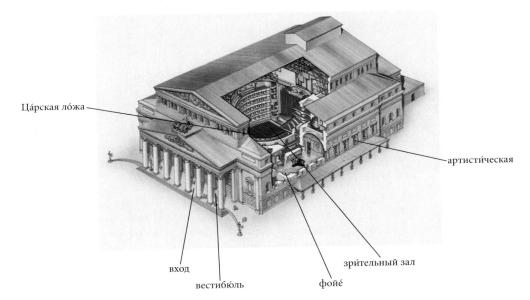

Ца́рская ло́жа

артисти́ческая

вход

вестибю́ль

зри́тельный зал

фойе́

амфитеа́тр	*rear orchestra*
артисти́ческая	*artists' dressing room*
вестибю́ль	*vestibule*
вход	*entrance*
зри́тельный зал	*auditorium*
партёр [*pronounced* -тэ́-]	*orchestra*
фойе́	*main lobby*
Ца́рская ло́жа	*Royal Box*
я́русы (1-ый я́рус, 2-о́й я́рус)	*tiers*

✦ ЧТЕНИЕ ✦

Век... *Live and learn*

◈ ВЕК ЖИВИ́, ВЕК УЧИ́СЬ°

(Sunday evening. Natalya Ivanovna is standing in front of the Bolshoi Theater with Lena and Viktor.)

НАТА́ЛЬЯ ИВ.	Ничего́ не понима́ю. Где Си́лин? Матч давно́ ко́нчился. (*To Lena and Viktor.*) Вы их не ви́дели на стадио́не?
ЛЁНА.	Нет, мы уе́хали сра́зу же по́сле интервью́. Но я смотре́ла после́дний **пери́од**† по телеви́зору и зна́ю, что Ма́нин забро́сил° реша́ющую° ша́йбу° за пять мину́т до конца́° ма́тча. Он действи́тельно замеча́тельный хоккеи́ст.
НАТА́ЛЬЯ ИВ.	(*Exasperated.*) Меня́ не интересу́ет ваш Ма́нин. Меня́ интересу́ет мой Си́лин!
ВИ́КТОР.	Посмотри́те, вон Джим и Та́ня иду́т. Джим! Та́ня!

(Jim and Tanya walk up.)

ТА́НЯ.	До́брый ве́чер. Вы то́же идёте на «Евге́ния Оне́гина»?
ВИ́КТОР.	Да. Москва́ тако́й «ма́ленький» го́род, что у вхо́да в Большо́й теа́тр обяза́тельно встре́тишь знако́мых.
ДЖИМ.	Я о́чень мно́го слы́шал о Большо́м теа́тре.
ЛЁНА.	А ты лю́бишь о́перу?
ДЖИМ.	Открове́нно говоря́, не о́чень. До́ма я в о́перу не хожу́. Но Большо́й теа́тр — э́то **совсе́м° друго́е де́ло°** ...
ЛЁНА.	Я ду́маю, что тебе́ понра́вится. А где вы сиди́те?
ТА́НЯ.	В амфитеа́тре. А вы?

scored

deciding / goal / за... five minutes before the end

quite / другое... a different matter

ЛЕНА. В партере. Идите скорее, скоро начнётся. Встретимся в **антракте**° в фойе первого этажа.

intermission

ДЖИМ. А почему вы не идёте?

ЛЕНА. Мы ждём папу.

(*Tanya and Jim walk away. As they enter the lobby of the Bolshoi the second bell rings.*)

ТАНЯ. Скорее! Нам нужно **сдать пальто**° в **гардероб**.°

ДЖИМ. Зачем? Давай возьмём их с собой.

ТАНЯ. Что ты! Нас не пустят в зал°. Нет, пальто нужно сдать, но зато мы возьмём в гардеробе **бинокль**.† Когда берёшь бинокль, потом можно получить пальто без очереди.° Это стоит недорого.

ДЖИМ. Век живи, век учись.

сдать. . . check our coats / coat check (room)
Нас. . . They won't let us into the performance hall.
без. . . without standing in line

(*They go off to the checkroom and soon return to the foyer. At the door to the main hall they are met by an usher.*)

usher

БИЛЕТЁРША.° Какие у вас места?

ТАНЯ. Амфитеатр, шестой ряд, места 24 и 25.

БИЛЕТЁРША. Сюда, пожалуйста (*indicating the way*).

ДЖИМ. Спасибо.

БИЛЕТЁРША. **Программку**† хотите?

ДЖИМ. (*Accepting a program from the usher.*) Спасибо.

(*The usher looks at him quizzically.*)

ТАНЯ. (*Handing the usher money.*) Вот пожалуйста.

ДЖИМ. Извини, Таня, я не знал, что за программку надо платить. У нас в театрах программки обычно дают бесплатно.

ТАНЯ. Теперь ты знаешь. Скорее, Джим, сейчас начнётся **увертюра**.†

УПРАЖНЕНИЕ 1   Под микроскопом: В театре

Each of the following sentences contains one or two new words. Match these boldfaced Russian words with their English equivalents. Then provide an idiomatic translation for each of the sentences.

а. for free
б. during the intermission
в. the deciding goal
г. they won't let
д. to check our coats
е. without standing in line

1. _____ Встретимся **в антракте** в фойе первого этажа.
2. _____ Манин забросил **решающую шайбу**.
3. _____ Нам нужно **сдать пальто** в гардероб.
4. _____ Можно получить пальто **без очереди**.
5. _____ У нас в театрах программки обычно дают **бесплатно**.
6. _____ Нас **не пустят** в зал.

◈ О РОССИИ ◈◈◈◈◈◈◈◈◈

ВЕЧЕР В ТЕАТРЕ

> — *Скорее! Нам нужно сдать пальто в гардероб.*
> — *Зачем? Давай возьмём их с собой.*

A visit to the theater in Russia offers the opportunity to observe many cultural norms. As Jim discovers, coats and hats must be checked in the **гардероб**. There, for a modest fee, you can also rent binoculars. This not only affords you a better view of the performers, but also allows you to pick up your coat after the performance without having to stand in the coat-check line. Programs are not handed out gratis, but must be purchased. A series of bells advises patrons to find (or return to) their seats. If you pass by already-seated patrons in your row to reach your seat, the custom is to face the people you are passing. When applauding the performance, Russians don't whistle; whistling in a theater (or even at a sports event) expresses strong *dis*approval.

Москва. Большой театр.

ГРАММАТИКА И ПРАКТИКА

СЛОВА, СЛОВА, СЛОВА . . . ✪ *The Productive Suffix -ист*

Са́ша — студе́нт, **пиани́ст**.	*Sasha's a student, a pianist.*
Ле́на — студе́нтка-**журнали́стка**.	*Lena's a student, a journalism student.*
Сего́дня прилета́ют на́ши **тенниси́сты**.	*Our tennis players are flying in today.*
Э́то друг Са́ши, **виолончели́ст**.	*That's Sasha's friend, a cellist.*
Такси́стам то́же хо́чется встре́тить Но́вый год.	*Taxi drivers also like to celebrate New Year's.*
Э́то са́мый знамени́тый **хоккеи́ст** на све́те!	*He's the most famous hockey player in the world!*

Russian and English both use the suffix **-ист** (*-ist*) to refer to one who engages in the activity or can otherwise be characterized by the root word. When referring to women, these words may take the feminizing suffix **-ка**.

УПРАЖНЕНИЕ 2   С кем ты хо́чешь поговори́ть?

Whom would you most likely have contact with in the following situations?

а. иллюзиони́ст
б. будди́ст
в. шахмати́ст
г. массажи́ст
д. программи́ст

е. криминали́ст
ж. филатели́ст
з. дарвини́ст
и. лингви́ст
к. фрейди́ст

_____ 1. You need help with a computer program.
_____ 2. You'd like to know how crimes are solved.
_____ 3. You'd like to learn more about Eastern religions.
_____ 4. Your muscles are sore after a hard workout.
_____ 5. You want to know something about psychoanalysis.
_____ 6. You think you'd like to start collecting stamps from around the world.
_____ 7. You enjoy discussing scientific theories, such as evolution.
_____ 8. You want to learn to do magic tricks.
_____ 9. You're interested in studying languages.
_____ 10. You want to beef up your chess playing skills to impress Russian friends.

УПРАЖНЕНИЕ 3   Какой ты человек?

Which of the following describes you? Circle those that do, then see if you can find others in the room who have described themselves with at least two of the same nouns.

алармист	материалист	социалист
антимилитарист	минималист	террорист
атеист	моралист	традиционалист
баскетболист	мотоциклист	фаталист
идеалист	оппортунист	феминист
индивидуалист	оптимист	футболист
интернационалист	пессимист	эгоист
коллективист	реалист	экстремист
	славист	

◈ 14.5. REVIEW OF MULTIDIRECTIONAL AND UNIDIRECTIONAL VERBS OF MOTION

— Куда ты **идёшь**?
— В университет.
— Ты каждый день **ходишь** в университет?
— Нет, по субботам я работаю.

"Where are you going?"
"To the university."
"Do you go to the university every day?"
"No, on Saturdays I work."

As you know, motion in one direction is rendered by the unidirectional verbs **идти** and **ехать**. Other types of motion (habitual trips, round trips, motion in many directions, random motion) require the multidirectional verbs **ходить** and **ездить**. Here is another example:

— Ты **едешь** в Новгород?
— Нет. Я часто **езжу** туда, но сегодня я **еду** в Псков.

"Are you going to Novgorod?"
"No. I go there frequently, but today I'm going to Pskov."

The system of multidirectional and unidirectional verbs of motion can be summarized in the following chart:

NONPREFIXED VERBS OF MOTION

	IMPERFECTIVE	PERFECTIVE
MULTIDIRECTIONAL	ходить ездить	
UNIDIRECTIONAL	идти ехать	пойти поехать

MULTIDIRECTIONAL VERBS OF MOTION

It may be helpful to recognize two senses of multidirectional verbs of motion: (1) the "There and Back" sense and (2) the "Around and Around" sense. The "There and Back" sense was used in the introductory examples with **хо́дишь** and **е́зжу** to describe habitual trips. The "There and Back" sense can also describe a single trip; you've seen that the past tense of **ходи́ть** and **е́здить (куда́)** conveys the same notion as **быть (где)**.

— Где вы бы́ли вчера́?
— Мы **ходи́ли** в теа́тр.
 (Мы **бы́ли** в теа́тре.)

"Where were you last night?"
"We went to the theater."
 ("We were at the theater.")

Он **е́здил** в Ки́ев в командиро́вку
(**был** в Ки́еве в командиро́вке)
и верну́лся в пять часо́в утра́.

He went to Kiev on a business trip and came back at five in the morning.

The following example shows a multidirectional verb of motion in the "Around and Around" sense, that is, generalized motion with no specific destination or direction:

— Са́ша, где ты был вчера́ ве́чером?
— **Ходи́л** по магази́нам. Мне на́до бы́ло купи́ть пода́рок к 8 Ма́рта.

"Sasha, where were you last night?"
"I went shopping (went from store to store). I had to buy a gift for the 8th of March."

The "Around and Around" sense includes motion at a given time (as in the preceding example), as well as repeated or habitual motion with no specific destination or direction, such as occupational or recreational walking, driving, swimming, or running.

Я почтальо́н. Я мно́го **хожу́** пешко́м.

I'm a letter carrier; I do a lot of walking.

Он зна́ет все у́лицы Москвы́. Он води́тель такси́, мно́го **е́здит** по го́роду.

He knows all of Moscow's streets: He's a cab driver and drives around town a lot.

Ты лю́бишь **пла́вать**?

Do you like to swim?

Она́ обы́чно ра́но встаёт и **бе́гает** полчаса́.

She usually gets up early and runs (jogs) for a half hour.

УПРАЖНЕНИЕ 4   Multidirectional verbs of motion

Here are some sentences from the readings. Each contains a multidirectional verb of motion. Underline that verb, translate the sentence into English, and indicate whether this multidirectional verb has the sense of "There and Back" (one or more round trips to a specific destination) or "Around and Around" (general motion without a specific destination or direction).

	"There and Back"	"Around and Around"
1. Вчера́ мы ходи́ли на вы́ставку «Исто́рия Москвы́».	[ ]	[ ]
2. До́ма я в о́перу не хожу́.	[ ]	[ ]
3. Мы ча́сто хо́дим в э́то кафе́, и я здесь всех зна́ю.	[ ]	[ ]
4. Ничего́ не понима́ю. В шко́лу ходи́ть нельзя́, а в кино́ и на като́к мо́жно?	[ ]	[ ]
5. Во́ва с Бе́лкой полчаса́ ходи́ли по у́лице о́коло телефо́на-автома́та.	[ ]	[ ]
6. Я зна́ю э́тот авто́бус: я иногда́ е́зжу на нём к свои́м друзья́м.	[ ]	[ ]
7. Я тепе́рь ре́дко е́зжу в Петербу́рг, а он — в Москву́.	[ ]	[ ]
8. Я уже́ три дня хожу́ по магази́нам, но не могу́ купи́ть хоро́ший пода́рок.	[ ]	[ ]

УПРАЖНЕНИЕ 5   Где ты был (была́)?

Choose a place you went to (or might have gone) yesterday evening (**в библиоте́ку, в кино́, на конце́рт, в апте́ку** . . .) and with a classmate create a dialogue about where you were when a friend tried to call.

ОБРАЗЕ́Ц: — Я звони́л (звони́ла) тебе́ вчера́ ве́чером, но тебя́ не́ было.
             — Когда́ ты звони́л (звони́ла)?
             — Часо́в в во́семь.
             — Да, меня́ не́ было. Я ходи́л (ходи́ла) в (на) . . .
             — А ты ча́сто хо́дишь в (на) . . . ?
             — Раз в неде́лю (*or some other frequency*).

UNIDIRECTIONAL VERBS OF MOTION

In contrast to multidirectional verbs of motion, unidirectional verbs of motion are used in conjunction with a particular direction or destination, which is either directly stated or clearly implied by context. They are very common in the present tense, which also can convey a future action (as in English).

Во́ва, я **иду́** в апте́ку.	*Vova, I'm going to the drugstore.*
— Джим, куда́ вы сейча́с? В университе́т?	*"Jim, where are you going now? To the university?"*
— Нет, Илья́ Ильи́ч, я **е́ду** в аэропо́рт.	*"No, Ilya Ilyich, I'm going to the airport."*
Че́рез неде́лю мы **е́дем** в Петербу́рг.	*We're going to St. Petersburg in a week.*

Unidirectional verbs of motion are often associated with contexts that in English are rendered by the progressive (*-ing*) forms.

Все спеши́ли — не **шли**, а **бежа́ли**, а я **шёл** ме́дленно.	*Everybody was hurrying — they weren't walking, but rather running, and I was walking slowly.*

УПРАЖНЕ́НИЕ 6   Unidirectional verbs of motion

Here are some examples of the unidirectional verbs **идти́** and **е́хать** taken from the readings. Translate them into English, noting how they convey the idea of going in a certain direction in the present or the future.

1. Все **иду́т** домо́й.
2. — Вы то́же **е́дете** авто́бусом?
   — Нет, мы **е́дем** на маши́не.
3. В шко́лу мы сего́дня не **идём**.
4. Мы **идём** на авто́бусную остано́вку.
5. Вы то́же **идёте** на «Евге́ния Оне́гина»?
6. Посмотри́те, вон Джим **идёт** с буке́том роз.
7. В конце́ концо́в я име́ю пра́во знать, куда́ ты **идёшь**.
8. Мы с Во́вой **идём** на хокке́й, пото́м мы с тобо́й — в Большо́й теа́тр.
9. Раз ты всё зна́ешь, скажи́ мне, с кем сейча́с наш Са́ша по у́лице **идёт**.

УПРАЖНЕ́НИЕ 7   Куда́ ты шёл (шла), когда́ я тебя́ ви́дел (ви́дела)?

Working with a classmate, create a dialogue around this scenario: As you were walking across campus yesterday you did not see your classmate, but your classmate saw you. Now your classmate is asking where you were going at the time.

ОБРАЗЕ́Ц: — Тре́йси, я тебя́ ви́дел (ви́дела) вчера́ днём. Куда́ ты шёл (шла)?
— Вчера́ днём? Наве́рно, на ле́кцию по исто́рии.

УПРАЖНЕНИЕ 8   Multidirectional vs. unidirectional verbs of motion

For each of the following sentences, determine whether you would use a unidirectional verb of motion (write "U") or a multidirectional verb of motion (write "M"). Do not try to translate the sentences.

1. _____ After the game we just drove around town.
2. _____ Tomorrow we're going to St. Petersburg.
3. _____ My history professor goes to Russia every year.
4. _____ She goes to the library every evening.
5. _____ Where were you going when I saw you last night?
6. _____ I went to the movies last night.
7. _____ We were on our way to class when it started to rain.

УПРАЖНЕНИЕ 9   Ходи́ть и́ли идти́? Éздить и́ли éхать?

Select the correct verb in this conversation between Grandma Kruglov and Sergei Petrovich.

(Grandma Kruglov is walking along the street. Sergei Petrovich, who is driving, stops the car and lowers the window.)

— Алекса́ндра Никола́евна, вы далеко́ (идёте/хо́дите)[1]? Я могу́ вас подвезти́ (*give a ride*).
— Спаси́бо, Серге́й Петро́вич, я (иду́/хожу́)[2] в бу́лочную (*bakery*), это ря́дом. И вообще́ я бо́льше люблю́ (идти́/ходи́ть),[3] чем (éхать/éздить).[4] А куда́ вы (éдете/éздите)[5]?
— Снача́ла в магази́н радиотова́ров (*electronics*). Я (éду/éзжу)[6] туда́ ка́ждую неде́лю. Пото́м я (éзжу/пое́ду)[7] в спорти́вный магази́н, пото́м в апте́ку, а пото́м (éзжу/зае́ду)[8] за Ната́шей.
— Что же, вы то́лько (éдете/éздите)[9] на маши́не и совсе́м пешко́м не (идёте/хо́дите)[10]?
— Да нет, иногда́ (иду́/хожу́)[11] — когда́ лома́ется (*breaks down*) маши́на.

УПРАЖНЕНИЕ 10   Past tense of motion verbs

Using the motion verbs in the chart on p. 370 (multidirectional, unidirectional, or prefixed with **по-**), work with a classmate to form statements in Russian which you might make in the following instances.

1. Your Russian teacher asks where you went over the winter holiday.
2. You're studying in Moscow. Someone comes to your dorm room looking for your Russian roommate, who's gone to the library.
3. You arrive at a friend's house for dinner much later than expected because there was a lot of traffic. You explain you were driving for forty-five minutes.
4. Your cat got out last night. The next day you tell a friend that you spent two hours walking along the streets and finally found her.
5. You tell a friend you saw her when she was driving to work yesterday.
6. You tell a friend that you saw her at a rock concert last night, and ask where she went afterward.
7. You tell a friend that you met her parents yesterday when you were on your way home.

reVERBerations ⭐ *Past Tense of Motion Verbs*

While some verbs of motion (the nonprefixed imperfectives) are less commonly used in the future tense, and some forms (the perfectives) do not exist at all in the present tense, all of these verbs are common in the past tense. It's important, therefore, to distinguish their respective meanings. Here are examples.

IMPERFECTIVE			
Multidirectional	**ходи́л** (etc.), **е́здил** (etc.):		
	а. "There and Back" (one time or repeated times)	**а.** Мы вчера́ **ходи́ли** в рестора́н. Когда́ мы жи́ли на ю́ге, мы ча́сто **е́здили** на пляж.	*We went to a restaurant last night.* *When we lived in the south we went to the beach a lot.*
	б. "Around and Around"	**б.** Я два часа́ **ходи́ла** по це́нтру го́рода.	*I walked around downtown for two hours.*
Unidirectional	**шёл** (etc.), **е́хал** (etc.):		
	Motion in a single direction	Все **шли** о́чень бы́стро, что́бы успе́ть на автóбус.	*Everybody was walking fast in order to get to the bus on time.*
		Когда́ мы **е́хали** в аэропóрт, мы вас ви́дели.	*When we were driving to the airport, we saw you.*

PERFECTIVE			
	пошёл (etc.), **поéхал** (etc.):		
	Emphasis on departure, setting out for a particular destination	Не мóжет быть! Мой брат **пошёл** за ва́ми полчаса́ наза́д.	*This can't be! My brother went to meet you a half hour ago.*
		Па́па **поéхал** за ёлкой у́тром. Уже́ шесть часóв, а егó ещё нет.	*Dad went for a tree this morning. It's six o'clock already and he's still not back.*

КУЛЬТУРА РЕЧИ

❖ ТАК ГОВОРЯТ: В ПЕ́РВЫЙ РАЗ

Я всю жизнь живу́ в Москве́, но в э́том рестора́не я **в пе́рвый раз**.	*I've lived in Moscow my whole life, but I'm in this restaurant for the first time.*

The phrase **в пе́рвый раз** is used in situations where English uses "for the first time."

УПРАЖНЕ́НИЕ 11   Вы е́дете туда́ в пе́рвый раз?

Where will you be going this summer? Are you going there for the first time? Do you go there every year? Working with a classmate, create a conversation around summer trips.

ОБРАЗЕ́Ц: — Ско́ро ле́тние кани́кулы.
Что ты бу́дешь де́лать?
— Мы с роди́телями пое́дем в (на) . . .
— Вы е́дете туда́ в пе́рвый раз?
— Нет, мы е́здим туда́ ка́ждый год.

❖ САМОПРОВЕ́РКА: УПРАЖНЕ́НИЕ 12

Working on your own, try this self-test: Read a Russian sentence out loud, then give an idiomatic English equivalent without looking at the book. Then work from English to Russian. After you have completed the activity, try it with a classmate.

1. Вчера́ весь день шёл снег. Мы не ходи́ли на рабо́ту.

2. Год наза́д моя́ сестра́ е́здила в Евро́пу. Ей там о́чень понра́вилось.

3. Когда́ мы пое́дем в аэропо́рт, мы не мо́жем снача́ла зае́хать в библиоте́ку? Мне ну́жно взять кни́гу.

4. — Лари́сы нет. Она́ пошла́ в университе́т.
— А когда́ она́ вернётся?
— Не зна́ю.

5. — Почему́ ты тако́й пессими́ст?
— Я не пессими́ст. Я реали́ст.

1. *It was snowing all day yesterday. We didn't go to work.*

2. *A year ago my sister went to Europe. She really liked it there.*

3. *When we go to the airport, could we first stop by the library? I have to get a book.*

4. *"Larisa's not here. She's gone to the university."*
"When will she be back?"
"I don't know."

5. *"Why are you such a pessimist?"*
"I'm not a pessimist. I'm a realist."

❖ ВОПРОСЫ И ОТВЕТЫ: УПРАЖНЕНИЕ 13

1. Когда́ ты после́дний раз был (была́) в теа́тре (на конце́рте, в о́пере, на бале́те)? Что ты смотре́л/слу́шал (смотре́ла/слу́шала)? С кем ты ходи́л (ходи́ла)?

2. Тебе́ понра́вился спекта́кль (конце́рт, бале́т и т.д.)?

3. С кем ты обы́чно хо́дишь в теа́тр (на конце́рт, в о́перу, на бале́т)? И́ли ты хо́дишь оди́н (одна́)?

4. Ты встре́тил (встре́тила) кого́-нибудь из знако́мых, когда́ ты в про́шлый раз был (была́) в теа́тре (на конце́рте, в о́пере, на бале́те и т.д.)?

5. Что, по-тво́ему, бо́льше лю́бят молоды́е америка́нцы — кино́, конце́рты, бале́т и́ли о́перу?

6. В америка́нских теа́трах есть гардеро́б?

7. Где ты лю́бишь сиде́ть — в амфитеа́тре и́ли в парте́ре?

8. Как ты ду́маешь, биле́ты в теа́тр (на конце́рт и т.д.) — э́то хоро́ший пода́рок?

9. Ты когда́-нибудь дари́л (дари́ла) кому́-нибудь биле́ты в теа́тр (на конце́рт и т.д.) на день рожде́ния и́ли на како́й-нибудь пра́здник? Кому́?

❖ ДИАЛОГИ

ДИАЛОГ 1 Ты ведь по суббо́там не хо́дишь в университе́т
(Asking where someone is going)

— Ма́рта, куда́ ты идёшь?

— Сейча́с я иду́ в магази́н. Пото́м я верну́сь домо́й, переоде́нусь и пойду́ на заня́тия.

— Но сего́дня суббо́та. Ты ведь по суббо́там обы́чно не хо́дишь в университе́т.

— Я не сказа́ла, что пойду́ в университе́т. Я сказа́ла, что пойду́ на заня́тия.

— Не понима́ю.

— Ну почему́ ты не понима́ешь? По суббо́там я хожу́ на заня́тия по англи́йскому языку́.

ДИАЛОГ 2 Хо́чешь пойти́?
(Arranging a theater date)

— Ты ча́сто хо́дишь в теа́тр?

— Не о́чень. После́дний раз я была́ в теа́тре год наза́д. А почему́ ты спра́шиваешь?

— Моя́ сестра́ рабо́тает в теа́тре «Совреме́нник». Она́ дала́ мне биле́ты на «Га́млета» на за́втра. Хо́чешь пойти́?

— Спаси́бо, с удово́льствием. Все говоря́т, что э́то о́чень хоро́ший спекта́кль.

— Встре́тимся о́коло теа́тра за полчаса́ до нача́ла, хорошо́?

— Хорошо́. У гла́вного вхо́да.

УПРАЖНЕНИЕ 14   Ваш диало́г

Create a dialogue based on one of the following scenarios:

1. You and a friend are talking about the kinds of events (sports, plays, movies, concerts) you like to attend. You focus on an event your friend attended last week and ask whether this friend will go to a specific one that is coming up.
2. Your father (mother, friend, and so on) travels a lot. Pick a city or country this person likes to visit and describe to a friend how often he goes there and what he likes to do there.

❖ А ТЕПЕРЬ . . . : УПРАЖНЕНИЕ 15

Working with a classmate, use what you learned in Part 3 to . . .

1. find out if he is an optimist, a pessimist, or a realist
2. ask where he's going after class today
3. ask whether he often goes there and whether he went there yesterday
4. find out if he will also be going to the library or the gym today
5. say where you went the last time you took a trip and find out if he has ever gone there
6. find out if he likes shopping
7. ask if he likes running or swimming; if so, find out if he runs or swims often
8. tell each other where you were going yesterday when some other event occurred

ЧАСТЬ ЧЕТВЁРТАЯ

 С ЧЕГО НАЧАТЬ?

ХОККЕЙ

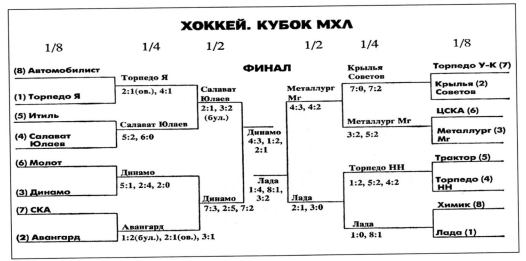

ХОККЕЙ. КУБОК МХЛ

| 1/8 | 1/4 | 1/2 | 1/2 | 1/4 | 1/8 |

ФИНАЛ

- (8) Автомобилист
- (1) Торпедо Я
  - Торпедо Я — 2:1(ов.), 4:1
- (5) Итиль
- (4) Салават Юлаев
  - Салават Юлаев — 5:2, 6:0
    - Салават Юлаев — 2:1, 3:2 (бул.)
- (6) Молот
- (3) Динамо
  - Динамо — 5:1, 2:4, 2:0
- (7) СКА
- (2) Авангард
  - Авангард — 1:2(бул.), 2:1(ов.), 3:1
    - Динамо — 7:3, 2:5, 7:2

Динамо — 4:3, 1:2, 2:1

Лада — 1:4, 8:1, 3:2

Металлург Мг — 4:3, 4:2

Лада — 2:1, 3:0

- Крылья Советов — 7:0, 7:2
  - Торпедо У-К (7)
  - Крылья (2) Советов
- Металлург Мг — 3:2, 5:2
  - ЦСКА (6)
  - Металлург (3) Мг
- Торпедо НН — 1:2, 5:2, 4:2
  - Трактор (5)
  - Торпедо (4) НН
- Лада — 1:0, 8:1
  - Химик (8)
  - Лада (1)

— Ты смотре́л хокке́йный **полуфина́л** на про́шлой неде́ле?

— Смотре́л. В воскресе́нье пока́зывали матч ме́жду «Металлу́ргом» и «Ла́дой». До э́того, «Ла́да» проигра́ла пе́рвую **игру́**, но зато́ **вы́играла** в **четвертьфина́ле**, 8:1 (во́семь — оди́н). И полуфина́л они́ то́же вы́играли со **счётом** 3:2 (три — два).

— Зна́чит, в фина́ле бу́дут игра́ть «Ла́да» и «Дина́мо». Это бу́дет интере́сный матч.

— Очень. Я наде́юсь, мой двою́родный брат смо́жет доста́ть биле́т. Он ведь рабо́тает на телесту́дии, кото́рая пока́зывает весь **чемпиона́т**.

вы́игрывать / вы́играть	*to win*	телесту́дия	*television studio*
игра́	*game*	чемпиона́т	*championship*
полуфина́л	*semifinal*	четвертьфина́л	*quarterfinal*
счёт	*score*		

ЧТЕНИЕ

Лу́чше . . . Better late than never

✦ ЛУ́ЧШЕ ПО́ЗДНО, ЧЕМ НИКОГДА́°

(Lena, Viktor, and Natalya Ivanovna are still standing in front of the Bolshoi. People are approaching Natalya Ivanovna and offering to buy extra tickets from her.)

МУЖЧИ́НА 1. У вас не́ту ли́шнего биле́тика?

МУЖЧИ́НА 2. Мо́жет быть, у вас есть ли́шний биле́т?

НАТА́ЛЬЯ ИВ. *(Impatiently.)* У меня́ нет ли́шнего биле́та. И не бу́дет! *(To Lena and Viktor.)* Иди́те скоре́е, оста́лось пять мину́т до нача́ла. А я бу́ду ждать па́пу.

will wait for

ВИ́КТОР. Ната́лья Ива́новна, мо́жет быть, вы пойдёте с Лёной, а я **подожду́°** Серге́я Петро́вича?

(A taxi screeches to a halt in front of the theater. Sergei Petrovich and Vova jump out and race up to Natalya Ivanovna. Both are wearing jeans, and Sergei Petrovich is wearing a red and white "Spartak" shirt.)

late
Что . . . What a sight you are!
Double / victory

НАТА́ЛЬЯ ИВ. *(Clearly angry.)* Что случи́лось? Почему́ ты так **по́здно°**? **Что за вид!°**

СЕРГЕ́Й ПЕТР. Ура́! **Двойна́я°** **побе́да!°**

ЛЁНА. Почему́ двойна́я?

(We) had to

СЕРГЕ́Й ПЕТР. Во-пе́рвых, «Спарта́к» — **чемпио́н**† Росси́и по хокке́ю. А во-вторы́х, мы с Во́вкой получи́ли **авто́граф**† Ма́нина. **Пришло́сь,°** коне́чно, подожда́ть немно́го . . .

because of

НАТА́ЛЬЯ ИВ. *(Menacingly.)* Зна́чит, ты опозда́л **из-за°** авто́графа? *(Getting angrier.)* Посмотри́ на себя́! В джи́нсах и футбо́лке тебя́ в теа́тр не пу́стят. *(Near tears.)* Бо́же мой! **Впервы́е°** за два́дцать лет я реши́ла пойти́ с тобо́й в Большо́й теа́тр — и тако́й фина́л° . . .

For the first time
и . . . and look how it turned out

СЕРГЕ́Й ПЕТР. *(Hopefully.)* Так я могу́ . . . е́хать домо́й?

| НАТА́ЛЬЯ ИВ. | (*Sternly.*) Ты пое́дешь домо́й, переоде́нешься и вернёшься сюда́ ко второ́му **де́йствию**.° Вот твой биле́т. Встре́тимся в антра́кте в фойе́ пе́рвого этажа́. | *act* |

(*Sergei Petrovich and Vova rush back to the cab.*)

| ШОФЁР ТАКСИ́. | Ну что, шеф,° пое́хали? | *boss* |
| СЕРГЕ́Й ПЕТР. | **Пое́хали**°! | *Let's go* |

УПРАЖНЕ́НИЕ 1   Под микроско́пом: Ната́лья Ива́новна ждёт му́жа

Number the following sentences in their correct chronological order:

а. _____ Ната́лья Ива́новна говори́т Серге́ю Петро́вичу, что в джи́нсах и футбо́лке его́ не пу́стят в теа́тр.

б. _____ Ната́лья Ива́новна даёт Серге́ю Петро́вичу биле́т в теа́тр.

в. _1_ Ната́лья Ива́новна ждёт му́жа у вхо́да в Большо́й теа́тр.

г. _____ Серге́й Петро́вич приезжа́ет на такси́.

д. _____ Серге́й Петро́вич е́дет домо́й.

е. _____ Серге́й Петро́вич говори́т жене́, что он получи́л авто́граф Ма́нина.

ГРАММА́ТИКА И ПРА́КТИКА

❖ 14.6. REMAINING TIME OR QUANTITY: ОСТА́ТЬСЯ

| Иди́те скоре́е, **оста́лось** пять мину́т до нача́ла. | *Hurry, there's only five minutes left before the beginning.* |

This perfective verb is usually used in the past tense to express *remains, remaining* (note that English uses present-tense forms). When the subject is a numeral, use the neuter form of the verb (**оста́лось**) unless the numeral ends in **оди́н** or **одна́**, in which case you would use **оста́лся** or **оста́лась**, respectively (for example, **До конца́ семе́стра оста́лся оди́н ме́сяц**, **оста́лась одна́ неде́ля**).

УПРАЖНЕ́НИЕ 2   До конца́ семе́стра оста́лось . . .

Working with a classmate, use the forms **оста́лся** (**оста́лось, оста́лась**) to tell how much time (or other amount) remains in the following situations:

1. До конца́ семе́стра . . . (1 день, 2 дня, 10 дней, 2 ме́сяца)

2. До конца́ ле́кции . . . (1 мину́та, 2 мину́ты, 20 мину́т)

3. У меня́ . . . (1 до́ллар, 2 до́ллара, 50 до́лларов, 23 це́нта)

4. До Но́вого го́да . . . (1 ме́сяц, 7 ме́сяцев)

5. До моего́ дня рожде́ния . . .

6. У нас . . . (одна́ ба́нка [*jar*] огурцо́в, 2 ба́нки огурцо́в, 5 ба́нок огурцо́в)

◈◈ 14.7. DECLENSION OF SURNAMES

Джим — америка́нец, аспира́нт профе́ссора **Петро́вского**.	*Jim is an American, a grad student of Professor Petrovsky.*
Мы с Во́вкой получи́ли авто́граф **Ма́нина**!	*Vova and I got Manin's autograph!*
Ви́ктор учи́лся с **Ма́ниным**!	*Viktor went to school with Manin!*
Я ничего́ не зна́ю о **Ма́нине**.	*I don't know anything about Manin.*

Surnames in Russian reflect not only gender and number, but also case. The two most common forms of Russian surnames are the adjective type (**Петро́вский, Плисе́цкая, Толсто́й**) and the noun type (**Си́лин, Кругло́ва, Горбачёв**). Adjective-type surnames decline like adjectives (without neuter forms); hence in looking at the tables below and applying the endings to other adjective-type surnames, keep in mind what you have learned about spelling rules and the effects of stress.

	MASCULINE	FEMININE	PLURAL
NOM.	Петро́вск-**ий**	Петро́вск-**ая**	Петро́вск-**ие**
ACC.	Петро́вск-**ого**	Петро́вск-**ую**	Петро́вск-**их**
GEN.	Петро́вск-**ого**	Петро́вск-**ой**	Петро́вск-**их**
PREP.	(о) Петро́вск-**ом**	(о) Петро́вск-**ой**	(о) Петро́вск-**их**
DAT.	Петро́вск-**ому**	Петро́вск-**ой**	Петро́вск-**им**
INSTR.	Петро́вск-**им**	Петро́вск-**ой**	Петро́вск-**ими**

Noun-type surnames mix characteristics of adjective and noun declensions. In the columns below note that endings above the horizontal lines are noun endings, while those below the lines are adjective endings.

	MASCULINE	FEMININE	PLURAL
NOM.	Си́лин	Си́лин-**а**	Си́лин-**ы**
ACC.	Си́лин-**а**	Си́лин-**у**	Си́лин-**ых**
GEN.	Си́лин-**а**	Си́лин-**ой**	Си́лин-**ых**
PREP.	(о) Си́лин-**е**	(о) Си́лин-**ой**	(о) Си́лин-**ых**
DAT.	Си́лин-**у**	Си́лин-**ой**	Си́лин-**ым**
INSTR.	Си́лин-**ым**	Си́лин-**ой**	Си́лин-**ыми**

УПРАЖНЕ́НИЕ 3   Вы зна́ете, кто э́то?

Complete the following sentences, using these names in their proper form. Keep in mind that the names agree in gender, number, and case with the noun to which they refer.

А.

Алекса́ндра Никола́евна Кругло́ва	Ната́лья Ива́новна Си́лина
Илья́ Ильи́ч Петро́вский	Ле́на Си́лина
Воло́дя Ма́нин	

1. Ви́ктор попроси́л своего́ дру́га, хоккеи́ста ——————————— ———————————, дать интервью́ студе́нтке-журнали́стке ———————————.

2. Са́ша хоте́л познако́мить Све́ту со свое́й ба́бушкой, ——————————— ———————————.

3. Э́то кни́га на́шего профе́ссора, ———————————.

4. Ле́на пришла́ с ма́терью, ———————————.

Б.

Толсто́й	Петруше́вская
«Евге́ний Оне́гин»	Чайко́вский

5. Я хоте́л (хоте́ла) бы прочита́ть рома́н ——————————— «А́нна Каре́нина» по-ру́сски.

6. Моя́ сестра́ (ма́ма, ба́бушка) о́чень лю́бит му́зыку ———————————.

7. Ты что́-нибудь зна́ешь о писа́тельнице ———————————?

8. Ви́ктор доста́л биле́ты на ———————————.

❖ 14.8. SPECIAL USES AND DECLINED FORMS OF ОДИ́Н

Ви́ктор учи́лся в **одно́м** кла́ссе с Ма́ниным!	*Viktor and Manin were in the same class.*
Я не зна́ю ни **одного́** спортсме́на.	*I don't know even one (a single) athlete.*
Проду́кты то́лько в **одно́й** су́мке.	*There are groceries in only one bag.*
В о́череди стоя́т **одни́** мужчи́ны.	*There are only men standing in line.*
Мы с друзья́ми до сих пор са́ми над собо́й смеёмся, когда́ вспомина́ем **оди́н** слу́чай.	*My friends and I still laugh at ourselves when we remember one particular incident.*

While the word **оди́н** has meanings beyond the numeral "one," most of those meanings retain an element of "one-ness," such as "a single, unique, alone, a certain (one), one (thing)." Regardless of how they are translated, the forms of **оди́н** always agree in gender, number, and case with the noun modified. Like noun-type surnames, the declension of **оди́н** represents a mix of noun endings (above the horizontal line) and adjective endings (below the line).

	MASCULINE	NEUTER	FEMININE	PLURAL
NOM.	оди́н	одн-**о́**	одн-**а́**	одн-**и́**
ACC.	Nom. or Gen.	одн-**о́**	одн-**у́**	Nom. or Gen.
GEN.	одн-**ого́**		одн-**о́й**	одн-**и́х**
PREP.	(об) одн-**о́м**		(об) одн-**о́й**	(об) одн-**и́х**
DAT.	одн-**ому́**		одн-**о́й**	одн-**и́м**
INSTR.	одн-**и́м**		одн-**о́й**	одн-**и́ми**

УПРАЖНЕНИЕ 4   Forms and meanings of оди́н

Each of the following sentences (taken from the readings) uses a form of **оди́н.** Provide that form and indicate its gender and case in parentheses. (Note: One of the items is a plural-only noun.)

ОБРАЗЕ́Ц: Была́ всего́ ___*одна́*___ (*fem. Nom.*) больша́я ёлка.

1. Сейча́с мы пойдём в _____ (_____) магази́н и ку́пим прекра́сный пода́рок!
2. Вот уви́дишь, все принесу́т _____ (_____) и то же.
3. Вы так хорошо́ вы́учили язы́к за _____ (_____) год?
4. _____ (_____) мину́ту! Ле́на, возьми́ тру́бку.
5. Илья́ Ильи́ч, все мужчи́ны везде́ говоря́т то́лько об _____ (_____).
6. Ита́к, минера́льная вода́, три ко́фе, и ещё _____ (_____) минда́льное пиро́жное.
7. Ка́ждая па́ра — Дед Моро́з и Снегу́рочка — получи́ла то́лько _____ (_____) ёлку.
8. Мой друг Джеф, я и _____ (_____) де́вушка, Нико́ль, вме́сте снима́ли кварти́ру.
9. Э́то как ещё _____ (_____) кани́кулы.
10. Мы сего́дня весь день рабо́тали. У́тром в _____ (_____) де́тском саду́, а днём — в друго́м.

УПРАЖНЕНИЕ 5   Я не зна́ю ни одного́…

Working in small groups, list as many occupations or professions as you can. Review their Genitive singular and Genitive plural forms, then see how many of them your group can "chain" in the following manner:

Студе́нт 1: Я зна́ю мно́го студе́нтов, но не зна́ю ни одного́ спортсме́на.
Студе́нт 2: Я зна́ю мно́го спортсме́нов, но не зна́ю ни одного́ врача́.
Студе́нт 3: Я зна́ю мно́го враче́й, но не зна́ю ни одно́й медсестры́.
Студе́нт 4: Я зна́ю мно́го медсестёр, но не зна́ю…

УПРАЖНЕНИЕ 6   Я предпочита́ю… оди́н (одна́)

Work with a classmate to complete the following activity: You and your new dorm roommate are getting acquainted. Find out what your roommate likes to do with friends and what she prefers to do alone. Share your preferences as well. Use the following list of activities for ideas.

ОБРАЗЕ́Ц: → Смотре́ть телеви́зор я люблю́ с друзья́ми, а в кино́ предпочита́ю ходи́ть оди́н (одна́).

готóвить пи́ццу
занима́ться в библиоте́ке
ката́ться на велосипе́де
   (*to go bike riding*)
пра́здновать день рожде́ния
пра́здновать Но́вый год

слу́шать му́зыку
смотре́ть футбо́л
учи́ть ру́сские слова́
ходи́ть на стадио́н
ходи́ть по магази́нам

reVERBerations ★ More Hints on Aspect Choice

Ты **пое́дешь** домо́й, **переоде́нешься** и **вернёшься** сюда́ ко второ́му де́йствию.	*You'll go home, change clothes, and get back here in time for the second act.*

In Lesson 13, Part 4, you learned that sequential actions, as in the preceding example, are usually rendered by *perfective* verbs. Here are two other situations where a pattern of aspect use is common:

1. **Interruption.** A *perfective* verb is normally used to describe an interruption or single point that occurs during another action already in progress or a continuing state (rendered by an *imperfective* verb). Here are examples:

Вчера́ мы вме́сте **жда́ли** авто́буса, и он **спроси́л** меня́ . . .	*Yesterday we were waiting for a bus together and he asked me . . .*
Ба́бушка **шла** домо́й, когда́ она́ **уви́дела** большу́ю о́чередь.	*Grandma was going home when she spotted a long line.*
Когда́ Нгуе́н и его́ одноку́рсники **учи́лись** на подготови́тельном факульте́те, они́ **купи́ли** для свое́й преподава́тельницы вено́к ко Дню учи́теля.	*While Nguyen and his classmates were studying in the preparatory department, they bought their teacher a wreath for Teacher's Day.*

2. **Simultaneity.** Two or more *imperfectives* may occur together to describe actions or states (present, past, or future) taking place at the same time.

Молодо́й челове́к **стоя́л** во́зле большо́й ёлки, **ждал** свое́й о́череди и **проси́л** всех не покупа́ть её.	*The young man was standing by the large New Year's tree, waiting his turn and asking everyone not to buy it.*
Я **смотрю́** о́чень внима́тельно, но я не **ви́жу** ни ма́льчика, ни соба́ки. Я **ви́жу** то́лько табли́чку "Авто́бус № 12."	*I'm looking very carefully, but I don't see either a kid or a dog. I see only a sign "Bus #12."*
Хо́чешь, я **бу́ду стоя́ть** ря́дом, когда́ ты **бу́дешь брать** интервью́ у Ма́нина?	*If you want, I'll stand nearby when you do the interview with Manin.*
Мы с друзья́ми до сих пор са́ми над собо́й **смеёмся**, когда́ **вспомина́ем** оди́н слу́чай.	*My friends and I still laugh at ourselves when we recall one particular incident.*
Ка́ждый день они́ **слы́шали** ру́сскую речь, **ви́дели** ру́сскую рекла́му, **смотре́ли** ру́сские фи́льмы и телепереда́чи, **пыта́лись** чита́ть ру́сские газе́ты.	*Every day they heard the Russian language, saw Russian advertising, watched Russian films and TV programs, and tried to read Russian newspapers.*

УПРАЖНЕНИЕ 7   Verb combinations: sequential, interrupted, simultaneous

For each of the sentences below, indicate whether the combination of underlined verbs represents *sequential, interrupted,* or *simultaneous* actions.

1. Профессор Петровский <u>сел</u>, <u>снял</u> рубашку, и <u>опустил</u> (*lowered*) ноги в воду. (_____)
2. Вова <u>пошёл</u> в аптеку, <u>купил</u> профессору лекарство от кашля, и <u>вернулся</u> домой. (_____)
3. Джим <u>заметил</u>, что последние несколько дней везде <u>продают</u> мимозу. (_____)
4. Если вы будете себя хорошо чувствовать, <u>придёте</u> через три дня в поликлинику и врач <u>выпишет</u> вас на работу (*will clear you for work*). (_____)
5. Мужчины в этот день <u>дарят</u> женщинам подарки, цветы, <u>говорят</u> им комплименты, а женщины <u>стараются</u> быть особенно красивыми. (_____)
6. Папа с Вовкой ужасно довольны: Манин <u>забросил</u> решающую шайбу, когда они <u>смотрели</u> последний период по телевизору. (_____)
7. У меня <u>болит</u> голова, я <u>кашляю</u>, <u>чихаю</u>, у меня насморк. (_____)

 # КУЛЬТУРА РЕЧИ

❖ ТАК ГОВОРЯТ: ‹ИЗ-ЗА + GENITIVE›

Ты опоздал **из-за автографа**?	*You're late because of an autograph?*

‹**Из-за** + Genitive› explains causality, often referring to circumstances that have an unfavorable result or consequence. In many instances it parallels explanations using **потому что**:

Ты опоздал **из-за автографа**? = Ты опоздал, **потому что** ты хотел взять автограф?

Из-за followed by **того, что** introduces a clause:

Я осталась дома **из-за того, что** (потому что) сломалась машина.	*I stayed home because the car broke down.*

УПРАЖНЕНИЕ 8   Почему?

Practice making excuses you might need in the next few days, using the following situations and excuses (or others of your own creation).

Я не успела написать письмо . . .	из-за болезни.
Она не пришла на семинар . . .	из-за метели (*blizzard*).
Мы опять опоздаем . . .	и опять из-за тебя.
Аэропорт закрыт . . .	из-за того, что у меня
???	было много работы.
	???

❖ САМОПРОВЕРКА: УПРАЖНЕНИЕ 9

Working on your own, try this self-test: Read a Russian sentence out loud, then give an idiomatic English equivalent without looking at the book. Then work from English to Russian. After you have completed the activity, try it with a classmate.

1. До конца семестра остался только один месяц.

2. Мы сидели дома и смотрели телевизор, когда мне позвонила сестра из Лос-Анджелеса.

3. — Ты знаешь профессора Жилинскую?
   — Нет, её не знаю. А ты профессора Лейкина знаешь?

4. Сегодня в спортзале я встретила одного молодого человека, с которым, оказывается, я училась в прошлом году в Магнитогорске. Мы с ним поговорили, и из-за этого я опоздала на занятия.

1. *There's only one month until the end of the semester.*

2. *We were sitting at home watching television when my sister called from Los Angeles.*

3. *"Do you know Professor Zhilinskaya?"*
   "No, I don't know her. Do you know Professor Leykin?"

4. *Today at the gym I met a young guy who, it turns out, I had gone to school with last year in Magnitogorsk. He and I talked for a while and that's why I was late for class.*

❖ ВОПРОСЫ И ОТВЕТЫ: УПРАЖНЕНИЕ 10

Working with a classmate, use the questions below to role play the following scenario: One of you is an American student and the other is a Russian visitor who is asking about cultural events in America.

1. В Америке люди часто спрашивают друг друга «У вас есть лишний билет?» у входа в театр? А у входа на стадион?

2. Вы когда-нибудь опаздывали на концерт? Вы часто опаздываете на концерты (занятия и т.д.)? А ваши друзья?

3. Когда начинаются вечерние спектакли в американских театрах?

4. Какая университетская команда была в прошлом году чемпионом Америки по американскому футболу? А по бейсболу? А по баскетболу? А по хоккею?

5. Вы когда-нибудь брали автограф у какого-нибудь известного актёра или спортсмена? Вы собираете (*collect*) автографы?

◈ ДИАЛОГИ

ДИАЛОГ 1 Плохой день
(Making excuses)

— У меня сегодня был такой плохой день.

— Плохой? Почему?

— Утром я проспал (*overslept*), не успел на автобус и из-за этого опоздал на работу.

— Но ты и вчера опоздал на работу.

— У тебя слишком хорошая память (*memory*).

ДИАЛОГ 2 У входа в Большой театр
(Selling and buying extra tickets)

— У кого есть лишний билетик? Простите, у вас нет лишнего билетика?

— У меня есть один лишний билет. Балкон, первый ряд.

— Сколько я вам должен (должна)?

— Билет стоит триста рублей.

— Вот, пожалуйста, деньги. И большое вам спасибо.

УПРАЖНЕНИЕ 11   Ваш диалог

What will happen to our characters in the Epilogue? Working with one or two classmates, select two or three characters and write a short scene involving them. For example, you might write a scene that shows how you think the relationship between Tanya and Jim will end. Or you might write something about Vova, Belka, and Professor Petrovsky. Be prepared to perform your scene for the rest of the class.

◈ А ТЕПЕРЬ...: УПРАЖНЕНИЕ 12

Working with a classmate, use what you learned in Part 4 to . . .

1. ask how much time is left before a particular deadline (for example, a term paper that's due, a midterm exam, a final exam)

2. ask whether she has ever read about [*name of a Russian author, composer, athlete, musician, scientist*]

3. describe what you did yesterday (a sequence of actions) and then find out what she did yesterday

4. tell about something you were doing last night when you were interrupted by something else (for example, a phone call or a visit from a friend)

5. find out what she'll be doing this summer and then tell her what you'll be doing

ИТАК . . .

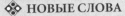

NOUNS AND NOUN PHRASES

Concert, Theater

амфитеа́тр	rear orchestra section (seats in a theater) (3v)
антра́кт	intermission (3)
Большо́й теа́тр	Bolshoi Theater (1)
входно́й биле́т	(entry) ticket (1v)
гардеро́б	coat-check (room) (3)
де́йствие	act (in a play, opera, *etc.*) (4)
ме́сто (*pl.* места́)	seat (1v)
орке́стр	orchestra; band (2)
парте́р [*pronounced* -тэ́-]	orchestra section (seats in a theater) (1v)
програ́ммка	(printed) program (3)
ряд (*Gen. sing.* ря́да *but* 2, 3, 4 ряда́; *Prep. sing.* ряду́; *pl.* ряды́)	row (1v)
спекта́кль *m.*	performance; show (1)
уверти́ора	overture (3)
фойе́ *neut. indecl.*	lobby (of a theater) (3v)

Sports, Sporting Events

игра́ (*pl.* игры; *Gen. pl.* игр)	game (4v)
пери́од	period (3)
побе́да	victory (4)
полуфина́л	semifinals (4v)
счёт (*pl.* счета́)	score (4v)

фина́л	final (championship) game (1)
хоккеи́ст	hockey player (1)
чемпио́н	champion (4)
чемпиона́т	championship (4v)
четвертьфина́л	quarterfinals (4v)

Eating, Restaurant

блю́до	dish; (kind of) food; course (2v)
десе́рт	dessert (2v)
котле́ты по-ки́евски	chicken Kiev (2)
кра́бы *pl.*	crab meat (2)
напи́т(о)к (*Gen. sing.* напи́тка)	drink; beverage (2v)
по́рция	serving (2)
сто́лик	table (in a restaurant) (2)
фи́рменное блю́до	specialty of the house (2v)

Other Nouns

авто́граф	autograph (4)
бино́кль *m.*	binoculars (3)
интервью́ [*pronounced*-тэ-] *neut. indecl.*	interview (1)
пальто́ *neut. indecl.*	coat, overcoat (3)

ADJECTIVES

знамени́тый	famous (1)
ле́вый	left (1v)
пра́вый	right

VERBS

выбира́ть *pfv.* вы́брать (вы́бер-у, вы́бер-ешь, . . . вы́бер-ут)	to choose, select (2)
выи́грывать *pfv.* вы́играть	to win (4v)
достава́ть (доста-ю́, доста-ёшь, . . . доста-ю́т) *pfv.* доста́ть (доста́н-у, доста́н-ешь, . . . доста́н-ут)	to get; to obtain (1)
ждать (жд-у, жд-ёшь, . . . жд-ут; *past* ждал, ждала́, жда́ло, жда́ли) *pfv.* подожда́ть (подожд-у́, подожд-ёшь, . . . подожд-у́т; *past* подожда́л, подождала́, подожда́ло, подожда́ли)	to wait (for) (4)

заезжа́ть *pfv.* зае́хать (зае́д-у, зае́д-ешь, . . . зае́д-ут)	1. (в *or* на + *Acc. or* к + *Dat.*) to stop in (at); to stop by; to drop by (*vehicular*) (2); 2. (за + *Instr.*) to pick up (someone or something); to stop by (some place) (for something) (*vehicular*) (1)
зака́зывать *pfv.* заказа́ть (закаж-у́, зака́ж-ешь, . . . зака́ж-ут)	to order; to reserve (2)
заходи́ть (захож-у́, захо́д-ишь, . . . захо́д-ят) *pfv.* зайти́ (зайд-у́, зайд-ёшь, . . . зайд-у́т; *past* зашёл, зашла́, зашло́, зашли́)	1. (в *or* на + *Acc. or* к + *Dat.*) to stop in (at); to stop by; to drop by (2); 2. (за + *Instr.*) to pick up (someone or something); to stop by (some place) (for something) (2)
интересова́ться (интересу́-юсь, интересу́-ешься, . . . интересу́-ются) (+ *Instr.*) *pfv. not introduced at this time*	to be interested (in something) (1)
переодева́ться *pfv.* переоде́ться (переоде́н-усь, переоде́н-ешься, . . . переоде́н-утся)	to change clothes (1)
рекомендова́ть (рекоменду́-ю, рекоменду́-ешь, . . . рекоменду́-ют) *pfv. and impfv.*	to recommend (2)
танцева́ть (танцу́-ю, танцу́-ешь, . . . танцу́-ют) *pfv. not introduced at this time*	to dance (2)
успева́ть *pfv.* успе́ть (успе́-ю, успе́-ешь, . . . успе́-ют)	to have time (to), to manage (to) (1)

ADVERBS

впервы́е	for the first time (4)
впереди́	ahead (1)
доста́точно	enough (1)
по́здно	late (4)
совсе́м	quite; completely; entirely (3)
сро́чно	right away; immediately (1)

OTHER

из-за (+ *Gen.*)	because of (4)

IDIOMS AND EXPRESSIONS

биле́т на (+ *Acc.*)	a ticket for (1)
брать / взять интервью́ (у + *Gen.*)	to interview (someone); to do an interview (with someone) (1)
в пе́рвый раз	for the first time (2)
в после́дний раз	the last time (1)
Век живи́, век учи́сь!	Live and learn! (3)
другое де́ло	(that's) a different matter; (that's) another matter (3)
Лу́чше по́здно, чем никогда́.	Better late than never. (4)

Мест нет.	No space available. (2)
Мир тéсен!	(It's a) small world! (2)
Мне (емý, ей, *etc.*) пришлóсь (придётся) . . .	I (he, she, *etc.*) had to (will have to) . . . (4)
Мы с ним учи́лись в одно́м кла́ссе.	He and I studied in the same class. (1)
на семь вéчера	for 7 P.M. (2)
ни оди́н (ни одного́, *etc.*)	not a single (1)
Поéхали!	Let's go! (4)
Представля́ю . . .	I can imagine (that) . . . (1)
Прия́тного аппети́та.	Bon appétit! (2)
сдава́ть / сдать пальто́	to check (one's) coat (3)
то же са́мое	the same thing (2)
то́лько что	just (recently) (1)
У нас зака́зан сто́лик.	We have a table reserved. (2)
Что за вид!	What a sight you are! (4)
Это невероя́тно!	It's/that's unbelievable! (1)
Я бы не возража́л (возража́ла).	I wouldn't mind. (1)

❖ ЧТО Я ЗНАЮ, ЧТО Я УМЕЮ

Use this checklist to mark off what you've learned in this lesson:

- ☐ Declining proper nouns (Part 1)
- ☐ Declining surnames (Part 4)
- ☐ Expressing what interests you (Part 1)
- ☐ Additional uses of the preposition **на** (Part 2)
- ☐ Expressing *to stop by, to drop in, to pick up* (Part 2)
- ☐ Using multidirectional and unidirectional verbs of motion (Part 3)
- ☐ Expressing remaining time or quantity using **оста́ться** (Part 4)
- ☐ Using **всё, все, весь, всего́,** and **всех** (Part 1)
- ☐ Using and declining **оди́н** (Part 4)
- ☐ Forming and using diminutives (Part 2)

❖ ЭТО НАДО ЗНАТЬ

PREFIXED VS. NONPREFIXED VERBS OF MOTION

There are about a dozen so-called verbs of motion in Russian, including not only *to go,* but also *to run, to fly, to swim, to take, to carry, to lead,* and a few others. The following discussion will focus on the basic *to go* verbs, of which you have seen many examples in this textbook. Once you have learned and understand the *to go* pattern, you can learn the other motion verbs and fit them into this same pattern as you find a need for them.

Verbs of motion with directional prefixes follow the basic Russian verbal pattern of imperfective / perfective aspectual pairs. They are composed of a directional prefix (such as **при-** or **у-**) plus a combining-form stem (most commonly **-езжать / -ехать** for vehicular and/or long-distance travel and **-ходить / -йти** for other travel).

	IMPERFECTIVE -ХОДИТЬ -ЕЗЖАТЬ (present, past, and future)	PERFECTIVE -ЙТИ -ЕХАТЬ (past and future only)
ПРИ-	приходи́ть приезжа́ть	прийти́ прие́хать
У-	уходи́ть уезжа́ть	уйти́ уе́хать

In contrast to the verbs of motion with directional prefixes, NONprefixed motion verbs have two imperfective infinitives: a multidirectional form and a unidirectional form. The perfectives of these verbs are formed from the nondirectional prefix **по-** plus the same combining stem that the prefixed motion verbs use in the perfective.

IMPERFECTIVE		PERFECTIVE
(present, past, and future)		Nondirectional prefix **ПО-** + **-ЙТИ** + **-ЕХАТЬ** (past and future only)
Multidirectional a. "There and Back" b. "Around and Around"	**Unidirectional**	
ходи́ть	идти́	пойти́
е́здить	е́хать	пое́хать

❖ ДОПОЛНИТЕЛЬНЫЕ ТЕКСТЫ

А. «АПЕЛЬСИ́НЫ ИЗ ЧИКА́ГО», И. С. ГУ́СЕВА AND Н. Л. ЧУ́ЛКИНА, 1994.

В 1919 году́ в о́перном теа́тре Чика́го гото́вили к постано́вке[1] о́перу Серге́я Проко́вьева «Любо́вь к трём[2] апельси́нам[3]». Об э́том узна́ли «апельси́новые короли́[4]». Оди́н из них предложи́л дире́кции[5] теа́тра большу́ю су́мму† за пра́во помести́ть[6] в фойе́ теа́тра всего́ лишь оди́н[7] плака́т.[8] Де́ньги есть де́ньги, они́ всегда́ нужны́ теа́тру в ми́ре капита́ла.† На премье́ре† зри́тели[9] любова́лись[10] огро́мным[11] плака́том, на кото́ром бы́ли изображены́[12] гига́нтские† апельси́ны. Внизу́ была́ на́дпись[13]: «И́менно э́ти[14] апельси́ны вдохнови́ли[15] гениа́льного[16] Серге́я Проко́фьева. Покупа́йте фру́кты то́лько на́шей фи́рмы!»

1. *production;* 2. *three;* 3. *oranges;* 4. *kings;* 5. *management;* 6. *to place;*
7. всего́ . . . *just one;* 8. *poster;* 9. *audience;* 10. *admired;* 11. *huge;*
12. *pictured;* 13. *inscription;* 14. И́менно . . . *These very;* 15. *inspired;*
16. *the genius*

Б. «ЗВЁЗДЫ СРЕДИ НАС»

1. *stars;* 2. *among;* 3. *just like us;* 4. *visit;* 5. *fly;* 6. *planes;* 7. *trains*

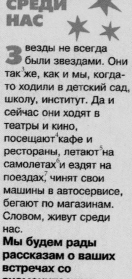

ЗВЕЗДЫ[1] СРЕДИ[2] НАС

Звезды не всегда были звездами. Они так[3] же, как и мы, когда-то ходили в детский сад, школу, институт. Да и сейчас они ходят в театры и кино, посещают[4] кафе и рестораны, летают[5] на самолетах[6] и ездят на поездах,[7] чинят свои машины в автосервисе, бегают по магазинам. Словом, живут среди нас.

Мы будем рады рассказам о ваших встречах со знаменитостями. Ждем ваших звонков в службу информации. Наш телефон: 753-00-05. Факс: 195-92-84

B. ОТРЫ́ВОК (*EXCERPT*) ИЗ АВТОБИОГРА́ФИИ «Я, МА́ЙЯ ПЛИСЕ́ЦКАЯ» (МОСКВА́: НО́ВОСТИ, 1994).

Maya Mikhailovna Plisetskaya was born in Moscow in 1925 and joined the Bolshoi Ballet when she was only eighteen. She quickly became the company's leading ballerina, dancing major solo roles. Perhaps her greatest portrayal was that of Odette-Odile in *Swan Lake*. She was made a People's Artist of the USSR (**Наро́дный арти́ст СССР**) in 1959, and in 1964 she received the Lenin Prize. In the following passage Plisetskaya writes about the street where she lived, the actor it was named for, and the location of the theaters where they performed.

Ита́к, в 1943 году́ я око́нчила[1] хореографи́ческое† учи́лище,[2] была́ принята́[3] в Большо́й теа́тр, станцева́ла[4] не́сколько заме́тных[5] па́ртий[6] и получи́ла свою́ пе́рвую награ́ду.[7] Мне да́ли десятиме́тровую ко́мнату в коммуна́льной[8] кварти́ре, в до́ме Большо́го теа́тра в Щёпкинском проέзде,[9] Назва́ние "Щёпкинский" не от сло́ва "ще́пка",[10] а по фами́лии знамени́того в про́шлом ве́ке актёра Ма́лого теа́тра[11] Михаи́ла Щёпкина. На Театра́льной пло́щади в са́мом це́нтре Москвы́ стоя́т три теа́тра — Большо́й, Ма́лый и Центра́льный† де́тский. Я не зна́ю, где ещё в ми́ре есть три теа́тра на одно́й пло́щади.

1. *graduated*; 2. *school*; 3. *accepted*; 4. *pfv. of* **танцева́ть;** 5. *notable*; 6. *parts*; 7. *award*; 8. *communal*; 9. *street*; 10. *silver* 11. Ма́лого . . . *The Maly Theatre*

ДО СВИДАНИЯ, МОСКВА, ДО СВИДАНИЯ!

На вокзáле

The epilogue to the story you've been following throughout the preceding lessons consists of three scenes and is entirely on video. Summer is approaching. In Scene A, Jim is surprised to learn that he and Tanya will be separated a bit sooner than they expected. Scene B shows the departure preparations at the apartment building on Lesnaya Street. And in Scene C, calamities of several types are averted—to everyone's obvious delight—resulting in happy endings for all.

✪ **This epilogue gives you the opportunity to apply vocabulary and grammar from earlier lessons to a variety of activities as you read the concluding episodes of the story.**

Кудá они́ éдут?

ЧТЕНИЕ

◆ SCENE A: КОГДА́ ВЫ УЕЗЖА́ЕТЕ?

(Ilya Ilyich has phoned Jim.)

ИЛЬЯ́ ИЛЬИ́Ч.   Джим, нам на́до **встре́титься**.° Вы ведь зна́ете, что че́рез неде́лю я
со студе́нтами уезжа́ю в Арха́нгельск.... Да, кста́ти, у меня́
освободи́лось° одно́ ме́сто в гру́ппе.... Да.... И сего́дня я
предложи́л его́ Та́не.... Она́ ведь о́чень **спосо́бная**° де́вушка,
не так ли?°

ДЖИМ.   (*Stunned.*) Да, коне́чно, о́чень спосо́бная.

get together

became available
talented
не... isn't that so?

(After talking to the professor, Jim calls Tanya.)

ДЖИМ.   Та́ня, э́то я. Илья́ Ильи́ч то́лько что мне сказа́л, что ты пое́дешь с
его́ гру́ппой в Арха́нгельск.

ТА́НЯ.   Да, я поду́мала, что ты **всё равно́**° че́рез де́сять дней уезжа́ешь, и
согласи́лась.°

ДЖИМ.   (*Sadly.*) Ты права́. Это наве́рно бу́дет о́чень интере́сная пое́здка.

ТА́НЯ.   (*Sensing his disappointment.*) Джнм, у нас ещё це́лая неде́ля впереди́.

ДЖИМ.   (*Unconvinced.*) Да, коне́чно, це́лая неде́ля — э́то о́чень мно́го.

всё... in any case
agreed

◆ О РОССИИ

АРХА́НГЕЛЬСК

Джим, че́рез неде́лю я со студе́нтами уезжа́ю в Арха́нгельск.

Арха́нгельск, a port city almost due north of Moscow, is located just a few hundred miles south of the Arctic Circle. Despite its location, **Арха́нгельск** has a surprisingly mild climate as a result of warm ocean currents that keep the city ice-free throughout the year. For that reason it played a very important role during World War II as a shipping terminal for incoming war supplies from allied nations. The discovery of a large oil field east of **Арха́нгельск** has once again made this city a focus of international attention.

УПРАЖНЕНИЕ 1   Последняя неделя

It's the last week of classes before summer vacation. Indicate which of the following items would be on your list of things to do. Then pick three of the items to which you would give a particularly high priority and—speaking only Russian—try to find a classmate with the same priorities.

ОБРАЗЕЦ: — Что тебе́ на́до де́лать на э́той неде́ле?
            — Мне на́до . . .

_____ написа́ть курсову́ю по исто́рии (филосо́фии, эконо́мике, . . .)
_____ встре́титься с преподава́телем ру́сского языка́ . . .
_____ подгото́виться к экза́менам
_____ сдава́ть экза́мены (*to take exams*)
_____ поговори́ть (*to have a talk*) с хозя́ином (хозя́йкой) кварти́ры
_____ прода́ть ме́бель
_____ прости́ться с (*to say good-bye to*) друзья́ми
_____ узна́ть о рабо́те
_____ упакова́ть (*to pack*) оде́жду (*clothes*), кни́ги
_____ ???

УПРАЖНЕНИЕ 2   Что ты хо́чешь де́лать ле́том?

Here are some ways you might spend the summer. Pick one that would interest you (or make up your own) and see if you can find a classmate who shares your interest by asking each other about summer plans.

ОБРАЗЕЦ: — Что ты хо́чешь де́лать ле́том?
            — Я хочу́ ка́ждый день игра́ть в гольф. А ты?
            — Я хочу́ ходи́ть в музе́и.

1. ходи́ть в похо́ды (*to go camping*)
2. загора́ть (*to lie out in the sun*) на пля́же (*beach*)
3. игра́ть в те́ннис
4. мно́го гуля́ть
5. пое́хать в Росси́ю
6. пое́хать к друзья́м (дя́де, ба́бушке, . . .) в го́сти
7. прочита́ть «А́нну Каре́нину»
8. рабо́тать в рестора́не (в зоопа́рке, в «Ди́сней Уо́рлд», . . .)
9. рабо́тать над (*to work on*) диссерта́цией†
10. слу́шать курс по матема́тике (фи́зике, ру́сскому языку́, биоло́гии, . . .)
11. учи́ть бра́та (сестру́, дру́га, . . .) води́ть маши́ну
12. учи́ться игра́ть на роя́ле (гита́ре, саксофо́не, . . .)
13. ???

❖ ВОПРОСЫ И ОТВЕТЫ: УПРАЖНЕНИЕ 3

Working with a classmate, take turns asking and answering the following questions.

1. Ты лю́бишь путеше́ствовать (*to travel*)?
2. Ты когда́-нибудь был (была́) в Кана́де? В Ме́ксике? В Евро́пе? В Росси́и?
3. Кака́я страна́ тебе́ бо́льше всего́ понра́вилась? А како́й го́род? Почему́?
4. Где тебе́ бо́льше нра́вится кли́мат[†] — на восто́ке (*east*) США и́ли на за́паде (*west*)? На се́вере (*north*) и́ли на ю́ге (*south*)?
5. Ты когда́-нибудь был (была́) на ю́ге США? Како́й там кли́мат?
6. А на Аля́ске ты когда́-нибудь был (была́)? Како́й там кли́мат?
7. Каки́е шта́ты[†] нахо́дятся на се́веро-восто́ке США?
8. Ты предпочита́ешь путеше́ствовать по Аме́рике и́ли по Евро́пе?
9. Как ты предпочита́ешь путеше́ствовать — на по́езде, на маши́не, на велосипе́де (*bicycle*)?
10. С кем ты обы́чно путеше́ствуешь?

ДИАЛОГ   У меня́ больши́е пла́ны
(Discussing summer plans)

В электри́чке (*commuter train*)

— Ско́ро кани́кулы. Что ты бу́дешь де́лать ле́том?
— У меня́ больши́е пла́ны. По́сле экза́менов я пое́ду в Атла́нту к ба́бушке. Я всегда́ е́зжу к ней во вре́мя ле́тних кани́кул и на Рождество́.
— А кто пла́тит за биле́ты?
— Коне́чно, ба́бушка!
— Ты до́лго бу́дешь у ба́бушки?
— Две неде́ли. Пото́м я полечу́ (*will fly*) на Гава́йи. К тёте.
— Интере́сно, кто на э́тот раз пла́тит за биле́т — неуже́ли ты сама́?
— Ну что ты! Отку́да у бе́дной (*poor*) студе́нтки таки́е де́ньги?

УПРАЖНЕНИЕ 4   Ваш диало́г

Create a dialogue in which you and a friend are discussing your respective summer plans. One of you will be traveling, the other will be working or taking classes.

ЧТЕНИЕ

◆ **SCENE B:** НАМ ПОРÁ!

(A week later, with Tanya finishing her packing. Tatyana Dmitrievna shows the professor in.)

ИЛЬЯ́ ИЛЬИ́Ч.	Мне то́лько что позвони́л **диспе́тчер**† и сказа́л, что такси́ 68-12 уже́ вы́ехало.° Но́мер 68-12. Пора́ е́хать.
ТАТЬЯ́НА ДМ.	Дава́йте прися́дем на доро́гу.°

(Everyone sits down for a few moments.)

ТА́НЯ.	*(Standing up.)* Ничего́ не понима́ю. Джим обеща́л прие́хать, а он никогда́ не опа́здывает.

(They get up. Tanya and Ilya Ilyich take the elevator down and go outside, where Grandma and Grandpa Kruglov are sitting on stools.)

ДЕ́ДУШКА.	Здра́вствуйте.
БА́БУШКА.	Здра́вствуйте. **Я сейча́с** . . .° *(She rushes into the building.)*
ТА́НЯ.	До́брый день.
ИЛЬЯ́ ИЛЬИ́Ч.	А, здра́вствуйте!
ДЕ́ДУШКА.	Как вы е́дете? На такси́?
ИЛЬЯ́ ИЛЬИ́Ч.	Да, мы заказа́ли такси́.
БА́БУШКА.	*(Coming back out of the building.)* Та́нечка, э́то вам. *(Hands her a jar.)* Дома́шнее варе́нье.°
ТА́НЯ.	Спаси́бо!
БА́БУШКА.	Пожа́луйста! *(Hands a package to Ilya Ilyich.)* А э́то вам, Илья́ Ильи́ч.
ИЛЬЯ́ ИЛЬИ́Ч.	А?
БА́БУШКА.	Да, прекра́сное **сре́дство от просту́ды.**° На вся́кий слу́чай.

(Everyone laughs and begins to say good-bye.)

БА́БУШКА.	**Счастли́во!**°
ИЛЬЯ́ ИЛЬИ́Ч.	До свида́ния!
ДЕ́ДУШКА.	*(Picking up stools to go inside.)* Ну, нам пора́. До свида́ния! **Счастли́вого пути́!**°

такси́. . . *the cab is on the way*
прися́дем. . . *sit down before the trip*

Я. . . *I'll be right back* . . .

jam

сре́дство. . . *cold remedy*

Good luck!

Счастли́вого. . . *Have a good trip!*

(The scene shifts to the Silins' apartment. Sergei Petrovich is looking out the window.)

СЕРГЕ́Й ПЕТР. Смотри́, Ната́ша, сосе́ди то́же куда́-то уезжа́ют.

НАТА́ЛЬЯ ИВ. Да, Илья́ Ильи́ч говори́л, что он е́дет в Арха́нгельск. Со студе́нтами. (*Calls to the bedroom.*) Ле́на! Тебе́ пора́! (*Lena enters.*) Ой, до́ченька, будь **осторо́жна.°**

careful

ЛЕ́НА. Хорошо́, ма́ма, бу́ду.

СЕРГЕ́Й ПЕТР. Ну, дочь. (*Hugs her.*) Пошли́!

О РОССИИ

ПЕ́РЕД ОТЪЕ́ЗДОМ (*BEFORE DEPARTING ON A TRIP*)

Дава́йте прися́дем на доро́гу.

Before leaving home on a journey of any significant length, many Russians observe the custom of sitting down together for a few moments in silence. Historically, a prayer was offered for the travelers. Although the prayer ritual is rarely practiced nowadays, the custom of sitting silently before a trip is still widely observed.

УПРАЖНЕ́НИЕ 5 Пожела́ния (*Wishes*)

Working with a classmate, skim the following expressions; then read the situations and decide what you might say in each instance.

С прие́здом! (*Welcome!*)
С пра́здником!
Прия́тного аппети́та!
Счастли́вого пути́!
Спаси́бо.

1. Вам ну́жно в аэропо́рт, и ваш друг вам говори́т, что он вас довезёт (*will give you a ride*). Что вы ему́ (ей) говори́те?

2. Вы купи́ли свое́й подру́ге пода́рок к 8 [восьмо́му] Ма́рта. Когда́ вы ей да́рите пода́рок, что вы ей говори́те?

3. Вы с друзья́ми в рестора́не. Официа́нт прино́сит пи́ццу, кото́рую вы заказа́ли. Что вы ему́ говори́те?

4. Вы прихо́дите в рестора́н и ви́дите там своего́ нача́льника (*boss*) с жено́й. Они́ обе́дают. Что вы им говори́те?

5. Вы встреча́ете дру́га в аэропорту́. Что вы ему́ говори́те?

6. [*В аэропорту́.*] Ваш друг улета́ет (*is flying*) в Аме́рику. Что вы ему́ говори́те?

20	РЖД	АСУ «ЭКСПРЕСС»	ПРОЕЗДНОЙ ДОКУМЕНТ		ЛБ	971416

ПОЕЗД	ОТПРАВЛЕНИЕ				ВАГОН		ЦЕНА руб.		колич. человек	ВИД ДОКУМЕНТА
№ шифр	число	месяц	часы	мин.	№ тип		Билет	Плацкарта		

```
001 НА 25.01 21.45  11 Л  000150.9 000269.3 01 ПОЛНЫЙ Ы
ГОРЬКИЙ М-МОСКВА КАЗ (2060001-2000003) ФИРМ
МЕСТА 011 ½ МСК
ЛБ 971416 РАЗ Н1 0140233 190198 1610 МГ12М02/20-1509Н/Н (23)
АЖАРВИС/ПС/153916901
Н-451.9 РУБ   ПРИБЫТИЕ 26.01 В 06.10
```

УПРАЖНЕНИЕ 6   Вы по́мните…?

On each of three separate index cards, write down an action done by characters from the story (in the epilogue or preceding lessons), and then convert each sentence to a question.

ОБРАЗЕ́Ц: *Statement*: Когда́ Джим и Та́ня бы́ли в рестора́не, они́ пи́ли шардонне́. →

Question: Что пи́ли Джим и Та́ня, когда́ они́ бы́ли в рестора́не?

Now circulate around the room and ask each other the questions on your cards. If someone cannot answer your question, give that person the card. If you cannot answer someone else's question, you must take the card containing that question. You may then try to get rid of it by finding someone else who does not know the answer. The object is to try to have as few cards as possible at the end of five minutes.

Ленингра́дский вокза́л в Москве́.

❖ ВОПРОСЫ И ОТВЕТЫ: УПРАЖНЕНИЕ 7

1. Как ты обы́чно е́дешь в аэропо́рт (на вокза́л, на авто́бусную ста́нцию) — на такси́, на свое́й маши́не, на маши́не своего́ дру́га, на авто́бусе?
2. Куда́ ты звони́шь, е́сли ты хо́чешь заказа́ть такси́?
3. Каки́е лека́рства ты берёшь с собо́й, когда́ ты куда́-нибудь уезжа́ешь, — сре́дство от просту́ды, лека́рство от головно́й бо́ли (*headache*)? Что ещё?
4. Ты берёшь с собо́й конфе́ты и́ли кре́керы[†] на доро́гу?
5. Ты когда́-нибудь опа́здывал (опа́здывала) на самолёт и́ли на по́езд?
6. Чего́ тебе́ жела́ют роди́тели и друзья́, когда́ ты куда́-нибудь уезжа́ешь?

ДИАЛОГ   Могу́ я заказа́ть такси́ . . . ?
(Ordering a cab)

— [*On the phone.*] Алло́! Диспе́тчер? Могу́ я заказа́ть такси́ на за́втра на 8 утра́?
— Куда́ е́хать?
— На Ку́рский вокза́л.
— Ваш а́дрес?
— Лесна́я, дом 3, кварти́ра 35.
— Како́й подъе́зд?
— Второ́й.
— Телефо́н?
— 238-12-19.
— Зака́з при́нят. Но́мер зака́за 35-90. Мы вам у́тром позвони́м.

УПРАЖНЕНИЕ 8   Ваш диало́г

Working with a classmate, make up a dialogue in which you order a cab to take you to the airport or train station at the end of your stay in Russia. Make sure to order the cab in plenty of time to arrive early. The dispatcher should get the caller's address and phone number, and the caller should be sure to get the number of the taxi that will be coming.

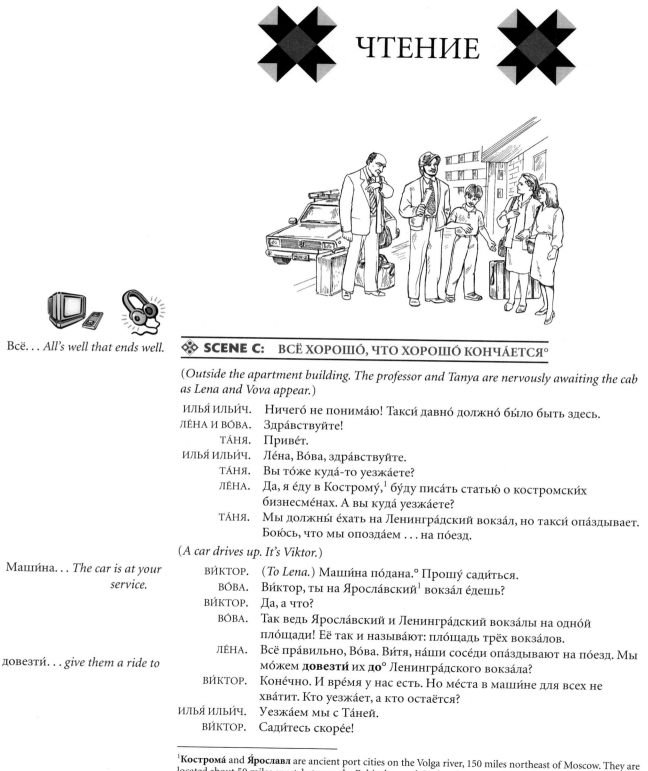

✖ ЧТЕНИЕ ✖

Всё. . . *All's well that ends well.*

❖ SCENE C: ВСЁ ХОРОШÓ, ЧТО ХОРОШÓ КОНЧÁЕТСЯ°

(*Outside the apartment building. The professor and Tanya are nervously awaiting the cab as Lena and Vova appear.*)

ИЛЬЯ́ ИЛЬИ́Ч.	Ничегó не понимáю! Такси давнó должнó бы́ло быть здесь.
ЛÉНА И ВÓВА.	Здрáвствуйте!
ТÁНЯ.	Привéт.
ИЛЬЯ́ ИЛЬИ́Ч.	Лéна, Вóва, здрáвствуйте.
ТÁНЯ.	Вы тóже куда́-то уезжáете?
ЛÉНА.	Да, я éду в Кострому́,[1] бу́ду писáть статью́ о костромски́х бизнесмéнах. А вы куда́ уезжáете?
ТÁНЯ.	Мы должны́ éхать на Ленингрáдский вокзáл, но такси́ опáздывает. Бою́сь, что мы опоздáем . . . на пóезд.

(*A car drives up. It's Viktor.*)

Маши́на. . . *The car is at your service.*

ВИ́КТОР.	(*To Lena.*) Маши́на пóдана.° Прошу́ сади́ться.
ВÓВА.	Ви́ктор, ты на Ярослáвский[1] вокзáл éдешь?
ВИ́КТОР.	Да, а что?
ВÓВА.	Так ведь Ярослáвский и Ленингрáдский вокзáлы на однóй плóщади! Её так и называ́ют: плóщадь трёх вокзáлов.

довезти́. . . *give them a ride to*

ЛÉНА.	Всё прáвильно, Вóва. Ви́тя, нáши сосéди опáздывают на пóезд. Мы мóжем **довезти́** их до° Ленингрáдского вокзáла?
ВИ́КТОР.	Конéчно. И врéмя у нас есть. Но местá в маши́не для всех не хвáтит. Кто уезжáет, а кто остаётся?
ИЛЬЯ́ ИЛЬИ́Ч.	Уезжáем мы с Тáней.
ВИ́КТОР.	Сади́тесь скорéе!

---

[1]**Кострома́** and **Яросла́вл** are ancient port cities on the Volga river, 150 miles northeast of Moscow. They are located about 50 miles apart, between the Rybinskoe and Gorkovskoe reservoirs, and are now important industrial centers.

ТА́НЯ.   Илья́ Ильи́ч, **поезжа́йте**° с Ви́ктором, а я ещё немно́го подожду́   *go*
            Джи́ма.

ИЛЬЯ́ ИЛЬИ́Ч.   Та́ня, вы опозда́ете на по́езд!

ТА́НЯ.   Нет-нет, я не опозда́ю. Поезжа́йте.

(*The professor and Lena get into Viktor's car.*)

ТА́НЯ.   Счастли́вого пути́!

ВО́ВА.   (*Reassuring Tanya.*) Джим обяза́тельно прие́дет. (*A moment later.*)
            Смотри́, вон такси́, кото́рое вы зака́зывали!

(*The taxi pulls over and Jim gets out. Tanya rushes over with her bag.*)

ТА́НЯ.   Джим, всё в поря́дке? Что случи́лось?

ДЖИМ.   Я хоте́л **сде́лать** тебе́ **сюрпри́з** . . .°   сде́лать. . . *to surprise you*

ВО́ВА.   Джим, расска́жешь ей по доро́ге. **А то** . . .°   *Otherwise*

ТА́НЯ.   Да, Джим, по́езд че́рез два́дцать пять мину́т.

ТАКСИ́СТ.   А куда́ е́хать-то?

ТА́НЯ.   На Ленингра́дский вокза́л.

ТАКСИ́СТ.   Че́рез два́дцать пять мину́т? Мо́жем
            не успе́ть.

ВО́ВА.   Ну, пожа́луйста, постара́йтесь успе́ть.   *turn down*

ТА́НЯ.   Мо́жет быть, мне отказа́ться° от
            пое́здки?

ДЖИМ.   Реши́м на вокза́ле. Пое́хали!

(*They get into the cab.*)

ВО́ВА.   Джим, я тебе́ ве́чером позвоню́,
            ла́дно?

ТА́НЯ.   Во́ва, спаси́бо!

(*The cab drives off.*)

ДЖИМ.   (*In the cab, to Tanya.*) Так вот, я хоте́л сде́лать тебе́ сюрпри́з. У меня́   *television company*
            сего́дня бы́ло интервью́ в **телекомпа́нии**° CNN. Оно́   *went on*
            продолжа́лось° о́чень до́лго. А пото́м я до́лго не мог найти́ такси́.
            Хорошо́, что э́то такси́ е́хало к вам и води́тель согласи́лся меня́
            взять. Но зато́ . . . зато́ . . . мне предложи́ли рабо́ту в моско́вском
            бюро́† CNN. Э́то зна́чит. . . .

ТА́НЯ.   (*Overjoyed.*) Э́то зна́чит, что ты остаёшься в Москве́!

ДЖИМ.   Да!

ЛЕНИНГРА́ДСКИЙ ВОКЗАЛ Октябрьской железной дороги

СООБЩЕНИЕ	№ ПОЕЗДА	РАССТОЯНИЕ В КМ.	ВРЕМЯ ОТПРАВЛЕНИЯ	ДНИ ОТПРАВЛЕНИЯ	ВРЕМЯ В ПУТИ	ВРЕМЯ ПРИБЫТИЯ
Хельсинки (ч.Калинин - Бологое - Выборг б/з в С.-Петербург)	32 фирменный	1106	18.17	еж.	15.45	9.02
Боровичи (ч.Бологое)	682	411	20.45	чет.	7.48	4.33
Выборг (ч.Калинин-Ленинград–Фин.)	38 фирменный	803	22.00	еж.	11.02	9.02
Вышний Волочек (ч.Калинин-Лихославль)	668	286	6.40	*	4.26	11.06
Мурманск (ч. Калинин-Бологое-Волховстрой I)	16	2095	0.30	еж. по 27/IX	36.49	13.19
				с 29/IX-11/IX	14.39	
Мурманск (ч. Калинин-Бологое-Волховстрой II)	344	1965	16.05	еж.по 7/IX	39.05	7.10
Мурманск (ч. Калинин-Бологое-Волховстрой II)	374	1965	21.30		42.12	15.42
Новгород (ч. Бологое-Чудово)	42	606	22.10	еж.	8.30	6.40
Осташков (ч. Лихославль-Соблаго)	666	449	20.53	неч.	11.15	8.08
Петрозаводск (ч. Бологое-Волховстрой I)	18	921	18.22	еж.	16.03	10.25
Псков (ч. Бологое)	70	687	19.45	еж.	12.27	8.12
Санкт-Петербург (ч. Калинин)	2 фирменный	650	23.55	еж.	8.30	8.25
Санкт-Петербург (ч. Калинин)	4 фирменный	650	23.55	еж.	8.30	8.29
Санкт-Петербург (ч. Калинин)	6 фирменный	650	23.10	еж.	8.25	7.35
Санкт-Петербург (ч. Калинин)	10 фирменный	650	22.16	еж.	8.24	6.40
Санкт-Петербург (ч. Калинин)	14	650	20.35	еж.	8.30	5.05
Санкт-Петербург (ч. Калинин)	20	650	1.00	еж.	8.38	9.38
Санкт-Петербург (ч. Калинин)	24 фирменный	650	12.27	еж.	8.26	20.53
Санкт-Петербург (ч. Калинин)	26 фирменный	650	23.00	еж.	8.10	7.10
Санкт-Петербург (ч. Калинин)	28	650	21.41	еж.	8.09	5.50
Санкт-Петербург (ч. Калинин)	30	650	1.52	еж.	9.18	11.10
Санкт-Петербург (ч. Калинин)	36 фирменный	650	0.05	еж.	8.45	8.50
Санкт-Петербург (ч. Калинин)	48	650	13.23	вт..чт..пт..вск.	9.16	22.39
Санкт-Петербург (ч. Калинин)	158	650	12.22	пт.	4.58	17.20
Санкт-Петербург (ч. Калинин)	160	650	17.20	еж.	6.00	23.20
Санкт-Петербург (ч. Калинин)	652	650	2.30	х	12.25	14.55
Таллин (ч.Калинин-Тосно-Нарву)	34	964	17.25	еж.	17.20	9.45
Таллин (ч. Калинин-Дно-Псков-Тарту-Тапу)	176	1011	16.00	еж.	20.05	11.05
Санкт-Петербург (ч. Калинин)	942 почт.-баг.	650	3.57	еж.	20.19	0.16

◈◈ О РОССИИ ◈◈◈◈◈◈◈◈◈

НАЗВА́НИЯ ВОКЗА́ЛОВ

Яросла́вский и Ленингра́дский вокза́лы на одно́й пло́щади!

The names of the train stations in Moscow suggest the directions the stations serve. For example, trains arriving at or leaving the **Ленингра́дский вокза́л** typically serve the region generally northwest toward **Санкт-Петербу́рг**; trains using the **Яросла́вский вокза́л** serve the northeast, toward **Яросла́вль**; trains leaving or arriving at the **Белору́сский вокза́л** serve the west, toward **Белору́ссия**; and so on.

Пло́щадь трёх вокза́лов.

УПРАЖНЕНИЕ 9   Это в мо́де (*in style*)?

Your pen-pal in Russia has asked you to gather some information for her. Her class is curious about whether the portrayal of American youth on Russian television is accurate. Her class has prepared the following questionnaire about "what's in/what's out" on your campus. Working with a group of 4–5 other students, complete the questionnaire and then compare your group's results with those of the other groups in your class.

ОБРАЗЕ́Ц: — Как ты ду́маешь, ми́ни сейча́с в мо́де и́ли нет?
            — Да, ми́ни в мо́де, а ма́кси нет.

В МО́ДЕ	НЕ В МО́ДЕ	
_____	_____	вегетариа́нская дие́та
_____	_____	аэро́бика
_____	_____	гольф
_____	_____	те́ннис
_____	_____	йо́га
_____	_____	дли́нные во́лосы (*hair*)
_____	_____	высо́кие каблуки́ (*heels*)
_____	_____	ми́ни
_____	_____	натура́льные тка́ни (*fabrics*)
_____	_____	о́бувь (*shoes*) на платфо́рме
_____	_____	синте́тика
_____	_____	Ке́лвин Клайн
_____	_____	Андре́ А́гасси
_____	_____	Анто́нио Банде́рас
_____	_____	фатали́зм
_____	_____	эколо́гия
_____	_____	оптими́зм

❖ ВОПРОСЫ И ОТВЕТЫ: УПРАЖНЕНИЕ 10

1. Что предпочита́ют америка́нцы: е́здить по́ездом и́ли лета́ть самолётом (*to fly*)?
2. Как ты обы́чно е́дешь на вокза́л (в аэропо́рт) — на авто́бусе и́ли на маши́не?
3. Ско́лько сто́ит такси́ от твоего́ до́ма до вокза́ла (аэропо́рта)?
4. Как ча́сто ты е́здишь по́ездом (лета́ешь самолётом)?
5. От твоего́ до́ма далеко́ до вокза́ла? А до аэропо́рта?
6. Ты хоте́л (хоте́ла) бы порабо́тать в CNN в Москве́?

ДИАЛОГ   Такси́ опа́здывает
(Checking on a late cab)

— [*On the phone.*] Диспе́тчер? Алло́!
    Диспе́тчер?
— Диспе́тчер слу́шает.
— Я заказа́л маши́ну на 8 утра́.
    Уже́ 8 часо́в. Маши́ны нет. А мне
    ну́жно на вокза́л.
— Мину́точку. [*Pause.*] Такси́ 35-90
    вы́ехало де́сять мину́т наза́д.
    Мы пыта́лись вам позвони́ть,
    но у вас бы́ло за́нято.
— Извини́те! Моя́ соба́ка . . .
— Что, соба́ка по телефо́ну
    разгова́ривала?
— Да нет, э́то ветерина́р звони́л.
— А что, соба́ка то́же е́дет на вокза́л? В такси́ с соба́кой нельзя́.
— Не волну́йтесь, соба́ка никуда́ не е́дет. Спаси́бо вам. Иду́ встреча́ть
    такси́.

УПРАЖНЕНИЕ 11   Ваш диало́г

You are waiting for a cab to take you to the airport, but the cab is late. Create a dialogue
in which you phone to check on the cab. You might use some of the following words
and phrases:

в аэропо́рт	должно́ бы́ло быть здесь	пора́
ваш а́дрес	на че́тверть тре́тьего	пятна́дцать мину́т наза́д
вчера́ ве́чером	но́мер телефо́на	уже́ вы́ехало
диспе́тчер	опа́здывать / опозда́ть	мы ждём уже́ полчаса́

УПРАЖНЕНИЕ 12   Ско́лько лет, ско́лько зим!²

What will happen to our characters in the next ten years? Imagine that they have all
reunited in Moscow ten years from now. Adopt the identity of one of them and create
for that person the life she or he has led for the last decade. Did the person finish his or
her studies? Did she or he travel? Marry? Have children? Be prepared to tell your
classmates who you are and what your life has been like, and to ask them questions
about their lives.

---

²This is the Russian equivalent of *Long time, no see!*

ИТАК ...

NOUNS AND NOUN PHRASES

бюро́ *neut. indecl.*	office; bureau (C)[3]
диспе́тчер	dispatcher (B)
телекомпа́ния	television company (C)

ADJECTIVES

осторо́жный (осторо́жен, осторо́жна, осторо́жно, осторо́жны)	careful (B)
спосо́бный	capable; talented (A)

VERBS

встреча́ться (с + *Instr.*) *pfv.* встре́титься (встре́ч-усь, встре́т-ишься, . . . встре́т-ятся)	to meet; to get together (with) (A)

довози́ть (довож-у́, дово́з-ишь, . . . дово́з-ят) (до + *Gen.*)
  pfv. довезти́ (довез-у́, довез-ёшь, . . . довез-у́т;
    past довёз, довезла́, довезло́, довезли́)
	to take (to); to give a ride (to) (C)

продолжа́ться *3rd pers. only* *pfv.* продолжи́ться (продо́лж-ится, продо́лж-атся)	to go on; to continue (C)
соглаша́ться *pfv.* согласи́ться (соглаш-у́сь, соглас-и́шься, . . . соглас-я́тся)	to agree (to) (A)

IDIOMS AND EXPRESSIONS

А то	otherwise; or (C)
Всё хорошо́, что хорошо́ конча́ется.	All's well that ends well. (C)
всё равно́	1. in any case; 2. all the same; still (A)
де́лать / сде́лать (+ *Dat.*) сюрпри́з	to surprise (someone) (C)
. . . не так ли?	. . . isn't that so? (A)
Поезжа́й(те) . . .	Go . . . (*vehicle command form*) (C)
сре́дство от просту́ды	cold remedy (B)
Счастли́во!	Good luck!; All the best! (B)
Счастли́вого пути́!	Have a good trip! (B)
Я сейча́с.	I'll be right back. (B)

---

[3]The letter in parentheses following each English gloss indicates the scene where the word is first actively introduced in the Epilogue.

APPENDICES

APPENDIX A

◈ COMMON USES OF RUSSIAN CASES[1]

CASE	USES	EXAMPLES
Nominative Имени́тельный (кто, что)	(*Dictionary form*) 1. Subject of sentence or clause 2. Predicate nominative	студе́нтка Он зна́ет, где живёт **э́та студе́нтка.** Она́ **хоро́шая студе́нтка.**
Accusative Вини́тельный (кого́, что)	1. Direct object 2. Object of prepositions **в, на, за, под,** when indicating motion toward a goal 3. A game or sport that is the object of preposition **в** 4. A day, hour, or minute that is the object of preposition **в**, indicating time when (**когда́?**) 5. Time or distance covered 6. Object of preposition **че́рез**	Я купи́ла **ру́чку.** Ма́ма пошла́ на **по́чту.** Они́ игра́ют в **те́ннис.** Вади́м придёт в **пя́тницу.** Я был там **неде́лю.** Ма́ша прие́дет че́рез **неде́лю.**
Genitive Роди́тельный (кого́, чего́)	1. Ownership 2. Linking 3. Object of prepositions **у, от, до, из, для, без, о́коло, кро́ме, ми́мо, во́зле, и́з-за, про́тив,** and **с** when **с** means *from* 4. To indicate the absence or lack of someone or something (used with **нет, не́ было, не бу́дет**) 5. Nonspecific direct object of a negated verb 6. After numbers (singular after 2–4; plural after 5–20) 7. With certain verbs including **боя́ться.** Some verbs like **иска́ть, ждать, хоте́ть, жела́ть, проси́ть** take Genitive if the object is indefinite. 8. The date on which an event occurred or will occur 9. Partitive *some*	Это каранда́ш **Бори́са.** Остано́вка **авто́буса** там. Я получи́ла письмо́ от **Ива́на.** Они́ е́дут с **конце́рта.** Там нет **шко́лы.** Мы не слы́шим **никако́й му́зыки.** Три **биле́та,** два́дцать **биле́тов.** **Чего́** ты бои́шься? Жела́ем вам **уда́чи.** Мой брат прие́дет **второ́го ма́я.** Нале́й мне **со́ка.**

CASE	USES	EXAMPLES
Prepositional Предло́жный (о ком, о чём)	1. Object of preposition **о (об)** 2. Object of prepositions **в** or **на** when indicating location 3. **Неде́ле** is the object of preposition **на**, indicating time when (**когда́?**) 4. A month, year, or larger unit is the object of preposition **в**, indicating time when (**когда́?**) 5. Object of preposition **на** when indicating means of transportation	Мы лю́бим говори́ть об **исто́рии**. Кни́га на **столе́**. Это бы́ло на **про́шлой неде́ле**. Это бы́ло в **ма́рте**. Све́та е́дет на **маши́не**.
Dative Да́тельный (кому́, чему́)	1. Indirect object (*to* or *for* someone) 2. With certain verbs, including **помога́ть, сове́товать, отвеча́ть, меша́ть, звони́ть, обеща́ть** 3. With the verb **нра́виться** and with constructions containing **мо́жно, ну́жно, тепло́**, and so on 4. The person or thing whose age is indicated 5. Object of prepositions **к, по**	Она́ дала́ **мне** кни́гу. Мари́на помога́ет **бра́ту**. **Мне** нра́вится кла́ссика. **Нам** ну́жно позвони́ть ма́ме. **Мое́й сестре́** шесть лет. Мы за́втра пое́дем к **Бори́су**.
Instrumental Твори́тельный (кем, чем)	1. The means by which something is done, especially mode of travel 2. Object of prepositions **за, под, над, пе́ред,** or **ме́жду,** when indicating location. (**За** and **под** take other cases in other situations.) 3. Complement of many reflexive verbs: **занима́ться, по́льзоваться, интересова́ться, каза́ться, станови́ться** 4. Complement of the verbs **стать** and **быть** 5. Adverbs indicating time of day and seasons are identical to instrumental of corresponding nouns. 6. Object of preposition **с** when **с** means *together with*	Студе́нтка пи́шет **ру́чкой**. Све́та е́дет **авто́бусом**. Челове́к стои́т пе́ред **до́мом**. Мы занима́емся **ру́сским языко́м**. Я хочу́ стать **настоя́щим бизнесме́ном**. Я встал ра́но **у́тром**. Он рабо́тает **ле́том**. Я люблю́ разгова́ривать с **Ири́ной**.

 APPENDIX B

◈ SPELLING RULES

RULE	AFTER Г, К, Х	AFTER Ж, Ч, Ш, Щ	AFTER Ц
«Кни́ги» rule: **и** (not **ы**)	**и**	**и**	
«Хоро́шее» rule: **е** (not unstressed **о**)		**е**	**е**
«Ви́жу» rule: **у** (not **ю**), and **а** (not **я**)		**у, а**	

	NOMINATIVE PLURAL FOR NOUNS ENDING IN		
	-Ь	-Я	-Й
«Роя́ли» rule: **и** (not **ы**)	**и**	**и**	**и**

APPENDIX C

❖ DECLENSIONS: NOUNS

MASCULINE SINGULAR

CASE	ENDINGS	HARD	SOFT: -ь	SOFT: -й	SOFT: -ий
Nominative КТО, ЧТО	(none)	автóбус	календáрь	музéй	гéний
Accusative КОГÓ, ЧТО	inanimate = Nominative; animate = Genitive	автóбус	календáрь	музéй	гéния
Genitive КОГÓ, ЧЕГÓ	-а/-я	автóбуса	календаря́	музéя	гéния
Prepositional О КОМ, О ЧЁМ	-е, -и	автóбусе	календарé	музéе	гéнии
Dative КОМУ́, ЧЕМУ́	-у/-ю	автóбусу	календарю́	музéю	гéнию
Instrumental КЕМ, ЧЕМ	-ом/-ем (-ём)	автóбусом	календарём	музéем	гéнием

MASCULINE PLURAL

CASE	ENDINGS	HARD	SOFT: -ь	SOFT: -й	SOFT: -ий
Nominative	-ы/-и	автóбусы	календари́	музéи	гéнии
Accusative	inanimate = Nominative; animate = Genitive	автóбусы	календари́	музéи	гéниев
Genitive	-ов/-ев, -ей	автóбусов	календарéй	музéев	гéниев
Prepositional	-ах/-ях	автóбусах	календаря́х	музéях	гéниях
Dative	-ам/-ям	автóбусам	календаря́м	музéям	гéниям
Instrumental	-ами/-ями	автóбусами	календаря́ми	музéями	гéниями

NEUTER SINGULAR

CASE	ENDINGS	HARD	SOFT: -ИЕ	SOFT: -ЬЕ	-МЯ
Nominative ЧТО	**-о/-е**	сло́во	сочине́ние	воскресе́нье	и́мя
Accusative ЧТО	**-о/-е**	сло́во	сочине́ние	воскресе́нье	и́мя
Genitive ЧЕГО́	**-а/-я**	сло́ва	сочине́ния	воскресе́нья	и́мени
Prepositional О ЧЁМ	**-е, -и**	сло́ве	сочине́нии	воскресе́нье	и́мени
Dative ЧЕМУ́	**-у/-ю**	сло́ву	сочине́нию	воскресе́нью	и́мени
Instrumental ЧЕМ	**-ом/-ем**	сло́вом	сочине́нием	воскресе́ньем	и́менем

NEUTER PLURAL

CASE	ENDINGS	HARD	SOFT: -ИЕ	SOFT: -ЬЕ	-МЯ
Nominative	**-а/-я**	слова́	сочине́ния	воскресе́нья	имена́
Accusative	**-а/-я**	слова́	сочине́ния	воскресе́нья	имена́
Genitive	("zero" ending)	слов	сочине́ний	воскресе́ний[1]	имён
Prepositional	**-ах/-ях**	слова́х	сочине́ниях	воскресе́ньях	имена́х
Dative	**-ам/-ям**	слова́м	сочине́ниям	воскресе́ньям	имена́м
Instrumental	**-ами/-ями**	слова́ми	сочине́ниями	воскресе́ньями	имена́ми

---

[1]The neuter noun **пла́тье** (*dress*) has the ending **-ев** in the Genitive plural (**пла́тьев**).

FEMININE SINGULAR

CASE	ENDINGS	HARD	SOFT: -Я	SOFT: -Ь	SOFT: -ИЯ	SOFT: -ЬЯ
Nominative КТО, ЧТО	-а/-я, -ь	газе́та	неде́ля	крова́ть	акаде́мия	статья́
Accusative КОГО́, ЧТО	-у/-ю, -ь	газе́ту	неде́лю	крова́ть	акаде́мию	статью́
Genitive КОГО́, ЧЕГО́	-ы/-и	газе́ты	неде́ли	крова́ти	акаде́мии	статьи́
Prepositional О КОМ, О ЧЁМ	-е, -и	газе́те	неде́ле	крова́ти	акаде́мии	статье́
Dative КОМУ́, ЧЕМУ́	-е, -и	газе́те	неде́ле	крова́ти	акаде́мии	статье́
Instrumental КЕМ, ЧЕМ	-ой/-ей, -ью	газе́той	неде́лей	крова́тью	акаде́мией	статьёй

FEMININE PLURAL

CASE	ENDINGS	HARD	SOFT: -Я	SOFT: -Ь	SOFT: -ИЯ	SOFT: -ЬЯ
Nominative	-ы/-и	газе́ты	неде́ли	крова́ти	акаде́мии	статьи́

Accusative	inanimate =
	  Nominative;
	animate =
	  Genitive
		газе́ты	неде́ли	крова́ти	акаде́мии	статьи́

Genitive	("zero" ending)	газе́т	неде́ль	крова́тей	акаде́мий	стате́й
Prepositional	-ах/-ях	газе́тах	неде́лях	крова́тях	акаде́миях	статья́х
Dative	-ам/-ям	газе́там	неде́лям	крова́тям	акаде́миям	статья́м
Instrumental	-ами/-ями	газе́тами	неде́лями	крова́тями	акаде́миями	статья́ми

APPENDIX D

❖ DECLENSIONS: PRONOUNS

INTERROGATIVE/RELATIVE, PERSONAL, REFLEXIVE

CASE	INTERROG./ RELATIVE		PERSONAL							REFLEX.
Nominative	кто	что	я	ты	он	оно́	она́	мы	вы	они́	(none)
Accusative	кого́	что	меня́	тебя́	его́[1]	его́[1]	её[1]	нас	вас	их[1]	себя́
Genitive	кого́	чего́	меня́	тебя́	его́[1]	его́[1]	её[1]	нас	вас	их[1]	себя́
Prepositional	ком	чём	мне	тебе́	нём	нём	ней	нас	вас	них	себе́
Dative	кому́	чему́	мне	тебе́	ему́[1]	ему́[1]	ей[1]	нам	вам	им[1]	себе́
Instrumental	кем	чем	мной	тобо́й	им[1]	им[1]	ей[1]	на́ми	ва́ми	и́ми[1]	собо́й

DEMONSTRATIVE

CASE	ЭТОТ				ТОТ			
	MASC.	NEUT.	FEM.	PLUR.	MASC.	NEUT.	FEM.	PLUR.
Nominative	э́тот	э́то	э́та	э́ти	тот	то	та	те
Accusative (For masculine and plural: inanimate = Nominative; animate = Genitive)	э́тот/ э́того	э́то	э́ту	э́ти/ э́тих	тот/ того́	то	ту	те/ тех
Genitive	э́того		э́той	э́тих	того́		той	тех
Prepositional	э́том		э́той	э́тих	том		той	тех
Dative	э́тому		э́той	э́тим	тому́		той	тем
Instrumental	э́тим		э́той	э́тими	тем		той	те́ми

---

[1]These forms take a prefixed «н-» when governed by a preposition, e.g., у него́.

DETERMINATIVE

CASE	MASCULINE	NEUTER	FEMININE	PLURAL
Nominative	весь	всё	вся	все
Accusative (For masculine and plural: inanimate = Nominative; animate = Genitive)	весь/ всего	всё	всю	все/ всех
Genitive	всего		всей	всех
Prepositional	всём		всей	всех
Dative	всему́		всей	всем
Instrumental	всем		всей	все́ми

POSSESSIVE: МОЙ (ТВОЙ, СВОЙ)

CASE	MASCULINE	NEUTER	FEMININE	PLURAL
Nominative	мой	моё	моя	мои
Accusative (For masculine and plural: inanimate = Nominative; animate = Genitive)	мой/ моего́	моё	мою	мои/ мои́х
Genitive	моего́		мое́й	мои́х
Prepositional	моём		мое́й	мои́х
Dative	моему́		мое́й	мои́м
Instrumental	мои́м		мое́й	мои́ми

POSSESSIVE: НАШ (ВАШ)

CASE	MASCULINE	NEUTER	FEMININE	PLURAL
Nominative	наш	на́ше	на́ша	на́ши
Accusative (For masculine and plural: inanimate = Nominative; animate = Genitive)	наш/ на́шего	на́ше	на́шу	на́ши/ на́ших
Genitive	на́шего		на́шей	на́ших
Prepositional	на́шем		на́шей	на́ших
Dative	на́шему		на́шей	на́шим
Instrumental	на́шим		на́шей	на́шими

POSSESSIVE INTERROGATIVE

CASE	MASCULINE	NEUTER	FEMININE	PLURAL
Nominative	чей	чьё	чья	чьи
Accusative (For masculine and plural: inanimate = Nominative; animate = Genitive)	чей/ чьего́	чьё	чью	чьи/ чьих
Genitive	чьего́		чьей	чьих
Prepositional	чьём		чьей	чьих
Dative	чьему́		чьей	чьим
Instrumental	чьим		чьей	чьи́ми

APPENDIX E

❖ DECLENSIONS: ADJECTIVES

MASCULINE

CASE	ENDINGS	UNSTRESSED ENDING	STRESSED ENDING	SOFT
Nominative	-ый (-ой)/-ий	но́вый (хоро́ший)	молодо́й	ли́шний
Accusative	inanimate = Nominative; animate = Genitive	но́вый (хоро́ший)/ но́вого (хоро́шего)	молодо́й/ молодо́го	ли́шний/ ли́шнего
Genitive	-ого/-его	но́вого (хоро́шего)	молодо́го	ли́шнего
Prepositional	-ом/-ем	но́вом (хоро́шем)	молодо́м	ли́шнем
Dative	-ому/-ему	но́вому (хоро́шему)	молодо́му	ли́шнему
Instrumental	-ым/-им	но́вым (хоро́шим)	молоды́м	ли́шним

NEUTER

CASE	ENDINGS	HARD	SOFT
Nominative	-ое/-ее	но́вое (хоро́шее)	ли́шнее
Accusative	-ое/-ее	но́вое (хоро́шее)	ли́шнее
Genitive	-ого/-его	но́вого (хоро́шего)	ли́шнего
Prepositional	-ом/-ем	но́вом (хоро́шем)	ли́шнем
Dative	-ому/-ему	но́вому (хоро́шему)	ли́шнему
Instrumental	-ым/-им	но́вым (хоро́шим)	ли́шним

FEMININE

CASE	ENDINGS	HARD	SOFT
Nominative	**-ая/-яя**	но́в**ая** (хоро́ш**ая**)	ли́шн**яя**
Accusative	**-ую/-юю**	но́в**ую** (хоро́ш**ую**)	ли́шн**юю**
Genitive	**-ой/-ей**	но́в**ой** (хоро́ш**ей**)	ли́шн**ей**
Prepositional	**-ой/-ей**	но́в**ой** (хоро́ш**ей**)	ли́шн**ей**
Dative	**-ой/-ей**	но́в**ой** (хоро́ш**ей**)	ли́шн**ей**
Instrumental	**-ой/-ей**	но́в**ой** (хоро́ш**ей**)	ли́шн**ей**

PLURAL, ALL GENDERS

CASE	ENDINGS	HARD	SOFT
Nominative	**-ые/-ие**	но́в**ые** (хоро́ш**ие**)	ли́шн**ие**
Accusative	inanimate = Nominative; animate = Genitive	но́в**ые** (хоро́ш**ие**)/ но́в**ых** (хоро́ш**их**)	ли́шн**ие**/ ли́шн**их**
Genitive	**-ых/-их**	но́в**ых** (хоро́ш**их**)	ли́шн**их**
Prepositional	**-ых/-их**	но́в**ых** (хоро́ш**их**)	ли́шн**их**
Dative	**-ым/-им**	но́в**ым** (хоро́ш**им**)	ли́шн**им**
Instrumental	**-ыми/-ими**	но́в**ыми** (хоро́ш**ими**)	ли́шн**ими**

APPENDIX F

◈ NUMERALS

	CARDINAL	ORDINAL		CARDINAL	ORDINAL
0	ноль (*or* нуль)[1]	нулево́й, -а́я, -о́е, -ы́е	50	пятьдеся́т	пятидеся́тый
1	оди́н	пе́рвый, -ая, -ое, -ые	60	шестьдеся́т	шестидеся́тый
2	два	второ́й, -а́я, -о́е, -ы́е	70	се́мьдесят	семидеся́тый
3	три	тре́тий, тре́тья, тре́тье, тре́тьи	80	во́семьдесят	восьмидеся́тый
4	четы́ре	четвёртый	90	девяно́сто	девяно́стый
5	пять	пя́тый			
6	шесть	шесто́й	100	сто	со́тый
7	семь	седьмо́й	200	две́сти	двухсо́тый
8	во́семь	восьмо́й	300	три́ста	трёхсо́тый
9	де́вять	девя́тый	400	четы́реста	четырёхсо́тый
10	де́сять	деся́тый	500	пятьсо́т	пятисо́тый
			600	шестьсо́т	шестисо́тый
11	оди́ннадцать	оди́ннадцатый	700	семьсо́т	семисо́тый
12	двена́дцать	двена́дцатый	800	восемьсо́т	восьмисо́тый
13	трина́дцать	трина́дцатый	900	девятьсо́т	девятисо́тый
14	четы́рнадцать	четы́рнадцатый			
15	пятна́дцать	пятна́дцатый	1000	ты́сяча	ты́сячный
16	шестна́дцать	шестна́дцатый	2000	две ты́сячи	двухты́сячный
17	семна́дцать	семна́дцатый	3000	три ты́сячи	трёхты́сячный
18	восемна́дцать	восемна́дцатый	4000	четы́ре ты́сячи	четырёхты́сячный
19	девятна́дцать	девятна́дцатый	5000	пять ты́сяч	пятиты́сячный
			6000	шесть ты́сяч	шеститы́сячный
20	два́дцать	двадца́тый	7000	семь ты́сяч	семиты́сячный
30	три́дцать	тридца́тый	8000	во́семь ты́сяч	восьмиты́сячный
40	со́рок	сороково́й	9000	де́вять ты́сяч	девятиты́сячный

---

[1]Both **ноль** and **нуль** are masculine nouns.

APPENDIX G

❖ DECLENSIONS: CARDINAL NUMERALS

1–2

| CASE | ОДИ́Н | | | | ДВА | |
	MASC.	NEUT.	FEM.	PLUR.	MASC. AND NEUT.	FEM.
Nominative	оди́н	одно́	одна́	одни́	два	две
Accusative (For masculine and plural: inanimate = Nominative; animate = Genitive)	оди́н/ одно**го́**	одно́	одну́	одни́/ одни́х	два/ дв**ух**	две/ дв**ух**
Genitive	одно**го́**	одно**го́**	одно́й	одни́х	дв**ух**	дв**ух**
Prepositional	одно́м	одно́м	одно́й	одни́х	дв**ух**	дв**ух**
Dative	одно**му́**	одно**му́**	одно́й	одни́м	дв**ум**	дв**ум**
Instrumental	одни́м	одни́м	одно́й	одни́ми	дв**умя́**	дв**умя́**

3–4

CASE	ТРИ	ЧЕТЫ́РЕ
Nominative	три	четы́ре
Accusative (For masculine and plural: inanimate = Nominative; animate = Genitive)	три/ тр**ёх**	четы́ре/ четыр**ёх**
Genitive	тр**ёх**	четыр**ёх**
Prepositional	тр**ёх**	четыр**ёх**
Dative	тр**ём**	четыр**ём**
Instrumental	тр**емя́**	четыр**ьмя́**

5 AND HIGHER

CASE	
Nominative	пять
Accusative	пять
Genitive	пяти́
Prepositional	пяти́
Dative	пяти́
Instrumental	пятью́

APPENDIX H

◈ CONJUGATIONS

-ешь / -ёшь ENDINGS

	VOWEL STEMS	CONSONANT STEMS
я	-ю	-у
ты	-ешь / -ёшь	
он, она́, оно́	-ет / -ёт	
мы	-ем / -ём	
вы	-ете / -ёте	
они́	-ют	-ут

For the **-ешь/-ёшь** conjugation, endings with -ё- rather than -е- occur only with verbs that are end-stressed.

-ишь ENDINGS

ALL STEMS
-ю (-у *after hushers*)
-ишь
-ит
-им
-ите
-ят (-ат *after hushers*)

For the **-ишь** conjugation, remember the «**ви́жу**» rule: The endings **-ю** and **-ят** are spelled **-у** and **-ат** after hushers.

EXAMPLES OF -ешь / -ёшь VERBS

STEM OR SHIFTING STRESS (-ешь endings)		ENDING STRESS (-ёшь endings)	
Vowel stem	Consonant stem	Vowel stem	Consonant stem
де́лать (де́ла-)	**писа́ть** (пиш-)	**дава́ть** (да-)	**идти́** (ид-)
де́ла-ю	пиш-у́	да-ю́	ид-у́
де́ла-ешь	пи́ш-ешь	да-ёшь	ид-ёшь
де́ла-ет	пи́ш-ет	да-ёт	ид-ёт
де́ла-ем	пи́ш-ем	да-ём	ид-ём
де́ла-ете	пи́ш-ете	да-ёте	ид-ёте
де́ла-ют	пи́ш-ут	да-ю́т	ид-у́т

EXAMPLES OF -ишь VERBS

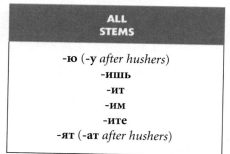

ALL STRESS PATTERNS	
Most stems	Stems with hushers
говори́ть (говор-)	**слы́шать** (слыш-)
говор-ю́	слы́ш-у
говор-и́шь	слы́ш-ишь
говор-и́т	слы́ш-ит
говор-и́м	слы́ш-им
говор-и́те	слы́ш-ите
говор-я́т	слы́ш-ат

CONSONANT SHIFTS

The final consonant in some verb stems changes when nonpast endings are added. With **-ешь/-ёшь** verbs, this change carries through all forms; with **-ишь** verbs, the change occurs only in the **я** form.

-ешь/-ёшь VERBS LIKE писа́ть (с → ш IN ALL FORMS)		-ишь VERBS LIKE пригласи́ть (с → ш IN я FORM ONLY)	
пиш-у́	пи́ш-ем	приглаш-у́	приглас-и́м
пи́ш-ешь	пи́ш-ете	приглас-и́шь	приглас-и́те
пи́ш-ет	пи́ш-ут	приглас-и́т	приглас-я́т

Shifts in stem-final consonants are very systematic; for example, whenever **-с-** shifts, it will always change to **-ш-**.

б → бл[1]	люби́ть	люблю́, лю́бишь, . . . лю́бят
в → вл[1]	гото́вить	гото́влю, гото́вишь, . . . гото́вят
м → мл[1]	познако́мить	познако́млю, познако́мишь, . . . познако́мят
п → пл[1]	спать	сплю, спишь, . . . спят
д → ж	ви́деть	ви́жу, ви́дишь, . . . ви́дят
з → ж	сказа́ть	скажу́, ска́жешь, . . . ска́жут
с → ш	писа́ть	пишу́, пи́шешь, . . . пи́шут
ск → щ	иска́ть	ищу́, и́щешь, . . . и́щут
т → ч	плати́ть	плачу́, пла́тишь, . . . пла́тят

OTHER SYSTEMATIC STEM CHANGES

-овать VERBS: -ова- → -у- парков́ать		-ава́ть VERBS: -ва- DELETED дава́ть	
парк-у́-ю	парк-у́-ем	да-ю́	да-ём
парк-у́-ешь	парк-у́-ете	да-ёшь	да-ёте
парк-у́-ет	парк-у́-ют	да-ёт	да-ю́т

(Similarly, **рекомендова́ть, кома́ндовать, пра́здновать,** and so on.)

(Similarly, **преподава́ть, отдава́ть, продава́ть, сдава́ть,** and so on.)

---

[1]Note that -л- insertion occurs only with labial consonants (**б, в, м, п**) and only in the **я** form.

APPENDIX I

◈ AMERICAN STATES, CANADIAN PROVINCES, AMERICAN AND CANADIAN CITIES

АМЕРИКА́НСКИЕ ШТА́ТЫ

А́йдахо	Калифо́рния	Нью-Йо́рк
А́йова	Ка́нзас	Нью-Ме́ксико
Алаба́ма	Кенту́кки	Нью-Хе́мпшир
Аля́ска	Колора́до	Ога́йо
Аризо́на	Коннектикут	Оклахо́ма
Арканза́с	Луизиа́на	О́регон
Вайо́минг	Массачу́сетс	Пенсильва́ния
Вашингто́н	Миннесо́та	Род-А́йленд
Вермо́нт	Миссиси́пи	Се́верная Дако́та
Вирги́ния	Миссу́ри	Се́верная Кароли́на
Виско́нсин	Мичига́н	Теннесси́
Гава́йи	Монта́на	Теха́с
Де́лавэр	Мэн	Флори́да
Джо́рджия	Мэ́риленд	Ю́жная Дако́та
За́падная Вирги́ния	Небра́ска	Ю́жная Кароли́на
Иллино́йс	Нева́да	Ю́та
Индиа́на	Нью-Дже́рси	

КАНА́ДСКИЕ ПРОВИ́НЦИИ

Альбе́рта	Но́вая Шотла́ндия	О́стров При́нца
Брита́нская Колу́мбия	Нью-Бра́нсуик	Эдуа́рда
Квебе́к	Ньюфаундле́нд	Саска́чеван
Манито́ба	Онта́рио	

АМЕРИКА́НСКИЕ И КАНА́ДСКИЕ ГОРОДА́

Атла́нта	Майа́ми	Про́виденс
Би́рмингем	Ме́мфис	Реджа́йна
Бо́стон	Милуо́ки	Ри́чмонд
Бу́ффало	Миннеа́полис	Ро́ли
Ванку́вер	Монреа́ль (m.)	Ро́честер
Вашингто́н	Моби́л	Сан-Дие́го
Викто́рия	На́швилл	Сан-Франци́ско
Гонолу́лу	Неа́поль (m.)	Сент-Лу́ис
Да́ллас	Но́вый Орлеа́н	Сент-По́л
Де-Мо́йн	Нью-Йо́рк	Сиэ́тл
Детро́йт	Нью́арк	Солт-Лейк-Си́ти
Де́нвер	Оде́сса	Та́лса
Дувр	О́кленд	Торо́нто
Индиана́полис	О́ксфорд	Уи́лмингтон
Ка́нзас-Си́ти	О́лбани	Филаде́льфия
Квебе́к	О́маха	Фи́никс
Кли́вленд	Отта́ва	Хью́стон
Лас-Ве́гас	Пи́ттсбург	Цинцинна́ти
Литл-Ро́к	Пли́мут	Чика́го
Лос-А́нджелес	По́ртленд	Эдмонтон
Лу́исвилл	По́ртсмут	

APPENDIX J

❖ SELECTED EVENTS IN RUSSIAN AND WESTERN HISTORY

YEAR	NOTABLE EVENTS IN RUSSIAN HISTORY	IMPORTANT EVENTS ELSEWHERE
800	Cyril and Methodius devise Slavic alphabet (863) **Рю́рик** rules **Но́вгород** (862–879)	Reign of Charlemagne (768–814)
900	Rise of **Ки́ев. Влади́мир** accepts Christianity as state religion (988–990)	
1000		Battle of Hastings (1066) First Crusade (1099)
1100	**Москва́** first mentioned in chronicles (1147)	Rise of independent towns in Europe
1200	**Тата́ры** invade Russia (1237–1240), beginning **тата́рское и́го** (*Tatar yoke*)	
1300	**Дми́трий Донско́й** defeats Tatars (1380)	Outbreak of the plague in Europe (1348) Renaissance begins (midcentury)
1400	**Тата́ры** decline; **Москва́** rises **Царь Ива́н III** reigns 1462–1505	Columbus discovers America (1492)
1500	**Царь Ива́н IV** ("the Terrible") reigns 1533–1584; "Time of Troubles" begins with his death	Protestant Reformation begins (1517); Queen Elizabeth I reigns (1558–1603)
1600	Founding of **Рома́нов** dynasty (1613) Old Believers break from Russian Orthodox Church (1654–1656) **Царь Пётр I** ("the Great") reforms Russia, ruling 1682–1725	Pilgrims land at Plymouth Rock (1620) Thirty Years' War in Europe (1618–1648)
1700	**Санкт-Петербу́рг** founded (1703) **Цари́ца Екатери́на II** ("the Great") reigns (1762–1796)	American Declaration of Independence (1776) Constitution of **США** (USA) ratified (1787) **Францу́зская револю́ция** (1789)

YEAR	NOTABLE EVENTS IN RUSSIAN HISTORY	IMPORTANT EVENTS ELSEWHERE
1800	**Ру́сские** under **Алекса́ндр I** defeat Napoleon's Grand Army (1812) Crimean War (1853–1856) **Алекса́ндр II** frees serfs (1861)	**Наполео́н** rules France (1804–1815) Gold rush in California (1848) Civil War in **США** (1861–1865); **Авраа́м Ли́нкольн** ends slavery (1863)
1900	**Росси́я** enters WWI (1914), as do **Áнглия и Фра́нция** **Царь Никола́й II** abdicates in March, 1917; **Влади́мир Ле́нин** and the **большевики́** seize power in October/November 1917; devastating civil war 1917–1921 **СССР** (USSR) created; death of **Ле́нин** (1924); **Ста́лин** takes control **Ста́лин** industrializes and collectivizes **СССР;** millions killed in purges (1930s) **Фаши́сты** (Nazis) invade **СССР** (June 1941) WWII allied victory: **Áнглия, СССР, США, Фра́нция** (1945)	**США** enters WWI (1917) Roaring Twenties; Jazz Age Stock market crash in **США** (1929) Attack on Pearl Harbor brings **США** into WWII (December 1941)
1950	**Ста́лин** dies (1953); **Хрущёв** takes power, denounces **Ста́лин** **Спу́тник** (first artificial satellite) launched (1957) **Бре́жнев** ousts **Хрущёв** (1964) **Горбачёв** takes power (1985) Communist regimes in Central Europe collapse (1989–1990) **Éльцин** elected **президе́нт;** end of **СССР** and Communist rule (August 21, 1991) **Пу́тин** elected **президе́нт** (March 2000)	Korean War (1950–1953) Cuban missile crisis (1962) Vietnam War (1960–1975) Persian Gulf War (1991)

APPENDIX K

❖ INFO-GAP ACTIVITIES

УРОК 8: ЧАСТЬ ТРЕТЬЯ

УПРАЖНЕНИЕ 6   Ско́лько сто́ит . . . ? (p. 39)

Here is a list of items that you will ask the prices for. Write down the prices your classmate gives you, then compare what you have written down with the prices in the ad. (Note that many model numbers of imported goods bear non-Russian designations; in these cases Russians themselves often use the foreign—often English—words and letter names.) After you do four items, switch roles.

_____ Монито́р Panasonic
_____ При́нтер HP Deskjet
_____ Проце́ссор Pentium MMX-166
_____ Проце́ссор Pentium II-266

(Switch roles.)

_____ При́нтер Epson
_____ Проце́ссор Pentium MMX-200
_____ Монито́р Sony ES
_____ Проце́ссор Pentium II-233

RUSSIAN-ENGLISH GLOSSARY

Key

Acc.	Accusative	*indecl.*	indeclinable	*pl.*	plural
adj.	adjective	*infin.*	infinitive	*Prep.*	Prepositional
adv.	adverb	*Instr.*	Instrumental	*pres.*	present
compar.	comparative	*m.*	masculine	*sing.*	singular
Dat.	Dative	*multidir.*	multidirectional	*superl.*	superlative
f.	feminine	*neut.*	neuter	*unidir.*	unidirectional
Gen.	Genitive	*pers.*	person	*usu.*	usually
impfv.	imperfective	*pfv.*	perfective	*v.*	visuals

Most new words and phrases are introduced in the readings and the visual vocabulary displays; a few words and phrases are first encountered in the **Слова́, слова́, слова́** word study sections or in grammar presentations. Numbers in parentheses indicate the Lesson/Part in which the Russian word or phrase is first encountered for active use; words and phrases followed by numbers in brackets are considered passive vocabulary. The letter "v" after the Lesson/Part number indicates that the given word first appears in a visual vocabulary display. Bold numbers introduce separate meanings for a given word. The Russian letters **Е** and **Ё** are treated as a single letter. Verbs for which key forms are not given are conjugated like **чита́ть, гуля́ть**; perfectives formed by prefixing the corresponding imperfective have nonpast forms like those of that imperfective unless otherwise indicated.

А

а 1. and; **2.** but (1/1)
    а то otherwise; or else (Epi/C)
    а что . . . ? so . . . ? [8/1]
абсолю́тно absolutely (10/4)
а́вгуст August (1/4)
Австра́лия Australia (1/2)
авто́бус bus (3/4)
    авто́бусная остано́вка bus stop (5/3)
    остано́вка авто́буса bus stop (3/4)
авто́граф autograph (14/4)
автома́т automated recording [9/1]
    телефо́н-автома́т pay phone (8/4)

автомеха́ник auto mechanic (4/4)
автоотве́тчик answering machine (8/3v)
автосе́рвис automotive shop [4/4]
автошко́ла driving school [9/3v]
а́дрес (*pl.* адреса́) address (2/1)
А́зия Asia (1/2)
акаде́мия academy [5/1v]
акце́нт accent (9/1)
    говори́ть с акце́нтом to have an accent (9/1)
алкого́лик alcoholic [4/4v]
алло́ [*pronounced* -льё] (*said when answering the phone*) hello (7/2)
альт viola [3/3v]

428

альти́ст/альти́стка (*Gen. pl.* алти́сток) violist [3/3v]

Аме́рика America (1/2)

Се́верная Аме́рика North America (1/2)

Ю́жная Аме́рика South America (1/2)

америка́н(е)ц/америка́нка (*Gen. pl.* америка́нок) an American (2/1)

америка́нский American (*adj.*) (3/3)

амфитеа́тр rear orchestra section (*seats in theater*) (14/3v)

англи́йский English (*adj.*) (7/1)

анони́мный anonymous [4/4v]

антибио́тик antibiotic (12/4)

антиква́рная вещь a real antique [6/4]

антра́кт intermission (14/3)

апельси́новый сок orange juice (12/4v)

апре́ль *m.* April (1/4)

апте́ка drugstore; pharmacy (3/3)

Арба́т Arbat (*name of an old Moscow street, now for pedestrians only, and of the surrounding neighborhood*) [8/4]

а́рмия army (6/2)

в а́рмии in the (military) service (6/2)

архитекту́рный анса́мбль architectural grouping [9/1]

аспира́нт/аспира́нтка (*Gen. pl.* аспира́нток) graduate student (1/3)

аспири́н aspirin (5/3v)

астроло́гия astrology [9/4v]

асфа́льт asphalt [5/3]

А́фрика Africa (1/2)

аэро́бика aerobics (9/3)

аэропо́рт (*Prep. sing.* в аэропорту́) airport (3/4)

Б

ба́бушка (*Gen. pl.* ба́бушек) grandmother (2/1v)

баклажа́нная икра́ eggplant caviar (*a vegetable dish*) (10/2v)

бале́т ballet (4/2v)

балко́н balcony (2/2v)

бандеро́ль *f.* package (*containing printed matter*) (6/3)

банк bank (3/4v)

бар bar (8/1v)

бе́гать *multidir. of* **бежа́ть** to run; to go running, to jog (9/3; *unidir.* 8/4)

бе́дный poor [8/1]

бежа́ть (бегу́, бежи́шь, бежи́т, бежи́м, бежи́те, бегу́т) *unidir. of* **бе́гать** / *pfv.* **побежа́ть** to run (8/4)

бе́жевый beige (9/2)

без (+ *Gen.*) without (8/3)

без о́череди without waiting in line [14/3]

без че́тверти шесть (at) quarter to six; (at) 5:45 (11/1v)

безусло́вно certainly; absolutely; positively [8/3]

бе́лый white (9/2)

беспла́тно free (of charge); for free (5/3)

беспоко́ить (беспоко́ю, беспоко́ишь, . . . беспоко́ят) / *pfv.* **побеспоко́ить** to bother; to disturb (12/1)

Не беспоко́йтесь (**Не беспоко́йся**). Don't worry. (12/3)

библио́граф bibliographer [7/4]

библиоте́ка library; home library (3/4v)

би́знес [*pronounced* -нэ-] business (5/3)

бизнесме́н [*pronounced* -нэ́-] businessman [7/4]

биле́т ticket (1/4)

биле́т в/на (+ *Acc.*) a ticket for (14/1)

входно́й биле́т (entry) ticket (14/1v)

проездно́й биле́т = **проездно́й** (*noun, declines like adj.*) metro (bus, trolley, tram) pass (5/3v)

билетёрша usher (*female*) [14/3]

бино́кль *m.* binoculars (14/3)

био́лог biologist [4/4v]

би́ржа stock exchange (4/4)

благодари́ть (благодарю́, благодари́шь, . . . благодаря́т) / *pfv.* **поблагодари́ть** to thank (10/2)

бли́зко (*used as predicate*) (it's/that's) near; (it's/that's) close (2/4v)

бли́зко от (+ *Gen.*) close to; near (5/3)

блин (*pl.* блины́) crêpe (10/2v)

блонди́н/блонди́нка (*Gen. pl.* блонди́нок) a blond [4/2]

блу́зка (*Gen. pl.* блу́зок) blouse (1/3)

блю́до dish; (kind of) food; course (14/2v)

фи́рменное блю́до specialty of the house (14/2v)

блю́дце (*Gen. pl.* блю́дец) saucer (13/2)

бога́тый rich (12/2)

бога́че (*compar. of* бога́тый) richer (12/2)

Бо́же мой! Good heavens!; My goodness! (4/3)

бока́л wineglass (10/2)

бо́лее (*used to form comparatives*) more [9/4]: **бо́лее суеве́рный** more superstitious

боле́знь *f.* sickness; illness; disease (12/4)

боле́ть[1] (боле́ю, боле́ешь, . . . боле́ют) / *may function as pfv.* **заболе́ть**[1] to be ill; to be sick (*pfv.* to become sick; to take sick; to fall ill) (12/1)

боле́ть[2] (боли́т, боля́т) / *may function as pfv.* **заболе́ть**[2] (*3rd pers. only*) to ache; to hurt (*pfv.* to begin hurting; to begin to ache) (12/4)

больни́чный лист medical excuse from work [12/4]

больно́й (бо́лен, больна́, больно́, больны́) sick; ill (12/4)

бо́льше (*compar. of* большо́й) bigger, larger; (*compar. of* мно́го) more (9/2)

бо́льше всего́ most of all [11/4]

большо́й big; large (2/2)

    Большо́й теа́тр Bolshoi Theater (14/1)

боя́ться (бою́сь, бои́шься, . . . боя́тся) / *no resultative pfv.* (+ *Gen.*) to be afraid (of); to fear (9/4)

    Бою́сь, что нет. I'm afraid not. (10/4)

Брази́лия Brazil [11/3]

брат (*pl.* бра́тья, *Gen. pl.* бра́тьев) brother (2/1v)

    двою́родный брат (*male*) cousin (2/1v)

брать (беру́, берёшь, . . . беру́т; *past* брал, брала́, бра́ло, бра́ли) / *pfv.* **взять** (возьму́, возьмёшь, . . . возьму́т; *past* взял, взяла́, взя́ло, взя́ли) **1.** to take; **2.** to get (8/4)

    брать / взять интервью́ (у + *Gen.*) to interview (someone); to do an interview (with someone) (14/1)

бро́кер broker; stockbroker [4/4]

брю́ки (*Gen.* брюк) *pl.* pants; trousers (1/3)

буди́льник alarm clock (4/1v)

бу́дни weekdays

    по бу́дням on weekdays [9/3v]

бу́дущий future (*adj.*) [5/1v]

    бу́дущее (*noun, declines like adj.*) the future [8/2]

будь добр (**добра́**), **бу́дьте добры́** would you mind . . . ; if you don't mind . . . (11/1)

Будь здоро́в (**здоро́ва**)**!; Бу́дьте здоро́вы!** (*used when someone sneezes*) Bless you!; Gesundheit! (12/1)

бу́ква letter (*of the alphabet*) (1/2)

буке́т bouquet (11/4v)

буке́тик (*diminutive*) small bouquet [13/3]

бума́га paper [5/3]

    туале́тная бума́га toilet paper [5/3]

бу́сы (*Gen. pl.* бус) *pl.* beads [13/2v]

бутербро́д sandwich (1/2)

буты́лка (*Gen. pl.* буты́лок) bottle (5/4)

буфе́т snack bar (1/2)

бы (*conditional/hypothetical particle*) (13/3)

быва́ть / *no resultative pfv.* to be (*regularly or customarily*) [8/4]

бы́стро quickly; fast (4/3)

бы́стрый quick; fast (9/1)

быть (*future* бу́ду, бу́дешь, . . . бу́дут (6/2); *past* был, была́, бы́ло, бы́ли (4/3)) to be

    Бы́ло о́чень ве́село. It was a lot of fun. (7/4)

    мо́жет быть *parenthetical* maybe; perhaps (4/2)

    Не мо́жет быть! That can't be! (7/2)

бюро́ office; bureau (Epi/C)

В

в (во) 1. (+ *Prep.—to denote location*) in; at: **в Москве́** in Moscow; **в теа́тре** at the theater (3/1); **2.** (+ *Acc.—*

to denote a destination) to; into: **я иду́ в апте́ку.** I'm going to the pharmacy. (3/3); **3.** (+ *Prep.—with time units of a month or more*) in: **в январе́** in January (8/2); **4.** (+ *Acc.—to indicate a time of day*) at: **в четы́ре часа́** at four o'clock (7/1v); **5.** (+ *Acc.—with days of the week*) on: **в суббо́ту** on Saturday (7/1)

в а́рмии in the (military) service (6/2)

в два часа́ но́чи at 2:00 a.m. (7/3)

в Интерне́те [*pronounced* -тэ-] on the Internet (8/3)

в командиро́вке on a business trip (7/2)

в конце́ концо́в after all (8/1)

в кото́ром часу́? at what time?; when? (7/2)

в пе́рвый раз for the first time (14/2)

в понеде́льник, во вто́рник, *etc.* on Monday, on Tuesday, *etc.* (7/1)

в после́дний раз for the last time (14/1)

в про́шлом году́ last year (5/2)

в пять часо́в утра́ at 5:00 a.m. (7/3)

в пять (шесть, семь, . . .) часо́в at five (six, seven, . . .) o'clock (7/1v)

в семь часо́в ве́чера at 7:00 p.m. (7/3)

в три часа́ дня at 3:00 p.m. (7/3)

в час at one o'clock (7/1v)

В чём де́ло? What's the problem?; What's the matter? (10/1)

в шесто́м кла́ссе in sixth grade (6/1)

ве́рить / *pfv.* пове́рить в (+ *Acc.*) to believe in (9/4v)

игра́ть в (+ *Acc.*) to play (*a game or sport*) (3/1)

приглаша́ть / пригласи́ть в го́сти (+ *Acc.*) to invite (someone) over (11/1)

ро́вно в семь часо́в at seven o'clock sharp; at seven on the dot (7/3)

Что идёт в кино́? What's showing (playing) at the movies? (8/2)

ва́за vase [3/2v]

валю́та foreign currency (6/3v)

вам *Dat. of* вы (6/1)

ва́ми *Instr. of* вы (9/1)

вампи́р vampire [8/4]

ва́нна bathtub (4/1)

ва́нная (*noun, declines like adj.*) bathroom; restroom (2/2v)

варе́нье jam [6/4]

вас *Gen.* (4/1), *Acc.* (5/2), *and Prep.* (7/3) *of* вы

ваш (ва́ша, ва́ше, ва́ши) (*formal or pl.*) your; yours (1/4)

Вашингто́н Washington (1/2)

вдруг suddenly (6/4)

ведро́ (*pl.* вёдра, *Gen. pl.* вёдер) bucket [9/4]

ведь *particle* (*used for emphasis; often omitted in translation*) you know; why; after all (7/1)

вéжливый polite (6/4v)

вездé everywhere (5/1)

везти́ (везёт; *past* везло́) / *pfv.* **повезти́** (+ *Dat.*) *impersonal* to have good luck; to be lucky [7/2]

    Нам необыкновéнно повезло́. We were incredibly lucky; We really lucked out. (6/4)

    Не повезло́ ей! That's tough luck for her! [7/2]

век (*pl.* векá) century (8/3)

    Век живи́, век учи́сь! Live and learn! (14/3)

вен(ó)к (*Gen. sing.* венкá) wreath (11/4)

вéрить (вéрю, вéришь, . . . вéрят) / *pfv.* **повéрить** (+ *Dat.*) to believe (someone) (8/1)

    вéрить / повéрить в (+ *Acc.*) to believe in (9/4v)

вернéе *parenthetical* (or) rather [6/4]

Вéрно! That's true!; That's right! (7/1)

верну́ться (верну́сь, вернёшься, . . . верну́тся) *pfv.* to return; to come back; to go back (9/2) (*impfv.* возвраща́ться)

вéсело merrily [7/4]

    Бы́ло óчень вéсело. It was (we had) a lot of fun. (7/4)

весéнний spring (*adj.*) (13/1)

веснá spring (13/1)

    весно́й in the spring (7/1)

весь (вся, всё, все) 1. (*adj.*) all; the whole; all of (10/1); 2. **все** *pl. only* (*pronoun*) everybody; everyone (4/2); 3. **всё** *neut. sing. only* everything; all (4/2)

ветерина́рный veterinary (*adj.*) [2/4]

ветчинá ham (5/4v)

вéчер (*pl.* вечерá) evening (7/1)

    вéчера p.m. (*dusk to midnight*): **в сéмь часо́в вéчера** at 7:00 p.m. (7/3)

    Дóбрый вéчер! Good evening! (7/1)

вéчером in the evening (3/3v)

вéшать / *pfv.* **повéсить** (повéшу, повéсишь, . . . повéсят) to hang; to hang up [7/2]

    вéшать / повéсить тру́бку to hang up the phone (11/2)

    Повéсьте объявлéние. Put up a sign. [6/2]

вещь (*Gen. pl.* вещéй) *f.* thing (9/1)

    антиква́рная вещь a real antique [6/4]

взро́слые (*noun, declines like adj.*) grown-ups; adults (10/4)

взять (возьму́, возьмёшь, . . . возьму́т; *past* взял, взялá, взя́ло, взя́ли) *pfv.* 1. to take; 2. to get (8/4) (*impfv.* брать)

вид type; kind; sort (9/1)

    вид спóрта (kind of) sport (9/3)

    Что за вид! What a sight you are! (14/4)

ви́деть (ви́жу, ви́дишь, . . . ви́дят) / *pfv.* **уви́деть** to see (7/4; *impfv.* 4/2)

Вот ви́дишь (ви́дите)! You see!; See! (4/2)

    как ви́дишь (как ви́дите) as you (can) see (3/2)

ви́за visa (1/4)

ви́лка (*Gen. pl.* ви́лок) fork (9/4)

винегрéт salad with beets (10/2v)

вино́ wine (7/3)

винова́т: (Э́то) я винова́т (винова́та). (It's/That's) my fault. (11/2)

виолончели́ст/виолончели́стка (*Gen. pl.* виолончели́сток) cellist (3/3v)

виолончéль *f.* cello (3/3v)

витами́н vitamin (12/4v)

«Вишнёвый сад» The Cherry Orchard (*a play by Anton Chekhov*) [5/2v]

вку́сный delicious; tasty (6/4v)

    вку́сно (it's/that's) tasty [10/2]

вмéсте together (7/3)

внача́ле at first [11/3]

внизу́ downstairs; below (2/4)

внима́тельно attentively; carefully (11/2)

внима́тельный (внима́телен, внима́тельна, внима́тельно, внима́тельны) attentive (13/1)

внук/вну́чка (*Gen. pl.* вну́чек) grandson/ granddaughter (2/1)

водá (*Acc. sing.* во́ду) water (4/1)

    минера́льная водá mineral water (5/4)

води́тель такси́ taxi driver (4/4v)

води́ть (вожу́, во́дишь, . . . во́дят) (**маши́ну, такси́ . . .**) *multidir.; no unidir. nor pfv. in this meaning* to drive (a car, a taxi . . .) (9/3)

во́дка vodka (10/4v)

вождéние driving [9/3]

возвраща́ться / *pfv.* **верну́ться** (верну́сь, вернёшься, . . . верну́тся) to return; to come back; to go back (9/2)

во́зле (+ *Gen.*) near; by; beside; next to (10/1)

возража́ть / *pfv.* **возрази́ть** (возражу́, возрази́шь, . . . возразя́т) to object; to have an objection [7/1]

    Вы не возража́ете (Ты не возража́ешь)? Do you mind? (7/1)

    Я бы не возража́л (возража́ла). I wouldn't mind. (14/1)

Возьми́(те) тру́бку. Pick up the phone. (7/2)

Войди́(те). Come in. (7/1)

вокза́л train station; (railroad) station (8/4v)

волнова́ться (волну́юсь, волну́ешься, . . . волну́ются) / *pfv. not introduced* to worry; to be nervous (13/2)

    Не волну́йся (Не волну́йтесь)! Don't worry! (6/3)

во́лосы *pl.* (*Gen.* воло́с) hair (12/1v)

вон (over) there (2/2)

вообщé all in all; in general (7/4)

И вообще́ . . . (*used to introduce a statement which is more general than what precedes it*) and . . . anyway (3/1)

вопро́с question (4/4)

Мо́жно зада́ть вам вопро́с? May I ask you a question? (4/4)

восемна́дцатый eighteenth (6/3)

восемна́дцать eighteen (6/1)

во́семь eight (2/1)

8 [*pronounced* восьмо́е] **Ма́рта** the 8th of March (13/1)

во́семьдесят eighty (6/1)

восемьсо́т eight hundred (8/3)

воскресе́нье Sunday (1/4)

воспо́льзоваться (воспо́льзуюсь, воспо́льзуешься, . . . воспо́льзуются) *pfv.* (+ *Instr.*) to use (13/3) (*impfv.* по́льзоваться)

восьмидеся́тый eightieth (8/2)

восьмо́й eighth (6/3)

вот here (is/are) (1/4)

Вот ви́дишь (ви́дите)! You see!; See! (4/2)

Вот э́то да! Now *that's* a . . . !; Look at that! (10/1)

впервы́е for the first time (14/4)

вперёд forward [10/4]

впереди́ ahead (14/1)

врать (вру, врёшь, . . . врут; *past* врал, врала́, вра́ло, вра́ли) / *pfv.* **совра́ть** to lie (10/1)

врач (*Gen. sing.* врача́) physician; doctor (1/3)

вре́мя (*Gen., Dat., and Prep. sing.* вре́мени; *Instr. sing.* вре́менем; *pl.* времена́; *Gen. pl.* времён) *neut.* time (7/1)

Вре́мя тако́е. It's that time of year. [9/2]

всё вре́мя all the time; constantly (7/2)

Жела́ю (Жела́ем) хорошо́ провести́ вре́мя! Have a good time! (9/4)

пе́рвое вре́мя at first [11/4]

все (*pl. of* весь) (*pronoun*) everybody; everyone (4/2)

всё[1] (*adverb*) **1.** still [13/2]; **2.** (+ *comparative*) -er and -er; more and more: **всё ра́ньше и ра́ньше** earlier and earlier; **всё ме́ньше и ме́ньше** less and less; fewer and fewer (9/2)

всё[2] (*pronoun*) everything; all (4/2)

Всё в поря́дке. Everything is in order.; Everything's fine. (6/2)

всё вре́мя all the time; constantly; keep (doing something) (7/2)

всё равно́ 1. in any case; **2.** all the same; still (Epi/A)

Всё слы́шно. I (we, *etc.*) can hear everything. (4/2)

Всё хорошо́, что хорошо́ конча́ется. All's well that ends well. (Epi/C)

всё, что ну́жно everything that's needed; everything we need (6/4)

всё-таки all the same; still; nevertheless (9/2)

пре́жде всего́ first of all (5/4)

Э́то всё? Is that all? (4/2)

всегда́ always (4/4)

всего́ only; just (10/1)

Всего́ хоро́шего! All the best!; Take care!; Best wishes! (9/4)

пре́жде всего́ first of all (5/4)

вспомина́ть / *pfv.* **вспо́мнить** (вспо́мню, вспо́мнишь, . . . вспо́мнят) to recall (11/4)

встава́ть (встаю́, встаёшь, . . . встаю́т) / *pfv.* **встать** (вста́ну, вста́нешь, . . . вста́нут) to get up (9/2v)

встреча́ть / *pfv.* **встре́тить** (встре́чу, встре́тишь, . . . встре́тят) **1.** to meet (9/4); **2.** to celebrate (*a holiday*) (10/3)

встреча́ть / встре́тить Но́вый год to celebrate New Year's Eve (10/3)

встреча́ться / *pfv.* **встре́титься** (встре́чусь, встре́тишься, . . . встре́тятся) (**с** + *Instr.*) to meet; to get together (with) (Epi/A)

вто́рник Tuesday (1/4)

второ́й second (2/4)

Во-вторы́х . . . Secondly,. . . ; In the second place . . . (10/1)

вход entrance (9/1)

Вход воспреща́ется. No entry. [9/1]

Вход воспрещён. No entry. [9/1]

входно́й биле́т (entry) ticket (14/1v)

вчера́ yesterday (4/3)

вы (*formal or pl.*) you (1/3)

выбира́ть / *pfv.* **вы́брать** (вы́беру, вы́берешь, . . . вы́берут) to choose; to select (14/2)

вы́бор choice [8/3]

выбра́сывать / *pfv.* **вы́бросить** (вы́брошу, вы́бросишь, . . . вы́бросят) to throw out; to throw away; to discard [6/4]

вы́брать (вы́беру, вы́берешь, . . . вы́берут) *pfv.* to choose; to select (14/2) (*impfv.* выбира́ть)

выезжа́ть / *pfv.* **вы́ехать** (вы́еду, вы́едешь, . . . вы́едут) to go out; to come out; to leave (*by vehicle*) [9/2]

вызыва́ть / *pfv.* **вы́звать** (вы́зову, вы́зовешь, . . . вы́зовут) to call; to get; to summon (*a doctor, etc.*) (12/2)

выи́грывать / *pfv.* **вы́играть** to win (14/4v)

вы́йти (вы́йду, вы́йдешь, . . . вы́йдут; *past* вы́шел, вы́шла, вы́шло, вы́шли) *pfv.* **1.** to get off (*a bus*) (9/1v); **2.** to go out (of); to come out (of) (9/2v) (*impfv.* выходи́ть)

вы́йти за́муж *pfv.* (**за** + *Acc.*) (*of a woman*) to marry; to get married (to): **Она́ вы́шла за́муж за Ви́ктора.** She married Victor. (8/2) (*impfv.* выходи́ть за́муж)

вылéчивать / *pfv.* **вы́лечить** (вы́лечу, вы́лечишь, . . . вы́лечат) to treat (*medically*); *pfv.* to cure (12/1)

выпи́сывать / *pfv.* **вы́писать** (вы́пишу, вы́пишешь, . . . вы́пишут) to write out [12/4]

выпи́сывать / **вы́писать реце́пт** to write out a prescription [12/4]

выпи́сывать вы́писать (+ *Acc.*) **на рабо́ту** to clear (someone) for work [12/4]

вы́пить (вы́пью, вы́пьешь, . . . вы́пьют) *pfv.* to drink; *usu. pfv.* to drink up (8/1) (*impfv.* пить)

вы́расти (вы́расту, вы́растешь, . . . вы́растут; *past* вы́рос, вы́росла, вы́росло, вы́росли) *pfv.* **1.** to grow; **2.** to grow up (8/1) (*impfv.* расти́)

высо́кий 1. high (11/1); **2.** tall (5/4)

вы́ставка (*Gen. pl.* вы́ставок) exhibition [5/2]

вы́учить (вы́учу, вы́учишь, . . . вы́учат) *pfv.* to learn; (to try) to memorize (7/1) (*impfv.* учи́ть)

вы́ход exit (9/1)

выходи́ть (выхожу́, выхо́дишь, . . . выхо́дят) / *pfv.* **вы́йти** (вы́йду, вы́йдешь, . . . вы́йдут; *past* вы́шел, вы́шла, вы́шло, вы́шли) **1.** to get off (*a bus*) (9/1v); **2.** to go out (of); to come out (of) (9/2v)

выходи́ть / **вы́йти за́муж** (**за** + *Acc.*) (*of a woman*) to marry; to get married (to) (8/2): **Она́ вы́шла за́муж за Ви́ктора.** She married Victor.

вы́ше (*compar. of* высо́кий) higher; taller (12/2)

Вьетна́м Vietnam [11/3]

вьетна́м(е)ц/вьетна́мка (*Gen. pl.* вьетна́мок) a Vietnamese [11/3]

Г

газе́та newspaper (1/2)

газе́тный newspaper (*adj.*) [8/4]

галере́я gallery [9/1]

Третьяко́вская галере́я Tretyakov Gallery (*a major Moscow art museum*) [9/1]

га́лстук tie (1/3)

гара́ж (*Gen. sing.* гаража́) garage (5/1)

гардеро́б coat-check (room) (14/3)

гвозди́ка carnation (11/4v)

где where (1/3)

геогра́фия geography (1/2)

Герма́ния Germany [5/2v]

герои́ня heroine [7/4]

гид guide [5/2]

гимна́стика gymnastics (9/3)

гита́ра guitar (3/3v)

гитари́ст/гитари́стка (*Gen. pl.* гитари́сток) guitarist (3/3v)

гла́вное (*noun, declines like adj.*) the main thing (6/3)

глаз (*pl.* глаза́) eye (12/1v)

говори́ть (говорю́, говори́шь, . . . говоря́т) / *pfv.* **сказа́ть** (скажу́, ска́жешь, . . . ска́жут) **1.** (*impfv. only*) to speak; to talk; **2.** to say; to tell (7/4; *impfv.* 4/2)

говори́ть (+ *Dat.*) **«вы»** address (someone) formally (6/1)

говори́ть по-англи́йски (**по-ру́сски**, *etc.*) to speak English (Russian, *etc.*) (4/3v)

говори́ть с акце́нтом to have an accent (9/1)

говори́ть (+ *Dat.*) **«ты»** to address (someone) informally (6/1)

Дава́й говори́ть друг дру́гу «ты»! Let's use «ты» with each other. (6/1)

Э́то говори́т . . . This is . . . speaking. (7/2)

год (*Prep. sing.* в году́ *but* о го́де, *pl.* го́ды, *Gen. pl.* лет) year (1/4)

в про́шлом году́ last year (5/2)

Ему́ (**ей**) **два го́да.** He (she) is two years old. (6/1v)

на́ год for a year [7/4]

провожа́ть / **проводи́ть** (провожу́, прово́дишь, . . . прово́дят) **ста́рый год** to see out the old year (10/2)

С Но́вым го́дом! Happy New Year! (10/3)

голова́ (*Acc. sing.* го́лову, *pl.* го́ловы, *Gen. pl.* голо́в, *Dat. pl.* голова́м) head (12/1v)

голубо́й light blue (9/2)

гора́здо (+ *compar.*) much; far (9/2)

горди́ться (горжу́сь, горди́шься, . . . гордя́тся) / *no resultative pfv.* (+ *Instr.*) to be proud (of) [9/1]

го́рло throat (12/1v)

го́род (*pl.* города́) city; town (1/2)

городско́й city; municipal (*adj.*) [7/2]

городско́й тра́нспорт public transportation (9/1)

гороско́п horoscope [9/4v]

горчи́ца mustard [7/3v]

горчи́чник [*pronounced* -чи́ш-] mustard plaster (12/3)

горя́чий (*of an object, liquid, etc.*) hot (12/3)

господи́н (*used as title in addressing male foreigners*) Mr. [14/2]

гости́ная (*noun, declines like adj.*) living room (5/2)

гость (*Gen. sing.* го́стя, *Gen. pl.* госте́й)/**го́стья** guest (4/2)

гото́в (гото́ва, гото́во, гото́вы) ready (8/1)

гото́вить (гото́влю, гото́вишь, . . . гото́вят) / *pfv.* **пригото́вить 1.** to prepare; **2.** to cook (7/3) готóвить приготóвить обéд to prepare dinner [7/3]

готóвиться (готóвлюсь, готóвишься, . . . готóвятся) / *pfv.* подготóвиться (к экзáмену) to prepare (for an exam) (7/3)

грамм (*Gen. pl.* грамм *or* грáммов) gram (7/3v)

грани́ца border (13/1)

гриб (*Gen. sing.* грибá) mushroom (10/2v)

грипп influenza; flu (12/1)

грóмко loudly (4/2)

    Как грóмко он игрáет! He plays so loud! (2/3)

грýбый rude; crude (6/4v)

грузови́к (*Gen. sing.* грузовикá) truck (8/4v)

грýппа 1. (performing) group (4/2v); 2. section; class (*at a university, etc.*) (11/3)

грýстный sad (13/3)

грязь (*Prep. sing.* в грязи́) *f.* mud (5/3)

гуля́ть / *may function as pfv. to indicate limited duration* погуля́ть to walk; to go for a walk; to take a walk (8/1; *impfv.* 3/1v)

гурмáн gourmet [10/2]

гусь (*Gen. pl.* гусéй) *m.* goose [10/2v]

Д

да yes (1/3)

    Да нет, . . . Well, not really . . . (6/4v)

давáй(те) . . . (*particle*) let's . . . (8/3)

    Давáй говори́ть друг дрýгу «ты»! Let's use «ты» with each other. (6/1)

    Давáйте познакóмимся. Let's introduce ourselves.; Let's get acquainted. (2/3)

    Давáй(те) я (мы) . . . (*when offering to do something*) Let me . . . (Let us . . .) (10/3)

давáть (даю́, даёшь, . . . даю́т) / *pfv.* дать (дам, дашь, даст, дади́м, дади́те, дадýт; *past* дал, далá, далó, дáли) (+ *Dat.* + *Acc.*) to give (something to someone) (7/2)

давнó 1. long ago (14/3); 2. (for) a long time (11/2)

дáже (*particle*) even (3/2)

далекó far; far away (2/2)

    далекó (недалекó) от (+ *Gen.*) far (not far) from (5/3)

дáльше (*comparative of* далёкий *and* далекó) farther; further

    А как дáльше? (And) what comes next? (10/4)

    «Дáма с собáчкой» The Lady with a Lap Dog (*a short story by Anton Chekhov*) [5/2v]

дари́ть (дарю́, дáришь, . . . дáрят) / *pfv.* подари́ть (+ *Dat.* + *Acc.*) to give (something to someone) (*as a gift*) (7/4)

дать (дам, дашь, даст, дади́м, дади́те, дадýт; *past* дал, далá, далó, дáли) *pfv.* (+ *Dat.* + *Acc.*) to give (something to someone) (7/2) (*impfv.* давáть)

два *m. neut.*, две f. (+ *Gen. sing.*) two (2/1)

    в два часá нóчи at 2:00 a.m. (7/3)

    две ты́сячи two thousand (8/3)

    по две таблéтки two tablets each [12/4]

двадцáтый twentieth (6/3)

двáдцать twenty (6/1)

двенáдцатый twelfth (6/3)

двенáдцать twelve (2/1)

дверь (*Prep. sing.* о двéри *but* на двери́, *Gen. pl.* дверéй) *f.* door (2/2v)

    двéри закрывáются (the) doors are closing (9/1v)

двéсти two hundred (8/3)

двойнóй double [14/4]

Двор(é)ц (*Gen. sing.* Дворцá) молодёжи Youth Center [4/2v]

двою́родная сестрá (female) cousin (2/1v)

двою́родный брат (male) cousin (2/1v)

двухкóмнатная квартира two-room apartment (6/2v)

дéвочка (*Gen. pl.* дéвочек) (little) girl (2/2)

дéвушка (*Gen. pl.* дéвушек) girl; young woman (5/3)

девчóнка (*Gen. pl.* девчóнок) (*colloquial*) girl [13/3]

девянóсто ninety (6/1)

девянóстый ninetieth (8/2)

девятнáдцатый nineteenth (6/3)

девятнáдцать nineteen (6/1)

девя́тый ninth (6/3)

дéвять nine (2/1)

девятьсóт nine hundred (8/3)

Дед Морóз Grandfather Frost (10/1v)

дéдушка (*Gen. pl.* дéдушек) grandfather (2/1v)

дежýрный/дежýрная (*noun, declines like adj.*) man/woman on duty (11/4)

дéйствие act (*in a play, opera, etc.*) (14/4)

действи́тельно really; indeed; actually (5/3)

    Действи́тельно! Right! (6/1)

декáбрь (*Gen. sing.* декабря́) *m.* December (1/4)

дéлать / *pfv.* сдéлать 1. to do; 2. to make (7/1; *impfv.* 3/1)

    дéлать / сдéлать (+ *Dat.*) сюрпри́з to surprise (someone) (Epi/C)

    Что дéлать? What should (can) I (we) do? (4/2v)

дéло (*pl.* делá) matter; business (8/2)

    В чём дéло? What's the problem?; What's the matter? (10/1)

    другóе дéло (that's) a different matter; (that's) another matter (14/3)

    Как (у тебя́, у вас) делá? How are things (with you)?; How are you doing? (1/2)

    Какóе твоё дéло? What business is it of yours? (8/1)

    по дéлу on business [7/4]

деловóй businesslike (10/2)

д(е)нь (*Gen. sing.* дня) *m.* day (1/4)

д(е)нь рожде́ния birthday (4/2)

До́брый день! Good day!; Good afternoon! (3/2)

Же́нский д(е)нь Women's Day (13/1)

Како́й сего́дня день? What (day) is (it) today? (1/4)

нерабо́чий д(е)нь non-working day; day off (13/1)

де́ньги (*Gen.* де́нег, *Dat.* деньга́м) *pl.* money (8/3)

десе́рт dessert (14/2v)

деся́т(о)к (*Gen. sing.* деся́тка) ten (*of something*) (11/4v)

деся́тый tenth (6/3)

де́сять ten (2/1)

детекти́в mystery (novel) [3/2]

де́ти (*Gen.* дете́й, *Dat.* де́тям, *Instr.* детьми́) *pl.* (*sing.* ребён(о)к) children (2/1v)

дети́шки *affectionate* children; kids [10/4]

де́тский сад (*Prep. sing.* в де́тском саду́) kindergarten (10/1)

деше́вле (*compar. of* дешёвый *and* дёшево) cheaper (8/3)

джаз jazz (4/2v)

джентльме́н gentleman [10/1]

джи́нсы (*Gen.* джи́нсов) *pl.* jeans (1/3)

дива́н couch; sofa (2/3v)

дие́та diet (5/4v)

диноза́вр dinosaur [8/3]

дипло́м diploma; degree (7/1)

дире́ктор (*pl.* директора́) director; manager; superintendent (*of a building*) (4/1)

дискоте́ка discothèque; dance club (8/1v)

дискримина́ция discrimination [5/3]

диспе́тчер dispatcher (Epi/B)

дли́нный long (13/1)

для (+ *Gen.*) for: **Тут нет ме́ста для стола́.** There is no room for a table here. (6/4)

днём 1. in the daytime; **2.** in the afternoon (7/1)

днём и но́чью constantly; day and night [7/2]

дня (*Gen. sing. of* день) p.m. (*noon to dusk*): **в три часа́ дня** at 3:00 p.m. (7/3)

до (+ *Gen.*) before: **До институ́та я зако́нчила медици́нское учи́лище.** I finished nursing school before the institute. (7/1)

До свида́ния! Good-bye! (1/2)

до сих пор (*also* до́ сих пор) until now; even now (11/4)

до́брый 1. kind; **2.** good (13/1)

До́брое у́тро! Good morning! (7/2)

До́брый ве́чер! Good evening! (7/1)

До́брый день! Good day!; Good afternoon! (3/2)

довози́ть (довожу́, дово́зишь, . . . дово́зят) / *pfv.* **довезти́** (довезу́, довезёшь, . . . довезу́т; *past* довёз, довезла́, довезло́, довезли́) (**до** + *Gen.*) to take (to); to give a ride (to some place) (Epi/C)

дога́дываться / *pfv.* **догада́ться** to guess [9/3]

догова́риваться / *pfv.* **договори́ться** (договорю́сь, договори́шься, . . . договоря́тся) to agree (to) [11/4]

Договори́лись! It's settled, then!; Agreed! (7/2)

дождь (*Gen. sing.* дождя́) *m.* rain (8/2)

идёт дождь it's raining (8/2)

до́ктор (*pl.* доктора́) doctor (12/1v)

до́лго for a long time; long (8/4)

до́лжен (должна́, должно́, должны́) **1.** must; have to (5/4); **2.** should; be supposed to (9/4)

дом (*pl.* дома́) **1.** house; **2.** building; **3.** apartment building (2/1)

Дом кни́ги House of Books (*the name of a large bookstore*) [8/4]

до́ма at home (1/3)

дома́шний 1. home (*adj.*) (12/1); **2.** homemade; home-cooked (10/2)

дома́шнее зада́ние homework (assignment) (3/3)

домо́й (*indicates direction*) home (3/4v)

доро́га way; road (8/4)

по доро́ге on the way; along the way (8/3)

присе́сть (прися́ду, прися́дешь, . . . прися́дут) *pfv.* **на доро́гу** to sit down before a trip [Epi/B]

дорого́й 1. dear (2/3); **2.** expensive (5/3)

доро́же (*compar. of* дорого́й *and* до́рого) more expensive (12/2)

доска́ chalkboard

Иди́(те) к доске́. Go to the board. [1/4]

достава́ть (достаю́, достаёшь, . . . достаю́т) / *pfv.* **доста́ть** (доста́ну, доста́нешь, . . . доста́нут) to get; to obtain (14/1)

доста́точно enough (14/1)

доста́ть (доста́ну, доста́нешь, . . . доста́нут) *pfv.* to get; to obtain (14/1) (*impfv.* достава́ть)

до́ченька (*affectionate*) daughter [3/1]

дочь (*Gen., Dat., and Prep. sing.* до́чери, *Instr. sing.* до́черью, *pl.* до́чери, *Gen. pl.* дочере́й, *Instr. pl.* дочерьми́) *f.* daughter (2/1)

друг (*pl.* друзья́, *Gen. pl.* друзе́й) friend (5/3)

друг дру́га (друг дру́гу, друг о дру́ге, *etc.*) each other; (*to, about, etc.*) one another (6/1)

Дава́й говори́ть друг дру́гу «ты»! Let's use «ты» with each other. (6/1)

друго́й other; another (5/2)

друго́е де́ло (that's) a different matter; (that's) another matter) (14/3)

дру́жба friendship (10/3v)

ду́мать / *pfv.* **поду́мать** (**о** + *Prep.*) to think (about) (8/1)

духи́ (*Gen.* духо́в) *pl.* perfume (13/3v)

душ shower (4/1)

Дыши(те). Breathe. (12/3)

дя́дя (*Gen. pl.* дя́дей) *m.* uncle (2/1v)

Е

«Евге́ний Оне́гин» *Eugene Onegin* (*a novel in verse by A. S. Pushkin*) [7/4]

Евро́па Europe (1/2)

его́ 1. *Gen.* (4/1) *and Acc.* (5/2) *of* он *and* оно́; **2.** (*possessive*) his; its (1/4)

еди́нственный (the) only (10/4)

её 1. *Gen.* (4/1) *and Acc.* (5/2) *of* она́; **2.** (*possessive*) her; hers; its (1/4)

еженеде́льник weekly publication (*newspaper, magazine, etc.*) [9/3v]

е́здить (е́зжу, е́здишь, . . . е́здят) *multidir. of* **е́хать** to go (*by vehicle*); to ride; to drive (5/4)

ей *Dat.* (6/1) *and Instr.* (9/1) *of* она́

ёлка (*Gen. pl.* ёлок) New Year's tree (10/1v)

ёлочка (*Gen. pl.* ёлочек) (*diminutive*) New Year's tree [10/4]

ему́ *Dat. of* он *and* оно́ (6/1)

е́сли if (3/2)

есть[1] (ем, ешь, ест, еди́м, еди́те, едя́т; *past* ел, е́ла, е́ло, е́ли) (5/4v) / *pfv.* **1. съесть** to eat; (*pfv. only*) to eat up (10/3); *pfv.* **2. пое́сть** to eat; to have something to eat; to have a bite (10/2)

есть[2] (*3rd pers. sing. present of* быть) **1.** there is (are) (4/1v); **2.** (*with* у меня́, у тебя́, *etc.*) I (you, *etc.*) have: **У вас есть телеви́зор?** Do you have a television? (4/1)

Тут есть . . . ? Is (Are) there . . . here? [3/4]

е́хать (е́ду, е́дешь, . . . е́дут) *unidir. of* **е́здить** / *pfv.* **пое́хать 1.** to go (*by vehicle*); to ride; to drive; **2.** *pfv. only* to set out (*by vehicle*) (8/1; е́здить 5/4; е́хать 3/3)

ещё 1. still (6/1); **2.** yet (6/3); **3.** else (4/3)

ещё не; (*when used without a predicate*) **ещё нет** not yet; not . . . yet (4/4)

ещё оди́н (одна́, одно́) one more (5/4)

ещё раз once again (11/4)

Кто (Что) ещё? Who (What) else? (4/3)

Нет ещё. (Ещё нет.) Not yet. (6/3)

Ж

жаке́т (*woman's*) suit jacket (1/3)

жаль (that's) too bad; it's/that's a pity! (6/2)

жа́рко (*of one's surroundings, the weather, etc.*) (it's) hot (9/1)

ждать (жду, ждёшь, . . . ждут; *past* ждал, ждала́, жда́ло, жда́ли) / *pfv.* **подожда́ть 1.** to wait (for); **2.** to expect (14/4; *impfv.* 5/3)

Ждём! We'll be expecting you! [7/3]

же (*particle*) used for emphasis surely; after all (4/3)

Мы, кто же ещё! Sure it's us, who else? [4/3]

то же са́мое the same thing (14/2)

жела́ть / *pfv. not introduced* (+ *Dat.* + *Gen.*) to wish (someone something) (9/4)

Жела́ю (Жела́ем) тебе́ (вам) уда́чи. Good luck! (9/3)

Жела́ю (Жела́ем) успе́ха! Best of luck; Good luck! (13/3)

Жела́ю (Жела́ем) хорошо́ провести́ вре́мя! Have a good time! (9/4)

жёлтый yellow (9/2)

жена́ (*pl.* жёны, *Gen. pl.* жён) wife (2/1v)

муж и жена́ Кругло́вы Mr. and Mrs. Kruglov; the Kruglovs, husband and wife (2/1)

жела́т (жена́ты) (*of a man or a couple*) married (8/2)

жени́ться (женю́сь, же́нишься, . . . же́нятся) *impfv. and pfv.* (**на** + *Prep.*) (*of a man*) to get married (to); to marry (someone): **Он жени́ся на Ле́не.** He married Lena. (8/2)

жени́ться (же́нимся, же́нитесь, же́нятся) / *pfv.* **пожени́ться** (*used in plural only*) (*of a couple*) to marry; to get married (8/2)

Же́нский д(е)нь Women's Day (13/1)

же́нщина woman (4/2)

живо́т (*Gen. sing.* живота́) stomach (12/1v)

жизнь *f.* life (5/2v)

жить (живу́, живёшь, . . . живу́т; *past* жил, жила́, жи́ло, жи́ли) / *no resultative pfv.* to live (3/1)

журна́л magazine; journal (1/2)

журнали́ст/журнали́стка (*Gen. pl.* журнали́сток) journalist (2/4)

журнали́стика journalism [4/4]

факульте́т журнали́стики journalism department [4/4]

З

за 1. (+ *Acc.*) for: **за биле́ты пла́тит фи́рма** the firm pays for the tickets (8/2); **2.** (+ *Acc.—to indicate how long it takes to complete something*) in; it takes . . . (11/3); **3.** (+ *Instr.*) behind (9/1); **4.** (+ *Instr.*) for; to get: **Он верну́лся за сигаре́тами.** He went back for (his) cigarettes. [9/4]; **5.** (+ *Instr.*) at: **за столо́м** at the table; **6.** (+ *Acc.*) (*in a toast*) (here's) to (10/3v)

за грани́цей abroad (*location*) (13/1)

за . . . до: за пять мину́т до конца́ (+ *Gen.*) five minutes before the end

пое́здка за грани́цу a trip abroad (11/4)

заблужда́ться / *pfv.* **заблуди́ться** (заблужу́сь, заблу́дишься, . . . заблу́дятся) to get lost (8/4)

заболе́ть[1] (заболе́ю, заболе́ешь, . . . заболе́ют) *pfv.* to become sick; to take sick; to fall ill (12/1) (*may function as pfv. of* боле́ть[1])

заболе́ть[2] (заболю́, заболи́шь, . . . заболя́т) *pfv.* to begin hurting; to begin to ache [12/1] (*may function as pfv. of* боле́ть[2])

забра́сывать / *pfv.* **забро́сить** (забро́шу, забро́сишь, . . . забро́сят) **ша́йбу** to score a (hockey) goal [14/3]

забыва́ть / *pfv.* **забы́ть** (забу́ду, забу́дешь, . . . забу́дут) to forget (9/1)

заво́д plant; factory (4/4v)

за́втра tomorrow (1/4)

за́втракать / *pfv.* **поза́втракать** to have breakfast; to have lunch (9/2v)

задава́ть (задаю́, задаёшь, . . . задаю́т) / *pfv.* **зада́ть** (зада́м, зада́шь, зада́ст, задади́м, задади́те, зададу́т; *past* за́дал, задала́, за́дало, за́дали) **вопро́с** (+ *Dat.*) to ask (someone) a question (8/1) [*pfv. infin. only 4/4*]

Мо́жно зада́ть вам вопро́с? May I ask you a question? (4/4)

зада́ние: дома́шнее зада́ние homework assignment (3/3)

заезжа́ть / *pfv.* **зае́хать** (зае́ду, зае́дешь, . . . зае́дут) **1.** (**в** *or* **на** + *Acc. or* **к** + *Dat.*) to stop in (at); to stop by; to drop by (*vehicular*) (14/2); **2.** (**за** + *Instr.*) to pick up (someone or something); to stop by (some place) for something (*vehicular*) (14/1)

зайти́ (зайду́, зайдёшь, . . . зайду́т; *past* зашёл, зашла́, зашло́, зашли́) *pfv.* **1.** (**в** *or* **на** + *Acc. or* **к** + *Dat.*) to stop in (at); to stop by; to drop by; **2.** (**за** + *Instr.*) to pick up (someone or something); to stop by (some place) (for something) (14/2) (*impfv.* заходи́ть)

зака́зывать / *pfv.* **заказа́ть** (закажу́, зака́жешь, . . . зака́жут) to order; to reserve (14/2)

Что бу́дете зака́зывать? What can I get you?; Are you ready to order?; What'll you have? (5/4)

зака́нчивать / *pfv.* **зако́нчить** (зако́нчу, зако́нчишь, . . . зако́нчат) to finish (7/1)

закрыва́ть / *pfv.* **закры́ть** (закро́ю, закро́ешь, . . . закро́ют) to close; to shut [*pfv. only 4/1*]

закры́тый (закры́т, закры́та, закры́то, закры́ты) (*adj. and past passive participle of* закры́ть) closed (11/2)

заку́ски *pl.* (*sing.* заку́ска, *Gen. pl.* заку́сок) appetizers; hors d'oeuvres; snacks (13/4)

зал (performance) hall; auditorium (4/2v)

замерза́ть / *pfv.* **замёрзнуть** (замёрзну, замёрзнешь, . . . замёрзнут; *past* замёрз, замёрзла, замёрзло, замёрзли) to freeze [10/1]

заме́тить (заме́чу, заме́тишь, . . . заме́тят) *pfv.* to notice (13/1) (*impfv.* замеча́ть)

замеча́тельно wonderfully; marvelously; (*used as predicate*) (it's/that's) wonderful; (it's/ that's) marvelous

Замеча́тельно! Great! (6/3)

замеча́тельный wonderful; marvelous (3/3)

замеча́ть / *pfv.* **заме́тить** (заме́чу, заме́тишь, . . . заме́тят) to notice (13/1)

за́мужем (*of a woman*) married (8/2)

занима́ть / *pfv.* **заня́ть** (займу́, займёшь, . . . займу́т; *past* за́нял, заняла́, за́няло, за́няли) to take (+ *amount of time*) (11/1)

занима́ться / *no resultative pfv.* **1.** (+ *Instr.*) to be occupied with; to be engaged in (9/3); **2.** to study (*prepare for classes*) (7/1)

заня́тия *usu. pl.* classes (7/1)

за́нятый (за́нят, занята́, за́нято, за́няты) busy (12/2)

заня́ть (займу́, займёшь, . . . займу́т; *past* за́нял, заняла́, за́няло, за́няли) *pfv.* to take (+ *amount of time*) (11/1) (*impfv.* занима́ть)

запи́ска (*Gen. pl.* запи́сок) note (12/2)

записна́я кни́жка (*Gen. pl.* кни́жек) notebook; address book (6/3)

заплати́ть (заплачу́, запла́тишь, . . . запла́тят) *pfv.* (**за** + *Acc.*) to pay (for) (8/1) (*impfv.* плати́ть)

за́работ(о)к (*Gen. sing.* за́работка) pay (7/1)

зато́ (*often* но зато́) but (then); but on the other hand (4/4)

заходи́ть (захожу́, захо́дишь, . . . захо́дят) / *pfv.* **зайти́** (зайду́, зайдёшь, . . . зайду́т; *past* зашёл, зашла́, зашло́, зашли́) **1.** (**в** *or* **на** + *Acc. or* **к** + *Dat.*) to stop in (at); to stop by; to drop by; **2.** (**за** + *Instr.*) to pick up (someone or something); to stop by (some place) (for something) (14/2)

Заходи́(те)! Come in! (3/2)

заче́м what (does one need . . .) for; why (4/1)

звони́ть (звоню́, звони́шь, . . . звоня́т) / *pfv.* **позвони́ть** (+ *Dat.*) to call; to phone (someone) (7/1v)

звук sound (1/2)

здесь here (1/3)

здоро́ваться / *pfv.* **поздоро́ваться** *intransitive* to greet (someone) [9/4]

здо́рово: Э́то здо́рово! It's/That's great! (2/2)

здоро́вье health (10/3v)

Как (ва́ше) здоро́вье? How's your health? How are you feeling? (6/3)

Здра́вствуй(те)! Hello! (1/2)

зелёный green (9/2)

зима́ (*Acc. sing.* зи́му, *pl.* зи́мы) winter (13/1)

зи́мний winter (*adj.*) (13/1)

зимо́й in the winter (7/1)

знак sign [9/4v]

знако́мить (знако́млю, знако́мишь, . . . знако́мят) / *pfv.* **познако́мить** (+ *Acc.* + **с** + *Instr.*) to introduce (someone to someone) (11/1)

знако́миться (знако́млюсь, знако́мишься, . . . знако́мятся) / *pfv.* **познако́миться** (**с** + *Instr.*) to get acquainted (with) (8/2)

   Дава́йте познако́мимся. Let's get acquainted; Let's introduce ourselves. (2/3)

   О́чень прия́тно познако́миться. (It's/It was) very nice to meet you. (4/4)

   Познако́мьтесь, э́то . . . (*when introducing someone*) I'd like you to meet . . .; Meet . . .; Let me introduce . . . (2/3)

знако́мый 1. знако́мый/знако́мая (*noun, declines like adj.*) acquaintance (7/2); **2.** (*adj.*) familiar (10/4)

знамени́тый famous (14/1)

знать / *no resultative pfv.* to know (3/1) (*1st person only* 1/1)

   Бу́ду знать. (*in response to receiving some information*) I'll remember that. (10/2)

   Вы не зна́ете, . . . ? (*used when a person asking for information does not know what response will be given*) Do you (happen to) know . . . ? (3/4)

зна́чить (зна́чу, зна́чишь, . . . зна́чат) / *no resultative pfv.* to mean (10/2)

   Зна́чит, . . . *parenthetical* so; that is; then (3/4)

   Что зна́чит . . . ? What does . . . mean? (10/2)

зодиа́к zodiac [9/4v]

золото́й gold; golden (11/4)

   золоты́е ру́ки (**у** + *Gen.*) (one is) good with one's hands (4/3)

зо́нтик (**зонт**) umbrella (13/2v)

зоопа́рк zoo (8/1v)

зуб tooth (9/2v)

   зубна́я па́ста toothpaste (5/3v)

   зубна́я щётка (*Gen. pl.* щёток) toothbrush (5/3v)

   чи́стить (чи́щу, чи́стишь, . . . чи́стят) **почи́стить зу́бы** to brush one's teeth (9/2v)

И

и and (1/3)

   И вообще́ . . . (*used to introduce a statement which is more general than what precedes it*) And anyway . . .; All in all . . . (3/1)

игра́ (*pl.* и́гры, *Gen. pl.* игр) game (14/4v)

игра́ть (3/1) / *pfv.* **1. сыгра́ть** (*music*) to play (*a single selection*); *pfv.* **2. поигра́ть** to play (*to indicate limited duration*)

   игра́ть в (+ *Acc.*) to play (*a game or sport*) (3/1)

   игра́ть на (+ *Prep.*) to play (*a musical instrument*) (4/3)

   Как гро́мко он игра́ет! He plays so loud! (2/3)

иде́я idea (6/2)

идти́ (иду́, идёшь, . . . иду́т; *past* шёл, шла, шло, шли) *unidir. of* **ходи́ть** / *pfv.* **пойти́** (пойду́, пойдёшь, . . . пойду́т; *past* пошёл, пошла́, пошло́, пошли́) **1.** to go; **2.** *impfv. only* to walk; **3.** *pfv. only* to set out (8/1; *unidir. only* 3/3)

   идёт дождь it's raining (8/2)

   идёт снег it's snowing (8/2)

   Иди́(те) к доске́. Go to the board. [1/4]

   Иди́(те) сюда́. Come here. [1/4]

   идти́ на свида́ние to go on a date (8/1)

   Что идёт в кино́? What's showing at the movies? (8/2)

из (+ *Gen.*) from (8/3): **из Москвы́** from Moscow (9/1)

   оди́н из (+ *Gen.*) one of (13/1)

   сала́т из кра́бов crab salad (14/2)

изве́стный well-known (11/3)

Извини́(те). Excuse me. (1/2)

   Извини́те, что беспоко́ю вас. (Извини́те, что я вас беспоко́ю.) Sorry to bother you. (7/2v)

из-за (+ *Gen.*) because of (14/4)

изменя́ться / *pfv.* **измени́ться** (изменю́сь, изме́нишься, . . . изме́нятся) *intransitive* to change; to be changed (8/3)

изме́рить (изме́рю, изме́ришь, . . . изме́рят) *pfv.* to measure; to take (*someone's temperature*) (12/1) (*may function as pfv. of* ме́рить)

изуча́ть / *pfv. not introduced* to study (*in depth*) (7/3)

изуче́ние (the) study (of) (11/3v)

икра́ caviar (10/2v)

   баклажа́нная икра́ eggplant caviar (*a vegetable dish*) (10/2v)

и́ли or (2/3)

   и́ли . . . и́ли either . . . or [9/4]

им *Dat. of* они́ (6/1); *Instr. of* он *and* оно́ (9/1)

и́менно precisely; exactly [3/1]

име́ть (име́ю, име́ешь, . . . име́ют) / *pfv. not introduced* to have [8/1]

и́ми *Instr. of* они́ (9/1)

и́мпортный imported (3/2)

и́мя (*Gen., Dat., and Prep. sing.* и́мени, *Instr. sing.* и́менем, *pl.* имена́, *Gen. pl.* имён) *neut.* (first) name (1/2)

   Как ва́ше и́мя и о́тчество? What're your name and patronymic? (1/2)

по и́мени by first name (8/4)

И́ндия India [11/3]

инжене́р engineer (4/4v)

инициа́лы *usu. pl.* initials (6/3)

иногда́ sometimes (8/4)

иностра́н(е)ц/иностра́нка (*Gen. pl.* иностра́нок) foreigner (9/1)

иностра́нный foreign (9/1)

институ́т institute (5/1v)

   медици́нский институ́т medical school [6/2]

   Моско́вский экономи́ческий институ́т Moscow Institute of Economics [5/1v]

   юриди́ческий институ́т law school [5/1]

инструме́нт tool (4/3)

   музыка́льные инструме́нты musical instruments [3/3v]

интервью́ [*pronounced* -тэ-] *neut. indecl.* interview (14/1)

интере́сно interestingly; engagingly; (*used as predicate*) (it's/that's) interesting (3/1)

   Интере́сно, где (**когда,** *etc.*) **. . . ?** I wonder where (when, *etc.*) . . . ? (13/2)

интере́сный interesting (3/1)

интересова́ть (интересу́ю, интересу́ешь, . . . интересу́ют) / *pfv. not introduced* to interest:

   Меня́ интересу́ет спорт. I'm interested in sports. (8/2)

интересова́ться (интересу́юсь, интересу́ешься, . . . интересу́ются) / *pfv. not introduced* (+ *Instr.*) to be interested (in) (14/1)

Интерне́т [*pronounced* -тэ-] Internet (8/3)

   в Интерне́те on the Internet (8/3)

   по Интерне́ту over (via) the Internet [8/3]

и́рис iris (13/1v)

иска́ть (ищу́, и́щешь, . . . и́щут) / *pfv. not introduced* to look for [5/4]

исто́рик historian (4/3)

истори́ческий historical; history (*adj.*) (6/2)

   истори́ческий факульте́т history department (6/2)

исто́рия 1. history (5/2); **2.** story (11/3)

ита́к so; and so (5/4)

их 1. *Gen.* (4/1) *and Acc.* (5/2) *of* они́; **2.** (*possessive*) their; theirs (1/4)

ию́ль *m.* July (1/4)

ию́нь *m.* June (1/4)

К

к (ко) (+ *Dat.*) **1.** to: **Я иду́ к врачу́.** I'm going to the doctor. (7/4); **2.** (*when expressing time*) by: **к ве́черу** by the evening (10/2); **3.** for: **Это тебе́ пода́рок ко**

дню рожде́нию. This is a present for your birthday. (13/1)

   к сожале́нию *parenthetical* unfortunately (5/4)

Кавка́з the Caucasus [5/2]

ка́ждый every; each (5/3)

ка́жется *parenthetical* it seems (2/4)

   мне (**ему́, ей,** *etc.*) **показа́лось . . .** it seemed to me (him, her, *etc.*) . . . (10/1)

каза́ться (кажу́сь, ка́жешься, . . . ка́жутся) / *pfv.* **показа́ться** (+ *Instr.*) to seem; to appear [13/1]

как 1. how (1/1); **2.** as, like (5/4)

   Как (+ *the word or phrase to which the speaker is reacting*) (*informal*) What do you mean, . . . ? (8/1)

   А как да́льше? And what next? (10/4)

   Как (**ва́ше**) **здоро́вье?** How's your health? How are you feeling? (6/3)

   Как ва́ше и́мя и о́тчество? What're your name and patronymic? (1/2)

   как ви́дишь (**как ви́дите**) as you (can) see (3/2)

   Как вы счита́ете? What do you think?; What's your opinion? (8/3)

   Как гро́мко он игра́ет! He plays so loud! (2/3)

   Как дела́? How're things? (1/2)

   как назло́ as luck would have it [8/4]

   Как насчёт . . . (+ *Gen.*)**?** How about . . . ? (6/4)

   Как пожива́ете? How are you? (7/1)

   Как по-ру́сски . . . ? What's the Russian for . . . ? (1/4)

   Как тебе́ (**вам**) **не сты́дно!** Shame on you! (10/1)

   Как тебя́ (**его́, её, вас**) **зову́т?** What is your (his, her, your) name? (1/1)

   Как у тебя́ (**у вас**) **дела́?** How're things with you?; How are you doing? (1/2)

како́й 1. which; what (3/1); **2.** what a . . . (2/2)

   Кака́я ра́зница? What's the difference?; What difference does it make? (3/2)

   Како́е сего́дня число́? What's the date today?; What's today's date? (6/3)

   Како́й позо́р! How humiliating! (11/2)

   Како́й сего́дня день? What (day) is (it) today? (1/4)

   Како́й стыд! How embarrassing! [11/2]

   Како́й у́жас! That's horrible!; How awful! (2/2)

   Ты в како́м кла́ссе? What grade are you in? (6/1)

како́й-нибу́дь some (kind of) (9/4)

како́й-то some (kind of) (7/2)

календа́рь (*Gen. sing.* календаря́) *m.* calendar (1/4)

Кана́да Canada (1/2)

кана́дский Canadian [2/3]

кани́кулы (*Gen.* кани́кул) *pl.* vacation (*from school*) (12/2)

капу́ста cabbage (10/2v)

   ки́слая капу́ста sauerkraut (10/2v)

каранда́ш (*Gen. sing.* карандаша́) pencil (1/3)

ка́рта map (3/4)

карти́на picture; painting (3/2v)

карто́фельный сала́т potato salad [7/3v]

ка́рточка (*Gen. pl.* ка́рточек) card (7/1)

   креди́тная ка́рточка credit card (8/3)

карто́шка (*Gen. pl.* карто́шек) (*colloquial*) potatoes (7/3v); a potato

каса́ться / *pfv.* **косну́ться** (коснётся, косну́тся) (*3rd pers. only*) (+ *Gen.*) to concern; to have to do with (8/1)

ка́сса cashier; cashier's counter (13/2)

кассе́та cassette tape (5/1)

кат(о́)к (*Gen. sing.* катка́) skating rink [12/2]

кафе́ *neut. indecl.* café (3/4v)

ка́федра (*academic*) department (4/3v)

ка́ш(е)ль (*Gen. sing.* ка́шля) *m.* cough (12/3)

   пасти́лки от ка́шля cough drops [5/3v]

ка́шлять / *pfv. for one-time action* **ка́шлянуть** (ка́шляну, ка́шлянешь, . . . ка́шлянут) to cough (12/3v)

кварте́т quartet [3/3v]

кварти́ра apartment (2/1)

   двухко́мнатная кварти́ра two-room apartment (6/2v)

квас kvas [10/4v]

кем *Instr. of* кто (9/1)

кило́ *neut. indecl.* kilo (kilogram) (11/4v)

килогра́мм (*Gen. pl.* килогра́мм *or* килогра́ммов) kilogram (7/3v)

кинематогра́фия cinematography [5/1v]

кино́ *neut. indecl.* (the) movies (8/1v)

   Что идёт в кино́? What's showing at the movies? (8/2)

кинозвезда́ (*pl.* кинозвёзды) movie star (5/1v)

кио́ск kiosk; stand (5/3v)

кирпи́чный brick (*adj.*) [6/2]

ки́слая капу́ста sauerkraut (10/2v)

клавиату́ра keyboard [8/3v]

кларне́т clarinet [3/3v]

класс 1. (*a group of students in school*) class: **Мы учи́лись в одно́м кла́ссе.** We were in the same class in school. (6/1) **2.** grade (*in school*): **Ты в како́м кла́ссе?** What grade are you in? (6/1)

кла́ссика 1. the classics; **2.** classical music [4/2]

класси́ческий classical (3/3)

класть (кладу́, кладёшь, . . . кладу́т; *past* клал, кла́ла, кла́ло, кла́ли) / *pfv.* **положи́ть** (положу́, поло́жишь, . . . поло́жат) to lay; to put (10/3)

клуб club (4/2v)

кни́га book (1/3)

   Дом кни́ги House of Books (*the name of a large bookstore*) [8/4]

кни́жная по́лка (*Gen. pl.* по́лок) bookshelf (2/3v)

ков(ё)р (*Gen. sing.* ковра́) carpet; rug (3/2v)

когда́ when (4/4)

когда́-нибудь ever; sometime (9/4)

кого́ *Gen.* (4/1) *and Acc.* (5/2) *of* кто

ко́е-како́й some (kind of) [12/1]

колбаса́ sausage (3/4)

колле́га *m. and f.* colleague [8/3]

   колле́га-же́нщина female colleague [13/1]

кольцо́ (*pl.* ко́льца, *Gen. pl.* коле́ц) ring (13/2v)

ком *Prep. of* кто (7/3)

командиро́вка business trip [7/2]

   в командиро́вке on a business trip (7/2)

кома́ндовать (кома́ндую, кома́ндуешь, . . . кома́ндуют) / *pfv. not introduced* to boss (someone, everyone) around [6/1]

ко́мната room (2/2)

компа́ния group (*of people*); company [7/1]

   Отли́чная компа́ния! What a great group (of people)! (7/1)

комплиме́нт compliment (13/1)

компози́тор composer (3/3)

компью́тер [*pronounced* -тэ-] computer (8/3v)

компью́терная програ́мма computer program (11/3v)

кому́ *Dat. of* кто (6/1)

конве́рт envelope (6/3v)

кон(е́)ц (*Gen. sing.* конца́) end (8/3)

   в конце́ концо́в after all (8/1)

коне́чно [*pronounced* -ёш-] *parenthetical* of course (3/2)

консервато́рия conservatory (3/3v)

контине́нт continent (1/2)

контраба́с double bass; bass; bass viol (3/3v)

контро́льная (*noun, declines like adj.*) = **контро́льная рабо́та** test; quiz (4/2)

конфере́нция conference [7/1v]

конфе́та piece of candy; *pl.* конфе́ты candy (13/3v)

конце́рт concert (3/3)

конце́ртный concert (*adj.*) [4/2v]

конча́ть / *pfv.* **ко́нчить** (ко́нчу, ко́нчишь, . . . ко́нчат) to finish (7/2)

конча́ться / *pfv.* **ко́нчиться** (ко́нчится, ко́нчатся) (*usu. 3rd pers.*) *intransitive* to end; to be finished (12/2)

   Всё хорошо́, что хорошо́ конча́ется. All's well that ends well. (Epi/C)

копи́р copier (8/3v)

корзи́на basket [9/4]

кори́чневый brown (9/2)

коро́бка (*Gen. pl.* коро́бок) box (13/4)

космéтика makeup; cosmetics (13/3v)

коснýться (коснётся, коснýтся) (*3rd pers. only*) *pfv.* (+ *Gen.*) to concern; have to do with (8/1) (*impfv.* касáться)

костромскóй Kostroma (*adj.*) [Epi/C]

костю́м suit (1/3)

кот (*Gen. sing.* котá) tomcat (2/4)

котлéты по-ки́евски chicken Kiev (14/2)

котóрый who; that; which (5/4)

    в котóром часý? at what time?; when? (7/2)

    Котóрый час? What time is it? (7/3)

коттéдж [*pronounced* -тэ́-] cottage [6/2v]

кóфе *m. indecl.* coffee (1/2)

    чёрный кóфе black coffee (5/4v)

кофéйник coffeepot (13/2)

кофéйный набóр coffee set (13/2)

кофéйный стóлик coffee table [2/3v]

кóшка (*Gen. pl.* кóшек) cat (2/4)

кошмáр nightmare (4/1)

крáбы *pl.* crab (meat): **салáт из крáбов** crab salad (14/2)

краси́во beautifully; (*used as predicate*) (it's/that's) beautiful; (it's/that's) pretty (13/2)

краси́вый beautiful; good-looking; handsome (2/4)

Крáсная плóщадь Red Square (9/1)

крáсный red (9/2)

креди́тная кáрточка (*Gen. pl.* кáрточек) credit card (8/3)

Кремль (*Gen. sing.* Кремля́) *m.* the Kremlin (9/1)

Крéпко целýю (*usu. at the end of a letter to a close relative, sweetheart, or friend*) Lots of love [7/4]

крéсло (*Gen. pl.* крéсел) armchair; easy chair (3/2)

кричáть (кричý, кричи́шь, . . . кричáт) / *pfv. for one-time action* **кри́кнуть** (кри́кну, кри́кнешь, . . . кри́кнут) to shout [7/2]

кровáть *f.* bed (3/2v)

крóме тогó *parenthetical* besides (that); moreover (3/1)

кроссóвки (*Gen. pl.* кроссóвок) *usu. pl.* (*sing.* кроссóвка) sneakers (1/3)

крýглая дáта significant date; round figure (*on the calendar*) [5/4]

круи́з cruise (8/2v)

крутóе яйцó hard-boiled egg (7/3v)

кры́шка (*Gen. pl.* кры́шек) lid [12/3]

Кстáти, . . . By the way, . . . ; Incidentally, . . . (5/4)

    Кстáти (**о** + *Prep.*) **. . .** Speaking of . . . [10/2]

кто who (1/1)

    Кто (**Что**) **ещё?** Who (What) else? (4/3)

    Кто э́то? Who's that (this)? (1/1)

    Мы, кто же ещё! Sure it's us, who else! [4/3]

кто́-нибудь someone; somebody; anyone; anybody (9/4)

кто́-то someone; somebody (10/2)

кудá (*indicates direction*) where (to) (3/3)

культýрный cultured, refined (6/1)

купи́ть (куплю́, кýпишь, . . . кýпят) *pfv.* (+ *Dat.* + *Acc.*) to buy (someone something) (7/2; *infin. only* 5/1) (*impfv.* покупáть)

    купи́ть гарáж to get (buy) a garage [5/1]

курóрт resort [8/2v]

курс 1. year (*of college*): **Онá на вторóм кýрсе.** She's a second-year student.; She's in her second year. (6/1); **2.** course; class: **кýрсы англи́йского языкá** English-language classes (courses) (9/3v)

курсовáя (*noun, declines like adj.*) = **курсовáя рабóта** term paper (3/1)

кýртка (*Gen. pl.* кýрток) (casual) jacket (1/3)

курьéр courier [9/3v]

кýхня (*Gen. pl.* кýхонь) kitchen (2/2v)

Л

лаборатóрия laboratory (4/4v)

Лáдно. OK. (7/1)

лáзерный laser (*adj.*) [8/3v]

лáмпа lamp (3/2v)

лéвый left (*adj.*); left-hand (14/1v)

лёгкий 1. (*of weight*) light (12/2); **2.** easy (12/2); **3.** (*of wine, beer, etc.*) light (14/2)

лéгче (*compar. of* лёгкий *and* легкó) **1.** lighter (12/2) **2.** easier (12/2) (*adv. only* 11/4)

лекáрство (**от** + *Gen.*) medicine (for something) (12/1)

лéкция lecture (11/4)

    хорошó читáть лéкции to be a good lecturer [7/4]

лéнта ribbon [11/4]

лес (*Prep. sing.* в лесý *but* о лéсе, *pl.* лесá) forest (10/4)

лéстница [*pronounced* -сн-] stairs; staircase; stairway [2/2v]

лет (*Gen. pl. of* год) years (6/1)

    Скóлько емý лет? How old is he? (6/1)

лéтний summer (*adj.*) (13/1)

лéто summer (13/1)

лéтом in the summer (7/1)

лечи́ть (лечý, лéчишь, . . . лéчат) (5/4) / *may function as pfv.* **1. полечи́ть** to treat (medically); (*pfv. only*) to treat (medically) (for a while); *may function as pfv.* **2. вы́лечить** (вы́лечу, вы́лечишь, . . . вы́лечат) (*pfv. only*) to cure (12/1)

ли 1. (*conjunction*) if; whether; **Он спроси́л меня́, люблю́ ли я литератýру.** He asked me whether I liked literature. (7/4); **2.** (*interrogative particle*) **Знáете ли вы об э́том?** Do you know about this?

лилóвый purple (9/2)

лимо́н lemon (12/2)

ли́ния line (9/1)

    кольцева́я ли́ния circle line [9/1]

    радиа́льная ли́ния crosstown line [9/1]

лист sheet (of paper)

    больни́чный лист medical excuse from work [12/4]

литерату́ра literature (7/4)

литерату́рный literary (7/4)

лифт elevator (2/2v)

ли́шний spare; extra (10/2)

ло́жка (*Gen. pl.* ло́жек) spoon (9/4)

Лос-А́нджелес Los Angeles (1/2)

лук onion(s) (7/3v)

лу́чше (*compar. of* хоро́ший *and* хорошо́) better; it would be better (8/3)

    Лу́чше не на́до. (*in response to a suggestion*) Better you didn't; It's/That's not a good idea. (12/3)

    Лу́чше по́зндо, чем никогда́. Better late than never. (14/4)

лу́чший (*compar. and superl. of* хоро́ший) **1.** better; **2.** (the) best (11/3v)

люби́мый favorite (3/3)

люби́ть (люблю́, лю́бишь, . . . лю́бят) / *no resultative pfv.* **1.** to love; **2.** to like (4/2v)

люб(о́)вь (*Gen.* любви́, *Instr.* любо́вью) *f.* love (5/2v)

любо́й any (12/1)

лю́ди (*Gen.* люде́й *but* пять, шесть, *etc.* челове́к; *Dat.* лю́дям, *Instr.* людьми́) *pl.* (*sing.* челове́к) people (5/4)

М

магази́н store; shop (2/4v)

    магази́н электро́ники electronics store (4/4)

магнитофо́н tape recorder; tape player (2/3v)

май May (1/4)

майоне́з mayonnaise [7/3v]

ма́ленький small; little (2/2)

ма́ло (+ *Gen.*) **1.** little (3/3); **2.** few (8/3)

ма́льчик boy (2/2)

ма́ма mom; mother (2/2)

ма́мочка (*affectionate*) mom; mother dear [7/4]

маргари́тка (*Gen. pl.* маргари́ток) daisy (13/1v)

ма́рка (*Gen.pl.* ма́рок) stamp (6/3v)

март March (1/4)

    8 [*pronounced* восьмо́е] **Ма́рта** the 8th of March (13/1)

ма́ска mask [10/2]

ма́сло butter (10/2v)

ма́стер на все ру́ки jack-of-all-trades [4/3]

мат (*chess*) mate; checkmate [3/1]

матч match; game (9/4)

    футбо́льный матч soccer game (8/1v)

мать (*Gen., Dat., and Prep. sing.* ма́тери, *Instr. sing.* ма́терью, *pl.* ма́тери, *Gen. pl.* матере́й) *f.* mother (2/1v)

маши́на car (5/1)

    Маши́на по́дана. The car is at your service. [Epi/C]

    пи́шущая маши́нка typewriter [8/3v]

    стира́льная маши́на washing machine (4/1v)

ме́бель *f.* furniture (3/2)

мёд honey (12/4v)

медици́нский medical (6/2)

    медици́нский институ́т medical school [6/2]

    медици́нская сестра́ = медсестра́ nurse [7/1]

    медици́нское учи́лище nursing school [7/1]

ме́дленно slowly (8/4)

медсестра́ = медици́нская сестра́ nurse [7/1]

ме́жду (+ *Instr.*) between (9/1)

    ме́жду про́чим *parenthetical* by the way (6/1)

мело́дия melody; tune (10/4)

ме́ньше (*compar. of* ма́ленький) smaller; (*compar. of* ма́ло) less; fewer (9/2)

    всё ме́ньше и ме́ньше less and less; fewer and fewer (9/2)

меню́ *neut. indecl.* menu (1/2)

меня́ *Gen.* (4/1) *and Acc.* (5/2) *of* я

    Меня́ (его́, её) зову́т . . . My (his, her) name is . . . (1/1)

меня́ть / *pfv.* **поменя́ть** to change [7/2]

ме́рить (ме́рю, ме́ришь, . . . ме́рят) / *may function as pfv.* **изме́рить** to measure; to take (*someone's temperature*) (12/1)

    Вы температу́ру ме́рили? Did you take your temperature? (12/1)

ме́сто (*pl.* места́) **1.** place; **2.** space; room (5/1); **3.** seat (14/1v)

    Мест нет. No space available. (14/2)

ме́сяц month (1/4)

ме́тод method (12/3)

метрдоте́ль [*pronounced* -тэ́-] *m.* maître d'; headwaiter [14/2]

метро́ *neut. indecl.* subway; metro (2/4v)

метрополите́н [*pronounced* -тэ́-] (*formal*) subway; metro [9/1]

меша́ть / *pfv.* **помеша́ть** (+ *Dat.*) to bother; to disturb (*someone*) (7/1)

    Не хочу́ вам меша́ть. I don't want to bother you. [7/1]

микроволно́вая печь microwave oven (4/1v)

микрорайо́н neighborhood (3/4)

ми́ксер mixer; blender [4/1v]

миллионе́р millionaire (4/4v)

ми́мо (+ *Gen.*) past; by (13/2)

мимо́за mimosa [13/1v]

минда́льное пиро́жное almond pastry [5/4]

минера́льная вода́ (*Acc. sing.* во́ду) mineral water (5/4)

министе́рство ministry [7/1v]

ми́нус minus

  плю́сы и ми́нусы pluses and minuses [2/4v]

мину́та minute (6/4)

мир 1. (*pl.* миры́) world (9/1); **2.** peace (10/3v)

  Мир те́сен! (It's a) small world! (14/2)

мне *Dat.* (6/1) *and Prep.* (7/3) *of* я

мно́гие *pl. only* many; (*when used as a pronoun*) many people (7/3)

мно́го a lot (3/1v); (+ *Gen.*) much; many; a lot of (8/3)

мной *Instr. of* я (9/1)

моде́м [*pronounced* -дэ-] modem (8/3)

мо́жет быть *parenthetical* maybe; perhaps (4/2)

  Не мо́жет быть! That can't be! (7/2)

мо́жно one can; one may (4/4)

  Мо́жно зада́ть вам вопро́с? May I ask you a question? (4/4)

  Мо́жно попроси́ть . . . ? (*on the phone*) May I speak to . . . ? (7/3)

  Ра́зве так мо́жно? How could you possibly do that? (12/1)

мой (моя́, моё, мои́) my; mine (1/4)

молодёжь *f.* young people (9/4)

  Двор(е́)ц (*Gen. sing.* Дворца́) **молодёжи** Youth Center [4/2v]

  Молоде́ц! Good job!; Well done! (4/3)

молодо́й young (5/4)

  молодо́й челове́к (*pl.* молоды́е лю́ди) young man (*pl.* young people) (5/4)

моло́же (*compar. of* молодо́й) younger (12/2)

молоко́ milk (3/4)

монито́р monitor [8/3v]

моро́женое (*noun, declines like adj.*) ice cream (1/2)

Москва́ Moscow (1/2)

москви́ч (*Gen. sing.* москвича́)/**москви́чка** (*Gen. pl.* москви́чек) Muscovite; resident of Moscow [5/2]

моско́вский Moscow (*adj.*) (4/2v)

  Моско́вский экономи́ческий институ́т Moscow Institute of Economics [5/1v]

мочь (могу́, мо́жешь, . . . мо́гут; *past* мог, могла́, могло́, могли́) / *pfv.* **смочь** to be able (7/4; *impfv.* 5/3v)

  Мо́жешь меня́ поздра́вить! Congratulate me! [7/2]

муж (*pl.* мужья́, *Gen. pl.* муже́й) husband (2/1v)

  муж и жена́ Кругло́вы Mr. and Mrs. Kruglov; the Kruglovs, husband and wife (2/1)

мужско́й men's [8/1]

мужчи́на man; gentleman (6/3)

музе́й museum (4/2v)

му́зыка music (3/3)

музыка́нт musician (1/3)

мы we (1/3)

мы́ло soap (5/3v)

мысль *f.* thought [5/4]

мышь *f.* mouse [8/3v]

мя́со meat (7/3)

мясно́й руле́т meat loaf [7/3]

Н

на 1. (+ *Prep.—to denote location*) on: **на по́лке** on the shelf (3/2v); **2.** (+ *Acc.—to denote a destination*) to: **Она́ идёт на по́чту.** She is going to the post office. (3/3); **3.** (+ *Prep.—at an event, an open place, etc.*) at: **на конце́рте** at a concert; **на стадио́не** at the stadium (3/1v); **4.** (+ *Acc.—to denote how long the result of an action is in effect*) for: **Мне э́та кни́га нужна́ на два дня.** I need this book for two days. (7/4)

биле́т на (+ *Acc.*) a ticket for (14/1)

жени́ться *impfv. and pfv.* (**на** + *Prep.*) (*of a man*) to get married (to); to marry (someone): **Он жени́лся на Ле́не.** He married Lena. (8/2)

игра́ть на роя́ле (**на гита́ре,** *etc.*) to play the piano (the guitar, *etc.*) (4/3)

идти́ на свида́ние to go on a date (8/1)

Накрыва́й(те) на стол. Set the table. (13/4)

На все сто проце́нтов 100 percent (sure) (13/3)

на вся́кий слу́чай just in case (8/4)

на второ́м ку́рсе in the second year (of college) (6/1)

на́ год for a year [7/4]

На како́м ты (вы) ку́рсе? What year are you in? (6/1)

На како́м факульте́те вы у́читесь? What department are you in? (What are you majoring in?) [4/4]

на носу́ almost here [10/2]

на све́те in the world [14/1]

на семь ве́чера for 7 p.m. (14/2)

Откро́йте кни́гу на страни́це . . . Open your book to page . . . [1/4]

похо́ж на (+ *Acc.*) similar (to); resembling (6/2)

присе́сть (прися́ду, прися́дешь, . . . прися́дут) **на доро́гу** to sit down before a trip [Epi/B]

набира́ть / *pfv.* **набра́ть** (наберу́, наберёшь, . . . наберу́т; *past* набра́л, набрала́, набра́ло, набра́ли) (**но́мер**) to dial (a phone number) [7/2]

наве́рно (**наве́рное**) *parenthetical* most likely; probably (6/3)

над (**на́до**) (+ *Instr.*) over [9/1]

надéяться (надéюсь, надéешься, . . . надéются) / *pfv. not introduced* to hope (10/1)

нáдо (+ *Dat.* + *infin.*) (one) has to; (one) must (3/1): (*in response to a suggestion*)

 Лýчше не нáдо. It's/That's not a good idea.; Better you didn't. (12/3)

назáд (*also* **томý назáд**) ago; back (7/2): **три гóда (томý) назáд** three years ago

назвáние name (5/2)

называ́ть / *pfv.* **назвáть** (назовý, назовёшь, . . . назовýт; *past* назвáл, назвалá, назвáло, назвáли) to call; to name (8/4)

найти́ (найдý, найдёшь, . . . найдýт; *past* нашёл, нашлá, нашлó, нашли) *pfv.* to find (7/4) (*impfv.* находи́ть)

наконéц finally; at last (7/4)

накрывáть / *pfv.* **накры́ть** (накрóю, накрóешь, . . . накрóют) to cover [13/4]

 накрывáй(те) на стол set the table (13/4)

налéво to the left; on the left (3/4)

наливáть / *pfv.* **нали́ть** (налью́, нальёшь, . . . налью́т; *past* нали́л, налилá, нали́ло, нали́ли) to pour (10/3)

нам *Dat. of* мы (6/1)

нáми *Instr. of* мы (9/1)

намнóго (+ *compar.*) much; far (9/2)

написáть (напишý, напи́шешь, . . . напи́шут) *pfv.* to write (7/1) (*impfv.* писáть)

 Напиши́(те)! Write (it) down! [6/2]

напи́т(о)к (*Gen. sing.* напи́тка) drink; beverage (14/2v)

напрáво to the right; on the right (3/4)

нарóд a people (9/4)

наря́дный decorated [10/4]

нас *Gen.* (4/1), *Acc.* (5/2), *and Prep.* (7/3) *of* мы

нáсморк runny nose (12/3)

настоя́щий real; true (4/4)

настроéние mood [5/3]

наступáющий: С наступáющим (Нóвым гóдом)! (*said before the new year*) Happy New Year! (10/2)

научи́ть (научý, науч́ишь, . . . научáт) *pfv.* (+ *Acc.* + *infin.*) to teach (someone to do something) (9/3) (*impfv.* учи́ть)

научи́ться (научýсь, науч́ишься, . . . научáтся) *pfv.* (+ *infin.*) to learn (how to); to learn (to do something) [7/3] (*impfv.* учи́ться)

наýчный руководи́тель *m.* (*academic*) advisor [5/2]

наýшники *usu. pl.* (*sing.* наýшник) earphones; headphones (9/2)

находи́ть (нахожý, нахóдишь, . . . нахóдят) / *pfv.* **найти́** (найдý, найдёшь, . . . найдýт; *past* нашёл, нашлá, нашлó, нашли) to find (7/4)

находи́ться (нахожýсь, нахóдишься, . . . нахóдятся) / *no pfv. in this meaning* to be (located) (11/3v)

начáло beginning; start (8/3)

начинáть / *pfv.* **начáть** (начнý, начнёшь, . . . начнýт; *past* нáчал, началá, нáчало, нáчали) (+ *Acc. or* + *infin.*) to begin (something or to do something); to start (something or to do something) (7/2)

начинáться / *pfv.* **начáться** (начнётся, начнýтся; *past* началáся, началáсь, началóсь, начали́сь) (*3rd pers. only*) intransitive to start; to begin (12/2v)

наш (**нáша, нáше, нáши**) our; ours (1/4)

не not (1/1)

 Вы не возражáете (**Ты не возражáешь**)? Do you mind? (7/1)

 Вы не знáете . . . ? (*used when a person asking for information does not know what response will be given*) Do you (happen to) know . . . ? (3/4)

 Вы не скáжете . . . ? Could you tell me . . . ? (8/4)

 Вы не тудá попáли. (*over the telephone*) You got the wrong number. (7/2)

 ещё не; (*when used without a predicate*) **ещё нет** not yet; not . . . yet (4/4)

 Как тебé (**вам**) **не сты́дно!** Shame on you! (10/1)

 Лýчше не нáдо. (*in response to a suggestion*) Better you didn't; It's/That's not a good idea. (12/3)

 Не волнýйся (**Не волнýйтесь**)! Don't worry! (6/3)

 Не дýмаю. I don't think so. (9/4)

 Не мóжет быть! That can't be! (7/2)

 Не повезлó ей! That's tough luck for her! [7/2]

 не смей(те) (+ *infin.*) don't (you) dare [6/4]

 не тот (**та, то, те**) the wrong (one) [11/2]

 не хватáет (+ *Gen.*) *impersonal* (there's) not enough (12/4)

 Не хочý вам мешáть. I don't want to bother you. [7/1]

 У нас э́то не при́нято. That's not accepted/done here. [7/3]

 Я бы не возражáл (**возражáла**). I wouldn't mind. (14/1)

 . . . не так ли? . . . isn't that so? (Epi/A)

нéбо sky [9/4]

небольшóй not large (3/4)

невероя́тно: Э́то невероя́тно! (*used as predicate*) It's/That's unbelievable! (14/1)

невкýсный unpalatable; bad-tasting (6/4v)

невозмóжно (*used as predicate*) (it's/that's) impossible (4/1)

негó *variant of* егó (*Gen.* (4/1) *and Acc.* (5/2) *of* он *and* онó) *used after prepositions*

недáвно recently; (*with past verbs*) not long ago; (*with present verbs*) not . . . very long (6/3): **Я на пóчте**

рабо́таю неда́вно. I haven't been working at the post office long.

недалеко́ от (+ *Gen.*) not far from (5/3)

неде́ля week (1/4)

недо́рого (*used as predicate*) (it's/that's) inexpensive (13/2)

недорого́й inexpensive (5/3)

неё *variant of* её (*Gen.* (4/1) *and Acc.* (5/2) *of* она́) *used after prepositions*

неизве́стный unknown [9/4]

ней *variant of* ей (*Dat.* (6/1), *Prep.* (7/3), *and Instr.* (9/1) *of* она́) *used after prepositions*

не́который a few; some [9/4]

нелегко́ (*used as predicate*) (it's/that's) not easy; (it's/that's) difficult (3/1)

нело́вко: Мне нело́вко вас беспоко́ить. I feel uncomfortable bothering you. [12/1]

нельзя́ 1. one cannot; it is impossible; **2.** one may not; it is forbidden (4/2)

нём *Prep. of* он *and* оно́ (7/3)

неме́дленно right now; at once; immediately; without delay (12/1)

немно́го (+ *Gen.*) a little (4/3)

нему́ *variant of* ему́ (*Dat. of* он *and* оно́) *used after prepositions* (6/1)

ненави́деть (ненави́жу, ненави́дишь, . . . ненави́дят) / *pfv. not introduced* to hate (12/4)

необыкнове́нно unusually; uncommonly

   Нам необыкнове́нно повезло́. We were incredibly lucky; We really lucked out. (6/4)

непло́хо quite well; pretty well; (*used as predicate*) (it's/that's) not bad (1/2)

неплохо́й pretty good; not (a) bad (4/4)

неприя́тный unpleasant (9/1)

нерабо́чий д(е)нь (*Gen. sing.* дня)non-working day; day off (13/1)

несимпати́чный unpleasant (4/2)

не́сколько (+ *Gen.*) a few; several; some (13/1)

нести́ (несу́, несёшь, . . . несу́т; *past* нёс, несла́, несло́, несли́) *unidir. of* **носи́ть** / *pfv.* **понести́** to carry (9/4)

нет 1. (*used at the beginning of a negative response*) no (1/3); **2.** not: **Вы идёте и́ли нет?** Are you going or not? [7/4]; **3.** *predicative* (+ *Gen.*) there isn't (there aren't); there's (there are) no . . . : **Там нет ли́фта.** There's no elevator there. (4/1); **4.** *predicative* (*usu.* у + *Gen.* + **нет** + *Gen.*) I (you, *etc.*) don't have . . . ; I (you, *etc.*) have no . . . : **У меня́ нет соба́ки.** I don't have a dog. (4/1)

   Нет вхо́да. No entry. [9/1]

неуда́ча bad luck (9/4)

Неуже́ли? Really? (9/2)

нехоро́ший bad (5/4)

нехорошо́ (*used as predicate*) (it's/that's) bad (5/4)

ни оди́н (ни одного́, *etc.*) not a single (14/1)

ни сло́ва don't say (breathe) a word (about it) (5/4)

ни . . . ни neither . . . nor; (*negation +*) either . . . or (11/2)

нигде́ nowhere (5/3)

ника́к just; simply; in no way (13/3)

никако́й no . . . (at all); not any (4/4)

   Никако́го беспоко́йства. It's no trouble (at all). (12/1)

нике́м *Instr. of* никто́ (9/1)

никогда́ never (4/4)

никого́ *Gen. and Acc. of* никто́ (4/3)

   Никого́ нет. There's nobody there (here). [4/3]

никому́ *Dat. of* никто́ (6/1)

никто́ no one; nobody (4/3)

никуда́ nowhere; not . . . anywhere (11/1)

ним *variant of* им (*Dat. of* они́; *Instr. of* он *and* оно́) *used after prepositions* (6/1)

ни́ми *variant of* и́ми (*Instr. of* они́) *used after prepositions* (9/1)

них *variant of* их (*Gen.* (4/1), *Acc.* (5/2), *and Prep.* (7/3) *of* они́) *used after prepositions*

ничего́ nothing (5/1)

   Ничего́! (*in response to an apology*) That's okay!; That's all right! (2/3)

   Ничего́. (*in response to* Как дела́?) Okay; all right; not (too) bad (1/2)

но but (3/4)

нового́дний New Year's (*adj.*) (10/1)

новосе́лье housewarming (6/4)

но́вость (*pl.* но́вости, *Gen. pl.* новосте́й) *f.* news (7/4)

но́вый new (2/1)

   С Но́вым го́дом! Happy New Year! (10/3)

   Что но́вого? What's new? (7/2v)

нога́ (*Acc. sing.* но́гу, *pl.* но́ги, *Gen. pl.* ног, *Dat. pl.* нога́м) **1.** leg; **2.** foot (12/1v)

нож (*Gen. sing.* ножа́) knife (9/4)

ноль (*also* **нуль**) (*Gen. sing.* ноля́, нуля́) *m.* zero (2/1)

но́мер (*pl.* номера́) number (2/1)

   но́мер телефо́на (telephone) number (2/1)

норма́льно okay; normal; (*used as predicate*) (it's/that's) not unusual; (it's that's) pretty normal; *in response to* Как дела́? Fine; okay. (10/3)

норма́льный normal (12/1)

нос (*Prep. sing.* на носу́, *pl.* носы́) nose (12/1v)

   на носу́ almost here [10/2]

носи́тель *m.* языка́ native speaker (11/3v)

носи́ть (ношу́, но́сишь, . . . но́сят) *multidir of* **нести́** / *pfv.* **понести́ 1.** to carry; **2.** (*no pfv. in this meaning*) to wear (*habitually*) (13/2v)

носки́ *usu. pl.* (*sing.* нос(о́)к) sock (12/3)

ночь (*Gen. sing.* ноче́й) *f.* night (8/2)

   но́чи a.m. (*midnight to dawn*): **в два часа́ но́чи** at 2:00 a.m. (7/3)

но́чью at night (7/1)

ноя́брь (*Gen. sing.* ноября́) *m.* November (1/4)

нра́виться (нра́вится, нра́вятся) / *pfv.*

   понра́виться (*usu. 3rd pers.*) (+ *Dat.*) to like; to be pleasing (to someone) (7/4; *impfv.* 6/2): **Нам нра́вится ко́мната.** We like the room.

ну well (2/2)

   Ну что ты! What are you talking about!; What do you mean! (5/1)

ну́жен (нужна́, ну́жно, нужны́) **1.** needed; **2.** (+ *Dat.*) one needs (6/4); **3.** (+ *infin.* + *Dat.*) must [9/2]

   всё, что ну́жно everything that's needed; everything we need (6/4)

нуль (*also* **ноль**) (*Gen. sing.* нуля́, ноля́) *m.* zero (2/1)

Нью-Йо́рк New York (1/2)

О

о (**об, обо**) (+ *Prep.*) about; of (4/3)

обе́д dinner; afternoon meal; lunch (7/3)

   гото́вить / *pfv.* **пригото́вить обе́д** to fix dinner (7/3)

обе́дать / *pfv.* **пообе́дать** to have dinner; to have lunch (13/2)

обеща́ть (+ *Dat.*) *impf. and pfv.* to promise (someone) (10/2)

обижа́ть / *pfv.* **оби́деть** (оби́жу, оби́дишь, . . . оби́дят) to offend [7/3]

обме́н exchange (6/3v)

   обме́н валю́ты currency exchange [6/3]

   по обме́ну on an exchange (program) (11/4)

общежи́тие dormitory (5/1)

объявле́ние advertisement; ad; sign (5/1)

   Пове́сь(те) объявле́ние. Put up a sign. [6/2]

объясня́ть / *pfv.* **объясни́ть** (объясню́, объясни́шь, . . . объясня́т) to explain (7/2)

обы́чно usually (4/4)

обы́чный 1. usual; customary; **2.** ordinary (8/3)

обяза́тельно absolutely; definitely; by all means (6/4)

о́вощи (*Gen.* овоще́й) *usu. pl.* vegetables (7/3)

овся́нка colloquial = **овся́ная ка́ша** oatmeal (5/4v)

огур(е́)ц (*Gen. sing.* огурца́) cucumber (10/2v)

   солёный огуре́ц pickle (10/2v)

одеколо́н eau de cologne (13/3v)

одея́ло blanket (3/2v)

оди́н (одна́, одно́, одни́) **1.** (*numeral*) one (2/1); **2.** (*pronoun*) one: **оди́н из его́ би́знесов** one of his

businesses (9/3); **3.** (*adj.*) alone (9/2) **4.** (*adj.*) a; a certain (11/4); **5.** (*adj.*) the same; **6.** (*adj.*) only (13/2)

   ещё оди́н (одна́, одно́) one more (5/4)

   Мы с ним учи́лись в одно́м кла́ссе. He and I studied in the same class. (14/1)

   ни оди́н (ни одного́, *etc.*) not a single (14/1)

   оди́н из (+ *Gen.*) one of (13/1)

   одно́ и то же the same thing (10/2)

   Одну́ мину́ту! Just a minute! (7/2)

одина́ковый identical (13/4)

оди́ннадцатый eleventh (6/3)

оди́ннадцать eleven (2/1)

одно́ one (thing) (13/1)

   одно́ и то же the same thing (10/2)

однокла́ссник/однокла́ссница classmate (5/1v)

ока́зывается (**оказа́лось**), **что** . . . it turns (turned) out that . . . (9/2)

океа́н ocean (1/2)

окно́ (*pl.* о́кна, *Gen. pl.* о́кон) window (2/2v)

о́коло (+ *Gen.*) near; close to (8/3)

октя́брь (*Gen. sing.* октября́) *m.* October (1/4)

он he; it (1/3)

она́ she; it (1/3)

они́ they (1/3)

оно́ it (1/3)

опа́здывать / *pfv.* **опозда́ть** (опозда́ю, опозда́ешь, . . . опозда́ют) to be late (7/2; *impfv.* 5/4v)

опа́сно dangerously; (it's/that's) dangerous (12/3)

опа́сный dangerous (12/4)

о́пера opera (4/2v)

опозда́ть (опозда́ю, опозда́ешь, . . . опозда́ют) *pfv.* to be late (7/2) (*impfv.* опа́здывать)

опуска́ть / *pfv.* **опусти́ть** (опущу́, опу́стишь, . . . опу́стят) to lower [12/3]

о́пыт experience (4/4)

опя́ть again (3/1)

ора́нжевый orange (*color*) (9/2)

организова́ть (организу́ю, организу́ешь, . . . организу́ют) *impfv. and pfv.* to organize (8/2)

оригина́льно creatively; (*used as predicate*) (it's/that's) creative (3/1)

оригина́льный original; creative (13/4)

орке́стр orchestra; band (14/2)

освобожда́ться / *pfv.* **освободи́ться** (освобожу́сь, освободи́шься, . . . освободя́тся) to become available; to become free [Epi/A]

осе́нний (*adj.*) fall; autumn (13/1)

о́сень *f.* fall; autumn (13/1)

о́сенью in the fall (7/1)

осо́бенно especially (13/1)

оставáться (остаю́сь, остаёшься, . . . остаю́тся) / *pfv.*
остáться (остáнусь, остáнешься, . . . остáнутся)
1. to remain; to stay [7/4]; **2.** to be left; to
remain (8/4)

останáвливать / *pfv.* **останови́ть** (остановлю́,
останóвишь, . . . останóвят) to stop (someone or
something) [8/4]

останáвливаться / *pfv.* **останови́ться** (остановлю́сь,
останóвишься, . . . останóвятся) *intransitive* to
stop; to come to a stop (8/4)

останóвка (*of a bus, train, etc.*) stop [3/4]
автóбусная останóвка bus stop (5/3)
останóвка автóбуса bus stop (3/4)

остáться (остáнусь, остáнешься, . . . остáнутся) *pfv.*
1. to remain; to stay [7/4]; **2.** to be left; to remain
(8/4) (*impfv.* оставáться)

осторóжный (осторóжен, осторóжна, осторóжно,
осторóжны) careful (Epi/B)

Осторóжно! Careful!; Be careful! (9/1v)

óстров (*pl.* островá) island (8/2v)

от (+ *Gen.*) from (5/1)
бли́зко от near; close to (5/3)
далекó (недалекó) от far (not far) from (5/3)
лекáрство от . . . medicine for . . . (12/1)
пасти́лки от кáшля cough drops [5/3v]
срéдство от просту́ды cold remedy (Epi/B)

отвечáть / *pfv.* **отвéтить** (отвéчу, отвéтишь, . . .
отвéтят) (+ *Dat.*) to answer (someone) (8/4)

отдавáть (отдаю́, отдаёшь, . . . отдаю́т) / *pfv.* **отдáть**
(отдáм, отдáшь, отдáст, отдади́м, отдади́те,
отдаду́т; *past* óтдал, отдалá, óтдало, óтдали) to
return; to give (back) (8/1; *impfv.* 5/3)

отдыхáть / *pfv.* **отдохну́ть** (отдохну́, отдохнёшь, . . .
отдохну́т) to rest (8/1; *impfv.* 3/1v)

от(é)ц (*Gen. sing.* отцá) father (2/1v)

откáзываться / *pfv.* **отказáться** (откажу́сь,
откáжешься, . . . откáжутся) **1.** to refuse;
2. (**от** + *Gen.*) to turn down [10/4]

откровéнно говоря́ *parenthetical* frankly speaking
(12/1)

открывáть / *pfv.* **откры́ть** (открóю, открóешь, . . .
открóют) to open (8/1; *impfv.* 5/4; *pfv. infin.*
only [4/1])
Открóйте кни́гу на страни́це . . . Open your book
to page . . . [1/4]
Открóйте окнó! Open the window! [1/4]

откры́тый (*adj. and past passive participle of* откры́ть)
(откры́т, откры́та, откры́то, откры́ты)
open (11/2)

откры́тка (*Gen. pl.* откры́ток) postcard (5/3v)
поздрави́тельная откры́тка greeting card (13/1)

откры́ть (открóю, открóешь, . . . открóют) *pfv.* to open
(8/1; *pfv. infin. only* [4/1]) (*impfv.* открывáть)

откýда 1. from where: **Откýда вы?** Where are you from?
(9/1); **2.** how: **Откýда ты знáешь?** How do you
(happen to) know? (6/2)

Отли́чно! Excellent! (5/4)

отли́чный excellent (3/2)
Отли́чная компáния! What a great group
(of people)! (7/1)

отменя́ть / *pfv.* **отмени́ть** (отменю́, отмéнишь, . . .
отмéнят) to cancel [12/1]

относи́ть (отношу́, отнóсишь, . . . отнóсят) / *pfv.*
отнести́ (отнесу́, отнесёшь, . . . отнесу́т; *past*
отнёс, отнеслá, отнеслó, отнесли́) to take
(something somewhere) [12/2]

отоплéние heating [4/2]

отпрáздновать (отпрáздную, отпрáзднуешь, . . .
отпрáзднуют) *pfv.* to celebrate (7/3)
(*impfv.* прáздновать)

отту́да from there (3/4v)

óтчество patronymic (1/2)
Как вáше и́мя и óтчество? What're your name and
patronymic? (1/2)

óфис office (6/2v)

официáльно formally; officially (10/2)

официáльный official (13/1)

официáнт/официáнтка (*Gen. pl.* официáнток)
waiter/waitress (4/4v)

óчень very (1/2)
Óчень горячó! (It's/That's) really hot! (12/3)
Óчень прия́тно! Pleased to meet you; Nice to meet
you! (1/2)
Óчень прия́тно познакóмиться. (It's/It was) very
nice to meet you. (4/4)
Óчень рад. Pleased to meet you. (2/3)

óчередь (*Gen. pl.* очередéй) *f.* **1.** turn (10/1);
2. line (13/2)
без óчереди without waiting in line [14/3]
по óчереди to take turns (7/3)
стать в óчередь to get in line [13/2]
стоя́ть в óчереди to stand in line (13/2)

оши́бка (*Gen. pl.* оши́бок) mistake (8/4)

П

пáдать / *pfv.* **упáсть** (упаду́, упадёшь, . . . упаду́т; *past*
упáл, упáла, упáло, упáли) to fall [9/4]

пакéт bag (11/4v)

пáл(е)ц (*Gen sing.* пáльца) **1.** finger; **2.** toe (12/1v)

пальтó *neut. indecl.* coat; overcoat (14/3)

пáпа dad (2/2)

па́ра 1. pair; **2.** couple (10/1)

па́р(е)нь (*Gen. sing.* па́рня, *Gen. pl.* парней) *m.* guy; fellow (5/4)

паркова́ть (парку́ю, парку́ешь, . . . парку́ют) / *pfv. not introduced* to park (5/1)

парте́р [*pronounced* -тэ́-] orchestra (*seats in theater*) (14/1v)

па́спорт (*pl.* паспорта́) passport (1/4)

пасти́лки от ка́шля cough drops [5/3v]

пау́к spider [9/4]

па́хнуть (па́хнет, па́хнут; *past* пах and па́хнул, па́хла, па́хло, па́хли) *impfv. and pfv.* (*usu. 3rd pers.*) (+ *adv.*) to smell (*good, bad, etc.*) [10/3]
　　Что́-то вку́сно па́хнет. Something smells good. (10/3)

паште́т pâté [10/2v]

пельме́ни pelmeni (*noodle dumplings*) [10/2v]

пе́нсия pension; pension payment [6/3]

пе́рвенство championship [14/1]

пе́рвый first (2/4)
　　Во-пе́рвых . . . In the first place . . . ; To begin with . . . (10/1)
　　в пе́рвый раз for the first time (14/2)
　　пе́рвое вре́мя at first [11/4]

перебега́ть / *pfv.* **перебежа́ть** (перебегу́, перебежи́шь, . . . перебегу́т) **доро́гу** to cross one's path [9/4]

перево́д translation (10/4)

пе́ред (**пе́редо**) (+ *Instr.*) in front of; before (9/1)

передава́ть (передаю́, передаёшь, . . . передаю́т) / *pfv.*
　　переда́ть (переда́м, переда́шь, переда́ст, передади́м, передади́те, передаду́т; *past* пе́редал, передала́, пе́редало, пе́редали) to hand (*something to someone*); to pass (10/3)

пере́дняя (*noun, declines like adj.*) entryway (*in a home*) [5/2]

переду́мывать / *pfv.* **переду́мать** to change one's mind (11/3)

переезжа́ть / *pfv.* **перее́хать** (перее́ду, перее́дешь, . . . перее́дут) to move (*to a new residence*) [7/4]

перезва́нивать / *pfv.* **перезвони́ть** (перезвоню́, перезвони́шь, . . . перезвоня́т) (+ *Dat.*) to call (*someone*) again; to call back: **Я перезвоню́.** I'll call back. [7/2v]

переодева́ться / *pfv.* **переоде́ться** (переоде́нусь, переоде́нешься, . . . переоде́нутся) to change one's clothes (14/1)

перепи́сываться (**с** + *Instr.*) *impfv. only* to correspond (with), to write letters (to) [8/3]

переса́дка (*Gen. pl.* переса́док) transfer; change (*of trains, buses, etc.*) [9/1]
　　де́лать / **сде́лать переса́дку** to make a transfer; to change (*trains, buses, etc.*) (11/2v)

перехо́д (*pedestrian*) crossing; (*pedestrian*) transfer passageway (8/4v)

пери́од period (14/3)

перча́тки *usu. pl.* (*sing.* перча́тка, *Gen. pl.* перча́ток) gloves (13/2v)

пе́сня (*Gen. pl.* пе́сен) song (7/4)

петь (пою́, поёшь, . . . пою́т) / *pfv.* **спеть** to sing (10/4)

пешехо́д pedestrian (8/4v)

пешко́м on foot (9/4)

пиани́ст/пиани́стка (*Gen. pl.* пиани́сток) pianist (2/1)

пи́во beer (6/4v)

пиджа́к (*Gen. sing.* пиджака́) (*man's*) suit jacket (1/3)

пиро́жное (*noun, declines like adj.*) pastry (5/4)

пирож(о́)к (*Gen. sing.* пирожка́) pirozhok (*small filled pastry*) (1/2)

писа́ть (пишу́, пи́шешь, . . . пи́шут) / *pfv.* **написа́ть** to write (7/1; *impfv.* 3/1v)
　　Пиши́(те)! Write. [1/4]

письмо́ (*pl.* пи́сьма, *Gen. pl.* пи́сем) letter (1/3)

пить (пью, пьёшь, . . . пьют) / *pfv.* **вы́пить** (вы́пью, вы́пьешь, . . . вы́пьют) to drink; *usu. pfv.* to drink up (8/1; *impfv.* 5/4v)

пи́цца pizza [7/3]

пи́шущая маши́нка typewriter [8/3v]

пла́вание swimming (9/3)

пла́вать *multidir.; unidir. and pfv. not introduced* to swim (9/3)

плати́ть (плачу́, пла́тишь, . . . пла́тят) / *pfv.* **заплати́ть** (**за** + *Acc.*) to pay (for) (8/1; *impfv.* 5/3)

плат(о́)к (*Gen. sing.* платка́) kerchief (13/2v)

плечо́ (*pl.* пле́чи) shoulder (12/1v)

пло́хо badly; (*used as predicate*) (it's/that's) bad (1/2)

плохо́й bad (2/4)

площа́дка (*Gen. pl.* площа́док) landing (*of a staircase*) [6/4]

пло́щадь (*Gen. pl.* площаде́й) *f.* (city) square (5/2)
　　Кра́сная пло́щадь Red Square (9/1)

плюс: плю́сы и ми́нусы pluses and minuses [2/4v]

по (+ *Dat.*) **1.** along; **2.** around; **3.** by; on (8/4); **4.** (+ *Acc.*) at the price of: **по два́дцать рубле́й** at the price of 20 rubles (11/4v)
　　по бу́дням on weekdays [9/3v]
　　по две табле́тки two tablets each [12/4]
　　по де́лу on business [7/4]
　　по доро́ге on the way; along the way (8/3)
　　по Интерне́ту [*pronounced* -тэ-] over (via) the Internet [8/3]
　　по кра́йней ме́ре at least (10/4)
　　по о́череди take turns (7/3)
　　по реце́пту by prescription (12/4)

по-англи́йски (in) English (4/3v)

побе́да victory (14/4)

побежа́ть (побегу́, побежи́шь, . . . побегу́т) *pfv.* to run (8/4) (*impfv.* бежа́ть)

побеспоко́ить (побеспоко́ю, побеспоко́ишь, . . . побеспоко́ят) *pfv.* to bother; to disturb (12/1) (*impfv.* беспоко́ить)

поблагодари́ть (поблагодарю́, поблагодари́шь, . . . поблагодаря́т) *pfv.* to thank (10/2) (*impfv.* благодари́ть)

повезти́ (*3rd pers. sing.* повезёт; *past* повезло́) *pfv.* (+ *Dat.*) *impersonal* to have good luck; to be lucky (*impfv.* везти́) (6/4)

   Нам необыкнове́нно повезло́. We were incredibly lucky; We really lucked out. (6/4)

   Не повезло́ ей! That's tough luck for her! [7/2]

пове́рить (пове́рю, пове́ришь, . . . пове́рят) *pfv.* (+ *Dat.*) to believe (someone) (8/1) (*impfv.* ве́рить)

пове́сить (пове́шу, пове́сишь, . . . пове́сят) *pfv.* to hang; to hang up [7/2] (*impfv.* ве́шать)

   ве́шать пове́сить тру́бку to hang up the phone [7/2]

   Пове́сь(те) объявле́ние. Put up a sign. [6/2]

Повтори́(те)! Repeat. [1/4]

пого́да weather (9/2)

   прогно́з пого́ды weather forecast [9/2]

погуля́ть *pfv.* to walk; to go for a walk; to take a walk (8/1) (*may function as pfv. of* гуля́ть)

под (+ *Instr.* for location or + *Acc.* for motion) under [9/1]

подари́ть (подарю́, пода́ришь, . . . пода́рят) *pfv.* (+ *Dat.* + *Acc.*) to give (something to someone) (*as a gift*) (7/4) (*impfv.* дари́ть)

пода́р(о)к (*Gen. sing.* пода́рка) present; gift (6/4)

подготови́тельный preparatory (11/3)

подгото́виться (подгото́влюсь, подгото́вишься, . . . подгото́вятся) *pfv.* (**к экза́мену**) to prepare (for an exam) (7/3) (*impfv.* гото́виться)

подеше́вле (*comparative*) a little cheaper (11/4v)

подзе́мный underground [9/1]

поднима́ть / *pfv.* **подня́ть** (подниму́, подни́мешь, . . . подни́мут; *past* по́днял, подняла́, по́дняло, по́дняли) to raise [10/2]

подожда́ть (подожду́, подождёшь, . . . подожду́т; *past* подожда́л, подождала́, подожда́ло, подожда́ли) *pfv.* **1.** to wait (for); **2.** to expect (14/4) (*impfv.* ждать)

   Подожди́(те). Wait a moment. (10/1)

подойти́ (подойду́, подойдёшь, . . . подойду́т; *past* подошёл, подошла́, подошло́, подошли́) *pfv.* (**к** + *Dat.*) to approach (someone); to walk up (over) to (13/2) (*impfv.* подходи́ть)

подру́га (female) friend (5/4)

поду́мать *pfv.* (**о** + *Prep.*) to think (about) (8/1) (*impfv.* ду́мать)

поду́шка (*Gen. pl.* поду́шек) pillow; cushion (2/3v)

подходи́ть (подхожу́, подхо́дишь, . . . подхо́дят) / *pfv.*
   подойти́ (подойду́, подойдёшь, . . . подойду́т; *past* подошёл, подошла́, подошло́, подошли́) (**к** + *Dat.*) to approach (someone); to walk up (over) to (13/2)

подъе́зд entrance (to a building); entryway (2/4)

по́езд (*pl.* поезда́) train (9/4)

пое́здка (*Gen. pl.* пое́здок) trip (11/4)

Поезжа́й(те) . . . Go . . . (*vehicular command form*) (Epi/C)

пое́сть (пое́м, пое́шь, пое́ст, поеди́м, поеди́те, поедя́т; *past* пое́л, пое́ла, пое́ло, пое́ли) *pfv.* to have something to eat; to have a bite (10/2) (*impfv.* есть[1])

пое́хать (пое́ду, пое́дешь, . . . пое́дут) *pfv.* **1.** to go (*by vehicle*); to ride; to drive; **2.** *pfv. only* to set out (*by vehicle*) (8/1) (*impfv.* е́хать)

   Пое́хали! Let's go! (14/4)

пожа́луйста 1. please; **2.** You're welcome! **3.** Here you are. (1/2)

пожени́ться (поже́нимся, поже́нитесь, поже́нятся) *pfv.* (*used in plural only*) (*of a couple*) to marry; to get married (8/2) (*impfv.* жени́ться)

пожило́й elderly; middle-aged [6/4]

поза́втракать *pfv.* to have breakfast; to have lunch (9/2v) (*impfv.* за́втракать)

позвони́ть (позвоню́, позвони́шь, . . . позвоня́т) *pfv.* (+ *Dat.*) to call (someone); to phone (7/1v) (*impfv.* звони́ть)

по́здно late (14/4)

поздоро́ваться *pfv.* (**с** + *Instr.*) to greet (someone); to say hello (to someone) [9/4] (*impfv.* здоро́ваться)

поздрави́тельная откры́тка (*Gen. pl.* откры́ток) greeting card (13/1)

поздравля́ть / *pfv.* **поздра́вить** (поздра́влю, поздра́вишь, . . . поздра́вят) (+ *Acc.* + **с** + *Instr.*) to congratulate; to extend greetings (to); to wish (someone) a happy (holiday) (10/2)

   Мо́жешь меня́ поздра́вить! Congratulate me! [7/2]

познако́мить (познако́млю, познако́мишь, . . . познако́мят) *pfv.* (+ *Acc.* + **с** + *Instr.*) to introduce (someone to someone) [7/4] (*impfv.* знако́мить)

познако́миться (познако́млюсь, познако́мишься, . . . познако́мятся) *pfv.* (**с** + *Instr.*) to meet; to get acquainted (with) (8/2) (*impfv.* знако́миться)

   Дава́йте познако́мимся. Let's introduce ourselves.; Let's get acquainted. (2/3)

   О́чень прия́тно познако́миться. (It's/It was) very nice to meet you. (4/4)

   Познако́мьтесь, э́то . . . (*when introducing someone*) I'd like you to meet . . . ; Meet . . . ; Let me introduce . . . (2/3)

   Позови́ ма́му. (Would you) get Mom? (7/2)

поигра́ть *pfv.* to play (*impfv.* игра́ть 3/1)

по-испа́нски (in) Spanish (4/3v)

по-италья́нски (in) Italian (4/3v)

пойти́ (пойду́, пойдёшь, . . . пойду́т; *past* пошёл, пошла́, пошло́, пошли́) *pfv.* **1.** to go; **2.** to set out (8/1) (*impfv.* идти́)

Пойдём(те)! Let's go! [9/1]

Пошли́! Let's go! (4/3)

пока́ 1. for the time being; for now [5/4]; **2. Пока́!** (*informal*) Bye!; See you later (1/2); **3.** while (9/2)

показа́ться (покажу́сь, пока́жешься, . . . пока́жутся) *pfv.* to seem; to appear [13/1] (*impfv.* каза́ться)

пока́зывать / *pfv.* **показа́ть** (покажу́, пока́жешь, . . . пока́жут) (+ *Dat.* + *Acc.*) to show (something to someone) (8/3)

по-кита́йски (in) Chinese (4/3v)

покупа́ть / *pfv.* **купи́ть** (куплю́, ку́пишь, . . . ку́пят) (+ *Dat.* + *Acc.*) to buy (someone something) (7/2; *pfv. infin. only* 5/1)

пол (*Prep. sing.* на полу́; *pl.* полы́) floor (2/2v)

пол- (*prefix*) half (11/1v): **полшесто́го** half past five; 5:30 (11/1v)

полечи́ть (полечу́, поле́чишь, . . . поле́чат) *pfv.* to treat (*medically*) (*for a while*) (12/1) (*may function as pfv. of* лечи́ть)

поликли́ника outpatient clinic (3/4v)

по́лка (*Gen. pl.* по́лок) shelf (3/2v)

кни́жная по́лка bookshelf (2/3v)

по́лный full [9/4]

полови́на half (11/1v)

полови́на шесто́го = полшесто́го half past five; 5:30 (11/1v)

положи́ть (положу́, поло́жишь, . . . поло́жат) *pfv.* to lay; to put (10/3) (*impfv.* класть)

полуфина́л semifinals (14/4v)

получа́ть / *pfv.* **получи́ть** (получу́, полу́чишь, . . . полу́чат) to receive; to get (8/1; *impfv.* 5/3)

получа́ться / *pfv.* **получи́ться** (полу́чится, полу́чатся) (*3rd pers. only*) to turn out (11/2)

У тебя́ непло́хо получа́ется. That's pretty good! [6/1]

полчаса́ half an hour (7/2)

по́льзоваться (по́льзуюсь, по́льзуешься, . . . по́льзуются) / *pfv.* **воспо́льзоваться** (+ *Instr.*) to use (13/3)

поменя́ть *pfv.* to change (something) [7/2] (*impfv.* меня́ть)

помеша́ть *pfv.* (+ *Dat.*) to bother, disturb (someone or something) (7/1) (*impfv.* меша́ть)

помидо́р tomato (10/2v)

по́мнить (по́мню, по́мнишь, . . . по́мнят) / *pfv. not introduced* to remember (5/2)

помога́ть / *pfv.* **помо́чь** (помогу́, помо́жешь, . . . помо́гут; *past* помо́г, помогла́, помогло́, помогли́) (+ *Dat.*) to help (someone or something) (7/4; *pfv. infin. only* 5/3)

Помоги́(те)! Help! (4/3)

по́мощь: ско́рая по́мощь *f.* ambulance service; emergency medical service (6/2)

понеде́льник Monday (1/4)

по-неме́цки (in) German (4/3v)

понима́ть / *pfv.* **поня́ть** (пойму́, поймёшь, . . . пойму́т; *past* по́нял, поняла́, по́няло, по́няли) to understand (7/3; *impfv.* 3/1)

Им нас не поня́ть! They can't understand us! [11/4]

Понима́ешь? Got it? (6/1)

понра́виться (понра́вится, понра́вятся) (*usu. 3rd pers.*) *pfv.* (+ *Dat.*) to be pleasing (to someone) (7/4) (*impfv.* нра́виться)

поня́ть (пойму́, поймёшь, . . . пойму́т; *past* по́нял, поняла́, по́няло, по́няли) *pfv.* to understand (7/3) (*impfv.* понима́ть)

Поня́тно. I understand. (7/1)

пообе́дать *pfv.* to have dinner; to have lunch (13/2) (*impfv.* обе́дать)

попада́ть / *pfv.* **попа́сть** (попаду́, попадёшь, . . . попаду́т; *past* попа́л, попа́ла, попа́ло, попа́ли) to reach (*some place, by phone*); (в *or* на + *Acc.*) to get to (*a place or event*) (7/2)

Вы не туда́ попа́ли. (*over the telephone*) You got the wrong number. (7/2)

попада́ть / попа́сть впроса́к to make a blunder [11/3]

по-португа́льски (in) Portuguese (4/3v)

попро́бовать (попро́бую, попро́буешь, . . . попро́буют) *pfv.* **1.** to try; **2.** to taste (10/3) (*impfv.* про́бовать)

попроси́ть (попрошу́, попро́сишь, . . . попро́сят) *pfv.* (+ *Acc.* + *infin.*) to ask; to request (someone to do something) (8/1) (*impfv.* проси́ть)

Мо́жно попроси́ть . . . ? (*on the phone*) May I speak to . . . ? (7/3)

Попроси́те (к телефо́ну) . . . Ask . . . (to come to the phone) (7/2)

попроща́ться *pfv.* (с + *Instr.*) to say good-bye (to someone) (10/2) (*impfv.* проща́ться)

популя́рный popular (9/4)

попыта́ться *pfv.* to try; to attempt (11/3) (*impfv.* пыта́ться)

пора́ *impersonal* **1.** (+ *Dat.*) (куда́) it's time (*for someone to go some place*): **Тебе́ пора́ в университе́т.** It's time for you to go to the university. (7/2); **2.** (+ *infin.*) it's time (*to do something*) (13/2)

поро́г threshold [9/4]

портфе́ль *m.* briefcase [9/1]

по-ру́сски (in) Russian (4/3v)

по́рция serving (14/2)

посла́ть (пошлю́, пошлёшь, . . . пошлю́т) *pfv.* to send (13/1) (*impfv.* посыла́ть)

по́сле (+ *Gen.*) after (11/4)

после́дний last (in a series) (10/2)

в после́дний раз the last time (14/1)

послеза́втра the day after tomorrow (12/4)

послу́шать *pfv.* to listen (to) (7/2) (*impfv.* слу́шать)

посмотре́ть (посмотрю́, посмо́тришь, . . . посмо́трят) *pfv.* **1.** to look (at); **2.** to watch (8/1) (*impfv.* смотре́ть)

Посмо́трим. We'll see. (9/2)

посове́товать (посове́тую, посове́туешь, . . . посове́туют) *pfv.* (+ *Dat.*) to advise; to tell (someone) (*to do something*); to suggest (*that someone do something*) (13/4) (*impfv.* сове́товать)

поспеши́ть (поспешу́, поспеши́шь, . . . поспеша́т) *pfv.* to hurry (8/4) (*impfv.* спеши́ть)

поссо́риться (поссо́рюсь, поссо́ришься, . . . поссо́рятся) *pfv.* to quarrel; to argue [8/1] (*impfv.* ссо́риться)

поста́вить (поста́влю, поста́вишь, . . . поста́вят) *pfv.* to put; to stand; to place (in a standing position) (9/1) (*impfv.* ста́вить)

постара́ться *pfv.* to attempt (to); to try (to) (13/1) (*impfv.* стара́ться)

постепе́нно gradually (13/1)

посу́да dishes; dishware (13/2)

посчита́ть *pfv.* to count (11/2) (*impfv.* счита́ть)

посыла́ть / *pfv.* посла́ть (пошлю́, пошлёшь, . . . пошлю́т) to send (13/1)

потанцева́ть (потанцу́ю, потанцу́ешь, . . . потанцу́ют) *pfv.* to dance (14/2) (*impfv.* танцева́ть)

потеря́ть *pfv.* to lose (12/4) (*impfv.* теря́ть)

пото(́о)к (*Gen. sing.* потолка́) ceiling (2/2v)

пото́м **1.** then; after that (3/4v); **2.** later (on) (4/3)

потому́ что because (4/4)

по-францу́зски (in) French (4/3v)

похо́ж (похо́жа, похо́же, похо́жи) **на** (+ *Acc.*) resemble; look like: **Он похо́ж на вас.** He looks like you. (6/2)

по́хороны (*Gen.* похоро́н, *Dat.* похорона́м) *pl.* funeral (11/4)

Почём . . . ? (*colloquial*) How much is . . . ?; How much are . . . ?; What is the price of . . . ? (11/4v)

почему́ why (2/3)

Почему́ ты вот всегда́ . . . ? Why do you always . . . ? [8/1]

почини́ть (починю́, почи́нишь, . . . почи́нят) *pfv.* to fix; to repair (8/1) (*impfv.* чини́ть)

почита́ть *pfv.* to read (*for a little while*) [14/1] (*may function as pfv. of* чита́ть)

по́чта **1.** mail (6/3); **2.** post office (3/4v)

электро́нная по́чта e-mail (8/3)

почтальо́н mail carrier (4/4v)

почти́ almost (6/4)

Пошли́! Let's go! (4/3)

поэ́тому that's why; therefore; so (3/1)

по-япо́нски (in) Japanese (4/3v)

по-мо́ему *parenthetical* in my opinion (3/1)

по-моско́вски Moscow style (5/3)

прав (права́, пра́во, пра́вы) right; correct (9/3)

пра́вда **1.** truth (10/1); **2.** *parenthetical* true; granted; to be sure (6/4)

Пра́вда? Really?; Isn't that so? (6/4)

пра́вильно (that's) right; (that's) correct (11/2)

Пра́вильно! That's right! [6/1]

пра́во (*pl.* права́) right (8/1)

име́ть пра́во to have the right (8/1)

пра́вый right (*adj.*); right-hand (14/1)

пра́здник [*pronounced* -зн-] holiday (10/4)

пра́здновать (пра́здную, пра́зднуешь, . . . пра́зднуют) / *pfv.* отпра́здновать to celebrate (7/3)

пра́ктика practice (4/4)

ча́стная пра́ктика private practice [4/4v]

предлага́ть / *pfv.* предложи́ть (предложу́, предло́жишь, . . . предло́жат) **1.** to offer; **2.** to suggest (7/1)

предпочита́ть / *pfv.* предпоче́сть (предпочту́, предпочтёшь, . . . предпочту́т; *past* предпочёл, предпочла́, предпочло́, предпочли́) to prefer (8/1)

представля́ть / *pfv.* предста́вить (предста́влю, предста́вишь, . . . предста́вят) (**себе́**) to imagine [14/1]

Представля́ю, . . . I can imagine (that) . . . (14/1)

Предста́вь(те) себе́, . . . ; Just imagine, . . . ; Believe it or not, . . . (10/4)

пре́жде всего́ first of all (5/4)

прекра́сно wonderfully; (*used as predicate*) (it's/that's) wonderful (8/3)

Прекра́сно! It's (That's) wonderful! (4/1)

прекра́сный wonderful (7/1)

прелю́д prelude [6/1]

преподава́тель/преподава́тельница instructor (*in college*); teacher (4/3v)

преподава́ть (преподаю́, преподаёшь, . . . преподаю́т) / *pfv. not introduced* (+ *Acc.*) to teach (something) (4/3v)

привести́ (приведу́, приведёшь, . . . приведу́т; *past* привёл, привела́, привело́, привели́) *pfv.* to bring (*someone along*) (11/1) (*impfv.* приводи́ть)

Приве́т! (*informal*) Hi!; Hello there! (1/1)

приводи́ть (привожу́, приво́дишь, . . . приво́дят) / *pfv.* привести́ (приведу́, приведёшь, . . . приведу́т; *past* привёл, привела́, привело́, привели́) to bring (*someone along*) (11/1)

привыка́ть / *pfv.* **привы́кнуть** (привы́кну, . . .
привы́кнешь, привы́кнут; *past* привы́к,
привы́кла, привы́кло, привы́кли) (**к** + *Dat.*) to
get used to (someone or something) (11/4)

приглаша́ть / *pfv.* **пригласи́ть** (приглашу́,
пригласи́шь, . . . приглася́т) to invite (7/1)

приглаша́ть / **пригласи́ть в го́сти** (+ *Acc.*) to invite
(someone) over (11/1)

приглаше́ние invitation (7/2v)

пригото́вить (пригото́влю, пригото́вишь, . . .
пригото́вят) *pfv.* **1.** to prepare; **2.** to cook (7/3)
(*impfv.* гото́вить)

прие́зд arrival (11/4)

приезжа́ть / *pfv.* **прие́хать** (прие́ду, прие́дешь, . . .
прие́дут) to come (*by vehicle*); to
arrive (9/1)

прийти́ (приду́, придёшь, . . . приду́т; *past* пришёл,
пришла́, пришло́, пришли́) *pfv.* to come;
to arrive; to come back (7/4) (*impfv.*
приходи́ть)

прилета́ть / *pfv.* **прилете́ть** (прилечу́, прилети́шь, . . .
прилетя́т) to arrive (by plane) [3/4]

приме́та sign; omen [9/4]

принести́ (принесу́, принесёшь, . . . принесу́т; *past*
принёс, принесла́, принесло́, принесли́) *pfv.* to
bring (over) (7/3) (*impfv.* приноси́ть)

принима́ть / *pfv.* **приня́ть** (приму́, при́мешь, . . .
при́мут; *past* при́нял, приняла́, при́няло,
при́няли) to accept; to take (8/1; *impfv.* 6/3v)

принима́ть / **приня́ть душ** to take a shower (9/2v)

принима́ть / **приня́ть лека́рство** to take
medicine (12/3v)

приноси́ть (приношу́, прино́сишь, . . . прино́сят) / *pfv.*
принести́ (принесу́, принесёшь, . . . принесу́т;
past принёс, принесла́ принесло́, принесли́) to
bring (over) (7/3; *pfv.* 6/4)

приноси́ть / **принести́** (**с собо́й**) to bring (along) (10/2)

при́нтер [*pronounced* -тэ-] printer (8/3v)

при́нято it is customary (to . . .); it is accepted; it is
(considered) appropriate [7/3]

У нас э́то не при́нято. We don't do that (here). [7/3]

приня́ть (приму́, при́мешь, . . . при́мут; *past* при́нял,
приняла́, при́няло, при́няли) *pfv.* to accept; to take
(8/1) (*impfv.* принима́ть)

присе́сть: присе́сть (прися́ду, прися́дешь, . . .
прися́дут) **на доро́гу** (*pfv.; impfv. not introduced*)
to sit down before a trip [Epi/B]

присыла́ть / *pfv.* **присла́ть** (пришлю́, пришлёшь, . . .
пришлю́т) to send (8/4)

приходи́ть (прихожу́, прихо́дишь, . . . прихо́дят) / *pfv.*
прийти́ (приду́, придёшь, . . . приду́т; *past*

пришёл, пришла́, пришло́, пришли́) to come; to
arrive; to come back (7/4)

приходи́ться (прихо́дится) / *pfv.* **прийти́сь** (придётся;
past пришло́сь) (+ *Dat.* + *Infin.*) *impersonal* to
have to [14/1]

Мне (**ему́, ей,** *etc.*) **пришло́сь** (**придётся**) . . . I (he,
she, *etc.*) had to (will have to). . . (14/4)

прия́тно (*used as predicate*) (it's/that's) pleasant;
(it's/that's) nice (13/1)

Им (**бу́дет**) **прия́тно.** They (will) like it. (13/1)

О́чень прия́тно познако́миться. (It's/It was) very
nice to meet you. (4/4)

О́чень прия́тно! Pleased to meet you!; Nice to meet
you! (1/2)

прия́тный nice; pleasant (7/4)

Прия́тного аппети́та! *Bon appétit!* (14/2)

про (+ *Acc.*) about (8/3)

пробле́ма problem (4/1)

про́бовать (про́бую, про́буешь, . . . про́буют) / *pfv.*
попро́бовать 1. to try; **2.** to taste (10/3)

проверя́ть / *pfv.* **прове́рить** (прове́рю, прове́ришь, . . .
прове́рят) to check (8/4)

провожа́ть / *pfv.* **проводи́ть** (провожу́, прово́дишь, . . .
прово́дят) **ста́рый год** to see out the old year (10/2)

програ́мма: компью́терная [*pronounced* -тэ-]
програ́мма computer program (11/3v)

програ́ммка (*Gen. pl.* програ́ммок) (*diminutive*)
(printed) program (14/3)

продава́ть (продаю́, продаёшь, . . . продаю́т) / *pfv.*
прода́ть (прода́м, прода́шь, прода́ст, продади́м,
продади́те, продаду́т; *past* про́дал, продала́,
про́дало, про́дали) (+ *Dat.* + *Acc.*) to sell
(something to someone) (8/1; *impfv.* 5/3)

продав(е́)ц (*Gen. sing.* продавца́)/**продавщи́ца** sales
clerk (8/3)

прода́жа жето́нов (sale of) tokens (9/1)

Продолжа́й(те)! Continue. [1/4]

продолжа́ться / *pfv.* **продолжи́ться** (продо́лжится,
продо́лжатся) (*3rd pers. only*) *intransitive* to go on;
to continue (Epi/C)

проду́кты (*Gen. pl.* проду́ктов) *pl.* groceries (3/4)

проездно́й (*noun, declines like adj.*) = **проездно́й биле́т**
metro (bus, trolley, tram) pass (5/3v)

проезжа́ть / *pfv.* **прое́хать** (прое́ду, прое́дешь, . . .
прое́дут) to ride; to drive (*along, through,
past, etc.*) (11/2v)

проигрывать / *pfv.* **проигра́ть** (*of a game, etc.*)
to lose (9/4)

происхожде́ние origin (13/1)

пройти́ (пройду́, пройдешь, . . . пройду́т; *past* прошёл,
прошла́, прошло́, прошли́) *pfv.* **1.** (*usu. 3rd pers. in*

this meaning) (*of pain, cough, etc.*) to pass; to go away (12/3); **2.** (*with* **ми́мо**) to pass (by); to go past (13/2) (*impfv.* проходи́ть)

Разреши́(те) пройти́. (Would you) let me by (please). (9/1v)

проси́ть (прошу́, про́сишь, . . . про́сят) / *pfv.* **попроси́ть 1.** (+ *Acc.* + *infin.*) to ask (someone to do something); **2.** (+ *Acc.* or **у** + *Gen.*) to ask for; to request (8/1)

Мо́жно попроси́ть . . . ? (*on the phone*) May I speak to . . . ? (7/3)

Попроси́те (к телефо́ну) . . . ? May I speak with . . . ? (7/2)

Прошу́ всех к столу́! Everyone please come to the table! (10/2)

проспе́кт avenue; (*in names of streets*) Prospekt (11/2v)

Прости́(те)! Excuse me! (7/2)

про́сто simply; (*used as predicate*) (it's/that's) simple (9/3)

просто́й simple (12/2)

просту́да a cold (12/3)

простужа́ться / *pfv.* **простуди́ться** (простужу́сь, просту́дишься, . . . просту́дятся) to catch a cold (12/2)

про́сьба: У меня́ к тебе́ (вам) про́сьба. I have a request of you. (8/4)

профе́ссия profession (3/1)

профе́ссор (*pl.* профессора́) professor (2/1)

проходи́ть (прохо́дит, прохо́дят) / *pfv.* **пройти́** (пройдёт, пройду́т; *past* прошёл, прошла́, прошло́, прошли́) **1.** (*usu. 3rd pers. in this meaning*) (*of pain, cough, etc.*) to pass; to go away (12/3); **2.** (*with* **ми́мо**) to pass (by); to go past (13/2)

Проходи́(те). (*when inviting someone in*) Come in. (12/3)

Разреши́те пройти́. (Would you) let me by (please). (9/1v)

прохо́жий (*noun, declines like adj.*) passerby [8/4]

проце́нт percent (13/3)

прочита́ть *pfv.* **1.** to read; **2.** to give (*a lecture*) (7/1) (*impfv.* чита́ть)

про́шлый last (*preceding the present one*): **в про́шлом году́** last year (5/2)

проща́ться / *pfv.* **попроща́ться** (**с** + *Instr.*) to say good-bye (to someone) (10/2)

про́ще (*compar. of* просто́й *and* про́сто) easier; simpler (12/2)

пу́дель *m.* poodle [6/1v]

пуло́вер V-neck sweater (1/3)

пуска́ть / *pfv.* **пусти́ть** (пущу́, пу́стишь, . . . пу́стят) to let in [14/3]: **Нас не пу́стят в зал.** They won't let us into the performance hall.

пусто́й empty [9/4]

пусть let . . . ; have (*someone do something*) (12/4)

пылесо́с vacuum cleaner (4/1v)

пыта́ться / *pfv.* **попыта́ться** (+ *infin.*) to try; to attempt (11/3)

пье́са play (*dramatic presentation*) (5/2v)

пятёрка a "five" (*top grade in Russian schools, equivalent to a grade of "A"*) (4/3)

пятидеся́тый fiftieth (8/2)

пятна́дцатый fifteenth (6/3)

пятна́дцать fifteen (6/1)

пя́тница Friday (1/4)

пя́тый fifth (6/3)

пять five (2/1)

в пять часо́в утра́ at 5:00 a.m. (7/3)

в пять (шесть, семь, . . .) часо́в at five (six, seven, . . .) o'clock (7/1v)

пять (шесть, . . . де́вять) ты́сяч five (six, . . . nine) thousand (8/3)

пятьдеся́т fifty (6/1)

пятьсо́т five hundred (5/3)

Р

рабо́та 1. work; **2.** job (3/1v)

рабо́тать / *no resultative pfv.* to work (3/1v)

Я на по́чте рабо́таю неда́вно. I haven't been working at the post office long. [6/3]

рад (ра́да, ра́до, ра́ды) glad; pleased (6/4)

О́чень рад. Pleased to meet you. (2/3)

ра́ди (+ *Gen.*) for (the sake of) (11/1)

ра́дио *neut. indecl.* radio (5/1)

ра́дость *f.* joy [10/4]

раз (*conjunction*) since [9/2]

раз (*Gen. pl.* раз) time; occasion (9/3)

в пе́рвый раз (for) the first time (14/2)

в после́дний раз (for) the last time (14/1)

ра́зве really? (3/1)

Ра́зве так мо́жно? How could you possibly do that? (12/1)

Ра́зве э́то тру́дная те́ма? Is it really a difficult topic? (3/1)

разгова́ривать / *no resultative pfv.* to talk; to speak; to chat (6/4)

разме́р size (5/3)

ра́зный different; various (5/2)

разреша́ть / *pfv.* **разреши́ть** (разрешу́, разреши́шь, . . . разреша́т) (+ *Dat.* + *infin.*) to allow; to permit (someone to do something) [8/4]

Разреши́те (+ *infin.*) . . . Allow (me) to . . . (13/4)

райо́н district; section (of town) (3/4)

ра́но early (9/2)

ра́ньше (*compar. of* ра́нний *and* ра́но) **1.** earlier; **2.** before; formerly (8/3)

рассерди́ться (рассержу́сь, рассе́рдишься, . . . рассе́рдятся) (на + *Acc.*) *pfv.* to get (become) angry (at someone) (*impfv.* серди́ться[6/4])

расска́з (short) story (5/2v)

расска́зывать / *pfv.* **рассказа́ть** (расскажу́, расска́жешь, . . . расска́жут) to tell; to relate (7/3)

 Расскажи́(те) о (об) . . . Tell us (me) (about). . . (4/3)

рассыпа́ть / *pfv.* **рассы́пать** (рассы́плю, рассы́плешь, рассы́плет, рассы́плем, рассы́плете, рассы́плют) to spill [9/4]

расти́ (расту́, растёшь, . . . расту́т; *past* рос, росла́, росло́, росли́) / *pfv.* **вы́расти** (вы́расту, вы́растешь, . . . вы́растут; *past* вы́рос, вы́росла, вы́росло, вы́росли) **1.** to grow; **2.** to grow up (8/1; *impfv.* 6/3)

ребя́та *pl.* (*Gen.* ребя́т) (*colloquial*) guys (10/3)

революцио́нный revolutionary [13/1]

регистрату́ра registration office [12/4]

ре́дко rarely (5/4)

рези́новый rubber (*adj.*) (5/3)

река́ (*Acc. sing.* реку́ *or* ре́ку; *pl.* ре́ки) river (1/2)

рекла́ма 1. advertising; **2.** commercial; advertisement (9/3v)

рекомендова́ть (рекоменду́ю, рекоменду́ешь, . . . рекоменду́ют) *pfv. and impfv.* to recommend (14/2)

рестора́н restaurant (4/4v)

реце́пт prescription (12/4)

 по реце́пту by prescription (12/4)

речь (*no pl. in this meaning*) *f.* speech: **ру́сская речь** Russian speech (*the spoken Russian language*) [11/3]

реша́ть / *pfv.* **реши́ть** (решу́, реши́шь, . . . реша́т) to decide (11/4)

реша́ющий deciding; decisive [14/3]

риск risk [9/3]

рискова́ть (р- риску́ю, риску́ешь, . . . риску́ют) / *pfv.* **рискну́ть** (рискну́, рискнёшь, . . . рискну́т) to take chances (a chance); to risk (something) [9/4]

ро́вно: ро́вно в семь часо́в at seven o'clock sharp; at seven on the dot (7/3)

роди́тели (*Gen.* роди́телей) *pl.* parents (2/1v)

рожда́ться / *pfv.* **роди́ться** (рожу́сь, роди́шься, . . . родя́тся; *past* роди́лся, родила́сь, родили́сь) to be born (5/2)

родно́й native [4/3v]

рожде́ние birth (12/2)

 д(е)нь рожде́ния birthday (4/2)

Рождество́ Christmas (10/1)

ро́за rose (11/4)

ро́зовый pink (9/2)

рок rock (music) (3/3)

Росси́я Russia (1/2)

р(о)т (*Gen. sing.* рта, *Prep. sing.* во рту́) mouth (12/1v)

роя́ль *m.* piano; grand piano (2/3v)

руба́шка (*Gen. pl.* руба́шек) shirt (1/3)

рубль (*Gen. sing.* рубля́) *m.* ruble (5/3)

рука́ (*Acc. sing.* ру́ку, *pl.* ру́ки) **1.** hand; **2.** arm (12/1v)

 золоты́е ру́ки (у + *Gen.*) (one is) good with one's hands (4/3)

 ма́стер на все ру́ки jack-of-all-trades [4/3]

ру́сский Russian (*adj.*) (2/2)

ру́сский/ру́сская (*noun, declines like adj.*) a Russian (2/2)

ру́сско-америка́нский Russian-American [8/2]

ру́чка (*Gen. pl.* ру́чек) pen (1/3)

ры́ба fish (7/3)

ры́н(о)к (*Gen.* ры́нка) market (11/4)

рюкза́к (*Gen.* рюкзака́) backpack; knapsack (1/4)

ряд (*Gen. sing.* ря́да *but* два, три, четы́ре ряда́, *Prep. sing.* в ряду́, *pl.* ряды́) row (14/1v)

ря́дом (right) nearby; next door (3/4)

С

с (со) 1. (+ *Instr.*) with (9/1); **2.** (+ *Instr.*) and: **Мы с тобо́й** . . . You and I . . . (9/3); **3.** (+ *Gen.*) from (12/4)

 говори́ть с акце́нтом to have an accent; to speak with an accent (9/1)

 Мы с ним учи́лись в одно́м кла́ссе. He and I studied in the same class. (14/1)

 Ско́лько с меня́? How much is it?; How much do I owe? (11/4v)

 С наступа́ющим! (*Said as New Year's eve approaches*) Happy (coming) New Year! (10/2)

 С Но́вым го́дом! Happy New Year (10/3)

 с удово́льствием gladly; with pleasure (7/2)

 Что с ва́ми (тобо́й)? What's the matter (with you)? (12/3)

сад garden [5/2]

 де́тский сад (*Prep.* в де́тском саду́) kindergarten (10/1)

 «Вишнёвый сад» The Cherry Orchard (*a play by Anton Chekhov*) [5/2v]

сади́ться (сажу́сь, сади́шься, . . . садя́тся) / *pfv.* **сесть** (ся́ду, ся́дешь, . . . ся́дут; *past* сел, се́ла, се́ло, се́ли) (куда́) to sit down; to take a seat (10/4)

 сади́ться / сесть на (авто́бус) to get on (a bus); to take (a bus) (11/2v)

саксофо́н saxophone (3/3v)

саксофони́ст saxophonist (3/3v)

сала́т salad [7/3v]

    карто́фельный сала́т potato salad [7/3v]

    сала́т из кра́бов crab salad (14/2)

салфе́тка (*Gen. pl.* салфе́ток) napkin (13/4v)

сам (сама́, само́, са́ми) (*emphatic pronoun*) oneself; myself, yourself, *etc.* (10/2)

са́мый (*used to form superlatives*) the most . . . (9/1)

Са́нкт-Петербу́рг Saint (St.) Petersburg (1/2)

сапоги́ (*Gen.* сапо́г) *pl.* (*sing.* сапо́г, *Gen. sing.* сапога́) boots (5/3)

са́харница sugar bowl [13/4v]

сва́дьба (*Gen. pl.* сва́деб) wedding (8/3)

свет: на све́те in the world [14/1]

све́тлый bright; light (3/2)

светофо́р traffic light [8/4v]

свида́ние date (*social*) (8/1)

    идти́ на свида́ние to go on a date (8/1)

сви́тер [*pronounced* -тэ-] (*pl.* сви́теры *and* свитера́) (high-neck) sweater (1/3)

свобо́дный (свобо́ден, свобо́дна, свобо́дно, свобо́дны) free (8/4)

свой (*when owner is the subject*) one's (my, your, *etc.*) own (8/4)

связь *f.* connection (8/4)

сдава́ть (сдаю́, сдаёшь, . . . сдаю́т) / *pfv.* **сдать** (сдам, сдашь, сдаст, сдади́м, сдади́те, сдаду́т; *past* сдал, сдала́, сда́ло, сда́ли) **1.** to rent out (an apartment) (8/1; *impfv.* 6/2v); **2.** to check (*a coat, etc., in a coat check room*) (14/3)

сдава́ться (сдаётся, сдаю́тся) / *no pfv. in this meaning* (*usu. 3rd pers.*) to be for rent [5/4]

сде́лать *pfv.* **1.** to do; **2.** to make (7/3) (*impfv.* де́лать)

сеа́нс showing (*of a film*); show (12/2v)

себя́ (*Acc. and Gen.; Dat. and Prep.* себе́; *Instr.* собо́й) (*reflexive pronoun*) oneself; myself, yourself, *etc.* (10/2)

Се́верная Аме́рика North America (1/2)

сего́дня today (1/4)

    Како́е сего́дня число́? What's the date today?; What's today's date? (6/3)

    Како́й сего́дня день? What (day) is (it) today? (1/4)

седьмо́й seventh (6/3)

сезо́н season [9/4]

сейча́с 1. now; right now (3/4); **2.** right away; at once (3/1)

    Сейча́с! (*when being called by someone*) I'll be right there! (2/4)

    Я сейча́с. I'll be right back. (Epi/B)

    (Сейча́с) . . . (+ *clock time*). It's (now) . . . o'clock. (7/3)

секре́т secret (8/1)

    е́сли не секре́т if you don't mind my asking (8/1)

сельдере́й celery [7/3v]

семидеся́тый seventieth (8/2)

семина́р seminar (11/4)

семна́дцатый seventeenth (6/3)

семна́дцать seventeen (6/1)

семь seven (2/1)

    в семь часо́в ве́чера at 7:00 p.m. (7/3)

се́мьдесят seventy (6/1)

семьсо́т seven hundred (8/3)

семья́ (*pl.* се́мьи, *Gen. pl.* семе́й, *Dat. pl.* се́мьям) family (2/1v)

сентя́брь (*Gen. sing.* сентября́) *m.* September (1/4)

серди́то angrily [7/2]

серди́ться (сержу́сь, се́рдишься, . . . се́рдятся) / *pfv.* **рассерди́ться** (**на** + *Acc.*) to be (get) angry (at someone) (6/4)

се́рый gray (9/2)

се́рьги (*sing.* серьга́, *Gen. pl.* серёг) *pl.* earrings (13/2v)

сестра́ (*pl.* сёстры, *Gen. pl.* сестёр, *Dat. pl.* сёстрам) sister (2/1)

    двою́родная сестра́ (*female*) cousin (2/1v)

    медици́нская сестра́ = **медсестра́** nurse [7/1]

сесть (ся́ду, ся́дешь, . . . ся́дут; *past* сел, се́ла, се́ло, се́ли) *pfv.* (куда́) to sit down; to take a seat (10/4) (*impfv.* сади́ться)

сигаре́та cigarette (5/3v)

сиде́ть (сижу́, сиди́шь, . . . сидя́т) / *no resultative pfv.* (где) to sit; to be sitting (10/4)

си́льно: си́льно простуди́ться (*usu. pfv.*) to catch a bad cold (12/1)

си́мвол symbol [13/1]

симпати́чный nice; likable (3/2)

симпо́зиум symposium [8/3]

си́ний dark blue (10/2)

систе́ма system (7/1)

Сиэ́тл Seattle (1/2)

сказа́ть (скажу́, ска́жешь, . . . ска́жут) *pfv.* to say; to tell (7/4) (*impfv.* говори́ть)

    Вы не ска́жете . . . ? Could you tell me . . . ? (8/4)

    Скажи́те, пожа́луйста, . . . Please tell me . . . ; Could you please tell me . . . ? (5/3v)

    Что ты хо́чешь э́тим сказа́ть? What do you mean by that?; What are you trying to say? (13/2)

ска́терть *f.* tablecloth [13/4v]

ско́лько (+ *Gen.*) how much; how many (6/1)

    Ско́лько ему́ (ей) лет? How old is he (she)? (6/1)

    Ско́лько с меня́? How much do I owe?; How much is it? (11/4v)

    Ско́лько э́то сто́ит? How much does that cost? (6/2)

ско́рая по́мощь *f.* ambulance service; emergency medical service (6/2)

скоре́е 1. (*compar. of* ско́ро) sooner; **2.** quickly; as quickly as possible (11/2)

Скоре́е! Hurry up! (12/2)

скоре́е всего́ most likely (10/1)

Скоре́е выздора́вливай(те)! Get well soon! (12/4)

Скоре́е за стол! Everyone to the table! [10/3]

ско́ро soon (9/2)

скрипа́ч (*Gen. sing.* скрипача́) / **скрипа́чка** (*Gen. pl.* скрипа́чек) violinist (3/3v)

скри́пка (*Gen. pl.* скри́пок) violin (3/3v)

ску́чно boringly; (*used as predicate*) (it's/that's) boring (6/1)

ску́чный boring; tiresome (6/1)

сле́ва on the left (2/2)

сле́дующий next (9/1v)

сли́шком too; excessively: **сли́шком до́рого** too expensive (4/2)

слова́рь (*Gen. sing.* словаря́) *m.* dictionary (8/4)

сло́во (*pl.* слова́) word (1/2)

ни сло́ва don't say (breathe) a word (about it) (5/4)

слу́чай 1. case (8/4); **2.** incident (11/4)

на вся́кий слу́чай just in case (8/4)

случа́ться / *pfv.* **случи́ться** (случи́тся, случа́тся) (*3rd pers. only*) to happen; to occur [7/2]

Что случи́лось? What happened? (7/2)

слу́шать / *pfv.* **послу́шать** to listen (to) (7/2; *impfv.* 3/3)

Слу́шай(те)! Listen. [1/4]

слы́шать (слы́шу, слы́шишь, . . . слы́шат) / *pfv.* **услы́шать** to hear (8/1; *impfv.* 6/4)

Всё слы́шно. I (we, *etc.*) can hear everything. (4/2)

Я ничего́ не хочу́ слы́шать! I don't want to hear a thing about it! (7/2)

смета́на sour cream [10/2v]

сметь: Не смей . . . (+ *infin.*) Don't you dare . . . [6/4]

смея́ться (смею́сь, смеёшься, . . . смею́тся) / *pfv.* **посмея́ться 1.** to laugh; **2.** (**над** + *Instr.*) to laugh at; to make fun of (11/4)

смотре́ть (смотрю́, смо́тришь, . . . смо́трят) / *pfv.* **посмотре́ть 1.** to look (at); **2.** to watch (8/1; *impfv.* 4/2; *impfv. infin. only* 3/4): **смотре́ть но́вости по телеви́зору** to watch the news on television

Смотри́(те)! Look! (3/4)

смочь (смогу́, смо́жешь, . . . смо́гут; *past* смог, смогла́, смогло́, смогли́) *pfv.* to be able (7/4) (*impfv.* мочь)

снача́ла at first; first (12/2)

снег (*Prep. sing.* в снегу́) snow (8/2)

идёт снег it's snowing (8/2)

Снегу́рочка Snegurochka (Snow Maiden) (10/1v)

снима́ть / *pfv.* **снять** (сниму́, сни́мешь, . . . сни́мут; *past* снял, сняла́, сня́ло, сня́ли) **1.** to rent (7/4; *impfv.* 6/4); **2.** to take off (12/3)

сно́ва again; once again (12/4)

соба́ка dog (2/1)

собира́ться / *pfv.* **собра́ться** (соберу́сь, соберёшься, . . . соберу́тся; *past* собра́лся, собрала́сь, собрало́сь, собрали́сь) **1.** (куда́) to be planning to go somewhere; **2.** (+ *infin.*) to intend, to be about (to do something) (8/1; *impfv.* 5/4)

собо́р Васи́лия Блаже́нного St. Basil's Cathedral [9/1]

собра́ние meeting (7/1v)

со́бственный one's own [6/2]

соверше́нно completely (8/2)

сове́т advice (9/3)

сове́товать (сове́тую, сове́туешь, . . . сове́туют) / *pfv.* **посове́товать** (+ *Dat.* + *infin.*) to advise; to tell someone (to do something); to suggest (that someone do something) (13/4)

совпаде́ние coincidence (13/4)

совра́ть (совру́, соврёшь, . . . совру́т; *past* совра́л, соврала́, совра́ло, совра́ли) *pfv.* to (tell a) lie (10/1) (*impfv.* врать)

совреме́нный modern (10/4)

совсе́м quite; completely; entirely (14/3)

совсе́м не not at all (7/2v)

совсе́м неплохо́ quite well; rather well [7/3]

совсе́м нет not at all (8/4)

соглаша́ться / *pfv.* **согласи́ться** (соглашу́сь, согласи́шься, . . . соглася́тся) (**с** + *Instr. or* + *infin.*) to agree (with someone *or* to do something) (Epi/A)

со́да baking soda (12/4)

соединя́ть / *pfv.* **соедини́ть** (соединю́, соедини́шь, . . . соединя́т) to connect; to link [9/1]

сожале́ние: к сожале́нию *parenthetical* unfortunately (5/4)

сок juice (1/2)

апельси́новый сок orange juice (12/4v)

солёный pickled; salted (10/2v)

солёный огур(е́)ц (*Gen. sing.* огурца́) pickle (10/2v)

солида́рность *f.* solidarity [8/1]

соли́ст/соли́стка (*Gen. pl.* соли́сток) soloist [4/2v]

соль *f.* salt [7/3v]

сомне́ние doubt (12/4)

со́рок forty (6/1)

сороково́й fortieth (8/2)

сосе́д (*pl.* сосе́ди, *Gen. pl.* сосе́дей)/**сосе́дка** (*Gen. pl.* сосе́док) neighbor (2/2)

соси́ски frankfurters (10/2v)

сочине́ние (a writing assignment) composition (3/1v)

сочу́вствовать (сочу́вствую, сочу́вствуешь, . . . сочу́вствуют) [*pronounced* -чуст-] *impfv. only* (+ *Dat.*) to sympathize (with someone); to feel sorry (for someone) [11/4] спа́льня (*Gen. pl.* спа́лен) bedroom (2/2v)

Спаси́бо. Thank you; Thanks. (1/2)

    Спаси́бо за приглаше́ние. Thanks for the invitation (7/2v)

    Хорошо́, спаси́бо. (*in response to* Как дела́?) Fine, thanks (1/2)

спать (сплю, спишь, . . . спят; *past* спал, спа́ло, спала́, спа́ли) / *no resultative pfv.* to sleep (4/2)

спекта́кль *m.* performance; show (14/1)

спеть (спою́, споёшь, . . . спою́т) *pfv.* to sing (10/4) (*impfv.* петь)

спеши́ть (спешу́, спеши́шь, . . . спеша́т) / *pfv.* **поспеши́ть** to hurry (8/4)

спина́ (*Acc. sing.* спи́ну, *pl.* спи́ны) back (12/1v)

спи́с(о)к (*Gen. sing.* спи́ска) list (13/1)

спорт sports (9/3)

    вид спо́рта (kind of) sport (9/3)

    занима́ться спо́ртом to play sports (9/3)

спортза́л gym; gymnasium (3/4v)

спортсме́н/спортсме́нка (*Gen. pl.* спортсме́нок) athlete (9/3)

спосо́бный capable; talented (Epi/A)

спра́ва on the right (2/2)

спра́вочная (*noun, declines like adj.*) information; directory assistance (7/2)

спра́шивать / *pfv.* **спроси́ть** (спрошу́, спро́сишь, . . . спро́сят) **1.** (+ *Acc. or* у + *Gen.*) to ask (someone); **2.** (+ *Acc. or* о + *Prep.*) to ask (about); to inquire (6/4; *pfv.* 7/4)

сра́зу immediately; at once (9/3)

среда́ (*Acc. sing.* сре́ду) Wednesday (1/4)

сре́дство remedy (12/1)

    сре́дство от просту́ды cold remedy (Epi/B)

сро́чно right away; immediately (14/1)

ссо́ра quarrel; argument (9/4)

ссо́риться (ссо́рюсь, ссо́ришься, . . . ссо́рятся) / *pfv.* **поссо́риться** to quarrel; to argue [8/1]

ста́вить (ста́влю, ста́вишь, . . . ста́вят) / *pfv.* **поста́вить** to put; to stand; to place (*in a standing position*) (9/1)

стадио́н stadium (1/3v)

станови́ться[1] (становлю́сь, стано́вишься, . . . стано́вятся) / *pfv.* **стать**[1] (ста́ну, ста́нешь, . . . ста́нут) (+ *Instr. or impersonal*) to become (9/3)

станови́ться[2] (становлю́сь, стано́вишься, . . . стано́вятся) / *pfv.* **стать**[2] (ста́ну, ста́нешь, . . . ста́нут) *intransitive* to stand [13/2]

станцева́ть (станцу́ю, станцу́ешь, . . . станцу́ют) *pfv.* to dance (14/2) (*impfv.* танцева́ть)

ста́нция station (9/1v)

стара́ться / *pfv.* **постара́ться** to attempt (to); to try (to) (13/1)

ста́рше (*compar. of* ста́рый) older (12/2)

ста́ршие (*noun, declines like adj.*) *pl. only* one's elders (6/1)

ста́рый old (2/4v)

стать[1] (ста́ну, ста́нешь, . . . ста́нут) *pfv.* (+ *Instr. or impersonal*) to become (9/3) (*impfv.* станови́ться[1])

    мне ста́ло . . . I became . . . [8/3]

стать[2] (ста́ну, ста́нешь, . . . ста́нут) *pfv. intransitive* to stand [13/2] (*impfv.* станови́ться[2])

    стать[2] в о́чередь to get in line [13/2]

    стать[2] в о́череди to stand in line [13/2]

статья́ (*Gen. pl.* стате́й) article (3/1)

стена́ (*Acc. sing.* сте́ну, *pl.* сте́ны, *Dat. pl.* стена́м) wall (2/2v)

стира́льная маши́на washing machine (4/1v)

сто one hundred (6/1)

сто́ить (сто́ит, сто́ят) (*usu. 3rd pers.*) *impfv. only* to cost (6/2)

    Ско́лько э́то сто́ит? How much does this cost? (6/2)

стол (*Gen. sing.* стола́) table (3/2v)

    за столо́м at the table (9/4)

сто́лик table (in a restaurant) (14/2)

    кофе́йный сто́лик coffee table [2/3v]

столо́вая (*noun, declines like adj.*) dining room (2/2v)

сторона́ (*Acc. sing.* сто́рону, *pl.* сто́роны, *Gen. pl.* сторо́н, *Dat. pl.* сторона́м) direction [9/4]

стоя́нка такси́ taxi stand (11/2)

стоя́ть (стою́, стои́шь, . . . стоя́т) / *no resultative pfv.* **1.** to stand; to be; there is (are); **2.** to be (located) (6/4):

    Кни́ги стоя́т в кни́жном шкафу́. The books are in the bookcase.

    стоя́ть в о́череди to stand in line

страна́ (*pl.* стра́ны) country (1/2)

Стра́нно. (*used as predicate*) It's/That's strange. (7/2)

стро́гий strict; stern (6/1v)

стро́йный slender [10/4]

студе́нт/студе́нтка (*Gen. pl.* студе́нток) student (1/3)

стул (*pl.* сту́лья, *Gen. pl.* сту́льев) chair (3/2)

сты́дно (*used as predicate*) it's/that's a shame

    Как тебе́ (вам) не сты́дно! Shame on you! (10/1)

    Мне сты́дно. I'm ashamed.; I'm embarrassed. (6/1)

суббо́та Saturday (1/4)

суеве́рие superstition [9/4]

суеве́рный superstitious (9/4)

су́мка (*Gen. pl.* су́мок) bag (1/4)

схе́ма map (9/1)

Счастли́во! Good luck! All the best! (Epi/B)

Счастли́вого пути́! Have a good trip!; Bon voyage! (Epi/B)

счастли́вый (сча́стлив, сча́стлива, сча́стливы) **1.** happy; **2.** lucky; fortunate (8/3)

счáстье happiness (10/3v)

счёт (*Gen.* счетá) **1.** (*in a café, restaurant, etc.*) check (5/4); **2.** score (14/4v)

считáть / *pfv.* **посчитáть 1.** to count (11/2); **2.** *impfv. in this meaning* to believe; to think; to feel (10/1)

   Как вы считáете? What do you think?; What's your opinion? (8/3)

США (**Соединённые Штáты Амéрики**) USA (United States of America) (1/2)

съесть (съем, съешь, съест, съедúм, съедúте, съедя́т; *past* съел, съéла, съéло, съéли) *pfv.* to eat up (10/3) (*impfv.* есть[1])

сыгрáть *pfv.* to play (*impfv.* игрáть) (3/1)

сын (*pl.* сыновья́, *Gen. pl.* сыновéй) son (2/1)

сыр cheese (5/4v)

сюдá (*indicates direction*) here; this way (7/2)

   Идú(те) сюдá. Come here. [1/4]

сюрпрúз surprise (5/4)

   дéлать сдéлать сюрпрúз (+ *Dat.*) to surprise (someone) (Epi/C)

Т

та *f. of* тот (5/4)

таблéтка (*Gen. pl.* таблéток) pill, tablet [12/4]

   по две таблéтки two tablets each [12/4]

таблúчка (*Gen. pl.* таблúчек) sign (11/2)

так 1. (in) this way; like this; like that; thus (5/3); **2.** так... (*with adverbs and short-form adjectives*) so; (*with verbs*) so much (5/1); **3.** *particle* so; then (2/3)

   всё-таки all the same; still; nevertheless (9/2)

   ... не так ли? ... isn't that so? (Epi/A)

   Рáзве так мóжно? How could you possibly do that? (12/1)

   так же ... как just as ... as (9/3)

   Так э́то ... So this is (these are) ... (3/2)

   так? isn't that so? [4/3]

тáкже also; too; as well

   И вам (тебé) тáкже. (*in response to* Желáю вам/тебé ...) The same to you! (9/4)

   И вас (тебя́) тáкже. (*in response to* С Нóвым гóдом! *and similar greetings*) The same to you.; And you, too. (10/3)

такóй (такáя, такóе, такúе) **1.** such (a); like that; this kind of (8/3); **2.** (*with adj. + noun*) such (a); (*with adj.*) so; (*with noun*) a real ... (5/3)

   такóй же just as [10/2]: **Будь всегдá такóй же красúвой!** May you always be just as beautiful (as you are today)!

   такóй же the same (13/4): **У меня́ тóчно такóй же набóр для Свéты.** I have the same set for Sveta.

таксú *neut. indecl.* taxi; cab (4/4)

   водúтель таксú taxi driver (4/4v)

   стоя́нка таксú taxi stand (11/2)

таксúст cab driver (10/3)

там there (1/4)

тамóжня customs [1/4]

танцевáть (танцýю, танцýешь, ... танцýют) to dance / *pfv.* **1. станцевáть** to (complete a single) dance; *pfv.* **2. потанцевáть** *indicates limited duration* to dance (14/2)

тарéлка (*Gen. pl.* тарéлок) plate; dish (13/4v)

твой (твоя́, твоё, твой) (*informal*) your; yours (1/4)

те *pl. of* тот (5/4)

теáтр theater (1/3)

тебé *Dat.* (6/1) *and Prep.* (7/3) *of* ты

   Тебé хорошó. (It's/That's) fine for you. (10/1)

тебя́ *Gen.* (4/1) *and Acc.* (5/2) *of* ты

   Как тебя́ (егó, её, вас) зовýт? What is your (his, her, your) name? (1/1)

   Как у тебя́ (у вас) делá? How're things with you?; How are you doing? (1/2)

   У тебя́ неплóхо получáется. That's pretty good! [6/1]

текст text (10/4)

телевúзор television (set); TV (set) (3/2v)

телегрáмма telegram (6/3v)

телекомпáния television company (Epi/C)

телепередáча television broadcast; telecast (11/3)

телестýдия television studio [14/4v]

телефóн telephone (3/1)

   нóмер телефóна (telephone) number (2/1)

   Попросúте (к телефóну) ... Ask (someone) (to come to the phone) (7/2)

   телефóн-автомáт pay phone (8/4)

тéма topic; subject; theme, (3/1)

тёмный dark (10/4v)

температýра temperature (12/1)

   Вы температýру мéрили? Did you take your temperature? (12/1)

тéннис [*pronounced* тэ-] tennis (3/4)

теннисúст/теннисúстка (*Gen. pl.* теннисúсток) [*pronounced* тэ-] tennis player [3/4]

тéннисная [*pronounced* тэ-] **ракéтка** (*Gen. pl.* ракéток) tennis racket (13/3v)

тепéрь now (3/3)

тёплый warm (6/4v)

теря́ть / *pfv.* **потеря́ть** to lose (12/4)

тётка (*Gen. pl.* тёток) (*rather rude*) woman [11/2]

тётя (*Gen. pl.* тётей) aunt (2/1v)

типúчный typical (12/4)

тúхо quietly; softly (4/2)

то *neut. of* тот (5/4)

    одно́ и то же the same thing (10/2)

    то есть (*often abbreviated* **т.е.**) that is (4/1)

    то же са́мое the same thing (14/2)

    то, что that which; what [8/1]

тобо́й *Instr. of* ты (9/3)

тогда́ then; at that time (7/4)

то́же 1. also; too (2/1); **2.** (*with a negated verb*) either (5/3)

то́лстый fat; stout; heavy-set (11/2)

то́лько only (4/2)

то́лько что just (recently) (14/1)

торт cake (5/4)

то́стер [*pronounced* -тэ-] toaster (4/1v)

тот (**та, то, те**) that; that one (5/4)

то́чно exactly; for sure (9/2)

тради́ция tradition (10/2)

трамва́й streetcar (8/4v)

тра́нспорт transportation (8/4)

    городско́й тра́нспорт public (city) transportation (9/1)

тре́тий (**тре́тья, тре́тье, тре́тьи**) third (2/4)

    В-тре́тьих . . . In the third place . . . (10/1)

    Третьяко́вская галере́я Tretyakov Gallery (*a major Moscow art museum*) [9/1]

три three (2/1)

    в три часа́ дня at 3:00 p.m. (7/3)

тридца́тый thirtieth (6/3)

три́дцать thirty (6/1)

три́ллер thriller [3/1v]

трина́дцатый thirteenth (6/3)

трина́дцать thirteen (6/1)

три́ста three hundred (8/3)

тролле́йбус trolleybus (electric bus) (8/4v)

тромбо́н trombone [3/3v]

труба́ trumpet (3/3v)

тру́бка (*Gen. pl.* тру́бок) (telephone) receiver [7/2]

    ве́шать / *pfv.* пове́сить тру́бку to hang up the phone (11/2)

    Возьми́(те) тру́бку. Pick up the phone. (7/2)

тру́дно (*used as predicate*) (it's/that's) difficult; (it's/that's) hard (7/1)

тру́дный difficult; hard (3/1)

трусы́ (*Gen.* трусо́в) *pl.* shorts (9/2)

туале́т bathroom; restroom (2/2v)

туда́ (*indicates direction*) there (3/4)

    Вы не туда́ попа́ли. (*over the telephone*) You got the wrong number. (7/2)

ту́мбочка (*Gen. pl.* ту́мбочек) night table [3/2v]

тури́ст/тури́стка (*Gen. pl.* тури́сток) tourist (9/1)

тут 1. here (2/4); **2.** at this point; at that moment (6/4)

    Тут есть . . . ? Is/Are there . . . here? [3/4]

ту́фли (*Gen.* ту́фель) *usu. pl.* (*sing.* ту́фля) shoes (1/3)

ты (*informal*) you (1/3)

    Ну что ты! What do you mean! (5/1)

ты́сяча thousand (8/3)

тюльпа́н tulip (11/4v)

тяжёлый heavy (6/3)

У

у (+ *Gen.*) **1.** (*indicates someone's home, place of work, etc.*) at: **Пока́ я живу́ у тёти.** For the time being, I live at my aunt's. (6/3); **2.** (*indicates possession*) **У неё есть брат.** She has a brother. (4/1)

    У нас зака́зан сто́лик. We have a table reserved. (14/2)

    У нас э́то не при́нято. We don't do that (here). [7/3]

    У тебя́ непло́хо получа́ется. That's pretty good! [6/1]

убега́ть / *pfv.* убежа́ть (убегу́, убежи́шь, убежи́т, убежи́м, убежи́те, убегу́т) to run away [10/2]

уве́рен (уве́рена, уве́рено, уве́рены) sure; certain (6/4)

увертю́ра overture (14/3)

уви́деть (уви́жу, уви́дишь, . . . уви́дят) *pfv.* to see (7/4) (*impfv.* ви́деть)

Увы́ Alas! [13/4]

уга́дывать / *pfv.* угада́ть to guess [9/2]

у́г(о)л (*Gen. sing.* угла́, *Prep. sing.* в углу́, на углу́) corner (11/2v)

угоща́ть: Я угоща́ю. (It's) my treat; (It's) on me. (5/4)

уда́рник drummer [3/3v]

уда́рные (*noun, declines like adj.*) *pl.* drums [3/3v]

уда́ча success; (good) luck (9/3)

удивля́ться / *pfv.* удиви́ться (удивлю́сь, удиви́шься, . . . удивя́тся) (+ *Dat.*) to be surprised (at someone or something) [8/4]

удо́бно (*used as predicate*) (it's that's) convenient: **Э́то удо́бно.** It's/That's OK (convenient). (7/1)

удо́бный convenient (7/1)

уезжа́ть / *pfv.* уе́хать (уе́ду, уе́дешь, . . . уе́дут) to leave (*by vehicle*); to depart (9/2)

у́жас horror (4/1)

    Како́й у́жас! That's horrible!; How awful! (2/2)

ужа́сно horribly; (*used as predicate*) (it's/that's) horrible; (it's/that's) terrible

    Э́то ужа́сно! It's/That's horrible!; How awful! (2/3)

ужа́сный horrible; terrible (4/1)

уже́ already (3/1)

    уже́ не no longer; not anymore [9/3]

узнава́ть (узнаю́, узнаёшь, . . . узнаю́т) / *pfv.* **узна́ть 1.** to find out (11/4); **2.** to recognize (8/1)

уйти́ (уйду́, уйдёшь, . . . уйду́т; *past* ушёл, ушла́, ушло́, ушли́) *pfv.* to leave; to go away (8/1) (*impfv.* уходи́ть)

у́ксус vinegar [7/3v]

у́лица street (2/1)

улыба́ться / *pfv.* **улыбну́ться** (улыбну́сь, улыбнёшся, . . . улыбну́тся) to smile [7/4]

умере́ть (умру́, умрёшь, . . . умру́т; *past* у́мер, умерла́, у́мерло, у́мерли) *pfv.* to die (11/4) (*impfv.* умира́ть)

уме́ть (уме́ю, уме́ешь, . . . уме́ют) *pfv. not introduced* to know how (to do something); to be able to (4/3)

умира́ть / *pfv.* **умере́ть** (умру́, умрёшь, . . . умру́т; *past* у́мер, умерла́, у́мерло, у́мерли) to die (11/4)

универса́м supermarket (3/4v)

университе́т university (3/4v)

упа́сть (упаду́, упадёшь, . . . упаду́т; *past* упа́л, упа́ла, упа́ло, упа́ли) *pfv.* to fall [9/4] (*impfv.* па́дать)

упражне́ние exercise (1/3)

Ура́! Hurrah! [4/3]

уро́к 1. lesson; **2.** (*usu. pl.* уро́ки) homework (4/3)

услы́шать (услы́шу, услы́шишь, . . . услы́шат) *pfv.* to hear (8/1) (*impfv.* слы́шать)

успева́ть / *pfv.* **успе́ть** (успе́ю, успе́ешь, . . . успе́ют) (+ *infin. or* + *Acc.*) to have time (to), to manage (to) (14/1)

успе́х success (13/3)

    Жела́ю (Жела́ем) успе́ха! Best of luck; Good luck! (13/3)

уступа́ть / *pfv.* **уступи́ть** (уступлю́, усту́пишь, . . . усту́пят) (+ *Dat.* + *Acc.*) to yield; to give up (something to someone) [10/1]

у́тро (*Gen. sing.* у́тра *but* утра́ *after* «с, до» *or the time of day*) morning (5/3)

    До́брое у́тро! Good morning! (7/2)

    утра́ a.m. (*dawn to noon*): **в пять часо́в утра́** at 5:00 a.m. (7/3)

у́тром in the morning (3/3v)

уха́живать (за + *Instr.*) *impfv. only* to court (someone) [14/1]

у́хо (*pl.* у́ши, *Gen. pl.* уше́й) ear (12/1v)

уходи́ть (ухожу́, ухо́дишь, . . . ухо́дят) / *pfv.* **уйти́** (уйду́, уйдёшь, . . . уйду́т; *past* ушёл, ушла́, ушло́, ушли́) to leave; to go away (8/1)

уча́ст(о)к (*Gen. sing.* уча́стка) plot (of land) [6/2v]

учи́лище specialized school

    медици́нское учи́лище nursing school [7/1]

учи́тель (*pl.* учителя́)/**учи́тельница** teacher (6/1v)

учи́ть (учу́, у́чишь, . . . у́чат) to study (something) / *pfv.*

    1. вы́учить (вы́учу, вы́учишь, . . . вы́учат); to learn; to memorize (7/1); *pfv.* **2. научи́ть** (+ *Acc.*

+ *infin.*) to teach (someone to do something): **Я тебя́ научу́ води́ть маши́ну.** I'll teach you to drive. (9/3)

учи́ться (учу́сь, у́чишься, . . . у́чатся) / *pfv.* **научи́ться** (+ *infin.*) **1.** *impfv. only* to study; to be a student (4/3); **2.** (+ *infin.*) to learn (to do something) (9/3)

Ф

факс fax (8/3v)

факульте́т (*academic*) department (4/4)

    истори́ческий факульте́т history department (6/2)

    На како́м факульте́те вы у́читесь? What department are you in?; What are you majoring in? [4/4]

    факульте́т журнали́стики journalism department [4/4]

фами́лия last name (1/2)

февра́ль (*Gen. sing.* февраля́) *m.* February (1/4)

фиа́лка (*Gen. pl.* фиа́лок) violet (13/1v)

фильм film; movie (10/4)

фина́л final (championship) game; finale (14/1)

    . . . и тако́й фина́л! . . . and look how it turned out! [14/1]

фина́льный final (*adj.*) (9/4)

фина́нсовый financial (5/1v)

фиоле́товый violet (*color*) (*adj.*) (13/3)

фи́рма firm; business; company (4/4v)

фи́рменное блю́до specialty of the house (14/2v)

фле́йта flute (3/3v)

флейти́ст/флейти́стка (*Gen. pl.* флейти́сток) flutist [3/3v]

фойе́ *neut. indecl.* lobby (of a theater) (14/3v)

фотогра́фия photograph (6/1v)

францу́зский French (*adj.*) (10/2)

фру́кты (*Gen.* фру́ктов) *usu. pl.* fruit (5/4v)

фунт pound [7/3v]

футбо́л soccer (7/2v)

футбо́лка (*Gen. pl.* футбо́лок) T-shirt; sport shirt (1/3)

футбо́льный матч soccer game (8/1v)

Х

Ха́нука Hanukkah (10/1)

хвата́ть: не хвата́ет (+ *Gen.*) there's not enough (12/4)

хи́мик chemist [4/4v]

хлеб bread (3/4)

ходи́ть (хожу́, хо́дишь, . . . хо́дят) *multidir. of* **идти́ 1.** to go; **2.** to walk (5/2)

    ходи́ть по магази́нам to go shopping (13/2)

    ходя́чая энциклопе́дия walking encyclopedia [5/2]

хозя́ин (*pl.* хозя́ева, *Gen. pl.* хозя́ев)/**хозя́йка** (*Gen. pl.* хозя́ек) landlord/landlady (6/2)

хоккеи́ст hockey player (14/1)

хокке́й hockey (8/2)

холоди́льник refrigerator (4/1v)

хо́лодно (it's) cold (10/1)

холо́дный cold (6/4v)

хоро́ший good; nice (2/2)

хорошо́ well; (*used as predicate*) (it's/that's) good (1/2)

    Всё хорошо́, что хорошо́ конча́ется. All's well that ends well. (Epi/C)

    хорошо́ чита́ть ле́кции to be a good lecturer [7/4]

    Хорошо́, спаси́бо. (*in response to* Как дела́?) Fine, thanks. (1/2)

хоте́ть (хочу́, хо́чешь, хо́чет, хоти́м, хоти́те, хотя́т) / *pfv. not introduced* to want (5/1)

    Не хочу́ вам меша́ть. I don't want to bother you. [7/1]

    Что ты хо́чешь э́тим сказа́ть? What do you mean by that?; What are you trying to say? (13/2)

хотя́ although (8/4)

хотя́ бы at least (13/1)

хоте́ться (хо́чется) (+ *Dat.* + *infin.*) *impersonal* to want (10/3)

хризанте́ма [*pronounced* -тэ́-] chrysanthemum (13/1v)

ху́же (*compar. of* плохо́й *and* пло́хо) worse (9/2)

Ц

цвет (*pl.* цвета́, *Gen. pl.* цвето́в) color [9/2]

цвет(о́)к (*Gen. sing.* цветка́, *pl.* цветы́, *Gen. pl.* цвето́в) flower (3/2v)

це́лый whole (*adj.*) (11/3)

цена́ (*Acc. sing.* це́ну, *pl.* це́ны) price (8/3)

центр: центр го́рода downtown (2/2)

    центр-фо́рвард center-forward (*hockey position*) [14/1]

цепо́чка (*Gen. pl.* цепо́чек) chain necklace [13/2v]

цирк circus (3/1)

Ч

чай tea (1/2)

ча́йник teapot (13/4v)

ча́йный серви́з tea service (13/2)

час (*Gen. sing.* ча́са *but* два, три, четы́ре часа́, *Prep. sing.* в ... часу́, *pl.* часы́) 1. hour; 2. (*when telling time*) o'clock (7/1v)

    в два часа́ но́чи at 2:00 a.m. (7/3)

    в два (три, четы́ре) часа́ at two (three, four) o'clock (7/1v)

в пять часо́в утра́ at 5:00 a.m. (7/3)

в пять (шесть, семь, ...) часо́в at five (six, seven, ...) o'clock (7/1v)

в семь часо́в ве́чера at 7:00 p.m. (7/3)

в три часа́ дня at 3:00 p.m. (7/3)

в час at one o'clock (7/1v)

    Кото́рый час? What time is it? (7/3)

ча́стная пра́ктика private practice [4/4v]

ча́сто often (5/1)

часы́ (*Gen.* часо́в) *pl.* clock; watch (2/3v)

ча́шечка (*Gen. pl.* ча́шечек) (*diminutive*) small cup [13/2]

ча́шка (*Gen. pl.* ча́шек) cup (13/4v)

чего́ *Gen. of* что (4/1)

чей (**чья, чьё, чьи**) whose (2/2)

челове́к (*pl.* лю́ди, *Gen. pl.* люде́й, *but* пять, шесть, *etc.,* челове́к) person; man (5/2)

    молодо́й челове́к young man (5/4)

    «Челове́к в футля́ре» The Man in a Case (*a short story by Anton Chekhov*) [5/2v]

чем 1. than (8/3): **Ва́ша кварти́ра лу́чше, чем на́ша.** Your apartment is better than ours.; 2. *Instr. of* что (9/1)

чём *Prep. of* что (7/3)

чемода́н suitcase (1/4)

чемпио́н champion (14/4)

чемпиона́т championship (14/4v)

чему́ *Dat. of* что (6/1)

че́рез (+ *Acc.*) 1. across (9/3); 2. (*indicates time from the present or from the indicated moment*) in: **че́рез две неде́ли** in two weeks (6/4)

чёрный black (9/2)

    чёрный ко́фе black coffee (5/4v)

четве́рг (*Gen. sing.* четверга́) Thursday (1/4)

четвёртый fourth (2/4)

че́тверть (*Gen. pl.* четверте́й) *f.* quarter (11/1v)

    че́тверть шесто́го quarter past five; 5:15 (11/1v)

четвертьфина́л quarterfinals (14/4v)

четы́ре four (2/1)

четы́реста four hundred (8/3)

четы́рнадцатый fourteenth (6/3)

четы́рнадцать fourteen (6/1)

Чика́го Chicago (1/2)

чини́ть (чиню́, чи́нишь, ... чи́нят) / *pfv.* **почини́ть** to fix; to repair (8/1; *impfv.* 4/4)

число́ (*pl.* чи́сла, *Gen. pl.* чи́сел) 1. number (11/2); 2. day (*of the month*); date (6/3)

    Како́е сего́дня число́? What's the date today?; What's today's date? (6/3)

чи́сто cleanly; (*used as predicate*) (it's/that's) clean (9/1)

чи́стый clean (5/3)

чита́ть / *pfv.* **прочита́ть 1.** to read; **2.** to give (*a lecture*)
(7/1; *impfv.* 3/1v)

Чита́й(те)! Read. [1/4]

чита́ть ле́кции to lecture; to give lectures [7/4]

чиха́ть / *pfv. for one-time action* **чихну́ть** (чихну́,
чихнёшь, . . . чихну́т) to sneeze (12/3v)

чи́ще (*compar. of* чи́стый) cleaner (12/2)

что (*Nom. and Acc.*) **1.** (*interrogative*) what? (1/3);
2. (*relative*) that; what (3/4)

а что . . . ? so . . . ? [8/1]

Бою́сь, что нет. I'm afraid not. (10/4)

Всё хорошо́, что хорошо́ конча́ется. All's well that
ends well. (Epi/C)

всё, что ну́жно everything that's needed; everything
we need (6/4)

Ну что ты! What do you mean! (5/1)

потому́ что because (4/4)

то, что that which; what [8/1]

то́лько что just (recently) (14/1)

Что де́лать? What should (can) I (we) do? (4/2v)

что ж, . . . well, . . . (3/1)

Что за вид! What a sight you are! (14/4)

Что но́вого? What's new? (7/2v)

Что принести́? What should I (we) bring? (7/3)

Что с ва́ми (тобо́й)? What's the matter (with
you)? (12/3)

что тако́е . . . what . . . is [3/1]

Что ты хо́чешь э́тим сказа́ть? What do you mean by
that?; What are you trying to say? (13/2)

Что э́то? What's this/that? (1/3)

Что э́то за . . . ? What sort of . . . is that (are
those)? (7/1)

что́-нибудь something; anything (9/3)

что́-то something (10/3)

Что-что? Beg your pardon? (3/1)

чтобы (*conjunction used to introduce indirect
commands*) (11/2)

чу́вствовать (чу́вствую, чу́вствуешь, . . . чу́вствуют)
[*pronounced* чу́ст-] **себя́** / *no resultative pfv.* to feel
(some way) (10/4)

чу́вствовать себя́ как до́ма to feel at home (10/4)

чу́вство [*pronounced* чу́ст-] **ю́мора** sense of
humor (12/4)

чуде́сный wonderful; gorgeous (10/4)

чужо́й someone else's [6/3]

чуть не nearly; almost (10/3)

Ш

ша́йба (hockey) puck [14/3]

шампа́нское (*noun, declines like adj.*) champagne (10/2)

шампу́нь *m.* shampoo (5/3v)

шардонне́ [*pronounced* -нэ́] chardonnay [14/2]

шах (*chess*) check [3/1]

ша́хматы chess (3/1)

игра́ть в ша́хматы to play chess (3/1)

шве́дский Swedish (*adj.*) [11/1]

швейца́р doorman [14/2]

шестидеся́тый sixtieth (8/2)

шестна́дцатый sixteenth (6/3)

шестна́дцать sixteen (6/1)

шесто́й sixth (6/3)

шесть six (2/1)

шестьдеся́т sixty (6/1)

шестьсо́т six hundred (8/3)

шеф (*colloquial*) chief; boss (14/4)

шеф-по́вар (*pl.* шеф-повара́) chef (7/3)

шкаф (*Prep. sing.* в шкафу́, *pl.* шкафы́) wardrobe;
armoire; cabinet; closet (6/2)

шко́ла school (4/3)

шко́льник/шко́льница schoolboy/schoolgirl (2/1)

шля́па hat (*with a brim*) (13/2v)

шокола́д chocolate (5/3v)

шокола́дный chocolate (*adj.*) (5/4)

шоссе́ [*pronounced* -сэ́] highway (6/2v)

шотла́ндский Scottish; Scots (*adj.*) [10/4]

шофёр driver; chauffeur (11/2)

шту́ка 1. thing; doohickey [8/3]; **2.** piece; item;
unit (11/4v)

шум noise [6/4]

шу́тка (*Gen. pl.* шу́ток) joke (5/3)

Э

экза́мен exam (7/3)

гото́виться (гото́влюсь, гото́вишься, . . .
гото́вятся) / **подгото́виться к экза́мену** to
prepare for an exam (7/3)

экза́мен по исто́рии history exam (7/3)

экономи́ческий economics (*adj.*) (5/1v)

Моско́вский экономи́ческий институ́т Moscow
Institute of Economics [5/1v]

экра́н screen (8/3)

экску́рсия excursion; (sightseeing) tour (8/2v)

эле́ктрик electrician (4/4)

электри́чка (*Gen. pl.* электри́чек) electric commuter
train [9/1]

электро́ника electronics (4/4)

магази́н электро́ники electronics store (4/4)

электро́нная по́чта e-mail (8/3)

эпиде́мия epidemic (12/1)

эта́ж (*Gen. sing.* этажа́, *Gen. pl.* этаже́й) floor; story (2/2)

Э́то . . . This (That) is . . . ; These (Those) are . . . (1/1)

Вот э́то да! Look at that! (10/1)

Познако́мьтесь, э́то . . . (*when introducing someone*) I'd like you to meet . . . ; Meet . . . ; Let me introduce . . . (2/3)

Ра́зве э́то тру́дная те́ма? Is it really a difficult topic? (3/1)

Ско́лько э́то сто́ит? How much does that cost? (6/2)

У нас э́то не при́нято. That's not accepted/done here [7/3]

Что э́то за . . . ? What sort of . . . is that (are those)? (7/1)

Э́то всё? Is that all? (4/2)

Э́то говори́т . . . This is . . . speaking. (7/2)

Э́то звони́т . . . This is . . . calling. (7/2v)

Э́то здо́рово! It's/That's great! (2/2)

Э́то удо́бно. That's convenient. (7/1)

Э́то ужа́сно! It's/That's horrible!; How awful! (2/3)

э́тот (э́та, э́то, э́ти) this; this one; that; that one (5/4)

Ю

юбиле́й major anniversary [5/4]

ю́бка (*Gen. pl.* ю́бок) skirt (1/3)

Ю́жная Аме́рика South America (1/2)

юриди́ческий law (*adj.*) (5/1v)

юриди́ческий институ́т law school

юри́ст lawyer (4/4v)

Я

я I (1/3)

я́блоко (*pl.* я́блоки) apple (11/4v)

язы́к (*Gen. sing.* языка́) language (4/3v)

носи́тель *m.* **языка́** native speaker (11/3v)

яи́чница [*pronounced* -шн-] fried eggs (5/4v)

яйцо́ (*pl.* я́йца, *Gen. pl.* яи́ц) egg (7/3v)

круто́е яйцо́ hard-boiled egg (7/3v)

янва́рь (*Gen. sing.* января́) *m.* January (1/4)

яросла́вский Yaroslavl (*adj.*) [Epi/C]

ENGLISH-RUSSIAN GLOSSARY

Key

Acc.	Accusative	*indecl.*	indeclinable	*pl.*	plural
adj.	adjective	*infin.*	infinitive	*Prep.*	Prepositional
adv.	adverb	*Instr.*	Instrumental	*pres.*	present
compar.	comparative	*m.*	masculine	*sing.*	singular
Dat.	Dative	*multidir.*	multidirectional	*superl.*	superlative
f.	feminine	*neut.*	neuter	*unidir.*	unidirectional
Gen.	Genitive	*pers.*	person	*usu.*	usually
impfv.	imperfective	*pfv.*	perfective	*v.*	visuals

Most new words and phrases are introduced in the readings and the visual vocabulary displays; a few words and phrases are first encountered in the **Слова́, слова́, слова́** word study sections or in grammar presentations. Numbers in parentheses indicate the Lesson/Part in which the Russian word or phrase is first encountered for active use; words and phrases followed by numbers in brackets are considered passive vocabulary. The letter "v" after the Lesson/Part number indicates that the given word first appears in a visual vocabulary display. Bold numbers introduce separate meanings for a given word. The Russian letters **Е** and **Ё** are treated as a single letter. Verbs for which key forms are not given are conjugated like **чита́ть, гуля́ть**; perfectives formed by prefixing the corresponding imperfective have nonpast forms like those of that imperfective unless otherwise indicated.

A

a certain оди́н (одна́, одно́, одни́) (11/4)

a.m. (*midnight to dawn*) но́чи; (*dawn to noon*) утра́ (7/3)

  at 2:00 a.m. в два часа́ но́чи (7/3)

  at 5:00 a.m. в пять часо́в утра́ (7/3)

able: be able 1. мочь (могу́, мо́жешь, . . . мо́гут; *past* мог, могла́, могло́, могли́) (5/3v) / *pfv.* смочь (7/4); **2.** (*be able, know how* [*to do something*]) уме́ть (уме́ю, уме́ешь, . . . уме́ют) *impfv. only* (4/3)

about 1. о (об, обо) (+ *Prep.*) (4/3); **2.** про (+ *Acc.*) (8/3)

  be about (**to do something**) собира́ться (5/4) / *pfv.* собра́ться (соберу́сь, соберёшься, . . . соберу́тся;

past собра́лся, собрала́сь, собрало́сь, собрали́сь) (8/1)

  How about . . . ? Как насчёт . . . ? (+ *Gen.*) (6/4)

abroad (*location*) за грани́цей (13/1); (*direction*) за грани́цу [11/4]

  a trip abroad пое́здка за грани́цу (11/4)

  go abroad *multidir.* е́здить (е́зжу, е́здишь, . . . е́здят), *unidir.* е́хать (е́ду, е́дешь, . . . е́дут) / *pfv.* пое́хать за грани́цу (11/4)

absolutely абсолю́тно (10/4); обяза́тельно (6/4); безусло́вно [8/3]

academic advisor нау́чный руководи́тель [5/2]

academy акаде́мия [5/1v]

accent акце́нт (9/1)

accept принима́ть (6/3v) / *pfv.* приня́ть (приму́, при́мешь, . . . при́мут; *past* при́нял, приняла́, при́няло, при́няли) (8/1)

 That's not accepted (done) here. У нас э́то не при́нято. [7/3]

ache, hurt боле́ть² (боли́т, боля́т) / *may function as pfv.* заболе́ть² (*3rd pers. only*) (12/4)

 My head aches (my feet ache, etc.) (12/1v) У меня́ боли́т голова́ (боля́т но́ги, etc.) (12/1v)

acquaint: get acquainted (with) знако́миться (знако́млюсь, знако́мишься, . . . знако́мятся) / *pfv.* познако́миться (с + *Instr.*) (8/2)

 Let's get acquainted! Дава́йте познако́мимся. (2/3)

acquaintance *noun, declines like adj.* знако́мый/знако́мая (7/2)

across че́рез (+ *Acc.*) (9/3)

act (*in a play, opera, etc.*) де́йствие (14/4)

actually действи́тельно (5/3)

address а́дрес (*pl.* адреса́) (2/1)

 address book записна́я кни́жка (*Gen. pl.* кни́жек) (6/3)

 address (someone) formally говори́ть (+ *Dat.*) «вы» (6/1)

 address (someone) informally говори́ть (+ *Dat.*) «ты» (6/1)

advertisement 1. объявле́ние (5/1); **2.** (*commercial advertisement*) рекла́ма [11/3]

advice сове́т (9/3)

advise сове́товать (сове́тую, сове́туешь, . . . сове́туют) / *pfv.* посове́товать (+ *Dat.* + *infin.*) (13/4)

advisor: academic advisor нау́чный руководи́тель [5/2]

aerobics аэро́бика (9/3)

afraid: be afraid (of) боя́ться (бою́сь, бои́шься, . . . боя́тся) / *no resultative pfv.* (+ *Gen.*) (9/4)

Africa А́фрика (1/2)

after по́сле (+ *Gen.*) (11/4)

 after all 1. в конце́ концо́в (8/1); **2.** *particle* (*used for emphasis*) ведь (7/1); же (4/3)

 after that пото́м (3/4v)

afternoon: in the afternoon днём (7/1)

 afternoon meal обе́д (7/3)

 Good afternoon! До́брый день! (3/2)

again опя́ть (3/1); сно́ва (12/4); ещё раз (11/4)

ago наза́д; (тому́) наза́д (7/2): **three years ago** три го́да (тому́) наза́д

 not long ago (*with past verbs*) неда́вно (6/3)

agree 1. соглаша́ться / *pfv.* согласи́ться (соглашу́сь, согласи́шься, . . . согла́сятся) (Epi/A)

 2. догова́риваться / *pfv.* договори́ться

(договорю́сь, договори́шься, . . . договоря́тся) [11/4]

 Agreed! It's settled. Договори́лись! (7/2)

ahead (*location*) впереди́ (14/1)

airport аэропо́рт (*Prep. sing.* в аэропорту́) (3/4)

alarm clock буди́льник (4/1v)

Alas! Увы́! [13/4]

alcoholic алкого́лик [4/4v]

 alcoholics anonymous анони́мные алкого́лики

all (of) 1. *adj.* (*the whole*) весь (вся, всё, все) (10/1); **2.** *pronoun* (*everything*) всё (4/2)

 after all 1. в конце́ концо́в (8/1); **2.** *particle* (*used for emphasis*) ведь (7/1); *particle* же (4/3)

 All right. OK. (*used to express agreement*) Ла́дно. (7/1); (*in response to* Как дела́?) Ничего́. (1/2)

 All the best! Счастли́во!; Всего́ хоро́шего! (Epi/B)

 all the same всё равно́ (EpiA); всё-таки (9/2)

 all the time всё вре́мя (7/2)

 All's well that ends well. Всё хорошо́, что хорошо́ конча́ется. (Epi/C)

 by all means обяза́тельно (6/4)

 first of all пре́жде всего́ (5/4)

 Is that all? Э́то всё? (4/2)

 It's (that's) all right. Э́то удо́бно. (7/1)

 most of all бо́льше всего́ [11/4]

 not at all совсе́м не (7/2v); совсе́м нет (8/4)

 That's all right! (*in response to an apology*) Ничего́! (2/2)

allow разреша́ть / *pfv.* разреши́ть (разрешу́, разреши́шь, . . . разреша́т) (+ *Dat.*) [8/4]

 Allow (me) to . . . Разреши́(те) (+ *infin.*) . . . (13/4)

 Allow me to introduce . . . Познако́мьтесь, э́то . . . (2/3)

almond pastry минда́льное пиро́жное [5/4]

almost почти́ (6/4); чуть не (10/3)

 almost here на носу́ [10/2]

alone оди́н (одна́, одно́, одни́) (9/2)

along по (+ *Dat.*) (8/4): **along the street** по у́лице; **along the way** по доро́ге

already уже́ (3/1)

also; too 1. то́же (2/1); та́кже [9/4]; **2.** и (1/3)

although хотя́ (8/4)

always всегда́ (4/4)

ambulance service ско́рая по́мощь (6/2)

America Аме́рика (1/2)

American *noun* америка́н(е)ц/америка́нка (*Gen. pl.* америка́нок) (2/1); *adj.* америка́нский (3/3); **3.** (*joint action*) мы с (+ *Instr.*) (9/3): **you and I** мы с тобо́й

and 1. и (1/3); **2.** (*indicating a contrast*) а (1/1); **3.** (*joint action*) мы с (+ *Instr.*) (9/3) **you and I** мы с тобо́й

  And . . . anyway (*used to introduce a statement which is more general than what precedes it*) И вообще́ . . . (3/1)

  and so ита́к (5/4)

  And you, too. (*in response to* С Но́вым го́дом! *and similar greetings*) И вас (тебя́) та́кже. (10/3)

angrily серди́то [7/2]

angry: get (**be**) **angry** (**at**) серди́ться (сержу́сь, се́рдишься, . . . се́рдятся) [6/4] / *pfv.* рассерди́ться (на + *Acc.*)

anniversary: a major anniversary юбиле́й [5/4]

anonymous анони́мный [4/4v]

  alcoholics anonymous анони́мные алкого́лики

another друго́й (5/2)

answer отвеча́ть / *pfv.* отве́тить (отве́чу, отве́тишь, . . . отве́тят) (+ *Dat.*) (8/4)

answering machine автоотве́тчик (8/3v)

antibiotic антибио́тик (12/4)

antique: a real antique антиква́рная вещь [6/4]

any любо́й (12/1)

  not any никако́й (4/4)

anyway: And . . . anyway (*used to introduce a statement which is more general than what precedes it*) И вообще́ . . . (3/1)

apartment кварти́ра (2/1)

  apartment building дом (*pl.* дома́) (2/1)

  two-room apartment двухко́мнатная кварти́ра (6/2v)

appear каза́ться (кажу́сь, ка́жешься, . . . ка́жутся) / *pfv.* показа́ться (+ *Instr.*) [13/1]

appetizers заку́ски *pl.* (*sing.* заку́ска, *Gen. pl.* заку́сок) (13/4)

apple я́блоко (*pl.* я́блоки) (11/4v)

approach подходи́ть (подхожу́, подхо́дишь, . . . подхо́дят) / *pfv.* подойти́ (подойду́, подойдёшь, . . . подойду́т; *past* подошёл, подошла́, подошло́, подошли́) (к + *Dat.*) (13/2)

appropriate: It's not considered appropriate. У нас э́то не при́нято. [7/3]

approximately о́коло (+ *Gen.*) (8/3)

April апре́ль *m.* (1/4)

Arbat Арба́т (*name of an old Moscow street, now for pedestrians only, and of the surrounding neighborhood*) [8/4]

architectural grouping архитекту́рный анса́мбль [9/1]

argue ссо́риться (ссо́рюсь, ссо́ришься, . . . ссо́рятся) / *pfv.* поссо́риться [8/1]

argument ссо́ра (9/4)

arm рука́ (*Acc. sing.* ру́ку, *pl.* ру́ки) (12/1v)

armchair кре́сло (*Gen. pl.* кре́сел) (3/2)

armoire шкаф (*Prep. sing.* в шкафу́, *pl.* шкафы́) (6/2)

army а́рмия (6/2)

  in the army в а́рмии (6/2)

arrival прие́зд (11/4)

arrive 1. приходи́ть (пирхожу́, прихо́дишь, . . . прихо́дят) / *pfv.* прийти́ (приду́, придёшь, . . . приду́т; *past* пришёл, пришла́, пришло́, пришли́) (7/4); **2.** (*vehicular*) приезжа́ть / *pfv.* прие́хать (прие́ду, прие́дешь, . . . прие́дут) (9/1); **3.** (*by plane*) прилета́ть [3/4] / *pfv.* прилете́ть (прилечу́, прилети́шь, . . . прилетя́т)

article (*in a publication*) статья́ (*Gen. pl.* стате́й) (3/1)

as как (5/4)

  as luck would have it как назло́ [8/4]

  as you (**can**) **see** как ви́дишь (как ви́дите) (3/2)

ashamed: I'm ashamed. Мне сты́дно. (6/1)

Asia А́зия (1/2)

ask 1. (*ask about, inquire*) спра́шивать (6/4) / *pfv.* спроси́ть (спрошу́, спро́сишь, . . . спро́сят) (+ *Acc. or* у + *Gen.*) (7/4); **2.** (*ask for, request*) проси́ть (прошу́, про́сишь, . . . про́сят) / *pfv.* попроси́ть (+ *Acc. or* у + *Gen.*) (8/1)

  ask (**someone**) **a question** задава́ть (задаю́, задаёшь, . . . задаю́т) / *pfv.* зада́ть (зада́м, зада́шь, зада́ст, задади́м, задади́те, зададу́т; *past* за́дал, задала́, за́дало, за́дали) вопро́с (+ *Dat.*) (8/1)

  Ask . . . to come to the phone. Попроси́те к телефо́ну. . . (7/2)

  May I ask you a question? Мо́жно зада́ть вам вопро́с? (4/4)

asphalt асфа́льт [5/3]

aspirin аспири́н [5/3v]

assignment зада́ние [3/3]

  homework assignment (*in grade school*) уро́к (*usu. pl.* уро́ки) (4/3); (*in college*) дома́шнее зада́ние (3/3)

astrology астроло́гия [9/4v]

at 1. (*an event, an open place, etc.*) на (+ *Prep.*) (3/1v): **at a concert** на конце́рте; (*other locations*) в (+ *Prep.*) (3/1): **at the theater** в теа́тре; **2.** (*indicates clock time*) в (+ *Acc.*) (7/1v): **at two** (**three, four**) **o'clock** в два (три, четы́ре) часа́; **3.** (*indicates someone's home, place of work, etc.*) у (+ *Gen.*) (6/3): **For the time being, I live at my aunt's.** Пока́ я живу́ у тёти.

at first пе́рвое вре́мя [11/4]; снача́ла [11/4]; внача́ле [11/3]

at home до́ма (1/3)

at last наконе́ц 7/4)

at least хотя́ бы (13/1); по кра́йней ме́ре (10/4)

at night но́чью (7/1)

at once сейча́с, сра́зу (3/1); неме́дленно [7/2]

at that (**this**) **moment** тут (6/4)

at the price of по (+ *Acc.*) (11/4v): **at the price of 20 rubles** по два́дцать рубле́й

at the table за столо́м (9/4)

At what time? В кото́ром часу́? (7/2)

Look at that! Вот э́то да! (10/1)

no . . . at all никако́й (4/4)

not at all совсе́м не (7/2v); совсе́м нет (8/4)

athlete спортсме́н/спортсме́нка (*Gen. pl.* спортсме́нок) (9/3)

attempt to 1. стара́ться / *pfv.* постара́ться (13/1); **2.** пыта́ться / *pfv.* попыта́ться (11/3)

attentive внима́тельный (13/1)

attentively внима́тельно (11/2)

auditorium (*performance hall*) зал (4/2v)

August а́вгуст (1/4)

aunt тётя (*Gen. pl.* тётей) (2/1v)

Australia Австра́лия (1/2)

auto mechanic автомеха́ник (4/4)

autograph авто́граф (14/4)

automated recording автома́т [9/1]

automotive shop автосе́рвис [4/4]

autumn о́сень *f.* (13/1); *adj.* осе́нний (13/1)

in (**the**) **autumn** *adv.* о́сенью (7/1)

avenue проспе́кт (11/2v)

awful ужа́сный (4/1)

It's/That's awful!; How awful! Э́то ужа́сно! (2/3); Како́й у́жас! (2/2)

B

back (*part of the body*) спина́ (*Acc. sing.* спи́ну, *pl.* спи́ны) (12/1v)

come back приходи́ть (прихожу́, прихо́дишь, . . . прихо́дят) / *pfv.* прийти́ (приду́, придёшь, . . . приду́т; *past* пришёл, пришла́, пришло́, пришли́) (7/4)

come (*or* **go**) **back; return** возвраща́ться / *pfv.* верну́ться (верну́сь, вернёшься, . . . верну́тся) (9/2)

give back отдава́ть (отдаю́, отдаёшь, . . . отдаю́т) (5/3) / *pfv.* отда́ть (отда́м, отда́шь, отда́ст, отдади́м, отдади́те, отдаду́т; *past* о́тдал, отдала́, о́тдало, о́тдали) (8/1)

I'll be right back. Я сейча́с. (Epi/B)

backpack рюкза́к (*Gen. sing.* рюкзака́) (1/4)

bad нехоро́ший (5/4); плохо́й (2/4)

bad luck неуда́ча (9/4)

(it's/that's) bad пло́хо (1/2); нехорошо́ (5/4)

(it's/that's) too bad жаль (6/2)

not (**a**) **bad** неплохо́й (4/4)

badly пло́хо (1/2)

not too badly непло́хо (7/3)

bag су́мка (*Gen. pl.* су́мок) (1/4); паке́т (11/4v)

baking soda со́да (12/4)

balcony балко́н (2/2v)

ballet бале́т (4/2v)

bank банк (3/4v)

bar бар (8/1v)

basket корзи́на (9/4)

bass, bass viol контраба́с (3/3v)

bathroom 1. *noun, declines like adj.* (*for bathing*) ва́нная; **2.** (*lavatory*) туале́т (2/2v)

bathtub ва́нна (4/1)

be быть (*future* бу́ду, бу́дешь, . . . бу́дут (6/2); *past* был, была́, бы́ло, бы́ли (4/3))

be (**regularly or customarily**) быва́ть / *no resultative pfv.* [8/4]

be a good lecturer хорошо́ чита́ть ле́кции [7/4]

be able 1. мочь (могу́, мо́жешь, . . . мо́гут; *past* мог, могла́, могло́, могли́) (5/3v) / *pfv.* смочь (7/4); **2.** (*be able, know how* [*to do something*]) уме́ть (уме́ю, уме́ешь, . . . уме́ют) / *impfv. only* (4/3)

be afraid (**of**) боя́ться (бою́сь, бои́шься, . . . боя́тся) / *no resultative pfv.* (+ *Gen.*) (9/4)

be (**get**) **angry** (**at**) серди́ться (сержу́сь, се́рдишься, . . . се́рдятся) / *pfv.* рассерди́ться (на + *Acc.*) [6/4]

be born рожда́ться / *pfv.* роди́ться (рожу́сь, роди́шься, . . . родя́тся; *past* роди́лся, родила́сь, роди́ли́сь) (5/2)

Be careful! Осторо́жно (!) (9/1v)

be for rent сдава́ться (сдаётся, сдаю́тся) / *no pfv. in this meaning* (*usu. 3rd pers.*) [5/4]

be ill, sick боле́ть[1] (боле́ю, боле́ешь, . . . боле́ют) / *may function as pfv.* заболе́ть[1] (12/1)

be late опа́здывать / *pfv.* опозда́ть (опозда́ю, опозда́ешь, . . . опозда́ют) (7/2)

be located стоя́ть (стою́, стои́шь, . . . стоя́т) / *no resultative pfv.* (6/4)

be occupied (**with**); **be engaged** (**in**) занима́ться / *no resultative pfv.* (+ *Instr.*) (9/3)

be proud (**of**) горди́ться (горжу́сь, горди́шься, . . . гордя́тся) / *no resultative pfv.* (+ *Instr.*) [9/1]

be surprised (**at**) удивля́ться / *pfv.* удиви́ться (удивлю́сь, удиви́шься, . . . удивя́тся) (+ *Dat.*) [8/4]

I'll be right back. Я сейча́с. (Epi/B)

it would be better лу́чше (*comparative of* хоро́ший *and* хорошо́) (8/3)

That can't be! Не мо́жет быть! (7/2)

To be sure, . . . *parenthetical* Пра́вда, . . . (6/4)

We'll be expecting you! Ждём! [7/3]

beads бу́сы *pl.* (*Gen. pl.* бус) [13/2v]

beautiful краси́вый (2/4)

(it's/that's) beautiful краси́во (13/2)

because потому́ что (4/4)

because of из-за (+ *Gen.*) (14/4)

become станови́ться (становлю́сь, стано́вишься, . . . стано́вятся) / *pfv.* стать (ста́ну, ста́нешь, . . . ста́нут) (+ *Instr. or impersonal*) (9/3): **I became embarrassed.** Мне ста́ло сты́дно.

bed крова́ть *f.* (3/2v)

bedroom спа́льня (*Gen. pl.* спа́лен) (2/2v)

beer пи́во (6/4v)

before 1. ра́ньше (8/3); **2.** до (+ *Gen.*) (7/1); **3.** (*in front of*) пе́ред (пе́редо) (+ *Instr.*) (9/1)

five minutes before the end за . . . до (+ *Gen.*) [14/3]: за пять мину́т до конца́

sit down before a trip присе́сть (прися́ду, прися́дешь, . . . прися́дут; *past* присе́л, присе́ла, присе́ло, присе́ли) на доро́гу *pfv.; impfv. not introduced* [Epi/B]

Beg your pardon? Что-что? (3/1)

begin 1. начина́ть / *pfv.* нача́ть (начну́, начнёшь, . . . начну́т; *past* на́чал, начала́, на́чало, на́чали) (+ *Acc. or + infin.*) (7/2); **2.** *intransitive* начина́ться / *pfv.* нача́ться (начнётся, начну́тся) (*3rd pers. only*) (12/2v)

To begin with . . . Во-пе́рвых . . . (10/1)

beginning нача́ло (8/3)

behind за (+ *Instr.*) (9/1)

beige бе́жевый (9/2)

believe 1. ве́рить (ве́рю, ве́ришь, . . . ве́рят) / *pfv.* пове́рить (+ *Dat.*) (8/1); **2.** счита́ть / *pfv. not introduced* (10/1)

believe in ве́рить / *pfv.* пове́рить в (+ *Acc.*) (9/4v)

below 1. внизу́ (2/4); **2.** под [9/1]

beside во́зле (+ *Gen.*) (10/1)

besides (that) *parenthetical* кро́ме того́ (3/1)

best лу́чший (*comparative and superlative of* хоро́ший) (11/3v)

Best of luck! Жела́ю успе́ха! (13/3)

Best wishes!; All the best! Всего́ хоро́шего! (9/4)

better 1. *adj.* лу́чший (*comparative and superlative of* хоро́ший) (11/3v); (*when used predicatively*) лу́чше (9/2); **2.** *adv.* (*comparative of* хорошо́) лу́чше (8/3)

Better late than never. Лу́чше по́здно, чем никогда́. (14/4)

It would be better . . . Лу́чше . . . (8/3)

between ме́жду (+ *Instr.*) (9/1)

beverage напи́т(о)к (*Gen. sing.* напи́тка) (14/2v)

bibliographer библио́граф [7/4]

big большо́й (2/2)

bigger (*used predicatively*) бо́льше (*comparative of* большо́й) (9/2)

binoculars бино́кль *m.* (14/3)

biologist био́лог [4/4v]

birth рожде́ние (12/2)

birthday д(е)нь рожде́ния (4/2)

black чёрный (9/2)

black coffee чёрный ко́фе (5/4v)

blanket одея́ло (3/2v)

blender ми́ксер [4/1v]

Bless you! (*when someone sneezes*) Будь здоро́в (здоро́ва)!; Бу́дьте здоро́вы! (12/1)

blond *noun* блонди́н/блонди́нка (*Gen. pl.* блонди́нок) [4/2]

blouse блу́зка (*Gen. pl.* блу́зок) (1/3)

blue 1. (*dark blue*) си́ний (10/2); **2.** (*light blue*) голубо́й (9/2)

blunder: make a blunder попада́ть / *pfv.* попа́сть (попаду́, попадёшь, . . . попаду́т; *past* попа́л, попа́ла, попа́ло, попа́ли) впроса́к [11/3]

board: Go to the board. Иди́те к доске́. [1/4]

Bolshoi Theater Большо́й теа́тр (14/1)

Bon appetit! Прия́тного аппети́та! (14/2)

book кни́га (1/3)

address book записна́я кни́жка (6/3)

bookshelf кни́жная по́лка (2/3v)

boots сапоги́ *pl.* (*sing.* сапо́г, *Gen. sing.* сапога́, *Gen. pl.* сапо́г) (5/3)

border грани́ца (13/1)

boring ску́чный (6/1)

(it's/that's) boring, tiresome ску́чно (6/1)

born: be born рожда́ться / *pfv.* роди́ться (рожу́сь, роди́шься, . . . родя́тся; *past* роди́лся, родила́сь, роди́ли́сь) (5/2)

boss *noun* (*colloquial*) шеф [14/4]

boss (someone, everyone) around кома́ндовать (кома́ндую, кома́ндуешь, . . . кома́ндуют)/ *pfv. not introduced* [6/1]

bother 1. меша́ть / *pfv.* помеша́ть (+ *Dat.*) (7/1): **I don't want to bother you.** Не хочу́ вам меша́ть.; **2.** беспоко́ить (беспоко́ю, беспоко́ишь, . . . беспоко́ят) / *pfv.* побеспоко́ить (12/1)

bottle буты́лка (*Gen. pl.* буты́лок) (5/4)

bouquet буке́т (11/4v); (*diminutive*) буке́тик [13/3]

box коро́бка (*Gen. pl.* коро́бок) (13/4)

boy ма́льчик (2/2)

Brazil Брази́лия [11/3]

bread хлеб (3/4)

breakfast: have breakfast за́втракать / *pfv.*
поза́втракать (9/2v)

Breathe. Дыши́(те). (12/3)

    don't breathe a word (**about it**) ни сло́ва (5/4)

brick *adj.* кирпи́чный [6/2v]

briefcase портфе́ль *m.* [9/1]

bright све́тлый (3/2)

bring приноси́ть (приношу́, прино́сишь, . . .
прино́сят) (7/3) / *pfv.* принести́ (принесу́,
принесёшь, . . . принесу́т; *past* принёс, принесла́
принесло́, принесли́) (6/4)

    bring (**someone along**) приводи́ть (привожу́,
приво́дишь, . . . приво́дят) / *pfv.* привести́
(приведу́,приведёшь, . . . приведу́т; *past* привёл,
привела́, привело́, привели́) (11/1)

    bring (**something along**) приноси́ть / *pfv.* принести́
(с собо́й) (10/2)

    What should I (**we**) **bring?** Что принести́? (7/3)

broker, stockbroker бро́кер [4/4]

brother брат (*pl.* бра́тья, *Gen. pl.* бра́тьев) (2/1v)

brown кори́чневый (9/2)

brush one's teeth чи́стить (чи́щу, чи́стишь, . . . чи́стят) /
pfv. почи́стить зу́бы (9/2v)

bucket ведро́ (*pl.* вёдра, *Gen. pl.* вёдер) [9/4]

building дом (*pl.* дома́) (2/1)

bureau (*office*) бюро́ *neut. indecl.* (Epi/C)

bus авто́бус (3/4)

    bus stop авто́бусная остано́вка (5/3); остано́вка
авто́буса (3/4)

    get on a bus сади́ться (сажу́сь, сади́шься, . . .
садя́тся) / *pfv.* сесть (ся́ду, ся́дешь, . . . ся́дут) на
авто́бус (11/2v)

    business *noun* **1.** би́знес [*pronounced* -нэ-] (5/3); фи́рма
(4/4v); **2.** де́ло (*pl.* дела́) [7/4]; *adj.* **business,
businesslike** делово́й (10/2)

    on business по де́лу [7/4]

    What business is it of yours? Како́е твоё
де́ло? (8/1)

business trip командиро́вка [7/2]

    on a business trip в командиро́вке (7/2)

businessman бизнесме́н [*pronounced* -нэ-] [7/4]

busy за́нятый (за́нят, занята́, за́нято,
за́няты) (12/2)

but 1. (*joining and indicating a contrast*) а (1/1);
2. (*indicating a strong contrast*) но (3/4)

    (**but**) **on the other hand** зато́ (*often* но зато́) (4/4)

butter ма́сло (10/2v)

buy покупа́ть / *pfv.* купи́ть (куплю́, ку́пишь, . . . ку́пят)
(7/2; *pfv. infin. only* 5/1)

by 1. во́зле (+ *Gen.*) (10/1); **2.** ми́мо (+ *Gen.*) (13/2);
3. (*when expressing time*) к (ко) (+ *Dat.*) [10/2]:
    by New Year's к Но́вому го́ду

    by all means обяза́тельно (6/4)

    by prescription по реце́пту (12/4)

    by the way *parenthetical* кста́ти (5/4); ме́жду
про́чим (6/1)

C

cab, taxicab такси́ (4/4)

cab driver такси́ст (10/3)

cabbage капу́ста (10/2v)

cabinet шкаф (*Prep. sing.* в шкафу́, *pl.* шкафы́) (6/2)

café кафе́ *neut. indecl.* (3/4v)

cake торт (5/4)

calendar календа́рь *m.* (*Gen. sing.* календаря́) (1/4)

call 1. (*on the phone*) звони́ть (звоню́, звони́шь, . . .
звоня́т) / *pfv.* позвони́ть (+ *Dat.*) (7/1v): **This is . . .
calling.** Э́то звони́т . . .; **2.** (*name*) называ́ть / *pfv.*
назва́ть (назову́, назовёшь, . . . назову́т; *past*
назва́л, назвала́, назва́ло, назва́ли) (8/4);
3. (*summon*) вызыва́ть / *pfv.* вы́звать (вы́зову,
вы́зовешь, . . . вы́зовут) (12/2)

    call again, call back перезва́нивать / *pfv.* перезвони́ть
(перезвоню́, перезвони́шь, . . . перезвоня́т)
(+ *Dat.*) [7/2v]: **I'll call back.** Я перезвоню́.

    end up calling (**some place**) попада́ть / *pfv.* попа́сть
(попаду́, попадёшь, . . . попаду́т; *past* попа́л,
попа́ла, попа́ло, попа́ли) (куда́) (7/2)

can (**be able**) **1.** мочь (могу́, мо́жешь, . . . мо́гут; *past*
мог, могла́, могло́, могли́) (5/3v) / *pfv.* смочь (7/4)
2. (*know how* [*to do something*]) уме́ть (уме́ю,
уме́ешь, . . . уме́ют) *impfv. only* (4/3)

    I (**we,** *etc.*) **can hear everything.** Всё слы́шно. (4/2)

    one can, one may мо́жно (4/4)

    one cannot, may not нельзя́ (4/2)

Canada Кана́да (1/2)

Canadian Кана́дский [2/3]

cancel отменя́ть / *pfv.* отмени́ть (отменю́,
отме́нишь, . . . отме́нят) [12/1]

candy (*piece of candy*) конфе́та (13/3v)

capable спосо́бный (Epi/A)

car маши́на (5/1)

    The car is at your service. Маши́на по́дана. [Epi/C]

card ка́рточка (*Gen. pl.* ка́рточек) (7/1)

careful осторо́жный (Epi/B)

    Careful!; Be careful! Осторо́жно! (9/1v)

carefully внима́тельно (11/2)

carnation гвозди́ка (11/4v)

carpet ков(ё)р (*Gen. sing.* ковра́) (3/2v)

carry *multidir.* носи́ть (ношу́, но́сишь, . . . но́сят) (13/2v), *unidir.* нести́ (несу́, несёшь, . . . несу́т; *past* нёс, несла́, несло́, несли́) (9/4) / *pfv.* понести́

cashier ка́сса (13/2)

cassette кассе́та (5/1)

cat ко́шка (*Gen. pl.* ко́шек) (2/4)

catch: catch a (bad) cold (си́льно) простужа́ться / *pfv.* простуди́ться (простужу́сь, просту́дишься, . . . просту́дятся) (12/1)

Caucasus, the Кавка́з [5/2]

caviar икра́ (10/2v)

ceiling потол(о́)к (*Gen. sing.* потолка́) (2/2v)

celebrate пра́здновать (пра́здную, пра́зднуешь, . . . пра́зднуют) / *pfv.* отпра́здновать (7/3)

celery сельдере́й [7/3v]

cellist виолончели́ст/виолончели́стка (*Gen. pl.* виолончели́сток) (3/3v)

cello виолонче́ль *f.* (3/3v)

center: Youth Center Двор(е)ц (*Gen. sing.* Дворца́) молодёжи (4/2v)

center-forward (*hockey position*) центр-фо́рвард [14/1]

century век (*pl.* века́) (8/3)

certain, sure уве́рен (уве́рена, уве́рено, уве́рены) (6/4)

certainly абсолю́тно (10/4); обяза́тельно (6/4); безусло́вно [8/3]

chain necklace цепо́чка (*Gen. pl.* цепо́чек) [13/2v]

chair стул (*pl.* сту́лья, *Gen. pl.* сту́льев) (3/2)

  armchair (**easy chair**) кре́сло (*Gen. pl.* кре́сел) (3/2)

champagne *noun, declines like adj.* шампа́нское (10/2)

champion чемпио́н (14/4)

championship пе́рвенство [14/1]; (*championship game*) фина́л (14/1)

change 1. меня́ть / *pfv.* поменя́ть [7/2]; **2.** *intransitive* изменя́ться / *pfv.* измени́ться (изменю́сь, изме́нишься, . . . изме́нятся) (8/3)

  change (*trains, busses, etc.*) де́лать / *pfv.* сде́лать переса́дку (11/2v)

  change clothing переодева́ться/ *pfv.* переоде́ться (переоде́нусь, переоде́нешься, . . . переоде́нутся) (14/1)

  change one's mind переду́мать *pfv.*; *impfv. not common* (11/3)

chardonnay шардонне́ [*pronounced* -нэ] [14/2]

chat *verb* разгова́ривать / *no resultative pfv.* (6/4)

chauffeur, driver шофёр (11/2)

cheap (*inexpensive*) недорого́й (5/3)

  (**it's/that's**) **cheap** недо́рого (13/2)

cheaper деше́вле (*comparative of* дешёвый *and* дёшего) (8/3)

  a little cheaper подеше́вле (11/4v)

check *noun* **1.** (*in a café, restaurant, etc.*) счёт (*pl.* счета́) (5/4); **2.** (*in chess*) шах [3/1]; *verb* **1.** (*verify*) проверя́ть / *pfv.* прове́рить (прове́рю, прове́ришь, . . . прове́рят) (8/4); **2.** (*one's coat in a theater or restuarant*) сдава́ть (сдаю́, сдаёшь, . . . сдаю́т) / *pfv.* сдать (сдам, сдашь, сдаст, сдади́м, сдади́те, сдаду́т; *past* сдал, сдала́, сда́ло, сда́ли) (14/3)

checkmate мат [3/1]

cheese сыр (5/4v)

chef шеф-по́вар (*pl.* шеф-повара́) [7/3]

chemist хи́мик [4/4v]

Cherry Orchard, The (*a play by Anton Chekhov*) «Вишнёвый сад» [5/2v]

chess ша́хматы (3/1)

  play chess игра́ть в ша́хматы (3/1)

Chicago Чика́го (1/2)

chicken Kiev котле́ты по-ки́евски (14/2)

chief *noun* (*colloquial*) шеф [14/4]

children де́ти *pl.* (*sing.* ребён(о)к, *Gen. sing.* ребёнка, *Gen. pl.* дете́й, *Dat. pl.* де́тям, *Instr. pl.* детьми́) (2/1v); (*diminutive, affectionate*) дети́шки [10/4]

Chinese *adj.* кита́йский

  (**in**) **Chinese** по-кита́йски (4/3v)

chocolate *noun* шокола́д (5/3v); *adj.* шокола́дный [5/4]

choice вы́бор [8/3]

choose выбира́ть / *pfv.* вы́брать (вы́беру, вы́берешь, . . . вы́берут) (14/2)

Christmas Рождество́ (10/1)

chrysanthemum хризанте́ма [*pronounced* -тэ-] (13/1v)

cigarette сигаре́та (5/3v)

cinematography кинематогра́фия [5/1v]

circle line кольцева́я ли́ния [9/1]

circus цирк [3/1]

city *noun* го́род (*pl.* города́) (1/2); *adj.* городско́й [7/2]

clarinet кларне́т [3/3v]

class 1. (*group of students in elementary or high school*) класс (6/1): **He** (**she**) **and I were in the same class in school.** Мы с ним (с ней) учи́лись в одно́м кла́ссе. (14/1); **2.** (*group of students in college*) гру́ппа (11/3)

classes (*at a university*) заня́тия *usu. pl.* (7/1); (*in elementary or high school*) уро́ки *usu.pl.* (4/3)

classical класси́ческий (3/3)

  classical music кла́ссика [4/2]

classmate однокла́ссник/однокла́ссница (5/1v)

clean *adj.* чи́стый (5/3)

  (**it's/that's**) **clean** чи́сто (9/1)

  cleaner (*comparative of* чи́стый) чи́ще (12/2)

  cleanly чи́сто (9/1)

clear (**someone**) **for work** выпи́сывать / *pfv.* вы́писать (+ *Acc.*) на рабо́ту [12/4]

clinic; outpatient clinic поликли́ника (3/4v)

clock часы́ *pl.* (*Gen. pl.* часо́в) (2/3v)

    alarm clock буди́льник (4/1v)

close¹: close to, near бли́зко от (+ *Gen.*) (5/3)

    (**it's/that's**) **near, close** бли́зко (2/4v)

close² закрыва́ть / *pfv.* закры́ть (закро́ю, закро́ешь, … закро́ют) [*pfv. only* 4/1]

    (**the**) **doors are closing** две́ри закрыва́ются (9/1v)

closed *adj. and past passive participle* закры́тый (закры́т, закры́та, закры́то, закры́ты) (11/2)

closet шкаф (*Prep. sing.* в шкафу́, *pl.* шкафы́) (6/2)

clothing: change clothing переодева́ться / *pfv.* переоде́ться (переоде́нусь, переоде́нешься, … переоде́нутся) (14/1)

club клуб (4/2v)

coat (*overcoat*) пальто́ *neut. indecl.* (14/3)

    coat-check (**room**) гардеро́б (14/3)

coffee ко́фе *m. indecl.* (1/2)

    black coffee чёрный ко́фе (5/4v)

    coffee set кофе́йный набо́р (13/2)

    coffee table кофе́йный сто́лик [2/3v]

    coffeepot кофе́йник (13/2)

coincidence совпаде́ние (13/4)

cold *adj.* холо́дный (6/4v)

    a cold (*illness*) просту́да (12/3)

    (**it's**) **cold** хо́лодно (10/1)

    catch a (**bad**) **cold** (си́льно) простужа́ться / *pfv.* простуди́ться (простужу́сь, просту́дишься, … просту́дятся) (12/1)

    cold remedy сре́дство от просту́ды (Epi/B)

colleague колле́га *m. and f.* [8/3]

    female colleague колле́га-же́нщина [13/1]

come 1. приходи́ть (пирхожу́, прихо́дишь, … прихо́дят) / *pfv.* прийти́ (приду́, придёшь, … приду́т; *past* пришёл, пришла́, пришло́, пришли́) (7/4); **2.** (*by vehicle*) приезжа́ть / *pfv.* прие́хать (прие́ду, прие́дешь, … прие́дут) (9/1); **3.** (*by plane*) прилета́ть [3/4] / *pfv.* прилете́ть (прилечу́, прилети́шь, … прилетя́т)

    Come here. Иди́(те) сюда́. [1/4]

    Come in. Заходи́(те)! (3/2); Войди́(те). (7/1); Проходи́(те). (12/3)

    come out (**of**) выходи́ть (выхожу́, выхо́дишь, … выхо́дят) / *pfv.* вы́йти (вы́йду, вы́йдешь, … вы́йдут; *past* вы́шел, вы́шла, вы́шло, вы́шли) (9/2v)

commercial (*advertisement*) рекла́ма (9/3v)

company 1. (*a group of people*) компа́ния [7/1]; **2.** (*business*) фи́рма (4/4v)

complete *adj.* це́лый (11/3)

    completely соверше́нно (8/2); совсе́м (14/3)

compliment комплиме́нт (13/1)

composer компози́тор (3/3)

composition (*writing*) сочине́ние (3/1v)

computer компью́тер [*pronounced* -тэ-] (8/3v)

    computer program компью́терная програ́мма (11/3v)

concern (*have to do with*) каса́ться / *pfv.* косну́ться (коснётся, косну́тся) (*3rd pers. only*) (+ *Gen.*) (8/1)

concert *noun* конце́рт (3/3); *adj.* конце́ртный [4/2v]

conference конфере́нция [7/1v]

congratulate поздравля́ть / *pfv.* поздра́вить (поздра́влю, поздра́вишь, … поздра́вят) (+ *Acc.* + с + *Instr.*) (10/2)

    Congratulate me! Мо́жешь меня́ поздра́вить! [7/2]

connection связь *f.* (8/4)

conservatory консервато́рия (3/3v)

constantly всё вре́мя (7/2); днём и но́чью [7/2]

continent контине́нт (1/2)

continue *intransitive* продолжа́ться / *pfv.* продолжи́ться (продо́лжится, продо́лжатся) (*3rd pers. only*) (Epi/C)

    Continue. Продолжа́й(те)! [1/4]

convenient удо́бный (7/1)

cook гото́вить (гото́влю, гото́вишь, … гото́вят) (6/4v) / *pfv.* пригото́вить (7/3)

    cook (**fix**) **dinner** гото́вить / *pfv.* пригото́вить обе́д (7/3)

copier копи́р (8/3v)

corner у́г(о)л (*Gen. sing.* угла́, *Prep. sing.* в углу́, на углу́) (11/2v)

correct: that's correct пра́вильно (11/2)

correspond (**with**), **write letters** (**to**) перепи́сываться *impfv. only* (с + *Instr.*) [8/3]

cosmetics косме́тика (13/3v)

cost сто́ить (сто́ит, сто́ят) *impfv. only* (*usu. 3rd pers.*) (6/2)

cottage котте́дж [*pronounced* -тэ-] [6/2v]

couch дива́н (2/3v)

cough *noun* ка́ш(е)ль *m.* (*Gen. sing.* ка́шля) (12/3); *verb* ка́шлять / *pfv. for one-time action* ка́шлянуть (ка́шляну, ка́шлянешь, … ка́шлянут) (12/3v)

    cough drops пасти́лки от ка́шля [5/3v]

could: Could you tell me …? Вы не ска́жете …? (8/4)

    How could you possibly do that? Ра́зве так мо́жно? (12/1)

count счита́ть / *pfv.* посчита́ть (11/2)

country (*nation*) страна́ (*pl.* стра́ны) (1/2)

couple па́ра (10/1)

courier курье́р [9/3v]

course 1. (*program of study*) курс (9/3v); **2.** (*part of a meal*) блю́до (14/2v)

court (**someone**) уха́живать (за + *Instr.*) *impfv. only* [14/1]

cousin (*male*) двою́родный брат (2/1v); (*female*) двою́родная сестра́ (2/1v)

crab (**meat**) кра́бы (*pl. in this meaning*) (14/2)

creatively оригина́льно (3/1)

credit card креди́тная ка́рточка (*Gen. pl.* ка́рточек) (8/3)

crêpe блин (*pl.* блины́) (10/2v)

cross one's path перебега́ть / *pfv.* перебежа́ть (перебегу́, перебежи́шь, перебежи́т, перебежи́м, перебежи́те, перебегу́т) доро́гу [9/4]

crosstown line радиа́льная ли́ния [9/1]

crosswalk перехо́д (8/4v)

crude гру́бый (6/4v)

cruise круи́з (8/2v)

cucumber огур(е́)ц (*Gen. sing.* огурца́) (10/2v)

cultured культу́рный (6/1)

cup ча́шка (*Gen. pl.* ча́шек) (13/4v); (*diminutive*) ча́шечка (*Gen. pl.* ча́шечек) [13/2]

cure выле́чивать / *pfv.* вы́лечить (вы́лечу, вы́лечишь, . . . вы́лечат) [12/1]

currency: foreign currency валю́та (6/3v)

cushion поду́шка (*Gen. pl.* поду́шек) (2/3v)

customary обы́чный (8/3)

customs тамо́жня [1/4]

D

dad па́па (2/2)

daisy маргари́тка (*Gen. pl.* маргари́ток) (13/1v)

dance танцева́ть (танцу́ю, танцу́ешь, . . . танцу́ют) / **1.** *pfv.* станцева́ть; **2.** *pfv.* (*to indicate limited duration*) потанцева́ть (14/2)

dangerous опа́сный (12/4)

dangerously опа́сно (12/4): **And what if I'm seriously (dangerously) ill?** А е́сли я опа́сно бо́лен? (**it's/that's**) **dangerous** опа́сно (12/3)

dare: Don't (you) dare . . . Не смей . . . (+ *infin.*) [6/4]

dark тёмный (10/4v)

dark blue си́ний (10/2)

date[1] (*social*) свида́ние (8/1)

go on a date идти́ на свида́ние (8/1)

date[2] **1.** (*day of the month*) число́ (*pl.* чи́сла, *Gen. pl.* чи́сел) (11/2); **2.** (*time on the calendar*) да́та [5/4]: **significant (round figure) date** кру́глая да́та **What's today's date?** Како́е сего́дня число́? (6/3)

daughter дочь *f.* (*Gen., Dat., and Prep. sing.* до́чери, *Instr. sing.* до́черью, *pl.* до́чери, *Gen. pl.* дочере́й) (2/1); (*diminutive, affectionate*) до́ченька [3/1]

day 1. д(е)нь *m.* (*Gen.* дня) (1/4); **2.** (*day of the month*) число́ (*pl.* чи́сла, *Gen. pl.* чи́сел) (11/2)

day and night; constantly днём и но́чью [7/2]

Good day! До́брый день! (3/2)

non-working day; day off нерабо́чий день (13/1)

the day after tomorrow послеза́втра (12/4)

What (day) is (it) today? Како́й сего́дня день? (1/4)

dear дорого́й (2/3)

December дека́брь *m.* (*Gen. sing.* декабря́) (1/4)

decide реша́ть / *pfv.* реши́ть (решу́, реши́шь, . . . реша́т) (11/4)

deciding реша́ющий [14/3]

decorated наря́дный [10/4]

definitely обяза́тельно (6/4)

degree (*academic*) дипло́м (7/1)

delicious, tasty вку́сный (6/4v)

department (*academic*) ка́федра (4/3v); факульте́т (4/4)

history department истори́ческий факульте́т (6/2)

jounalism department факульте́т журнали́стики [4/4]

What department are you in?; What are you majoring in? На како́м факульте́те вы у́читесь? [4/4]

dessert десе́рт (14/2v)

dial (*telephone*) набира́ть / *pfv.* набра́ть (наберу́, наберёшь, . . . наберу́т; *past* набра́л, набрла́, набра́ло, набра́ли) но́мер [7/2]

You dialed the wrong number. Вы не туда́ попа́ли. (7/2)

dictionary слова́рь *m.* (*Gen. sing.* словаря́) (8/4)

die умира́ть / *pfv.* умере́ть (умру́, умрёшь, . . . умру́т; *past* у́мер, умерла́, у́мерло, у́мерли) (11/4)

diet дие́та [5/4v]

difference: What's the difference?; What difference does it make? Кака́я ра́зница? (3/2)

different (*various*) ра́зный (5/2)

difficult тру́дный (3/1)

(it's/that's) difficult тру́дно (7/1); нелегко́ (3/1)

Is it really a difficult topic? Ра́зве э́то тру́дная те́ма? (3/1)

dining room *noun, declines like adj.* столо́вая (2/2v)

dinner обе́д (7/3)

have dinner обе́дать / *pfv.* пообе́дать (13/2)

prepare (fix) dinner гото́вить (гото́влю, гото́вишь, . . . гото́вят) / *pfv.* пригото́вить обе́д (7/3)

dinosaur диноза́вр [8/3]

diploma дипло́м (7/1)

direction сторона́ (*Acc. sing.* сто́рону, *pl.* сто́роны) [9/4]

director дире́ктор (*pl.* директора́) (4/1)

directory assistance *noun, declines like adj.*
спра́вочная (7/2)

discotheque дискоте́ка (8/1v)

discrimination дискримина́ция [5/3]

dish 1. (*for serving food*) таре́лка (*Gen. pl.* таре́лок)
(13/4v); **2.** (*kind of food*) блю́до (14/2v)

dishes, dishware (*for serving food*) посу́да (13/2)

dispatcher диспе́тчер (Epi/B)

district (**of town**) райо́н (3/4)

disturb 1. меша́ть / *pfv.* помеша́ть (+ *Dat.*) (7/1);
2. беспоко́ить (беспоко́ю, беспоко́ишь, . . .
беспоко́ят) / *pfv.* побеспоко́ить (12/1)

do де́лать (3/1) / *pfv.* сде́лать (7/3)

How are you doing? Как (у тебя́, у вас) дела́? (1/2)

How could you possibly do that? Ра́зве так
мо́жно? (12/1)

What should (**can**) **we** (**I**) **do?** Что де́лать? (4/2v)

doctor до́ктор (*pl.* доктора́) (12/1v); врач (*Gen. sing.*
врача́) (1/3)

dog соба́ка (2/1)

door дверь *f.* (*Prep. sing.* о две́ри *but* на двери́; *Gen. pl.*
двере́й) (2/2v)

doorman швейца́р [14/2]

dormitory общежи́тие (5/1)

double двойно́й [14/4]

double bass контраба́с (3/3v)

doubt *noun* сомне́ние (12/4)

downstairs внизу́ (2/4)

downtown центр = центр го́рода (2/2)

drink *noun* напи́т(о)к (*Gen. sing.* напи́тка) (14/2v); *verb*
пить (пью, пьёшь, . . . пьют) (5/4v) / *pfv.* вы́пить
(вы́пью, вы́пьешь, . . . вы́пьют) (8/1)

drive 1. *multidir.* води́ть (вожу́, во́дишь, . . . во́дят)
(маши́ну, такси́ . . .), *no unidir. nor pfv. in this
meaning* (9/3); **2.** (*go by vehicle*) *multidir.* е́здить
(е́зжу, е́здишь, . . . е́здят) (5/4), *unidir.* е́хать (е́ду,
е́дешь, . . . е́дут) (3/3) / *pfv.* пое́хать (8/1)

driver води́тель *m.* (4/4v); шофёр (11/2)

taxi driver води́тель такси́ (4/4v)

driving вожде́ние [9/3]

driving school автошко́ла [9/3v]

drop by 1. заходи́ть (захожу́, захо́дишь, . . . захо́дят) /
pfv. зайти́ (зайду́, зайдёшь, . . . зайду́т; *past* зашёл,
зашла́, зашло́, зашли́) (14/2); **2.** (*vehicular*)
заезжа́ть / *pfv.* зае́хать (зае́ду, зае́дешь, . . .
зае́дут) (14/2)

drugstore апте́ка (3/3)

drummer уда́рник [3/3v]

drums *noun, declines like adj.* уда́рные [3/3v]

E

e-mail электро́нная по́чта (8/3)

each ка́ждый (5/3)

each other: (**to, about,** *etc.*) **each other** друг дру́га (друг
дру́гу, друг о дру́е, *etc.*) (6/1)

Let's use «ты» with each other. Дава́й говори́ть друг
дру́гу «ты»! (6/1)

ear у́хо (*pl.* у́ши, *Gen. pl.* уше́й) (12/1v)

earlier ра́ньше (*comparative of* ра́но) (8/3)

early *adv.* ра́но (9/2)

earphones нау́шники *pl.* (*sing.* нау́шник) (9/2)

earrings се́рьги *pl.* (*sing.* серьга́, *Gen. pl.* серёг) (13/2v)

easier ле́гче (*comparative of* лёгкий *and* легко́) (12/2)

easy лёгкий (12/2)

(**it's/that's**) **not easy** нелегко́ (3/1)

easy chair кре́сло (*Gen. pl.* кре́сел) (3/2)

eat есть (ем, ешь, ест, еди́м, еди́те, едя́т; *past* ел, е́ла,
е́ло, е́ли) (5/4v) / **1.** *pfv.* (*eat up*) съесть (10/3);
2. *pfv.* (*have something to eat, have a snack*)
пое́сть (10/2)

eau-de-cologne одеколо́н (13/3v)

economics *adj.* экономи́ческий (5/1v)

Moscow Institute of Economics Моско́вский
эконономи́ческий институ́т [5/1v]

egg яйцо́ (*pl.* я́йца, *Gen. pl.* яи́ц) (7/3v)

fried eggs яи́чница [*pronounced* -шн-] (5/4v)

hard-boiled egg круто́е яйцо́ (7/3v)

eggplant caviar (*a vegetable dish*) баклажа́нная
икра́ (10/2v)

eight во́семь (2/1)

eight hundred восемьсо́т (8/3)

eighteen восемна́дцать (6/1)

eighteenth восемна́дцатый (6/3)

eighth восьмо́й (6/3)

eightieth восьмидеся́тый (8/2)

eighty во́семьдесят (6/1)

either (*with a negated verb*) то́же (5/3): **I don't know
either.** Я то́же не зна́ю.

either . . . or и́ли . . . и́ли [9/4]

(*negation +*) **either . . . or** ни . . . ни (11/2)

elderly пожило́й [6/4]

elders; one's elders *noun, declines like adj.*
ста́ршие *pl.* (6/1)

electrician эле́ктрик (4/4)

electronics электро́ника (4/4)

electronics store магази́н электро́ники (4/4)

elevator лифт (2/2v)

eleven оди́ннадцать (2/1)

eleventh оди́ннадцатый (6/3)

else ещё (4/3)

(**or**) **else** а то (Epi/C)

Sure it's us, who else! Мы, кто же ещё! [4/3]

Who (what) else? Кто (что) ещё? (4/3)

embarrassing: How embarrassing! Какой стыд! [11/2]

empty пустóй (пуст, пустá, пýсто, пустЫ́) [9/4]

end *noun* кон(é)ц (*Gen. sing.* концá) (8/3); *verb*
1. кончáть / *pfv.* кóнчить (кóнчу, кóнчишь, . . . кóнчат) (7/2); **2.** *intransitive* кончáться / *pfv.* кóнчиться (кóнчится, кóнчатся) (*usu. 3rd pers.*) (12/2)

end up calling (some place) попадáть / *pfv.* попáсть (попадý, попадёшь, . . . попадýт; *past* попáл, попáла, попáло, попáли) (кудá) (7/2)

engage in занимáться / *no resultative pfv.* (+ *Instr.*) (9/3)

engagingly интерéсно (3/1)

engineer инженéр (4/4v)

English *adj.* англи́йский (7/1)
(in) English по-англи́йски (4/3v)
speak English (Russian, etc.) говори́ть по-англи́йски (по-рýсски, *etc.*) (4/3v)

enough достáточно (14/1)
(there's) not enough не хватáет (+ *Gen.*) (*3rd pers. only*) (12/4)

entirely совсéм (14/3)

entrance 1. вход (9/1); **2.** (*to a building*) подъéзд (2/4); **3.** *noun, declines like adj.* (*entry hall in a home*) передняя [5/2]

entry: No entry. Вход воспрещáется (воспрещён). [9/1]

envelope конвéрт (6/3v)

epidemic эпидéмия (12/1)

especially осóбенно (13/1)

Eugene Onegin (*a novel in verse by A. S. Pushkin*) «Евгéний Онéгин» [7/4]

Europe Еврóпа (1/2)

even *particle* дáже (3/2)

evening вéчер (*pl.* вечерá) (7/1)
Good evening! Дóбрый вéчер! (7/1)
in the evening вéчером (3/3v)

ever когдá-нибудь (9/4)

every кáждый (5/3)

everybody, everyone *pronoun* все *pl. only* (4/2)
Everyone (please come) to the table! Прошý всех к столý! (10/2); Скорée за стол! [10/3]

everything *pronoun* всё (4/2)
Everything is in order; Everything's fine. Всё в поря́дке. (6/2)
everything we need; everything one needs всё, что нýжно (6/4)
I (we, etc.) can hear everything. Всё слы́шно. (4/2)

everywhere вездé (5/1)

exactly 1. и́менно [3/1]; **2.** тóчно (9/2); **3.** (*with clock time*) рóвно (7/3): **exactly at seven o'clock; at 7:00 on the dot** рóвно в семь часóв

examination экзáмен (7/3)
history exam экзáмен по истóрии (7/3)
prepare for an exam готóвиться (готóвлюсь, готóвишься, . . . готóвятся) / *pfv.* подготóвиться к экзáмену (7/3)

excellent отли́чный (3/2)
Excellent! Отли́чно! (5/4)

excessively сли́шком (4/2)

exchange обмéн (6/3v)
on an exchange program по обмéну (11/4)

excursion экскýрсия (8/2v)

excuse: medical excuse from work больни́чный лист [12/4]

Excuse me! Извини́(те). (1/2); Прости́(те)! (7/2)

exercise (*academic*) упражнéние (1/3)

exhibition вы́ставка (*Gen. pl.* вы́ставок) [5/2]

exit *noun* вы́ход (9/1); *verb* выходи́ть (выхожý, выхóдишь, . . . выхóдят) / *pfv.* вы́йти (вы́йду, вы́йдешь, . . . вы́йдут; *past* вы́шел, вы́шла, вы́шло, вы́шли) (9/1v, 9/2v)

expect: We'll be expecting you! Ждём! [7/3]

expensive дорогóй (5/3)
more expensive дорóже (*comparative of* дорогóй) (12/2)

experience óпыт (4/4)

explain объясня́ть / *pfv.* объясни́ть (объясню́, объясни́шь, . . . объясня́т) (7/2)

extra ли́шний (10/2)

eye глаз (*pl.* глазá) (12/1v)

F

factory завóд (4/4v)

fall[1] (*autumn*) óсень *f.* (13/1); *adj.* осéнний (13/1)
in (the) fall *adv.* óсенью (7/1)

fall[2] *verb* пáдать / *pfv.* упáсть (упадý, упадёшь, . . . упадýт; *past* упáл, упáла, упáло, упáли) [9/4]
fall ill заболéть[1] (заболéю, заболéешь, . . . заболéют) *pfv.* (*may function as pfv. of* болéть[1]) (12/1)

familiar знакóмый (10/4)

family семья́ (*pl.* сéмьи, *Gen. pl.* семéй, *Dat. pl.* сéмьям) (2/1v)

famous знамени́тый (14/1)

far (away) далекó (2/2)
far (not far) from далекó (недалекó) от (+ *Gen.*) (5/3)

fast *adj.* бы́стрый [9/1]; *adv.* бы́стро (4/3)

fat тóлстый (11/2)

father от(е́)ц (*Gen. sing.* отца́) (2/1v)

fault: That's my fault. (Э́то) я винова́т (винова́та). (11/2)

favorite люби́мый (3/3)

fax *noun* факс (8/3v)

fear боя́ться (бою́сь, бои́шься, . . . боя́тся) / *no resultative pfv.* (+ *Gen.*) (9/4)

    I fear not. Бою́сь, что нет. (10/4)

February февра́ль *m.* (*Gen. sing.* февраля́) (1/4)

feel (**some way**) чу́вствовать (чу́вствую, чу́вствуешь, . . . чу́вствуют) [*pronounced* чу́ст-] себя́ / *no resultative pfv.* (10/4)

    feel at home чу́вствовать себя́ как до́ма (10/4)

    feel sorry (**for**) сочу́вствовать *impfv. only* (+ *Dat.*) [11/4]

fellow па́р(е)нь *m.* (*Gen. sing.* па́рня, *Gen. pl.* парне́й) (5/4)

few ма́ло (+ *Gen.*) (8/3)

    a few не́сколько (+ *Gen.*) (13/1)

fewer (*comparative of* ма́ло) ме́ньше (9/2)

    fewer and fewer всё ме́ньше и ме́ньше (9/2)

fifteen пятна́дцать (6/1)

fifteenth пятна́дцатый (6/3)

fifth пя́тый (6/3)

fiftieth пятидеся́тый (8/2)

fifty пятьдеся́т (6/1)

figure: good round figure (*significant date*) кру́глая да́та [5/4]

film фильм (10/4)

    movie (**film**) **star** кинозвезда́ (*pl.* кинозвёзды) (5/1v)

final *adj.* фина́льный (9/4)

final, finale (*final game; championship*) фина́л (14/1)

finally наконе́ц (7/4)

financial фина́нсовый [5/1v]

find находи́ть (нахожу́, нахо́дишь, . . . нахо́дят) / *pfv.* найти́ (найду́, найдёшь, . . . найду́т; *past* нашёл, нашла́, нашло́, нашли́) (7/4)

    find out узнава́ть (узнаю́, узнаёшь, . . . узнаю́т) / *pfv.* узна́ть (11/4)

fine: Everything's fine. Всё в поря́дке. (6/2)

    Fine, thanks. (*in response to* Как дела́?) Хорошо́, спаси́бо. (1/2)

finger па́л(е)ц (*pl.* па́льцы) (12/1v)

finish зака́нчивать / *pfv.* зако́нчить (зако́нчу, зако́нчишь, . . . зако́нчат) (7/1); конча́ть / *pfv.* ко́нчить (ко́нчу, ко́нчишь, . . . ко́нчат) (7/2)

firm (*business enterprise*) фи́рма (4/4v)

first пе́рвый (2/4)

    at first пе́рвое вре́мя [11/4]; снача́ла [11/4]; внача́ле [11/3]

    by first name по и́мени (8/4)

first name и́мя *neut.* (*Gen., Dat., and Prep. sing.* и́мени, *Instr. sing.* и́менем, *pl.* имена́, *Gen. pl.* имён) (1/2)

for the first time впервы́е (14/4); в пе́рвый раз (14/2)

In the first place . . . ; To begin with . . . ; First of all . . . *parenthetical* Во-пе́рвых . . . (10/1); Пре́жде всего́ . . . (5/4)

fish ры́ба (7/3)

five пять (2/1)

    a "five" (*top grade in Russian schools, equivalent to a grade of "A"*) пятёрка (4/3)

five hundred пятьсо́т (5/3)

fix (*repair*) чини́ть (чиню́, чи́нишь, . . . чи́нят) (4/4) / *pfv.* почини́ть (8/1)

    fix dinner гото́вить (гото́влю, гото́вишь, . . . гото́вят) / *pfv.* пригото́вить обе́д (7/3)

floor 1. пол (*Prep. sing.* на полу́; *pl.* полы́) (2/2v); **2.** (*level in a building*) эта́ж (*Gen. sing.* этажа́, *Gen. pl.* этаже́й) (2/2)

flower цвет(о́)к (*Gen. sing.* цветка́, *pl.* цветы́, *Gen. pl.* цвето́в) (3/2v)

flu грипп (12/1)

flute фле́йта [3/3v]

flutist флейти́ст/флейти́стка (*Gen. pl.* флейти́сток) [3/3v]

food (*kind of food; dish*) блю́до (14/2v)

foot нога́ (*Acc. sing.* но́гу, *pl.* но́ги, *Gen. pl.* ног, *Dat. pl.* нога́м) (12/1v)

    on foot пешко́м (9/4)

for 1. (*for the benefit or use of*) для (+ *Gen.*) (6/4): **There's no room for a table here.** Тут нет ме́ста для стола́.; **2.** (*to denote how long the result of an action is in effect*) на (+ *Acc.*) (7/4): **He has come to Moscow for a year.** Он прие́хал в Москву́ на год.; **3.** (*giving one thing in exchange for something else*) за (+ *Acc.*): **the firm pays for the tickets** за биле́ты пла́тит фи́рма (8/2); **4.** (*on the occasion of*) к (ко) (+ *Dat.*) (13/1): **a gift for the 8th of March** пода́рок к 8 [восьмо́му] Ма́рта; **5.** (*for the sake of*) ра́ди (+ *Gen.*) (11/1): **for Belka's sake** ра́ди Бе́лки; **6.** (*to get*) за (+ *Instr.*) (10/1): **He went back for his cigarettes.** Он верну́лся за сигаре́тами.; **7.** (*leave for*) в, на, (+ *Acc.*) *or* к (+ *Dat.*) (8/1): **She left for Europe this morning.** Она́ пое́хала сего́дня у́тром в Евро́пу.

    a ticket for биле́т на (+ *Acc.*) (14/1)

    for 7 p.m. на семь ве́чера (14/2)

    for a long time до́лго (8/4); давно́ (11/2)

    for a year на год (*also* на́ год) [7/4]

for free беспла́тно (5/3)

for now, for the time being пока́ [5/4]

for sure то́чно (9/2)

for the first time впервы́е (14/4); в пе́рвый раз (14/2)

look for иска́ть (ищу́, и́щешь, . . . и́щут) / *pfv. not introduced* (5/4)

forbidden: it is forbidden нельзя́ (4/2)

foreign иностра́нный (9/1)

foreign currency валю́та (6/3v)

foreigner иностра́н(е)ц/иностра́нка (*Gen. pl.* иностра́нок) (9/1)

forest лес (*Prep. sing.* в лесу́, *pl.* леса́) (10/4)

forget забыва́ть / *pfv.* забы́ть (забу́ду, забу́дешь, . . . забу́дут) (9/1)

fork ви́лка (*Gen. pl.* ви́лок) (9/4)

formal официа́льный (13/1)

formally официа́льно (10/2)

to address (someone) formally говори́ть (+ *Dat.*) «вы» (6/1)

fortieth сороково́й (8/2)

fortunate счастли́вый (сча́стлив, сча́стлива, сча́стливы) (8/3)

forty со́рок (6/1)

forward вперёд [10/4]

four четы́ре (2/1)

four hundred четы́реста (8/3)

fourteen четы́рнадцать (6/1)

fourteenth четы́рнадцатый (6/3)

fourth четвёртый (2/4)

frankfurters соси́ски (10/2v)

frankly speaking *parenthetical* открове́нно говоря́ (12/1)

free свобо́дный (свобо́ден, свобо́дна, свобо́дно, свобо́дны) (8/4)

become free (available) освобожда́ться / *pfv.* освободи́ться (освобожу́сь, освободи́шься, . . . освободя́тся) [Epi/A]

free (of charge); for free беспла́тно (5/3)

freeze замерза́ть / *pfv.* замёрзнуть (замёрзну, замёрзнешь, . . . замёрзнут; *past* замёрз, замёрзла, замёрзло, замёрзли) [10/1]

French францу́зский (10/2)

(in) French по-францу́зски (4/3v)

Friday пя́тница (1/4)

fried eggs яи́чница [*pronounced* -шн-] (5/4v)

friend друг (*pl.* друзья́, *Gen. pl.* друзе́й) (5/3)/подру́га (5/4)

friendship дру́жба (10/3v)

from 1. от (+ *Gen.*) (5/1); 2. из (+ *Gen.*) (8/3); 3. с (со) (+ *Gen.*) (12/4)

far (not far) from далеко́ (недалеко́) от (+ *Gen.*) (5/3)

from there отту́да (3/4v)

from where отку́да (9/1)

fruit фру́кты *usu. pl.* (*Gen. pl.* фру́ктов) (5/4v)

full по́лный [9/4]

fun: It was a lot of fun.; We had a lot of fun. Бы́ло о́чень ве́село. (7/4)

make fun of, poke fun at смея́ться (смею́сь, смеёшься, . . . смею́тся) / *pfv.* посмея́ться над (+ *Instr.*) (11/4)

funeral по́хороны (*Gen.* похоро́н, *Dat.* похорона́м) *pl.* (11/4)

furniture ме́бель *f.* (3/2)

future *noun, declines like adj.* бу́дущее [8/2]; *adj.* бу́дущий [5/1v]

G

gallery галере́я [9/1]

Tretyakov Gallery (*a major Moscow art museum*) Третьяко́вская галере́я [9/1]

game игра́ (14/4v)

soccer game футбо́льный матч (8/1v)

garage 1. гара́ж (*Gen. sing.* гаража́) (5/1); 2. (*automotive shop*) автосе́рвис (4/4)

garden сад (*Prep. sing.* в саду́) [5/2]

gentleman мужчи́на (6/3); джентльме́н [10/1]

geography геогра́фия (1/2)

German *adj.* неме́цкий

(in) German по-неме́цки (4/3v)

Germany Герма́ния [5/2v]

get 1. (*obtain*) достава́ть (достаю́, достаёшь, . . . достаю́т) / *pfv.* доста́ть (доста́ну, доста́нешь, . . . доста́нут) (14/1); 2. брать (беру́, берёшь, . . . беру́т; *past* брал, брала́, бра́ло, бра́ли) / *pfv.* взять (возьму́, возьмёшь, . . . возьму́т; *past* взял, взяла́, взя́ло, взя́ли) (8/4); 3. (*receive*) получа́ть (5/3) / *pfv.* получи́ть (получу́, полу́чишь, . . . полу́чат) (8/1)

get a doctor вызыва́ть / *pfv.* вы́звать (вы́зову, вы́зовешь, . . . вы́зовут) врача́ (12/2)

get acquainted (with) знако́миться (знако́млюсь, знако́мишься, . . . знако́мятся) / *pfv.* познако́миться (с + *Instr.*) (8/2)

get (buy) a garage покупа́ть / купи́ть (куплю́, ку́пишь, . . . ку́пят) гара́ж [5/1]

get in line станови́ться (становлю́сь, стано́вишься, . . . стано́вятся) / *pfv.* стать (ста́ну, ста́нешь, . . . ста́нут) в о́чередь [13/2]

get lost заблужда́ться / *pfv.* заблуди́ться (заблужу́сь, заблу́дишься, . . . заблу́дятся) (8/4)

get married (to) 1. (*of a woman*) выходи́ть (выхожу́, выхо́дишь, . . . выхо́дят) / *pfv.* вы́йти (вы́йду, вы́йдешь, . . . вы́йдут; *past* вы́шла, вы́шли) за́муж (за + *Acc.*) (8/2); **2.** (*of a man*) жени́ться (женю́сь, же́нишься, . . . же́нятся) *impfv. and pfv.* (на + *Prep.*) (8/2); **3.** (*of a couple; used in pl. only*) жени́ться (же́нимся, же́нитесь, же́нятся) / *pfv.* пожени́ться (8/2)

get on (**a bus**) сади́ться (сажу́сь, сади́шься, . . . садя́тся) / *pfv.* сесть (ся́ду, ся́дешь, . . . ся́дут; *past* сел, се́ла, се́ло, се́ли) на (авто́бус) (11/2v)

get ready for an exam гото́виться (гото́влюсь, гото́вишься, . . . гото́вятся) / *pfv.* подгото́виться к экза́мену (7/3)

get sick заболе́ть[1] (заболе́ю, заболе́ешь, . . . заболе́ют) *pfv.* (*may function as pfv. of* боле́ть[1]) (12/1)

get to (**into**) (*some place or event*) попада́ть / *pfv.* попа́сть (попаду́, попадёшь, . . . попаду́т; *past* попа́л, попа́ла, попа́ло, попа́ли) (куда́) (7/2)

get together (**with**) встреча́ться / *pfv.* встре́титься (встре́чусь, встре́тишься, . . . встре́тятся) (с + *Instr.*) (Epi/A)

get up встава́ть (встаю́, встаёшь, . . . встаю́т) / *pfv.* встать (вста́ну, вста́нешь, . . . вста́нут) (9/2v)

get used to привыка́ть / *pfv.* привы́кнуть (привы́кну, привы́кнешь, . . . привы́кнут; *past* привы́к, привы́кла, привы́кло, привы́кли) (к + *Dat.*) (11/4)

Get well soon! Скоре́е выздора́вливай(те)! (12/4)

Got it? Понима́ешь? (6/1)

Let's get acquainted! Дава́йте познако́мимся. (2/3)

What can I get you? (*in a restaurant*) Что бу́дете зака́зывать? (5/4)

Would you get (**Mom**)? Позови́ (ма́му). (7/2)

You got the wrong number. (*on the telephone*) Вы не туда́ попа́ли. (7/2)

gift пода́р(о)к (*Gen. sing.* пода́рка) (6/4)

girl 1. (*young woman*) де́вушка (*Gen. pl.* де́вушек) (5/3); **2.** (*little girl*) де́вочка (*Gen. pl.* де́вочек) (2/2); **3.** (*colloquial*) девчо́нка (*Gen. pl.* девчо́нок) [13/3]

give 1. дава́ть (даю́, даёшь, . . . даю́т) (5/3) / *pfv.* дать (дам, дашь, даст, дади́м, дади́те, даду́т; *past* дал, дала́, да́ло, да́ли) (+ *Dat.* + *Acc.*) (7/2); **2.** (*as a present*) дари́ть (дарю́, да́ришь, . . . да́рят) / *pfv.* подари́ть (+ *Dat.* + *Acc.*) (7/4); **3.** (*give back*) отдава́ть (отдаю́, отдаёшь, . . . отдаю́т) / *pfv.* отда́ть (отда́м, отда́шь, отда́ст, отдади́м, отдади́те, отдаду́т; *past* о́тдал, отдала́, о́тдало, о́тдали) (8/1)

give a ride (**to**) довози́ть (довожу́, дово́зишь, . . . дово́зят) (до + *Gen.*) / *pfv.* довезти́ (довезу́,

довезёшь, . . . довезу́т; *past* довёз, довезла́, довезло́, довезли́) (до + *Gen.*) (Epi/C)

give lectures чита́ть ле́кции [7/4]

give orders, boss (**people**) **around** кома́ндовать (кома́ндую, кома́ндуешь, . . . кома́ндуют) / *pfv. not introduced* [6/1]

give up one's seat уступа́ть / *pfv.* уступи́ть (уступлю́, усту́пишь, . . . усту́пят) ме́сто [10/1]

glad рад (ра́да, ра́до, ра́ды) (6/4)

gladly; with pleasure с удово́льствием (7/2)

glass (*for wine*) бока́л (10/2)

raise a glass (**to**) поднима́ть / *pfv.* подня́ть (подниму́, подни́мешь, . . . подни́мут; *past* по́днял, подняла́, по́дняло, по́дняли) бока́л (за + *Acc.*) [10/2]

gloves перча́тки *pl.* (*sing.* перча́тка, *Gen. pl.* перча́ток) (13/2v)

go 1. *multidir.* ходи́ть (хожу́, хо́дишь, . . . хо́дят) (5/2), *unidir.* идти́ (иду́, идёшь, . . . иду́т; *past* шёл, шла, шло, шли) (3/3) / *pfv.* пойти́ (пойду́, пойдёшь, . . . пойду́т; *past* пошёл, пошла́, пошло́, пошли́) (8/1); **2.** (*vehicular*) *multidir.* е́здить (е́зжу, е́здишь, . . . е́здят) (5/4), *unidir.* е́хать (е́ду, е́дешь, . . . е́дут) (3/3) / *pfv.* пое́хать (8/1)

be planning to go somewhere собира́ться / *pfv.* собра́ться (соберу́сь, соберёшься, . . . соберу́тся) (куда́) (*impfv.* 5/4)

Go . . . (*vehicular command form*) Поезжа́й(те) . . . (Epi/C)

go abroad *multidir.* е́здить, *unidir.* е́хать / *pfv.* пое́хать за грани́цу (11/4)

go away 1. уходи́ть / *pfv.* уйти́ (8/1); **2.** (*vehicular*) уезжа́ть / *pfv.* уе́хать (9/2); **3.** (*of a pain or cough, etc.*) проходи́ть / *pfv.* пройти́ (*3rd pers. only in this meaning*)

go back возвраща́ться / *pfv.* верну́ться (верну́сь, вернёшься, . . . верну́тся) (9/2)

go for a walk гуля́ть (3/1) / *may function as pfv. to indicate limited duration* погуля́ть (8/1)

go on (*continue*) продолжа́ться / *pfv.* продолжи́ться (продо́лжится, продо́лжатся) (*3rd pers. only*) (Epi/C)

go on a date идти́ на свида́ние (8/1)

go out (**of**) выходи́ть (выхожу́, выхо́дишь, . . . выхо́дят) / *pfv.* вы́йти (вы́йду, вы́йдешь, . . . вы́йдут; *past* вы́шел, вы́шла, вы́шло, вы́шли) (из + *Gen.*) (9/1v, 9/2v)

go over (**to**) подходи́ть (подхожу́, подхо́дишь, . . . подхо́дят) / *pfv.* подойти́ (подойду́,

подойдёшь, . . . подойду́т; *past* подошёл,
подошла́, подошло́, подошли́) (к + *Dat.*) (13/2)

go past, pass by проходи́ть (прохожу́,
прохо́дишь, . . . прохо́дят) / *pfv.* пройти́ (пройду́,
пройдёшь, . . . пройду́т; *past* прошёл, прошла́,
прошло́, прошли́) (ми́мо + *Gen.*) (13/2);
(*vehicular*) проезжа́ть / *pfv.* прое́хать (прое́ду,
прое́дешь, . . . прое́дут)

go running, jog *multidir.* бе́гать, *unidir.* бежа́ть
(бегу́, бежи́шь, бежи́т, бежи́м, бежи́те, бегу́т)
(8/4) / *pfv.* побежа́ть (9/3)

go shopping ходи́ть по магази́нам (13/2)

Go to the board. Иди́(те) к доске́. [1/4]

Let's go! Пошли́! (4/3); Пое́хали! (14/4);
Вперёд! [10/4]

goal: score a (hockey) goal забра́сывать / *pfv.*
забро́сить (забро́шу, забро́сишь, . . . забро́сят)
ша́йбу [14/3]

gold, golden *adj.* золото́й (11/4)

good 1. хоро́ший (2/2); **2.** до́брый (13/1)

be a good lecturer хорошо́ чита́ть ле́кции [7/4]

Good afternoon!; Good day! До́брый день! (3/2)

Good evening! До́брый ве́чер! (7/1)

Good heavens! Бо́же мой! (4/3)

Good job!; Well done! Молоде́ц! (4/3)

Good luck! Жела́ю тебе́ (вам) уда́чи. (9/3);
Счастли́во! (Epi/B)

Good morning! До́брое у́тро! (7/2)

good luck уда́ча (9/3)

Good-bye! До свида́ния! (1/2)

good-looking краси́вый (2/4)

Have a good time! Жела́ю (Жела́ем) хорошо́
провести́ вре́мя! (9/4)

Have a good trip! Счастли́вого пути́! (Epi/B)

have good luck; be lucky везти́ (везёт; *past* везло́) /
pfv. повезти́ (+ *Dat.*) (*impersonal*) [7/2]

(it's/that's) good хорошо́ (1/2)

It's/That's not a good idea. (12/3) (*in response to a
suggestion*) Лу́чше не на́до. (12/3)

(one is) good with one's hands золоты́е ру́ки
(у + *Gen.*) (4/3)

pretty good неплохо́й (4/4)

say good-bye (to someone) проща́ться / *pfv.*
попроща́ться (с + *Instr.*) (10/2)

Something smells good. Что́-то вку́сно па́хнет. (10/3)

That's pretty good! У тебя́ непло́хо получа́ется! [6/1]

goodness: My goodness! Бо́же мой! (4/3)

goose гусь *m.* (*Gen. pl.* гусе́й) [10/2v]

Got it? Понима́ешь? (6/1)

gourmet гурма́н [10/2]

grade (in school) класс (6/1)

in sixth grade в шесто́м кла́ссе (6/1)

What grade are you in? Ты в како́м кла́ссе? (6/1)

gradually постепе́нно (13/1)

graduate student аспира́нт/аспира́нтка (*Gen. pl.*
аспира́нток) (1/3)

gram грамм (*Gen. pl.* грамм *also* гра́ммов) (7/3v)

granddaughter вну́чка (*Gen. pl.* вну́чек) (2/1)

grandfather де́душка (*Gen. pl.* де́душек) (2/1v)

Grandfather Frost Дед Моро́з (10/1v)

grandmother ба́бушка (*Gen. pl.* ба́бушек) (2/1v)

grandson внук (2/1)

Granted, . . . *parenthetical* Пра́вда, . . . (6/4)

gray се́рый (9/2)

Great!; That's great! Замеча́тельно! (6/3); Э́то
здо́рово! (2/2)

green зелёный (9/2)

greet (someone) здоро́ваться / *pfv.* поздоро́ваться [9/4]

extend greetings (to) поздравля́ть / *pfv.* поздра́вить
(поздра́влю, поздра́вишь, . . . поздра́вят)
(+ *Acc.* + с + *Instr.*) (10/2)

greeting card поздрави́тельная откры́тка (13/1)

groceries проду́кты *pl.* (*Gen. pl.* проду́ктов) (3/4)

grocery store универса́м (3/4v)

group 1. (*gathering of people*) компа́ния [7/1]; **2.** (*class or
section in college*) гру́ппа (11/3); **3.** (*performing
group*) гру́ппа (4/2v)

What a great group (of people)! Отли́чная
компа́ния! (7/1)

grow; grow up расти́ (расту́, растёшь, . . . расту́т; *past*
рос, росла́, росло́, росли́) (6/3) / *pfv.* вы́расти
(вы́расту, вы́растешь, . . . вы́растут; *past* вы́рос,
вы́росла, вы́росло, вы́росли) (8/1)

grown-ups; adults *noun, declines like adj.*
взро́слые (10/4)

guess уга́дывать / *pfv.* угада́ть [9/2]; дога́дываться / *pfv.*
догада́ться [9/3]

guest гость *m.* (*Gen. sing.* го́стя, *Gen. pl.*
госте́й)/го́стья (4/2)

guide гид [5/2]

guitar гита́ра (3/3v)

play the guitar (piano, *etc.*) игра́ть на гита́ре
(роя́ле, *etc.*) (4/3)

guitarist гитари́ст/гитари́стка (*Gen. pl.*
гитари́сток) (3/3v)

guy; fellow па́р(е)нь *m.* (*Gen. sing.* па́рня, *Gen. pl.*
парне́й) (5/4)

guys (*colloquial*) ребя́та *pl.* (*Gen. pl.* ребя́т) (10/3)

gym, gymnasium спортза́л (3/4v)

gymnastics гимна́стика (9/3)

H

hair во́лосы *pl.* (12/1v)

half полови́на; (*as prefix*) пол- (11/1v)

half (an) hour полчаса́ (7/2)

half past five; 5:30 полшесто́го = полови́на шесто́го (11/1v)

hall (*performance hall, auditorium*) зал (4/2v)

hallway *noun, declines like adj.* (*entryway in a home*) пере́дняя (5/2)

ham ветчина́ (5/4v)

hand рука́ (*Acc. sing.* ру́ку, *pl.* ру́ки) (12/1v)

but on the other hand (но) зато́ (4/4)

(one is) good with one's hands золоты́е ру́ки (у + *Gen.*) (4/3)

handsome краси́вый (2/4)

hang ве́шать / *pfv.* пове́сить (пове́шу, пове́сишь, . . . пове́сят) [7/2]

Hang up an announcement. Пове́сь(те) объявле́ние. [6/2]

hang up the phone ве́шать / *pfv.* пове́сить тру́бку (11/2)

Hanukkah Ха́нука (10/1)

happen случа́ться / *pfv.* случи́ться (случи́тся, случа́тся) (*3rd pers. only*) [7/2]

Do you happen to know . . . ? Вы не зна́ете . . . ? (3/4)

What happened? Что случи́лось? (7/2)

happiness сча́стье (10/3v)

happy счастли́вый (сча́стлив, сча́стлива, сча́стливы) (8/3)

Happy New Year 1. С Но́вым го́дом! (10/3); **2.** (*said before the new year*) С наступа́ющим (Но́вым го́дом)! (10/2)

hard *adj.* тру́дный (3/1); *adv.* тру́дно (7/1); нелегко́ (3/1)

(it's/that's) hard тру́дно (7/1); нелегко́ (3/1)

hard-boiled egg круто́е яйцо́ (7/3v)

hat (*with a brim*) шля́па (13/2v)

hate ненави́деть (ненави́жу, ненави́дишь, . . . ненави́дят) / *pfv. not introduced* (12/4)

have 1. у (+ *Gen.*) (+ есть) (4/1v): **I, you,** *etc.* **have a dog:** У меня́ (у тебя́, *etc.*) есть соба́ка.; **2.** име́ть (име́ю, име́ешь, . . . име́ют) / *pfv. not introduced* (8/1): **have the right** име́ть пра́во

as luck would have it как назло́ [8/4]

Have a good time! Жела́ю (Жела́ем) хорошо́ провести́ вре́мя! (9/4)

Have a good trip! Счастли́вого пути́! (Epi/В)

have an accent говори́ть с акце́нтом (9/1)

have breakfast за́втракать / *pfv.* поза́втракать (9/2v)

have dinner обе́дать / *pfv.* пообе́дать (13/2)

have good luck; be lucky везти́ (везёт; *past* везло́) / *pfv.* повезти́ (+ *Dat.*) (*impersonal*) [7/2]

have lunch за́втракать / *pfv.* поза́втракать (9/2v); обе́дать / *pfv.* пообе́дать (13/2)

have someone do something пусть (12/4): **When Vova goes to the store have him buy you cough medicine.** Когда́ Во́ва пойдёт в апте́ку, пусть он ку́пит вам лека́рство от ка́шля.

have time (to) успева́ть / *pfv.* успе́ть (успе́ю, успе́ешь, . . . успе́ют) (14/1)

have to на́до (+ *Dat.* + *infin.*) (3/1); до́лжен (должна́, должно́, должны́) (+ *infin.*) (5/4); ну́жно + *Infin.*) (*impersonal*) [9/2]

I (he, she, *etc.*) **had to (will have to) . . .** Мне (ему́, ей, *etc.*) пришло́сь (придётся) . . . (14/4)

I (you, *etc.*) **have no . . . ; I (you,** *etc.*) **don't have . . .** У меня́, (у тебя́, *etc.*) нет . . . (+ *Gen.*) (4/1): **I don't have a dog.** У меня́ нет соба́ки.

I have a request (a favor to ask) of you. У меня́ к вам про́сьба. (8/4)

We had a lot of fun. Бы́ло о́чень ве́село. (7/4)

he он (1/3)

head голова́ (*Acc. sing.* го́лову, *pl.* го́ловы, *Gen. pl.* голо́в, *Dat. pl.* голова́м) (12/1v)

health здоро́вье (10/3v)

hear слы́шать (слы́шу, слы́шишь, . . . слы́шат) (6/4) / *pfv.* услы́шать (8/1)

I (we, *etc.*) **can hear everything.** Всё слы́шно. (4/2)

I don't want to hear a thing about it! Я ничего́ не хочу́ слы́шать! (7/2)

heating отопле́ние [4/2]

heavy тяжёлый (6/3)

heavy-set то́лстый (11/2)

hello (*on the phone*) алло́ [*pronounced* -лё] (7/2)

Hi!; Hello there! (*informal*) Приве́т! (1/1)

Hello! Здра́вствуй(те)! (1/2)

help *noun* по́мощь *f.* [6/2]; *verb* помога́ть (7/4) / *pfv.* помо́чь (помогу́, помо́жешь, . . . помо́гут; *past* помо́г, помогла́, помогло́, помогли́) (7/4; *pfv. infin. only* 5/3) (+ *Dat.*)

Help! Помоги́(те)! (4/3)

her 1. *personal pronoun* её (*Acc. 5/2 and Gen. 4/1 of* она́; *after prepositions* неё); ей (*Dat. 6/1, Prep. 7/3, and Instr. 9/1 of* она́; *after prepositions* ней); **2.** *possessive* её (1/4); **3.** (*when possessor is also the subject*) свой (своя́, своё, свой) (8/4)

here 1. здесь (1/3), тут (2/4); **2.** (*direction*) сюда́ (7/2)

almost here на носу́ [10/2]

Come here. Иди́(те) сюда́. [1/4]

Here (is/are) . . . Вот . . . (1/4)

Here you are! Пожа́луйста. (1/2)

heroine геро́йня [7/4]

hers *possessive* её (1/4)

herself 1. *emphatic pronoun* (она́) сама́ (10/2); **2.** *reflexive pronoun* себя́ (*Acc. and Gen.; Dat. and Prep.* себе́; *Instr.* собо́й) (10/2)

Hi! (*informal*) Приве́т! (1/1)

high высо́кий (11/1)

higher вы́ше (*comparative of* высо́кий) (12/2)

highway шоссе́ [*pronounced* -сэ́] (6/2v)

him *personal pronoun* его́ (*Gen.* 4/1 *and Acc.* 5/2 *of* он; *after prepositions* него́); ему́ (*Dat.* 6/1 *of* он; *after prepositions* нему́); нём (*Prep.* 7/3 *of* он); им (*Instr.* 9/1 *of* он; *after prepositions* ним)

himself 1. *emphatic pronoun* (он) сам (10/2); **2.** *reflexive pronoun* себя́ (*Acc. and Gen.; Dat. and Prep.* себе́; *Instr.* собо́й) (10/2)

his 1. *possessive* его́ (1/4); **2.** (*when possessor is also the subject*) свой (своя́, своё, свой) (8/4)

historian исто́рик (4/3)

historical истори́ческий (6/2)

history исто́рия (5/2)

history department истори́ческий факульте́т (6/2)

history exam экза́мен по исто́рии (7/3)

hockey хокке́й (8/2)

hockey player хоккеи́ст (14/1)

hockey puck ша́йба [14/3]

score a (hockey) goal забра́сывать / *pfv.* забро́сить (забро́шу, забро́сишь, . . . забро́сят) ша́йбу [14/3]

holiday пра́здник [*pronounced* -зн-] (10/4)

holidays (*from school*) кани́кулы *pl.* (*Gen. pl.* кани́кул) (12/2)

home 1. *noun* дом (*pl.* дома́) (2/1); **2.** *adj.* дома́шний (10/2); **3.** *adv.* (*at home*) до́ма (1/3); **4.** *adv.* (*direction*) домо́й (3/4v)

homework (assignment) (*in grade school*) уро́к (*usu. pl.* уро́ки) (4/3); (*in college*) дома́шнее зада́ние (3/3)

honey мёд (12/4v)

hope наде́яться *impfv. only* (10/1)

horoscope гороско́п [9/4v]

horrible ужа́сный (4/1)

It's/That's horrible! Э́то ужа́сно! (2/3); Како́й у́жас! (2/2)

horror у́жас (4/1)

hors d'oeuvres заку́ски *pl.* (*sing.* заку́ска, *Gen. pl.* заку́сок) (13/4)

host хозя́ин (*pl.* хозя́ева) (6/2)

hostess хозя́йка (*Gen. pl.* хозя́ек) (6/2)

hot (*of an object, liquid, etc.*) горя́чий (12/3)

(it's) hot (*of one's surroundings, the weather, etc.*) жа́рко (9/1)

It's/That's really hot! О́чень горячо́! (12/3)

hour час (*Gen. sing.* ча́са *but* два, три, четы́ре часа́; *Prep. sing.* в . . . часу́; *pl.* часы́) (7/1)

house дом (*pl.* дома́) (2/1)

specialty of the house (*menu item*) фи́рменное блю́до (14/2v)

House of Books Дом кни́ги [8/4]

housewarming новосе́лье (6/4)

how как (1/1)

How about . . . ? Как насчёт . . . ? (+ *Gen.*) (6/4)

How are things (with you)? Как (у тебя́, у вас) дела́? (1/2)

How are you?; How are you doing? Как (вы) пожива́ете? (7/1); Как (ва́ше) здоро́вье? (6/3)

How awful! Како́й у́жас! (2/2)

How do you (happen to) know? Отку́да вы зна́ете (ты зна́ешь)? (6/2)

How embarrassing! Како́й стыд! [11/2]

How humiliating! Како́й позо́р! [11/2]

How much does that cost? Ско́лько э́то сто́ит? (6/2)

How much is (are) . . . ?; What is the price of . . . ? (*colloquial*) Почём . . . ? (11/4v)

How much is it?; How much do I owe? Ско́лько с меня́? (11/4v)

how much; how many ско́лько (+ *Gen.*) (6/1)

How old is he (she)? Ско́лько ему́ (ей) лет? (6/1)

know how (to do something) уме́ть (уме́ю, уме́ешь, . . . уме́ют) (+ *infin.*) *impfv. only* (4/3)

hundred (one hundred) сто (6/1)

Hurrah! Ура́! [4/3]

hurry спеши́ть (спешу́, спеши́шь, . . . спеша́т) / *pfv.* поспеши́ть (8/4)

Hurry up! Скоре́е! (12/2)

hurt *verb intransitive* боле́ть² (боли́т, боля́т) / *may function as pfv.* заболе́ть² (*3rd pers. only*) (12/4)

husband муж (*pl.* мужья́, *Gen. pl.* муже́й) (2/1v)

the Kruglovs, husband and wife муж и жена́ Кругло́вы (2/1)

I

I я (1/3)

ice cream *noun, declines like adj.* моро́женое (1/2)

idea иде́я (6/2)

It's/That's not a good idea. (*in response to a suggestion*) Лу́чше не на́до. (12/3)

identical одина́ковый (13/4)

if 1. е́сли (3/2); **2.** *conjunction* (*whether*) ли (7/4): **He asked me if I liked literature.** Он спроси́л меня́, люблю́ ли я литерату́ру.

ill больно́й (бо́лен, больна́, больно́, больны́) (12/4)

be ill боле́ть¹ (боле́ю, боле́ешь, . . . боле́ют) / *may function as pfv.* заболе́ть¹ (12/1)

fall ill заболе́ть¹ (заболе́ю, заболе́ешь, . . . заболе́ют) *pfv.* (*may function as pfv. of* боле́ть¹) (12/1)

illness боле́знь *f.* (12/4)

imagine представля́ть / *pfv.* предста́вить (предста́влю, предста́вишь, . . . предста́вят) (себе́) [14/1]

I can imagine (**that**) . . . Представля́ю, . . . (14/1)

Just imagine, . . . Предста́вь(те) себе́, . . . (10/4)

immediately сра́зу (9/3); неме́дленно (12/1); сро́чно (14/1)

imported и́мпортный (3/2)

impossible: (it's/that's) impossible невозмо́жно (4/1)

in 1. (*location*) в (+ *Prep.*) (3/1): **in Moscow** в Москве́; **2.** (*with time units of a month or more*) в (+ *Prep.*) (8/2): **in January** в январе́; **3.** (*within a certain amount of time*) за (11/3): **You learned the language so well in one year?** Вы так хорошо́ вы́учили язы́к за оди́н год?; **4.** (*indicates time from the present or from the indicated moment*) че́рез (+ *Acc.*) (6/4): **in a minute** че́рез мину́ту

Come in! Заходи́(те)! (3/2); Войди́(те)! (7/1)

(**in**) **English** (**Russian**, *etc.*) по-англи́йски (по-ру́сски, *etc.*) (4/3v)

in fact, in truth *parenthetical* верне́е [6/4]

in front of пе́ред (пе́редо) (+ *Instr.*) (9/1)

In general . . . И вообще́. . . (3/1)

in my opinion *parenthetical* по-мо́ему (3/1)

in no way ника́к (13/3)

in second year (**of college**) на второ́м ку́рсе (6/1)

in the afternoon днём (7/1)

in the evening ве́чером (3/3v)

in (the) fall о́сенью (7/1)

In the first (**second, third**) **place** . . . Во-пе́рвых . . . (Во-вторы́х . . . ; В-тре́тьих . . .) (10/1)

in the morning у́тром (3/3v)

in (the) sixth grade в шесто́м кла́ссе (6/1)

in (the) spring весно́й (7/1)

in (the) summer ле́том (7/1)

in (the) winter зимо́й (7/1)

in the (**military**) **service** в а́рмии (6/2)

just in case на вся́кий слу́чай (8/4)

incident слу́чай (11/4)

incidentally кста́ти (5/4); ме́жду про́чим (6/1)

incredibly: We were incredibly lucky. Нам необыкнове́нно повезло́. (6/4)

indeed действи́тельно (5/3)

India И́ндия [11/3]

inexpensive недорого́й (5/3)

(**it's/that's**) **inexpensive** недо́рого (13/2)

informally: address (**someone**) **informally** говори́ть (+ *Dat.*) «ты» (6/1)

information *noun, declines like adj.* (*directory assistance*) спра́вочная (7/2)

initials инициа́лы (*usu. pl.*) [6/3]

inquire спра́шивать (6/4) / *pfv.* спроси́ть (спрошу́, спро́сишь, . . . спро́сят) (7/4) (+ *Acc. or* о + *Prep.*)

institute институ́т (5/1v)

Moscow Institute of Economics Моско́вский экономи́ческий институ́т [5/1v]

instructor преподава́тель/преподава́тельница (4/3v)

instrument инструме́нт (3/3v)

intend (**to do something**) собира́ться (5/4) / *pfv.* собра́ться (соберу́сь, соберёшься, . . . соберу́тся; *past* собра́лся, собрала́сь, собрало́сь, собрали́сь) (8/1)

interest интересова́ть (интересу́ет, интересу́ют) / *pfv. not introduced* (*usu. 3rd pers.*) (8/2)

be interested (**in**) интересова́ться (интересу́юсь, интересу́ешься, . . . интересу́ются) / *pfv. not introduced* (+ *Instr.*) (14/1)

interesting интере́сный (3/1)

(**it's/that's**) **interesting** интере́сно (3/1)

interestingly интере́сно (3/1)

intermission антра́кт (14/3)

Internet Интерне́т [*pronounced* -тэ-] (8/3)

on the Internet в Интерне́те (8/3)

over (**via**) **the Internet** по Интерне́ту [8/3]

interview *noun* интервью́ [*pronounced* -тэ-] *neut. indecl.* (14/1)

interview (**someone**); **do an interview** (**with someone**) брать (беру́, берёшь, . . . беру́т; *past* брал, брала́, бра́ло, бра́ли) / *pfv.* взять (возьму́, возьмёшь, . . . возьму́т; *past* взял, взяла́, взя́ло, взя́ли) интервью́ (у + *Gen.*) (14/1)

into в (+ *Acc.*) (3/3)

introduce (**someone to**) знако́мить (знако́млю, знако́мишь, . . . знако́мят) / *pfv.* познако́мить (+ *Acc.* + с + *Instr.*) (11/1)

Allow me to introduce . . . Познако́мьтесь, э́то . . . (2/3)

Let's introduce ourselves. Дава́йте познако́мимся. (2/3)

invitation приглаше́ние (7/2v)

invite приглаша́ть / *pfv.* пригласи́ть (приглашу́, пригласи́шь, . . . приглася́т) (7/1)

invite (someone) over приглашáть / *pfv.* пригласи́ть
в го́сти (+ *Acc.*) (11/1)
iris и́рис (13/1v)
is: Is/Are there ... here? Тут есть ...? [3/4]
... isn't that so? ... пра́вда? (6/4); ... так? [4/3]; ... не
так ли? (Ері/А)
island о́стров (*pl.* острова́) (8/2v)
it он *m. and neut.*, она́ *f.* (1/3)
Gen. (4/1) *and Acc.* (5/2) его́ *m. and neut.*, её *f.* (*after
prepositions* него́ *m. and neut.*, неё *f.*)
Dat. ему́ *m. and neut.*, ей *f.* (6/1) (*after prepositions*
нему́ *m. and neut.*, ней *f.*)
Prep. нём *m. and neut.*, ней *f.* (7/3)
Instr. им *m. and neut.*, ей *f.* (9/1) (*after prepositions*
ним *m. and neut.*, ней *f.*)
it turns (turned) out that ока́зывается (оказа́лось),
что (9/2)
it's raining идёт дождь (8/2)
it's snowing идёт снег (8/2)
Italian *adj.* италья́нский
(in) Italian по-италья́нски (4/3v)
its 1. *possessive* его́ *m. and neut.*, её *f.*; **2.** (*when possessor is
also the subject*) свой (своя́, своё, свой)
itself 1. *emphatic pronoun* сам (сама́, само́) (10/2);
2. *reflexive pronoun* себя́ (*Acc. and Gen.*; *Dat. and
Prep.* себе́; *Instr.* собо́й) (10/2)

J

jack-of-all-trades ма́стер на все ру́ки [4/3]
jacket (*casual*) ку́ртка (*Gen. pl.* ку́рток) (1/3)
man's suit jacket пиджа́к (*Gen. sing.* пиджака́) (1/3)
woman's suit jacket жаке́т (1/3)
jam варе́нье [6/4]
January янва́рь *m.* (*Gen. sing.* января́) (1/4)
Japanese *adj.* япо́нский
(in) Japanese по-япо́нски (4/3v)
jazz джаз (4/2v)
jeans джи́нсы *pl.* (*Gen. pl.* джи́нсов) (1/3)
job рабо́та (3/1v)
Good job! Молоде́ц! (4/3)
jog *multidir.* бе́гать (9/3), *unidir.* бежа́ть (бегу́, бежи́шь,
бежи́т, бежи́м, бежи́те, бегу́т) (8/4) / *pfv.*
побежа́ть (8/4)
joke шу́тка (*Gen. pl.* шу́ток) (5/3)
journal журна́л (1/2)
journalism журнали́стика [4/4]
journalism department факульте́т
журнали́стики [4/4]
journalist журнали́ст/журнали́стка (*Gen. pl.*
журнали́сток) (2/4)

joy ра́дость *f.* [10/4]
juice сок (1/2)
orange juice апельси́новый сок (12/4v)
July ию́ль *m.* (1/4)
June ию́нь *m.* (1/4)
just (*simply*) про́сто (9/3)
just (*recently*) то́лько что (14/1); неда́вно (6/3)
just as тако́й же [10/2]
just as ... as так же ... как (9/3)
just in case на вся́кий слу́чай (8/4)

К

keep (doing something) всё вре́мя (7/2): **They keep
calling us.** Нам всё вре́мя звоня́т.
kerchief плат(о́)к (*Gen. sing.* платка́) (13/2v)
keyboard клавиату́ра [8/3v]
kilogram килогра́мм (*Gen. pl.* килогра́мм *also*
килогра́ммов) (7/3v); кило́ *neut. indecl.* (11/4v)
kind¹ *noun* вид (9/1)
kind of sport вид спо́рта (9/3)
some kind of како́й-то (7/2); како́й-нибудь (9/4);
ко́е-како́й [12/1]
the same kind of ... тако́й (така́я, тако́е, таки́е)
же ... (13/4)
what kind of како́й (3/1)
kind² *adj.* до́брый (13/1)
kindergarten де́тский сад (*Prep.* в де́тском саду́) (10/1)
kiosk кио́ск (5/3v)
kitchen ку́хня (*Gen. pl.* ку́хонь) (2/2v)
knapsack рюкза́к (*Gen. sing.* рюкзака́) (1/4)
knife нож (*Gen. sing.* ножа́) (9/4)
know 1. знать / *no resultative pfv.* (3/1); **2.** (*know how*)
уме́ть (уме́ю, уме́ешь, ... уме́ют) *impfv. only* (4/3)
Do you (happen to) know ...? Вы не
зна́ете ...? (3/4)
everyone knows все зна́ют ... [3/1]
How do you (happen to) know ...? Отку́да вы
зна́ете (ты зна́ешь) ...? (6/2)
you know; why; after all *particle* (*used for emphasis;
often omitted in translation*) ведь (8/3)
Kostroma Кострома́; *adj.* костромско́й [Ері/С]
Kremlin, the Кремль *m.* (*Gen. sing.* Кремля́) (9/1)
kvas (*a slightly alcoholic cold drink prepared from sugar,
yeast, water and rye bread*) квас [10/4v]

L

laboratory лаборато́рия (4/4v)
Lady with a Lap Dog, The (*a short story by Anton
Chekhov*) «Да́ма с соба́чкой» [5/2v]

lamp ла́мпа (3/2v)

landing (*of a staircase*) площа́дка (*Gen. pl.* площа́док) [6/4]

landlady хозя́йка (*Gen. pl.* хозя́ек) (6/2)

landlord хозя́ин (*pl.* хозя́ева, *Gen. pl.* хозя́ев) (6/2)

language язы́к (*Gen. sing.* языка́) (4/3v)

large большо́й (2/2)

 not large небольшо́й (3/4)

larger (*used predicatively*) бо́льше (*comparative of* большо́й) (9/2)

laser *adj.* ла́зерный [8/3v]

last 1. (*in a series*) после́дний (10/2): (**for**) **the last time** в после́дний раз (14/1); **2.** (*preceding the present one*) про́шлый (5/2): **last year** в про́шлом году́

 at last наконе́ц (7/4)

 last name фами́лия (1/2)

late по́здно (14/4)

 be late опа́здывать (5/4v) / *pfv.* опозда́ть (опозда́ю, опозда́ешь, . . . опозда́ют) (7/2)

 Better late than never. Лу́чше по́зндо, чем никогда́. (14/4)

later (**on**) пото́м (4/3)

 a minute later че́рез мину́ту (6/4)

laugh (**at**) сме́яться (смею́сь, смеёшься, . . . смею́тся) / *pfv.* посме́яться (над + *Instr.*) (11/4)

law *adj.* юриди́ческий (5/1v)

 law school юриди́ческий институ́т (5/1v)

lawyer юри́ст (4/4v)

learn 1. ([*try to*] *memorize*) учи́ть (учу́, у́чишь, . . . у́чат) / *pfv.* вы́учить (вы́учу, вы́учишь, . . . вы́учат) (7/1); **2.** (*learn* [*how*] *to do something*) учи́ться (учу́сь, у́чишься, . . . у́чатся) / *pfv.* научи́ться (+ *infin.*) (9/3)

 Live and learn! Век живи́, век учи́сь! (14/3)

least: at least по кра́йней ме́ре (10/4); хотя́ бы (13/1)

leave 1. уходи́ть (ухожу́, ухо́дишь, . . . ухо́дят) / *pfv.* уйти́ (уйду́, уйдёшь, . . . уйду́т; *past* ушёл, ушла́, ушло́, ушли́) (8/1); **2.** (*vehicular*) уезжа́ть / *pfv.* уе́хать (уе́ду, уе́дешь, . . . уе́дут) (9/2); выезжа́ть / *pfv.* вы́ехать (вы́еду, вы́едешь, . . . вы́едут) [9/2]

lecture ле́кция (11/4)

 lecture well, be a good lecturer хорошо́ чита́ть ле́кции [7/4]

 give lectures чита́ть ле́кции [7/4]

left[1] *adj.* ле́вый (14/1v)

 on the left сле́ва (2/2); нале́во (3/4)

 to the left нале́во (3/4)

left[2] (*remain*) остава́ться (остаю́сь, остаёшься, . . . остаю́тся) / *pfv.* оста́ться (оста́нусь, оста́нешься, . . . оста́нутся) (8/4)

 There's only five minutes left. Оста́лось то́лько пять мину́т. (14/4)

leg нога́ (*Acc. sing.* но́гу, *pl.* но́ги, *Gen. pl.* ног, *Dat. pl.* нога́м) (12/1v)

lemon лимо́н (12/2)

less (*comparative of* ма́ло) ме́ньше (9/2)

 less and less всё ме́ньше и ме́ньше (9/2)

lesson уро́к (4/3)

let . . . (*have someone do something*) пусть (12/4): **When Vova goes to the store let him buy you cough medicine.** Когда́ Во́ва пойдёт в апте́ку, пусть он ку́пит вам лека́рство от ка́шля.

 Let me pass. Разреши́(те) пройти́. (9/1v)

let in пуска́ть / *pfv.* пусти́ть (пущу́, пу́стишь, . . . пу́стят) [14/3]: **They won't let us into the performance hall.** Нас не пу́стят в зал.

let's . . . *particle* дава́й(те) (8/3)

 Let me . . . (**Let's . . .**) Дава́й(те) я (мы) . . . (10/3)

 Let's go! Пошли́! (4/3); Пойдём(те)! [9/1]; Пое́хали! (14/4); Вперёд! [10/4]

 Let's introduce ourselves.; Let's get acquainted. Дава́йте познако́мимся. (2/3)

 Let's use «ты» with each other. Дава́й говори́ть друг дру́гу «ты»! (6/1)

letter 1. (*of the alphabet*) бу́ква (1/2); **2.** (*correspondence*) письмо́ (*pl.* пи́сьма, *Gen. pl.* пи́сем) (1/3)

library библиоте́ка (3/4v)

lie врать (вру, врёшь, . . . врут; *past* врал, врала́, вра́ло, вра́ли) / *pfv.* совра́ть (10/1)

life жизнь *f.* (5/2v)

light *noun* (*lamp*) ла́мпа (3/2v); *adj.* **1.** (*weight*) лёгкий (12/2); **2.** (*wine, beer, etc.*) лёгкий (14/2); **3.** (*color or shade*) све́тлый (3/2)

 light blue голубо́й (9/2)

lighter ле́гче (*comparative of* лёгкий *and* легко́) (12/2)

likable симпати́чный (3/2)

like[1] **1.** люби́ть (люблю́, лю́бишь, . . . лю́бят) / *pfv. not introduced* (4/2v); **2.** нра́виться (нра́вится, нра́вятся) (+ *Dat.*) (6/2) / *pfv.* понра́виться (*usu. 3rd pers.*) (7/4): **We like the room.** Нам нра́вится ко́мната.

 I'd like you to meet . . . Познако́мьтесь, э́то . . . (2/3)

 They (**will**) **like it.** Им (бу́дет) прия́тно. (13/1)

like[2] (*look like*) похо́ж (похо́жа, похо́же, похо́жи) на (+ *Acc.*) (6/2): **She looks like her mother.** Она́ похо́жа на мать.

like[3] как (5/4)

 like this; like that так (5/3)

likely: most likely *parenthetical* наве́рно (наве́рное) (6/3); скоре́е всего́ (10/1)

line 1. ли́ния (9/1); **2.** о́чередь *f.* (*Gen. pl.* очереде́й) (13/2)

 circle line кольцева́я ли́ния [9/1]

crosstown line радиа́льная ли́ния [9/1]

  get in line станови́ться (становлю́сь, стано́вишься, . . . стано́вятся) / *pfv.* стать (ста́ну, ста́нешь, . . . ста́нут) в о́чередь [13/2]

  stand in line стоя́ть (стою́, стои́шь, . . . стоя́т) / *no resultative pfv.* в о́череди (13/2)

  without waiting in line без о́череди [14/3]

list спис(о)к (*Gen. sing.* спи́ска) [13/1]

listen (to) слу́шать (3/3) / *pfv.* послу́шать (7/2)

literary литерату́рный [7/4]

literature литерату́ра (7/4)

little 1. *adj.* (*small*) ма́ленький (2/2); **2.** (*a small amount*) ма́ло (+ *Gen.*) (3/3)

  a little немно́го (+ *Gen.*) (4/3)

  little girl де́вочка (*Gen. pl.* де́вочек) (2/2)

live *verb* жить (живу́, живёшь, . . . живу́т; *past* жил, жила́, жи́ло, жи́ли) / *no resultative pfv.* (3/1)

  Live and learn! Век живи́, век учи́сь! (14/3)

living room *noun, declines like adj.* гости́ная (5/2)

lobby (*of a theater*) фойе́ *neut. indecl.* (14/3v)

located: be located 1. находи́ться (нахожу́сь, нахо́дишься, . . . нахо́дятся) *impfv. only* (11/3v); **2.** (*standing in an upright position*) стоя́ть (стою́, стои́шь, . . . стоя́т) / *no resultative pfv.* (6/4)

long 1. (*distance*) дли́нный (13/1); **2.** (*duration*) до́лго (8/4); давно́ (11/2); **3.** (*long ago*) давно́ (11/2)

  not . . . very long (*with present tense verbs*) неда́вно (6/3): **I haven't been working at the post office long.** Я на по́чте рабо́таю неда́вно.

  not long ago (*with past tense verbs*) неда́вно (6/3)

look (at) смотре́ть (смотрю́, смо́тришь, . . . смо́трят) (4/2; *impfv. infin. only* 3/4) / *pfv.* посмотре́ть (8/1)

  Look! Смотри́(те)! (3/4)

look for иска́ть (ищу́, и́щешь, . . . и́щут) / *pfv. not introduced* [5/4]

look like похо́ж (похо́жа, похо́же, похо́жи) на (+ *Acc.*) (6/2): **She looks like her mother.** Она́ похо́жа на мать.

Los Angeles Лос-А́нджелес (1/2)

lose 1. (*misplace*) теря́ть / *pfv.* потеря́ть (12/4); **2.** (*of a game, etc.*) прои́грывать / *pfv.* проигра́ть (9/4)

lost: get lost заблужда́ться / *pfv.* заблуди́ться (заблужу́сь, заблу́дишься, . . . заблу́дятся) (8/4)

loudly гро́мко (4/2)

  He plays so loud! Как гро́мко он игра́ет! (2/3)

love *noun* люб(о́)вь *f.* (*Gen.* любви́, *Instr.* любо́вью) (5/2v); *verb* люби́ть (люблю́, лю́бишь, . . . лю́бят) / *pfv. not introduced* (4/2v)

  Lots of love . . . (*usu. at the end of a letter to a close relative, sweetheart, or friend*) Кре́пко целу́ю . . . [7/4]

lower *verb* опуска́ть / *pfv.* опусти́ть (опущу́, опу́стишь, . . . опу́стят) [12/3]

luck уда́ча (9/3)

  as luck would have it как назло́ [8/4]

  bad luck неуда́ча [9/4]

  Best of luck! Жела́ю успе́ха! (13/3)

  Good luck! Жела́ю тебе́ (вам) уда́чи. (9/3); Счастли́во! (Epi/B)

  have good luck везти́ (везёт; *past* везло́) / *pfv.* повезти́ (+ *Dat.*) (*impersonal*) [7/2]

  That's tough luck for her! Не повезло́ ей! [7/2]

lucky *adj.* счастли́вый (сча́стлив, сча́стлива, сча́стливы) (8/3); *verb* (*be lucky*) везти́ (везёт; *past* везло́) / *pfv.* повезти́ (+ *Dat.*) (*impersonal*) [7/2]: **You were lucky.** Вам (тебе́) повезло́!

  Lucky for you; You're lucky. Тебе́ хорошо́. (10/1)

  We were incredibly lucky; We really lucked out. Нам необыкнове́нно повезло́. (6/4)

lunch обе́д (7/3)

  have lunch за́втракать / *pfv.* поза́втракать (9/2v); обе́дать / *pfv.* пообе́дать (13/2)

M

machine: answering machine автоотве́тчик (8/3v)

  washing machine стира́льная маши́на (4/1v)

magazine журна́л (1/2)

mail по́чта (6/3)

mail carrier почтальо́н (4/4v)

main thing, the *noun, declines like adj.* гла́вное (6/3)

maître d' метрдоте́ль [*pronounced* -тэ-] *m.* [14/2]

major: What are you majoring in? На како́м факульте́те вы у́читесь? [4/4]

make де́лать (3/1) / *pfv.* сде́лать (7/3)

  make a blunder попада́ть / *pfv.* попа́сть (попаду́, попадёшь, . . . попаду́т; *past* попа́л, попа́ла, попа́ло, попа́ли) впроса́к [11/3]

  make a transfer (*trains, busses, etc.*) де́лать / *pfv.* сде́лать переса́дку (11/2v)

  make fun of смея́ться (смею́сь, смеёшься, . . . смею́тся) / *pfv.* посмея́ться над (+ *Instr.*) (11/4)

makeup косме́тика (13/3v)

male мужско́й [8/1]

man 1. мужчи́на (6/3); **2.** челове́к (*pl.* лю́ди, *Gen. pl.* люде́й, *but* пять, шесть, *etc.* челове́к) (5/2)

  man on duty *noun, declines like adj.* дежу́рный (11/4)

  young man молодо́й челове́к (*pl.* молоды́е лю́ди) (5/4)

Man in a Case, The (*a short story by Anton Chekhov*) «Челове́к в футля́ре» [5/2v]

manage (**to**) успевáть / *pfv.* успéть (успéю, успéешь, . . . успéют) (14/1)

manager (*of a building*) дирéктор (*pl.* директорá) (4/1)

manner: in this manner так (5/3)

many 1. мнóго (+ *Gen. pl.*) (8/3); **2.** *indef. pron., declines like adj.* (*many people*) мнóгие *pl.* (7/3)

how many скóлько (+ *Gen.*) (6/1)

map кáрта (3/4); схéма (9/1)

March март (1/4)

the 8th of March 8 [*pronounced* восьмóе] Мáрта (13/1)

market ры́н(о)к (*Gen.* ры́нка) (11/4)

married 1. (*of a woman*) зáмужем: **She's married.** Онá зáмужем.; **2.** (*of a man*) женáт: **He's married.** Он женáт.; **3.** (*of a couple*) женáты: **They're married.** Они женáты. (8/2)

marry 1. (*of a woman*) выходи́ть (выхожу́, выхóдишь, . . . выхóдят) / *pfv.* вы́йти (вы́йду, вы́йдешь, . . . вы́йдут; *past* вы́шла, вы́шли) зáмуж (за + *Acc.*); **2.** (*of a man*) жени́ться (женю́сь, жéнишься, . . . жéнятся) *impfv. and pfv.* (на + *Prep.*); **3.** (*of a couple; used in pl. only*) жени́ться (жéнимся, жéнитесь, жéнятся) / *pfv.* пожени́ться (8/2)

marvelous замечáтельный (3/3)

(**it's/that's**) **marvelous** Замечáтельно! (6/3)

mask мáска (10/2)

match (*competition*) матч (9/4)

mate (*in chess*) мат [3/1]

matter, business дéло (*pl.* делá) (8/2)

(**that's**) **another** (**a different**) **matter** другóе дéло (14/3)

What's the matter? В чём дéло? (10/1)

What's the matter with you? Что с вáми (тобóй)? (12/3)

May май (1/4)

may (**one may**) мóжно (4/4)

May I ask you a question? Мóжно задáть вам вопрóс? (4/4)

May I speak with . . . (*on the telephone*) Попроси́(те) к телефóну . . . (7/2); Мóжно попроси́ть . . .? (7/3)

(**one**) **may not** (*forbidden*) нельзя́ (4/2)

maybe *parenthetical* мóжет быть (4/2)

mayonnaise майонéз [7/3v]

me меня́ (*Gen.* 4/1 *and Acc.* 5/2 *of* я); мне (*Dat.* 6/1 *and Prep.* 7/3 *of* я), мнóй (*Instr.* 9/1 *of* я)

mean знáчить (знáчу, знáчишь, . . . знáчат) / *no resultative pfv.* (10/2)

by all means обязáтельно (6/4)

What do you mean! Ну что ты (вы)! (5/1)

What do you mean by that? Что ты хóчешь э́тим сказáть? (13/2)

What do you mean, . . . ? (*informal*) Как . . . ? (+ *the word or phrase to which the speaker is reacting*) (8/1)

What does . . . mean? Что знáчит . . . ? (10/2)

means срéдство (12/1)

measure *verb* мéрить (мéрю, мéришь, . . . мéрят) / *may function as pfv.* измéрить (12/1)

meat мя́со (7/3)

meat loaf мяснóй рулéт [7/3]

mechanic: auto mechanic автомехáник (4/4)

medical медици́нский (6/2)

emergency medical service скóрая пóмощь (6/2)

medical excuse from work больни́чный лист [12/4]

medical school медици́нский институ́т [6/2]

write out a medical excuse from work выпи́сывать / *pfv.* вы́писать (вы́пишу, вы́пишешь, . . . вы́пишут) больни́чный лист [12/4]

medicine (**for something**) лекáрство (от + *Gen.*) (12/1)

take medicine принимáть / *pfv.* приня́ть (приму́, при́мешь, . . . при́мут; *past* при́нял, приняла́, при́няло, при́няли) лекáрство (12/3v)

meet 1. встречáть (9/4) / *pfv.* встрéтить (встрéчу, встрéтишь, . . . встрéтят) (10/3); **2.** (*get together*) встречáться / *pfv.* встрéтиться (встрéчусь, встрéтишься, . . . встрéтятся) (с + *Instr.*) (Epi/A)

It's/It was very nice to meet you. Óчень прия́тно познакóмиться. (4/4)

I'd like you to meet . . . Познакóмьтесь, э́то . . . ‚ . (2/3)

Pleased to meet you. Óчень рад. (2/3)

meeting собрáние (7/1v)

melody мелóдия (10/4)

memorize учи́ть (учу́, у́чишь, . . . у́чат) / *pfv.* вы́учить (вы́учу, вы́учишь, . . . вы́учат) (7/1)

men's мужскóй [8/1]

menu меню́ *neut. indecl.* (1/2)

method мéтод (12/3)

metro (*informal*) метрó *neut. indecl.* (2/4v) = (*formal*) метрополитéн [*pronounced* -тэ-] [9/1]

microwave oven микроволнóвая печь (4/1v)

middle-aged пожилóй [6/4]

milk молокó (3/4)

millionaire миллионéр (4/4v)

mimosa мимóза [13/1v]

mind: change one's mind передý́мать *pfv.*; *impfv. not common* (11/3)

Do you mind? Вы не возражáете (Ты не возражáешь)? (7/1)

I wouldn't mind. Я бы не возражáл (возражáла). (14/1)

if you don't mind my asking éсли не секрéт (8/1)

Would you mind . . . ; If you don't mind . . . Будь добр (добрá) . . . (Бýдьте добры́ . . .) (11/1)

mine 1. мой (моя́, моё, мой) (1/4); **2.** (*when possessor is also the subject*) свой (своя́, своё, свой)
mineral water минера́льная вода́ (5/4)
ministry министе́рство [7/1v]
minuses: pluses and minuses плю́сы и ми́нусы [2/4v]
minute мину́та (6/4)
   a minute later, in a minute че́рез мину́ту (6/4)
   Just a minute!; Wait one minute! Одну́ мину́ту! (7/2)
mistake оши́бка (*Gen. pl.* оши́бок) (8/4)
mister (Mr.) (*used as title in addressing male foreigners*) господи́н [14/2]
mixer (*kitchen appliance*) ми́ксер [4/1v]
modem моде́м [*pronounced* -дэ-] (8/3)
modern совреме́нный (10/4)
mom ма́ма (2/2); (*affectionate*) ма́мочка [7/4]
moment: at that moment тут (6/4)
Monday понеде́льник (1/4)
money де́ньги *pl.* (*Gen. pl.* де́нег, *Dat. pl.* деньга́м) (8/3)
monitor монито́р [8/3v]
month ме́сяц (1/4)
mood настрое́ние [5/3]
more бо́льше (*comparative of* большо́й *and* мно́го) (9/2); (*used to form comparatives*) бо́лее [9/4]
   one more ещё оди́н (одна́, одно́) (5/4)
moreover *parenthetical* кро́ме того́ (3/1)
morning у́тро (*Gen. sing.* у́тра *but* утра́ *after* с, до *and the time of day*) (5/3)
   Good morning! До́брое у́тро! (7/2)
   in the morning у́тром (3/3v)
Moscow Москва́ (1/2); моско́вский (4/2v)
   Moscow Institute of Economics Моско́вский экономи́ческий институ́т [5/1v]
   Moscow style по-моско́вски (5/3)
   resident of Moscow (Muscovite) москви́ч (*Gen. sing.* москвича́)/москви́чка (*Gen. pl.* москви́чек) [5/2]
most: the most . . . (*used to form superlatives*) са́мый (9/1): **the most important thing** са́мое гла́вное
   most likely *parenthetical* наве́рно (наве́рное) (6/3); скоре́е всего́ (10/1)
   most of all бо́льше всего́ [11/4]
mother мать *f.* (*Gen., Dat., and Prep. sing.* ма́тери, *Instr. sing.* ма́терью, *pl.* ма́тери, *Gen. pl.* матере́й)(2/1v); ма́ма (2/2); (*affectionate*) ма́мочка [7/4]
mouse мышь *f.* [8/3v]
mouth р(о)т (*Gen. sing.* рта, *Prep. sing.* во рту́) (12/1v)
move (*change residence*) переезжа́ть / *pfv.* перее́хать (перее́ду, перее́дешь, . . . перее́дут) [7/4]
movie фильм (10/4)
   movie star кинозвезда́ (*pl.* кинозвёзды) (5/1v)
   (the) movies кино́ *neut. indecl.* (8/1v)

Mr. (*used as title in addressing male foreigners*) господи́н [14/2]
   Mr. and Mrs. Kruglov муж и жена́ Кругло́вы (2/2)
much 1. мно́го (+ *Gen.*) (3/1v); **2.** гора́здо (+ *comparative*); намно́го (+ *comparative*) (9/2)
   how much ско́лько (+ *Gen.*) (6/1)
   How much does that cost? Ско́лько э́то сто́ит? (6/2)
mud грязь *f.* (*Prep. sing.* в грязи́) [5/3]
municipal городско́й [7/2]
Muscovite; resident of Moscow москви́ч (*Gen. sing.* москвича́)/москви́чка (*Gen. pl.* москви́чек) [5/2]
museum музе́й (4/2v)
mushroom гриб (*Gen. sing.* гриба́) (10/2v)
music му́зыка (3/3)
musician музыка́нт (1/3)
must на́до (+ *Dat.* + *infin.*) (3/1); до́лжен (должна́, должно́, должны́) (+ *infin.*) (5/4); ну́жно (+ *Infin.*) (*impersonal*) [9/2]
mustard горчи́ца [7/3v]
mustard plaster горчи́чник [*pronounced* -чиш-] (12/3)
my 1. мой (моя́, моё, мой) (1/4); **2.** (*when possessor is also the subject*) свой (своя́, своё, свой)
   My goodness! Бо́же мой! (4/3)
   My name is . . . Меня́ зову́т . . . (1/1)
myself 1. *emphatic pronoun* (я) сам (сама́) (10/2); **2.** *reflexive pronoun* себя́ (*Acc. and Gen.; Dat. and Prep.* себе́; *Instr.* собо́й) (10/2)
mystery (*novel*) детекти́в [3/2]

N

name 1. (*first name*) и́мя *neut.* (*Gen., Dat., and Prep. sing.* и́мени, *Instr. sing.* и́менем, *pl.* имена́, *Gen. pl.* имён) (1/2); **2.** (*last name*) фами́лия (1/2); **3.** назва́ние (5/2); **4.** *verb* называ́ть / *pfv.* назва́ть (назову́, назовёшь, . . . назову́т; *past* назва́л, назвала́, назва́ло, назва́ли) (8/4)
   by first name по и́мени (8/4)
   My (his, her) name is . . . Меня́ (его́, её) зову́т . . . (1/1)
   What is your (his, her) name? Как тебя́/вас (его́, её) зову́т? (1/1)
   What are your name and patronymic? Как ва́ше и́мя и о́тчество? (1/2)
napkin салфе́тка (*Gen. pl.* салфе́ток) (13/4v)
native *adj.* родно́й [4/3v]
native speaker носи́тель (*m.*) языка́ (11/3v)
near во́зле (+ *Gen.*) (10/1); о́коло (+ *Gen.*) (8/3); у (+ *Gen.*) (6/3)
   (it's/that's) near, close бли́зко (2/4v)
   near (to) бли́зко от (+ *Gen.*)

nearby (right nearby); next door ря́дом (3/4)

nearly чуть не (10/3)

necklace: chain necklace цепо́чка (*Gen. pl.* цепо́чек) [13/2v]

need: needed, necessary ну́жен (нужна́, ну́жно, нужны́) (+ *Dat.*) (6/4)

   everything we need; everything one needs; everything that's needed всё, что ну́жно (6/4)

   What (does one need) . . . for? Заче́м . . . ? (4/1)

neighbor сосе́д (*pl.* сосе́ди, *Gen. pl.* сосе́дей)/сосе́дка (*Gen. pl.* сосе́док) (2/2)

neighborhood микрорайо́н (3/4)

neither . . . nor ни . . . ни (11/2)

nervous: be nervous волнова́ться (волну́юсь, волну́ешься, . . . волну́ются) / *pfv. not introduced* (13/2)

never никогда́ (4/4)

nevertheless всё-таки (9/2)

new но́вый (2/1)

   What's new? Что но́вого? (7/2v)

   New Year's *noun* Но́вый год (10/3); *adj.* нового́дний (10/1)

   by New Year's к (ко) (+ *Dat.*) [10/2]: к Но́вому го́ду

   celebrate New Year's Eve встреча́ть / *pfv.* встре́тить (встре́чу, встре́тишь, . . . встре́тят) Но́вый год (10/3)

   Happy New Year! С Но́вым го́дом! (10/3); (*said before the new year*) С наступа́ющим (Но́вым го́дом)! (10/2)

   New Year's tree ёлка (*Gen. pl.* ёлок) (10/1v); (*diminutive*) ёлочка (*Gen. pl.* ёлочек) [10/4]

New York Нью-Йо́рк (1/2)

news но́вость *f.* (*pl.* но́вости, *Gen. pl.* новосте́й) (7/4)

newspaper *noun* газе́та (1/2); *adj.* газе́тный (8/4)

next сле́дующий (9/1v)

   And what (comes) next? А как да́льше? (10/4)

   next door ря́дом (3/4)

   next to во́зле (+ *Gen.*) (10/1)

nice прия́тный (7/4); симпати́чный (3/2); хоро́ший (2/2)

   Nice to meet you. О́чень прия́тно. (1/2)

   (it's/that's) nice прия́тно (13/1)

   (It's/It was) very nice to meet you. О́чень прия́тно познако́миться. (4/4)

night ночь *f.* (*Gen. sing.* ноче́й) (8/2)

   at night но́чью (7/1)

   day and night днём и но́чью [7/2]

   night table ту́мбочка (*Gen. pl.* ту́мбочек) [3/2v]

nightmare кошма́р (4/1)

nine де́вять (2/1)

nine hundred девятьсо́т (8/3)

nineteen девятна́дцать (6/1)

nineteenth девятна́дцатый (6/3)

ninetieth девяно́стый (8/2)

ninety девяно́сто (6/1)

ninth девя́тый (6/3)

no 1. (*used at the beginning of a negative response*) нет (1/3); **2.** нет . . . (+ *Gen.* + у + *Gen.*) (4/1): **I (you,** *etc.***) have no time.** У меня́, (у тебя́, *etc.*) нет вре́мени.

   no . . . at all никако́й (4/4)

   No entry. Нет вхо́да. [9/1]

   no longer уже́ не [9/3]

   no one, nobody никто́ (*Nom.* 4/3); никого́ (*Gen.* 4/1 *and Acc.* 5/2); никому́ (*Dat.* 6/1); ни (о) ком (*Prep.* 7/3); нике́м (*Instr.* 9/1)

   No space available. Мест нет. (14/2)

nobody: There's nobody there (here). Никого́ нет. [4/3]

noise шум [6/4]

non-working day; day off нерабо́чий д(е)нь (13/1)

normal норма́льный (12/1)

   (it's/that's) pretty normal норма́льно (10/3); *adj.* норма́льный (12/1)

North America Се́верная Аме́рика (1/2)

nose нос (*Prep. sing.* на носу́, *pl.* носы́) (12/1v)

   runny nose на́сморк (12/3)

not 1. не (1/1); **2.** нет . . . . (+ *Gen.* + у + *Gen.*) (4/1): **I (you,** *etc.***) don't have a dog.** У меня́ (тебя́, *etc.*) нет соба́ки.

   I fear not. Бою́сь, что нет. (10/4)

   (It's/That's) not a good idea. (*in response to a suggestion*) Лу́чше не на́до. (12/3)

   (it's/that's) not bad непло́хо (1/2)

   (it's/that's) not easy нелегко́ (3/1)

   not (a) bad непло́хой (4/4)

   not a single ни оди́н (ни одного́, *etc.*) (14/1)

   not any никако́й (4/4)

   not at all совсе́м не (7/2v); совсе́м нет (8/4)

   not anymore, no longer уже́ не [9/3]

   not . . . anywhere никуда́ (11/1)

   not far from недалеко́ от (+ *Gen.*) (5/3)

   not large небольшо́й (3/4)

   not long ago (*with past tense verbs*) неда́вно (6/3)

   Not too bad. (*response to* Как дела?) Ничего́. (1/2)

   not . . . (very) long (*with present tense verbs*) неда́вно (6/3): **I haven't been working at the post office long.** Я на по́чте рабо́таю неда́вно.

   not yet ещё не (нет) . . . (4/4); Нет ещё. (Ещё нет.) (6/3)

   . . . or not? . . . и́ли нет? (7/4)

   that's not accepted (done) here У нас э́то не при́нято. [7/3]

   Well, not really . . . Да нет, . . . (6/4v)

note запи́ска (*Gen. pl.* запи́сок) (12/2)

notebook записна́я кни́жка (6/3)

nothing ничего́ (5/1)

notice, note *noun* объявле́ние (5/1); *verb* замеча́ть / *pfv.* заме́тить (заме́чу, заме́тишь, . . . заме́тят) (13/1)

November ноя́брь *m.* (*Gen. sing.* ноября́) (1/4)

now тепе́рь (3/3); сейча́с (3/4)

   for now пока́ [5/4]

   Now that's a . . . !; Look at that! Вот э́то да! (10/1)

   right now, at once неме́дленно [7/2]

   until now; even now до сих пор (*also* до́ сих пор) (11/4)

nowhere 1. (*location*) нигде́ (5/3); **2.** (*direction*) никуда́ (11/1)

number 1. число́ (*pl.* чи́сла, *Gen. pl.* чи́сел) (11/2); **2.** но́мер (*pl.* номера́) (2/1)

   phone number но́мер телефо́на (2/1)

   You got the wrong number. Вы не туда́ попа́ли. (7/2)

nurse медсестра́ = медици́нская сестра́ [7/1]

nursing school медици́нское учи́лище [7/1]

O

oatmeal (*colloquial*) овся́нка (5/4v)

object *verb* возража́ть / *pfv.* возрази́ть (возражу́, возрази́шь, . . . возразя́т) [7/1]

   I wouldn't object. (1) Я бы не возража́л (возража́ла). (14/1)

observe замеча́ть / *pfv.* заме́тить (заме́чу, заме́тишь, . . . заме́тят) (13/1)

obtain достава́ть (достаю́, достаёшь, . . . достаю́т) / *pfv.* доста́ть (доста́ну, доста́нешь, . . . доста́нут) (14/1)

occasion раз (*Gen. pl.* раз) (9/3)

occupied: be occupied (with) занима́ться (+ *Instr.*) / *no resultative pfv.* (9/3)

occur случа́ться / *pfv.* случи́ться (случи́тся, случа́тся) (*3rd pers. only*) [7/2]

ocean океа́н (1/2)

o'clock час (*Gen. sing.* ча́са *but* два, три, четы́ре часа́; *Prep. sing.* в . . . часу́; *pl.* часы́) (7/1)

   It's . . . o'clock. (Сейча́с . . .) (+ *time*) (7/3)

   at one o'clock в час (7/1v)

   at two (three, four) o'clock в два (три, четы́ре) часа́ (7/1v)

   at five (six, seven, *etc.***) o'clock** в пять (шесть, семь, *etc.*) часо́в (7/1v)

   at seven o'clock sharp; at seven on the dot ро́вно в семь часо́в (7/3)

October октя́брь *m.* (*Gen. sing.* октября́) (1/4)

of 1. (*to denote relation, possession, etc. coveyed by the Gen. case*) (4/2): **the center of Moscow** центр Москвы́;

2. о (об, обо) (+ *Prep.*) (4/3); **3.** (*made of*) из (+ *Gen.*) (14/2): **crab salad** сала́т из кра́бов

   of course *parenthetical* коне́чно [*pronounced* -éш-] (3/2)

off: day off нерабо́чий д(е)нь (*Gen. sing.* дня) (13/1)

offend обижа́ть / *pfv.* оби́деть (оби́жу, оби́дишь, . . . оби́дят) [7/3]

offer предлага́ть / *pfv.* предложи́ть (предложу́, предло́жишь, . . . предло́жат) (7/1)

office о́фис (6/2v); бюро́ *neut. indecl.* (Epi/C)

official официа́льный (13/1)

officially официа́льно (10/2)

often ча́сто (5/1)

Okay. Ла́дно. (7/1)

   Everything's in order; everything's okay. Всё в поря́дке. (6/2)

   Is that okay? (Do you mind?) Вы не возража́ете (Ты не возража́ешь)? (7/1)

   It's (that's) OK. (*in response to an apology*) Ничего́! (2/3)

   Okay; all right; not too bad (*in response to* Как дела́?) Ничего́. (1/2)

   That's okay.; That's convenient. Э́то удо́бно. (7/1)

old ста́рый (2/4v)

   He (she) is two (five) years old. Ему́ (ей) два го́да (пять лет). (6/1v)

   How old is he (she)? Ско́лько ему́ (ей) лет? (6/1)

older ста́рше (12/2)

omen приме́та (9/4)

on 1. (*location*) на (+ *Prep.*) (3/2v): **on the shelf** на по́лке; **2.** (*on a day of the week*) в (+ *Acc.*) (7/1): **on Saturday** в суббо́ту; **3.** по (+ *Dat.*) [7/4]: **on business** по де́лу

   but on the other hand (но) зато́ (4/4)

   It's on me. Я угоща́ю. (5/4)

   on a business trip в командиро́вке (7/2)

   on business по де́лу [7/4]

   on foot пешко́м (9/4)

   on television (radio) по телеви́зору (ра́дио) (8/4)

   On the contrary . . . Да нет . . . (6/4v)

   on the left сле́ва (2/2); нале́во (3/4)

   on the right спра́ва (2/2); напра́во (3/4)

   on the way по доро́ге (8/3)

one *numeral* оди́н (одна́, одно́) (2/1)

   at one o'clock в час (7/1v)

   one another друг дру́га (друг дру́гу, друг о дру́ге, *etc.*) (6/1)

   one hundred сто (6/1)

   one more ещё оди́н (одна́, одно́) (5/4)

   one of оди́н (одна́, одно́) из (+ *Gen.*) (9/3)

one (thing) одно́ (13/1)

one's; one's (my, your, *etc.***) own** со́бственный [6/2]; (*when possessor is also the subject*) свой (своя́, своё, свои́) (8/4)

oneself (myself, yourself, *etc.***) 1.** *emphatic pronoun* сам (сама́, само́, са́ми) (10/2); **2.** *reflexive pronoun* себя́ (*Acc. and Gen.*; *Dat. and Prep.* себе́; *Instr.* собо́й) (10/2)

onion(s) лук (7/3v)

only 1. то́лько (4/2); **2.** (*the only one*) еди́нственный (10/4); **3.** оди́н (одна́, одно́, одни́) (13/2); **4.** (*a total of*) всего́ (10/1)

open *verb* открыва́ть (5/4) / *pfv.* откры́ть (откро́ю, откро́ешь, . . . откро́ют) (8/1); *adj. and past passive participle* откры́тый (откры́т, откры́та, откры́то, откры́ты) (11/2)

Open your book to page . . . Откро́й(те) кни́гу на страни́це . . . [1/4]

opera о́пера (4/2v)

opinion: in my opinion по-мо́ему (3/1)

or и́ли (2/3)

either . . . or и́ли . . . и́ли [9/4]

(*negation +*) **either . . . or** ни . . . ни (11/2)

or else; otherwise а то (Epi/C)

or rather *parenthetical* верне́е [6/4]

orange (*color*) ора́нжевый (9/2)

orange juice апельси́новый сок (12/4v)

orchestra орке́стр (14/2)

orchestra (seats in a theater) парте́р [*pronounced* -тэ́-] (14/1v)

rear orchestra seats (in a theater) амфитеа́тр (14/3v)

order *verb* зака́зывать / *pfv.* заказа́ть (закажу́, зака́жешь, . . . зака́жут) (14/2)

Are you ready to order? (*in a restaurant*) Что бу́дете зака́зывать? (5/4)

Everything's in order; everything's okay. Всё в поря́дке. (6/2)

give orders, boss (people) around кома́ндовать (кома́ндую, кома́ндуешь, . . . кома́ндуют) / *pfv. not introduced* [6/1]

ordinary обы́чный (8/3)

organize организова́ть (организу́ю, организу́ешь, . . . организу́ют) *impfv. and pfv.* (8/2)

origin происхожде́ние [13/1]

original оригина́льный (13/4)

other друго́й (5/2)

(**but**) **on the other hand** зато́ (*often* но зато́) (4/4)

otherwise а то (Epi/C)

our; ours 1. наш (на́ша, на́ше, на́ши) (1/4); **2.** (*when possessor is also the subject*) свой (своя́, своё, свой)

ourselves 1. *emphatic pronoun* (мы) са́ми (10/2); **2.** *reflexive pronoun* себя́ (*Acc. and Gen.*; *Dat. and Prep.* себе́; *Instr.* собо́й) (10/2)

outpatient clinic поликли́ника (3/4v)

over над (+ *Instr.*) [9/1]

over there вон (2/2)

overcoat пальто́ *neut. indecl.* (14/3)

overture увертю́ра (14/3)

own: one's (my, your, *etc.***) own** со́бственный [6/2]; (*when possessor is also the subject*) свой (своя́, своё, свой) (8/4)

P

p.m. (*noon to evening*) дня; (*evening to midnight*) ве́чера (7/3)

at 3:00 p.m. в три часа́ дня (7/3)

at 7:00 p.m. в семь часо́в ве́чера (7/3)

package (*mailed parcel containing printed matter*) бандеро́ль *f.* (6/3)

painting карти́на (3/2v)

pair па́ра (10/1)

pants брю́ки *pl.* (*Gen.* брюк) (1/3)

paper бума́га [5/3]

newspaper газе́та (1/2); *adj.* газе́тный [8/4]

sheet of paper лист [12/4]

term paper *noun, declines like adj.* курсова́я = курсова́я рабо́та (3/1)

toilet paper туале́тная бума́га [5/3]

Pardon me. Извини́(те). (1/2); Прости́(те)! (7/2)

Beg your pardon? Что-что? (3/1)

parents роди́тели *pl.* (*Gen. pl.* роди́телей) (2/1v)

park паркова́ть (парку́ю, парку́ешь, . . . парку́ют) / *pfv. not introduced* (5/1)

pass: metro (bus, trolley, tram) pass *noun, declines like adj.* проездно́й = проездно́й биле́т (5/3v)

pass (on); hand (something to someone) передава́ть (передаю́, передаёшь, . . . передаю́т) / *pfv.* переда́ть (переда́м, переда́шь, переда́ст, передади́м, передади́те, пaредаду́т; *past* пе́редал, передала́, пе́редало, пе́редали) (10/3)

pass, go away (*of pain, cough, etc.*) проходи́ть (прохо́дит, прохо́дят) / *pfv.* пройти́ (пройдёт, пройду́т; *past* прошёл, прошла́, прошло́, прошли́) (*usu. 3rd pers. in this meaning*) (12/3)

pass by, go past проходи́ть (прохожу́, прохо́дишь, . . . прохо́дят) / *pfv.* пройти́ (пройду́, пройдёшь, . . . пройду́т; *past* прошёл, прошла́, прошло́, прошли́) (ми́мо + *Gen.*) (13/2); (*vehicular*) проезжа́ть / *pfv.* прое́хать (прое́ду, прое́дешь, . . . прое́дут)

passerby *noun, declines like adj.* прохо́жий [8/4]

passport па́спорт (*pl.* паспорта́) (1/4)

past *adv. and prep.* ми́мо (+ *Gen.*) (13/2)

pastry *noun, declines like adj.* пиро́жное (5/4): **almond pastry** минда́льное пиро́жное

pâté паште́т [10/2v]

path: cross one's path перебега́ть / *pfv.* перебежа́ть (перебегу́, перебежи́шь, перебежи́т, перебежи́м, перебежи́те, перебегу́т) доро́гу [9/4]

patronymic о́тчество (1/2)

   What are your name and patronymic? Как ва́ше и́мя и о́тчество? (1/2)

pay *noun* (*wage*) за́работ(о)к (*Gen. sing.* за́работка) (7/1)

   pay (**for**) плати́ть (плачу́, пла́тишь, . . . пла́тят) (5/3) / *pfv.* заплати́ть (за + *Acc.*) (8/1)

   pay phone телефо́н-автома́т (8/4)

peace мир (10/3v)

pedestrian пешехо́д (8/4v)

   pedestrian crossing, crosswalk перехо́д (8/4v)

pelmeni (*noodle dumplings*) пельме́ни (10/2v)

pen ру́чка (*Gen. pl.* ру́чек) (1/3)

pencil каранда́ш (*Gen. sing.* карандаша́) (1/3)

pension; pension payment пе́нсия [6/3]

people 1. лю́ди *pl.* (*sing.* челове́к, *Gen. pl.* люде́й *but* пять, шесть, *etc.* челове́к; *Dat. pl.* лю́дям, *Instr. pl.* людьми́) (5/4); **2.** (*a people*) наро́д (9/4)

   many people мно́гие *pl.* (7/3)

   What a great group (**of people**)**!** Отли́чная компа́ния! (7/1)

   young people молодёжь *f.* (9/4)

per в (+ *Acc.*) (9/3): **twice a** (**per**) **week** два ра́за в неде́лю

percent проце́нт (13/3)

performance спекта́кль *m.* (14/1)

   performance hall, auditorium зал (4/2v)

perfume духи́ *pl.* (*Gen. pl.* духо́в) (13/3v)

perhaps *parenthetical* мо́жет быть (4/2)

period (*of time*) пери́од (14/3)

permit *verb* разреша́ть / *pfv.* разреши́ть (разрешу́, разреши́шь, . . . разреша́т) (+ *Dat.*) [8/4]

person челове́к (*pl.* лю́ди, *Gen. pl.* люде́й, *but* пять, шесть, *etc.*, челове́к) (5/2)

pharmacy апте́ка (3/3)

phone *noun* телефо́н (3/1); *verb* звони́ть (звоню́, звони́шь, . . . звоня́т) / *pfv.* позвони́ть (+ *Dat.*) (7/1v)

   hang up the phone ве́шать / *pfv.* пове́сить (пове́шу, пове́сишь, . . . пове́сят) тру́бку (11/2)

   pay phone телефо́н-автома́т (8/4)

   phone handset (**receiver**) тру́бка (*Gen. pl.* тру́бок) [7/2]

   phone number но́мер телефо́на (2/1)

   Pick up the phone. Возьми́(те) тру́бку. (7/2)

photograph фотогра́фия (6/1v)

physician до́ктор (*pl.* доктора́) (12/1v); врач (*Gen. sing.* врача́) (1/3)

pianist пиани́ст/пиани́стка (*Gen. pl.* пиани́сток) (2/1)

piano (*grand piano*) роя́ль *m.* (2/3v)

   play (**the**) **piano** игра́ть на роя́ле (4/3)

pick up 1. заходи́ть (захожу́, захо́дишь, . . . захо́дят) / *pfv.* зайти́ (зайду́, зайдёшь, . . . зайду́т; *past* зашёл, зашла́, зашло́, зашли́) (за + *Instr.*) (14/2); **2.** (*vehicular*) заезжа́ть / *pfv.* зае́хать (зае́ду, зае́дешь, . . . зае́дут) (за + *Instr.*) (14/1)

   Pick up the phone. Возьми́(те) тру́бку. (7/2)

pickle солёный огур(е́)ц (*pl.* огурцы́) (10/2v)

pickled солёный (10/2v)

picture карти́на (3/2v)

piece (*item, unit*) шту́ка (11/4v)

pill табле́тка (*Gen. pl.* табле́ток) [12/4]

pillow поду́шка (*Gen. pl.* поду́шек) (2/3v)

pink ро́зовый (9/2)

pirozhok (*small filled pastry*) пирож(о́)к (*Gen. sing.* пирожка́) (1/2)

pity: it's/that's a pity жаль (6/2)

pizza пи́цца (7/3)

place *noun* ме́сто (*pl.* места́) (5/1); *verb* (*place in a standing position*) ста́вить (ста́влю, ста́вишь, . . . ста́вят) / *pfv.* поста́вить (9/1)

   In the first (**second, third**) **place . . .** Во-пе́рвых . . . (Во-вторы́х . . . ; Во-тре́тьих . . .) (10/1)

plan (**to do something**) собира́ться (5/4) / *pfv.* собра́ться (соберу́сь, соберёшься, . . . соберу́тся; *past* собра́лся, собрала́сь, собрало́сь, собрали́сь) (8/1)

plant (*factory*) заво́д (4/4v)

plate (*dinnerware*) таре́лка (*Gen. pl.* таре́лок) (13/4v)

play (*drama*) пье́са (5/2v); *verb* игра́ть / **1.** *pfv.* сыгра́ть; **2.** *pfv.* (*to indicate limited duration*) поигра́ть (3/1)

   He plays so loud! Как гро́мко он игра́ет! (2/3)

   play (*an instrument*) игра́ть на (+ *Prep.*) (4/3)

   play (*a game or sport*) игра́ть в (+ *Acc.*) (3/1)

   play sports занима́ться спо́ртом *impfv. only* (9/3)

pleasant прия́тный (7/4)

   (**it's/that's**) **pleasant** прия́тно (13/1)

please пожа́луйста (1/2)

please *adv.* пожа́луйста (1/2); *verb* (*be pleasing*) нра́виться (нра́вится, нра́вятся) (6/2) / *pfv.* понра́виться (+ *Dat.*) (*usu. 3rd pers.*) (7/4): **We like the room.** Нам нра́вится ко́мната.

pleased рад (ра́да, ра́до, ра́ды) (6/4)

   Pleased to meet you. О́чень прия́тно. (1/2)

pleasure: with pleasure с удово́льствием (7/2)

plot (*of land*) уча́ст(о)к (*Gen. sing.* уча́стка) [6/2v]

pluses and minuses плю́сы и ми́нусы [2/4v]

point: at this (**that**) **point** (**moment**) тут (6/4)

polite вѐжливый (6/4v)

poodle пу́дель *m.* [6/1v]

poor бе́дный [8/1]

popular популя́рный (9/4)

Portuguese *adj.* португа́льский

(in) Portuguese по-португа́льски (4/3v)

positively абсолю́тно (10/4); обяза́тельно (6/4); безусло́вно [8/3]

post office по́чта (3/4v)

postcard откры́тка (*Gen. pl.* откры́ток) (5/3v)

potato (**potatoes**) (*colloquial*) карто́шка (7/3v)

potato salad карто́фельный сала́т [7/3v]

pound фунт [7/3v]

pour налива́ть / *pfv.* нали́ть (налью́, нальёшь, . . . налью́т) (10/3)

practice *noun* пра́ктика (4/4)

private practice ча́стная пра́ктика (4/4v)

precisely и́менно [3/1]

prefer предпочита́ть [3/4] / *pfv.* предпоче́сть (предпочту́, предпочтёшь, . . . предпочту́т; *past* предпочёл, предпочла́, предпочло́, предпочли́) [8/1]

prelude прелю́д [6/1]

preparatory подготови́тельный (11/3)

prepare гото́вить (гото́влю, гото́вишь, . . . гото́вят) (6/4v.) / *pfv.* пригото́вить (7/3)

prepare for an exam гото́виться (гото́влюсь, гото́вишься, . . . гото́вятся) / *pfv.* подгото́виться к экза́мену (7/3)

prescription реце́пт (12/4)

write out a prescription выпи́сывать / *pfv.* вы́писать (вы́пишу, вы́пишешь, . . . вы́пишут) реце́пт [12/4]

present *noun* пода́р(о)к (*Gen. sing.* пода́рка) (6/4)

pretty краси́вый (2/4)

(it's/that's) pretty краси́во (13/2)

pretty good неплохо́й (4/4)

pretty well непло́хо (1/2)

That's pretty good! У тебя́ непло́хо получа́ется! [6/1]

price цена́ (*Acc. sing.* це́ну, *pl.* це́ны) (8/3)

at the price of по (+ *Acc.*) (11/4v): **at the price of 20 rubles** по два́дцать рубле́й

What is the price of . . . ? (*colloquial*) Почём . . . ? (11/4v)

printed matter parcel (*mailed*) бандеро́ль *f.* (6/3)

printer при́нтер [*pronounced* -тэ-] (8/3v)

private practice ча́стная пра́ктика [4/4v]

probably *parenthetical* наве́рно (наве́рное) (6/3)

problem пробле́ма (4/1)

profession профе́ссия (3/1)

professor профе́ссор (*pl.* профессора́) (2/1)

program програ́мма [11/3]

computer program компью́терная [*pronounced* -тэ-] програ́мма (11/3v)

program (*printed program*) програ́ммка (14/3)

promise обеща́ть *impfv. and pfv.* (10/2)

propose предлага́ть / *pfv.* предложи́ть (предложу́, предло́жишь, . . . предло́жат) (7/1)

proud: be proud (of) горди́ться (горжу́сь, горди́шься, . . . гордя́тся) / *no resultative pfv.* (+ *Instr.*) [9/1]

public transportation городско́й тра́нспорт (9/1)

puck ша́йба [14/3]

purple лило́вый (9/2)

put 1. (*place flat or lying down*) класть (кладу́, кладёшь, . . . кладу́т; *past* клал, кла́ла, кла́ло, кла́ли) / *pfv.* положи́ть (положу́, поло́жишь, . . . поло́жат) (10/3); **2.** (*place in a standing position*) ста́вить (ста́влю, ста́вишь, . . . ста́вят) / *pfv.* поста́вить (9/1)

Put up a sign. Пове́сь(те) объявле́ние. [6/2]

Q

quarrel *noun* ссо́ра (9/4); *verb* ссо́риться (ссо́рюсь, ссо́ришься, . . . ссо́рятся) / *pfv.* поссо́риться [8/1]

quarter че́верть *f.* (*Gen. pl.* четверёй) (11/1v)

(at) a quarter to six без че́тверти шесть (11/1v)

(a) quarter past five че́тверть шесто́го (11/1v)

quarterfinals четвертьфина́л (14/4v)

quartet кварте́т [3/3v]

question вопро́с (4/4)

ask (someone) a question задава́ть (задаю́, задаёшь, . . . задаю́т) / *pfv.* зада́ть (зада́м, зада́шь, зада́ст, задади́м, задади́те, зададу́т; *past* за́дал, задала́, за́дало, за́дали) вопро́с (+ *Dat.*) [8/1]

May I ask you a question? Мо́жно зада́ть вам вопро́с? (4/4)

quick бы́стрый [9/1]

quickly бы́стро (4/3); (*as quickly as possible*) скоре́е (*comparative of* ско́ро) (12/2)

quietly ти́хо (4/2)

quite совсе́м (14/3)

quite well непло́хо; совсе́м непло́хо (1/2)

quiz *noun, declines like adj.* контро́льная = контро́льная рабо́та (4/2)

R

radio ра́дио *neut. indecl.* (5/1)

on the radio по ра́дио (8/4)

railroad station вокза́л (8/4v)

rain дождь *m.* (*Gen. sing.* дождя́) (8/2)

it's raining идёт дождь (8/2)

raise поднима́ть / *pfv.* подня́ть (подниму́, подни́мешь, . . . подни́мут; *past* по́днял, подняла́, по́дняло, по́дняли) [10/2]

rarely ре́дко (5/4)

rather; or rather *parenthetical* верне́е [6/4]

reach (*some place, e.g., by phone*) попада́ть / *pfv.* попа́сть (попаду́, попадёшь, . . . попаду́т; *past* попа́л, попа́ла, попа́ло, попа́ли) (куда́) (7/2)

read чита́ть (3/1) / *pfv.* прочита́ть (7/1); *may function as pfv. to indicate limited duration* почита́ть [14/1]

ready гото́в (гото́ва, гото́во, гото́вы) (8/1)

   get ready for an exam гото́виться (гото́влюсь, гото́вишься, . . . гото́вятся) / *pfv.* подгото́виться к экза́мену (7/3)

real; true настоя́щий (4/4)

   a real . . . (*with noun or noun phrase*) тако́й . . . (5/3)

really действи́тельно (5/3)

   Is it really a difficult topic? Ра́зве э́то тру́дная те́ма? (3/1)

   Really?; Is that so? Пра́вда? (6/4); Неуже́ли? (9/2); ра́зве (3/1)

recall вспомина́ть / *pfv.* вспо́мнить (вспо́мню, вспо́мнишь, . . . вспо́мнят) (11/4)

receive 1. получа́ть (5/3) / *pfv.* получи́ть (получу́, полу́чишь, . . . полу́чат) (8/1); **2.** принима́ть (6/3v) / *pfv.* приня́ть (приму́, при́мешь, . . . при́мут; *past* при́нял, приняла́, при́няло, при́няли) (8/1)

receiver (*telephone*) тру́бка (*Gen. pl.* тру́бок) [7/2]

recently неда́вно (6/3)

recognize узнава́ть (узнаю́, узнаёшь, . . . узнаю́т) / *pfv.* узна́ть (8/1)

recommend рекомендова́ть (рекоменду́ю, рекоменду́ешь, . . . рекоменду́ют) *pfv. and impfv.* (14/2)

recording: automated recording автома́т [9/1]

red кра́сный (9/2)

   Red Square Кра́сная пло́щадь (9/1)

refrigerator холоди́льник (4/1v)

refuse *verb* отка́зываться / *pfv.* отказа́ться (откажу́сь, отка́жешься, . . . отка́жутся) (от + *Gen.*) (10/4)

registration office регистрату́ра [12/4]

relate (*tell, narrate*) расска́зывать / *pfv.* рассказа́ть (расскажу́, расска́жешь, . . . расска́жут) (7/3)

remain остава́ться (остаю́сь, остаёшься, . . . остаю́тся) / *pfv.* оста́ться (оста́нусь, оста́нешься, . . . оста́нутся) (8/4)

remedy (**for**) сре́дство (от + *Gen.*) (12/1)

   cold remedy сре́дство от просту́ды (Epi/B)

remember по́мнить (по́мню, по́мнишь, . . . по́мнят) / *pfv. not introduced* (5/2)

I'll remember that. (*in response to receiving some information*) Бу́ду знать. (10/2)

rent (*from someone*) снима́ть (6/4) / *pfv.* снять (сниму́, сни́мешь, . . . сни́мут; *past* снял, сняла́, сня́ло, сня́ли) (7/4)

   be for rent сдава́ться (сдаётся, сдаю́тся) / *no pfv. in this meaning* (*usu. 3rd pers.*) [5/4]

   rent (*to someone*) сдава́ть (сдаю́, сдаёшь, . . . сдаю́т) (6/2v) / *pfv.* сдать (сдам, сдашь, сдаст, сдади́м, сдади́те, сдаду́т; *past* сдал, сдала́, сда́ло, сда́ли) (+ *Dat.* + *Acc.*) (8/1)

repair чини́ть (чиню́, чи́нишь, . . . чи́нят) (4/4) / *pfv.* почини́ть (8/1)

Repeat Повтори́(те)! [1/4]

request *verb* проси́ть (прошу́, про́сишь, . . . про́сят) / *pfv.* попроси́ть (+ *Acc. or* у + *Gen.*) (8/1)

   I have a request of you. У меня́ к вам про́сьба. (8/4)

resemble похо́ж (похо́жа, похо́же, похо́жи) на (+ *Acc.*) (6/2): **She resembles her mother.** Она́ похо́жа на мать.

reserve зака́зывать / *pfv.* заказа́ть (закажу́, зака́жешь, . . . зака́жут) (14/2)

   We have a table reserved. У нас зака́зан сто́лик. (14/2)

resort куро́рт [8/2v]

rest отдыха́ть / *pfv.* отдохну́ть (отдохну́, отдохнёшь, . . . отдохну́т) (8/1)

restaurant рестора́н (4/4v)

restroom туале́т (2/2v)

return 1. (*come back*) приходи́ть (прихожу́, прихо́дишь, . . . прихо́дят) / *pfv.* прийти́ (приду́, придёшь, . . . приду́т; *past* пришёл, пришла́, пришло́, пришли́) (7/4); **2.** (*come back by vehicle*) приезжа́ть / *pfv.* прие́хать (прие́ду, прие́дешь, . . . прие́дут) (9/1); **3.** (*come back; go back*) возвраща́ться / *pfv.* верну́ться (верну́сь, вернёшься, . . . верну́тся) (9/2); **4.** (*give back*) отдава́ть (отдаю́, отдаёшь, . . . отдаю́т) / *pfv.* отда́ть (отда́м, отда́шь, отда́ст, отдади́м, отдади́те, отдаду́т; *past* о́тдал, отдала́, о́тдало, о́тдали) (8/1)

revolutionary революцио́нный [13/1]

ribbon ле́нта [11/4]

rich бога́тый (12/2)

richer бога́че (*comparative of* бога́тый) (12/2)

ride *multidir.* е́здить (е́зжу, е́здишь, . . . е́здят) (5/4), *unidir.* е́хать (е́ду, е́дешь, . . . е́дут) (3/3) / *pfv.* пое́хать (8/1)

   give a ride (**to**) довози́ть (довожу́, дово́зишь, . . . дово́зят) / *pfv.* довезти́ (довезу́, довезёшь, . . . довезу́т; *past* довёз, довезла́, довезло́, довезли́) (до + *Gen.*) (Epi/C)

right (*correct*) прав (права́, пра́во, пра́вы) (9/3)

   All right. OK. Ла́дно. (7/1)

   All right; not too bad; okay. (*response to* Как дела?) Ничего́. (1/2)

   have the right име́ть (име́ю, име́ешь, . . . име́ют) пра́во (8/1)

   I'll be right back. Я сейча́с. (Epi/B)

   I'll be right there! Сейча́с! (2/4)

   . . . isn't that right? . . . не так ли? (Epi/A)

   not the right (**one**) не тот (та, то, те) [11/2]

   on the right спра́ва (2/2); напра́во (3/4)

   right (*right-hand*) пра́вый (14/1)

   Right!; That's right! Действи́тельно! (6/1); Ве́рно! (7/1); Пра́вильно! [6/1]

   right away сейча́с (3/1); сра́зу (9/3); неме́дленно (12/1); сро́чно (14/1)

   right nearby ря́дом (3/4)

   (that's) right пра́вильно (11/2)

ring кольцо́ (*pl.* ко́льца, *Gen. pl.* коле́ц) (13/2v)

rink: skating rink като́к (*Gen. sing.* катка́) [12/2]

risk *noun* риск [9/3]; *verb* (*risk something; take a risk*) рискова́ть (риску́ю, риску́ешь, . . . риску́ют) / *pfv.* рискну́ть (рискну́, рискнёшь, . . . рискну́т) [9/4]

river река́ (*Acc. sing.* реку́ *or* ре́ку; *pl.* ре́ки) (1/2)

road доро́га (8/4)

rock (**music**) рок (3/3)

room 1. (*a room*) ко́мната (2/2); **2.** (*place, space*) ме́сто (*pl.* места́) (5/1)

rose ро́за (11/4)

round figure (*significant date*) кру́глая да́та [5/4]

row ряд (*Gen. sing.* ря́да *but* два, три, четы́ре ряда́, *Prep. sing.* в ряду́, *pl.* ряды́) (14/1v)

rubber *adj.* рези́новый (5/3)

ruble рубль *m.* (*Gen. sing.* рубля́) (5/3)

rude гру́бый (6/4v)

rug ков(ё)р (*Gen. sing.* ковра́) (3/2v)

rugby shirt футбо́лка (*Gen. pl.* футбо́лок) (1/3)

run *multidir.* бе́гать (9/3), *unidir.* бежа́ть (бегу́, бежи́шь, бежи́т, бежи́м, бежи́те, бегу́т) (8/4) / *pfv.* побежа́ть (8/4)

   run away убега́ть / *pfv.* убежа́ть [10/2]

runny nose на́сморк (12/3)

Russia Росси́я (1/2)

Russian *noun, declines like adj.* (*a Russian*) ру́сский/ру́сская (2/2); *adj.* ру́сский (2/2)

   (in) Russian по-ру́сски (4/3v)

   Russian-American ру́сско-америка́нский [8/2]

   speak Russian (**English,** *etc.*) говори́ть по-ру́сски (по-англи́йски, *etc.*) (4/3v)

   What's the Russian for . . . ? Как по-ру́сски . . . ? (1/4)

S

sad гру́стный (13/3)

Saint Basil's Cathedral (*usu.* St. Basil's Cathedral) собо́р Васи́лия Блаже́нного [9/1]

Saint Petersburg (*usu.* St. Petersburg) Санкт-Петербу́рг (1/2)

sake: for the sake of ра́ди (+ *Gen.*) (11/1)

salad сала́т [7/3v]

   crab salad сала́т из кра́бов (14/2)

   potato salad карто́фельный сала́т [7/3v]

   salad with beets винегре́т (10/2v)

salary за́работ(о)к (*Gen. sing.* за́работка) (7/1)

salesclerk продав(е́)ц (*Gen. sing.* продавца́)/ продавщи́ца (8/3)

salt соль *f.* [7/3v]

salted солёный (10/2v)

same, the same одина́ковый (13/4); оди́н (одна́, одно́, одни́) (14/1): **He** (**she**) **and I were in the same class in school.** Мы с ним (с ней) учи́лись в одно́м кла́ссе.

   all the same всё равно́ (EpiA); всё-таки (9/2)

   the same (kind of . . .) тако́й (така́я, тако́е, таки́е) же . . . (13/4)

   the same thing одно́ и то же (10/2); то же са́мое (14/2)

   The same to you! (*in response to* Жела́ю вам/ тебе́ . . .) И вам (тебе́) та́кже. (9/4)

sandwich бутербро́д (1/2)

Saturday суббо́та (1/4)

saucer блю́дце (*Gen. pl.* блю́дец) (13/2)

sauerkraut ки́слая капу́ста (10/2v)

sausage колбаса́ (3/4)

saxophone саксофо́н (3/3v)

saxophonist саксофони́ст (3/3v)

say говори́ть (говорю́, говори́шь, . . . говоря́т) (4/2) / *pfv.* сказа́ть (скажу́, ска́жешь, . . . ска́жут) (7/4)

   Don't say a word (**about it**). Ни сло́ва. (5/4)

   say good-bye (**to someone**) проща́ться / *pfv.* попроща́ться (с + *Instr.*) (10/2)

   What are you trying to say? Что ты хо́чешь э́тим сказа́ть? (13/2)

school шко́ла (4/3)

   driving school автошко́ла [9/3v]

   law school юриди́ческий институ́т [5/1]

   medical school медици́нский институ́т [6/2]

   nursing school медици́нское учи́лище [7/1]

   specialized (vocational) school учи́лище [7/1]

schoolboy шко́льник (2/1)

schoolgirl шко́льница (2/1)

score счёт (*Gen.* счета́) (14/4v)

score a (hockey) goal забра́сывать / *pfv.* забро́сить (забро́шу, забро́сишь, . . . забро́сят) ша́йбу [14/3]

Scottish; Scots шотла́ндский [10/4]

screen экра́н [8/3]

season сезо́н [9/4]

seat ме́сто (*pl.* места́) (14/1v)

   orchestra seats (in a theater) партёр [*pronounced* -тэ-] (14/1v)

   rear orchestra seats (in a theater) амфитеа́тр (14/3v)

   take a seat сади́ться (сажу́сь, сади́шься, . . . садя́тся) / *pfv.* сесть (ся́ду, ся́дешь, . . . ся́дут; *past* сел, се́ла, се́ло, се́ли) (10/4)

Seattle Сиэ́тл (1/2)

second второ́й (2/4)

   In the second place . . . ; Secondly, . . . Во-вторы́х . . . (10/1)

secret секре́т (8/1)

section (*group, class of students in college*) гру́ппа (11/3)

   rear orchestra section (seats in a theater) амфитеа́тр (14/3v)

   section (of town) райо́н (3/4)

see ви́деть (ви́жу, ви́дишь, . . . ви́дят) (4/2) / *pfv.* уви́деть (7/4)

   as you (can) see как ви́дишь (как ви́дите) (3/2)

   I see (I understand). Поня́тно. (7/1)

   see out the old year провожа́ть / *pfv.* проводи́ть (провожу́, проводи́шь, . . . прово́дят) ста́рый год (10/2)

   See you later! Пока́! (1/2)

   We'll see.; Let's see. Посмо́трим. (9/2)

   You see!; See! Вот ви́дишь (ви́дите)! (4/2)

seem каза́ться (кажу́сь, ка́жешься, . . . ка́жутся) / *pfv.* показа́ться (+ *Instr.*) [13/1]

   it seemed to me (him, her) . . . мне (ему́, ей) показа́лось . . . (10/1)

   it seems *parenthetical* ка́жется (2/4)

select выбира́ть / *pfv.* вы́брать (вы́беру, вы́берешь, . . . вы́берут) (14/2)

self: oneself (myself, yourself, *etc.*) **1.** *emphatic pronoun* сам (сама́, само́, са́ми) (10/2); **2.** *reflexive pronoun* себя́ (*Acc. and Gen.*; *Dat. and Prep.* себе́; *Instr.* собо́й) (10/2)

sell продава́ть (прода́ю, продаёшь, . . . прода́ют) (5/3) / *pfv.* прода́ть (прода́м, прода́шь, прода́ст, продади́м, продади́те, продаду́т; *past* про́дал, продала́, про́дало, про́дали) (+ *Dat.* + *Acc.*) (8/1)

semifinals полуфина́л (14/4v)

seminar семина́р (11/4)

send 1. (*focus on mailed item and recipient*) присыла́ть / *pfv.* присла́ть (пришлю́, пришлёшь, . . . пришлю́т) (8/4); **2.** (*focus on mailed item and act of*

sending) посыла́ть / *pfv.* посла́ть (пошлю́, пошлёшь, . . . пошлю́т) (13/1)

sense of humor чу́вство ю́мора (12/4)

September сентя́брь *m.* (*Gen. sing.* сентября́) (1/4)

series ряд (*Gen. sing.* ра́да *but* два, три, четы́ре ряда́, *Prep. sing.* в ряду́, *pl.* ряды́) (14/1v)

service: ambulance service; emergency medical service ско́рая по́мощь (6/2)

   in the (military) service в а́рмии (6/2)

   tea service ча́йный серви́з (13/2)

   The car is at your service. Маши́на по́дана. [Epi/C]

serving по́рция (14/2)

set: coffee set кофе́йный набо́р (13/2)

   set out (set off) (for) 1. пойти́ (пойду́, пойдёшь, . . . пойду́т; *past* пошёл, пошла́, пошло́, пошли́) *pfv. only* **2.** (*vehicular*) пое́хать (пое́ду, пое́дешь, . . . пое́дут) *pfv. only* (8/1) (куда́)

   Set the table. Накрыва́й(те) на стол. (13/4)

settled: It's settled, then! Договори́лись! (7/2)

seven семь (2/1)

seven hundred семьсо́т (8/3)

seventeen семна́дцать (6/1)

seventeenth семна́дцатый (6/3)

seventh седьмо́й (6/3)

seventieth семидеся́тый (8/2)

seventy се́мьдесят (6/1)

several не́сколько (+ *Gen.*) (13/1)

Shame on you! Как тебе́ (вам) не сты́дно! (10/1)

shampoo шампу́нь *m.* (5/3v)

sharp: at seven o'clock sharp ро́вно в семь часо́в (7/3)

she она́ (1/3)

shelf по́лка (*Gen. pl.* по́лок) (3/2v)

   bookshelf кни́жная по́лка (2/3v)

shirt руба́шка (*Gen. pl.* руба́шек) (1/3)

   T-shirt; rugby shirt футбо́лка (*Gen. pl.* футбо́лок) (1/3)

shoes ту́фли *pl.* (*sing.* ту́фля, *Gen. pl.* ту́фель) (1/3)

shop *noun* магази́н (2/4v); *verb* (*go shopping*) ходи́ть (хожу́, хо́дишь, . . . хо́дят) по магази́нам (13/2)

shorts трусы́ *pl.* (*Gen. pl.* трусо́в) (9/2)

should до́лжен (должна́, должно́, должны́) (+ *infin.*) (5/4)

   What should (can) we do? Что де́лать? (4/2v)

   What should I bring? Что принести́? (7/3)

shoulder плечо́ (*pl.* пле́чи) (12/1v)

shout крича́ть (кричу́, кричи́шь, . . . крича́т) / *pfv. for one-time action* кри́кнуть (кри́кну, кри́кнешь, . . . кри́кнут) [7/2]

show 1. спекта́кль *m.* (14/1); **2.** (*of a film*) сеа́нс (12/2v); **3.** *verb* пока́зывать / *pfv.* показа́ть (покажу́, пока́жешь, . . . пока́жут) (+ *Dat.* + *Acc.*) (8/3)

shower душ (4/1)

showing (*of a film*) сеáнс (12/2v)

shut *verb* закрывáть / *pfv.* закры́ть (закрóю, закрóешь, . . . закрóют) [4/1]; *adj. and past passive participle* закры́тый (закры́т, закры́та, закры́то, закры́ты) (11/2)

sick больнóй (бóлен, больнá, больнó, больны́) (12/4)

be sick болéть[1] (болéю, болéешь, . . . болéют) / *may function as pfv.* заболéть[1] (12/1)

sickness болéзнь *f.* (12/4)

sight: What a sight you are! Что за вид! (14/4)

sign 1. (*informational*) табли́чка (*Gen. pl.* табли́чек) (11/2); **2.** (*announcement*) объявлéние [6/2]; **3.** (*commercial advertisement*) реклáма [11/3]; **4.** (*symbol*) знак [9/4v]: **signs of the zodiac** знáки зодиáка; **5.** (*omen*) примéта [9/4]

Put up a sign. Повéсьте объявлéние. [6/2]

similar (**to**) похóж (похóжа, похóже, похóжи) (на + *Acc.*) (6/2)

simple простóй (12/2)

simpler прóще (*comparative of* простóй *and* прóсто) (12/2)

simply прóсто (9/3)

since *conjunction* раз [9/2]

sing петь (пою́, поёшь, . . . пою́т) / *pfv.* спеть (10/4)

single: not a single ни оди́н (ни однóго, *etc.*) (14/1)

sister сестрá (*pl.* сёстры, *Gen. pl.* сестёр, *Dat. pl.* сёстрам) (2/1)

sit; be sitting сидéть (сижу́, сиди́шь, . . . сидя́т) / *no resultative pfv.* (10/4)

sit down; take a seat сади́ться (сажу́сь, сади́шься, . . . садя́тся) / *pfv.* сесть (ся́ду, ся́дешь, . . . ся́дут; *past* сел, сéла, сéло, сéли) (10/4)

sit down before a trip присéсть (прися́ду, прися́дешь, . . . прися́дут; *past* присéл, присéла, присéло, присéли) на дорóгу *pfv.*; *impfv. not introduced* [Epi/B]

six шесть (2/1)

six hundred шестьсóт (8/3)

sixteen шестнáдцать (6/1)

sixteenth шестнáдцатый (6/3)

sixth шестóй (6/3)

sixtieth шестидеся́тый (8/2)

sixty шестьдеся́т (6/1)

size размéр (5/3)

skating rink кат(ó)к (*Gen. sing.* каткá) [12/2]

skirt ю́бка (*Gen. pl.* ю́бок) (1/3)

sky нéбо [9/4]

sleep спать (сплю, спишь, . . . спят; *past* спал, спалá, спáло, спáли) / *no resultative pfv.* (4/2)

slender стрóйный [10/4]

slowly мéдленно (8/4)

small мáленький (2/2)

(It's a) small world! Мир тéсен! (14/2)

smaller (*comparative of* мáленький) мéньше (9/2)

smell (**good, bad,** *etc.*) пáхнуть (пáхнет, пáхнут; *past* пах *and* пáхнул, пáхла, пáхло, пáхли) (+ *adv.*) *impfv. and pfv.* (*usu. 3rd pers.*) [10/3]: **Something smells good.** Чтó-то вкýсно пáхнет. (10/3)

smile улыбáться / *pfv.* улыбнýться (улыбнýсь, улыбнёшься, . . . улыбнýтся) [7/4]

snack bar буфéт (1/2)

snacks закýски *pl.* (*sing.* закýска, *Gen. pl.* закýсок)

sneakers кроссóвки *pl.* (*sing.* кроссóвка, *Gen. pl.* кроссóвок) (1/3)

sneeze чихáть / *pfv. for one-time action* чихнýть (чи́хну, чи́хнешь, . . . чи́хнут) (12/3v)

snow снег (*Prep.* в снегý) (8/2)

Snow Maiden Снегýрочка (10/1v)

so 1. *intensifier* (*with verbs, adverbs and short-form adjectives*) так (5/1); (*with adjectives*) такóй (5/3); **2.** *particle* так (2/3); **3.** *parenthetical* Знáчит, . . . (3/4); **4.** (*and so*) итáк (5/4); **5.** (*therefore*) поэ́тому (3/1)

. . . isn't that so? . . . так? [4/3]; . . . прáвда? (6/4); . . . не так ли? (Epi/A)

So? А что? [8/1]

so, then *particle* так (2/3)

So this is (**these are**) . . . Так э́то . . . (3/2)

soap мы́ло (5/3v)

soccer футбóл (7/2v)

soccer game футбóльный матч (8/1v)

socks носки́ *usu. pl.* (*sing.* нос(ó)к, *Gen. sing.* носкá) (12/3)

soda: baking soda сóда (12/4)

sofa дивáн (2/3v)

softly ти́хо (4/2)

solidarity солидáрность *f.* (8/1)

soloist соли́ст/соли́стка (*Gen. pl.* соли́сток) [4/2v]

some нéсколько (+ *Gen.*) (13/1); нéкоторый [9/4]

some; some kind of какóй-то (7/2); какóй-нибудь (9/4); кóе-какóй [12/1]

someone; somebody ктó-то (10/2); ктó-нибудь (9/4)

someone else's чужóй [6/3]

something чтó-то (10/3); чтó-нибудь (9/3)

sometime когдá-нибудь (9/4)

sometimes иногдá (8/4)

son сын (*pl.* сыновья́, *Gen. pl.* сыновéй) (2/1)

song пéсня (*Gen. pl.* пéсен) (7/4)

soon скóро (9/2)

Get well soon! Скорéе выздорáвливай(те)! (12/4)

sorry: I'm sorry to bother you. Извини́те, что беспокóю вас (Извини́те, что я вас беспокóю). (7/2v)

feel sorry (for) сочу́вствовать (сочу́вствую, сочу́вствуешь, . . . сочу́вствуют) [*pronounced* -чуст-] *impfv. only* (+ *Dat.*) [11/4]

sort *noun* (*type, kind*) вид (9/1)

sound звук (1/2)

sour cream смета́на [10/2v]

South America Ю́жная Аме́рика (1/2)

space (*room*) ме́сто (*pl.* места́) (5/1)

Spanish *adj.* испа́нский

    (in) Spanish по-испа́нски (4/3v)

spare ли́шний (10/2)

speak 1. говори́ть (говорю́, говори́шь, . . . говоря́т) (4/2) / *may function as pfv. to indicate limited duration* поговори́ть; **2.** (*chat*) разгова́ривать / *no pfv. in this meaning* (6/4)

    frankly speaking *parenthetical* открове́нно говоря́ (12/1)

    May I speak to . . . . (*on the telephone*) Мо́жно попроси́ть . . .? (7/3); Попроси́(те) к телефо́ну . . . (7/2)

    native speaker носи́тель (*m.*) языка́ (11/3v)

    speak English (**Russian,** *etc.*) говори́ть по-англи́йски (по-ру́сски, *etc.*) (4/3v)

    Speaking of . . . Кста́ти о (+ *Prep.*) . . . [10/2]

    This is . . . speaking. Э́то говори́т . . . (7/2)

specialty of the house фи́рменное блю́до (14/2v)

speech речь (*e.g.,* ру́сская речь) *f.* (*no pl. in this meaning*) [11/3]

spider пау́к (*Gen. sing.* паука́) [9/4]

spill рассыпа́ть / *pfv.* рассы́пать (рассы́плю, рассы́плешь, рассы́пет, рассы́пем, рассы́пете, рассы́пят) [9/4]

spoon ло́жка (*Gen. pl.* ло́жек) (9/4)

sports спорт (9/3)

    (kind of) sport вид спо́рта (9/3)

    play sports занима́ться спо́ртом *impfv. only* (9/3)

spring весна́ (13/1)

    spring *adj.* весе́нний (13/1)

square: (city) square пло́щадь *f.* (*Gen. pl.* площаде́й) (5/2)

    Red Square Кра́сная пло́щадь (9/1)

St. Basil's Cathedral собо́р Васи́лия Блаже́нного [9/1]

St. Petersburg Санкт-Петербу́рг (1/2)

stadium стадио́н (1/3v)

stairs; staircase ле́стница [*pronounced* -сн-] [2/2v]

stamp ма́рка (*Gen. pl.* ма́рок) (6/3v)

stand *noun* (*booth where things are sold*) кио́ск (5/3v); *verb* **1.** (*be in an upright position; be located somewhere*) стоя́ть (стою́, стои́шь, . . . стоя́т) / *no resultative pfv.* (6/4); **2.** (*place in a standing position*) ста́вить (ста́влю, ста́вишь, . . . ста́вят) / *pfv.* поста́вить (9/1)

    stand (be standing) in line стоя́ть в о́череди / *no resultative pfv.* (13/2)

    stand (get) in line станови́ться (становлю́сь, стано́вишься, . . . стано́вятся) / *pfv.* стать (ста́ну, ста́нешь, . . . ста́нут) в о́чередь [13/2]

    taxi stand стоя́нка такси́ (11/2)

star: movie (film) star кинозвезда́ (*pl.* кинозвёзды) (5/1v)

start *noun* нача́ло (8/3); *verb* **1.** начина́ть / *pfv.* нача́ть (начну́, начнёшь, . . . начну́т; *past* на́чал, начала́, на́чало, на́чали) (+ *Acc. or* + *infin.*) (7/2); **2.** *intransitive* начина́ться / *pfv.* нача́ться (начнётся, начну́тся) (*3rd pers. only*) (12/2v)

station *noun* (*railroad station*) вокза́л (8/4v); (*metro station*) ста́нция (9/1v)

stay остава́ться (остаю́сь, остаёшься, . . . остаю́тся) / *pfv.* оста́ться (оста́нусь, оста́нешься, . . . оста́нутся) (8/4)

still ещё (6/1); всё [13/2]

    still (*all the same*) всё равно́ (EpiA); всё-таки (9/2)

stock exchange би́ржа (4/4)

stockbroker бро́кер [4/4]

stomach живо́т (*Gen. sing.* живота́) (12/1v)

stop *noun* (*of a bus, train, etc.*) остано́вка (*Gen. pl.* остано́вок) [3/4]; *verb* **1.** остана́вливать / *pfv.* останови́ть (остановлю́, остано́вишь, . . . остано́вят) [8/4]; **2.** *intransitive* остана́вливаться / *pfv.* останови́ться (остановлю́сь, остано́вишься, . . . остано́вятся) (8/4)

    stop by 1. заходи́ть (захожу́, захо́дишь, . . . захо́дят) / *pfv.* зайти́ (зайду́, зайдёшь, . . . зайду́т; *past* зашёл, зашла́, зашло́, зашли́) (14/2); **2.** (*vehicular*) заезжа́ть / *pfv.* зае́хать (зае́ду, зае́дешь, . . . зае́дут) (14/2)

store магази́н (2/4v)

    drugstore апте́ка (3/3)

    grocery store универса́м (3/4v)

    electronics store магази́н электро́ники (4/4)

story 1. (*level in a building*) эта́ж (*Gen. sing.* этажа́, *Gen. pl.* этаже́й) (2/2); **2.** (*account*) исто́рия (11/3)

    (short) story расска́з (5/2v)

stout то́лстый (11/2)

strange: It's/That's strange. Стра́нно. (7/2)

street у́лица (2/1)

streetcar трамва́й (8/4v)

strict стро́гий (6/1v)

student студе́нт/студе́нтка (*Gen. pl.* студе́нток) (1/3)

    be a student, go to school учи́ться (учу́сь, у́чишься, . . . у́чатся) (4/3) / *no pfv. in this meaning*

graduate student аспира́нт/аспира́нтка (*Gen. pl.* аспира́нток) (1/3)

I'm a second-year student. Я на второ́м ку́рсе. (6/1)

study *noun* (*discipline*) изуче́ние (11/3v); *verb* **1.** (*learn, try to memorize something*) учи́ть (учу́, у́чишь, . . . у́чат) / *pfv.* вы́учить (вы́учу, вы́учишь, . . . вы́учат) (7/1); **2.** (*learn to do something*) учи́ться (учу́сь, у́чишься, . . . у́чатся) / *pfv.* научи́ться (+ *infin.*) (9/3); **3.** (*do homework, prepare for classes*) занима́ться / *no resultative pfv.* (7/1); **4.** (*make a study of something*) изуча́ть / *pfv. not introduced* (7/3); **5.** (*prepare for an examination*) гото́виться (гото́влюсь, гото́вишься, . . . гото́вятся) / *pfv.* подгото́виться к экза́мену (7/3)

Where do you study (**Where do you go to school**)? Где вы у́читесь? (4/3)

subject *noun* (*topic*) те́ма (3/1)

suburban train электри́чка [9/1]

subway (*informal*) метро́ *neut. indecl.* (2/4v) = (*formal*) метрополите́н [*pronounced* -тэ́-] [9/1]

success успе́х (13/3); уда́ча (9/3)

Hope you're successful! Жела́ю успе́ха! (13/3)

such a; so; a real (*intensifier with nouns and noun phrases*) тако́й (5/3)

suddenly вдруг (6/4)

sugar bowl са́харница [13/4v]

suggest 1. (*propose*) предлага́ть / *pfv.* предложи́ть (предложу́, предло́жишь, . . . предло́жат) (7/1); **2.** (*give advice*) сове́товать (сове́тую, сове́туешь, . . . сове́туют) / *pfv.* посове́товать (13/4); **3.** (*recommend*) рекомендова́ть (рекоменду́ю, рекоменду́ешь, . . . рекоменду́ют) *pfv. and impfv.* (14/2)

suit костю́м (1/3)

suit jacket 1. (*man's*) пиджа́к (*Gen. sing.* пиджака́) (1/3); **2.** (*woman's*) жаке́т (1/3)

suitcase чемода́н (1/4)

summer ле́то (13/1); *adj.* ле́тний (13/1)

in (**the**) **summer** *adv.* ле́том (7/1)

Sunday воскресе́нье (1/4)

supermarket универса́м (3/4v)

superstition суеве́рие [9/4]

superstitious суеве́рный (суеве́рен, суеве́рна, суеве́рно, суеве́рны) (9/4)

sure уве́рен (уве́рена, уве́рены) (6/4)

100 percent (**sure**) на все сто проце́нтов (13/3)

for sure то́чно (9/2)

To be sure, . . . *parenthetical* Пра́вда, . . . (6/4)

surely; after all *particle* (*used for emphasis*) ведь (7/1); же (4/3)

surprise *noun* сюрпри́з (5/4)

be surprised (**at**) удивля́ться / *pfv.* удиви́ться (удивлю́сь, удиви́шься, . . . удивя́тся) (+ *Dat.*) [8/4]

surprise (**someone**) де́лать / *pfv.* сде́лать (+ *Dat.*) сюрпри́з (Epi/C)

sweater (*high-necked*) сви́тер (*pl.* сви́теры *or* свитера́) (1/3); (*v-necked*) пуло́вер (1/3)

Swedish шве́дский [11/1]

swim *multidir.* пла́вать; *unidir. and pfv. not introduced* (9/3)

swimming пла́вание (9/3)

symbol си́мвол [13/1]

sympathize (**with**) сочу́вствовать (сочу́вствую, сочу́вствуешь, . . . сочу́вствуют) [*pronounced* -чуст-] *impfv. only* (+ *Dat.*) [11/4]

symposium симпо́зиум [8/3]

system систе́ма [7/1]

T

table стол (*Gen. sing.* стола́) (3/2v); (*in a restaurant*) сто́лик (14/2)

at the table за столо́м (9/4)

coffee table кофе́йный сто́лик [2/3v]

Everyone please come to the table! Прошу́ всех к столу́! (10/2); Скоре́е за стол! [10/3]

night table ту́мбочка (*Gen. pl.* ту́мбочек) [3/2v]

Set the table. Накрыва́й(те) на стол. (13/4)

We have a table reserved. У нас зака́зан сто́лик. (14/2)

tablecloth ска́терть *f.* [13/4v]

take брать (беру́, берёшь, . . . беру́т; *past* брал, брала́, бра́ло, бра́ли) / *pfv.* взять (возьму́, возьмёшь, . . . возьму́т; *past* взял, взяла́, взя́ло, взя́ли) (8/4)

it takes (*to indicate time needed to complete something*) за (+ *Acc.*) (11/3)

take (**something somewhere**) относи́ть (отношу́, отно́сишь, . . . отно́сят) / *pfv.* отнести́ (отнесу́, отнесёшь, . . . отнесу́т; *past* отнёс, отнесла́, отнесло́, отнесли́) [12/2]

take (**time**) занима́ть / *pfv.* заня́ть (займу́, займёшь, . . . займу́т; *past* за́нял, заняла́, за́няло, за́няли) (+ *amount of time in Acc.*) (11/1)

take (**to**); **give a ride** (**to**) довози́ть (довожу́, дово́зишь, . . . дово́зят) / *pfv.* довезти́ (довезу́, довезёшь, . . . довезу́т; *past* довёз, довезла́, довезло́, довезли́) (до + *Gen.*) (Epi/C)

take a shower принима́ть / *pfv.* приня́ть (приму́, при́мешь, . . . при́мут; *past* при́нял, приняла́, при́няло, при́няли) душ (9/2v)

take a walk гуля́ть (3/1v) / *may function as pfv. to indicate limited duration* погуля́ть (8/1)

Take care! Счастли́во!; Всего́ хоро́шего! (Epi/В)

take chances (a chance) рискова́ть (риску́ю, риску́ешь, . . . риску́ют) / *pfv.* рискну́ть (рискну́, рискнёшь, . . . рискну́т) (9/4)

take medicine принима́ть / *pfv.* приня́ть (приму́, при́мешь, . . . при́мут; *past* при́нял, приняла́, при́няло, при́няли) лека́рство (12/3v)

take off, remove снима́ть / *pfv.* снять (сниму́, сни́мешь, . . . сни́мут) (12/3)

take someone's temperature ме́рить (ме́рю, ме́ришь, . . . ме́рят) / *may function as pfv.* изме́рить (+ *Dat.*) температу́ру (12/1)

take turns по о́череди (7/3)

talented спосо́бный (Epi/A)

talk 1. говори́ть (говорю́, говори́шь, . . . говоря́т) (4/2) / *may function as pfv. to indicate limited duration* поговори́ть; **2.** (*chat*) разгова́ривать / *no resultative pfv.* (6/4)

What are you talking about? Ну что ты (вы)! (5/1)

tall высо́кий (11/1)

taller вы́ше (*comparative of* высо́кий) (12/2)

tape recorder; tape player магнитофо́н (2/3v)

taste *verb* про́бовать (про́бую, про́буешь, . . . про́буют) / *pfv.* попро́бовать (10/3)

tasty вку́сный (6/4v)

bad-tasting, unpalatable невку́сный (6/4v)

(it's/that's) tasty вку́сно [10/2]

taxi такси́ *neut. indecl.* (4/4)

taxi driver води́тель (*m.*) такси́ (4/4v)

taxi stand стоя́нка такси́ (11/2)

tea чай (1/2)

tea service (*set of serving pieces*) ча́йный серви́з (13/2)

teach 1. преподава́ть (преподаю́, преподаёшь, . . . преподаю́т) / *pfv. not introduced* (+ *Acc.*) (4/3v); **2.** (*teach someone to do something*) учи́ть (учу́, у́чишь, . . . у́чат) / *pfv.* научи́ть (+ *Acc.* + *infin.*) (9/3)

teacher преподава́тель/преподава́тельница (4/3v); учи́тель (*pl.* учителя́)/учи́тельница (6/1v)

teapot ча́йник (13/4v)

telegram телегра́мма (6/3v)

telephone телефо́н (3/1)

Ask . . . to come to the phone. Попроси́(те) к телефо́ну . . . (7/2)

pay telephone телефо́н-автома́т (8/4)

telephone number но́мер телефо́на (2/1)

telephone handset (receiver) тру́бка (*Gen. pl.* тру́бок) [7/2]

television; TV set телеви́зор (3/2v)

on television по телеви́зору (8/4)

television broadcast; telecast телепереда́ча (11/3)

television company телекомпа́ния (Epi/C)

television studio телесту́дия [14/4v]

tell 1. говори́ть (говорю́, говори́шь, . . . говоря́т) / *pfv.* сказа́ть (скажу́, ска́жешь, . . . ска́жут) (4/2); **2.** (*relate, narrate*) расска́зывать / *pfv.* рассказа́ть (расскажу́, расска́жешь, . . . расска́жут) (7/3)

Could you tell me . . . ? Вы не ска́жете . . . ? (8/4)

Please tell me. . . Скажи́(те), пожа́луйста . . . (5/3v)

Tell (us) about . . . Расскажи́(те) о (об) . . . (4/3)

temperature температу́ра (12/1)

Did you take your temperature? Вы температу́ру ме́рили? (12/1)

ten де́сять (2/1)

ten (of something) де́сят(о)к (*Gen. sing.* деся́тка) (11/4v)

tennis те́ннис [*pronounced* тэ́-] (3/4)

tennis player тенниси́ст/тенниси́стка [*pronounced* тэ́-] (*Gen. pl.* тенниси́сток) [3/4]

tennis racket те́ннисная [*pronounced* тэ́-] раке́тка (*Gen. pl.* раке́ток) (13/3v)

tenth деся́тый (6/3)

term paper *noun, declines like adj.* курсова́я = курсова́я рабо́та (3/1)

terrible ужа́сный (4/1)

It's/That's terrible! Это ужа́сно! (2/3); Како́й у́жас! (2/2)

test 1. *noun, declines like adj.* (*quiz or mid-term*) контро́льная = контро́льная рабо́та (4/2); **2.** (*major examination*) экза́мен (7/3)

prepare for a test гото́виться (гото́влюсь, гото́вишься, . . . гото́вятся) / *pfv.* подгото́виться к экза́мену (7/3)

text текст (10/4)

than чем (8/3): **Your apartment is better than ours.** Ва́ша кварти́ра лу́чше, чем на́ша.

thank благодари́ть (благодарю́, благодари́шь, . . . благодаря́т) / *pfv.* поблагодари́ть (10/2)

Thank you; Thanks. Спаси́бо. (1/2)

Thanks for the invitation. Спаси́бо за приглаше́ние. (7/2v)

that 1. *demonstrative* (*that one, in contrast to* э́тот) тот (та, то, те) (5/4); э́тот (э́та, э́то, э́ти) (5/4); **2.** (*that is . . .*) э́то . . . (1/1): **That is my brother.** Это мой брат.; **3.** *conjunction* что (3/4); **4.** *relative pronoun* кото́рый (5/4)

about that об э́том (7/3)

like that так (5/3)

That can't be! Не мо́жет быть! (7/2)

that is *parenthetical* то есть (*often abbreviated* т.е.) (4/1)

that which то, что [8/1]

That's all right (okay). (*in response to an apology*) Ничего. (2/3)

That's right (correct)! Правильно! [6/1]; Верно! (7/1)

That's strange. Странно. (7/2)

That's wonderful! Это прекрасно! (4/1)

that's why; therefore; so поэтому (3/1)

theater театр (1/3)

their; theirs 1. *possessive* их (1/4); **2.** (*when possessor is also the subject*) свой (своя, своё, свой) (8/4)

them их (*Gen.* 4/1 *and Acc.* 5/2 *of* они; *after prepositions* них); им (*Dat. of* они 6/1; *after prepositions* ним); них (*Prep. of* они 7/3); ими (*Instr. of* они 9/1; *after prepositions* ними)

theme тема (3/1)

themselves 1. *emphatic pronoun* (они) сами (10/2); **2.** *reflexive pronoun* себя (*Acc. and Gen.*; *Dat. and Prep.* себе; *Instr.* собой) (10/2)

then 1. (*at that time*) тогда (7/4); **2.** (*subsequently*) потом (4/3); **3.** (*so then*) Значит, ... (3/4); **4.** *particle* так (2/3)

but then (но) зато (4/4)

there 1. (*location*) там (1/4); (*direction*) туда (3/4); **2.** (*over there*) вон (2/2)

from there оттуда (3/4v)

I'll be right there! Сейчас! (2/4)

Is/Are there ... here? Тут есть ...? [3/4]

there is (are) есть (*3rd pers. sing. present of* быть) (4/1v)

there is (are) no ...; there isn't (aren't) нет (+ *Gen.*) (4/1): **There's no elevator there.** Там нет лифта.

There's nobody there (here). Никого нет. [4/3]

therefore поэтому (3/1)

These are ... Это ... (1/1)

they они (1/3)

thing вещь *f.* (*Gen. pl.* вещей) (9/1)

How are things (with you)? Как (у тебя, у вас) дела? (1/2)

I don't want to hear a thing about it! Я ничего не хочу слышать! (7/2)

the main thing *noun, declines like adj.* главное (6/3)

the same thing одно и то же (10/2); то же самое (14/2)

thing, doohicky штука (11/4v)

think (about) 1. думать / *pfv.* подумать (о + *Prep.*) (8/1); **2.** считать / *pfv. not introduced* (10/1)

I don't think so. Не думаю. (9/4)

third третий (2/4)

In the third place ... Во-третьих ... (10/1)

thirteen тринадцать (6/1)

thirteenth тринадцатый (6/3)

thirtieth тридцатый (6/3)

thirty тридцать (6/1)

this этот (эта, это, эти) (5/4)

about this (that) об этом (7/3)

like this так (5/3)

This is ... Это ... (1/1)

This is ... calling. Это звонит ... (7/2v)

This is ... speaking. Это говорит ... (7/2)

this way (*direction*) сюда (7/2)

Those are ... Это ... (1/1)

thought мысль *f.* [5/4]

thousand тысяча (8/3)

three три (2/1)

three hundred триста (8/3)

threshold порог [9/4]

thriller триллер [3/1v]

throat горло (12/1v)

throw out (*discard*) выбрасывать / *pfv.* выбросить (выброшу, выбросишь, ... выбросят) [6/4]

Thursday четверг (*Gen. sing.* четверга) (1/4)

thus так (5/3)

ticket билет (1/4); (*diminutive*) билетик [14/4]

(entry) ticket входной билет (14/1v)

ticket for билет на (+ *Acc.*) (14/1)

tie (*necktie*) галстук (1/3)

till до (+ *Gen.*) (7/1)

time 1. время *neut.* (*Gen., Dat., and Prep. sing.* времени; *Instr. sing.* временем; *pl.* времена; *Gen. pl.* времён) (7/1); **2.** (*occasion*) раз (*Gen. pl.* раз) (9/3)

a long time ago давно (11/2)

all the time, constantly всё время (7/2)

At what time? В котором часу? (7/2)

for a long time долго (8/4)

for the first time в первый раз (14/2)

for the last time в последний раз (14/1)

for the time being пока (5/4)

Have a good time! Желаю (Желаем) хорошо провести время! (9/4)

have time (to) успевать / *pfv.* успеть (успею, успеешь, ... успеют) (14/1)

It's that time of year. Время такое. [9/2]

it's time (to do something) пора (+ *infin*) (13/2)

it's time (to go somewhere) пора в (куда) (7/2)

What time is it? Который час? (7/3)

tiresome скучный (6/1)

to 1. (*to an event, an open place, etc.*) на (+ *Acc.*) (3/3): **She's going to a concert.** Она идёт на концерт.; (*to other destinations*) в (+ *Acc.*) (3/3): **I'm going to the pharmacy.** Я иду в аптеку.; **2.** (*to a person's home, office, etc.*) к (+ *Dat.*) (7/4): **I'm going to**

the doctor. Я иду́ к врачу́.; 3. (*in a toast*) за (+ *Acc.*) (10/3v)

to the left (right) нале́во (напра́во) (3/4)

toaster то́стер [*pronounced* -тэ-] (4/1v)

today сего́дня (1/4)

What's today's date? Како́е сего́дня число́? (6/3)

toe па́л(е)ц (*Gen. sing.* па́льца) (12/1v)

together вме́сте (7/3)

toilet paper туале́тная бума́га [5/3]

tokens (sale of tokens) прода́жа жето́нов [9/1]

tomato помидо́р (10/2v)

tomcat кот (*Gen. sing.* кота́) (2/4)

tomorrow за́втра (1/4)

the day after tomorrow послеза́втра (12/4)

too 1. (*also*) то́же (2/1); та́кже [9/4]; **2.** и (1/3); **3.** (*excessively*) сли́шком (4/2)

(that's) too bad жаль (6/2)

tool инструме́нт [4/3]

tooth зуб (9/2v)

toothbrush зубна́я щётка (5/3v)

toothpaste зубна́я па́ста (5/3v)

top, lid кры́шка (*Gen. pl.* кры́шек) [12/3]

topic те́ма (3/1)

Is it really a difficult topic? Ра́зве э́то тру́дная те́ма? (3/1)

tough: That's tough luck for her! Не повезло́ ей! [7/2]

tourist тури́ст/тури́стка (*Gen. pl.* тури́сток) (9/1)

town го́род (*pl.* города́) (1/2); *adj.* городско́й [7/2]

tradition тради́ция (10/2)

traffic light светофо́р [8/4v]

train по́езд (*pl.* поезда́) (9/4)

suburban train электри́чка [9/1]

train station вокза́л [8/4v]

transfer (*of trains, buses, etc.*) переса́дка (*Gen. pl.* переса́док) [9/1]

make a transfer де́лать / *pfv.* сде́лать переса́дку (11/2v)

translation перево́д (10/4)

transportation тра́нспорт (8/4)

public transportation городско́й тра́нспорт (9/1)

travel through (along) проезжа́ть / *pfv.* прое́хать (прое́ду, прое́дешь, . . . прое́дут) (11/2v)

treat (*medically*) 1. лечи́ть (лечу́, ле́чишь, . . . ле́чат) / 1. *pfv. may function as pfv. to indicate limited duration* полечи́ть; **2.** *pfv.* (*cure*) вы́лечить (вы́лечу, вы́лечишь, . . . вы́лечат) (12/1); **2.** (*cure*) выле́чивать / *pfv.* вы́лечить (вы́лечу, вы́лечишь, . . . вы́лечат) [12/1]

It's my treat. (*when offering to pay for another or others at a restaurant*) Я угоща́ю. (5/4)

tree: New Year's tree ёлка (*Gen. pl.* ёлок) (10/1v); (*diminutive*) ёлочка (*Gen. pl.* ёлочек) [10/4]

Tretyakov Gallery (*a major Moscow art museum*) Третьяко́вская галере́я [9/1]

trip пое́здка (*Gen. pl.* пое́здок) (11/4)

business trip командиро́вка [7/2]

Have a good trip! Счастли́вого пути́! (Epi/B)

on a business trip в командиро́вке (7/2)

sit down before a trip присе́сть (прися́ду, прися́дешь, . . . прися́дут; *past* присе́л, присе́ла, присе́ло, присе́ли) на доро́гу *pfv.; impfv. not introduced* [Epi/B]

trip abroad пое́здка за грани́цу (11/4)

trolleybus (electric bus) тролле́йбус (8/4v)

trombone тромбо́н [3/3v]

trouble: It's no trouble. Никако́го беспоко́йства. (12/1)

trousers брю́ки *pl.* (*Gen. pl.* брюк) (1/3)

truck грузови́к (*Gen. sing.* грузовика́) (8/4v)

true настоя́щий (4/4)

Is that true? Пра́вда? (6/4); Неуже́ли? (9/2)

That's true! Ве́рно! (7/1)

True, . . . *parenthetical* Пра́вда, . . . (6/4)

trumpet труба́ (3/3v)

truth пра́вда (10/1)

try 1. стара́ться / *pfv.* постара́ться (13/1); **2.** пыта́ться / *pfv.* попыта́ться (11/3); **3.** про́бовать (про́бую, про́буешь, . . . про́буют) / *pfv.* попро́бовать (10/3)

What are you trying to say? Что ты хо́чешь э́тим сказа́ть? (13/2)

T-shirt футбо́лка (*Gen. pl.* футбо́лок) (1/3)

Tuesday вто́рник (1/4)

on Tuesday во вто́рник (7/1)

tulip тюльпа́н (11/4v)

tune мело́дия (10/4)

turn о́чередь *f.* (*Gen. pl.* очереде́й) (10/1)

. . . and look how it turned out! . . . и тако́й фина́л! [14/1]

it turns (turned) out that . . . ока́зывается (оказа́лось), что . . . (9/3)

take turns по о́череди (7/3)

turn down отка́зываться / *pfv.* отказа́ться (откажу́сь, отка́жешься, . . . отка́жутся) (от + *Gen.*) [10/4]

turn out получа́ться / *pfv.* получи́ться (полу́чится, полу́чатся) (*3rd pers. only*) (11/2)

twelfth двена́дцатый (6/3)

twelve двена́дцать (2/1)

twentieth двадца́тый (6/3)

twenty два́дцать (6/1)

two два *m. and neut.*; две *f.* (2/1)

two hundred две́сти (8/3)

two tablets each по две табле́тки [12/4]

two thousand две ты́сячи (8/3)

two-room apartment двухко́мнатная кварти́ра (6/2v)

type (**kind, sort**) вид (9/1)
typewriter пи́шущая маши́нка [8/3v]
typical типи́чный (12/4)

U

umbrella зо́нтик (зонт) (13/2v)
unbelievable: It's/that's unbelievable! Это невероя́тно!
(14/1); Не мо́жет быть! (7/2)
uncle дя́дя *m.* (*Gen. pl.* дя́дей) (2/1v)
uncomfortable: I feel uncomfortable bothering you.
Мне нело́вко вас беспоко́ить. [12/1]
under под (+ *Instr.*) [9/1]
underground подзе́мный [9/1]
understand понима́ть (3/1) / *pfv.* поня́ть (пойму́,
поймёшь, . . . пойму́т; *past* по́нял, поняла́,
по́няло, по́няли) (7/3)
   I understand.; I see. Поня́тно. (7/1)
   They can't understand us! Им нас не поня́ть! [11/4]
unfortunately *parenthetical* к сожале́нию (5/4)
unite соединя́ть / *pfv.* соедини́ть (соединю́,
соедини́шь, . . . соединя́т) [9/1]
university университе́т (3/4v)
unknown неизве́стный [9/4]
unpalatable невку́сный (6/4v)
unpleasant неприя́тный (9/1); несимпати́чный (4/2)
until до (+ *Gen.*) (7/1)
   until now до сих пор (*also* до́ сих пор) (11/4)
unusual: (it's/that's) not unusual норма́льно (10/3)
unusually необыкнове́нно [6/4]
up to до (+ *Gen.*) (7/1)
us нас (*Gen.* 4/1, *Acc.* 5/2 *and Prep.* 7/3 *of* мы); нам (*Dat.*
6/1 *of* мы); на́ми (*Instr.* 9/1 *of* мы)
USA (**United States of America**) США (Соединённые
Шта́ты Аме́рики) (1/2)
use (*make use of*) по́льзоваться (по́льзуюсь,
по́льзуешься, . . . по́льзуются) / *pfv.*
воспо́льзоваться (+ *Instr.*) (13/3)
   Let's use «ты» with each other. Дава́й говори́ть друг
   дру́гу «ты»! (6/1)
used: get used to привыка́ть / *pfv.* привы́кнуть
(привы́кну, привы́кнешь, . . . привы́кнут; *past*
привы́к, привы́кла, привы́кло, привы́кли)
(к + *Dat.*) (11/4)
usher (**female**) билетёрша [14/3]
usual обы́чный (8/3)
usually обы́чно (4/4)

V

vacation (*from school*) кани́кулы *pl.* (*Gen. pl.*
кани́кул) (12/2)

vacuum cleaner пылесо́с (4/1v)
vampire вампи́р [8/4]
various ра́зный (5/2)
vase ва́за [3/2v]
vegetables о́вощи *pl.* (*Gen. pl.* овоще́й) (7/3)
very о́чень (1/2)
veterinary ветерина́рный [2/4]
victory побе́да (14/4)
Vietnam Вьетна́м [11/3]
   a Vietnamese вьетна́м(е)ц/вьетна́мка (*Gen. pl.*
   вьетна́мок) [11/3]
vinegar у́ксус [7/3v]
vinegret (*salad with beets*) винегре́т (10/2v)
viola альт [3/3v]
violet (*flower*) фиа́лка (*Gen. pl.* фиа́лок) (13/1v); *adj.*
(*color*) фиоле́товый (13/3)
violin скри́пка (*Gen. pl.* скри́пок) (3/3v)
violinist скрипа́ч/скрипа́чка (*Gen. pl.*
скрипа́чек) (3/3v)
violist альти́ст/альти́стка (*Gen. pl.* альти́сток) [3/3v]
visa ви́за (1/4)
visit: invite (**someone**) **for a visit** приглаша́ть / *pfv.*
пригласи́ть (приглашу́, пригласи́шь, . . .
приглася́т) в го́сти (+ *Acc.*) (11/1)
vitamin витами́н (12/4v)
vodka во́дка (10/4v)

W

wait (**for**) ждать (жду, ждёшь, . . . ждут; *past* ждал, ждала́,
ждало, жда́ли) (5/3) / *pfv.* подожда́ть (подожду́,
подождёшь, . . . подожду́т; *past* подожда́л,
подождала́, подожда́ло, подожда́ли) (14/4)
   Wait a moment. Подожди́(те). (10/1)
   without waiting in line без о́череди [14/3]
waiter официа́нт/официа́нтка (*Gen. pl.*
официа́нток) (4/4v)
walk *multidir.* ходи́ть (хожу́, хо́дишь, . . . хо́дят) (5/2),
unidir. идти́ (иду́, идёшь, . . . иду́т; *past* шёл, шла,
шло, шли) (3/3) / *pfv. not common in this meaning*
   go for a walk; take a walk гуля́ть (3/1v) / *may function
   as pfv. to indicate limited duration* погуля́ть (8/1)
   walk up (**over**) **to** подходи́ть (подхожу́, подхо́дишь,
   . . . подхо́дят) / *pfv.* подойти́ (подойду́,
   подойдёшь, . . . подойду́т; *past* подошёл,
   подошла́, подошло́, подошли́) (к + *Dat.*) (13/2)
walking encyclopedia ходя́чая энциклопе́дия [5/2]
wall стена́ (*Acc. sing.* сте́ну, *pl.* сте́ны, *Dat. pl.*
стена́м) (2/2v)
want хоте́ть (хочу́, хо́чешь, хо́чет, хоти́м, хоти́те,
хотя́т) (5/1) / *pfv.* захоте́ть (5/1); хоте́ться
(хо́чется) (+ *Dat.* + *infin.*) (*impersonal*) (10/3)

wardrobe (*closet*) шкаф (*Prep. sing.* в шкафу́, *pl.* шкафы́) (6/2)

warm тёплый (6/4v)

washing machine стира́льная маши́на (4/1v)

Washington Вашингто́н (1/2)

watch (*timepiece*) часы́ *pl.* (*Gen. pl.* часо́в) (2/3v); *verb* смотре́ть (смотрю́, смо́тришь, . . . смо́трят) (4/2; *impfv. infin. only* 3/4) / *pfv.* посмотре́ть (8/1)

water вода́ (*Acc. sing.* во́ду) (4/1)

   mineral water минера́льная вода́ (5/4)

way доро́га (8/4)

   by the way кста́ти (5/4); ме́жду про́чим (6/1)

   in no way ника́к (13/3)

   on the way; along the way по доро́ге (8/3)

   this way 1. (*in this manner*) так (5/3); **2.** (*indicates direction*) сюда́ (7/2)

we мы (1/3)

   We'll be expecting you! Ждём! [7/3]

   We'll see. Посмо́трим. (9/2)

wear (*habitually*) *multidir.* носи́ть (ношу́, но́сишь, . . . но́сят); *no unidir. nor pfv. in this meaning* (13/2v)

weather пого́да (9/2)

   weather forecast прогно́з пого́ды [9/2]

wedding сва́дьба (*Gen. pl.* сва́деб) (8/3)

Wednesday среда́ (*Acc. sing.* сре́ду) (1/4)

week неде́ля (1/4)

weekdays бу́дни *pl.* (*Gen. pl.* будне́й) [9/3v]

   on weekdays по бу́дням [9/3v]

weekly publication еженеде́льник [9/3v]

welcome: You're welcome! Пожа́луйста! (1/2)

well 1. хорошо́ (1/2); **2.** ну (2/2); что ж (3/1)

   All's well that ends well. Всё хорошо́, что хорошо́ конча́ется. (Epi/C)

   Get well soon! Скоре́е выздора́вливай(те)! (12/4)

   quite (**rather**) **well** (совсе́м) непло́хо [7/3]

   Well done! Молоде́ц! (4/3)

   Well, not really . . . Да нет, . . . (6/4v)

   well-known изве́стный (изве́стен, изве́стна, изве́стно, изве́стны) (11/3)

what 1. *interrogative and relative* что (*Nom.* 1/3 *and Acc.* 5/2); чего́ (*Gen.* 4/1 *of* что); чему́ (*Dat.* 6/1 *of* что); (о) чём (*Prep.* 7/3 *of* что); чем (*Instr.* 9/1 *of* что); **2.** (*what kind* [*sort*] *of*) како́й (3/1)

   At what time? В кото́ром часу́? (7/2)

   What a great group (**of people**)! Отли́чная компа́ния! (7/1)

   What a sight you are! Что за вид! (14/4)

   What are you talking about! Ну что ты! (5/1)

   What business is it of yours? Како́е твоё де́ло? (8/1)

What can I get you?; What'll you have? (*in a restaurant*) Что бу́дете зака́зывать? (5/4)

What (**day**) **is** (**it**) **today?** Како́й сего́дня день? (1/4)

What do you mean, . . . ? Как . . . (+ *the word or phrase to which the speaker is reacting*) (*informal*) (8/1)

What do you mean? Ну что ты! (5/1)

What do you think?; What's your opinion? Как вы счита́ете? (8/3)

What else? Что ещё? (4/4)

What grade are you in? Ты в како́м кла́ссе? (6/1)

What happened? Что случи́лось? (7/2)

What is your name? Как тебя́ (вас) зову́т? (1/1)

What kind of . . . ? Како́й . . . ? (3/1)

What should (**can**) **we** (**I**) **do?** Что де́лать? (4/2v)

What sort of . . . is that (**are those**)? Что э́то за . . . ? (+ *Acc.*) (7/1)

What time is it? Кото́рый час? (7/3)

What year are you in? (*in college*) На како́м ты (вы) ку́рсе? (6/1)

What (**does one need**) **. . . for?** Заче́м . . . ? (4/1)

What a . . . Како́й . . . (2/2)

What are your name and patronymic? Как ва́ше и́мя и о́тчество? (1/2)

What is . . . ? Что тако́е . . . ? [3/1]

What's new? Что но́вого? (7/2v)

What's showing at the movies? Что идёт в кино́? (8/2)

What's the matter (**with you**)? Что с ва́ми (тобо́й)? (12/3)

What's the problem?; What's the matter? В чём де́ло? (10/1)

What's the Russian for . . . ? Как по-ру́сски . . . ? (1/4)

What's this/that? Что э́то? (1/3)

What's today's date?; What's the date today? Како́е сего́дня число́? (6/3)

What's the difference?; What difference does it make? Кака́я ра́зница? [3/2]

when когда́ (4/4)

where (*location*) где (1/3); (*direction*) куда́ (3/3)

   from where отку́да (9/1)

   nowhere; not . . . anywhere (*location*) нигде́ (5/3); (*direction*) никуда́ (11/1)

whether *conjunction* ли (7/4)

which 1. како́й (3/1); **2.** кото́рый (5/4)

while пока́ (9/2)

white бе́лый (9/2)

who; whom 1. кто (1/1); кого́ (*Gen.* 4/1 *and Acc.* 5/2 *of* кто); кому́ (*Dat.* 6/1 *of* кто); (о) ком (*Prep.* 7/3 *of* кто); кем (*Instr.* 9/1 *of* кто); **2.** кото́рый (5/4)

   Who else? Кто ещё? (4/3)

   Who's this/that? Кто э́то? (1/1)

whole *adj.* це́лый (11/3); весь (вся, всё, все) (10/1)

whose чей (чья, чьё, чьи) (2/2)

why 1. почему́ (2/3); заче́м (4/1); **2.** *particle (used for emphasis)* ведь [3/1]

    that's why поэ́тому (3/1)

    Why do you always . . . ? Почему́ ты вот всегда́ . . . ? [8/1]

    Why do you ask? А что? [8/1]

wife жена́ (*pl.* жёны, *Gen. pl.* жён) (2/1v)

    the Kruglovs, husband and wife муж и жена́ Кругло́вы (2/1)

win выи́грывать / *pfv.* вы́играть (14/4v)

window окно́ (*pl.* о́кна, *Gen. pl.* о́кон) (2/2v)

wine вино́ (*pl.* ви́на) (7/3)

wineglass бока́л (10/2)

winter зима́ (*Acc. sing.* зи́му, *pl.* зи́мы) (13/1); *adj.* зи́мний (13/1)

    in (the) winter *adv.* зимо́й (7/1)

wish (someone something) жела́ть / *pfv. not introduced* (+ *Dat.* + *Gen.*) (9/4)

    wish (someone) a happy (holiday) поздравля́ть / *pfv.* поздра́вить (поздра́влю, поздра́вишь, . . . поздра́вят) (+ *Acc.* + с + *Instr.*) (10/2)

with с (со) (+ *Instr.*) (9/1)

without без (+ *Gen.*) (8/3)

    without delay сра́зу (9/3); неме́дленно (12/1); сро́чно (14/1)

    without waiting in line без о́череди [14/3]

woman же́нщина (4/2); (*rather rude*) тётка (*Gen. pl.* тёток) [11/2]

    young woman де́вушка (*Gen. pl.* де́вушек) (5/3)

    woman on duty *noun, declines like adj.* дежу́рная (11/4)

Women's Day Же́нский д(е)нь (*Gen. sing.* дня) (13/1)

wonder: I wonder where (when, *etc.*) . . . ? Интере́сно, где (когда́, *etc.*) . . . ? (13/2)

wonderful замеча́тельный (3/3); прекра́сный (7/1); чуде́сный (10/4)

    (it's/that's) wonderful прекра́сно (8/3)

    It's/That's wonderful! Замеча́тельно! (6/3); Прекра́сно! (4/1)

    wonderfully прекра́сно (8/3)

word сло́во (*pl.* слова́, *Gen. pl.* слов, *Dat. pl.* слова́м) (1/2)

work *noun* рабо́та (3/1v); *verb* рабо́тать / *no resultative pfv.* (3/1v)

    clear (someone) for work выпи́сывать / *pfv.* вы́писать (+ *Acc.*) на рабо́ту [12/4]

    I haven't been working at the post office long. Я на по́чте рабо́таю неда́вно. [6/3]

medical excuse from work больни́чный лист [12/4]

write out a medical excuse from work выпи́сывать / *pfv.* вы́писать (вы́пишу, вы́пишешь, . . . вы́пишут) больни́чный лист [12/4]

world мир (*pl.* миры́) (9/1)

    in the world на све́те [14/1]

    (It's a) small world! Мир те́сен! (14/2)

worry 1. волнова́ться (волну́юсь, волну́ешься, . . . волну́ются) / *pfv. not introduced* (13/2); **2.** беспоко́иться (беспоко́юсь, беспоко́ишься, . . . беспоко́ятся) / *pfv.* побеспоко́иться (12/1)

    Don't worry. Не волну́йся (Не волну́йтесь)! (6/3); Не беспоко́йся (Не беспоко́йтесь). (12/3)

worse ху́же (*comparative of* плохо́й, пло́хо) (9/2)

wreath вен(о́)к (*Gen. sing.* венка́) (11/4)

write писа́ть (пишу́, пи́шешь, . . . пи́шут) (3/1v) / *pfv.* написа́ть (7/1)

    Write. Пиши́(те)! [1/4]

    Write it down. Напиши́(те)! [6/2]

    write letters (to); correspond (with) перепи́сываться *impfv. only* (с + *Instr.*) [8/3]

    write out выпи́сывать / *pfv.* вы́писать (вы́пишу, вы́пишешь, . . . вы́пишут) [12/4]

wrong не тот (та, то, те) [11/2]

    You dialed the wrong number. Вы не туда́ попа́ли. (7/2)

Y

Yaroslavl Яросла́вль; *adj.* Яросла́вский [Epi/C]

year год (*Prep. sing.* в году́, *pl.* го́ды, *Gen. pl.* лет) (1/4)

    for a year на́ год [7/4]

    He (she) is two (five) years old. Ему́ (ей) два го́да (пять лет). (6/1v)

    in second year (of college) на второ́м ку́рсе (6/1)

    It's that time of year. Вре́мя тако́е. [9/2]

    last year в про́шлом году́ (5/2)

    see out the old year провожа́ть / *pfv.* проводи́ть (провожу́, прово́дишь, . . . прово́дят) ста́рый год (10/2)

    What year (of college) are you in? На како́м ты (вы) ку́рсе? (6/1)

yellow жёлтый (9/2)

yes да (1/3)

yesterday вчера́ (4/3)

yet ещё (6/3)

    not yet; not . . . yet ещё не . . . (4/4)

    Not yet. Нет ещё. (Ещё нет.) (6/3)

you 1. *informal sing.* ты (1/2); тебя́ (*Gen.* 4/1 *and Acc.* 5/2 *of* ты); тебе́ (*Dat.* 6/1 *and Prep.* 7/3 *of* ты); тобо́й

(*Instr.* 9/1 *of* ты); **2.** *formal or pl.* вы (1/3); вас (*Gen.* 4/1, *Acc.* 5/2, *and Prep.* 7/3 *of* вы); ва́ми (*Instr.* 9/1 *of* вы)

young молодо́й (5/4)

    young man молодо́й челове́к (*pl.* молоды́е лю́ди) (5/4)

    young people молодёжь *f.* (9/4)

    young woman де́вушка (*Gen. pl.* де́вушек) (5/3)

younger моло́же (*comparative of* молодо́й) (12/2)

your; yours 1. *possessive* твой (твоя́, твоё, твои́) (1/4) (*informal sing.*); ваш (ва́ша, ва́ше, ва́ши) (*formal or pl.*) (1/4); **2.** (*when possessor is also the subject*) свой (своя́, своё, свои́) (8/4)

You're welcome! Пожа́луйста! (1/2)

yourself (**yourselves**) **1.** *emphatic pronoun* (ты) сам (сама́), (вы) са́ми (10/2); **2.** *reflexive pronoun* себя́ (*Acc. and Gen.*; *Dat. and Prep.* себе́; *Instr.* собо́й) (10/2)

Youth Center Двор(е́)ц (*Gen. sing.* Дворца́) молодёжи [4/2v]

Z

zero ноль (*also* нуль) *m.* (*Gen.* ноля́ *and* нуля́) (2/1)

zodiac зодиа́к [9/4v]

zoo зоопа́рк (8/1v)

INDEX

Note: Boldface Roman numeral **I:** and **II:** denote Books 1 and 2, respectively, followed by page numbers. The *n* notation indicates a footnote; the page number precedes the *n* and the note number follows. Terms indexed in Russian follow the English alphabetically.

ABOUT THE AUTHORS

Sophia Lubensky is Professor of Russian at the Department of Languages, Literatures, and Cultures at the University at Albany/State University of New York, where she teaches language, translation, and stylistics. She received her Ph.D. in linguistics from the University of Leningrad (now St. Petersburg), and holds M.A.s in Classics and English as well. She has published articles on linguistics, lexicography, and language teaching, and has reviewed numerous linguistic and literary publications, including a wide scope of monolingual and bilingual dictionaries. In addition to teaching and researching, Lubensky has worked as a translator, interpreter, and editor in the United States and Russia. In 1995 Lubensky culminated fourteen years of research in bilingual lexicography with the publication of her *Russian-English Dictionary of Idioms* (Random House). In 1997 the Russian edition of the dictionary was published in Moscow (Jazyki Russkoj Kul'tury).

Gerard L. Ervin is Associate Professor (emeritus) of Slavic Languages at the Ohio State University, where he founded the Foreign Language Center. He has taught French and Spanish at the secondary school level and Russian, foreign-language methods, and English as a second language at the college level. A past president of the American Council on the Teaching of Foreign Languages (ACTFL), Ervin has also taught at the U.S. Air Force Academy and the University of Arizona. In addition to authoring or coauthoring a variety of instructional materials for several languages, Ervin has written and lectured widely on language teaching, is Executive Director of the American Association of Teachers of Slavic and East European Languages (AATSEEL), and is cofounder of the Foreign Language Education Forum on CompuServe.

Larry McLellan teaches Russian and coordinates the Russian language program at the University of California, Santa Barbara, where he received the University Council/American Federation of Teachers Award for Excellence in Teaching in 1998. He has also taught at the University of California, Berkeley, where he received an M.A. and is a Ph.D. candidate in Slavic Linguistics. He has previously worked as a developmental editor of Russian textbook materials, as a leader for student and tourist groups in Russia, and as a program assistant at the Kennan Institute for Advanced Russian Studies in Washington, D.C.

Donald K. Jarvis is Professor of Russian and director of the Faculty Center at Brigham Young University. He has also served there as dean of General Education and chair of the Department of Asian and Slavic Languages. He is the author of *Junior Faculty Development: A Handbook* (Modern Language Association 1991) and other publications dealing with language teaching and faculty development, including *Teaching, Learning, Acquiring Russian,* edited with Sophia Lubensky (Slavica 1984). A past president of the American Council of Teachers of Russian and the American Association of Teachers of Slavic and East European Languages, Jarvis consults for a range of universities, professional organizations, and government agencies.

Grateful acknowledgment is made for use of the following:

Photos:

Page 1 © Sovfoto/Tass; *4* © Jay Dickman; *11* © Jay Dickman; *22* © Russian Orthodox Church; *44* © Jay Dickman; *46* © Amanda Merullo/Stock Boston; *51* © Jeff Greenberg/ Peter Arnold, Inc.; *67* © Sovfoto/Tass; *68* © Sovfoto/Tass; *71* © Superstock; *72* (*top*) © Ellen Rooney/International Stock; *72* (*bottom left*) © Helga Lade/Peter Arnold, Inc.; *72* (*bottom right*) © Steve Vidler/Superstock; *77* © Dean Conger/Corbis; *79* © Sovfoto/Novosti; *82* © Jay Dickman; *113* © Amanda Merullo/Stock Boston; *119* © Sovfoto/Tass; *120* © Steve Vidler/Superstock; *133* © Sovfoto/Tass; *136* © Sovfoto/Tass; *152* © David J. Cross; *153* © Sovfoto/Tass; *161* © Sovfoto/Tass; *163* IFA/Peter Arnold, Inc.; *175* © J. Wright/Bruce Coleman Inc.; *188*/Novosti; *204* © David J. Cross; *215* (*bottom*) © Sovfoto; *223* © Amanda Merullo/Stock Boston; *226* © Sovfoto/H. Halberstadt; *227* © Thomas Lipton/Super Stock; *230* © Sovfoto/Eastfoto/ Tass; *232* © Sovfoto/Eastfoto; *240* © Sovfoto/Tass; *243, 257* © Bohdan Hrynewych/Stock Boston; *264* © Steve Benbow/Stock Boston; *266* © Sovfoto/Tass; *286* © Sovfoto/Tass; *307* © AFP/Corbis; *309* © Jeff Greenberg/ International Stock Photo; *340* © Dave Bartruff/Stock Boston; *345* © Sovfoto/Tass; *352* © Sovfoto/Novosti/V. Rodionov; *357* © David J. Cross; *368* © Kurt Scholz/Super Stock; *393* © Sovfoto/Novosti; *394* © Wolfgang Kaehler/Corbis; *397* © Dean Conger/Corbis; *400* (*bottom*) © Sovfoto/Tass; *404* © Sovfoto/Tass.

Realia:

Page 20 Reprinted with permission of Mikhail Larichev; *27* Argumenty I fakty; *38* Reprinted with permission of Cosmopolitan (Russian edition); *73* (*top*) © Dorling Kindersley; *94* Photo by R. Mukhametzhanov/Kommersant; *111* Cartoon by Anatoli Andreev published in Zerkalo nedeli; *125* © Irina Iskrinskaya/Licensed by VAGA, New York, NY; *137* © Irina Iskrinskaya/Licensed by VAGA, New York, NY; *150* Cartoon by Aleksandr Zudin reprinted with permission of Novoe vremia; *155* Pravda Publishers, Krasnyi proletarii; *169* Stolichnaya; *195* Itogi; *213* The British Council; *228* (*top*) Geo (Russian edition), Gruner + Jahr; *228* (*bottom*) Reprinted with permission of Salon-Press; *239* Rovesnik; *246* Cool; *251* Razguliai; *324* © Ministerstvo svyazi SSSR; *341* © Dorling Kindersley *392* 7 Dnei.

Literary excerpts:

Page 66 From Kto idet by Elena Savchenko from *Russkii iazyk za rubezhom*, #4, 1993; *67* Song of the Arbat by Bulat Okydzhava (Frankfurt: Possev Verlag); *132* Adapted from Trudni pereulok by Agnilia Barto from *Sobranie sochinenii* (Moscow: Khudozhestvennaia literature, 1983); *187* Itogi; *285* L. Panteleev, *Collected Works in four Volumes*, Volume 4 (St. Petersburg: Children's Literature Press, 1970); *339* From *Roman c prezidentom* by Viacheslav Kostikov, 1997. Reprinted with permission of Vagrius, Moscow; *392* From *Davayte pochitaem!* By I. S. Gusev and N. L. Chulkin; *393* From *Ya, Maya Plisetskaya* by Maya Plisetskaya (Moscow: Novosti, 1994).

Ледовитый океан

Ирландия

Шотландия

Англия

Норвегия

Швеция

Новая Земля

Мурманск

Баренцево море

Карское море

Финляндия

Германия

Эстония

Латвия

Финский залив

Ладожское озеро

Белое море

Петрозаводск

Архангельск

Чешская республика

Литва

Псков

Санкт-Петербург

Новгород

Онежское озеро

Вологда

Польша

Белоруссия

Тверь

Смоленск

Москва

Двина

Словакия

Венгрия

Москва

Ярославль

Кострома

Тула

Нижний Новгород

Р О С С И Я

Обь

Румыния

Украина

Курск

Воронеж

Казань

Ижевск

Пермь

Екатеринбург

Иртыш

Молдавия

Пенза

Уфа

Урал

Челябинск

Болгария

Волга

Саратов

Омск

Новосиби

Ростов-на-Дону

Крым

Дон

Чёрное море

Астрахань

Каспийское море

Аральское море

Казахстан

озеро Балхаш

Средиземное море

Турция

Грузия

Кавказ

Кипр

Армения

Узбекистан

Израиль

Ливан

Сирия

Азербайджан

Туркменистан

Киргизия

Ирак

Иордания

Иран

Таджикистан

Саудовская Аравия

Афганистан

Индия

Кувейт

Пакистан